원효의
통섭철학

치유철학으로서의 독법

원효의
통섭철학

초판 1쇄 인쇄 2021년 12월 10일
초판 1쇄 발행 2021년 12월 20일

—

지은이 박태원
펴낸이 이방원
편 집 안효희·김명희·정조연·정우경·송원빈·조상희
디자인 박혜옥·손경화·양혜진
마케팅 최성수·김 준

—

펴낸곳 세창출판사
　　　신고번호 제1990-000013호 주소 03736 서울특별시 서대문구 경기대로 58 경기빌딩 602호
　　　전화 02-723-8660 팩스 02-720-4579 이메일 edit@sechangpub.co.kr 홈페이지 http://www.sechangpub.co.kr
　　　블로그 blog.naver.com/scpc1992 페이스북 fb.me/Sechangofficial 인스타그램 @sechang_official

—

ISBN 979-11-6684-065-4 93150

이 저서는 2015년 대한민국 교육부와 한국연구재단의 지원을 받아 수행된 연구임 (NRF-2015S1A5B1008931)

원효의
통섭철학

치유철학으로서의 독법

박태원 지음

세창출판사

머리말

대학 시절 만난 원효의 『대승기신론소·별기』는 인생의 갈림길이었다. 전공을 철학으로 바꿔 대학원에 진학한 후에는 원효저서 전체를 건성으로나마 원전으로 일람했다. 원효와 동시에 빠져들었던 선종 선문, 니까야/아함을 통한 붓다와의 대화, 동서양 철학적 통찰들과의 대화가, 언제부턴가 전환적 변곡점을 지나면서 변화가 가속화되고 있다. 원효와의 대화가 속 깊어지면서 발생한 현상이다. 니까야/아함, 선종 선문과 전통교학의 언어를 읽는 시선과 대화 내용이 새로운 진화를 거듭하고 있다. 불교학, 철학, 인문의 길에서, 붓다·원효·선문에 기대어 새로운 길로 접어들어 나아가고 있다. 선현들에 의해 이미 세워진 이정표였지만 학인들의 눈에 잡히지 않았던 새로운 길을 마주하고 있다. '차이들의 호혜적 관계'를 이끌어 갈 수 있는 통섭通攝과 화쟁和諍에 관한 원효의 통찰은 이 길의 선구적 안목이다.

붓다는 우파니샤드 전통에 기초한 인도 신비주의의 기획을 원천에서 해체하고 새로운 길을 열었다. 우파니샤드 계열의 인도 전통사유와 비교할 때, 붓다는 근원적으로 반反인도적 통찰을 펼친 인물이다. 그의 어떤 법설에서도 신비주의가 설정하는 불변 실재를 인정하거나 수용하는 흔적을 발견할 수 없다. 붓다의 법설은, 경험세계 현상들(차이, nimitta, 相) 속에서 그들과의 접속을 유지한 채 문제를 해결하는 길을 알려 주고 있다. 변화(無常)와 '불변·독자의 본질/실체의 부재'(無我) 및 '관계적·조건인과적 발생'(緣起)에 관한 통찰이 여는 길이다. 붓다의 법설, 그 연기·중도의 길은, '언어·개념·차이·이해·사유·욕구·변화·관계와의 접속을 끊지 않으면서도 이들로부터의 오염·불안·고통에서 벗어나는 길'이다.

붓다는 아트만/브라흐만을 에워싼 인도 전통사유의 내·외적 초월 신비주의를 원점에서 해체하였다. '불변·동일·독자·순수·절대·만능의 궁극실재로 향하는 길' 자체를 폐쇄하고 전혀 새로운 길을 열었다. 그러나 붓다의 이 길은 후학들에 의해 심히 어지러워진 것으로 보인다. 붓다가 비판한 초월 신비주의의 길을 다시금 붓다의 길에 연결시켜 길목을 혼란스럽게 하고, 붓다의 길 위에도 엉뚱한 안내판을 세워 목적지로 향하는 발길을 방해한다. 〈불변·불멸의 궁극적 실재를 체득하는 깨달음을 성취하려면 언어·개념·차이·이해·사유·욕구·변화·관계와의 고리를 아예 끊어야 한다. 그래야 모든 변화 현상을 초월해 있거나 현상 이면에 있는 불변·동일의 순수실재를 직접 만난다〉는 안내판들이 불교 내부의 교학과 수행 길에 어지러이 널려 있다.

흥미로운 것은 원효이다. 붓다 법설에 대한 해석학/교학의 거의 모든 유형을 섭렵하는 광대한 의욕과 치열한 탐구력, 여러 해석학/교학의 차이와 갈등이 발생하는 '조건인과 계열'(門)을 판별하여 정확한 이해와 정교한 논리로 통섭·화쟁적으로 갈무리해 내는 능력은 경이롭다. 그런데 그 능력의 토대인 '문門 구분의 연기적緣起的 사유방식'은 붓다 연기 법설의 핵심과 고스란히 통하고 있다.

또 원효는 '왜곡·오염된 차이'(分別相)와 '사실 그대로의 차이'(如實相, 眞如相)를 대비시키면서 차이 치유의 문제를 고도의 철학적 통찰과 이론으로 집중적으로 거론한다. 이 점은 원효철학의 정점을 보여 주는『금강삼매경론』에서 뚜렷이 부각된다. 차이(相)를 '불변·독자의 본질/실체 관념에 포획되어 왜곡·오염된 차이'와 '불변·독자의 본질/실체 관념에서 벗어난 차이'로 구분하여 다루는 다양·다층의 통찰들이『금강삼매경론』을 관통하고 있다.『금강삼매경론』에서 거론하는 차이(相)는 '언어·개념·차이·이해·사유·욕구·변화·관계와 접속해 있는 현상'이며, 이 차이(相)는 인식능력(識)의 선택에 따라 상이한 두 범주로 나뉜다. 하나는 '불변·독자의 본질/실체 관념에 포획되어 왜곡·오염된 차이들의 범주'이고, 다른 하나는 '불변·독자의 본질/실체 관념에서 벗어나 사실 그대로인 차이들의 범주'이다. 그리고 어떤 범주에 속하는 차이(相)일지라도 역시 '언어·개념·차이·이해·사유·욕구·

변화·관계와 접속해 있는 현상'이다. 따라서 붓다와 원효의 경우, 차이(相)에 관한 통찰은 곧바로 '언어·개념·차이·이해·사유·욕구·변화·관계'에 관한 것으로 치환해도 된다.

차이(相)가 인식능력(識)의 선택에 따라 상이한 두 범주로 나뉘는 것처럼, 언어·사유·욕구도 그러하다. 사유의 경우는 '이로운 합리적 분별 사유'와 '해로운 불합리한 분별 사유'로 나뉘고, 욕구의 경우는 기본적으로 '나와 남을 함께 이롭게 하는 욕구'와 '나와 남을 함께 이롭게 하지 못하는 욕구'로 구분된다. 원효의 저술을 일관하는 〈자기를 이롭게 함(自利)과 '남들을 이롭게 함(利他)의 근원적 결합〉은 '차이를 움켜쥐는 선택'과 '차이를 움켜쥐지 않는 선택'에 의해 갈라지는 두 가지 욕구와 관련된다. 원효의 통섭通攝철학은 〈'언어·개념·차이·이해·사유·욕구·변화·관계와 접속해 있는 차이'(相)들의 '상호 개방'(通)과 '상호 수용'(攝)을 통한 진실과 이로움의 구현〉을 겨냥하고 있다. 대승교학 전통에서 붓다와 대화한 원효의 통섭철학이 붓다의 육근수호 법설이 지니는 의미를 탁월하게 계승하고 있다는 점은 흥미로운 연속이다.

원효의 통섭철학은, 차이들을 왜곡·오염시켜 기만과 폭력을 행하는 개인적·사회적 양상들을 근원에서부터 치유하는 통찰이다. 그리고 이 '차이 치유의 통섭·화쟁철학'은 붓다 법설의 연속이다. 달리 말해 원효와의 대화는, 붓다의 법설을 '언어·개념·차이·이해·사유·욕구·변화·관계와 접속하면서 오염된 차이 현상을 치유하는 가르침'으로 읽을 수 있는 새로운 길에 눈뜨게 한다. 그 길의 의미는 이렇게 요약된다. 〈인간의 모든 경험은 차이(nimitta, 相)들과의 관계에서 발생하는 것이다. 따라서 그 어떤 수준의 깨달음과 성취라도 처음부터 끝까지 '경험의 발생조건인 차이 현상들'과의 관계를 유지해야 하며, 또 그 관계에서 발생해야 한다. 구도와 수행이란 것은 '차이 현상들과의 새로운 관계방식'에 눈떠 '새롭게 관계하는 능력'을 키워 가는 과정이다. 개인과 사회의 모든 수준의 이로움도 가변적·관계적·조건발생적인 차이 현상들과의 접속을 유지한 채 추구해야 하고, 그 차이 현상과의 관계에서 구현해야 한다. 가변적·관계적·조건발생적인 차이(nimitta, 相)들과의 접속을 끊어 버리려는 초월적 탈주의 유혹, 모든 변화와 차이 및 관계의존

성이 제거된 '불변·동일·독자의 실재나 지대'를 설정하는 것은, 모든 무지와 기만 및 폭력의 원천이다.〉

실력과 자신감으로 중국 유학을 거부하고 한반도 지성의 주체적 역량으로 동아시아 지성계를 장악해 가는 원효의 태도는 오늘의 인문학인들에게 시사하는 바가 크다. 근대 이전에는 중국에 주눅 들고 근대 이후에는 미국과 유럽에 압도되어 온 한반도 인문 지성의 수동성과 종속성은 원효의 주체성과 능동성을 소화해야 한다. 한반도 전통지성을 근거로 삼으면서 보편적 타당성과 현재적 문제해결력을 겸비한 자생인문학을 수립하여 펼쳐 보려는 의욕과 자신감을 보여 주어야 한다. 지난 100여 년 동안 치열하게 수입 지성을 소화해 온 현재의 한국 지성과 학문의 수준은 이러한 자생인문학 수립 요청에 응할 수 있을 정도의 실력을 갖추고 있는 것으로 보인다. 필요한 것은 태도의 전환과 역량의 결집이다. 원효의 사유와 이론은 자생인문학 수립의 전통지성적 근거로 삼기에 적합하다. 이 책이 자생인문학의 전망을 구현하는 데 일조하기를 바란다.

한국연구재단의 우수학자지원사업(2015-2020) 덕분에 원효의 통섭철학에 관한 탐구를 종합하는 작업을 마무리할 수 있었다. 토대연구사업(2015-2020)으로 완료한 원효전서의 번역과 이 책으로 원효에게 입은 은혜는 일부 갚은 셈이다. 원효와 붓다 그리고 선종의 안목을 등바람 삼아 철학과 인문학의 새로운 길을 걸어 보는 것이 향후의 의욕이다. 자생인문학으로서의 통섭·화쟁 인문학이 그 구체적 전망이다. 갈 수 있는 데까지 남은 열정 태우다가 웃으며 그치겠다.

2021년 12월
박 태 원

차례

I.
원효의 '철학적 영성'과 통섭通攝 그리고 치유철학

원효(元曉, 617-686)는 고도의 보편철학이 넘실대던 7세기 동아시아 지성계에서도 단연 돋보이는 '철학적 영성'이다. 메마른 사변 지성을 훌쩍 넘어서고 있다는 점에서는 '영성靈性'이고, 신비의 비약과 모호한 언어 안개의 베일을 거부하면서 정교한 사유와 치밀한 논리를 담은 언어로 그 영성의 내용을 드러내고 있다는 점에서는 '철학'이다. 이 희유한 '철학적 영성'은 한반도 지성 계보의 최고급 수준이 어떤 것인지를 확인시켜 줄 뿐 아니라, 인류 지성사에서 유례를 찾기 어려울 정도의 수준과 풍요를 구가한 7세기 동아시아 사상계에서도 그 정점의 우뚝한 한 자리를 차지한다.

　　원효의 통찰은 그 시효가 과거완료형이 아니다. 과거와 현재 그리고 미래를 관통하는 보편적 생명력으로 가득하다. 그의 사유와 혜안은 현금 인문학에게 새로운 전망을 선물한다. 특히 한반도 학인들이라면 그의 언어를 등바람 삼아 전위적인 자생 철학과 보편 인문학을 수립해 갈 수 있다. 원효와 대화하면서 갈수록 단단해지는 확신이다. 한반도 학인들은 원효와의 대화를 통해 비로소 세계적 호소력을 지닌 자생 철학/인문학을 충실한 내용으로 가꾸어 갈 수 있다. 전반적으로 한반도 인문 학인들은, 근대 이전에는 중국에 주눅 들었고 근대 이후에는 서양에 압도되면서, 수동적·종속적 지식 지형에서 헤어나지 못했다. 예외에 해당하는 사례가 흔치 않다. 원효와 제대로 대화한다면, 오래고도 질긴 수입 지성의 종속적 지형에서 비로소 탈출할 수 있다. 그리하여 자신감과 자부심으로, 전위적이고도 보편 수준의 능동적 자생 인문학을 일구어 인류에 기여할 수 있다. 원효의 철학적 영성은 한반도 인문학의 이러한 전환을 이끌 가장 강력한 고유 자산이다. 원효와 대회하면서 확신처럼 얻게 된 전망이다.

아쉬운 것은 한반도 학인들이 아직까지는 원효와 대화할 역량을 충분히 확보하지 못하고 있다는 점이다. 필자의 탐구 과정을 반성하면서 내리는 진단이다. 원효에 대한 찬사는 넘쳐 나지만, 그 찬미의 원효 읽기가 오히려 원효 언어의 생명력을 사장死藏해 버리거나 원효와의 대화를 방해하기조차 한다. 학인들은 원효와의 대화 역량을 전면적으로 보완할 필요가 있어 보인다. 별다른 문제의식 없이 학계에서 상호 승인해 가던 기존의 방법론과 관점들을 그 전제에서부터 비판적으로 성찰하고 새로운 시도에 나서 보는 용기와 노력이 절실하다고 본다. 필자가 한국연구재단 토대연구사업 지원으로 시도한 원효전서의 해석학적 번역은 그러한 문제의식의 산물이다. 한 권씩 출간되면서 확인되는 학계와 학인들의 반응은 이러한 문제의식과 노력이 유효한 것임을 확인시켜 준다. 새롭게 시도된 원효전서 번역은 향후 다채롭고 심층적인 원효 읽기 역량을 키우는데 적절히 활용될 것이라 본다.

저술 규모로 보아도 원효는 가히 동아시아 최대의 저술가이다. 그의 저서 목록은 80여 부 200여 권이 확인된다. 그 가운데 완본完本으로 현존하는 것은 『금강삼매경론』·『대승기신론소』·『대승기신론별기』·『열반경종요』·『이장의』·『대혜도경종요』·『법화종요』·『미륵상생경종요』·『무량수경종요』·『아미타경소』·『보살계본지범요기』·『발심수행장』·『대승육정참회』 등의 13부이며, 잔본殘本으로 현존하는 것은 『중변분별론소』·『본업경소』·『범망경보살계본사기』·『화엄경소』·『판비량론』·『십문화쟁론』 등 6부와 『해심밀경소서』·『미타증성게』 등이 있다. 간략한 『미타증성게』를 제외하면 총20종의 저서가 현존하는 것이다.

잔본의 경우, 『화엄경소』는 60권 『화엄경』에 대한 주석으로 원래 10권이었지만 지금은 서문과 권3만이 남아 있다. 원래 상·중·하 3권으로 되었던 『본업경소』는 현재 권1만 전하며, 『범망경보살계본사기』는 상·하 2권이었지만 지금은 상권만 남았다. 『판비량론』은 25지紙 분량의 1권이었는데, 지금은 후반부 약 19지 분량과 책 말미의 회향게廻向偈 7언4구와 지기識記가 전한다. 『중변분별론소』는 모두 4권이었지만 지금은 권3만 남았다. 원래 2권이었던 『십문화쟁론』은 지금 해인사에 목판 3매가 남았을 뿐이다. 『해심밀경소서』는 현재 서문만 남았고, 『미타증성게』는 7언12구가 남아 있다.

총 저서 가운데 일부만 남아 있는 현존 저서만 해도, 그 분량과 내용이 보여 주는 사유의 범주는 거대할 뿐 아니라 그 내용 역시 심층적이며 다층적이다. 7세기 동아시아 불교사상계의 거의 모든 유형과 내용이 능동적 자세로 정밀하게 다루어지고 있다. 그런데 원효의 이 다채롭고 방대한 탐구는 그저 병렬적으로 나열된 것이 아니다. 방대한 경론經論과 불교해석학/교학의 다채로운 사유에 대한 원효의 탐구에는 수렴처가 있다. 이 수렴처는 그의 구도 행각 초기에 완결적으로 마련된 것이라기보다는, 구도의 길에 들어선 이후 평생에 걸친 성찰과 수행 과정에서 점차 뚜렷해진 것으로 보는 것이 합리적이다. 성찰과 수행 내용의 누적적 상호 결합이 역동적으로 진행되는 과정에서 분명해진 것이라고 본다. 그리고 구도적 탐구 여정에서 점차적으로 뚜렷해졌을 이 수렴의 초점은 원효 삶의 후반기로 갈수록 그 내용이 분명해졌을 것이다. 필자가 그의 말기 저술, 아마도 최후 저술로 보이는 『금강삼매경론』을 특히 주목하는 이유도 여기에 있다.

원효철학을 총괄적으로 엮을 수 있는 최상위 원리를 '원효철학의 원리'라고 한다면, 이 원리를 무엇으로 파악하느냐에 따라 원효철학에 대한 이해와 원효철학의 체계를 수립하는 관점이 결정된다. 원효철학의 원리로서 학계에서 주로 주목되어 온 것은 일심一心과 화쟁和諍사상이다. 일심과 화쟁을 원효철학의 원리로 보려는 시선은 어느 것을 더 중시하느냐에 따라 두 부류로 나뉠 수 있다. 화쟁을 원효철학의 중심축으로 간주하는 시선은 일심사상을 화쟁의 토대로 이해하려고 하며, 일심을 중심축으로 보려는 시선은 화쟁을 일심사상의 표현 내지 일심 구현의 방법으로 이해하려 할 것이다. 어떤 시선을 선택하더라도 일심과 화쟁이 분리시킬 수 없이 연관되어 있다는 것을 인정하는 점에서는 공감대를 형성하고 있다. 그리고 원효철학의 특징 내지 원효철학의 체계를 관통하는 원리를 화쟁에서 찾는 것이 학계의 전반적 경향이다.[1]

원효의 구도적 탐구과정에서 점차 형성되었고 시간이 흐를수록 뚜렷해졌을 탐구의 수렴처가 '원효철학의 원리'다. 그리고 이것은 '방대한 경론과 다채로운 불교해석학/교학들에 대한 원효의 구도적 탐구를 총괄할 수 있는 원리'이다. 필자는 이 원리를 '차이(相)들의 상호개방(通)과 상호수용(攝)'을 근원적으로 가능케 하는 '통섭通攝철학'이라 본다. 이러한 관점으로 보면 일심과 화쟁은 통섭을 가능케 하는 두 가지 핵심 조건이 된다. 일심은 '통섭을 가능케 하는 마음지평'이고, 화쟁은 '통섭을 구현해내는 사유방법'이다. 원효가 사유의 토대를 마련한 연구인 『대승기신론별기』『대승기신론소』에서는 물론, 평생의 탐구를 결합시켜 그 결실을 보여 주는 『금강삼매경론』에서도 등장하는 '통섭通攝'[2]이라는 용어야말로 원효의 모든 탐구 성과를 관통·총괄할 수 있는 개념이자 원리로 보인다. 원효가 『금강삼매경론』에서 평생의 탐구 성과를 결집시켜 집중적으로 거론하는 것은 다름 아닌 '통섭철학'이다. 그리고 이 통섭철학은 '차이 문제에 관한 근원적 통찰'이자 차이들의 화해를 가능케 하는 '차이 치유의 철학'이다.

필자는 '치유철학'을, 〈경험을 통해 직접 확인할 수 있는 현상들을 대상으로, 그 진위眞僞와 가치를 인간 실존에서 경험적으로 검증할 수 있는 문제들을 과제로 삼아, 나와 타인 및 세상 모두에게 이로움을 주는 내용으로 풀어 주는 철학적 통찰과 방식〉이라 정의한다. 그리고 '차이 현상'이야말로 이러한 치유철학의 대상이고 핵심 과제라고 본다. 그런데 흥미롭게도 원효는 바로 이 '지각 조건에서 발생하는 차이 현상'(相)과 이로부터 발생하는 문제를 성찰의 핵심 대상으로 삼고 있

---

1 일심을 중심축으로 간주하여 화쟁을 일심구현의 방법으로 보거나 일심을 화쟁의 목표로 보는 경우로는 이기영이나 김영태, 이도흠의 관점을 예로 들 수 있다. 이기영, 「원효의 화쟁사상과 오늘의 통일문제」, 『원효사상연구』 II, 한국불교연구원, 2001, p.372, pp.374-375.; 김영태, 「『열반종요』에 나타난 和會의 세계」, 『원효』, 예문서원, 2002; 이도흠, 「원효의 화쟁사상과 탈현대철학의 비교연구」, 『원효학연구』 6, 원효학회, 2001, pp.249-298; 「화쟁 철학과 탈현대 철학의 비교연구」, 『불교평론』 열린 논단 3, 2009.

2 학계에서 널리 회자되는 '통섭統攝'이라는 개념은 원효가 구사하는 '통섭通攝'이라는 개념과는 한자어도 다르고 그 함의도 다르다. 모든 내용을 통합적으로 결합시키려는 발상인 '통섭統攝'과는 달리, 원효의 '통섭通攝'은 동일성이라는 환각 때문에 배타적으로 격리되어 상호 폭력적으로 대응하는 차이들로 하여금 '상호 개방되어 상호 작용하면서 호혜적 자리를 마련해 가게 하는 통찰'에 초점을 맞추고 있다. '統攝'과 '通攝'의 지향과 함의를 비교하는 것도 흥미로운 주제이지만 여기서는 더 이상 거론하지 않는다.

다. 이 점은 원효가 평생의 탐구내용을 결산하고 있는『금강삼매경론』에서 분명하게 나타난다. **압도적 스케일과 수준을 보여 주는 원효의 구도적 탐구는 결국 '차이들의 상호개방(通)과 상호수용(攝)'에 관한 성찰과 혜안으로 귀결되고 있다. 그리고 원효의 통섭철학은, '동일성'이라는 인지환각 때문에 배타적으로 충돌하면서 상호 오염과 폭력을 펼치는 차이들의 '소통과 화해 및 호혜적 관계'를 가능케 하는 '차이 치유의 철학'이다.** 원효는 방대한 경론과 다채로운 불교해석학/교학에 대한 구도적 탐구를, '차이 문제에 관한 근원적 통찰'과 '차이 소통과 화해의 혜안'으로 귀결시켰다. 그리고 이 '차이 치유의 통섭철학'을『금강삼매경론』에 담아 세상에 선물하고 그 뜨거운 열정을 마감하였다. 그런 점에서 필자는 **원효사상의 특징을 '차이 소통과 화해를 가능케 하는 치유철학으로서의 통섭철학'**이라 정리한다.

따라서 **원효의 대표저술을 꼽으라고 한다면 단연『금강삼매경론』이다.**『금강삼매경』과 그에 대한 원효의 해설서인『금강삼매경론』이 동시에 한반도에 등장하는 인연을 전하는 기록들과 그 의미, 다른 저술들에서 전개한 다양한 통찰과 이론들이 총망라되어 인간과 세상에 대한 혜안과 전망이 가장 완숙된 내용과 완결된 체계로 담겨져 있는 점, 게다가 완본完本으로 남아 있는 말기저술이라는 점까지 모두 고려할 때, 필자는『금강삼매경론』을 원효의 대표저술로 간주하는 데 조금도 주저하지 않는다. 흔히『대승기신론소·별기』가 원효의 대표작처럼 간주되곤 하지만, 그 내용이나 원효사유의 발전단계를 감안하면『금강삼매경론』을 원효의 대표저술로 보아야 한다.

그간『금강삼매경론』이 원효의 대표저술로서 연구되지 못한 이유 가운데 하나는 그 내용의 난해함 때문이다. 내용도 난해하거니와『금강삼매경』과『금강삼매경론』은 문장해독 자체가 어렵다. 아무리 한문과 교학에 정통해도『금강삼매경』과『금강삼매경론』을 해석하는 것은 난제 중의 난제다. 게다가『금강삼매경』만을 놓고 해석하려면 더욱 해석의 갈피를 잡기 어렵다. 원효의 해설을 보아야 갈피가 잡힌다. 그런데 원효의 해설마저 해석하기가 매우 어렵다. 이런 사정 때문에『금강삼매경론』이 원효저술에서 차지하는 각별한 위상과 의미에 비해 그에 대한 관심과 탐구는 턱없이 미흡하다. 학인들 각자 갈고 닦은 역량을 총동원하여 자신의 이해를 자세하게 드러내는 번역과 연구를 거듭 내놓을 수밖에 없다.

　　모든 번역이 그렇지만, 특히 철학적 내용을 담은 문헌, 그것도 한문으로 기술된 문헌은, 번역자의 관점과 이해를 정직하고 소상하게 드러내는 번역을 지속적으로 누적해야 한다. 그 누구의 번역도 완결된 정답의 자리를 차지하기 어렵다. 특히 원전 용어를 그대로 채택하면서 한글 접속어를 최소한으로 부가하는 방식의 현토懸吐형 번역양식은 반드시 넘어서야 한다. 필자가 시도한 '원효전서의 해석학적 번역'은 그러한 문제에 대한 대안적 시도이기도 하다.[3] 해석학적 번역양식에 상응하는 번역들이 동일 문헌에 대해서도 지속적으로 등장해야 한다. 그 과정에서 더 좋은 번역 내용들이 역동적으로 산출될 것이다. 평가와 선택은 학인 공동체의 집단지성에 맡길 수밖에 없다.

3　출판한 원효저서들의 서문으로 게재한 글에 이와 관련된 생각이 피력되어 있다.

Ⅱ.

일심一心·화쟁和諍과 통섭通攝

일심과 화쟁이 원효사상의 특징을 대변하는 주요개념이라는 점은 의심의 여지가 없어 보인다. 그러나 이 두 개념이 원효 탐구내용의 결실과 특징을 총괄하는 것으로 보기는 어렵다. 일심은 원효철학의 근원적 토대일 수는 있어도 원효철학이 지닌 특징을 포괄적으로 관장하는 상위원리로 보기는 어렵다. 또한 원효가 화쟁논법을 적용하는 범주와 대상도 제한되어 있다는 점에서, 화쟁을 원효철학의 포괄적 상위원리로 보는 것도 부적절하다. 일심과 화쟁이 내용상 밀접하게 관련되어 있긴 하지만, 일심철학의 전개에서 언제나 화쟁이 거론되는 것은 아니다. 마찬가지로 화쟁철학의 전개에서 반드시 일심이 거론되는 것도 아니다. 일심과 화쟁이 내용상 무관하지는 않지만, 원효가 펼치는 일심철학과 화쟁철학의 실제에서 양자가 언제나 형식적으로나 내용적으로 결합되어 나타나는 것은 아니다. 일심과 화쟁 모두를 관통 내지 포괄하면서 원효철학의 특징을 대변할 수 있는 상위 원리가 무엇인지 주목할 필요가 있다. 원효가 모든 저술에서 자신의 사유와 통찰을 펼칠 때 즐겨 채택하는 용어는 '통通'과 '섭攝'인데, '통섭通攝'으로 결합되어 사용되기노 하고 통通/섭攝/종섭總攝/회통會通/화회和會 등으로 사용되기도 한다. 어떻게 사용되든지 간에 동일한 의미맥락에서 채택된다. 원효철학이 지닌 특징을 포괄적으로 관장하는 상위원리를 담아내는 개념으로 필자는 이들 용어를 주목한다. 그리고 '통섭通攝'이라는 용어를 대표 개념으로 선택한다.

원효의 언어체계는 다채로운 결이 중층적, 융섭적으로 어우러져 직조되어 있다. 그의 사유를 구성하는 언어는 그 깊이와 높이, 넓이를 헤아리기 어렵다. 상찬을 위한 수사적 과장이 아니다. 한 글자, 한 문장, 한 단락씩 짚어 가며 대화를 시도하다 보면, 언제나 예상보다 앞선 자리에서 손짓하는 원효를 보며 흠칫 놀라게 된다. 이런 수준의 인물을 등장시킨 한반도 토착지성의 역량이 놀랍기만 하다. 원효가 펼치는 다채로운 통찰과 언어는 '서로를 향해 열려 있고', '서로를 껴안아 들이는 면모'가 특히 뚜렷하다. 그의 사상이 그러하기 때문이다. 그런 점에서 원효사상은 단연 '통섭通攝'적이다. 열려 있기에 '서로 통하고'(通), 걸림 없이 받아들이고 또 들어가기에 '서로 껴안는다'(攝).

학제 간 융합의 요청을 흔히 '통섭統攝'이라는 말에 담는 경향이 있다. 융합을 추구하는 일련의 방법론적 경향을 아예 '통섭학統攝學'이라 부르기도 한다. 그런데 '통섭統攝'과 '통섭通攝'은 같은 의미가 아니다. '통섭統攝'은, '다양한 것들을 하나로 통합하려는 지향'이라는 점에서, 편입과 통일의 권력적 속성이 수반할 수 있다. 이에 비해 '통섭通攝'은, '다양한 차이들이 서로 통하고 서로를 받아들이는 지평'이라는 점에서, 권력적 위계나 흡수통일의 유혹을 원천에서 해체시킨다. 원효사상에서 보자면, 융합은 '통섭統攝'이 아니라 '통섭通攝'이어야 한다. 차이들이 각자의 자리에서 자신을 사방으로 열고 서로를 받아들이면서 더 좋은 이로움을 향해 역동적으로 변화해 가는 것이 원효의 통섭이다. 실제로 원효는 '통섭統攝'이 아니라 통섭通攝·통通·섭攝·총섭總攝·회통會通·화회和會라는 말을 즐겨 구사하는데, 그 용어들이 채택되는 맥락을 보면 모두가 '통섭通攝' 지평의 언어적 변주이다.

'통通'은 〈막힘을 뚫음, 닫힌 것을 열리게 함, 상호 개방을 통한 상호 만남, 상호 인정〉 등의 의미로, '섭攝'은 〈다 포괄함, 포용함, 끌어안음, 서로 섞임, 상호 수용, 상호의존과 상호작용을 허용함〉 등의 의미로 사용된다. 필자가 통섭通攝을 '상호개방(通)과 상호수용(攝)'이라 풀어 사용할 때는 이런 의미들을 모두 반영하고 있다. 일일이 열거하기 어려울 정도로 빈번하게 사용되는 이러한 용어들은 원효철학의 특징을 적절히 드러내 주고 있다. 또한 '통通'이나 '섭攝'이라는 말을 사용하지 않을 때라도 내용은 '통通/섭攝'인 경우가 원효저술을 관통하고 있다. 화쟁철학에서 특히 그러하다. 원효가 화쟁논법을 전개할 때 가장 역점을 두는 것은 '문'(門; 조건인과의 맥락/계열)의 식별과 구분'인데, 문門 구분을 통해 펼치는 화쟁논법은 결국 '통/섭'으로 귀결된다. 통섭을 위해 화쟁논법을 펼치는 것이다. 이런 사정은 일심철학에서도 마찬가지다. 원효가 즐겨 구사하는 일一·무이無二·불이不二·일미一味·무주無住 등의 용어, 일심一心·이문二門·화쟁和諍의 이론들도 모두 '통섭'으로 수렴된다.

결국 일심철학과 화쟁철학 모두를 관통하면서 일심철학과 화쟁철학의 핵심 내지 목표를 드러내는 용어와 내용은 '통/섭'으로 볼 수 있다. 원효철학을 관통하고 또 총괄하는 상위원리, 원효의 탐구가 귀결되고 그의 철학이 지닌 특징을 대변하는 것은 '통섭'이다. 원효의 모든 언어를 '통섭 사유의 다양한 변주'로 읽으면 그 의미를 적절하게 포착할 수 있다.

원효의 통섭철학이 해결하려는 것은 결국 인간이 품어 온 '동일성 환각'이다. 다시 상세히 거론하겠지만, 유사한 차이들을 묶어 언어라는 기호에 담아 처리하는 능력을 고도화시켜 언어인간이 된 이래, 인간은 언어에 담긴 유사한 차이들을 '동일한 것'으로 간주하여 비교·분석·판단·평가와 법칙구성의 유용한 토대로 삼았다. 그러나 아무리 유용한 것일지라도 '동일성'은 실재하지 않는 허구이다. 그런 점에서 동일성에 기초한 인간의 문화와 문명은 근본적으로 환각에 기대어 있다. 그리고 동일성 문화와 문명을 구축하는 과정에서 인간은 '동일성 환각'을 깊숙이 내면화시켰고, 급기야 '동일성'이 실재한다는 확신을 군혀 왔다. 종교도 동일성 관념에 포획되었다. '불변·독자의 동일성을 지닌 궁극실재'를 전능의 구원자로 옹립하고 '불변의 동일성이 주어지는 축복과 시혜'를 현세나 내세의 구원으로 앙망하는 체계를 구축했다. 신비주의 전통에서는 '불변·동일의 궁극실재'에 대한 체득을 깨달음의 목표로 설정하여 뭇 구도자들을 현혹시켜 왔다.

이 모든 과정에서 인간은 동일성 및 그와 맞물려 있는 불변성과 독자성을 보호하고 정당화시키기 위한 사유방식을 가꾸어 왔다. 무조건/절대주의 사유, 순수/본질주의 사유가 그것이다. 〈모든 현상은 조건 인과적으로 발생·존속·소멸하면서 변화와 관계를 필연적 속성으로 안고 있다〉는 것은 부인할 수 없는 '사실 그대로'이다. 붓다가 설하는 연기법緣起法도 정확히 그 점을 일깨워 주는 것이다. 그러나 언어에 수반하는 동일성 환각에 포획된 개인과 세상은 '무조건·절대·동일·

독자·순수·본질·실체를 옹호하는 사유방식'을 고안하여 연기적 사유를 외면해
왔다. 무조건·절대·동일·순수본질 관념에 의해 사유와 욕망 및 행위들이 배타적
으로 폐쇄되어 자신과 타자의 차이들에 대해 부당한 폭력을 펼치게 된 것은 그 필
연적 결과물이다. 동일성의 무지와 기만 및 폭력은 인간의 사유와 감정, 욕망과
행위를 장악했다. 철학과 종교, 문화와 전통 및 제도를 든든한 우군으로 삼아.

동일성 환각은 차이들을 부당하게 대접하거나 배제·정복하려는 폭력성을 원
천으로 품은 채, 그 살기를 분출할 기회만 기다린다. 인간이 집단의 구성원으로
생존을 도모한 이후, 특히 국가방식의 군집 방식이 정착한 이후로, 이 동일성 환
각에 의한 불통·차별·배제의 체계는 국가적 기획 아래 보호받았다. 국가적 범주
의 논리와 사상, 문화와 전통, 관습과 제도에 의해 보호되고 강화되었다. '닫힘과
밀어냄'을 속성으로 삼는 이 동일성의 무지와 폭력이, 개인에서는 본능처럼 내면
화되었고 사회와 세상에서는 지배적 운영원리로 군림하게 되었다. 지구행성 인
간의 행적 전체를 체계적으로 정리하고 종합적으로 성찰할 수 있게 된 작금에서
야, 우리는 그 사태의 전말을 제대로 이해할 수 있게 되었다. 아울러 붓다의 혜안
과 연기緣起 법설이 지닌 통찰력과 치유력의 수준 및 그 의미를 문명 계보학의 차
원에서 절감하게 되었다. 동일성 환각에 의한 '닫힘과 밀어냄'의 무지와 폭력, 그
에 수반하는 배타적 소유문명의 속성과 정체를 원천에서 짚어 볼 수 있게 되었고,
'열림과 끌어안음'의 지혜와 자비, 그에 수반하는 연기 공동체문명의 내용과 전망
을 구체적으로 품을 수 있게 되었다. 원효는 붓다 법설의 이러한 면모를 '통섭'으
로 읽어 소화한 인물이다.

통섭에 초점을 두고 원효와 대화하면, 그의 사상이 지니는 삶과 세상에 대한
이해와 치유력 그리고 희망의 전망을 '지금 여기'로 불러올 수 있게 된다. 일심一心
의 언어를, '저 높은 신비의 자리'로 올려놓고 온갖 찬사로 숭앙하거나 메마른 사
변 유희의 소재로나 즐긴다면, 원효의 모든 것은 박제화되고 관람용 전시유물이
되고 만다. 원효를 '지금 여기'로 소환하여 그와 함께 '오늘의 좋은 세상'을 만들어
가려면, 원효사상의 통섭적 면모에 집중하는 것이 적절하다. 원효가 눈떠 걸어간
통섭의 길은, 걸어 볼 엄두도 못 내고 황홀하게 쳐다보거나 해야 할 구름 위의 신

비가 아니다. 그의 통섭은, 붓다의 법설처럼, 개인 치유력과 사회 치유력이 근원적 수준에서 동시적으로 결합하여 일상에서 작동할 수 있는 힘이다. 게다가 이 문제해결력은 깊고 탄탄한 철학적 성찰을 딛고 있기에, 당위적 명제 수준을 맴돌곤 하는 사회적 구호 수준을 훌쩍 넘어선다.

『대승기신론소』·『대승기신론별기』 및 『금강삼매경론』에서 '통섭通攝'이라는 용어가 직접 사용되고 있는 사례만이라도 확인해 보는 것이 유익할 것이다. 원문과 번역을 함께 소개한다. 먼저 『대승기신론소』와 『대승기신론별기』에서의 사례이다.

"처음 [본연의 측면에서 총괄적으로 펼침](就體總立)] 중에서 〈현상이라고 하는 것은 중생의 마음을 말한다〉(所言法者, 謂衆生心)라는 것은, [대승] '자신의 [온전한] 본연'(自體)을 현상(法)이라 말하는 것이다. 지금 대승에서는 모든 현상에 다 각자의 실체가 없으며 오로지 '하나처럼 통하는 마음'(一心)을 그 '자신의 [온전한] 본연'(自體)으로 삼으니, 그러므로 〈현상이란 중생의 마음을 말한다〉(法者, 謂衆生心)라고 하였다. 〈이 [중생의] 마음이 곧 [세간과 출세간의] 모든 것을 포섭하고 있다〉(是心卽攝一切)라고 한 것은, '대승[에서 말하는] 현상'(大乘法)이 '소승[에서 말하는] 현상'(小乘法)과 다름을 드러낸다. 참으로 이 [중생의] 마음이 모든 현상(法)을 [서로] 통하게 하고 [서로] 포섭하게'(通攝) 하기 때문에 '모든 현상 자신의 [온전한] 본연'(諸法自體)은 오로지 '하나처럼 통하는 마음'(一心)이니, 소승에서 〈모든 현상에는 각각 자신의 실체가 존재한다〉(一切諸法各有自體)라고 말하는 것과는 같지 않은 것이다. 그러므로 '하나처럼 통하는 마음'(一心)이 '대승의 현상'(大乘法)이라고 말하는 것이다."[4]

"만약 '두 측면'(二門)이 서로 다른 본연(體)은 아니라도 두 측면이 서로 어긋나 서로 통하지 않는 것이라고 한다면, '참 그대로인 측면'(眞如門)에서는 진리(理)는

---

4 『대승기신론소』(H1-704a8~14)/『회본』(H1-740a6~13)/『별기』의 내용도 대동소이; "初中〈所言法者, 謂衆生心〉者, 自體名法. 今大乘中, 一切諸法皆無別體, 唯用一心爲其自體, 故言〈法者, 謂衆生心〉也. 言〈是心卽攝一切〉者, 顯大乘法異小乘法. 良由是心通攝諸法, 諸法自體唯是一心, 不同小乘一切諸法各有自體. 故說一心爲大乘法也."

포섭하지만 현상은 포섭하지 못해야 할 것이고, '[근본무지에 따라] 생멸하는 측면'(生滅門)에서는 현상은 포섭하지만 진리는 포섭하지 못해야 할 것이다. 그러나 지금 두 측면은 서로 '섞이고 통하여'(融通) 경계가 [확정적으로] 구분되지 않으므로 [두 측면이] 다 각각 진리와 현상의 모든 것들을 '[서로] 통하게 하고 [서로] 포섭하게'(通攝)하며, 따라서 〈두 측면은 서로 분리되지 않기 때문이다〉(二門不相離故)라고 하였다."[5]

"처음[의 '참 그대로인 마음측면'(心眞如)을 해설하는] 문단에는 세 가지가 있으니, 첫 번째는 '[핵심을] 간략히 제시함'(略標)이고, 두 번째는 '자세히 해석함'(廣釋)이며, 세 번째는 '[문답을] 주고받으며 의심을 제거함'(往復除疑)이다. [첫 번째인] '[핵심을] 간략히 제시함'(略標)에서 말한 〈하나처럼 통하는 [차이들의] 현상세계〉(一法界)라는 것은 '참 그대로인 측면'(眞如門)이 의거하는 '[온전한] 본연'(體)을 드러낸 것이니, '하나처럼 통하는 마음'(一心)이 바로 '하나처럼 통하는 [차이들의] 현상세계'(一法界)이기 때문이다. 이 '하나처럼 통하는 [차이들의] 현상세계'(一法界)는 '[개별적 양상'(別相)과 '총괄적 양상'(總相), 이] 두 가지 측면을 '[서로] 통하게 하고 [서로] 포섭하게 하지만'(通攝), 지금은 '개별적 양상의 측면'(別相門)을 취하지 않고 이 중에서 단지 '총괄적 양상의 진리측면'(總相法門)만을 취하였다. 그런데 '총괄적 양상'(總相)에 있는 '네 가지 종류'(四品) 가운데서 [유식에서 설하는] '세 가지 모두 각자의 본질이 없음'(三無性)[6]을 밝히는 도리가 드러내는 '참 그대로'(眞如)를 설하기 때문에 〈크나큰

---

5 『별기』(H1-679c6~11); 『회본』(H1-741b22~c3) "設使二門雖無別體, 二門相乖不相通者, 則應眞如門中, 攝理而不攝事, 生滅門中, 攝事而不攝理. 而今二門互相融通, 際限分無, 是故皆各通攝一切理事諸法, 故言〈二門不相離故〉."

6 삼무성三無性: 인도 유식학파에서 말하는 변계소집성遍計所執性(分別性)·의타기성依他起性·원성실성圓成實性(眞實性)이라는 삼성三性의 있음(有)에 대해 이 삼성三性의 공의空義를 설명한 것으로서 ① 상무성相無性(lakṣaṇa-niḥsvabhāvatā), ② 생무성生無性(utpatti-niḥsvabhāvatā), ③ 승의무성勝義無性(paramārtha-niḥsvabhāvatā)을 말한다. 변계소집성은 망념으로 두루 분별하고 거기에 집착하는 것이고, 의타기성은 다른 것에 의존하여 발생하는 것이며, 원성실성은 참됨이 완전하게 이루어진 면모인데, 이 세 가지 모두 불변·독자의 본질이 없다는 뜻이다. 삼무자성三無自性이라고도 한다. 이것은 현상의 '본연의 면모'(性)를 세 가지 측면에서 밝힌 것이다.

총괄적 양상〉(大總相)이라고 하였다. '일정한 법칙'(軌)이 '참된 이해'(眞解)를 생겨나게 하기 때문에 〈법法〉이라 하였고, [이것으로] 열반에 통하여 들어가므로 〈문門〉이라 하였다. '하나처럼 통하는 [차이들의] 현상세계'(一法界)가 [자신의] '[온전한] 본연'(體)에 의거하여 '근본무지에 따라] 생멸하는 측면'(生滅門)을 만들어 내는 것과 같이, 마찬가지로 [자신의] '[온전한] 본연'(體)에 의거하여 '참 그대로인 측면'(眞如門)을 만든다. 이러한 뜻을 드러내고자 하기 때문에 〈[온전한] 본연〉(體)이라 말하였다."[7]

  "〈[분별을] 서로 이어 가는 마음양상〉(相續心相)이라 말한 것은 아리야식阿梨耶識과 같은 것이다. 다만 '[분별에 따라] 생멸하는 [측면]'(生滅)과 '[분별에 따라] 생멸하지 않는 [측면]'(不生滅)에 '[모두] 통하고 [모두] 포섭하는 것'(通攝)을 '[근본무지에 지배받지 않는 본연과 '근본무지에 지배받는 오염'이] 동거하고 있는 식'(和合識)이라 부르는 것은 '진리 몸인 깨달음 본연의 면모'(法身本覺義)를 드러내기 위한 것이고, '[분별에 따라] 생멸하는 양상'(生滅相) 안의 '그 [생멸하는] 양상'(自相) 만을 선택하여 '[분별을] 서로 이어 가는 마음'(相續心)이라 부르는 것은 '[중생에] 응하여 나타내는 진리 몸인 비로소 깨달아 감의 면모'(應身始覺義)를 드러내기 위한 것이다. '[서로 이어 가는 마음'(相續心)의] 양상'(相)이란 '근본무지(無明)에 의해 '깨달음의 본연'(本覺)을 동요시키는] 움직이는 양상'(業相)이니, [따라서] ["상속심상相續心相을 소멸시킨다"는 이 『대승기신론』의 말은 '[분별을] 서로 이어 가는 마음' [자체]를 소멸시킨다는 것이 아니라 단지 '[분별을] 서로 이어 가는 마음의 [움직이는(業)] 양상'(相續心相)을 소멸시킨다는 것이다. [움직이는] 양상이 소멸할 때 저 '[분별을] 서로 이어 가는 마음'은 '[분별하는] 식의 양상'(識相)에서 완전히 벗어나 '온전한 지혜'(圓智)로 바뀌기 때문에 〈지혜가 온전해진다〉(智淳淨故)고 말했으니, 이것이 바로 '[중생에] 응하여 나타내는 진리 몸인 비로소 깨달아 감의 면모'(應身始覺義)이다. 그런데 이 '비

---

7 『소』(H1-705b16~c1)/『회본』(H1-743b22~c7)/『별기』에는 없음: "初文有三, 一者, 略標, 二者, 廣釋, 其第三者, 往復除疑. 略標中言〈卽是一法界〉者, 是擧眞如門所依之體, 一心卽是一法界故. 此一法界通攝二門, 而今不取別相之門, 於中但取總相法門. 然於總相有四品中, 說三無性所顯眞如, 故言〈大總相〉. 軌生眞解, 故名爲〈法〉, 通入涅槃, 故名爲〈門〉. 如一法界擧體作生滅門, 如是擧體爲眞如門. 爲顯是義, 故言〈體〉也."

로소 깨달아 감'(始覺)에는 [깨달음의 본연과는] 별개인 '비로소 일어남'(始起)이 없으니, 곧 〈온전한 바탕인 '깨달음의 본연'〉(本覺體)이 [분별에 의한] 오염에 따라 오염된 깃들을 짓다가 이제 스스로 '오염의 조건들'(染緣)을 다시 온전하게 한 것을 '비로소 깨달아 감'이라 부를 뿐이다. 그러므로 '비로소 깨달아 감'이란 곧 '깨달음의 본연이 [오염의] 조건들에 따라 [그 조건들을 치유하는] 면모'(本覺之隨緣義)이다. 『입능가경入楞伽經』에서 〈그러므로 대혜大慧여! 모든 [식識의] '자기 양상'(自相)이 사라지는 것이니, [이때] '자기 양상이 사라진다'(自相滅)는 것은 '[근본무지에 의해 본연적 깨달음을 동요시키는] 움직이는 양상'(業相)이 사라지는 것이다. 만약 '자기 자체'(自相)가 사라지는 것이라면, '불교와는 다른 가르침'(外道)이 [주장하는] 〈'아무것도 없다는 견해'처럼 '근거 없는 주장'〉(斷見戱論)과 다르지 않으니, 불교와는 다른 모든 가르침들은 〈모든 대상에서 떠나면 '[분별을] 서로 이어 가는 식'(相續識)이 소멸하고, '[분별을] 서로 이어 가는 식'이 다 소멸하면 곧 모든 식識 [자체]가 소멸한다〉라고 말한다. 대혜여, 만약 '[분별을] 서로 이어 가는 식' [자체]가 사라져 버리는 것이라면, 시작을 알 수 없는 때부터 [이미] 모든 식識은 사라졌어야 한다〉라고 말하는 것이 바로 이것을 일컫는 것이다."[8]

『금강삼매경론』에서의 사례는 다음과 같다. 『금강삼매경』와 『금강삼매경론』 모두 등장하는 것이 주목된다. 『금강삼매경』 편찬과 원효와의 관련성을 추정케 하는 단서일 수 있기 때문이다.

"부처님께서 말씀하셨다. 〈[계율을 성립시키는] 네 가지 조건'(四緣)이라는 것

---

8 『별기』(H1-687b11~c1); "言〈相續心相〉者, 猶是阿梨耶識. 但通攝生滅與不生滅, 名和合識, 爲顯法身本覺義故, 偏取生滅相內自相, 名相續心, 爲顯應身始覺義故. 相是業相, 此不滅相續心, 但滅相續心相. 相滅之時, 其相續心永離識相, 轉成圓智故, 言〈智淳淨故〉, 卽是應身始覺義也. 然此始覺無別始起, 卽本覺體隨染作染, 今自染緣還得淳淨, 名始覺耳. 是故始覺卽是本覺之隨緣義也. 如經言, 〈是故大慧, 諸自相滅, '自相滅'者, 業相滅. 若自相者, 不異外道斷見戱論, 外道說, 離諸境界, 相續識滅, 相續識滅已, 卽滅諸識. 大慧! 若相續識滅者, 無始世來, 諸識應滅〉, 正謂此也."

은 [다음과 같은 것이다.] 첫 번째는 '선택하여 [번뇌를] 소멸시키는⁹ 힘을 조건으로 취하는 것'(作擇滅力取緣)이니 '규범을 끌어안는 계율'(攝律儀戒)[을 성립시키는 것]이고, 두 번째는 '[깨달음의] 본연[인 '사실 그대로 앎']이 지닌 이로움의 온전한 능력이 [그것이] 일으킨 것들의 조건이 되는 것'(本利淨根力所集起緣)이니 '이로운 것들을 끌어안는 계율'(攝善法戒)[을 성립시키는 것]이며, 세 번째는 '[깨달음의] 본연[인 '사실 그대로 앎']이 지닌 지혜의 크나큰 연민의 힘이 조건이 되는 것'(本慧大悲力緣)이니 '중생을 끌어안는 계율'(攝衆生戒)[을 성립시키는 것]이고, 네 번째는 '하나처럼 통하게 하는 깨달음과 상통하는 지혜의 힘이 조건이 되는 것'(一覺通智力緣)이니 [삼취계三聚戒로 하여금] '사실 그대로에 따라 머무르게 하는 것'(順於如住)[을 성립시키는 것]이다. 이들을 가리켜 '[계율을 성립시키는] 네 가지 조건'(四緣)이라고 한다. 훌륭한 이여! 이와 같은 '네 가지 조건이 지닌 크나큰 힘'(四大緣力)은 '분별하는 양상'(事相)에 머무르지 않지만 능력(功用)이 없지 않으니, '하나처럼 통하는 자리'(一處)에서 벗어나서는 구할 수가 없다. 훌륭한 이여! 이와 같은 '하나처럼 통하는 일'(一事)이 [보살의] 여섯 가지 수행과 '[모두] 통하고 [서로] 끌어안고 있으니'(通攝), 이것이 부처님의 깨달음인 '모든 [것을 사실 그대로 만나게 하는] 지혜의 바다'(薩般若海)이다.〉"¹⁰

"이 글은 ['대승의 세 부류의 계율들이 참된 면모[인 '사실 그대로']로부터 이루어짐을 밝힌 것'(明三聚戒從眞性成)의 다섯 부분 중에서] 네 번째인 [부처님께서 사리불에게] '자세하게 말씀한 것'(廣說)이다. 여기에는 두 가지가 있으니, 첫째는 곧바로 대답하여 '계율[이 성립하는] 원인과 조건'(戒因緣)을 밝힌 것이고, 둘째는 이어서 '모든 수행을 포섭함'(攝一切行)을 밝힌 것이다. 처음 가운데 〈[계율을 성립시키

---

9 택멸擇滅: 지혜에 의해 대상을 잘 가려내어 번뇌를 소멸시킨다는 뜻이다. 아비달마 논서에서 채택한 '다섯 가지 범주로 구분되는 75가지 것들'(五位七十五法)에 따라 존재를 분류한 방식에서는 무위법無爲法에 해당하는 것이다.

10 『금강삼매경』(H1, 651a12~19); "佛言,〈四緣者, 一謂作擇滅力取緣, 攝律儀戒, 二謂本利淨根力所集起緣, 攝善法戒, 三謂本慧大悲力緣, 攝衆生戒, 四謂一覺通智力緣, 順於如住. 是謂四緣. 善男子! 如是四大緣力, 不住事相, 不無功用, 離於一處, 卽不可求. 善男子! 如是一事, 通攝六行, 是佛菩薩般若海.〉"

는] 네 가지 조건〉(四緣)이라는 것은, 〈'하나처럼 통하는 마음'인 '깨달음의 본연'이 지닌 이로움〉(一心本覺利) 안에는 '네 가지 힘의 작용'(四力用)을 갖추어 '[대승의] 세 부류의 계율들[을 이루는 네 가지] 조건'(三[聚]戒[四]緣)을 만드는데, 첫 번째는 '[번뇌의] 소멸을 위해 의지하는 조건'(滅依止緣)이고, 두 번째는 '['이로운 것'(善法)을] 생겨나게 하기 위해 의지하는 조건'(生依止緣)이며, 세 번째는 '[중생을] 껴안기 위해 의지하는 조건'(攝依止緣)이고, 네 번째는 '[분별하는 양상'(事相)에서] 벗어나기 위해 의지하는 조건'(離依止緣)이 그것이다. '[번뇌의] 소멸을 위해 의지한다'(滅依止)는 것은, '깨달음의 본연'(本覺)[인 '사실 그대로 앎']에 있는 '본연의 온전한 능력'(性靜功德)은 '모든 번뇌의 속성'(諸煩惱自性)과는 서로 어긋나니 이러한 조건(緣)을 가지고 '규범을 끌어안는 계율'(攝律儀戒)을 이루는 것이다. '[이로운 것'(善法)을] 생겨나게 하기 위해 의지한다'(生依止)는 것은, '깨달음의 본연'(本覺)[인 '사실 그대로 앎']에 있는 '본연의 이로운 능력'(性善功德)은 '모든 이로운 능력의 속성'(諸善根自性)과 서로 따르니 이러한 조건(緣)을 가지고 '이로운 것들을 끌어안는 계율'(攝善法戒)을 이루는 것이다. '[중생을] 껴안기 위해 의지한다'(攝依止)는 것은, '깨달음의 본연'(本覺)[인 '사실 그대로 앎']에 있는 속성(性)은 '크나큰 연민의 속성'(大悲自性)을 이루어 모든 중생을 버리지 않으니 이러한 조건(緣)을 가지고 '중생을 끌어안는 계율'(攝衆生戒)을 이루는 것이다. '[분별하는 양상'(事相)에서] 벗어나기 위해 의지한다'(離依止)는 것은, '깨달음의 본연'(本覺)[인 '사실 그대로 앎']에 있는 속성(性)은 '지혜의 속성'(般若自性)을 이루어 모든 '분별하는 양상'(事相)에서 벗어나니 이러한 '원인과 조건'(因緣)을 가지고 '[대승의] 세 부류의 계율들'(三聚戒)로 하여금 '분별하는 양상'(事相)에서 벗어나 '사실 그대로에 따라'(順如) 머무르게 하는 것이다. 앞의 세 가지는 '[섭율의계攝律儀戒·섭선법계攝善法戒·섭중생계攝衆生戒 각각을 성립시키는] 개별적인 조건'(別緣)이고, 뒤의 하나는 '[세 가지 모두에 통하는] 공통적인 조건'(通緣)이다. 보살이 '[깨달음을 향해] 마음을 일으켜'(發心) '[섭율의계攝律儀戒·섭선법계攝善法戒·섭중생계攝衆生戒, 이] 세 가지 계율'(三戒)을 받을 때 '깨달음의 본연[인 '사실 그대로 앎']이 지닌 이로움'(本覺利)에 따라 '계율을 받아 간직하기'(受持) 때문에, 이 '네 가지 조건'(四緣)을 가지고 '[대승의] 세 부류 계율들'(三聚戒)을 모두 갖춘다. [계율을 성립시키는 네 가지 조건들의] 핵심 내용(大意)은 이와 같다.

다음으로는 [경전의] 그 문장들을 풀이한다. ['계율을 성립시키는 네 가지 조건'(四緣) 가운데 〈첫 번째는, 선택하여 [번뇌를] 소멸시키는 힘을 조건으로 취한다〉(一謂作擇滅力取緣)라는 것은, '깨달음의 본연'(本覺)[인 '사실 그대로 앎']은 본래부터 번뇌의 결박에서 벗어나 있어 [그] 본연(體)에 의거하여 '[번뇌를] 소멸시킨 해탈'(擇滅解脫)을 이루고 이 힘으로 '각각의 계율을 통해 이루는 해탈'(別解脫戒)[11]을 취할 수 있는 것을 말한다. 마치 자석이 바늘을 끌어당김에 있어 비록 의도(作意)가 없어도 힘이 작용하고 있는 것과 같은 것이니, 여기서의 도리도 그와 같음을 알아야 한다. 〈두 번째는, [깨달음의] 본연[인 '사실 그대로 앎']이 지닌 이로움의 온전한 능력이 [그것이] 일으킨 것들의 조건이 된다〉(二謂本利淨根力所集起緣)라는 것은, '깨달음의 본연'(本覺)[인 '사실 그대로 앎']이 지닌 본래부터의 '본연의 온전한 능력'(性靜功德)이 '모든 수행의 능력'(諸行德)과 함께하면서 [그 수행능력들의] 근본을 이루는데, 이 '근본이 되는 힘'(根力)으로 말미암아 '모든 이로운 것들'(諸善法)을 일으켜 [이렇게] 일으켜진 이로운 것들의 [발생]조건이 되니, 바로 이 조건이 '이로운 것들을 끌어안는 계율'(攝善法戒)을 성립시킨다. 〈세 번째는 '[깨달음의] 본연[인 '사실 그대로 앎']이 지닌 지혜의 크나큰 연민의 힘이 조건이 되는 것'이니, '중생을 끌어안는 계율'[을 성립시키는 것이다]〉(三謂本慧大悲力緣, 攝衆生戒)라는 것은, '깨달음의 본연'(本覺)[인 '사실 그대로 앎']이 지닌 '세속을 [사실 그대로] 비추는 지혜'(照俗之慧)는 바로 '크나큰 연민'(大悲)이고 [이것으로] 언제나 중생들[의 갈증]을 적셔 주니, 이 조건을 가지고 '중생을 끌어안는 계율'(攝衆生戒)을 성립시키는 것이다. 〈네 번째는 '하나처럼 통하게 하는 깨달음과 상통하는 지혜의 힘이 조건이 되는 것'이니, [삼취계三聚戒로 하여금] '사실 그대로에 따라 머무르게 하는 것'[을 성립시키는 것이다]〉(四謂一覺通智力

---

11 별해탈계別解脫戒: 특정한 계戒를 지킴에 따라 특정한 잘못에서 벗어난다는 의미로 별해탈別解脫이라는 말을 쓴다. 즉, 하나씩 해탈하게 하는 '계의 내용'(戒本)을 가리킨다. 이를테면 불살생의 계를 지키면 살생하는 죄로부터 벗어나게 되므로, 불살생계를 통해서 '하나의 해탈'(別解脫)을 이루게 된다는 것이다. 별해탈율의別解脫律儀, 별해탈조복別解脫調伏, 바라제목차율의波羅提木叉律儀 등으로도 한역漢譯된다. 팔리어로는 'pāṭimokkha-saṃvara'라 하고, 산스크리트어로는 'prātimokṣa-saṃvara'라고 한다.

緣, 順於如住)라는 것은, '깨달음의 본연'(本覺)[인 '사실 그대로 앎']이 지닌 '[사실 그대로] 비추어 통하게 하는 본연의 지혜'(照通性智)가 '[대승의] 세 부류의 계율들'(三聚戒)로 하여금 모두 '사실 그대로에 따라 머무르게 하는 것'(順如住)이다. 이와 같은 '[계율을 성립시키는] 네 가지 조건'(四緣)은 [그] 본연(體)이 '모든 현상세계'(法界)에 두루 통하고 [그] 작용(用)은 '온갖 수행'(萬行)을 포괄(攝)하니 그러므로 〈크나큰 힘〉(大力)이라고 하였고, 비록 '크나큰 힘'을 지녔지만 '한 맛[처럼 통함]'(一味)과 같아서 모든 '언어가 나타내는 차이를 [불변·독자의 본질/실체로 간주하여] 차별하는 작용'(名相差別事用)에서 벗어나 있으니 그러므로 〈분별하는 양상에 머무르지 않는다〉(不住事相)라고 말하였다. [또] 비록 '분별하는 양상'(事相)은 없지만 '뛰어난 능력'(勝能)이 있어서 '세속에서 풀려나는 모든 수행의 능력'(出世一切行德)을 포섭할 수 있으니, 그러므로 〈능력이 없지 않다〉(不無功用)라고 말하였다. 이와 같은 것이기 때문에 단지 '깨달음의 본연'(本覺)[인 '사실 그대로 앎']일 뿐이니, '세속의 도리'(俗法) 가운데서는 이와 같은 뜻이 없기 때문에 〈하나처럼 통하는 자리'에서 벗어나서는 구할 수가 없다〉(離於一處, 即不可求)라고 하였다. 이상으로 '[대승의] 세 부류의 계율들[을 성립시키는] 조건'(三聚戒緣)을 하나씩 밝혔다. 이하에서는 그 '[네 가지 조건이 지닌 크나큰 힘'(四大緣力)을 포괄하는 '하나처럼 통하는 일'(一事)]이 '모든 수행'(萬行)과 '통하면서 [서로] 끌어안고 있음'(通攝)을 밝힌다. '믿음을 세우는 열 가지 단계'(十信)로부터 시작하여 '[차이들을] 평등하게 볼 수 있는 깨달음[의 경지]'(等覺)[12]에 이르기까지,

---

12 등각等覺: 원효의 관점에 따르면, 보살수행의 52단계(52位)에서 십지十地 이전인 십신十信·십주十住·십행十行·십회향十廻向 단계에서의 관행은 모두 방편관에 속하고, 십지 초지初地부터의 관행은 정관에 해당한다. 그에 의하면, 자리행과 이타행이 하나로 결합되는 분기점은 십지의 초지이며, 십지부터는 자리행과 이타행이 근원에서 하나로 결합하는 경지가 펼쳐지게 되고, 등각等覺과 묘각妙覺에 이르러 그 완벽한 경지가 된다. 또 십지의 초지初地 이상의 지평을 여는 정관正觀의 핵심을 원효는 유식관唯識觀으로 본다. 정관이 작동하는 초지 이상의 경지에서 현상과 존재의 사실 그대로인 진여공성眞如空性에 직접 접속하게 되고, 그때 '[사실 그대로]'를 비로소 깨달은' 시각始覺을 증득하여 본각本覺[인 '사실 그대로 앎']과 상통하게 되어 '시각이 곧 본각'이라는 일각一覺의 지평에 올라선다. 이후의 과제는 본각과의 상통 정도를 확장해 가는 것이다. 초지에서 위로 올라갈수록 상통의 원만성이 확대되다가, 등각等覺 경지에서 성취하게 되는 금강삼매에 의거하여 마침내 묘각妙覺 지평이 열려 시각과 본각이 완전하게 하나가 된다. 등각等覺을 "行過十地, 解與佛同"이라고 설명하는 『보살영락본업경』의 이해(T24, 1018b2)에 따른다면, '등각等覺'의 한글 번역은 '이해가 부처와 같아진 깨달음의 경지' 정도가 무난할 것이다. 그러나 이러한 번역어는 등각等覺의 구체적 특징에 관한 정보를 제공

이러한 '[보살의] 여섯 가지 수행 지위'(六位)에 갖추어져 있는 '모든 수행'(諸行)은 다 '하나처럼 통하게 하는 깨달음'(一覺)에 포섭되어 이루어지니, 그러므로 〈하나처럼 통하는 일'이 [보살의] 여섯 가지 수행과 [모두] 통하고 [서로] 끌어안고 있다〉(一事通攝六行)라고 말하였다. 단지 보살만 이 '깨달음의 본연'(本覺)[인 '사실 그대로 앎']으로 돌아가는 것이 아니라 모든 부처님들의 '온전한 지혜'(圓智)도 똑같이 이 [깨달음의 본연'(本覺)[인 '사실 그대로 앎']의] 바다로 돌아가니, 그러므로 〈이것이 부처님의 깨달음인 '모든 [것을 사실 그대로 만나게 하는] 지혜의 바다'이다〉(是佛菩提般若海)라고 말하였다."13

하지 못한다. '부처와 같은 이해'가 구체적으로 어떤 특정적 내용을 염두에 두고 있는 것인지 알려 주지 않는다. 번역자의 이해를 명확하게 반영하려는 해석학적 번역을 추구할 때는 이런 모호한 번역어에 그칠 수가 없다. 십지의 초지初地 이상에서 직접 접속하게 된 '진여공성眞如空性'이라는 지평은 무지가 차이현상들에 덧씌우던 불변·독자의 본질/실체/본질이 해체된 '사실 그대로의 지평'이다. 이러한 의미를 고려할 때 '등각等覺'은, '차이들의 실체적/본질적 차별화를 만들어 내던 무지'에 매이지 않고 '차이들을 무 실체/무본질의 지평 위에서 실체적/본질적 차별 없이 만날 수 있는 능력이 고도화된 경지'로 풀이해 볼 수 있다. 이런 이해를 반영하여 '등각等覺'을 '[차이들을] 평등하게 볼 수 있는 깨달음'이라고 번역하였다. '등각等覺'의 의미를 이렇게 이해한다면, 등각等覺 이후에 등장하는 묘각妙覺은 '[차이들을] 사실대로 함께 만날 수 있는 깨달음'이라고 번역할 수 있을 것이다. 불교문헌에서 '묘妙'라는 개념을 사용할 때는 '실체적/본질적 구분이 해체되어 차이들이 동거/동행하는 지평'을 지시하기 때문이다. '묘妙'라는 한자어 자체도 '경계가 확정되지 않는 상태'를 지시하는 것이다. 『금강삼매경론』에서는 등각과 묘각에 관련된 내용이 자주 등장하는데, '등각等覺'과 '묘각妙覺'을 각각 '[차이들을] 평등하게 볼 수 있는 깨달음' 및 '[차이들을] 사실대로 함께 만날 수 있는 깨달음'으로 번역하는 것을 지지해 줄 수 있는 『금강삼매경론』의 내용은 〈H1, 636b23-c5, 641b10-16, 657b18-21〉 등이다.

13 『금강삼매경론』(H1, 651a20~c13); "此是第四廣說. 於中有二, 一者, 正答明戒因緣, 二者, 乘顯攝一切行. 初中言〈四緣〉者, 謂於一心本覺利中, 具四力用, 作三戒緣, 一滅依止緣, 二生依止緣, 三攝依止緣, 四離依止緣. 滅依止者, 謂本覺中性靜功德, 與諸煩惱自性相違, 是以緣成攝律儀戒. 生依止者, 謂本覺中性善功德, 與諸善根自性相順, 是以緣成攝善法戒. 攝依止者, 謂本覺中性, 成大悲自性, 不捨一切衆生, 是以緣成攝衆生戒. 離依止者, 謂本覺中性, 成般若自性, 捨離一切事相, 是以因緣, 令三聚戒, 捨離事相, 順如而住. 前三別緣, 後一通緣. 菩薩發心, 受三戒時, 順本覺利, 而受持故, 是以四緣, 具足三戒. 大意如是. 次消其文. 〈一謂作擇滅力取緣〉者, 本覺本離煩惱繫縛, 擧體而作擇滅解脫, 有力能取別解脫戒. 如似磁石, 引取於針, 雖無作意, 而有力用, 當知此中道理亦爾. 〈二謂本利淨根力所集起緣〉者, 謂本覺本來性淨功德, 與諸行德而作根本, 由此根力起諸善法, 爲所集起善法之緣, 卽此緣成攝善法戒. 〈三謂大慧大悲力緣, 攝衆生戒〉者, 謂本覺中照俗之慧, 卽是大悲, 恒潤衆生, 是以緣成攝衆生戒. 〈四謂一覺通智力緣, 順於如住〉者, 謂本覺中照通性智, 令三聚戒, 皆順如住. 如是四緣, 體遍法界, 用攝萬行, 故言〈大力〉, 雖有大力, 而同一味, 離諸名相差別事用, 故言〈不住事相〉. 雖無事相, 而有勝能, 能攝出世一切行德, 故言〈不無功用〉. 由是故, 只是本覺, 於俗法中, 無如是義, 故言〈離於一處, 卽不可求.〉上來別明三聚戒緣. 自下明其通攝萬行. 始從十信乃至等覺, 如是六位所有諸行, 皆是一覺之所攝成, 故言〈一事通攝六行〉. 非但菩薩歸此本覺, 諸佛圓智同歸此海, 故言〈是佛菩提般若海〉."

III.
원효 읽기의 과제와 전망

원효가 초대하는 통섭의 길을 오늘의 관심으로 읽어 내려면, 그의 언어를 읽어 온 전통적 독법에 머물지 말고 끊임없이 새로운 읽기를 시도해야 한다. 다수 학인들이 채택해 온 해석학적 시선과 읽기 방식에는 비판적으로 극복해야 할 내용이 목격되기 때문이다. 예컨대 그가 구사하는 일심이나 본각·진여·여래장 등의 긍정형 기호를, '실체-현상'론의 '실체實體(substance)'나 현상 이면의 '기체基體'를 지시하는 것으로 읽는 것은 심히 부적절하다. 본질·실체주의나 그것의 다양한 변형문법들을 끌어들여 원효의 언어를 요리하는 방식은 분명 극복되어야 한다. 원효의 유식학적 통찰을 유심적 세계발생론으로 치환하여 이해하는 것도 부적절하다. 또한 불교를 이해해 온 교학적 전통언어와 이론의 틀에 맞추어 원효의 언어를 그 틀 속에 재배치하는 방식 역시 일정 부분의 필요성을 제외하고는 적절하지 않다. 이런 방식은 과거의 이해 틀 속에서 순환할 뿐, 학인들의 '지금 여기 자기의 이해'를 능동적으로 반영하는 작업에는 무력하다. 지금 여기의 시선을 담은 새로운 독법을 지속적으로 생산해 내기 위해서는, 전통교학이 붓다의 언어를 충분히 제대로 읽어 왔을 것이라는 암묵적 합의에도 갇히지 않을 수 있어야 한다. 이래저래 우리는 아직 원효를 읽는 적절한 독법들을 충분히 확보하지 못하고 있다.

원효의 언어를 원전형태로 재구사하면서 이리저리 조합하고 분석하는 교학적 독법으로는 원효가 펼치는 통섭의 길과 만나기 어렵다. 불교학 전반의 문제이기도 하지만, 원효연구를 비롯한 불교연구는 이제 문헌학과 교학의 방법론적 관행과 내용에서 한 걸음 더 나아가야 한다. 문헌학과 교학의 성과를 품으면서도 오늘의 관심과 현재어로 자유롭게 재성찰하는 '성찰적 탐구'가 활성화되어야 한다. 응용불교나 비교철학적 격의格義불교가 '성찰 불교학'의 자리를 대신하는 것은 한계가 명백하다. '성찰 불교학'은 전통교학이 확보한 해석학적 권위에 주눅 들지 않는 기백과 역량 계발이 수반해야 가능한 일이다.

흥미로운 것은, 원효가 바로 이러한 '성찰적 불교탐구'의 주목할 만한 모범이라는 점이다. 원효는, 접할 수 있었던 모든 불교문헌과 교학을 정밀하게 탐구하면서도 결코 능동적 성찰의 끈을 놓지 않는다. 또 자신의 실존적 갈증과 무관한 메마른 사변에 몰두하지 않는다. 그리고 성찰적 탐구의 성과를 그 시대의 현재어인 한문에 담아 정밀하게 펼친다. 그는, 지적 성취로 우쭐대려는 현학적 지성도 아니고, 중심부 지식을 조금 익혀 와 행세하려는 주변부 지성도 아니며, 권력에 비위 맞추며 기생하려는 노예 지성도 아니다. 그는 당당한 태도로 자유롭게 성찰하였고, 치열하게 실험하였으며, 거칠게 자기를 검증하였다.

그는 '지식과 지식 너머', '언어와 언어 너머'를 모두 성취하여 양자를 결합시킨 성찰적 구도자였다. 또 그러한 수준을 방대한 지식과 정교한 언어에 담아 춤추듯 굴린다. 사유의 깊은 주름을 품은 뜨거운 열정. 경계와 만나면서도 빠져들거나 갇히지 않으려는 현장적 자기초월. 그리하여 차이의 파도를 타고 유희하듯 미끄러지며 노니는 힘 있는 자유인. 인간 원효가 내뿜는 강렬한 매력이다.

🪷 원효와 불교해석학(교학)들의 통섭通攝

원효의 사유는 동아시아 대승불교 전통 속에서 성립된 것이지만, 원효의 시야와 기획은 불교 전통 전체를 아우르고 있다. 북방불교 전통은 대승교학·대승불교가, 남방불교 전통은 상좌부와 부파불교가 대변한다면, 원효는 이 두 전통과 관련된 불교해석학(교학)의 핵심 내용을 모두 탐구하여 가히 '통섭通攝(서로 통하고 서로를 받아들임)이라 할 만한 관점을 제시하고 있다. 그것도 경이로운 수준으로 토해내고 있다. 원효시대의 문헌유통과 지성의 상호소통이 생각 이상으로 활발했을 가능성을 십분 감안하여도, 당시의 환경에서 그가 탐구한 내용의 방대함과 성찰적 소화력 및 그 통섭적 결실은 불가사의하다. 원효가 보여 주는 근원적 통찰과 광활한 전망, 치밀한 탐구와 능동적 역량은 소름을 돋게 한다.

대승교학·대승불교는 상좌부교학과 부파불교 내부의 교학적·종교적 요소들을 새롭게 소화하는 과정에서 출현한 것으로 보인다. 대승불교의 기원이나 부파불교와 대승불교 관계 등에 관한 다양한 연구결과들을 고려할지라도, 대승불교가 보여 주는 '이전 전통에 대한 비판적 태도'와 그 대안적 시선은 대승교학·대승불교가 새로운 해석학적·종교적 정체성을 확보하려는 노력들이었다는 점을 확인시켜 준다. 그리고 대승교학·대승불교와 그들이 비판대상으로 설정한 이른바 소승교학·소승불교는, 단절적 관계라기보다는 연속적 관계로 보아야 한다. 다만 그 연속성은 순응적 계승이 아니라 비판적 연접連接이다. 니까야(상좌부 전승)/아함(법장부·유부 전승)이라는 문헌에 담긴 붓다의 통찰에 대한 해석학인 상좌부교학과 부파불교는 붓다를 읽는 나름대로의 독법을 제시하였다. 대승교학도 사실상 그 독법들이 마련한 '붓다 이해의 기본 틀'에서 자유롭지 않다. 대승교학이 제시한 새로운 해석학도 그 의제 선택이나 관심의 범주는 대부분 기존 해석학이 마련한 틀 안에 놓여 있다. 다만 대승교학의 동아시아적 전개과정 속에서는 그 틀 자체에서 벗어나려는 의미 있는 내용과 행적이 목격된다. 이 점은 향후 원효학을 구성하는 과정에서도 주목할 필요가 있다.

상좌부·부파불교가 시도한 붓다와의 대화가 과연 얼마나 타당한 것이며 성공적이었는가를 되물어 보는 것은 언제나 필요하다. 사실 대승교학·대승불교의 등장도 그런 근원적 질문에 대한 대답이다. 근자에 한국불교에는 니까야 대장경과 상좌부교학에 의거하여 붓다를 만나려는 관심과 열정이 고조되어 있다. 한국불교를 비롯한 대승불교 권역에서는 역사적으로 니까야/아함을 면밀히 탐구하는 과정이 결여되어 있었다는 것이 가장 큰 이유이다. 대승교학이나 선불교만으로는 채워지지 않는 갈증이 확인될수록 붓다 법설의 역사적 원형에 대한 관심이 증가하였다. 그리고 그 연장선에서 붓다의 육성을 전하는 것으로 알려진 빨리어 대상경 한글번역본이 두 종류나 등장하였고, 빨리어 니까야 대장경이야말로 붓다의 육성이라고 주장해 온 남방 상좌부불교가 뜨거운 관심사로 부각되어 남방불교의 교학과 수행 관련 서적들이 대거 소개되었다. 그 결과 한국불교는 니까야 대장경과 이에 대한 남방 상좌부 교학/해석학을 통해 붓다의 법설에 접근해 볼 수 있는 여건을 확보하였다.

이 과정에서 부각된 것이 상좌부 전통의 교학·수행론이다. 기록과 전승에 따르면, 붓다 입멸 직후 결집된 붓다의 법설은 암송으로 전해지다가 붓다 입멸 이후 500여 년이 지나 스리랑카에서 처음 문자에 옮겨졌다. 4-5세기경에 현재의 내용으로 정비된 것으로 보이는 빨리어 니까야 대장경만을 붓다의 육성 친설親說이라 주장하면서 보존·탐구해 온 것이 상좌부 전통인데, 이 상좌부의 교학과 수행론이 붓다 법설에 대한 정통적 이해이고 또 가장 신뢰할 만한 내용일 것이라는 기대가 한국불교계에 고조되었다. 그리하여 직접 남방불교 권역에 가서 교학과 수행법을 익히는 학인들도 급증하였다. 상좌부 교학의 논서들도 속속 번역되었고, 상좌부 교학과 수행론을 중심으로 한 신행활동도 구도적 열정으로 지속적으로 확산되고 있다.

그런데 남방 상좌부전통을 '붓다의 육성불교'로 간주하는 시선은 한국불교의 대승과 선불교 전통에 대해 매우 비판적이다. 대승불교와 선불교 전통을 '비非불교' 내지 '변형된 힌두이즘'이라고까지 힐난한다. 반면에 대승과 선종을 신뢰하는 전통교단과 대승교학 진영 역시 '소승/소승관법'이라는 전통 해석학에 의거하여 상좌부 교학·수행의 부상에 대해 비판적인 태도를 보여 준다. 불교교학의 전개과정에서 이미 확인된 아비달마 교학의 문제점을 간과한 채, '붓다 전통의 순수한 계승'이라는 상좌부 전통의 일방적 주장에 의거하여 남방 상좌부불교를 찬미하는 것은 문제가 있다는 것이 그 비판의 핵심이다.

20세기 들어 새롭게 발견된 문헌들은 니까야/아함에 부여되던 문헌적 권위를 약화시켰다. 아프카니스탄의 핫다 혹은 파키스칸의 스와트에서는 간다라어를 카로슈티 문자로 필사한 법장부法藏部 소속 불교사본 두루마리들이 발견되었는데, 방사성탄소 연대측정으로는 기원전 2세기까지 소급되는 이 문헌들은 현존하는 가장 오래된 불교문헌으로서 초기불교 자료의 범위를 확대시켰다. 또한 티베트어로 번역되어 산재하던 초기불교 경전들이 종합·편집되어 이들에 해당하는 산스크리트·빨리 문헌들과 비교되어 출판되었다. 아울러 바미안Bamiyan에서는 3-8세기에 걸쳐 필사된 불교혼성 산스크리트로 적힌 사본들이 발견되는데, 그 내용은 아함·율律·아비달마·대승경전 등 다양한 분야에 걸쳐 있다. 길키트Gilgit에서 발견된 것으로 추정되는 설일체유부의 『장아함경』 산스크리트 사본은 8세기 후반에 필사된 것으로, 비록 파편이지만 상당한 분량이 세계 각지에 산재해 있는 것이 확인되기도 하였다. 그리고 상응하는 한역漢譯 『장아함경』과 산스크리트 『장아함경』의 배치와 숫자가 다르다는 점은 각 지역 부파마다 독자적으로 편찬한 경전을 가지고 있었을 가능성을 시사해 준다.[14] 이러한 문헌 발굴들과 문헌학적 연구들은 니까야 경전문헌들이 누리던 종래의 지위와 권위를 약화시켰다. 빨리어 니까야 문헌이 누리던 '초기불교 탐구의 유일한 고층古層'이라는 지위는 문헌학에 의해 훼손되었다. 시기적으로도 빨리어 니까야 문헌의 형성 추정시기와 버금가거나 더 오래된 다양한 문헌들이 등장하고, 현존 니까야 문헌 내부에서도 형성시기의 층을 달리하는 문헌들이 병존하며, 동일 경전이라도 판본에 따라 내용상의 차이가 목격된다는 사실은 〈니까야 경전은 고스란히 붓다의 육성이다〉라는 상좌부적 신념을 흔들기에 충분한 것이었다.

이러한 문헌학적 성과의 의미를 읽는 시선은 다양하다. 그 시선은 크게 세 유형으로 구분된다. 〈빨리어 니까야 경전들은 고스란히 붓다의 육성이다〉라는 상좌부적 신념을 그대로 유지하는 시선(근본주의적 전통설), 〈니까야/아함 경전들이 고스란히 붓다의 육성이라고 볼 수는 없지만 그 속에서 붓다의 육성에 접근할 수 있다〉라는 시선(수정설), 〈니까야/아함에서 붓다의 육성을 확인할 수 없을 뿐 아니라,

---

14 이와 관련된 문헌학적 연구 현황은 『불교학연구』 66호(불교학연구회, 2021)의 '초기불교 다시 보기—학문적 반성과 과제' 특집 논문 가운데 「현대 한국에서 시도된 초기불교의 재구성」(이영진)과 「근대 초기불교 연구사의 한 단면—빨리 근본주의의 등장과 변화」(심재관)에 잘 소개되어 있다.

붓다 법설의 원형은 사실상 확인할 수가 없다〉라는 시선(강한 회의설)이 그것이다. 문헌학적 성과에 의거하건대, 근본주의적 전통설은 더 이상 설득력을 지니기 어렵다. 현존 니까야/아함은 전승자·전승집단들에 의한 편집·변형·추가·삭제 등이 반영된 결과로서 일자일구 고스란히 붓다의 육성 법문이나 대화가 아니다. 또한 현존하는 가장 오래된 기록물이라고 할 수도 없다. 그러나 〈니까야/아함은 붓다 입멸 후 결집된 내용의 암송이 기록된 것이다〉라는 전통설의 근거가 부정되어 무효가 되는 것도 아니다. 〈니까야/아함에는 다양한 전승자·전승집단들의 편집·변형·추가·삭제 등이 반영되어 있고, 더 오랜 기록물의 단편들도 있다〉라는 것과, 〈니까야/아함은 붓다 입멸 후 결집된 내용의 암송이 기록된 것이다〉라는 것은 다른 문제이기 때문이다. 암송 및 기록 과정에서 편집·변형·추가·삭제 등이 있었고, 따라서 현존 니까야/아함의 내용이 고스란히 붓다의 육성 법문이나 대화가 아니라는 점은 인정해야 한다. 그러나 이러한 문헌학적 근거와 추정들이 '니까야/아함이 붓다 입멸 후 결집되어 암송으로 전승된 내용을 근간으로 성립되었을 가능성'마저 부정하지는 못한다. 이 가능성마저 부정하려면 니까야/아함을 대체할 수 있는 내용구성과 사상을 보여 주는 문헌이 제시되어야 하는데, 그럴 가능성은 없어 보인다.

　　니까야/아함이 붓다 입멸 직후 결집되어 암송으로 전해지던 내용을 근간으로 한다는 것을 100% 확신하기도 어렵지만, 또한 붓다 법설의 사상적·환경적 자료를 풍부하게 제공하는 문헌으로서 니까야/아함을 대신할 수 있는 것도 발견하기 어렵다. 불교의 사상적 진의眞意에 접근하는 탐구에서는 대승경론이 중차대重且大한 기여를 하지만, 붓다 법설의 원형에 접근하려는 작업에서는 니까야/아함에 필적하거나 그것을 대신할 문헌이 아직 없다고 본다. 그만큼 니까야/아함의 내용과 붓다 법설의 연결은 독보적 위상을 보여 준다. **〈니까야/아함에서 붓다 법설의 원형을 채굴한다. 동시에 니까야/아함 이외의 모든 문헌에서 유용한 채굴도구들을 선별적으로 채택하여 사용한다.〉**─이것이 붓다 법설의 진의眞意를 탐구하는 작업에서 채택하고 있는 필자의 문헌적 태도이다.

　　또한 **필자의 관심은 '개인과 세상의 문제해결에 근원적으로 유효한 붓다 법**

설과 그 후학들의 통찰에 대한 철학적 성찰'이다. 불교역사와 권역의 모든 현상에 대한 종교·문화·사회·인류학적 호기심은 필자의 관심이 아니다. 그 탐구결과를 철학적 성찰에 활용할 뿐이다. **불교학이라는 범주 가운데 필자의 관심은 '붓다 법설의 진의眞意'와 '붓다의 길에 동참한 학인들의 통찰'에 대한 철학적 성찰에 집중된다.** 〈붓다 법설은 어떤 철학적 성찰을 제시하는 것인가? 그것은 개인과 세상의 문제를 해결하는 데 얼마나, 또 어떻게 유효한가? 그리고 그 법설을 탐구해 온 학인들의 이해와 행보는 얼마나 붓다의 의중에 부합하며, 변이된 것인가? 그 변이는 일탈인가 발전인가? 그들의 이해와 실천들은 삶과 세상의 문제를 얼마나 또 어떻게 풀어 주었고, 풀어 주고 있으며, 풀어 줄 수 있을 것인가? 불충분하거나 부적절한 내용은 무엇이며, 어떤 새로운 이해와 대안이 가능한가?〉─이것이 붓다 법설의 진의眞意와 그 후학들의 통찰을 탐구하는 작업에서 채택하고 있는 필자의 철학적 태도이다.

다양한 전승자·전승집단이 암송으로 전승하던 내용은 시간이 흘러가면서 내용의 편집·변형·추가·삭제 등이 발생하기 마련이다. 또 전승자·전승집단의 암송 내용에는 그들이 사는 시대의 언어가 반영되기 마련이다. 그리고 이런 변수에 노출된 다양한 전승자·전승집단의 암송 내용이 문자기록에 반영되는 시기 역시 다층적이다. 이런 점들을 고려할 때, 시기적으로 더 오랜 필사본이라 해서 붓다 법설의 원형에 가깝다고 할 수 없고, 니까야/아함 내부에 형성시기의 층을 달리하는 문헌이 있으므로 니까야/아함이 붓다 법설의 원형과 무관하다고 추정할 수도 없다. 또한 니까야/아함 내에서도 고층古層 문헌이 신층新層 문헌보다 붓다의 육성에 가깝다고 단정할 수도 없다. 그리고 같은 경전이라도 판본에 따라 내용이나 형식의 차이가 목격된다는 것을 니까야/아함 전체의 가치 훼손으로 연결하는 것도 무리이다. 니까야/아함에서 그 문헌들이 전하는 붓다 법설의 일관된 철학적 정합성을 확인하는 것은 불가능하지 않으며, 그 정합적 내용에 의거하여 판본에 따른 차이들을 평가·처리할 수도 있다. 단지 판본에 따른 내용과 형식의 차이를 이유로 해당 경전에서 붓다의 법설을 확인할 수 없다고 주장하는 것은 설득력이 없다. 이런저런 문헌학적 근거에 의거하여 〈니까야/아함에서 붓다의 육성을 확인할 수 없을 뿐 아니라, 붓다의 육성은 사실상 확인할 수가 없다〉라고 주장하는 것은, 근거의 의미와 맥락을 부당하게 확장하는 과잉추정의 오류를 범하고 있다.

문헌학적 논의에 입각하여 〈니까야/아함에서 붓다의 육성을 확인할 수 없을 뿐 아니라 붓다의 육성은 사실상 확인할 수가 없다〉라고까지 주장하는 회의론은, 주장의 논거를 더 견실하게 확보하려는 노력이 필요해 보인다. 무엇보다도 니까야/아함이 전하는 법설의 내용에 대한 '철학적 성찰'을 논거로 삼을 수 있는 탐구가 요청된다. **서구의 문헌학 방법론을 그대로 계승하고 있는 불교문헌학의 가장 큰 취약점은, 문헌이 전하는 법설에 대한 철학적 성찰을 관심사로 하지 않는다는 점이다. 철학적 성찰을 취급할 경우라도 지나치게 상식적이다.** 의미 파악에 별다른 어려움을 겪지 않는 신앙종교 문헌들과는 달리, 불교문헌의 핵심은 그 문헌이 전하려는 철학적 통찰에 있다. 따라서 문헌에 실린 붓다 법설에 대한 철학적 음미 여하에 따라, 가장 오래되거나 이본異本과의 차이가 없는 문헌이라 할지라도 붓다의 법설과 무관한 것으로 판단할 수도 있고, 판본에 따라 상충되는 차이들을 정합적으로 처리하거나 차이의 배경을 추정하여 평가할 수도 있다.

붓다 법설의 원형을 탐구하는 작업에 있어 니까야/아함의 문헌가치는 결코 과소평가 될 수 없다. 문헌학적 자료가 지니는 의미를 과장하는 것은 경계해야 한다. 붓다 법설의 원형에 대한 탐구에서 문헌학적 방법론의 유용성은 제한적이다. 붓다 법설의 원형 탐구는 결국 철학적 탐구의 수준 여하에 달려 있다고 생각한다. 문헌학적 성과를 십분 수용하면서도 문헌내용에 대한 철학적 성찰의 성과를 지속적으로 심화시켜 가는 것이 중요하다. 그러나 이런 의미에서의 철학적 탐구는 근·현대 불교학 연구에서 기대에 미치지 못하고 있다. 철학적 탐구를 전통교학에 대한 이해로 대신하는 방법론으로는 붓다의 법설에 접근하는 통로가 충분히 열리지 않는다. 붓다의 법설은 교학의 수립과정에서 후학들에 의해 굴절된 측면이 많아 보이기 때문이다. 그 굴절은 발전과 풍요일 수도 있지만, 일탈과 오해의 측면이 있음을 간과할 수 없다. 전통교학의 불교이해마저도 제한 없는 비판적 성찰의 대상으로 삼으면서 그 성찰을 현재언어에 담아 명료하게 드러내는 것이 철학적 탐구이며, 이런 철학적 탐구가 심화되어야 붓다 법설의 원형에 접근하는 길이 활짝 열린다. 그리고 니까야/아함은 그러한 철학적 탐구의 대상이 되어야 그 가치가 빛을 보게 된다.

문헌성립의 과정이나 내용으로 볼 때, 현존 니까야/아함이 붓다의 육성을 고스란히 전하는 것이 아니라는 점은 명백하다. 또한 초기불교에 접근할 수 있는 문헌자료를 니까야/아함에만 국한시킬 수도 없다. 그러나 붓다의 육성 법설에 접근할 수 있는 가장 적절하고 풍부한 자료를 지닌 문헌은 역시 니까야/아함이라고 본다. 1차 결집 이후 암송되던 붓다의 법설이 현존 니까야/아함 형성의 핵심줄기라고 필자는 생각한다. 그래서 필자는 〈니까야/아함 경전들이 고스란히 붓다의 육성이라고 볼 수는 없지만 그 속에서 붓다의 육성에 접근할 수 있다〉라는 수정설이 타당하다고 본다. 그러나 이 수정설은 붓다 법설의 원형 탐구에서 니까야/아함의 배타적 우월성을 주장하지 말고 모든 전통의 불교문헌까지 통섭적으로 포괄해야 한다. 이런 입장을 통섭적 수정설이라 불러 본다. 이 통섭적 수정설은, 니까야보다 오래된 사본들을 초기불교나 붓다 법설의 원형 탐구에 당연히 포함시켜야 한다. 뿐만 아니라 대승경론과 선종의 통찰에 이르기까지 불교해석학의 계보에 등재된 모든 통찰을 붓다 법설의 탐구에 적극 활용해야 한다. **니까야/아함이 '결집된 붓다 법설의 암송 내용'을 근간으로 하고 있다면, 그리하여 니까야/아함이 붓다 법설의 원형 발굴에 필요한 자료들을 풍부하게 지니고 있다면, 붓다 법설의 원형탐구와 붓다와의 지속적 대화는 니까야/아함 이외의 모든 경론과 불교 전통의 통찰들을 편견 없이 활용해야 성공할 수 있다.** 필자 개인적으로도, 원효와 선종의 통찰에 대한 성찰이 '니까야/아함을 통한 붓다와의 대화'에 너무도 유익하다.

〈니까야/아함 속에서 붓다 법설의 원형을 발굴할 수 있다〉라는 입장을, 문헌학 성과를 외면하는 개인적 신념으로 간주하는 학인들도 있다. 그들은, 빨리어 대상성이나 상좌부 전통에 관한 문헌학·역사학·종교학적 연구결과를 근거로 삼아, 〈니까야/아함에서는 붓다의 육성을 확인할 수 없을 뿐 아니라, 붓다 법설의 원형은 사실상 확인할 수가 없다〉라는 회의설이 최신 학문적 성과를 반영하는 것이라 간주한다. 필자는 이러한 회의설에 동의하지 않는다. 문헌학적 성과들이 지닐 수 있는 의미를 너무 확장하고 있다고 보기 때문이다. 비록 다양한 전승자·전승집단에 따른 내용상의 차이, 편집이나 추가·삭제·변형 등의 변수들을 충분히 감안할지라도, 또한 니까야 대장경 내부의 고층古層·신층新層 문제나 현존 니까야 문헌보다 먼저 성립된 문헌들의 존재와 의미를 십분 고려할지라도, 회의설에까지 나아가는 것은 지나치다고 본다. 필자는 니까야/아함을 형성시킨 뿌리와 큰 줄기는 붓다 입멸 이후 결집되어 암송으로 전해지던 내용일 것으로 추정한다. 붓다 법설의 유일한 문헌적·교학적 적손嫡孫이라 주장하는 상좌부의 입장을 수긍해서가 아니라, 니까야/아함의 내용에 대한 필자 나름의 철학적 소회가 이러한 추정의 가장 강력한 근거이다.

개인적으로 볼 때, 니까야/아함을 통해 만나는 붓다의 법설과 대승경론을 통해 만나는 붓다의 법설에는 확연한 차이가 있다. 대승경론과 니까야/아함이 내용상으로는 상통할 수 있어도, 니까야/아함에서는 대승경론으로는 만날 수 없는 원형적 생생함을 다양한 형태와 내용으로 접하게 된다. 넘치는 말이지만, 니까야/아함에는 상좌부 교학이나 대승경론·교학에서 아직 그 의미를 제대로 포착해 내지 못하고 있는 내용들도 풍부하다고 본다. 필자 나름대로 니까야/아함의 내용을 직접 음미한 것과, 니까야/아함 내용에 대한 상좌부 논서나 아비달마·부파불교·대승교학의 시선을 대조해 보면서 품게 되는 생각이다. 〈빨리어 니까야 경전들은 고스란히 붓다의 육성이다〉라는 근본주의적 신념으로 니까야의 가치와 위상을 독보적으로 평가하는 것이 상좌부 전통이지만, 정작 그들이 보여 주는 니까야 법설에 대한 이해는 그 타당성이나 깊이에서 미심쩍은 대목이 많다. 뿐만 아니라 붓다의 법설을 해석하는 대승교학의 시선에도 갸우뚱거리게 하는 내용이 널려 있다.

니까야/아함 및 불교계보에 등재된 문헌·교학을 탐구하는 필자의 입장과 방법론을 정리하면 이렇다. 〈니까야/아함을 형성시킨 뿌리와 줄기는 결집 이후 암송으로 전해지던 붓다의 법설로 보인다. 전승자·전승집단에 의한 변형이나 편집 등으로 인한 혼란을 안고 있어 붓다의 육성을 고스란히 전하는 것은 아니지만, 그리고 추가 등의 변형에는 붓다의 법설과 충돌하는 내용까지 포함하는 것으로 보이지만, 붓다 법설의 원형에 접근하는 데 있어 니까야/아함은 내용상 그 어떤 문헌보다 적절하고 풍부한 자료를 전한다. 그러나 니까야/아함의 내용에 대한 상좌부·

부파불교의 이해에는 부적절하거나 불충분한 내용들이 많다. 또 대승교학은 니까야/아함의 붓다 법설과 대화하는 데 매우 요긴한 통찰들을 제시하고는 있지만, 그럼에도 불구하고 니까야/아함이 전하는 붓다의 법설과 철학적으로 상응하는 내용과 상응하지 않는 내용을 동시에 보여 준다. 따라서 니까야/아함이 전하는 붓다 법설의 탐구는 새롭게 착수되어야 한다. 또한 이 작업을 위해서는 니까야/아함 이외의 모든 경론들, 상좌부·부파불교·대승불교 및 선종을 망라하는 모든 불교해석학의 관점들을 편견 없이 긍정적 혹은 부정적으로 활용해야 한다. 특히 원효와 선종의 통찰은 니까야/아함 속의 붓다 법설과 대화하는 데 매우 유익해 보인다.〉

붓다는 인도의 전통적 사유방식을 가장 근원적으로, 또 철저히 비판한 인물로 보인다. 또한 인도의 전통 사유방식에 대한 그의 비판, 그리고 그가 연 새로운 길은, 아직까지 인류가 충분히 이해하지도 감당해 내지도 못했던 지평이라고 생각한다. 붓다의 길에 동참하려 했던 학인들도 사정은 비슷하다고 본다. 붓다의 법설을 해석해 온 교학의 요소요소에는, 붓다가 근원적으로 비판하고 벗어나려고 했던 인도의 전통 사유방식에 갇혀 있는 내용들이 은밀하게 혹은 노골적으로 자리 잡고 있는 것으로 보인다. 붓다는 그의 후학들에 의해, 그가 탈출했던 인도전통 틀에 오히려 다시금 갇혀 버린 측면이 상당 부분 있다고 생각한다. 인도 전통 사유 방식에 기대어 붓다를 읽었던 학인들은 붓다의 탈脫인도적 법설을 제대로 소화하기가 어려웠을 것이다. 붓다의 법설이 불교 내부의 작업에 의해 인도의 전통 틀로 재귀해 버린 측면은 없는지 냉정히 성찰할 필요가 있다.

붓다를 인도 전통사유의 밧줄로 묶어 버리는 작업은 붓다의 제자들에서부터 시작되었을 가능성이 있다. 붓다 법설에 대한 해석과 체계화 작업을 주도했던 사람들은 지식 엘리트들이었을 것이고, 그들 가운데는 붓다의 제자가 되기 이전에 사신들의 시석 토대를 기존의 인도전통 속에서 구축한 사람들이 많았을 것이다. 니까야/아함에 의거하여 불교해석학·교학의 기본 틀을 구축한 아비담마 교학의 주역들이 펼친 이해력도, 그 토대가 붓다 이전부터의 인도 전통사유에 기대어 있을 가능성을 간과해서는 안 된다. 그들이 붓다의 법설을 읽을 때 적용한 독법讀法의 지적知的·종교적·수행적 기초는 기존의 인도전통 속에서 마련된 것이었고, 무의식적으로 전통사유의 틀에 의거하여 붓다의 법설을 소화한 학인들이 있었을 것이다. 그리고 그들이 니까야/아함의 전승과 편찬 및 교학 형성에서 역할을 하였다면, 그들의 작업내용과 붓다 법설의 상응·불상응 문제는 모든 가능성을 열어 놓고 살펴야 한다. 이런 문제의식은 인도전통을 배경으로 수립된 아비담마·부파불교와 대승교학 모두에게 유효할 것이다. 불교학이라는 학문영역에서 교학적 전문소양을 익히는 것만으로는 이런 문제의식을 살려 가기가 어려울 것이다. 아비담마·부파불교와 대승교학에 축적된 혜안들을 소화하면서도 기존의 관점에 갇히지 않을 수 있다면, 붓다 법설에 대한 새로운 읽기가 지속적으로 가능할 것이다. 그 '새로운 붓다 읽기'에 의해 드러날 삶의 의미와 세상의 향상은 실로 설레는 전망을 품게 한다. 가히 인간의 마지막 진화, 궁극적 향상을 전망할 수 있기 때문이다.

한국불교는 근자에 이르러 역사상 처음으로 남방교학과 북방교학을 편견 없이 탐구할 수 있는 의미심장한 환경을 대면하고 있다. 남방전통과 북방전통의 불교해석학이 장애 없이 서로 직접 대면하고 있으며, 학인은 그들에 대한 폭넓고 자유로운 탐구가 가능해졌다. 한반도 학인들이 이 변혁적 조건들을 향상의 기회로 소화하는 능동적 역량을 펼친다면, 한반도의 불교와 인문학은 새로운 단계에 접어들 수 있다.

흥미롭게도 원효가 직면했던 환경은 지금 우리가 대면하고 있는 문제 상황과 매우 유사하다. 비록 대승불교가 주도하는 흐름 속에서의 현상이긴 하였지만,『아함경』에서부터『화엄경』까지, 그리고 아비달마·부파불교의 교학부터 화엄교학까지 거의 모든 유형의 경전들과 불교해석학을 동시다발적으로 접해야 했던 원효시대의 학인들은, 그 다층·다양한 관점들을 혼란 없이 소화해야 했다. 원효는 그 문제 상황에 능동적이고도 성공적으로 대응하고 있다. 원효와 대화할수록 확인되는 그의 문제의식과 역량은 가히 경이롭다. 그의 탐구력과 성취에 거듭 놀란다. 붓다와 새롭게 만나고자 할 때도 마찬가지이지만, 통용되는 교학적 이해와 교학용어 및 교학연구 방법론만으로는 원효와 대화하기가 어렵다는 것을 갈수록 절감한다.

필자가 보건대, **원효의 말기저술이자 대표저술이라 할『금강삼매경론』에서 원효는 평생 숙성시켜 왔던 '상호개방(通)과 상호수용(攝)의 통섭通攝철학'을 집대**

성하고 있다. 또한 통섭철학을 두 가지 초점을 중심으로 펼치면서 결국에는 이 두 갈래를 통섭通攝적으로 결합시키는데, 그 두 초점은 '차이(相)'와 '선禪'이다. '차이(相)'와 '선禪'을 주제로 삼아 통섭철학을 펼치면서 두 주제에 관한 성찰을 융합시키고 있다. 그리고 이러한 작업의 방법론이 '불교 계보의 모든 교학들에 대한 통섭通攝적 해석학'이다. 다양·다층의 교학들을 정밀하게 탐구하여 각 교학의 핵심을 정확하게 파악하고 정밀하게 분석하며 비판적으로 검토한 후, 그에 대한 자신의 관점을 수립하는 동시에, 방대한 경론들을 종횡무진 인용하면서 '서로 통하게 하고 서로 받아들이게'(通攝) **한다.** 그의 탐구내용과 역량을 보노라면 절로 감탄사를 흘리게 된다.

원효가 그 시절에 그 수많은 경론들을 어떻게 입수하여 연구했으며, 방대한 저술을 하면서 어떻게 필요한 내용만을 그토록 콕 짚어 끌어내어 적재적소에 자유롭게 인용할 수 있었는지 궁금하다. 한 번 읽으면 입력하듯 그대로 저장되고 언제든지 호출하는 특별한 기억력을 가졌을 거라고 가정해야 조금이라도 설명된다. 그런 천재적 기억력을 보여 주는 사람이 간혹 있기는 하다. 그러나 그런 기억력 수준에 걸맞은 이해와 분석, 통찰력까지 모두 갖춘 사람은 매우 희유하다. 선천적 자질이든 후천적 노력의 산물이든, 원효는 그 희유한 능력을 발휘한 인물이다. 어렵게 입수한 경론을 음미하면서 그대로 머릿속에 저장하고, 필요할 때마다 기억해 내어 활용하는 능력. ─ 이런 능력을 설정하지 않으면 그의 저술 작업이 설명되지 않는다. 서명만이 전하는 저술까지 모두 합하면 원효는 동아시아 최대 저술가이다. 게다가 현존저술만으로도 확인되듯이, 저술내용의 깊이와 다양성은 가히 압도적 수준이다. 저술분량은 최대급이고 저술 수준은 최고급이라고 말해도 과장이 아니다. 게다가 그의 통찰과 사유는 지식박물관에 전시하고 흥미롭게 구경만 하게 하는 불용不用의 유물이 아니다. 끊임없이 '지금 여기'로 달려와 보편적 인문 지평을 열어 주고, 삶을 끝 모를 수준으로 승격시켜 줄 수 있는 생명력을 지녔다. 이런 인물을 우리는 아직 거의 방치하고 있다. 수사적 찬사만 늘어놓을 뿐, 그를 제대로 평가할 수 있는 근거들을 현재의 인문 언어로 확보하지 못하고 있다.

✿ 원효철학과 긍정형 기호들

　원효 언어체계의 정점에는 긍정형 기호들이 배열되어 있다. 하부에 배치된 풍성한 언어들은 결국 정점에 자리한 긍정형 기호들의 의미지평을 드러내는 다양한 밑그림들이다. 따라서 원효가 적극적으로 채택하여 구사하고 있는 긍정형 기호와 그 용법들이 지닌 의미를 어떻게 읽어 내느냐에 따라 원효 언어체계가 던지는 의미의 향배와 생명력이 결정된다. 그 긍정 기호들을 '본질주의'나 '실체론의 본체-현상 독법' 및 이른바 '기체설基體說 독법'으로 처리하면, 원효의 언어는 '사실 그대로'와는 무관한 공허한 사변적 형이상학이 되고 만다.

　원효는 언어를 구사함에 있어 부정방식과 긍정방식을 모두 자유롭게 운용하고는 있지만, 그의 저술과 사유에서 특징적으로 부각되는 것은 '긍정형 기호들'이다. 긍정형 기호들의 의미와 그것으로써 드러내려는 경험지평을 포착하는 것이 원효사상 탐구의 핵심 과제가 되고, 원효 언어의 생명력을 결정하는 관문이 된다.

　원효시대 동아시아 대승교학의 두드러지는 특징 가운데 하나는 긍정형 기호들이 대거 등장한다는 점이다. 불성佛性, 여래장如來藏, 본각本覺, 진여眞如, 일심一心, 진심眞心, 자성청정심自性淸淨心 등이 대표적이다. 그리고 원효의 저술에는 이 대승교학의 긍정형 기호들이 종합적으로 등장한다. 원효시대에는 이 긍정형 기호들이 불교이해와 서술을 위해 활발하게 유통되었기 때문이기도 하지만, 특히 원효 사유의 기본얼개 구축에 결정적 역할을 한『대승기신론』의 영향이 컸던 것으로 보인다.『대승기신론』은 대승교학에서 새롭게 채택한 긍정형 용어들을 거의 망라하면서 강요綱要적 불교 종합이론을 펼치고 있다. '일심一心' '심진여心眞如' '여래장如來藏' '진여眞如' '진여성眞如性' '진여정법眞如淨法' '진여법眞如法' '진심眞心' '불생불멸不生不滅' '심원心源' '구경각究竟覺' '본각本覺' '진각眞覺' '자성청정심自性淸淨心' '법신法身' '여래법신如來法身' '심체心體' '자성自性' 등의 용어가 모두 채택되고 있다. 그리고 바로 이러한 이유 때문에『대승기신론』이나 원효사상 및 이런 용어들을 구사하는 동아시아 대승교학과 선종을 향해 불교적 정체성을 묻는 질문이 끊이지 않는다. 현재 한국불교계에서 빈번하게 목격하게 되는 대승교학 비판들도 기본적으로 이런 긍정형 기호들에 대한 의문을 논거로 삼는 경우가 대부분이다.

붓다의 연기緣起 법설이 겨냥하는 것은, 온전한 연기적 통찰력(明知)이 조건이 되어 드러나는 긍정경험 지평임이 분명하다. 진리다운 내용의 경험적 구현을 '긍정'이라 칭하면 말이다. 그런데 흥미롭게도 붓다는 이 긍정지평을 확정적 긍정언어로 표현하지 않는다. 해탈이나 열반이라는 용어도 '속박으로부터 풀려남', '탐욕·분노·무지의 불길이 꺼짐' 정도의 의미이므로, '부정적 상태의 해소를 조건으로 하여 발생하는 긍정내용'을 지시하는 조건적 기술법記述法이지, 독립적 개념 안에 긍정내용을 안치하는 확정 기술법이 아니다. 사선四禪 국면에 대한 기술에서 등장하는 '기쁨'(pīti, 喜)이나 '행복'(sukha, 樂), '평온'(upekkhā, 捨) 같은 긍정용어도 그 전후맥락을 보면 조건형 기술이다. '어떤 조건들을 갖추면'이라는 조건문에서의 발생현상을 지칭하는 것이지, 독자적 내용을 명칭에 담으려는 본질적 규정이 아니다. 붓다는, 긍정내용이든 부정내용이든, 모든 현상을 언제나 '연기적'으로, 다시 말해 '조건적으로' 기술한다. 연기법을 언어용법에서도 관철하고 있는 것이다.

붓다가 긍정 확정형 언어를 구사하는 데 소극적인 것은, 연기적 사유의 언어적 관철일 뿐 아니라, 긍정 확정형 언어용법에 수반하는 '본질·실체 관념의 증식增殖 가능성'을 예방하려는 고려일 수 있다. 예컨대 '진정한 자아'(眞我)나 '대아大我' 같은 용어는 이미 인도전통 사유에서 범람하는 '절대적 본질·실체로서의 아트만' 관념과 쉽게 결합할 수 있기 때문에 의도적으로 그런 용어를 회피했을 수 있다. 그러한 긍정 확정형 언어용법은 '조건 인과적 발생'이라는 연기적 현상을 왜곡할 수 있는 '부절적한 언어용법'이라고 판단했을 가능성이 있다. 그런데 언어에 대한 붓다의 이러한 태도는 진리구현의 긍정지평을 긍정형 언어로 확인하고 싶은 사람들에게는 갈증을 느끼게 했을 것이다. 수행의 목표와 근거 및 내용을 긍정언어로 적극적으로 제시할 때라야 구도자의 성취의지나 대중 설득력이 확보된다고 생각하는 사람들은, 붓다의 언어방식에 만족할 수 없었을 것이다.

붓다의 연기적 언어용법과 용어선택의 세심한 고려는 대승불교의 과감한 시도로 인해 그 연속성이 교란된다. 대승불교는 '진여眞如' '불성佛性' '여래장如來藏' '진심眞心' '자성청정심自性清淨心' '본각本覺' '일심一心' 등, 긍정형 기호들을 과감하게 채택하면서 종래의 갈증을 해소하려고 했다. 무엇보다 수행목표나 근거 및 내용에 대한 명료한 긍정적 제시의 필요성, 대중적 호소력의 확보 등이 고려되었을 것이다. 원효가 사유의 기본 얼개를 구축하는 데 결정적으로 활용한 것으로 보이는 『대승기신론』은, 대승교학에서 채택한 긍정형 용어들을 거의 망라하면서 불교 종합이론을 구성하고 있다. 대승교학이 감행한 긍정형 기호 채택을 망라하면서 유식연기설을 축으로 삼아 연기설 체계로써 불교사상을 종합해 보려는 것. —이것이 『대승기신론』의 불교사상사적 의미라고 생각한다. 〈수행의 목표나 근거 및 내용에 관한 긍정형 기술방식을 적극 수용한다〉는 것과, 〈유식연기설을 축으로 삼는 연기설 체계로써 불교사상을 종합한다〉는 것이, 『대승기신론』의 철학적 태도를 결정한 두 가지 중심요소로 보인다. 그리고 원효는 『대승기신론』의 이러한 특징을 가장 정확하게 포착한 인물로 보인다. 따라서 『대승기신론』의 등장이 동아시아 사상계에 미친 영향도 이 두 가지 요소를 조건으로 발생한 현상들을 중심으로 음미해야 할 것이다.

어느 영역에서든 이미 자리 잡은 체계를 비판하고 새로운 대안을 수립하려 할 때는, '부정을 통한 해체'가 선행된 후 '긍정을 통한 새로운 수립'이 뒤따른다. 붓다는 비非연기적 사유가 구축한 허구의 체계와 그 병리현상을 비판하고 진실한 사유체계와 치유된 경험세계를 열어 주려 하였다. 그리고 언어에 수반한 동일성 환각이 불변·독자의 자아관념이나 실체·본질의 체계로서 이미 강고하게 자리 잡고 있었기에, 그것을 비판하고 해체하려면 부정방식을 채택해야 했다. '자아'의 문제만 하더라도 종래의 비非연기적·본질적·실체적 자아규정의 뿌리가 워낙 깊은 것이었기 때문에, '자아의 동일성'을 연상케 하는 긍정형 언어는 가급적 배제되었다. 구실만 생기면 기존의 자아환각과 비非연기적 사유를 정당화시키려는 중생의 열망을 직시하였을 것이기에, 붓다의 법설에는 전반적으로 부정형 언어가 부각된다. 그러나 붓다가 부정방식을 채택하는 것은 어디까지나 허구를 해체하고 진실을 드러내려는 언어전략이다. 따라서 붓다와 대화하려면 언어 전략적 수순과 환경을 고려하면서 부정내용과 긍정내용을 동시에 보아야 한다. 이 균형이 기울어

지거나 어느 한쪽을 놓치게 되면 붓다 법설의 이해도 치우치거나 왜곡된다.

붓다가 비판과 해체를 위해 부정방식을 선택한 것은 단지 비판지성에 그치는 것만은 아니었다. 〈삶과 세상의 근원적 질병'(苦)과 끝까지 씨름하여 완전한 승리를 성취하였다〉고 붓다는 자신 있게 술회하고 있다. 그는 병리현상에 대한 비판적 성찰이나 표면증상의 일시적 치료 정도에는 만족하지 않는 구도자였다. 그리하여 마침내, 그 철저하고 정직한 태도가 스스로, 〈이제는 미진한 구석이 조금도 남지 않은 문제해결에 이르렀다〉고 인정하였다. 따라서 붓다가 구사하는 부정형 언어방식의 이면에는, 그가 체득으로 확인한 그 '궁극적 긍정지평'이 자리 잡고 있다. 붓다의 부정형 언어는, 긍정형 언어에 담아낼 수 있는 내용을 드러내려는 도구이고 밑그림이다. 그의 부정 언어는 긍정지평을 드러내는 것이 목적이다. 붓다의 부정형 언어방식을 가능케 하는 것은 어디까지나 문제가 해결된 긍정지평인 것이다. 붓다의 법설 속에서는 이처럼 부정과 긍정이 맞물려 한 몸을 이루고 있다. 붓다의 법설은 부정과 긍정을 모두 안고 있고, 부정과 긍정이 상호조건적/연기적 관계로 결합되어 있다. 따라서 붓다와의 대화가 성공적이려면 이 부정과 긍정을 균형 있게 모두 소화해야 한다.

붓다 법설에 대한 최초기의 해석학인 아비담마는 주로 붓다 언어의 부정형 방식을 계승하려 한 것으로 보인다. 이런 아비담마 해석학에서 부각되는 궁극적 긍정기호는 '자성自性'(svabhāva)이다. 그런데 이 '자성' 개념에는 붓다의 법설이 거부한 본질·실체·동일성 관념이 스며들어 있다. 이 문제점이 대승 공空 사상에 의해 비판받으면서 아비담마 해석학의 타당성과 신뢰성은 불교사상사에서 근본적으로 흔들린다. 아비담마의 기여분마저 퇴색될 정도로.

대승의 공空 교학도 부정형 방식을 적극 채택한다. 어떤 점에서는 더욱 철저하게 부성석이다. 그 어떤 실체·본질·동일성 관념도 허용하지 않겠다는 태도의 표현이다. 그러면서도 대승의 언어 속에서는 시간이 갈수록 긍정형 언어들이 등장하여 힘을 얻는다. 『열반경』의 상常·낙樂·아我·정淨은 그러한 경향의 한 정점을 보여 준다. 특히 유식·여래장 계열의 언어에서 그러한 경향이 두드러진다. 그들은 수행의 근거지점에서부터 궁극지점에 이르기까지, 붓다의 언어전략에서는 채택하지 않았던 긍정언어들을 등장시키는 과감성을 보여 준다. 진심真心, 진여真如, 여래장如來藏, 불성佛性, 본각本覺, 일각一覺, 일심一心, 무구식無垢識, 자성청정심自性清淨心 등의 긍정형 기호들이 이들 계열의 후기로 갈수록 만발한다.

원효는 유식·여래장 계열의 언어가 지니는 의미를 적극적으로 발굴하고, 그에 대해 높은 긍정가치를 부여한다. 동시에 원효는, 진리로의 접근과 구현을 위한 긍정형 방식과 부정형 방식을 균형 있게 모두 채택하고 있다. 긍정형 방식과 부정형 방식을 상생적相生的, 통섭적通攝的으로 결합시켜 구사한다. 게다가 그 구사력이 자유롭고 치우치지 않으며 정교하고 수준이 고도화되어 있다. 부정방식과 긍정방식의 상호관계를 온전하고 균형적으로 포착해야 붓다와의 대화가 성공할 수 있다는 점을 고려할 때, 원효는 모범적이다. 이 점은 원효 탐구에서 각별히 주목해야 할 대목이다.

🪷 원효철학과 비판불교 논쟁 그리고 인문학적 전망

불교해석학/교학 내부에서 긍정형 기호들을 적극적으로 채택하여 긍정내용을 부각시키려는 일련의 흐름은 근원적인 질문에 대면한다. 반드시 그리고 충분히 대답해야 하는 질문이며, 아직 미완으로 남아 있는 질문이다. 〈긍정형 기호들을 채택하는 불교해석학/교학은 붓다의 법설과 상응하는 것인가?〉라는 질문이 그것이다. 이와 관련하여 주목되는 것은 이른바 '비판불교 논쟁'이다.

소위 '비판불교'는 다양한 사회적 차별을 승인하고 합리화시켜 제도로 정착시켜 온 것이 일본불교의 전통 및 현실이라는 문제의식에서 출발하였다. 이때 '비판불교'란, 〈불교는 비판이어야 한다〉 혹은 〈불교는 가치를 분별하고 선택할 수 있는 비판철학이어야 한다〉라는 의미이다. 비판불교 주창자들은 일본 본각本覺사상의 형성과 연관된 여래장사상, 불성사상을 묶어 이들 모두가 〈비판을 못하게 하는 교학으로서 참된 불교가 아니다〉라고 단언한다. 나아가 선禪 내지 동아시아 선종 역시 〈불교가 아니다〉라고 비판한다.

본각·여래장·불성사상을 비판하기 위해 그들이 채택한 용어는 '기체설基體說'이다. 여래장·본각·불성사상은 현상세계의 기저에 실체를 상정하고 있기 때문에 기체설로 부를 수 있으며, 이러한 기체설은 불교가 비판하는 것이므로 여래장·불성·본각사상은 불교가 아니라는 주장이다. 일본불교와 동아시아 대승교학에 대한 이러한 격렬한 비판에 대해, 학계에서는 긍정적 평가와 부정적 평가가 선명하게 엇갈린다. 반론도 만만치 않다. 필자가 보기에 일본학계의 비판불교 담론에는 수긍할 만한 내용과 그렇지 못한 내용이 비슷한 비중으로 혼재한다. 특히 여래장·불성·본각 교학과 선禪 내지 선불교에 관한 세부 논의와 내용에 대해서는 수긍하기 어려운 대목이 허다하다. 게다가 그들이 참된 불교의 내용으로 천명하는 연기와 무아에 대한 이해는 상식적이고 소략하여, 비판불교의 대안으로 삼기에는 빈약하다. 해체를 위한 비판은 돋보이나 수립해야 할 내용은 허술하다.

그러나 비판불교 주창자들의 불교이해가 노출하는 많은 오류와 취약점에도 불구하고, 그 모든 허물을 상쇄하는 것은 비판불교 진영의 질문이다. 그들이 제기한 문제는, 불교 교학/철학과 불교 현실 모두에 걸쳐, 학인들로 하여금 근원적이고도 절실한 여러 문제들을 마주하게 한다. 특히 한역漢譯불교의 동아시아 대승권역과 선종 선불교 권역의 학인들에게는 자신의 입지를 원점에서부터 재검토할 것을 요구한다. 일본학계가 자랑스러운 학문적 성과로 내세우던 여래장사상, 동아시아 불교인들의 구도적 실존에 깊숙이 개입해 온 불성·본각·진여·진심·자성청정심·일심 등 긍정형 기호들의 의미와 그 불교적 정체성을, 원점에서부터 진지하게 성찰해야 할 필요를 환기시켜 준다. 여래장·불성·본각 교설과 선종의 돈오·견성을 불교의 정점이라 자부하면서 뽐내해 온 학인들, 종파들, 전통을 향해, 〈과연 불교인가?〉를 따져 보자고 한다.

필자는 비판불교 담론이 동아시아 불교뿐 아니라 불교 전체에 매우 유익하다고 본다. 비판불교의 기존 질문은 긍정형 기호들을 선호하는 동아시아 대승교학과 선종에 집중되어 있지만, 그 질문 범위를 초기불교까지 확장해야 한다고 생각한다. 니까야에 대한 주석서들의 관점과 상좌부 교학전통을 망라한 '니까야에 대한 이른바 초기불교적 이해'에 대해서도, 〈과연 붓다 법설의 비판불교적 면모에 얼마나 상응하는가?〉를 물어야 한다고 본다. 그리고 모든 질문은 결국 〈붓다의 법설은 무엇인가? 인간에게, 지금 여기의 우리에게, 붓다와 불교는 무엇을 줄 수 있고, 또 주어야 하는가?〉에 충분히 응답할 것을 요구하는 것이기도 하다. 이런 질문들을 회피하지 않고 응답하려는 태도야말로 '불교적인 것'이고 '붓다의 후학다운 것'이다. 그리고 이런 질문들에 대해 열린 마음과 진정성을 가지고 성실하게 응답하는 과정이야말로 '불교적 역동성'이고, '불교가 기여할 수 있는 진리의 몫'은 그럴 때라야 구현된다.

그런데 이런 질문에 응답하는 일은 당연해 보이지만 결코 쉽지 않다. 우선 기존의 불교학 방법론과 교학적 관점에 갇히지 않을 수 있어야 한다. 언어학·문헌학·교학 전문성을 앞세워 전개되는 '학문으로서의 불교' '직업으로서의 불교학'에 안주하는 한, 이런 질문에 제대로 응답할 수가 없다. '학문 불교학'·'직업 불교학'이 주도하는 현대불교학에서는 옳고 그름을 판별하고 상향적으로 재구성하려는 비판적 성찰이 작동하기 어렵다. 가치중립을 표방한 언어·문헌·교학 전문성은, 이미 확립된 질서와의 밀월 관계를 결별할 의지도 능력도 없다.

필자는 비판불교가 요청하는 '비판철학으로서의 불교'에 대해 전적으로 공감한다. 전통적인 교학(불교해석학)과 현대의 불교학 방법론은 붓다 법설의 비판철학적 면모를 굴절 내지 무력화시켜 온 측면이 크다고 생각해 왔기 때문이다. 그러나 붓다 법설의 비판철학적 면모가 지닌 구체적 내용이 과연 무엇인가에 대해서는 기존 비판불교 측의 시선 정도로는 크게 미흡하다고 본다.

여래장·불성·본각·일심과 같은 긍정형 기호를 구사하는 교학이 과연 '실체-현상론' 혹은 기체설의 불교적 유형인가? 두 가지 측면이 혼재한다고 본다. 비판불교 진영의 주장대로 기체설적 사유방식을 담아내고 있는 경우도 실제로 있고, 기체설 독법이 적용되지 않는 사유방식을 표현하는 경우도 있다고 본다. 이 두 가지 경우는 긍정형 기호들이 등장하면서부터 혼재했을 것이다. 어느 경우가 주류이고 다수인지를 판정하는 문제와는 별도로, 이 두 측면의 존재를 인정하는 것이 적절하나고 본다. 그리고 비판불교의 질문에 충분히 응답하려면 종래의 방식과 내용으로는 한계가 있다. 비판불교의 주장을 재비판하는 학인들이 선택하는 방법은, 여래장·불성·본각의 교학과 선종의 언어가 기체설의 표현이 아니라고 볼 수 있는 논거들을 해당 문헌과 언어들 속에서 찾아 제시하는 방식이다. 그 과정에서 언어학적 견해 차이, 문구의 의미 파악을 둘러싼 교학적 관점의 차이들이 동원된다. 이런 방식의 논쟁은 필수적이고 또 지속되어야 한다. 그러나 이러한 반론 방식이 아무리 성공적일지라도 대승교학의 긍정형 기호들에 대한 불교정체성 논란은 완전히 해소되기 어려울 것이라 생각한다.

비판불교의 질문에 제대로 대답하려면 '새로운 독법'을 마련해야 한다. 이 새로운 독법은 두 가지 방식으로 가능하다. 하나는, 관련 용어와 교학들을 읽어 온 기존의 해석학에서 놓치고 있던 내용들을 새롭게 발굴하는 방식이다. 긍정형 기호들에 담겨 있던 의미 가운데서, 학인들이 놓치고 있던 것을 포착하여 밝히는 방식이다. 또 하나는, 아예 붓다 법설에 대한 새로운 독법을 마련한 후, 여래장·불성·본각류類의 긍정형 기호들과 그것으로써 직조된 교학 내지 선종의 언어들을 그 독법에 의해 새롭게 읽어 내는 방식이다. 긍정형 기호들과 그 교학들을 붓다의 법설과 결합시킬 수 있는 독법을 새롭게 수립하는 것이다. 후자의 방식이 과연 가능할까? 붓다의 법설에 상응하면서도 대승교학의 긍정형 기호와 이론들, 나아가 선종의 언어들을 담아낼 수 있는 새로운 독법이 가능할까? 가능하다고 본다.

붓다의 법설이 삶과 세상의 새로운 '세계내적世界內的 안식처'를 여는 문이라는 점은 명백하다. 탐욕·분노·무지에 의한 개인과 세상의 허구적·해악적 구성, 그에 수반하는 개인적·사회적 해로움을, 그 근원에서부터 치유하는 문을 여는 것이 붓다의 법설이라는 점은 의심의 여지가 없다. 그런 점에서 불교 언어는, 허구·해악 세계를 비판을 통해 치유하는 부정형 기호들은 물론, 경험 범주에서 실현되는 이로운 진실세계를 드러내는 긍정형 기호의 근거와 내용을 모두 품고 있다. 지금까지의 법설 해석학, 즉 교학의 역사에서, 특히 대승교학에서는 이 부정 지향과 긍정 지향이 팽팽한 상호 견제와 상호 작용을 통해 불교를 풍성하게 만들어 왔다. 그러나 이 두 지향의 줄다리기가 제공하는 기존의 균형에 만족할 수 없다면, 달리 말해 붓다 법설을 읽어 온 종래의 부정형 문법과 긍정형 문법 안에서 만족할 수 없다면, 다시금 이 문제에 도전해야 한다. 무아·연기의 통찰을 수용하면서, 실체론·기체설의 덫에 걸리지 않고도 붓다 법설의 부정 지평과 긍정 지평을 모두 담아낼 수 있는 독법을 수립해야 한다.

새로운 독법을 마련하기 위해서, 긍정형 기호들을 적극 선택했던 유식·여래장·선종의 언어 진영은 이제 자기 발밑을 전제 없이 성찰해 볼 필요가 있다. 마찬가지로, 기존의 무아·연기 교학, 공 교학의 언어들도 자기 발밑을 냉정하게 성찰해 보아야 할 필요가 있다. 여래장·불성·진심·자성청정심·일심과 같은 긍정형 기호들에 대해 실체론·기체설의 혐의를 두는 학인들은, 흔히 무아·연기·공에 대한 전통교학의 언어를 전가傳家의 보도寶刀처럼 휘두르고 또 그걸로 끝나지만, 그렇게 해서 해결되는 문제가 아니다. 연기와 붓다 법설의 핵심을 공空의 언어로 재해석한 반야공·중관의 교학도 그 유효성을 조건적·제한적으로 평가할 필요가 있어 보인다. 또한 중관의 공 교학에 대해 비판적 시선을 제기한 유식의 언어도 조건적으로 재음미할 필요가 있다. 전반적으로 볼 때 공 교학에 부여된 무소불위의 과도한 해석학적 권위는, 붓다 법설과 불교에 대한 학인들의 성찰과 해석학적 선택의 운신 폭을 제한시켜 온 측면이 있다고 생각한다. 아비담마나 공 교학을 니까야/아함 법설에 과도하게 대입하지 않을 때 오히려 붓다와의 대화 내용이 풍성해진다.

비판불교가 맹폭하는 본각本覺사상의 본산이 『대승기신론』이라는 점은 익히 알려져 있다. 『대승기신론』은 본각 개념뿐 아니라 비판불교가 기체설의 표현이라고 간주하는 긍정형 기호들을 모두 종합하고 있다. 게다가 원효는 이 『대승기신론』을 사유구성의 토대로 수용하고 있고, 말년의 저술이자 대표저술이라 할 『금강삼매경론』은 『대승기신론』에서 눈뜬 본각사상의 원효적 전개가 그 정점을 보여 준다. 따라서 만약 비판불교의 관점대로 일본 본각사상이 기체설이라면, 일본불교는 본각사상의 원천인 『대승기신론』의 본각사상을 기체설로 읽었다는 의미가 된다. 뿐만 아니라 본각 이외에도, 여래장·진여·자성·일심 등 비판불교 입장에서는 명백한 기체설의 증좌로 간주할 수 있는 용어들까지 모두 등장한다는 점에서, 비판불교의 시선으로 보면 『대승기신론』은 꼼짝없이 기체설의 논서가 될 것이고 원효사상도 그렇게 묶여 처리될 것이다. 그리고『대승기신론』의 언어를 수용하고 있는 동아시아의 모든 대승교학과 불교는 몽땅 '비非불교의 망설妄設'로 읽혀질 것이다. 만약 그렇게 보는 것이 타당하다면 필자도 망설임 없이 그렇게 볼 것이다.『대승기신론』이나 원효보다는, '더 좋은 진리'가 언제나 필자의 관심사이기 때문이다.

『대승기신론』과 원효에 대한 연구나 해설 가운데는 비판불교의 기체설 독법에 고스란히 해당하는 내용이 흔하게 목격된다. 일본학계의『대승기신론』연구나 해설에 비일비재하고, 한국도 마찬가지다. 그런 글들을 읽다 보면 이런 생각을 누르지 못하게 된다. ─〈이런 식으로 이해한다면, 그리고 만약 기신론이나 원효사상이 이런 이해에 해당하는 내용이라면, 과연 기신론이나 원효사상이 불교적 통찰에 어떤 기여를 할 수 있나? 아니, 인간과 세상에 어떤 기여를 할 수 있나? 사변과 사고 훈련에 사용할 수 있는 형이상학의 계보에는 등재할 수 있지만, 과연 인간의 실존과 세상에 어떤 이로움과 불교적 기여를 할 수 있나?〉

『대승기신론』이 유식연기설을 모형으로 하면서, 수행의 목표와 근거 및 내용을 긍정형 기호로써 명시하려는 대승의 시도를 전폭적으로 수용하여 연기설을 재구성한 것은, 붓다가 그토록 비판하고 경계하는 실체·본질주의의 덫에 다가선 것이기도 하다. 〈여래장 사상은 붓다의 가르침이 아니다〉라고 주장하는 이른바 여래장비불설如來藏非佛說 논란도 여기서 발원發源한다. 생멸·변화하는 모든 현상의 근거이자 그 현상의 기저基底에 존재하는 불생불멸의 그 무엇, 생멸하는 세계를 창출하는 원점이면서 마음의 심층에 존재하는 불생불멸의 바탕.─그것이 여래장·진여·자성청정심·진심·일심·법신·본각이며 또 개별 존재들의 우주적 동일성과 보편성의 근거라고 읽어 버린다면,『대승기신론』은 실체·본질을 선호하는 존재 형이상학이나 신비주의의 불교적 위장僞裝이 되고 만다.

『대승기신론』에는 '본체·실체-현상론'이나 기체설로 읽기 쉬운 언어용법들이 풍부하게 등장한다. 이런 언어용법들에 일상 언어적 의미를 안이하게 대입시켜 이해하게 되면,『대승기신론』은 '불생불멸의 본체적 존재와 그것에 의거하여 생겨난 생멸 현상세계에 관한 교설'이 되고 만다. 이럴 경우에『대승기신론』은, '불교 언어로 포장된 아트만 신비주의 사상' 내지 '실체주의 존재 형이상학의 아류'라는 혐의를 벗기가 어렵게 된다. 여래장·진심·진여·자성청정심·본각·일심 등의 용어와 유식연기설의 결합은 실체주의의 '본체-현상론'과 접속될 가능성이 매우 높다는 점이, 대승교학이 채택하고 있는 긍정형 언어전략에 수반하는 불가피한 그늘이다. 그리고 이 그늘에서 탈출하려면 새로운 독법을 마련해야 한다. 긍정형 기호들로 하여금 '본체 신비주의'나 '실체주의 존재 형이상학'의 덫에 걸리지 않을 수 있게 하는 독법이라야, 긍정 지향형 언어전략이 품게 된 그늘에서 깔끔하게 탈출할 수 있다.

그런 점에서 원효의 안목은 주목된다. 원효는 이들 긍정 기호들로 하여금 실체·본질론의 덫에서 탈출하게 하는 통찰과 언어들을 풍부하게 펼치고 있기 때문이다. 그의 통찰과 언어용법의 의미를 현재어로 포착해 내는 것은 오늘의 학인들에게 부과된 과업이다. 그리고 원효학의 생명력도 이 작업의 성공 여하에 달려 있다. 원효의 통찰을 언제나 '지금 여기'로 소환시킬 수 있는 근거가 이 작업에서 확보될 수 있기 때문이다.

필자는 『대승기신론』을 '본체·실체-현상론'이나 기체설 독법으로 읽을 필요를 느끼지 못한다. 흥미롭게도 원효 역시 그렇다. 원효의 언어 속에서 본각이나 여래장, 진여, 자성, 일심 등 모든 긍정형 기호들은 기체설 틀에 걸리지 않는다. 본각이나 여래장 등의 긍정형 기호들에 대한 비판불교적 혐의를 그대로 원효 언어에 적용하고 싶은 충동을 느끼는 사람들은, 먼저 원효와 대화할 수 있는 역량을 계발할 필요가 있다. 현재 통용되는 일상 언어의 이미지를 기신론 언어 위에 성급히 뒤집어씌우는 일은 무엇보다 경계해야 한다. 또한 기신론의 용어와 논리가 생성되어 온 계보에 대한 성찰적 이해, 사유와 언어의 의미와 결(理)들을 섬세하게 다룰 수 있는 역량의 계발이 지속적으로 요청된다. 모든 고전과의 대화가 요구하는 것이기도 하지만.

원효 언어체계의 정점에 배열된 긍정형 기호들과 그 용법들의 의미를 '본체-현상론'이나 기체설 독법으로 처리하면, 원효의 언어는 붓다의 법설이 이끌어 가는 '사실 그대로'와는 무관한 사변적 형이상학이나 신비주의가 되고 지식박물관의 유물이 되고 만다. 원효의 언어가 그렇게 붓다의 법설과 무관한 지식 고고학적 유물일 수밖에 없는 것이라면, 원효학의 생명력과 전망 역시 제한된다. 언제든지 길어 올려 현재와 접속시키면서 삶과 세상의 문제를 풀어 가는 '보편 인문학적 생명력'을 상실케 된다.

원효의 언어에 담긴 통찰은 붓다와 대화하는 데 큰 도움을 줄 뿐 아니라, 인간에 의해 수립된 '인문적 문제'를 깊이 이해하고 원점 수준에서부터 문제를 다루게 해 준다. 인문적 문제의 출발과 종착지는 '차이 현상들에 얽힌 문제'라고 본다. 그리고 개인적 소견으로는, 붓다와 대화하려면 결국 '차이 현상들을 다루는 인간의 방식'에 관한 붓다의 통찰을 주목해야 한다고 생각한다. 그런데 흥미롭게도 원효의 관심과 통찰 역시 이 문제에 집중되고 있다. 특히 그의 대표저술이자 말기저술인 『금강삼매경론』에서 그러하다. 그런 점에서 붓다와 원효는 '인문人文의 근원적 문제'를 다루고 있는 것이며, 그들의 통찰은 '지금 여기에서의 인문학적 보편과제'와 직결된다. 필자가 원효철학을 치유철학으로 읽는 근거도 여기에 있다.

붓다와 원효의 언어가 지니는 이 인문학적 의미를 현재언어에 담아내는 일은 흥미진진하고 유익한 미답의 영역이다. 붓다와 원효의 언어는 끝없이 현재로 귀환하면서 펄펄 살아 움직이는 '보편성찰의 보물창고'이다. 그 보고寶庫의 문을 열어 왔던 과거의 역량과 기술만으로는 충분하지 않다. 더욱 향상된 기량을 확보하는 것은 지금 학인들의 몫이다. 필자가 시도한 '원효전서에 대한 해석학적 번역'이 그 역량의 개발과 기술 연마에 조금이라도 도움이 되었으면 하는 바람이다.

한국 인문학의 숙원과제는 자생인문학의 형성이다. 최근 100여 년간 서구 인문학의 성과를 열정적으로 소화해 온 한국 인문학은 그간에 축적한 역량으로 자생인문학을 수립할 수 있는 조건들을 확보한 것으로 보인다. **한반도를 토양으로 삼아 고유성을 확보한 인문학을 자생인문학이라 한다면, 한국의 자생인문학은 한반도 지성의 과거가 반영된 내재적 모델을 갖추어야 고유의 정체성과 생명력을 확보할 수 있다. 원효학이 주목되어야 하는 또 하나의 이유가 여기에 있다. 원효학은 자생인문학의 내재적 모델을 수립하기 위한 최적의 의지처로 보이기 때문이다.** 원효전서의 해석학적 번역은 한국의 자생인문학 형성에 기여할 수 있을 것으로 기대한다.

IV.

원효 통섭철학의
치유철학적 독법을 위한 토대

🪷 새로운 방법론의 요청—철학적 읽기로서의 불학佛學

　원효에 대한 선행연구는 그 방법론으로 대부분 교학적 방법론과 격의格義적 방법론을 채택하고 있다. 교학적 방법론은 전통 불교해석학인 교학의 체계와 내용을 그대로 계승하고 있다. 그런데 이러한 교학적 방법론은 간과할 수 없는 문제점들을 안고 있으며, 그 문제점들은 고스란히 원효 연구의 방법론적 한계가 되고 있다. 격의적 방법론은 교학적 방법론의 한계에서 벗어나려는 시도이다. 예컨대 원효의 사유를 포스트모더니즘 계열의 언어들이나 하이데거, 칸트, 니체 등 서양철학과 대비시켜 음미하는 일종의 격의格義적 독해가 그것이다. 이 격의적 방법론은 교학의 전통적 방법론에 갇히지 않고 원효의 언어를 현대 언어지형에 접속시켜 소통 가능성을 높인다는 점이 장점이다. 그러나 '격의格義'(다른 사유와 언어를 빌려 이해하는 방식)의 임차적 읽기에 쉽게 수반하는 맥락 일탈과 의미 불상응의 덫이 언제나 가까이 따라다닌다.

　'불교를 축으로 삼아 형성된 것들에 대한 학적學的 탐구'는 모두 불교학이라 부를 수 있다. 그러나 불교학의 내용을 학문 범주별로 구별할 때는 '불교학' '불교사학' '불교문학' '불교철학·불교윤리학' '불교문화·불교예술' 등으로 대별되고 여기에 '불교심리학' 등의 응용불교학이 추가된다. 이처럼 불교학이라는 개념은 총괄적 의미로 채택되기도 하고, '불교에 관한 학적 탐구' 안의 개별적 고유범주를 지칭하기도 한다.

고유 범주의 엄밀한 구분 없이 사용되는 경우의 '불교학'은 융통성 있는 개념이기도 하고 애매한 용어이기도 하다. '불교에 관한 학적 탐구'의 한 고유범주로서의 불교학도 그 의미와 내용은 명료하지 않다. 이런 경우의 불교학은 '교학에 관한 탐구'가 그 핵심의미를 차지하는 것으로 보인다. 그리고 이 교학 탐구의 방법론을 주도하는 것은, 문헌학과 주석학注釋學의 결합 형태이다. 언어학과 서지학에 의거한 문헌학적 탐구와, 불교용어와 이론에 대한 선행先行 주석의 의미 파악과 체계적 재구성이 결합되어, '교학의 전통체계'를 호교적護敎的으로 재구성해 가는 방식이 교학적 방법론이며, 불교학 방법론의 주류를 형성하고 있다. 종학宗學불교의 근대적 계승이라 할 수 있을 것이다.

문헌학과 주석학을 기반으로 하는 교학적 불교학은 불교 이해와 탐구의 기초를 확립한다는 점에서 유익하고 또 필수적이다. 그러나 교학적 불교학은 이제 그 출구를 전망하고 준비해야 할 것으로 보인다. 방법론의 폐기가 아니라 중심자리의 다원화가 필요하다는 말이다. 문헌과 주석의 이론과 개념을 체계적으로 분류·분석한 후 그 문헌학적·주석학적·교학사상적 의의를 확인하는 작업은, 학문적 요청의 상당 부분을 충족시킨 것으로 보인다. 지속되어야만 하는 번역·재번역의 축적작업을 제외하고는 학문적 기여도를 확보할 작업영역이 갈수록 줄어들고 있다는 의미이다. 게다가 기존 불교학의 교학적 방법론을 그대로 답습하는 연구작업에 대한 비판적 시선도 점차 고조되고 있다. 교학적 방법론에 의한 연구물들이 현대의 다양한 언어지형들과 접속하여 상호작용하는 데 취약할 뿐 아니라, 일정한 해석학적 자기 제한에 갇혀 있다는 것이 비판의 주된 배경으로 보인다.

문헌학·주석학·교학이 결합하여 구성한 기존의 불교학 연구방법론과 연구내용은, 주석과 교학이론을 수립한 선행 해석학에 대한 이해와 정리에 그치는 경향이 농후하다. 남방·북방의 해석학적 시선들을 정확하게 이해하고 체계화시켜 계승하는 것은 교학의 주된 과제가 분명하다. 그런데 교학에 관한 탐구들이 암암리에 공유하는 전제가 있다. 붓다가 보여 준 길이 선행 교학에 의해 온전하게 드러났다고 하는 믿음이다. 그리하여 남방과 북방의 해석학적 안목들을 정확하게 이해하여 선택하거나 종합하기만 하면 충분할 것이라 여기는 것이, 교학 일반의 암묵적 전제인 것 같다. 그러나 이러한 전제는 과연 얼마나 타당할까? **붓다의 지혜와 그것을 탐구하려는 통찰의 계보를 불학佛學이라고 불러 본다면, 불학은 기본적으로 세 가지 질문에 대해 응답하는 과정에서 수립되었다고 본다. 첫째는 〈붓다의 법설에 담긴 의미를 어떻게 이해해야 하는가?〉이다. 이 질문에 대한 응답이 현재 우리가 접하는 남방과 북방의 다양한 교학이다. 둘째는 〈교학은 얼마나 정확하게 이해되고 있는가?〉이다. 주석학적 전통과 그것을 계승하는 형태의 현대 불교학은 대부분 이 질문에 대한 응답이다. 셋째는 〈기존 교학은 얼마나 타당하며 또 충분한가?〉이다. 부파불교 내부의 이론 공방, 아비담마·부파불교 교학에 대한 대승의 비판, 중관과 유식의 상호비판, 연기緣起 이해의 다양한 전개 등이 이 질문에 대한 응답들이다.**

불학 형성의 이러한 과정을 볼 때, 현재의 불교학은 전반적으로 두 번째 질문에 경도되어 있는 것으로 보인다. 붓다 법설의 의미에 대한 '이해의 선행先行 전통들'인 교학을 파악하고 정리하는 작업에 편향되어 있다. 문헌학적 기초를 단단히 다지면서 진행된 이러한 작업의 가치는 결코 과소평가할 수 없다. 그러나 근·현대 불교학에서 축적된 성과들은 이제 그동안 소홀히 했던 두 가지 질문 앞에 다시 호출된다. 〈기존 교학은 얼마나 타당하며 또 충분한가?〉와 〈붓다의 법설을 어떻게 이해할 것인가?〉에 대해, 다시 응답해 보라는 요청에 응해야 한다. 〈교학은 얼마나 정확하게 이해되고 있는가?〉에 대한 응답도 지속적으로 탐구해야 하지만, 불교학이 계속 이 질문에 편향되어 있는 것은 바람직하지 않다. 불교학의 생명력이 유지되려면 세 가지 질문에 대한 대답이 균형 있게 탐구되어야 한다. 갈수록 불교학 연구방법론이나 연구내용에 대한 비판적 갈증이 고조되는 근원적 이유가 여기에 있는 것으로 보인다. 불학을 형성시켜 온 세 가지 질문 가운데 한 가지에만 치우친 편향성의 후유증이다.

이제 불학에 참여한 학인들은, 불학을 형성해 온 세 가지 질문 모두를 품어 보는 균형성을 회복해야 할 필요가 있다. 세 질문이 골고루, 그리고 개방적으로 탐구되어야, 붓다의 길은 지속적으로 그 온전한 면모를 더욱 뚜렷하게 드러낼 것이다. 바로 이 지점에서 '철학적 읽기'의 좌표가 부각된다. 철학적 읽기야말로 세 가지 질문 모두에 동시적으로 응답하려는 태도일 수 있기 때문이다. 〈어떤 것이 교학에 대한 정확한 이해인가?〉를 열린 성찰로 탐구하는 동시에, 〈기존 교학은 얼마나 타당하며 또 충분한가?〉를 기존의 해석학적 권위에 구애받지 않고 탐구하며, 그리하여 〈붓다의 법설을 어떻게 이해할 것인가?〉를 궁극 관심사로 삼아 지속적으로 재응답해 보려는 성찰적 태도.─이것이 '불학의 철학적 읽기'이다.

불교의 모든 교학은 '붓다 법설에 대한 다양한 해석학들'이다. '다양하다'는 것은 '붓다 법설에 대한 이해가 서로 다르다'는 뜻이고, '해석학'이라는 것은 '붓다 법설에 대한 나름의 이해'라는 의미이다. 그런데 세간에서의 해석학은 철저히 '지적 이해의 개방적 선택'에 관한 문제이지만, 불교 전통에서의 해석학이 보여 주는 '이해의 개방적 선택'은 단지 '지적 범주의 성찰'에 근거하는 것이 아니다. 수행론이라는 특유의 조건이 가세한다. 불교적 관점으로 볼 때, '이해'를 발생시키는 조건은 논리적·이지적 성찰에 국한되지 않는다. 행위나 정서 및 마음 국면의 변화와 관련된 경험들도 이해를 변화시키거나 발생시키는 조건이 된다. 특히 정학定學으로 분류되는 선禪 수행은 '이해·관점 발생의 중요한 조건'이다. 필자가 〈교학은 해석학이다〉라고 말할 때의 '해석학'이라는 말은 이러한 불교적 고유성을 반영한 것이다.

우리는 지금도 붓다의 통찰과 성취가 지닌 문제해결력, 그 사용가치를 현재의 관심에서 탐구한다. 교학은 기존에 진행한 그러한 탐구들의 궤적이다. 그런데 〈교학은 해석학이며 다양하다〉는 것은, 붓다의 법설을 해석해 온 각 교학들의 타당성과 사용가치에 대한 평가 작업이 불가피하다는 것을 의미한다. 지금도 붓다 법설에 대한 우리의 이해가 서로 다르고, 그 다른 이해들 가운데 어떤 것이 가장 좋은 것인지를 항상 성찰해야 하는 것처럼, 과거의 서로 다른 교학들에 대해서도 어느 것이 더 좋고 타당한 것인지 평가하는 작업이 불가피하다. 그리고 그런 평가가 가능하려면, '탐구자 자신의 이해와 관점'이 먼저 명료해져야 한다. 나아가 '탐구자의 이해와 관점 및 성찰'의 향상을 위해서는 학인 스스로의 실존적 탐구가 필요하다. 이 마지막 요청에 부응하는 것은 결코 쉽지 않지만, 불학佛學을 탐구하는 학인들로서는 외면할 수 없는 것이다.

지금의 교학적 탐구는 '가치평가적 태도'를 보여 주는가? 대부분의 경우에 그렇지 않아 보인다. 모든 유형의 교학에 대해 등가치等價値적으로 접근하여 각 교학의 문헌·언어·이론에 대한 전문소양을 확보하는 것을 교학연구 방법론으로 간주하는 것으로 보인다. 이러한 가치중립적 학문관이 수립된 것은 그리 오랜 일이 아니다. 막스 베버류類의 '직업으로서의 학문'처럼 가치중립을 요구하는 학문관은 서구의 특수한 역사적 조건들의 산물이고, 이러한 학문관이 불교학을 장악한 것도 그리 오래지 않은 특수한 역사적 상황을 반영하고 있다. 인간·세계·역사를 보던 서구 기독교 중심의 관점이 지닌 무지가 폭로되자 다양성과 다원성을 수용하기 위한 가치중립의 태도가 요구되었고, 이러한 문화 상대주의적 개안은 급기야 〈다양한 것들은 나름대로 다 맞다. 가치평가의 대상이 아니다〉라는 '극단적 상대주의'를 확산시켰다. 이러한 **서구의 특수한 역사적 상황 전개는 '가치중립' '다양성' '상대주의'를 함께 묶는 학문관을 수립하여 인문학이나 종교학의 방법론을 장악하였고, 근대 이후 '학문으로서의 불교학'은 그 연장선에서 성립된 것이다. 현재의 '학문 불교학'이 가치중립을 마치 학문의 정도正道인 것처럼 여기는 것은, 불교문화권의 역사적 전통에 대한 능동적 성찰의 자생적 산물이 아니다. 불교문화권의 역사적·학문적 맥락과는 전혀 이질적인 맥락에서 형성된 것을 하등의 주체적 성찰과 평가도 없이 받아들여 몸에 걸친 것이다. 가치중립적 학문관은 불교문화권이나 동아시아 문화전통이 오랫동안 간수해 온 '문제해결력을 중시하는 가치평가적 학문관'과는 단절된 학문관이다.**

이식된 '학문 불교학'이 요구하는 방법론과 그 성과가 무가치하다는 것은 결코 아니다. 가치중립적 태도가 산출한 문헌학과 언어학, 교학의 탐구성과는 매우 유용하다. 가치평가를 유보하려는 '학문 불교학'이 비록 서구적 맥락에서 형성된 것이지만, 불교를 위해서는 시의적절한 측면이 있다. 이 '학문 불교학'은 전통교학을 '다양한 해석학들'로 간주하여 자유롭게 탐구할 수 있게 하는 환경을 마련해 주었다. 그 성과 역시 매우 유용하다. 다양한 교학들을 각자의 맥락에서 선입견 없이 이해할 수 있는 길을 열어 주었기 때문이다. 그리고 이러한 '학문 불교학'의 성과는 역설적이게도 '학문 불교학' 자신의 속성과 한계를 넘어설 수 있는 기반을 구축해 주었다. 가치판단에 소극적인 근대적 '학문 불교학'의 성과물들로 인해, 오히려 교학들에 대한 '가치평가적 탐구'를 가능케 하는 정밀하고 심층적인 조건들이 확보되었다. 그런 점에서 '학문 불교학'의 언어학·문헌학·교학 탐구방법론은 여전히 유용하다. 그러나 근대적 '학문 불교학'의 방법론과 내용에 대한 비판적 성찰도 동시에 절박하다. 새로운 전망과 출구가 마련되어야 '학문 불교학'의 유용성도 빛을 발할 수 있다.

새로운 교학/해석학은 역동적으로 끊임없이 등장해야 한다. 기존의 교학들도 각자 이전 교학의 해석학적 성과를 취사선택하면서 거듭 새로운 내용을 추가해 간 것이다. 그 결과 붓다 법설을 이해하는 풍요로운 해석학적 자산이 마련되었다. 어느 경우도 이전까지의 교학/해석학을 완료형으로 간주하지 않는 '열린 해석학'을 추구하였기에 가능한 일이었다. 그런데 근대 이후 '학문 불교학'이 정착되면서, 이 역동적이고 창의적인 열린 해석학의 숨결이 잦아들어 버린 것 같다. 이제 불교학은 이전 교학들의 체계적 분석과 이해가 본업이 되어 버렸다. 기존 교학/해석학들의 사용가치를 평가하고 취사선택하며 새로운 관점을 추가해 보려는 '해석학의 능동적 구성'에 학인들은 별로 관심이 없어 보인다. '학문 불교학'이 지닌 가치중립 속성에 수반된 후유증이다.

가치중립적 객관성을 방법론적 원칙으로 삼아 불교를 탐구할 때는, 필연적으로 '과거에 대한 이해'가 대상이 된다. 붓다 법설에 대해 이미 성립한 교학에 대한 가치중립적 이해가 '학문 불교학'의 본령이 되고 만다. 그 결과는 '불교의 박물화'이다. 모든 교학은 관람을 위해 전시된 유물이 되고, 학인들은 그 유물의 형성과 양식, 특징을 연구하여 관람객들에게 설명하는 박물관 학예사가 된다. 관람객들은 유물의 정교한 조각기술에 감탄하기도 하고 자랑스러워하기도 하지만, 보존과 관람의 대상인 유물은 현재의 생활 기물器物이 되지는 못한다. 유물에 대해 현재의 사용가치를 기준으로 평가하지 않는다. '학문 불교학'이 추구하는 가치중립적 이해는 흡사 박물관의 유물 연구를 닮아 있다. 이런 의미에서 현행 '학문 불교학'은 일종의 '박물관 불교학'이다. '박물관 불교학'은 과거를 잘 이해하고 설명하는 것으로 만족할 뿐, 현재의 사용가치를 적극적으로 모색하지 않는다. 유물보다 더 좋은 작품을 만들 생각은 더더욱 안 한다. 게다가 유물에 대한 이해와 설명이 전통교학의 언어와 이론 범주에 갇히는 경우, 불교학은 학문이라는 명찰을 단 '폐쇄적 언어공동체'로 전락하고 만다. 현재의 관심을 지속적으로 담아내는 개방된 언어가 되기 어렵다. 사용가치를 탐구하지 않고 이해하려고만 하는 태도는 얼마든지 현재적 관심과 무관할 수 있기 때문이다.

무릇 모든 현재적 관심은 '사용가치를 탐구하려는 태도'에서 비롯된다. '지금 여기에서의 사용가치'를 확보하려고 할 때라야 과거 문헌과 교학에 대한 탐구는 현재와 접속한다. 그리고 현재의 사용가치를 만들어 내려면 '이해'에 그치지 않고 '평가'에 나서야만 한다. 가치중립적 태도를 적극적으로 선호하는 '학문 불교학'에서의 평가는, 과거를 꾸미는 찬미의 장식일 수는 있어도 현재와 미래의 사용가치를 구성해 가는 성찰적 평가가 되기가 어렵다. **무지(無明)에서 발생한 삶과 세상의 문제를 해결하려는 통찰의 전통에 대해 시도하는 '가치를 탐구하지 않는 이해' 혹은 '가치평가를 하지 않으려는 이해'가 과연 제대로 된 이해일까? 문제해결의 진리를 탐구하는 모든 담론에서, 가치평가와 분리된 이해는 충분하거나 제대로 된 이해가 아니다. '불교에서의 이해'는 특히 그러하다. 문제해결의 힘을 중시하는 것이 불교 진리관이기에, 모든 탐구는 가치평가와 무관할 수가 없다. 그럼에도 불구하고 사용가치를 평가하지 않으려는 불교학 방법론과 그 태도에 안주한다면, 불교학 탐구는 현재의 관심을 안을 수 없고 현재의 문제해결력을 제대로 확보하기가 어렵다. 그리고 붓다와의 새로운 대화도 불가능하다. 그저 기존의 교학/해석학들이 제시한 이해에 기대어 붓다와 만날 수밖에 없다.** 그러나 과연 전통 교학/해석학이 그처럼 완결적일 수 있는 것일까? 이미 정답이라 할 만한 붓다 해석학들이 충분히 확보되어 있어, 잘 고르거나 잘 이해하기만 하면 되는 것일까? 또 불교학자들은, 어떤 교학이든 그에 대한 문헌·언어·이론의 전문적 소양만 갖추면 충분한 것일까? 학인으로서의 본분과 역할은 그것으로 다 갖추는 것일까?

필자가 보기에 **현행 불교학은 일종의 해석학적 맴돌이 현상에 빠져 있다. 어**

느 교학을 연구하든 그 교학의 해석학적 전통 관점과 이론 안에서 맴돈다. 그 교학의 문헌과 용어, 논리 안에서 뱅뱅 돈다. '전통용어와 이론의 형식 범주 내에서의 동어반복적 맴돌이 현상'에 빠져 있다. 언어와 이론 범주가 대부분 과거에 갇혀 있다. 그러다 보니 비非불교언어권 사람들에게는 불교학 논문과 저술들이 마치 외계어처럼 생경하다. 교학에 대한 연구자의 이해를 '현재인들의 보편지성과 소통할 수 있는 언어'에 담아내는 경우가 드물다. **전통교학의 용어와 이론을 공유하는 소수의 학인들이 자신들만의 폐쇄적 언어게임을 벌이고 있다.** 게임 밖의 사람들로서는 도무지 무슨 게임인지조차 이해하기 어렵다. 게임에 참여한 선수들이 구사하는 기량의 수준이, 다시 말해 용어와 이론에 대한 소화력이 과연 어느 정도인지 궁금하기도 하지만, 도무지 기량평가 자체가 어려운 방식의 게임을 벌이는 경우가 흔하다. 선수 자신이 자신의 기량을 정확히 드러내지 않아도 굴러가는 게임이 빈번하기 때문이다. 그러다 보니 선수 자신도 자신의 기량이 어느 정도인지 알기 어렵다. 한문 텍스트의 용어와 이론을 구사하는 선수들 사이에서 특히 이런 현상이 자주 목격된다. 심오한 뜻을 펼치고 있는 듯 보이게 하는 '전문 한문용어의 수사학적 배열'로 글을 채우는 선수들이 자주 목격된다. 그런 글일수록 글쓴이의 이해를 분명하게 확인하기가 어렵다. 글쓴이 자신은, 자신의 이해가 보편적 지식언어 지형 속에서 어떤 좌표를 점하는 것인지를 알고나 있는지도 의문이다.

이런 현상이 방치되고 또 반복될 수 있는 이유는, 구사하는 용어와 이론에 대한 학인의 이해를 면밀하게 점검할 수 있는 방식과 장치가, 학인들이 펼치는 글쓰기 방식과 언어게임 안에서 적절히 가동하지 않고 있기 때문이다. 현재 통용되는 '학문 불교학'의 논문형 글쓰기 방식에서는, 용어·이론의 이해 내용에 대한 점검을 건너뛰어도 얼마든지 논증형식을 구성할 수 있다. 또 용어·이론에 대한 이해의 서술이 불명확한 경우일지라도, 학위 소지자이고 전공자이니 잘 알고 있을 것이라는 부실한 상호 인증으로, 자기들만의 언어게임을 유지해 가는 것이 얼마든지 가능하기 때문이다. 필자 자신에 대한 반성에서 하는 말이다.

언어게임에 참여한 학인들이 자신의 이해를 소통 가능한 언어에 담아내려는 노력을 게을리하는 데에는, 언어와 지식의 권력적 속성도 한몫하는 것으로 보

인다. 언어와 지식은 예나 지금이나 권력의 발생지이고 획득 도구이며 운영수단이다. 이것은 언어인간의 숙명과도 같은 현상이다. 그래서 언어와 지식에 진입하는 길이 좁을수록 소수자들이 독점적 권력 지대를 확보하기가 쉽다. 진입이 어려운 언어와 지식일수록 그 운용자들은 특권의 향유가 가능해진다. 특히 불교학처럼 고전어를 다루어야 하는 학인들에게는 원전 언어의 의미로 진입할 수 있는 길이 좁을수록 독점적 이익이 보호된다. 구사하는 용어와 이론이 난해할수록, 명확한 의미가 드러나지 않을수록, 권위의 이익은 크게 누릴 수 있다. 혹 언어·지식의 이러한 매혹적 권력이, 이해를 분명히 하고 명확히 표현하여 쉽게 소통하려는 노력을 방해하는 경우도 있을 수 있다. **언어와 지식의 역사 속에서는 '배타 지향'과 '공유 지향'의 두 상이한 태도가 얽혀 있는데, 전자에서 후자로 변해가는 것이 시대의 진보적 추세로 보인다. 그런 점에서도 한글의 등장은 의미심장하며 선구적이다. 한글만큼 탈脫권력적인 언어를 찾기는 어렵다. 필자는 한글을 사용하는 인연을 크나큰 복으로 여긴다.**

참여선수들끼리만 공유하는 언어게임이 폐쇄적으로 가동되는 상황에서는, 전문성과 대중성이 접점 없이 이반離反되어 가는 양극화 현상이 심화된다. 전문성을 확보했다는 학인들은 현재어에 접속할 능력이 없어 학문이라는 명분으로 자위적 폐쇄성에 빠져들고, 대중성 확보에 성공했다는 학인들은 현재어로 세련된 응용기술을 보여 주지만 전문성의 깊이가 결여되면 그 호소력과 생산력이 곧 한계에 봉착한다. 전문지성과 대중지성이 상호작용하면서 서로를 끊임없이 향상시키는 접속지대의 확보가 절실하다.

사실 전통교학을 형성한 생명력은 '사용가치를 탐구하려는 성찰'에서 찾을 수 있다. '사용가치를 탐구하려는 태도'는 개방적일 수밖에 없다. 완결시켜 머무르려는 태도로는 역동적 현실에서의 더 좋은 사용가치를 추구할 수 없기 때문이다. 또 '성찰하려는 태도'는 이전의 것을 이해한 후 현재 시점에 서서 새로움을 추가해 보려고 한다. 그리하여 '과거에 대한 이해와 현재에서의 새로운 구성력'을 동시에 보여 준다. 따라서 '사용가치를 탐구하려는 성찰'은 필연적으로 '자신의 관점'을 '현재어'에 담아내려는 '해석학적 능동성과 현재성'을 보여 준다. 이러한 **'사용가치**

를 탐구하려는 성찰'이 활기차게 작동할 때, 교학은 새로움을 추가할 수 있었다. 지금 우리가 목격하는 전통교학의 저 풍요로운 다양성은 그렇게 형성된 것이다.

이렇게 보면, 현재의 '학문 불교학'은 전통교학에 갇혔을 뿐 아니라 전통교학의 생명력도 상실해 버렸다고 할 수 있다. 이러한 학문 방법론과 태도로는 더 이상 붓다와의 새로운 만남이 불가능하다. 붓다의 통찰과 성취에 대해, 아직 놓치고 있을지 모르는 혜안, 엉뚱하게 읽고 있는 해석학적 오독의 발견과 수정 가능성, 붓다에 기대어 지속적으로 넓혀 가는 새로운 통찰과 전망 등이, 모두 묻혀 버린다. 거칠게 말하자면, 이대로라면 불교학이 불교라는 고목古木을 고사목枯死木으로 만들어 버릴 수 있다.

필자는 **그 유력한 출구 하나가 '불교에 대한 철학적 읽기'**라고 생각한다. 전통교학이 '사용가치를 탐구하려는 성찰'로써 보여 준 '개방성과 역동성 및 현재성'을 계승하는 길, 붓다를 거듭 새롭게 만날 수 있는 길, 붓다의 성취에 대한 해석학적 오염과 일탈을 치유하는 길, 붓다와 손잡고 삶과 세상의 더 좋고 더 넓은 길을 만들어 가는 길.—이 모든 길에 들어서는 문이 '불교에 대한 철학적 읽기'일 수 있다고 본다. 그리고 이런 의미의 '불교에 대한 철학적 읽기'는 현재의 '학문 불교학'에서 아직 제대로 형성되지 않았다고 본다. 교학사상을 다룬다고 해서 '불교에 대한 철학적 읽기'가 되는 것은 아니다. (그러나 교학사상에 대한 충분한 탐구와 이해 없이는 철학적 읽기도 불가능하다.) 또 서구의 사변과 개념을 차용한다고 해서 '불교에 대한 철학적 읽기'가 되는 것도 아니다. 자칫 남의 다리 긁는 격이 된다. '불교에 대한 철학적 읽기'는 아직 형성되지 않았다.

필자에게 '불교에 대한 철학적 읽기'는 다음과 같은 조건을 갖춘 불교학 탐구를 의미한다. 첫째, 모든 전통교학을 나름대로의 해석학으로 간주하는 동시에, 그에 대한 이해에 머물지 않고 '사용가치를 탐구하려는 태도'를 보여 주어야 한다. 둘째, 사용가치 평가의 근거가 되는 자신의 관점과 이론 및 자신이 주목하는 사용가치를 '소통 가능한 현재어'로 명확하게 밝혀야 한다. 이때 '현재어'란, 현재를 살아가는 사람들이 상호 소통할 수 있는 개념과 용어에 의한 표현이다. 셋째, 이를 위해서는 전통교학의 용어와 이론 형식을 그대로 차용하면서 재배치하는 방식은 피해야 한다. 전통교학의 용어와 이론 범주에 갇히지 말고, 그리하여 동어반복적인 순환구조에서 벗어나야 한다. 이 세 가지 조건을 묶으면 이렇게 된다. **'모든 해석학적 가능성을 열어 놓고' '사용가치를 탐구하려는 태도로써' '사용가치에 대한 자신의 성찰을' '소통 가능한 현재어에 담아내는 것'─그것이 '불교에 대한 철학적 읽기'가 갖추어야 할 기초조건들이다.**

'불교에 대한 철학적 읽기'의 이러한 자격조건들은 의지만으로 갖추어지지 않는다. 화두처럼 늘 염두에 두고, 그런 조건들을 확보할 수 있는 능력을 꾸준히 계발해야 한다. 어느 정도 능력이 생겼다고 해서 곧바로 성공적인 작품을 내놓을 수 있는 것도 아니다. 비록 '불교에 대한 철학적 읽기'의 '모든 조건을' '충분히' 갖추지는 못해도, 거듭 시도하며 사례들을 축적시켜 가야 한다. '불교에 대한 철학적 읽기'의 조건들을 확보하려는 다양한 시도들이 축적되고 또 상호작용하는 과정에서, 점차 '불교에 대한 철학적 읽기'의 정체성과 내용이 뚜렷해질 것이다. 현재 '학문 불교학'의 교학적 탐구 가운데 '불교에 대한 철학적 읽기'의 조건을 갖춘 경우는 그리 많지 않아 보인다. 그러나 '불교에 대한 철학적 읽기' 범주에 근접하거나 진입하는 사례들도 꾸준히 늘어나는 추세로 보인다. 그런 학인들의 역량이 결집된다면 좋은 결과를 기대할 수 있다. 정교한 접속어와 탁월한 조어력을 지닌 한글과 한국어는, 명확하고 풍요로운 의미 생산력과 표현·전달력을 지니고 있어 철학적 사유를 전개하고 담아내기에 매우 수승한 언어이다. 그런 점에서 한국어의 주체들은 '불교에 대한 철학적 읽기'의 형성에 적합한 잠재력을 지니고 있다.

철학적 읽기로서의 불학이 가능하려면, 무엇보다도 이미 확립된 교학과 그것을 지탱하고 있는 해석학적 전제들에 집착하거나 지배받지 않을 수 있는 '자유의 자리'를 확보할 수 있어야 한다. 이미 학해學解와 신행信行의 제도와 현실을 장악하고 있는 교학적·해석학적 관행에 압도당하지 않을 수 있으려면, 탐구하고 수용하지만 갇히지 않고 머물지 않는 '열린 유동성', 만나면서도 헤어지는 '접속하되 거리 두기'가 가능해야 한다. 사용가치를 염두에 두고 〈기존 교학은 얼마나 타당하며 또 충분한가?〉를 물으면서 마침내 〈붓다의 법설을 어떻게 이해할 것인가?〉라는 질문에 '지금 여기'의 관심으로 대답해 보기 위해서는, 끊임없이 교학의 해석학적 토대 자체를 재음미·재구축하려는 '철학적 정신'이 요청된다. '그 어떤 전제에도 갇히지 않는 자유로운 재성찰'을 철학적 탐구의 특징으로 간주한다면 말이다.

교학 구성의 토대가 되는 관점이나 이해에 갇히지 않고 성찰하는 것은, 붓다의 권고에도 상응한다는 점에서 가히 '불교적'이다. 서구의 사변적 언어실험실 도구와 작업내용들을 불교 언어에 이식하는 격의格義적 방식이 '불교에 대한 철학적 탐구'를 대신해서는 안 된다. **그 어디에도 매이지 말고 자유롭게 탐구하라는 붓다의 진리탐구 정신, 이해나 사유를 비롯한 모든 현상을 발생시킨 '조건들과 그 인과관계'를 '사실 그대로' 탐구하라는 '연기緣起성찰의 방법론'에 의거한 철학적 성찰은, 현행 불교학에서 상대적으로 취약한 '철학적 불교학'의 결핍을 채울 수 있는 요긴한 대안이 될 것이다.**

불교학 방법론에 관한 이러한 문제 제기는 원효 연구방법론에도 그대로 적용된다. 교학적 방법론은 전통교학의 맥락을 일탈하지 않을 수 있는 형식적 장점을 지니지만, 원효철학을 전통의 언어와 시선에 가두어 현대 언어지형도에서 고립된 섬으로 만들어 버릴 위험성을 안고 있다. 이에 비해 격의格義적인 비교철학적 읽기는, 원효의 언어를 현재의 언어지형에 접속시켜 소통과 상호작용의 가능성을 높인다는 장점을 지니지만, 원효 언어의 본래 맥락에서 일탈할 수 있는 임차적 격의의 문제점에 쉽사리 노출된다. 따라서 이렇게 장단점이 엇갈리는 상이한 방법론적 좌표로부터, 양자의 장점을 모두 수용하면서도 단점을 극복할 수 있는 새로운 좌표로의 이동이 요청된다.

원효의 언어를 교학적 방법론으로 읽어 내는 작업은 해석학적 제한에 묶이기 쉽다. 또한 전통 교학언어와 이론을 그대로 채택하는 방식의 원효 읽기로는 원효사상의 철학적 의미를 포착하기 어렵고, 원효의 통찰을 현재어에 접속시키기도 어렵다. **원효의 언어를 '지금 여기'의 관심과 문제, 오늘의 언어에 접속시키기 위해서는, 전통 시선인 교학에 접속하면서도 갇히지 않는 '성찰적 태도'가 필요한 동시에, 원효의 언어와 전통교학 본래의 의미맥락을 충분히 소화하면서도 그 철학적 의미를 현재의 관심에서 성찰적으로 음미하는 '본의本義적 현재 해석학'이 요구된다. '기존의 이해방식에 갇히지 않으려는 성찰적 태도'와 '본래의 의미맥락을 놓**

치지 않으면서도 현재의 관심을 반영하는 본의本義적 현재 해석학'을 모두 반영하는 원효 읽기가 시도되면, 원효철학의 보편적 생명력과 현재적 호소력을 제대로 발굴할 수 있다. '원효 사유 본래의 맥락'을 놓치지 않으면서도 '현재의 열린 성찰'로써 포착한 '의미의 결'(理)들을, 다양한 언어지형들과의 상호교섭과 작용을 가능케 하는 언어에 담아낼 수 있게 된다.

🪷 붓다의 진리관과 치유철학

니까야/아함이 얼마나 붓다의 육성을 그대로 담고 있는지는 장담하기 어렵지만, 모든 불교 문헌들 가운데 붓다의 육성과 체취가 가장 풍부하고 짙게 배어 있는 것은 분명하다. 이 니까야/아함을 관통하는 '진리에 대한 관점'의 철학적 기초는 뚜렷하다. **'경험적 문제해결에 유효한 실용주의'**가 그것이다. 경험주의와 실용주의가 결합되어 **'차이 현상에서 발생하는 문제를 해결하는 데 유효한 진리'**를 펼치고 있다. 이 문제는 다시 상세히 거론할 것이므로, 여기서는 붓다와 원효의 통찰을 읽기 위해 제안하는 '치유철학적 독법'의 개념을 소개하는 정도로 서술한다.

붓다의 경험주의를 서양철학 계보에서의 경험주의로 치환하는 것은 부적절하지만, 공유되는 통찰이 없다고 할 수도 없다. 니까야/아함에서 일관되게 목격되는 붓다의 경험주의적 태도는 '사유능력(意根)을 포함한 여섯 가지 감각능력(六根)에서 발생하는 경험현상을 진리의 토대로 삼는 태도'라고 정의할 수 있다. 또한 붓다의 진리관은 '탐욕·분노·무지에 의해 발생한 문제를 가장 잘 풀어 주는 해법이 진리'라고 하는 관점에 의거하고 있다. 그런 점에서는 문제해결 능력을 진리치의 기준으로 삼는 현대 프래그머티즘Pragmatism의 태도와 상통한다. 붓다의 실용주의적 진리관은 '탐욕·분노·무지로 인한 삶과 세상의 오염과 왜곡을 치유하는 문제

해결 능력을 중시하는 태도'라고 정의할 수 있다. **인간의 감관능력으로 경험 가능한 것, 그리고 그 경험을 통해 진실 여부를 직접 검증할 수 있는 것만을 진리 탐구의 대상으로 삼겠다는 것이 붓다의 경험주의이다. 아울러 탐욕·분노·무지를 조건으로 수립된 삶과 세상의 병리상황에 적용하여 문제를 해결하는 실제효과를 보여줄 수 있는 것에만 진리자격을 부여하겠다는 것이 붓다의 실용주의이다.**

붓다의 경험주의와 실용주의는 탐욕·분노·무지(이하 탐·진·치)를 매개로 결합되어 있다. 탐·진·치는 사유능력을 포함한 인간 감관능력에서 발생하는 현상이다. 정신·물리적 몸(오온五蘊)에서 발생·존속·소멸하는 '지금 여기'의 현상이며, '직접 경험할 수 있는 것'이다. 붓다는 이 탐·진·치를 조건으로 발생하는 경험적 문제를 풀 수 있는 해법을 진리로 간주하는 입장이다. 따라서 붓다의 진리관을 뒷받침하는 경험주의와 실용주의는, '탐·진·치를 매개로 진리의 범주와 능력을 설정하는 두 시선'이며 상호 의존적으로 연관된다. 상호 연루된 경험주의와 실용주의의 태도에 의해 진리의 문제를 다루는 붓다의 시선은, 맛지마니까야의 『말룽끼야뿟따에 대한 작은 경』(Cuḷamālunkyaputtasutta)[15], 상윳따니까야의 『심사빠 숲 경』(Siṃsapāvanasutta)[16], 앙굿따라니까야의 『깔라마 경』(Kālāmasutta)[17] 등에서 그 전형이 목격된다. 특히 『깔라마 경』은 '탐·진·치의 문제'를 경험주의 및 실용주의적 관점과 결합시켜 진리판별의 기준 문제를 다루는 대표적 사례이다. 이에 대해서는 아래에서 다시 상세히 음미할 것이다.

붓다는 세계의 발생·존속·소멸과 그 범주를 정신·육체적 감각기관(오온五蘊, 육근六根)에서 발생하는 현상의 범주(18界)에서 거론한다. 오직 감각기관(육내처六內處)과 그 대상(육외처六外處), 그리고 이 둘의 만남에서 발생하는 경험세계(오온/18계)의 탐·진·치 문제를, '풀 수 있는/풀어야 하는' 문제로 선택한다.[18] '탐·진·치에 구

15 『맛지마니까야』(M1:426).

16 『상윳따니까야』(S56:31).

17 『앙굿따라니까야』(A3:65).

18 『세상 경』(S1:70)/『로히땃사 경』(S2:26)/『일체 경』(S35:23)/『우빠와나 경』(S35:70)/『쌍빠 경1』(S35:92)/『길

속된 경험세계'를 '탐·진·치에서 풀려난 경험세계'로 바꾸는 것을 구도와 깨달음의 과제로 선정한다. 인간이 경험 가능한 행위(업)는 '탐·진·치에서 생기는 것'과 '탐·진·치 없음에서 생기는 것'의 두 가지일 뿐이며, 이것만을 진리의 과제로 삼아야 한다는 것이다.[19] 아라한이나 여래의 죽은 후의 상태,[20] 아직 경험하지 못한 붓다의 경지나 선정의 경지에 대한 이런저런 사전 헤아림, 오지 않은 업의 과보, 세상에 대한 형이상학적 사변에 몰두하는 것을 경계해야 한다는 말[21]도, 직접경험을 중시하는 경험주의 시선의 연장선에 있다.

붓다의 경험주의는 경험적 근거를 지니지 않은 판단이나 주장에 대해 원천적 불신을 제기한다. 그리하여, 경험적 근거를 요구하지 않거나 경험적 검증이 불가능한 믿음·선호·구전·이론·사변에 의지하지 말며, 경험 범주인 육내외처六內外處에서 탐·진·치를 기준으로 문제에 대처할 것을 권한다.[22] 니간타의 고행주의가 느낌의 원인을 전생의 업으로만 돌려 버리는 것을 비판하는 붓다의 논법도 같은 맥락이다. 경험적 검증이 불가능한 논거 위에 수립한 니간타의 고행주의는, 붓다의 경험주의로 볼 때, 무의미하고 독단적이며 해롭다.[23] 붓다가 자신이 설하는 진리(법)의 특성을 요약하고 있는 정형구는 이와 같은 경험주의를 그대로 반영하고 있다. 즉, 〈탐·진·치에서 풀려남은 시간이 걸리지 않는 것〉(지금 여기에서의 경험)이고, 〈와서 보라는 것〉(직접 경험으로 검증되는 것)이며, 〈향상으로 인도하고〉(경험으로 확인 가능한 향상의 변화가 생기는 것이고), 〈지자智者들이 각자 알아야 하는 것〉(각자의 경험을 통해 스스로 체득해야 하는 것)이다. 또한 이러한 진리의 특징(스스로 보아 앎/시간이 걸리지 않음/와서 봄/향상으로 인도/각자 알아야 함)은 탐·진·치의 증장·소멸에 따른 고통·행복 경

들이지 않고 보호하지 않음 경』(S35:94).

19 『원인 경1』(A3:107)/『원인 경2』(A3:108)/『인연 경』(A6:39).

20 『야마까 경』(S22:85)/『아누라다 경』(S22:86).

21 『생각할 수 없음 경』(A4:77).

22 『방법이 있는가 경』(S35:153).

23 『사와까 경』(S36:21).

험의 변화를 통해 직접 확인·검증할 수 있는 것이다.[24]

붓다의 경험주의는 두 층으로 구성되어 있다. 한 층은, 진리 주장은 '경험할 수 있는 것'에 의거해야 한다는 것이다. 다른 한 층은, 진리 주장은 '온전한 경험'에 상응하는 것이어야 한다는 것이다. 경험 혹은 경험 가능한 것들은 '온전한 것과 왜곡된 것'의 두 유형이 있으며, 진리와의 접속은 '온전한 경험'으로써 구현된다는 것이, 붓다 경험주의의 궁극적 지향이다. 니까야/아함에서 빈번하게 등장하는 '사실 그대로'(yathābhūta, 如實)라는 용어는 붓다 경험주의의 궁극을 지칭하는 전형적 표현으로 보인다. '사실 그대로 안다'(yathābhūtaṁ pajānāti)는 것은 '온전한 경험지평'이 열린 것이며, 이 경험지평에서 모든 무지의 갇힘에서 풀려나는 해탈의 명지明知가 밝아진다. 사성제와 그 다양한 변주들은 무지로 왜곡되지 않은 '사실 그대로'의 경험을 가능하게 하는 방법론이라 할 수 있다.

경험세계에 존재하지 않는 '동일·불변·독자의 본질이나 실체'가 실제로 있을 것이라는 착각을 그 핵심 내용으로 하는 근본무지, 그 근본무지에 의거한 판단과 평가인 분별, 그리고 분별의 확산인 분별망상 혹은 희론(戱論, papañca)은, '사실 그대로'의 온전한 경험을 왜곡시키는 인식적 장애이다. 그리고 이 인식장애는 모든 경험의 발생처소인 '지금 여기의 몸 범주'(오온/육근/12처/18계)에서 발생한다. 근본무지와 분별 및 분별망상/희론에 의해 발생한 '왜곡된 경험'도 '지금 여기의 몸 범주'에서의 현상이고, 사성제 수행 등으로 생겨난 '온전한 경험' 역시 '지금 여기의 몸 범주'에서의 일이다. 『맛지마니까야』의 「꿀과자 경」(Madhupiṇḍikasutta)은 탐·진·치라는 왜곡된 세계경험이 오온/육근의 지각경험에서 '느낌→지각→사유→희론(papañca)→희론에 오염된 지각과 관념(papañca-saññā-saṅkhā)'이라는 조건인과적/연기적 연쇄를 통해 발생한다는 것을 확인시켜 준다.[25]

해탈·열반은 '사실 그대로'의 온전한 경험을 왜곡시키는 근본무지의 속박과

---

24 『라시야 경』(S42:12)/『어떤 바라문 경』(A3:53)/『스스로 보아 알 수 있음 경1』(A6:47)/『스스로 보아 알 수 있음 경2』(A6:48).

25 『꿀과자의 경』(MN. I .108).

갇힘에서 풀려난 경험지평이다. 그리고 니까야/아함이 전하는 붓다의 말에 의거하는 한, 이 해탈·열반은 살아 있는 오온·육근의 몸에서 직접 경험·성취된다. 그리고 살아 있는 한 지각활동은 어떤 수준과 내용으로든 단절되지 않는다는 점과, 인간의 모든 경험은 지각경험을 조건으로 성립한다는 점을 전제로 한다면, 해탈·열반의 '온전한 경험'과 분별망상·희론의 '왜곡된 경험'은 모두 지각경험 범주 안에서의 현상이다. 이것은 '사실 그대로의 여실如實한 지평'과 '사실 그대로가 왜곡된 지평'이 인간에게는 모두 지각경험의 대상이라는 것을 의미한다. 그런데 이 두 지평은 사실상 동일 사태에 대한 인간 몸의 두 가지 관계방식이다. **논리적으로 보면 인간의 몸은 언제나 '사실 그대로의 차이 현상'(眞如法界)을 대면하고 있다. 이 '차이 현상의 사실 그대로'는 인간 몸의 지각능력이 읽어 들이는 방식에 따라 '사실 그대로의 온전한 지각경험'과 '사실 그대로가 왜곡된 지각경험'으로 나뉜다. 중생이라 불리는 몸의 지각능력은, 언제나 직면하고 있는 변화·차이·관계의 '사실 그대로'를 '불변·동일·독자의 것으로서 읽는 무지'에 의해 굴절시키고 있을 뿐이다. 〈몸이 언제나 대면하는 변화·차이·관계의 '사실 그대로'〉, 그러나 〈그 '사실 그대로'를 불변·동일·독자의 것으로 왜곡시키는 무지의 지각경험〉, 〈무지를 치유하는 새로운 지각능력의 계발을 통해 다시금 만나는 변화·차이·관계의 '사실 그대로'〉. ─ 이 세 가지가 불교철학과 수행의 근본구조이자 과제이다. 탐·진·치에 의한 속박과 그 오염으로부터 개인과 세상을 풀려나게 하는 성찰과 실천수행은 이런 내용을 핵심으로 삼는다.**[26]

흔히 형이상학적 질문들에 대한 거부로 이해되는 무기(無記, avyākata. 설명되지 않은 것/대답되지 않은 것)의 문제도 이러한 붓다 경험주의의 연장선에서 파악할 수 있다. 간단하게는 여래4구(如來四句, 사후死後의 여래에 대한 존재/비존재/존재·비존재/비존재·비비존재의 판단)나 신체와 정신의 동이同異판단에서부터, 10무기를 전형으로 14무기·16무기 유형까지 나타나는 무기無記 설법은, 오랜 형이상학 전통을 유지해 온 서구인들

---

26 후대에 전개되는 불교 인식논리학도 결국은 이 '온전한 지각경험'과 '왜곡된 지각경험'에 연관된 인식적·논리적 문제들을 다루는 학적 체계의 수립으로 볼 수 있다. 그러나 그 내용이 과연 얼마나 붓다의 법설과 상응하는 것인지는 별개의 문제이다. 아래에서 다시 거론한다.

에게 특히 인상적이었던 것 같다. 무기 설법에 등장하는 질문들은 모두 경험적 명제가 아니다. 경험으로 그 진위를 판정할 수 없는 명제들이므로 '형이상학적 질문'에 해당하고, 따라서 이에 대한 붓다의 대답 거부는 '형이상학의 거부'로 읽혀질수 있다.

그런데 붓다의 무기 설법을 탐구하는 초점은 '형이상학적 질문을 거부한 이유'에 있다. 그 이유에 대한 정이 무기 설법 탐구의 연구사研究史이기도 하다. 현재까지 제시된 추정으로는, '형이상학적 문제에 대한 무관심' '현실의 괴로움 문제에집중하는 실천적 태도' '형이상학적 질문에 대한 불가지론적 태도' '실재가 개념적명제를 초월한다는 것을 나타내려는 것' '경험적 검증이 불가능한 무의미한 질문이라는 경험·분석철학적 태도' '사성제 같은 법설이 참된 철학적 문제임을 알리려는 것' 등이 있다.[27]

무기 설법을 대표하는 「말룽끼야뿟따에 대한 작은 경」[28]에서 붓다는 '10가지

27 무기설에 대한 국내의 연구로는 「무기의 의미에 대한 고찰」(이중표, 『한국불교학』11, 한국불교학회, 1986)/ 「무기설에 대하여」(김용환, 『인문논총』37, 부산대학교, 1990)가 확인된다. 이중표는 무기설에 대한 학계의 이해를 '형이상학적에 대한 소극적 태도'로 보는 관점과 '형이상학에 대한 적극적 태도'로 양분한 후, 소극적 태도로 보는 관점은 Murti의 분류에 따라 '형이상학적 문제에 대한 무관심' '관심은 있었지만 현실 괴로움의 해결을 우선시하는 현실적/실천적 태도' '불가지론자'로 보는 경우로, 적극적 태도로 보는 관점은 '무제약적 실재의 초월성을 나타낸 것'(Murti의 절대적 관념론 입장) '무기의 질문들이 참된 철학적 질문이 아니기 때문에 무기를 취한 것'(Kalupahana의 분석철학적 입장)으로 보는 경우로 정리한다. 아울러 논자 자신은 '무기의 질문들이 잘못된 철학적 태도에서 비롯된 무의미한 것들이기 때문에 올바른 철학적 방법(사성제 등의 불교교설)에 의해 극복해야 한다는 입장이 무기의 이유'로 추정한다. 김용환은 무기설 관련문헌들을 종합하여 내용을 분석하고 선행 문헌학적 연구들을 정리하면서 무기설 유형의 형성과정을 추정하는 한편, 경전에 나타난 무기의 이유들을 종합적으로 정리한다. 아울러 무기설에 대한 학계의 관점들을 '형이상학의 부정과 거부'로 보는 시선과 '형이상학의 거부가 아니라 적극적 사유의 표현수단'으로 보는 시선의 두 가지로 구분한 후, 각각의 경우에 해당하는 관점들을 연구사적으로 종합하는 한편 그것들을 비판적으로 음미하고 있다. 특히 일본학계에서 진행된 연구성과들을 상세히 소개하고 있는데, 그 결론으로 '여래4구가 무기설의 가장 원초적 형태일 수 있으며, 여기에 『범망경』에 등장하는 62견의 핵심 내용을 종합함으로써 10무기가 성립하고 이어 14무기로 발전한 것'으로 추정하고 있다. 그런데 김용환은 "붓다가 『숫타니파아타』(sn837)에서 '나는 이런 것을 말한다고 하는 것이 없다'고 하고 무기설에서 침묵을 지키면서도 사성제를 설하고 있는데, 이것은 명백한 모순이다."(140쪽)고 한다. "나는 이런 것을 말한다고 하는 것이 없다"는 구절의 의미를 '견해 자체가 없다'는 것으로 이해한 것 같은데, 이 구절은 '그 어떤 견해도 자아에 귀속시키지 않는다'는 뜻이지 견해의 수립이나 개진을 부정하는 것은 아닐 것이다. 따라서 무기의 태도와 사성제 등의 설법을 모순이라 할 수는 없다.

28 『말룽끼야뿟따에 대한 작은 경』(MN. I .426), 중아함 『전유경』.

유·무 판단과 관련한 말룽끼야뿟따의 질문에 대한 답변 거부의 이유'를 독화살의
비유와 더불어 밝히는데, 이 견해들은 〈유익하지 않고, 청정한 삶과는 관계가 없
으며, (탐·진·치를) 멀리 여의어 열반에 이르는 데 도움이 되지 않기 때문〉에, 그것
에 대하여 설명하지 않는다고 말한다. 아울러 붓다 자신이 설명한 것은 '괴로움/
괴로움의 발생/괴로움의 소멸/괴로움의 소멸에 이르는 길'이며, 이 사성제 연기
법은 〈유익하고 청정한 삶과 관계가 있으며, (탐·진·치를) 멀리 여의고 깨달아 열반
에 이르는 데 도움이 되기 때문〉에 설명하였다고 말한다. 탐·진·치로 인한 개인
과 세상의 상처를 치유하는 것과 무관한 것은 붓다의 관심사가 아니라는 점을 분
명히 하고 있는 것이다.

또한 「불의 비유와 밧차곳따의 경」[29]에서는, 이러한 사변적 견해들은 〈견해의
왜곡이고 견해의 동요이고 견해의 결박으로서, 고통과 번뇌와 고뇌를 수반하며,
(탐·진·치를) 싫어하여 떠나게 하기 위한 것도 아니고 깨달아 열반을 성취하기 위한
것도 아니기 때문〉에, 붓다는 이러한 사변적 견해를 가까이 하지 않는다고 말한
다. 붓다는 오직 심신心身의 경험 현상인 오온五蘊의 발생과 소멸을 관찰하여 모든
환상과 혼란, '불변·동일·독자의 나와 나의 것'을 수립하려는 모든 허위, 그러한
'나와 나의 것'을 근거로 삼아 비교하여 우월한 지위를 확인하려는 '자만의 잠재의
식'을 소멸시켜 해탈한다는 것이다. 여기서도 역시 붓다의 유일한 관심사는 삶의
고통을 초래하는 견해 및 자아환각을 치유하는 것이라는 점이 천명되고 있다.

답변 거부의 대상이 되고 있는 질문들은 모두 경험적 검증이 불가능한 명제
들로 구성되어 있다는 점에서 '형이상학적 질문'이다. 그리고 답변을 거부한 붓다
의 태도는, 그가 제시한 거부 이유들을 감안한다면, '형이상학적 질문을 거부하는
철학적 근거와 원리'를 지니고 있는 것이 분명하다. 그리고 그 철학적 태도를 '형
이상학에 대한 무관심'이나 '불가지론' '실재의 개념초월' 등에서 찾는 것은 설득력
이 없어 보인다. **붓다로 하여금 형이상학적 질문들에 답변을 거부하게 하는 철학
적 근거는, '괴로움과 괴로움의 소멸이라는 실존 치유의 문제'와 '경험적 검증가능**

---

29 『불의 비유와 밧차곳따의 경』(MN. I .483).

성의 문제'에서 찾아야 할 것으로 보인다. 붓다에게는 이러한 문제를 다루는 것이 '유익하고 진정한 철학적 문제'이다. 그리고 이 철학적 근거들은 결국 두 가지 원리로 수렴된다. 하나는 '두 층으로 구성된 붓다의 경험주의'이고, 다른 하나는 '문제해결의 능력을 중시하는 실용주의'이다. 그리고 이 두 원리가 수렴되고 발산되는 원점은 '탐욕·분노·무지의 문제'이다.

붓다의 경험주의는 〈경험할 수 있고 검증할 수 있어야 한다〉는 입장과 〈'사실 그대로'의 온전한 경험이어야 한다〉는 입장이 결합되어 있다. 이러한 붓다의 경험주의로 볼 때, 무기 설법에 등장하는 질문들은 배척될 수밖에 없다. 여래4구이든 10·14·16무기이든 간에, 모든 질문들은 결국 '불변·동일한 내용으로 항상 있음'(有)과 '아무것도 없음'(無)이라는 두 가지 판단을 조건으로 성립된 명제들로 구성되어 있다. 그런데 이러한 유·무 판단은 현상과 세계의 연기적 실재를 일탈하는 실체·본질주의이거나 허무주의로서 인식적 오류이다. 인간은 이 유·무 판단을 두 범주에 적용한다. 경험 가능한 세계의 분류와 분석에 적용하기도 하고, 형이상학적 범주에 적용하기도 한다. 어느 경우이든 무지의 오류이다.

붓다 경험주의의 〈경험할 수 있고 검증할 수 있어야 한다〉는 원리에 의하면, 형이상학적 범주에 적용하는 유·무 판단명제는 검증 불가능한 무의미한 질문이므로 탐구 대상에서 제외된다. 또한 〈'사실 그대로'의 온전한 경험이어야 한다〉는 원칙에 의하면, 형이상학적 유·무 판단명제들은 '경험적 실재에서 일탈한 공허한 사변적 견해들'이다. 따라서 이런 견해들에 몰두하면 할수록 개념 환각의 덫에 걸려들어 '사실 그대로의 온전한 경험'에서 멀어진다. 따라서 **경험적 실재를 왜곡하는 유·무 판단에 의거한 형이상학적 범주의 질문들에 대해서는 어떤 방식의 응답도 질문자들로 하여금 개념 환각의 덫에 더욱 빠져들게 할 가능성이 높다. 유·무 판단에 의거한 형이상학적 범주의 질문들에 대한 붓다의 답변 거부는 그래서 타당하다.**

'실체·본질로서 있음'(有)과 '아무것도 없음'(無)의 유·무 판단은 경험적 실재를 왜곡하는 개념 환각이지만, 형이상학의 수립에만 적용되는 것이 아니라 경험세계의 개념적 이해와 분석에서도 널리 채택된다. 경험세계의 이해와 분석을 위해 채택하는 유·무 판단은 경험 가능한 것들에 적용된다는 점에서 붓다 경험주의의 〈경험할 수 있어야 한다〉는 원리에 상응하는 것으로 보이지만, 〈'사실 그대로'의 온전한 경험이어야 한다〉는 원리에 부합하지 않는다. '실체·본질로서 있음'(有)과 '아무것도 없음'(無)의 유·무 판단은 '경험의 사실 그대로'에서 일탈할 뿐 아니라, 경험의 실재를 은폐 내지 왜곡시켜 버리기 때문이다. 그런데 **붓다는 '경험세계를 대상으로 한 유·무 판단'에 대해서는 침묵이 아닌 언설로써 대처한다. '답변이나 설명의 거부방식'**(無記)**이 아니라, 현상의 경험적 실재를 밝혀주는 언설에 의해 비판하고 치유한다. 연기 통찰에 의거한 '연기적 방식의 언어와 논리'로써 대응하는 것이다.**

붓다의 경험주의는, 경험 가능한 현상들의 '모든' 문제를 선택하는 것이 아니라는 점도 간과되어서는 안 된다. 붓다의 경험주의는, 예컨대 물리학적·의학적·천문학적·생물학적 문제 등을 대상으로 하는 것이 아니라, 오직 탐욕·분노·무지와 연관된 문제범주를 대상으로 삼는다. **〈경험할 수 있고 검증할 수 있는 현상들을 대상으로 '사실 그대로'를 탐구한다〉는 점에서는 붓다의 탐구와 자연과학적 탐구는 같은 입장을 취한다.** 그런 점에서 붓다의 탐구는 자연과학적 탐구와 무관하다고 할 수 없고 자연과학의 탐구결과와 붓다의 통찰이 밀접한 상관성을 보여 줄 수는 있지만, 붓다가 경험주의 원리를 적용하는 문제영역은 탐·진·치를 조건으로 성립한 문제들로 특화되어 있다는 점도 놓치지 말아야 한다. **탐욕·분노·무지로 인해 초래된 문제를 치유대상으로 삼아 그 치유에 유효한 것만을 진리로 간주하겠다는 '문제해결 중심의 실용주의'가, 형이상학적 질문들에 대한 답변을 거부한 또 하나의 철학적 이유인 것이다.**

문제해결력을 중시하는 붓다의 실용주의는 '탐욕·분노·무지로 인한 개인과 세상의 오염과 왜곡을 치유하는 문제해결 능력을 중시하는 태도'이다. 탐·진·치를 조건으로 발생한 문제들을 근원적으로 치유해 주는 힘, 그 치유의 문제해결 능력을 진리의 자격조건으로 간주하는 것이 붓다 실용주의이다. 형이상학적 질문들에 대해 붓다가 설명을 거부한 것은, 탐·진·치에 의해 발생한 문제를 해결해 줄 수 있는 능력을 지닌 것만을 진리의 이름으로 설하겠다는 태도의 천명이기도 하다. 이미 언급했지만 이러한 붓다의 실용주의는 『심사빠 숲 경』[30]이나 『깔라마 경』[31] 등에서 명확하게 표명된다. 붓다가 심사빠 숲에 머물 때 나뭇잎을 비유 삼아 설한 가르침은, 자신이 알고 있는 다양한 문제해법들 가운데 오직 탐·진·치에 연루된 문제들을 치유하는 데 유효한 것만을 선택하여 진리의 가치를 부여하고 설한다는 붓다의 명시적 입장이다. **붓다에게 진리란, 언어능력에 수반하여 품게 된 동일성·불변성 관념 때문에 발생한 인간 특유의 고통상황(苦, dukkha)에 적용되어 그것을 해결해 주는 해법이다.** 달리 말해, 탐·진·치에서 발생하는 인간 특유의 문제를 치유적으로 해결하는 데 기여하지 못하는 지식이나 이론은 붓다의 관심사가 아니며, 그런 지식이나 이론을 진리의 이름으로 탐구하지도 않았고 또 설하지도 않겠다는 입장이다.

붓다의 이러한 입장은 어떤 주장과 이론의 진리치眞理値를 판별하는 문제에서도 고스란히 관철된다. 삶에 적용했을 때 나타나는 탐·진·치의 증가/감소를 기준 삼아 어떤 가르침의 진리치를 판단하라는 『깔라마 경』의 가르침은 그 전형이다. 경험을 통해 검증되지 않았거나 검증될 수 없는 것은 진리판별의 기준이 되기에 부적합하다는 '경험주의 원리', 삶이라는 문제 상황에 실제로 적용했을 때 발생하는 경험적 결과의 이로움과 해로움을 탐·진·치를 기준으로 평가하여 그 치유해법의 진리치를 판단하라는 '문제해결력 중심의 실용주의 원리'—붓다의 진리관은 이 두 원리를 토대로 삼아 수립되어 있다. 이 문제는 다시 상론할 것이다. 집단이 익을 확보하기 위해 각 집단이 고안해 낸 논리와 주장의 허구 비판,[32] 연극집단의 자기옹호 논리에 대한 비판,[33] 상반되는 진리주장들을 처리하는 방법,[34] 개종의 문

---

30 『상윳따니까야』(S56:31).

31 『앙굿따라니까야』(A3:65).

32 『짠다 경』(S42:1).

33 『딸라뿌따 경』(S42:2).

34 『빠딸리야 경』(S42:13).

제,[35] 논리의 승리와 삶의 이익의 승리 문제[36] 등을 처리하는 붓다의 설법에는 일관되게 이러한 진리관이 적용되고 있다.

경험주의와 실용주의의 태도를 기반으로, 탐욕·분노·무지에서 발생한 인간 세상의 오염과 상처를 그 원점까지 치유해 줄 수 있는 해법만을 진리의 이름으로 천명하는 것이 붓다의 법설이다. 그런 점에서 붓다의 법설은 치유철학이다.

🪷 원효의 통섭通攝철학과 치유철학적 독법

원효는 붓다 통찰의 계보 속에서 진리를 탐구하여 탁월한 성취를 보인 인물이다. 그는 자신이 접할 수 있었던 모든 유형의 불교 해석학들을 통섭通攝적으로 소화하고 있다. 붓다와 그가 일러준 길에 동참한 사람들이 축적한 경험과 통찰들을 통섭적 시선으로 포착하고 있다. 원효의 통섭철학은 형이상학적 사변철학도 아니고, 경험적 일상에서 초월하려는 철학·종교적 신비주의도 아니다. 예컨대 그의 일심一心·본각本覺·여래장如來藏철학은 현상과 세계를 '변화·차이의 현상 이면에 있는 불변·동일의 본체'로 설명하는 신비주의 형이상학이 아니고 본질·실체주의의 아류도 아니다. 본체론적 사변철학이나 본질·실체주의 존재론으로 원효의 철학을 읽어 버리면, 원효철학의 면모는 굴절되고 그 생명력은 증발해 버린다.

원효철학을 관통하는 생명은 '인간 세상에 대한 치유의 힘'이다. 붓다가 그랬던 것처럼, 붓다의 길에 동참한 원효의 관심사도 '인간이 만들어 낸 인간 특유의 병리현상'(苦)에 대한 근원적 치유에 집중되어 있다. 탐욕·분노·무지로 인해 오염되고 상처받은 개인과 사회를, 대승교학에 이르기까지 축적된 불교의 모든 혜안

---

35 『밧디야 경』(A4:193).

36 『아지따 경』(A10:116).

을 통섭시킨 치유철학을 수립하여 실천해 보려는 것이, 원효의 관심이었고 행보였다. 이러한 그의 사유를 교학의 이론체계만으로 읽거나 서양철학의 언어를 빌려 격의格義적으로 읽어 보는 독법들은, 원효철학이 간직한 이 '치유의 면모'를 제대로 읽어 내지 못하는 것으로 보인다. 호교적護敎的 위상 확보에 관심을 집중하는 교학적 읽기, 원효철학을 일종의 형이상학이나 신비주의 이론으로 변질시켜 버리는 사변적 읽기는, 원효의 종교적·철학적 위상을 확보하는 데는 유효할 수 있어도 원효철학 본연의 생명력을 읽어 내기에는 역부족이다.

일상의 경험세계에서 겪는 오염과 아픔을 깊은 수준에서 치유해 주는 도리를 확보하려는 것이 원효 개인의 일관된 관심이었다. 그가 불문佛門에 투신한 것은 단지 지적知的 갈증을 달래기 위한 것은 아니었다. 그는 치유철학적 관심에서 붓다의 전통이 제공하는 혜안을 치열하게 학습하고 성찰했으며 수행했다. 현존하는 그의 저서들은 그러한 원효의 내면과 행적을 고스란히 증언하고 있다. 그는 치유의 철학과 방법 및 치유능력을 고도의 수준에서 확보한 것으로 보인다. 특히 『금강삼매경론』에서는 그의 평생 탐구와 성취를 결집시켜 자신이 확보한 치유의 혜안과 힘을 세상과 공유하려고 한다. **원효철학의 출발과 과정 및 종착지를 하나로 잇는 것은 '일상 경험세계의 변화하는 차이현상들과 접속한 채로 이루어지는 개인과 세상의 치유'이다.**

원효철학이 펼쳐 내는 것은 '지금 여기의 경험세계를 근원적 수준에까지 치유하는 힘'이다. 이 치유력이 '근원적'이라는 것은 그만큼 '보편적'이라는 것을 의미한다. 어떤 문제의 해법이 근원적일수록 그 근원 접근수준에 상응하여 '보편성'을 지니게 된다. 그리고 높은 수준의 근원성과 보편성을 언어에 담아내려면, 풍부하고 정교한 개념들, 정밀한 논리와 이론체계가 요구된다. 인간세계의 문제들은 예외 없이 언어와 내밀하게 연관되어 있으며, 문제를 경험하는 사람들의 인지체계도 결국 '언어관념의 체계'이다. 따라서 문제상황을 파악하고, 해법을 도출하며, 그 해법을 사람들이 수용하여 치유작업을 진행하는 모든 과정은, 어떤 방식과 수준에서든 언어에 의존할 수밖에 없다. 원효가 구사하는 개념과 논리, 이론체계가 다양·다층의 결로 짜여 있는 것은 이런 사정의 반영이다. **원효는 자신이 접할 수**

있었던 다양한 경론經論과 교학/불교해석학에 담긴 모든 통찰을 소화하여 치유철학을 수립한 후, 그것을 세상과 공유하기 위해 온갖 방식으로 치유의 언어 춤사위를 펼친 영성이다. 그리고 그 치유의 노래와 춤을 관통하는 율동은 통섭通攝이다.

원효의 대표저술인 『금강삼매경론』을 관통하는 것은 흥미롭게도 '언어·사유·욕구와 접속해 있는 차이'(相)에 관한 통찰이다. 이 차이(相)를 〈'불변·독자의 본질/실체 관념에 포획되어 왜곡·오염된 차이'와 '불변·독자의 본질/실체 관념에서 벗어난 차이'〉, 달리 말해 〈'동일성에 오염된 차이'와 '동일성이 벗겨진 차이'〉로 구분하여 다루는 다양·다층의 통찰들이 고도의 언어로 변주되고 있다. 원효는 평생의 탐구를 '차이(相)들의 상호개방(通)과 상호수용(攝)을 근원적으로 가능케 하는 통섭通攝철학'으로 펼쳐 내는 것이다. 놀라운 것은, 주로 대승교학을 통해 붓다와 대화한 원효의 통섭철학이, 니까야/아함의 육근수호六根守護 법설이 지니는 의미를 탁월하게 계승하고 있다는 점이다. (이런 문제들을 다시 상세히 후술한다.) 원효는 '동일성'이라는 인지환각 때문에 배타적으로 충돌하면서 상호 오염과 폭력을 펼치는 차이들로 하여금 '소통과 화해 및 호혜적 관계'를 가능케 하는 '차이 치유의 통섭철학'을 『금강삼매경론』에 담아 세상에 선물하고 그 뜨거운 열정을 마감하였다.

원효의 통섭철학을 치유철학으로 읽는 이 작업을 관통하는 주제는, 〈원효가 펼치는 치유의 통섭철학은 그 핵심이 무엇인가?〉와 〈원효의 통섭철학은 붓다의 법설과 어떻게 상통하고 있는가?〉라는 두 가지 질문과 이에 대한 대답이다. 대답을 위해서 먼저 '붓다의 법설과 원효철학을 치유철학으로 읽는 것을 방해해 온 교학·철학적 요인들'과 '치유철학으로 읽어야 하는 근거들'을 거론한다. 여기서는 원효철학의 핵심개념인 본각本覺과 일심一心의 이해와 관련된 문제점들을 검토하면서 이 개념들을 '치유학으로서의 통섭通攝철학'을 수립하는 토대로 읽을 수 있는 독법을 제시한다. 이어 원효철학과 붓다의 법설을 '보편 치유철학'으로 읽기 위해 성찰해야 할 핵심주제인 '이해와 마음'의 문제를 거론한다. 그런 후 '차이'(相)에 대한 전통교학의 시선을 비판적으로 검토하면서 '차이에 대한 붓다와 원효의 관점'을 새로운 시선으로 조명한다. 그리하여 붓다의 법설과 원효의 통섭철학을 '차이 치유의 철학'으로 읽을 수 있는 근거와 내용을 거론한다. 여기에 '견해 차이의 배타적 다툼'(諍)을 '조건맥락(門) 식별의 사유방식'으로 화해시키는 원효의 화쟁和諍 사상을 '차이 치유의 통섭철학'과 결합시켜 화쟁사상의 치유철학적 확산을 시도한다. 마지막으로, 붓다 통찰의 핵심부에 놓이는 동시에 붓다 이후의 모든 불교적 통찰을 관통하는 '중도中道의 철학적 의미'를 치유철학의 맥락에서 접근해 본다. 여기서는 특히 '선禪과 차이 치유'의 문제를 붓다·원효·성철의 언어를 음미하면서 성찰해 본다.

V.

본각本覺이란 무엇인가?
혹은 무엇이어야 하는가?
ㅡ통섭철학의 치유철학적 독법 구성을 위한 첫 관문

왜 본각을 주목하는가?—통섭적 깨달음 담론의 치유철학적 구성과 원효철학 읽기의 첫 관문

'깨달음' 문제가 한국 인문학과 불교계의 일반적 관심사로 등장한 것은 사실 그리 오랜 일이 아니다. 한국 인문학과 불교의 거의 모든 시기에 걸쳐 '깨달음'은 극히 소수 학인들의 특수한 관심사였다. 대부분의 일상인들에게 불교는, 통속적 인과응보론에 의한 윤리적 인생관을 수립하는 종교적 장치이거나, 세속적 욕구와 염원을 성취해 가는 종교적 방식이었다. '깨달음'은 언제나 소수의 특수한 관심사였을 뿐이다. 그런데 요즘은 '깨달음'이 불교 학인들뿐 아니라 인문학을 비롯한 한국사회 전반의 일반적 관심사가 되었다. 아직도 전통방식으로 불교를 대하는 경우도 있지만, 그들에게도 이제는 '불교는 깨달아 부처가 되는 길'이다. 다만 자신이 '깨달음'을 위해 노력하지 않을 뿐, '깨달음'이 가장 중요하다는 정도의 인식은 일반화된 것으로 보인다.

이런 현상은 길지 않은 시간에 일어난 극적인 변화이다. **깨달음이 '소수의 특수한 관심사'로부터 '다수의 일반적 관심사'로 전환된 것은, 길게 잡아야 불과 수십 년 사이에 일어난 '인식의 극적 반전'이다. 이 반전의 계기가 마련된 데에는 성철**(1912-1993)**의 역할이 주목된다.** 봉암사 결사의 주도(1947), 백일법문(1967), 『한국불교의 법맥』(1976)과 『선문정로』(1981)를 통한 돈오점수 비판, 그리고 돈점 논쟁의 학문적 검토 착수(1990) 등이 이어지는 과정에서 '깨달음'이 한국사회와 불교계의 일반적 관심사로 부상하게 되었기 때문이다. 특히 지눌(1158-1210)의 돈오점수 사상에 대한 성철의 강력한 비판이 결정적 계기가 되었던 것으로 보인다. 지눌의 돈오점수頓悟漸修와 성철의 돈오돈수頓悟頓修 사이의 차이와 긴장을 어떤 의미로 읽어 내고 어떻게 평가하든지 간에,[37] 돈오점수에 대한 성철의 비판은 불교계뿐 아니라 한국 지성계로 하여금 '깨달음 담론'에 주목하게 하였다. 성철의 사상을 '깨달음 지상주의'라고 비판하기도 하지만, 한국불교계에 불교 본연의 가치와 생명력 및 궁극목표를 '깨달음'으로 압축시켜 일반적 관심사로 부각시킨 것도 그의 '깨달음 지상주의'의 공이 컸다는 점을 놓치지 말아야 한다.

성철은 그가 마주한 현실과 언어조건 속에서 최선의 역할을 하였고 극한의 역량을 보여 주었다. '간화선 지상주의'나 '깨달음 만능주의'라는 잣대로만 성철을 비판하는 것은 사실 그의 역할에 대한 공정한 평가가 아니다. 전통적 언어와 이론 방식에 담아내는 돈오와 점수, 간화선, 깨달음, 수행 등에 관한 그의 관점은, 현재적 관심과 조건들을 반영하면서 다양하게 음미해야 한다. 그에 대한 평가도 모든 가능성을 열어 놓고 진행해야 한다. 또한 성철을 평가할 때는 그가 소화한 언어 및 그가 마주했던 환경조건들의 특성을 충분히 고려할 필요가 있다. 그래야 공정할 수 있다. '간화선 지상주의'나 '깨달음 만능주의'라는 비판 잣대를 적용할 때는 특히 그러하다. **성철의 '깨달음 지상주의'와 '간화선 지상주의'가 깨달음 담론의 극단적 유형이 되지 않게 하는 것은, 성철의 과제였다기보다는 지금의 학인들이 감당해야 할 과제라고 생각한다. 현재를 반영하고 균형 잡혔으며 보편적 호소력을 갖춘 '깨달음 담론'의 필요성, 그 요청에 응하여 그러한 깨달음 담론을 구성해 갈 수 있는 학문적·현실적 조건들은, 지금 여기의 학인들에게 비로소 주어진 것이며 새로운 시절인연이기 때문이다. 그런 점에서도 '깨달음 담론의 구성'은 적절하고 긴요하며 각별한 의미를 갖는다. 그리고 한반도 학인들이 깨달음 담론을 수립**

---

37 필자는 이 문제를 돈점 담론의 체계 속에서 정리한 바 있다. 『돈점 진리담론』(세창출판사, 2016).

해 가는 길에서, '본각本覺'이라는 문은 반드시 통과해야 할 관문 가운데 하나이다.

'깨달음'이라는 말의 정의부터 생각해 볼 필요가 있겠다. 필자는 이 말을 일단 '개인과 사회의 향상에 대한 전망과 그 구현조건들'이라 하겠다. 이때 '향상'은 '사실 그대로를 조건으로 삼아 발생하는 이로움의 증가'를 의미한다.[38] 언제든지 수정하거나 보완할 수 있는, 성찰적 탐구를 위한 잠정적이고 작업가설적 설정이다. 이러한 정의를 채택하는 이유는 크게 두 가지이다. **첫째로, 이러한 정의를 통해 〈세상에는 다양한 깨달음들이 존재한다〉는 점을 분명히 하려는 것이다.** '개인과 사회의 향상에 대한 전망과 그 구현조건들'을 '깨달음'이라는 개념으로 묶는다면, '더 나은 삶에 대한 전망과 그 구현조건들'에 대한 통찰과 제안들의 범주는 다양하며, 따라서 그 범주 유형들의 수만큼이나 깨달음은 많고도 다양하다. **둘째로, 깨달음에 대한 이러한 정의를 통해 '깨달음의 다양성'을 포섭하는 동시에, 〈다양한 깨달음 담론 범주들의 개별적 차이와 특징에 대한 이해가 필요하다〉는 점을 부각시키고자 함이다.** 그리하여 다양한 깨달음 담론들 사이에 존재하는 '차이'를 이해하는 길을 열고자 하는 것이다. **깨달음에 대한 '다양성 이해의 길'과 '차이 이해의 길'을 동시에 열 때라야, 깨달음 담론이 상호 개방성과 역동적 상호작용이 가능한 '통섭通攝적 깨달음 담론'이 될 수 있다. 게다가 이러한 통섭적 깨달음 담론은 붓다의 '연기 깨달음'과 원효의 '통섭철학'이 열어 주는 길과도 부합한다.**

세상에는 무수한 문제들이 있고, 각 문제들을 발생시킨 조건인과의 계열은 나름대로의 고유성이 있다. 또한 그 문제들을 해결하려는 해법들도 그 나름대로의 조건인과 계열과 고유성을 지니고 있다. 어떤 문제들과 그 해법들에 내재하는 이러한 조건인과 계열의 범주적 차이와 특징을 식별하기 위해서는, 그 범주적 특징을 한정시킬 수 있는 언어적 장치를 마련해야 한다. 그래야 〈모든 현상은 조건적으로 발생한다〉는 연기적 사유방식에 상응하는 언어용법이 된다. '개인과 사회의 향상에 대한 전망과 그 구현조건들'을 깨달음이라 할 때, 그리고 이러한 정의에

---

38 필자는 「깨달아 감'과 '깨달음' 그리고 '깨달아 마침」(『깨달음, 궁극인가 과정인가』, 운주사, 2014)이라는 글에서 '깨달음의 의미'와 관련한 전반적 생각을 정리한 바 있다. 이 글은 그 생각을 더욱 발전시켜 가는 것이기도 하다.

V. 본각本覺이란 무엇인가? 혹은 무엇이어야 하는가?　　　　99

해당하는 깨달음이 다양하여 그 깨달음들의 범주적 차이와 특징을 언어로 지시해야 할 필요가 있을 때, 우리는 **'깨달음'이라는 말 앞에 그 범주를 한정시켜 주는 조건 수식어를 붙여야 한다.** 예컨대 '사회학적 깨달음' '경제학적 깨달음' '정치학적 깨달음' '의학적 깨달음' '과학적 깨달음'이라는 식이다. **다양한 조건 수식어가 가능하다는 것은 깨달음, 즉 '개인과 사회의 향상에 대한 전망과 그 구현조건들'이, 다양하고 다층적이라는 현실을 증언해 준다.**

'개인과 사회의 향상에 대한 전망과 그 구현조건들'에 대한 통찰과 제안들이 다양하긴 하지만, 이들이 상호 격리된 차이인 것만은 아니다. 겹치는 부분과 다른 부분, 공유지대와 비非공유지대가 동시에 존재한다고 보는 것이 현실에 부합한다. 그런 점에서 **통섭적 깨달음 담론은 다양한 깨달음들 각자의 고유성과 그 차이를 충분히 인지하는 동시에, 그 상호 겹침과 상호작용의 영역도 놓치지 말아야 한다.** 불교가 깨달음을 언급할 때는 어디까지나 '불교적 깨달음'을 거점으로 삼는다. '불교적 깨달음'을 거론하면서 '사회학적 깨달음'이나 '정치·경제적 깨달음' 등을 차이 없이 뒤섞어 버리거나, 다른 범주의 깨달음으로 이전 내지 치환시켜 버리는 것은, 경계해야 할 무지이다. 동시에, '불교적 깨달음'을 폐쇄적 범주로 취급하면서 다른 깨달음 범주들을 배제하거나, 그들과의 만남과 상호작용을 외면하는 것도, 치유해야 할 무지이다. 불교의 깨달음 담론은 '개인과 사회의 향상에 대한 전망과 그 구현조건들에 대한 불교적 통찰과 제안에 관한 성찰들'이라는 것을 분명히 할 필요가 있다. 불교의 깨달음 담론은 '불교적 깨달음'의 고유성을 건실하게 확보해 가는 과정이다. 그리고 **불교적 깨달음의 고유성을 제대로 확보해 가려면, 여타의 깨달음들이 지닌 고유성이나 차이를 충분히 이해하고 존중하며 또 상호작용하는 것에 인색하지 말아야 한다.** '개인과 사회의 향상에 대한 전망과 그 구현조건들'이라는 자격을 부여할 수 있는 모든 깨달음은 상호 통섭적일 때 서로를 살리고 키워 준다.

'깨달음이란 무엇인가?'라는 질문은 불교 구도자들에게 특히 각별한 관심의 대상이 된다. 구도의 출발지부터 목적지까지 직면해야 할, 근원적이고도 궁극적인 동시에 현실적인 문제이기 때문이다. 그래서인지 성철이 촉발시킨 돈점논쟁

이래, '깨달음이란 무엇인가?'에 대한 관심은 현대 한국불교계의 지속적 화두로 작동하고 있다. 필자가 보건대, **한국사회에서 체계적이고 풍부한 불교지식이 대중적으로 유통될 수 있는 환경이 갖추어진 이래, '깨달음이란 무엇인가?'라는 질문은 크게 네 유형의 담론거리를 부각시킨 것으로 보인다. 다시 말해, 현재 한국의 철학 내지 불교철학은 크게 네 가지 논쟁적 담론거리를 확보하고 있다. '돈점 담론' '깨달음의 사회화 담론' '깨달음의 방법론 담론' '불교 정체성 담론'이 그것이다.** 최근 몇십 년 사이에 전통불교의 환경과는 전혀 다른 새로운 내·외적 환경이 갖추어진 것과 맞물려 형성된 담론거리들이다. 그 가운데 '돈점 담론'이 학문적 수준을 지닌 내용을 지속적으로 축적해 왔고, 나머지는 아직 담론거리에 머물 뿐 본격적인 담론의 자격을 갖추지 못하고 있다.

'돈점 담론'은, 선종을 중심으로 오랫동안 지속적 논란거리였던 돈점론頓漸論이 성철의 문제 제기를 계기로 폭발적으로 재점화한 것이다.[39] '깨달음의 사회화 담론'은 〈깨달음과 세속사회의 접점은 무엇이며, 어떤 내용을 어떻게 확보해야 하는가?〉에 대한 관심과 성찰인데, 민중불교론, 참여불교론, 사회참여론, 비판불교론 등이 이 담론 범주에 해당한다. '깨달음의 방법론 담론'은 〈깨달음은 어떻게 얻어질 수 있는가?〉를 묻는 것인데, 참선을 깨달음의 중요한 방법으로 간주하는 태도를 '비非불교적 선정주의'로 비판하거나 선종의 깨달음관을 '깨달음 지상주의'라는 말로 비판하는 '선禪 비판 담론', 지적知的 이해가 곧 깨달음이며 또한 깨닫는 유일한 방법이라고 주장하는 '이해불교론' 등이 이에 해당할 것이다. '불교 정체성 담론'은 전통교학들 가운데 비非불교 내지 사이비불교로 의심할 수 있는 교학들에 대한 문제 제기들인데, '여래장사상 비非불교론'이 대표적이다. 근대 불교학 이후 이 정체성 담론의 적용대상은 주로 대승교학과 선종에 집중되고 있지만, '아비달마의 존재론에 대한 대승의 비판담론'도 이 정체성 담론의 전형이다.

이 네 가지는 별개의 독자적 담론이 아니다. 초점이나 특징의 차이에도 불구하고, 이들 네 가지 담론은 내면적으로 상호 깊숙이 연관되어 있다. 어느 하나를

---

[39] 필자의 『돈점 진리담론』(세창출판사, 2017)은 이 문제에 대한 탐구이다.

다루다 보면 필연적으로 다른 세 담론의 영역으로 들어가게 된다. 그런 점에서 이 네 가지 담론은 서로 꼬여 하나의 줄을 구성하는 네 가닥 끈이다. 이 네 가지 중에서 어느 하나라도 제대로 작동하기 위해서는 다른 세 가지와 상호작용 할 수밖에 없다. 따라서 이 네 가지 담론을 다룰 때에는, 각자의 초점이나 내용이 차별화된다는 점에서는 개별적으로 취급해야 하지만, 내적으로 연관되어 있다는 점에서는 언제든지 다른 담론들과 연결할 수 있어야 하며, 모든 담론을 상호 개방시켜야 한다.

필자가 본각의 문제를 주목하는 것은, 무엇보다도 본각이 이 네 가지 담론들 모두와 직결되기 때문이다. **본각을 어떻게 이해하느냐에 따라 네 가지 담론을 채우는 내용이 현저하게 달라진다.** '돈점 담론' '깨달음의 방법론 담론' '불교 정체성 담론' '깨달음의 사회화 담론'은 본각에 대한 관점에 따라 전혀 다른 내용이 구성된다. 그리고 본각은 유식·여래장·불성·화엄 계통 대승교학의 핵심 개념이나 이론과 밀접한 관련이 있다. 따라서 **본각을 어떻게 이해하느냐에 따라 이들 대승교학에 대한 이해와 평가가 결정된다.** 아울러 본각은 원효사상에서도 핵심부를 차지한다. 『대승기신론』은 본각·시각·불각의 관계구조를 통해 대승불교의 깨달음 사상을 종합하고 있으며, 원효는 이 『대승기신론』의 깨달음 사상을 근거지로 삼아 통섭적通攝的 불교철학을 수립하고 있고, 말기저술이자 대표작이라 할 『금강삼매경론』에서는 '깨달음의 본연[인 '사실 그대로 앎']이 지닌 이로움[을 주제로 하는] 단원'(本覺利品)을 설정하여 본각에 의거한 깨달음 사상을 총결하고 있다. 원효의 일심一心사상도 본각사상과 맞물려 있다. 따라서 **일심철학을 비롯한 원효철학의 이해와 평가는 본각 문제와 맞물려 있다. 원효철학을 '치유학으로서의 통섭철학'으로 읽는 작업을 〈본각이란 무엇인가?〉에 대한 응답에서 시작하는 이유가 여기에 있다.** 아울러 붓다의 법설에 대한 지금까지의 이해를 근원적·전반적으로 재성찰하기 위해서도 본각은 매우 중요한 개념이다. 교학, 즉 불교해석학의 체계는, 그 이론의 다양성만큼이나 상이한 관점들이 존재한다. 본각은 불교해석학의 발전양상이나 해석학적 변형·변질 내지 일탈 가능성을 짚어 보는 데 매우 유용한 개념적 관문이다.

본각이라는 용어는, 원효가 불교철학 이해의 근거지로 삼은 것으로 보이는

『대승기신론』에서 비로소 등장하는 것으로 알려져 있다. 그러나 비록 용어는 다를 지라도 본각과 관련 있는 다양한 개념들이 『대승기신론』 이전에 등장하여 여러 교학이론과 결합되어 왔다. 불성, 여래장, 자성청정심, 제9식, 진여 등이 대표적이다. 이런 용어들이 『대승기신론』이나 원효가 구사하는 본각 개념과 같은 것이라 말하기는 어려워도 밀접한 연관이 있는 것은 분명하다. 본각과 관련된 개념과 사유방식의 계보는 그 범주나 층이 광범위하고 또 깊다고 할 수 있다.

이 본각 개념을 읽는 시선과 이해내용에 따라 '불교 정체성 담론'과 '깨달음의 방법론 담론'이 근원에서부터 출렁일 수 있으며, 나아가 〈깨달음·해탈·열반이란 무엇이고 어떻게 성취하는가?〉를 묻고 대답하는 '깨달음 담론'의 내용이 결정된다. 또 본각에 대해 어떤 이해를 선택하느냐에 따라, 붓다 법설이 지닌 '경험주의'와 '문제해결력을 중심하는 실용주의'가 계승되기도 하고 신비주의 시선에 의해 그것이 단절되기도 한다. 또 본각에 대한 시선에 따라, 원효철학을 붓다 진리관의 연장선 위에 있는 '차이 치유의 통섭철학으로 읽는 길'과, 붓다의 진리관에서 일탈한 '신비주의 사변철학으로 읽는 길'이 갈라진다. 나아가 본각을 어떻게 읽느냐에 따라 '붓다의 깨달음 법설에 대한 해석학적 연속과 불연속'이 결정될 수 있으며, 원효철학의 불교적 정체성과 생명력의 향배가 결정된다.

본각에 대한 독법을 구성하는 데에는 두 가지 상이한 사유방식의 길이 갈라진다. 하나는, 〈본각이라 부르는 '불변·동일·절대의 참된 것/순수한 것'이 본래부터 인간 내면이나 존재의 이면에 존재한다〉고 생각하는 사유방식이 만들어 가는 길이다. '본래 존재하는 불변·동일·절대의 실재와의 합일'을 추구하는 형이상학이나 신비주의 길이다. 다른 하나는, 〈본각이라 부르는 참됨·온전함은 인간의 무지에 의해 굴절되었던 '사실 그대로의 현상'이 무지가 극복됨에 따라 비로소 경험되는 국면이다〉고 보는 사유방식이 열어 가는 길이다. 달리 말해, '온전한 경험' 혹은 '사실 그대로에 의거한 이로움을 누리는 경험'은, 본래부터 존재하는 불변·동일·절대의 실재와 합일됨으로써 이루어지는 것이 아니라, 무지를 극복하는 능력의 계발로 인해 '변화·관계의 차이 현상들의 사실 그대로'를 포착함으로써 성취되는 것이라고 보는 경험주의의 길이다. 달리 말해, 〈언어인간으로의 진화과정에서 품게 된 잠재적 능력을 계발시켜 '현상의 사실 그대로'를 왜곡·오염시키던 무지를 극복할 때 비로소 역동적으로 구현되는 '현상의 사실 그대로인 참됨·온전함에 대한 이해와 경험'〉을 추구하는 길이다. 〈'불변·동일·절대의 참된 것/순수한 것'의 내면적·이면적 선재先在를 설정하는 형이상학·신비주의적 사유방식〉과, 〈'현상의 사실 그대로에 대한 이해와 경험'의 역동적 후현後顯을 주장하는 경험주의적 사유방식〉의 차이인 것이다.

전자인 신비주의·형이상학적 사유방식으로 보면, 본각이라 할 '불변·동일·절대의 참된 것/순수한 것'은 존재의 내면이나 현상의 이면에 이미 본래부터 존재하는 것이며, 언어·사유·욕망에 가려 드러나지 않다가 언어·사유·욕망을 초월하면 환하게 나타나는 것이다. 그러나 후자인 경험주의적 사유방식으로 보면, 참됨·온전함은 비록 '본래 그러한 것'(本然)·'스스로 그러한 것'(自然)이라고 말할 수 있는 것이지만, 그것은 마음속이나 현상 이면에 본래부터 존재하는 '불변·동일·절대의 그 무엇'이 아니라 '무지에 의해 굴절·오염되었던 변화·관계의 차이 현상'의 '사실 그대로'이다. 그리고 이 '현상의 사실 그대로인 참됨·온전함'은, 마음의 내면이나 현상의 이면에 이미 있지만 가려져 있던 것을 마치 보물 캐내듯 드러내는 것이 아니라, 이해·마음의 현상인 사유/인지능력의 향상을 통해 비로소 포착되어 경험으로 품게 되는 것이다. 그리고 이 '현상의 사실 그대로인 참됨·온전함'을 경험하기 위한 사유/인지능력의 향상은, 언어·사유·욕망의 퇴행적 폐기나 버림의 초월이 아니라 '언어·사유·욕망 능력의 전진적 차원 향상'에 의해 이루어진다.

필자는 후자의 경험주의적 사유방식이 타당하며, 붓다의 깨달음 법설에도 부합한다고 생각한다. '불교적 깨달음'은 경험주의적 사유방식에 의해 그 적절한 내용이 확보될 수 있다. 『대승기신론』이나 원효가 구사하는 본각의 언어, 선종의 돈오견성頓悟見性의 언어도, 후자의 경험주의적 사유방식으로 읽어야 한다고 본다. 불성佛性이라는 개념에 입각한 '본래 부처' 교학/해석학도 마찬가지이다. '절대적이고 동일하며 불변하는 참된 것의 내면·이면적 선재先在'를 설정하는 신비주의나 형이상학적 사유방식은 전형적인 인도 우파니샤드적 관점이며, 붓다가 결별했던 인도 전통개념 체계로의 복귀이다. 그래서 붓다 법설로부터의 근원적 일탈이라 본다. 그리고 이 일탈이 불교 생명력 훼손의 뿌리라고 생각한다.

교학과 수행, 선종의 언어에 대한 통념적 해석에 익숙한 사람들에게는 이러한 관점과 문제 제기가 매우 낯설거나 불편할 수 있다. 필자는 이 문제가 '깨달음 담론구성'의 원점에서 충분히 성찰되지 않으면 모든 '불교적 깨달음 담론'이 사상누각이 될 수 있다고 생각한다. **신비주의·형이상학적 시선이 붓다와 원효의 언어를 읽으면, 붓다의 법설과 원효 통섭철학이 지닌 치유철학적 면모 및 그 문제해결력은 허공으로 증발되어 버린다.**

🪷 '참됨·온전함'에 대한 두 가지 사유방식

'참됨·온전함'을 보는 경험주의적 시선과 신비주의·형이상학적 시선은 매우 대조적인 두 가지 사유방식이다. 그리고 이 두 가지 사유방식의 차이는 **붓다의 사유방식'과 붓다 이전 인도전통 시선인 '우파니샤드 사유방식'의 차이**이기도 하다. 이 두 가지 사유방식의 차이를 음미해야 경험주의 시선을 펼치는 붓다의 법설과 원효 통섭철학을 신비주의·형이상학적 독법에서 탈출시킬 수 있다.

모든 철학적 성찰은 두 가지 충동에서 촉발된다고 본다. 하나는 무지와 관련된 충동이고, 다른 하나는 고통과 관련된 충동이다. 전자는 이해와 설명을 방해하는 지적知的 **혼란을 해소하려는 지적 충동이고, 후자는 실존의 불안과 고통에서 근원적으로 벗어나려는 충동이다.** 이 두 가지 충동은 사실상 결합되어 나타나는 경우가 많은데, 다만 초점이나 비중의 차이는 다양하게 목격된다. 인도전통의 철학에서는 이 두 가지 충동을 결합적으로 해결하려는 경향이 돋보인다는 점이 일반적으로 승인되어 있기도 하다. 특히 수행법을 고안하여 실천하는 수행문화까지 결합시키고 있다는 점은 주목할 만한 특징이다.

삶은 누구에게나 늘 불안하다. **인생이 원하는 대로 운영되지 않는다는 것을**

'인지'하기에, 인간의 불안은 관념적으로 증폭되고 장기 기억을 통해 오래 지속된다. 언어를 통해 개념적으로 경험하는 능력과 재인지하는 능력을 장착한 이래, 인간은 삶의 불안과 고통을 본능적 방식만으로는 감당하지 못하게 되었다. 사유/인지능력이 얹어 놓은 불안과 고통의 하중은 그대로 안고 살기에는 너무도 버거워졌다. 새로운 탈출구를 모색해야만 했다. 방법은 하나였다. **재앙의 문이었던 사유/인지능력을 활용하는 수밖에 없다.** 잘만 하면 재앙의 문이 축복의 문이 될 수도 있다는 가능성에 매달릴 수밖에 없었다.

〈인생이 원하는 대로 되지 않는다〉는 인지적 경험을 발생시키는 핵심조건 두 가지를 꼽을 수 있다. 하나는 〈원하는 대로 있어 주지 않고 변한다〉는 것이고, 다른 하나는 〈원하는 대로 차지하거나 마음대로 부릴 수 없다〉는 것이다. '변화로 인한 상실'과 '소유·지배욕 충족의 좌절'을 끊임없이 반복적으로 확인하고 기억하며 또 예상해야 하는 것은 견디기 어려운 심층의 지속적 불안·고통이다. 특히 쉼 없는 변화는 모든 불안·고통의 심층 요인으로 작용한다. 많은 경우, 변화가 소유·지배욕 좌절의 원인이 된다. **'사유/인지 인간'은 자신의 사유/인지능력을 총동원해 이 문제를 해결하려 든다.** 개념적 분석과 논리적 판단, 평가와 예측 등 사유/인지능력으로 가능한 모든 방법과 수단을 동원해 본다. 신체 수명이나 물질 존속기간을 늘려 변화의 위협에 대처해 보고, 생산능력을 높이고 생산물의 양과 질을 풍요롭게 하여 소유 갈증에 대응해 보기도 하며, 권력을 쥐어 지배욕을 충족시켜 보기도 한다. 그러나 문화와 문명의 모든 방식을 동원하여도 끝내 넘지 못하는 벽이 있다. **경험세계에서 '변화로 인한 상실'과 '소유·지배욕 충족의 좌절' 문제를 완벽하게 해결하는 것은 경험세계의 속성상 불가능하다. 영원히 살 수 없고, 원하는 대로 차지할 수도 마음대로 부릴 수도 없다.** 끝내 채울 수 없는 밑 빠진 그릇이다.

일상인들은 적절히 타협하고 적당히 체념한다. 영원할 수도 없고 원하는 대로 차지하거나 마음대로 지배할 수도 없다는 현실이 불안하고 달갑지 않지만, 어쩔 수 없음을 체념적으로 수용한다. 변화의 불안과 동요, 소유·지배욕의 좌절 및 고통과 체념적으로 동거한다. 그러나 이런 일상인의 태도에 끝내 동조하지 못하는 사람들도 있다. **변화의 불안을 완벽하게 해소하고, 완전한 소유와 지배를 성취**

하려는 희망을, 도저히 포기할 수 없는 사람들도 있다. 그들이 해법 마련을 위해 의지할 수 있는 것도 역시 인간 특유의 사유/인지능력뿐이다. 어쨌거나 이 능력을 활용하여 해법을 마련해야 한다. 그럴 때 선택지는 두 가지로 압축된다. 하나는, 경험세계에서는 존재하지 않는 것을 설정하여 탈출구를 마련해 보는 것이다. 이른바 '신비주의·형이상학적 해법'이다. 다른 하나는 사유/인지능력을 더욱 진화시켜 경험세계를 만나는 새로운 능력을 갖추어 문제를 해결하는 방식이다. 신비주의·형이상학적 해법에 대비시켜 '경험주의적 해법'이라 불러 보자. 변화하는 현상들과 만나면서도 변화를 불안으로 겪지 않는 능력, 소유하고 사용하면서도 '소유의 영속과 소유물의 극대화' 충동에 시달리지 않는 능력, 지배를 통해 자기를 확인하려 하지 않는 능력을 계발하여, 그 능력의 주체로서 경험세계와 새롭게 만나려는 방식이다.

필자가 보건대, **'인간의 언어적 사유/인지능력과 경험세계와의 만남에서 발생하는 원초적·근원적 불화와 균열'**(필자는 이것이 중생의 현실세계를 고품라고 판단한 붓다의 문제의식이었다고 본다)을 궁극적으로 해결하려는 사람들이 선택한 길은 대부분 '신비주의·형이상학적 해법'이었다. 철학의 이름이든 종교의 이름이든, 동서양 불문하고 대부분의 선택은 다양한 유형의 '신비주의·형이상학적 해법'이었다. 고품라는 '근원적' 문제 상황을 '궁극적'으로 해결하기 위해 '경험주의적 해법'을 추구한 경우는 매우 드물다. 성공하기 어려운 해법이라 여겨진 것이 가장 큰 이유였을 것이다. 그러나 **경험주의적 해법을 포기하지 않고 마침내 성공한 사례도 목격된다.** 필자의 눈에는 세 사람 정도가 들어온다. 붓다와 노자 그리고 장자이다. 이들 가운데 가장 탁월한 수준의 성취와 정밀한 성찰적 사유, 정교한 논리와 언어 구사를 모두 보여 준 인물은 단연 붓다라고 생각한다. 필자의 소견으로는 그렇다.

그런데 주목해야 할 대목이 있다. 붓다 이전 인도전통 철학·종교체계에서는 이른바 신비주의·형이상학적 해법이 그 어느 전통보다도 발달하여 압도적 영향력을 행사하고 있었고, 붓다는 그 인도전통의 철학·종교적 관행과 주류에서 완벽하게 탈출하는 경험주의적 해법을 성취하고 있다는 점이다. 너무나도 상반되는 장면이라 이를 부자연스럽게 여길 수도 있다. 그리하여 어떤 방식으로든 붓다의 해법을 기존 인도전통 해법의 연장선에서 이해하거나 결부시키려는 노력도 등장한다. 예컨대 붓다의 선법禪法과 선정禪定을 기존의 인도 신비주의 명상전통의 연장선에서 파악하거나 뒤섞어 버리는 태도가 대표적 시례이다. 그러나 이 두 해법의 이질성은 그대로 직시해야 한다. **이 대조적 장면은 부자연스러운 것이 아니라 오히려 자연스럽다고 생각한다.** 경험주의적 해법과는 전혀 상반된 신비주의·형이상학적 해법이 기존에 거세게 작동하고 있었기에, 붓다는 그 전통해법에 대한 비판적 성찰과 대안의 선택이 가능하였고, 경험주의적 해법이 그 내용이었다고 본다. 삶과 세계에 대한 붓다의 성찰 방식과 문제 해법은 인도전통 체계의 그것들과는 너무도 다르다. 선행체계의 개념과 용어들을 차용하는 경우라도, 그 개념과 용어들에 담는 내용은 너무도 이질적이다. 붓다의 직제자들 가운데서도, 붓다의 언어를 이전의 전통 개념체계에 의거하여 이해함으로써 붓다의 의중을 제대로 읽기는 **커녕 오해를 하는 경우도 상당했을 것이라 본다.** 학문적·철학적 소양을 지닌 엘리트 제자들의 경우, 그들의 지적 소양은 대부분 이전의 전통체계에서 확보된 것이다. 전통용어를 차용하지만 전혀 새로운 내용을 펼치는 붓다의 언어를, 전통체계 속에서 지적 능력을 키운 사람들이 기존체계의 틀에 갇히지 않고 소화해 낸다는 것은 사실상 어려운 일이다. 이런 점을 감안한다면, **우리에게 전승된 초기불전의 언어를 고스란히 붓다의 육성으로 간주하는 태도는 조심해야 한다. 니까야/아함이 붓다의 육성을 원형대로 담고 있다고 보는 것은 분명 무리이다. 특히 '초기주석서나 교학들이 제시하는 붓다 법설에 대한 이해'는 항상 그 타당성을 신중하게 성찰할 필요가 있다.** 그러나 동시에, 모든 불교 문헌들 가운데 니까야/아함 속에 붓다의 육성과 체취가 가장 짙게 배어 있다는 것도 분명해 보인다. 붓다와의 대화를 시도할 때는 언제나 이 두 가지 문제를 어떻게 성공적으로 결합시킬 수 있을까를 고민할 수밖에 없다.

무엇보다도, 기억과 암송, 전승과 기록의 어간에서 발생한 '굴절 가능성'이 문제가 된다. 붓다의 가르침처럼 구어에서 출발한 경우, 그 전승에는 전승자의 '이해'가 개입할 수밖에 없다. 문어의 전승이라고 해서 '이해 굴절'의 문제가 없는 것은 아니지만, 구어에서 출발한 전승 과정에서는 이런 문제가 특히 현저하다. 모든 언어체계의 전승은 일종의 해석학적 굴절에 노출되어 있으며, **모든 해석학적 선택은 '이해'에 의해 좌우된다.** 그런데 이해능력은 '텅 빈 능력'이 아니다. 이해능력을 가동하는 것은 결코 백지에 그림 그리는 일이 아니다. **이해능력은 이 능력의 내용을 결정하는 조건들로 인해 발생하는 것이며, 그 조건들은 이해 주체가 이해능력을 가동할 때 이미 자리 잡고 있다.** 그 조건들은 타고난 유전적, 기질적 조건일 수도 있고, 후천적으로 습득한 지적 기반일 수도 있으며, 이 두 가지 모두와 관련된 지적·정서적 경향일 수도 있다. 분명한 것은, 이미 있는 그 조건들 때문에 이해능력이 구체적 힘을 발휘할 수 있다는 점이다.

이해에는 반드시 '이해를 가능케 하는 선행체계'가 작동하기 마련이다. 이해의 선행체계와 관련해서는 특히 선행하는 '개념의 질서와 체계'를 주목하게 된다. 인간이 만들어 내는 '이해'라는 현상은 언제나, 언어에 의해 가능하게 되는 '개념적 분류와 대비에 의해 수립되는 질서'를 조건으로 발생하는 것이기 때문이다. 따라서 이해능력이라는 것은, '세계의 차이들을 개념들로써 분류하고 대비하는 방식에 의해 수립된 질서나 체계'에 의해 구체적 이해를 발생시키는 것이며, 어떤 이해능력도 이미 형성된 특정한 내용의 '개념의 질서·체계'에 기대어 있다. 그리고 이해 현상은 대부분 그 '선행하는 개념의 질서·체계'에 의해 발생한다. 선행하는 개념의 질서·체계는 이해의 발생에, 전적으로는 아니더라도, 강력하게 개입한다고 보아야 한다. 이 '개념의 질서·체계'는 반드시 논리나 지식들로써만 이루어진 것은 아니다. 차이 현상들을 언어라는 그릇에 담아 분류하는 개념화 작업에는 기본적으로 이로움과 해로움을 구분하는 느낌이 개입한다. 따라서 **이해를 발생시키는 조건으로서의 '개념의 질서·체계' 구성에는 이지적 요소와 정서적 요소가 모두 참여한다**고 보아야 한다.

이해가 언제나 '선행하는 개념의 질서와 체계'에 의해서 수동적으로 결정되는 것은 아니다. 이해는 선행 개념질서와 체계에 기대어 있지만, 인간은 그 이해에 전혀 새로운 내용을 능동적으로 부가하는 모습을 보여 준다. 또 어떤 개념의 질서·체계가 동일하게 전승되지도 않는다. 새로운 환경적 요인이나 정신적 자각, 성찰과 결단 등에 의해 내용이 바뀌기도 한다. 새로운 내용이 추가되기도 하고,

전해 새로운 개념질서로 바뀔 수도 있다. **이해를 발생시키는 개념의 질서·체계는 이처럼 역동적으로 형성되는 것이며, 언제나 변화에 열려 있다. 그리고 인간은 이 역동적 개방성에 새로운 차원의 선택지를 추가한다.** 그러나 어떤 이해와 관련하여 언제나 고려해야 하는 것은, 그 이해에는 선행하는 어떤 '개념의 질서·체계'가 어떤 방식으로든 강력하게 개입하고 있다는 점이다. 따라서 '어떤 이해'를 다룰 때는 언제나, 그 이해에 영향을 미치고 있는 선행 개념질서와 체계가 무엇인지를 주목해야 한다. '이해의 내용'을 발생시킨 '선행하는 조건들'을 살펴야 하는 것이다. 이것은 붓다의 법설이 요청하는 연기적 사유법이기도 하다. 이 점을 소홀히 하거나 간과해 버리면, 자신의 이해나 타인들의 이해를 '제대로 이해'할 수도 없고 '더 나은 이해'로 나아가기도 어렵다.

붓다 언어의 전승 과정을 다룰 때에도 이런 점을 고려해야 한다. 붓다 직제자들의 이해력은 대부분 선행하는 인도 전통개념의 질서·체계에 기대어 형성된 것으로 보아야 한다. 그리고 붓다의 법설은 그 전통개념의 질서·체계에 갇히는 것을 거부하는 것이어서, 기존의 개념 체계로는 포착할 수 없는 것이었다. 따라서 '기존 개념의 질서·체계를 벗어나는 붓다의 법설'과 '선행하는 개념의 질서·체계에 기대어 있는 제자들의 이해' 사이에서는, 간극과 충돌이 불가피했을 것이다. 선행 개념체계의 의존성에서 벗어나 붓다의 법설을 이해할 수 있는 새로운 이해력을 계발함으로써, 그 균열을 해소시킬 수 있었던 뛰어난 제자들도 있었을 것이다. 그러나 자신의 이해력을 형성시킨 기존의 개념체계에 수동적으로 기대어 붓다의 언어를 이해했을 제자들도 많았을 것이다. 그리고 **그들에게는 붓다 법설에 대한 '이해의 굴절과 제한 및 변형'이 어떤 식으로든 발생했을 것이다.** 붓다의 법설과 대화했던 직제자들 및 후대 학인들의 이해를 다룰 때는 이런 점을 충분히 고려해야 한다.

이해능력 형성의 이러한 조건인과(緣起)를 고려할 때, 현재 문자로 기록되어 전하는 **니까야/아함의 내용에는 크게 두 층의 '굴절에 따른 변형'이 반영되어 있다고 본다. 첫 번째는, 붓다의 법설을 기억하여 암송으로 결집했던 붓다 직제자들의 이해력에 의한 변형이다.** 기억자들의 탁월한 근기와 수승한 기억력의 가능성을 십분 고려한다 해도, 각자의 이해력에 내재한 선행 개념체계의 영향에서 발생한 이런저런 이해의 굴절과 변형이 있었을 것이다. 그렇게 보는 것이 우리의 경험에도 부합한다. 이해력과 기억력이 신뢰할 만한 수준의 제자들에게 강의 내용을 복기하게 했을 경우에, 우리는 당혹스러운 정도의 차이를 예상보다도 많이 확인한다. 화자話者와 청자聽者 사이에서 발생하는 해석학적 굴절은 어떤 경우에도 항상 존재한다고 보는 것이 현실적이다. 이러한 해석학적 굴절 현상은 붓다의 입멸 직후에 이루어진 결집結集이라는 '기억의 협업적 복원과 상호 검토'로도 완전하게 해결할 수 없다고 보아야 한다. 현존 니까야/아함도 붓다의 법설을 둘러싼 제자들 사이의 이해 차이와 관련된 문제들이 거론되는 사례들을 전하고 있다. 하물며 그 결집 내용이 즉시 문자화되지 않고 장기간 암송으로 전승되는 과정에 노출되었다는 것은 굴절과 변형의 가능성을 높이고 있다.

'굴절에 따른 변형'이 반영되었을 두 번째 층은, 니까야/아함의 내용에 대한 학인들의 이해를 조직화하는 '교학 형성과정'이다. 특히 인도의 전통적 개념체계 속에서 이해력의 토대를 형성했던 사람들의 니까야/아함 이해가 '초기교학 형성과정'에 반영되는 측면을 주목하게 된다. 구체적으로는 아비담마 교학의 형성과정이다. 아비담마 교학은 이후 대승 교학의 주제 범주마저 결정해 버린 불교 해석학의 원형 틀이다. 대승 교학이 아비담마·부파불교 교학을 비판적으로 극복하려는 시도의 산물이지만, 그 비판과정은 결국 아비담마 교학이 설정한 주제와 해석학을 둘러싼 것이었기 때문에, 아비담마 교학이 구성한 이해체계의 범주와 내용에서 자유롭지 못했다. 그런 점에서 동북아시아 불교의 전개과정에서 발생한, 비록 전적으로 자유로운 것은 아니지만, 상당한 정도의 '틀 이탈 현상'은 주목되어야 한다고 생각한다.

니까야/아함이 전하는 붓다 법설에 대한 최초기의 체계적 해석학인 아비담마 교학은 이후 불교 해석학의 기본 틀을 제공한 셈이다. 우리는 이제 이 틀 자체와 그 내용의 타당성 문제에 대해 모든 가능성을 열어 놓고 재성찰해야 한다. 그래야 붓다와의 대화가 실질적으로 재개될 수 있다. 그런데 이 최초기의 교학 구성에 참여한 사람들의 상당수 혹은 대부분은, 인도의 전통 개념체계 속에서 자신의 이해능력을 형성하였다고 보아야 할 것이다. 그렇다면 우리는 아비담마·부파불교 교학을 성찰할 때, 인도의 전통적 개념질서·체계에 의거하여 수립한 학인들의 이해력이 붓다 법선에 대한 이해에 어떤 역할을 하였는지를 신중하게 살펴야 한다. 아비담마·부파불교 교학을 구성한 학인들은, 비록 그들이 원한 것은 아니고 또 의식한 것은 아닐지라도, 기존의 개념체계에서 자유롭지 못한 방식과 내용으로써 붓다의 새로운 개념질서·체계를 이해하는 경우가 꽤 있었을 것이다. 그리고 그런 경우에 발생하였을 이해 굴절현상은 교학에 반영되었을 것이다. 개인적으로는, 아비담마·부파불교 교학을 보면서 비판적으로 음미하게 되는 대목들을 이런 추정의 근거로 삼는다. 붓다 법설에 대한 이해에 의거하여 수립한 최초기의 교학에 반영되었을 해석학적 굴절 현상은, 그 굴절된 이해가 논리적 정밀성과 정합성을 지닌 이론체계를 갖추게 되면서부터 권위를 행사하게 된다. 붓다 법설에 대한 '이해의 적통嫡統 자격'을 주장할 수 있게 된 것이다. 초기불교 연구자나 아비담마·부파불교 연구자들은 주석서나 논서, 교학에 반영되었을지 모르는 해석학적 굴절의 가능성과 그 구체적 내용을 성찰하려는 노력을 소홀히 하지 말아야 한다. 그래야 붓다와의 대화가 견실하고 풍부해진다.

　니까야/아함이 붓다 육성의 탐구를 위해 가장 적절하고 풍부한 텍스트라는 것은 분명하다. 그리고 이 점은 아무리 높게 평가해도 지나침이 없다. 다시 말해 이들 텍스트 성립과 전승과정에 개입되었을 것으로 추정되는 추가와 변형, 굴절의 요소들을 과장되게 고려한 나머지, 니까야/아함과 붓다 육성의 상응 가능성에 대해 지나치게 회의적 태도를 취하는 것은 부적절하다. 그렇다면 남는 과제는 분명하다. 니까야/아함을 통해 붓다와 대화하려는 학인들은 나름대로의 견실한 기준을 마련하고 그 기준을 중심으로 붓다의 법설을 '구성적으로 체계화'하는 일이다. 그리고 그 기준은, 흔히 채택되는 문헌비판의 방법과 기준만으로는 턱없이 부족하다. 언어학적 기준으로 판별한 이른 시기의 문헌이라고 해서 붓다의 육성이라 확정할 수 없고, 상대적으로 늦은 시기의 문헌이라 해서 붓다의 육성이 아니라고 할 수도 없기 때문이다. 결국에는 통상의 문헌비판 방법론이 확보한 성과를 참고하면서 나름의 '해석학적 기준'을 수립할 수밖에 없을 것이다. 니까야/아함에 기록되어 전하는 내용 가운데 높은 수준의 정합성을 확보할 수 있는 법설들을 채집하려고 할 경우, 정합성의 내용과 기준선 등을 정하는 것은 궁극적으로 학인들 각자의 이해에 달려 있기 때문이다. 그 해석학적 기준의 타당성 정도는 일차적으로 학인 공동체에서 발생하는 설득력의 정도와 상응할 것이지만, 다수의 승인이 그 타당성을 보증해 주는 것도 아니다. 다수가 아직 미처 소화해 내지 못하는 소수자의 탁월성도 얼마든지 있을 수 있기 때문이다. 각자 견실한 해석학적 안목을 수립하려고 애쓰고, 그 산물을 정확하고 정직하게 내놓는 것—우리가 요구할 수 있고 또 할 수 있는 것은 여기까지일 것이다.

붓다 법설에 대한 해석학적 굴절 가능성을 장황하게 짚어 본 것은, 붓다의 '경험주의적 진리관과 그 해법'이 지니는 의미와 내용을 불교 전통에서, 그리고 현재의 불교인들까지, 과연 얼마나 적절하고 충분하게 포착하고 있는가를 되물어 보고 싶어서이다. 달리 말해, 불교 내부에도 알게 모르게 인도전통의 '신비주의·형이상학적 사유방식과 그 해법'이 불교의 옷을 걸치고 자리 잡아 온 것은 아닌가, 또 현재에도 다양한 방식으로 작동하고 있는 것은 아닌가를 성찰하고 싶어서이다. 이 질문과 그에 대한 성찰은 필자의 관심인 '통섭적 깨달음 담론의 구성' 및 '붓다의 법설과 원효철학에 대한 치유철학적 독해'에 매우 중요하다.

학인들이나 연구자들은 붓다의 법설이 기존 인도의 전통체계와 어떻게 다른지 이미 충분히 알고 있다고 생각할지 모르지만, 필자의 생각은 다르다. 우리는 아직 붓다의 법설과 기존 인도 전통체계의 차이를 정확히 알지 못한다고 본다. 붓다와의 대화 자체도 아직 많이 미진하다고 본다. 붓다 법설에 대한 이해를 담은 기존의 교학과 수행론의 의미에 대해서도 아직 제대로 평가하지 못하고 있는 대목이 많다고 본다. 전통언어와 이론을 그대로 답습하면서 재배치하거나 교학사상적 의미를 짚는 것에 그치는 방식의 불교학으로는, 또 사용가치의 탐구와 평가에 관심이 없는 '학문 불교학'으로는, 이런 문제들이 계속 방치될 수밖에 없다고 본다. 붓다가 성취한 해법과 그 해법이 안내하는 지평, 그에 대한 교학들의 통찰에 대해, 우리는 아직 너무 작고 좁게 알거나 부적절하게 읽고 있는 부분이 많아 보인다.

이 글의 초점으로 되돌아가자. 여기서 필자의 관심은, '참됨·온전함을 보는 사유방식'의 문제를 '붓다 이전 인도전통 시선과의 대비'를 통해 '무엇이 참됨·온전함에 대한 불교적 사유방식인가?'를 생각해 보는 것이다. 그리고 '붓다 이전 인도전통 시선'은 우파니샤드의 관점을 염두에 둔 것이라 하였다. **참됨·온전함에 대한 사유방식을 주목하는 것은, 그것이 '인간의 언어적 사유/인지능력과 경험세계의 만남에서 발생하는 원초적·근원적 불화와 균열', 다시 말해 고苦라는 '근원적' 문제 상황을, '궁극적'으로 해결하기 위한 해법과 직결되어 있기 때문이다.** 신비주의·형이상학적 해법이든 경험주의적 해법이든, 그 궁극적 해법을 추구한 사람들은 자신들의 해법을 '참됨·온전함을 성취하는 길'이라 여기기 때문이다. 따라서 붓다 이전 인도 전통해법과 붓다 해법의 차이를 포착할 수 있는 다양한 좌표들 가운데, **'참됨·온전함을 보는 사유방식의 차이'라는 좌표는 매우 근원적 지점에 자리 잡는다.**

　『대승기신론』과 원효철학이 거론하는 본각本覺은 '참됨·온전함과의 관계에서 비로소 그 의미와 내용을 확보하는 것'이기 때문에, 본각에 대한 두 가지 사유방식은 곧 '참됨·온전함에 대한 두 가지 사유방식'이기도 하다. 하나는, 본각에 해당하는 '불변·동일·절대의 참된 것/순수한 것'이 이미 인간 내면이나 현상의 이면에 존재한다고 생각하여 신비주의·형이상학의 길에서 본각과의 결합을 추구하는 사유방식이다. 다른 하나는, 본각에 해당하는 '참됨·온전함의 경험 지평'은 현상을 왜곡하던 무지를 극복함으로써 '사실 그대로의 현상'이 비로소 온전하게 경험되는 것이라 생각하여 경험주의의 길에서 본각의 경험 지평을 구현하려는 사유방식이다. 〈'불변·동일·절대의 참된 것/순수한 것'의 내면적·이면적 선재先在를 설정하는 신비주의·형이상학적 사유방식 및 그 해법〉과, 〈'현상의 사실 그대로인 참됨·온전함에 대한 이해와 경험'의 역동적 후현後顯을 주장하는 경험주의적 사유방식 및 그 해법〉의 차이인 것이다.

🪷 '참됨·온전함'에 대한 우파니샤드의 사유방식

우파니샤드 문헌의 형성은 붓다의 등장 훨씬 이전부터 그 이후에까지 광범위한 기간에 걸쳐 있지만, 그 문헌들을 관통하는 사유방식은 일관되고 뚜렷하다. 그리고 붓다는 우파니샤드류類의 사유방식과 주장들을 익히 알고 있었으며, 동시에 우파니샤드적 사유방식의 극복을 통해 깨달음을 성취하였다는 점도 분명해 보인다. 그런데 붓다의 무아 통찰을 거론할 때 흔히 하는 것처럼, **아트만을 '불변의 실체' 정도로 언급하는 존재론적 설명으로는, 붓다의 무아 통찰이 지닌 의미에 접근해 가는 데 부족하다.** 또 붓다 이전의 요가 수행과 붓다의 선禪, 붓다의 연기적 세계관과 우파니샤드적 세계관, 붓다 이전의 해탈과 붓다의 해탈이 어떻게 다른지를 탐구해 가는 과정에서도, 이런 정도의 아트만 개념으로는 부족하다. '붓다의 해탈·깨달음' 및 '해탈·깨달음의 구현방법'과 관련한 모든 것을 붓다 이전 인도전통의 그것과 대비시켜 그 차이를 명확히 포착하려면, 아트만·브라흐만을 설정하는 사유의 내용과 그 의미를 원점에서부터 거듭 성찰해야 한다. 이에 대한 성찰이 부족하면, 붓다/불교와 우파니샤드적 인도 전통사상은 혼란스럽게 뒤섞여 버릴 가능성에 늘 노출된다.

필자 개인적으로는, 인도전통과 붓다의 불교를 묶은 후 인도문화를 동경하고 찬탄하는 태도에 동참하지 않는다. 불교 학인이라면 당연히 인도 친화적일 것이라는 시선을 필자는 사양한다. 붓다는 인도의 전통개념들을 원점에서부터 해체하고 전혀 새로운 지평을 연 분이다. 그러기에 **붓다에게 비판과 극복의 대상이 되었던 인도의 전통 개념체계는, 붓다의 통찰에 깊이 공감하는 필자에게는, 지금도 여전히 근저에서부터 비판적으로 성찰하고 극복되어야 할 문젯거리로 보인다.** 우파니샤드 언어들에 대한 신비주의적 호기심과 동경, 우파니샤드에서 발원하여 종교의 옷을 입은 신비주의·형이상학적 개념체계, 그 종교체계에 포획된 인도인들의 실존에 대해, **필자는 냉정한 입장이다. 무관심해서가 아니라 비판적이기 때문이다.** 갠지스 강물에 몸을 씻으면서 죄업이 소멸된다고 믿는 것을 '깊은 신앙심'이라 말하거나 '성스러움을 향한 인간의 종교적 면모'라고 찬탄할 생각이 필자에게는 일어나지 않는다. 강물 목욕과 죄업 소멸의 인과관계를 믿게 하는 무지의 개념체계가 더 눈에 잡히기 때문이다. 태생적 신분차별에 순응하는 것을 '초현세적 심성'이라 미화할 생각도 없고, 온갖 신들 앞에 머리 조아리며 세속 복락과 성공을 기원하는 삶의 태도와 문화를 '풍요로운 종교적 삶'이라고 상찬할 수 있는 아량도 필자에게는 없다. **불합리한 개념체계의 산물인 강요된 가난과 폭력적 핍박, 자각과 노력으로 충분히 개선할 수 있는 실존의 차별과 고통을 숙명적 고통으로 간주하게 하고 또 그에 순응하게 하는 신념체계, 불합리한 이론으로 부당하게 강요한 현실의 고통을 근거로 삼아 윤회를 말하고 구원의 해탈을 꿈꾸게 하는 허위.─이런 사상·종교·신념 체계를 '삶에 대한 깊은 종교적 감성이나 성스러운 문화'라고 꾸며 줄 생각은 전혀 없다. '삶과 세상의 조건인과적/연기적 합리화'를 거부하는 주술적 사유, 그 불합리한 사유가 종교나 문화의 옷을 입고 현실과 제도를 장악해 가는 기만과 폭력, 이에 대한 붓다의 명증한 성찰과 비판 및 치유의 길.─필자는 이 붓다의 길에 깊이 공감할 뿐이다.**

　　수많은 우파니샤드 문헌들을 일관하는 사유방식은 아트만과 브라흐만에 관한 주장들에서 극명하게 드러난다. 특히 **아트만·브라흐만 개념에 부여된 대표적 속성들을 주목하는 것이 우파니샤드 사유방식의 특징과 의미를 확인하는 데 요긴하다.** 먼저 아트만·브라흐만과 관련하여 우파니샤드에 등장하는 주요 내용을 몇 가지 유형으로 나누어 종합해 본다. 이 내용은 '붓다의 사유와 붓다 이전 인도전통 사유의 차이 문제' 및 '불교 내부에 스며든 우파니샤드적 사유방식의 문제' 등을 성찰하기 위해 매우 요긴한 것이므로 장황할지라도 가급적 소상하게 관련 내용을 채집해 본다. 그런 후에 아트만·브라흐만을 설정하는 인도 전통사유의 의미를 짚어볼 것이다.

116

1. 아트만·브라흐만에 부여된 개념적 속성들

1) '모든 존재에 앞서 이미 있는 완전한 자', '전지전능全知全能한 자', '창조자', '주재主宰하는 자', '스스로 생겨난 자', '모든 것의 주인', '모든 것의 원인', '모든 것에 편재遍在하는 자', '영원하고 불멸하는 자', '항상 동일한 자'

"이 아트만은 처음에 홀로 있었다. 그 외의 움직이는 자 아무도 없었다. 아트만은 '세상을 창조해 볼까' 하고 생각하였다. 그래서 그는 여러 세상들을 창조했는데, 그 세상들은 물, 빛, 죽음 그리고 바다의 세상이다. 물은 하늘보다 높은 곳에 있는 세상이다. 하늘이 물을 받쳐 들고 있음을 보라. 하늘과 땅 사이의 대공은 빛의 세상이며, 땅은 죽음, 그리고 그 아래의 세상은 바다의 세상이다. 그는 생각하였다. '자, 세상이 만들어졌으니 이제 세상을 보호할 존재를 창조해야겠군.' 그래서 그는 물로부터 사람이 생겨나게 했으며, 거기에 형태를 부여하였다."[40]

"오움—저것이 완전하고 이것도 또한 완전하도다. 완전함으로부터 완전함이 생겨 나왔도다. 완전함의 완전함을 빼내었으나 완전함이 남은 것이었도다."[41]

"모든 것을 알며 모든 지혜를 갖춘 자, 전지全知의 능력으로 세상에 권능으로 나타나는 자, 그는 신성한 브라흐만의 자리, 심장의 빈 공간에 있다. 그는 마음으로 이루어져 있으며, 숨과 육신의 주인이며, 심장에 지혜를 넣어 주는 음식 안에도 있도다."[42]

40　아이따레야 우파니샤드, 이재숙 옮김, 우파니샤드(한길사, 1997), pp.498-499. 이하 우파니샤드 인용은 이 책에 의거한다.

41　이샤 우파니샤드, p.55.

42　찬도기야 우파니샤드, p.467.

"그는 세상을 만든 이, 그 세상을 아는 이, 스스로 생겨난 이, 전지자全知者, 시간을 만들고 그것을 파괴하는 이, 속성들을 그 안에 가진 이, 모두를 아는 이로다. 그가 곧 본성의 주인이며, 개체아의 주인이며, 모든 속성들의 주인이니, 세상의 해탈, 유지, 굴레의 원인이로다."[43]

"모든 생물체 속에 든 하나의 신은, 편재하는 자이며 모든 곳에 들어 있도다. 그는 업의 주인이며 모든 곳에 사는 자이다. 그는 모든 것을 보는 증인이며 의식 자체이나 스스로는 아무런 이름도 속성도 없는 자이다."[44]

"그는 진정 세상을 아는 자, 불멸의 존재, 전지자, 어디든 편재하는 자, 항상 영원한 세상의 보호자이다. 그가 이 세상의 영원한 통치자이며 그 이외에 세상을 통치할 자는 어디에도 없도다."[45]

"광휘로 빛나는 자, 영혼의 몸조차 가지고 있지 않으며 조금도 흠이 없는, 감각을 느끼는 신경도 오점도 죄악도 가지지 않은 자. 그리고 모든 것을 알며, 사방 어디든 존재하며, 스스로 존재하는 자. 그 아트만은 사방 어디든 이미 가 있도다. 시작도 끝도 없이 영원한 존재인 그는 창조주들을 위해 각각의 의무를 적절히 나누어 알려 주었도다."[46]

"그는 과거에 있었던, 그리고 앞으로 일어날 모든 것이며, 그는 항상 똑같은 영원한 존재로다. 그를 알면 누구든 죽음을 이기리니, 이 외의 해탈을 얻을 수 있

---

43 찬도기야 우파니샤드, p.469.

44 찬도기야 우파니샤드, p.467.

45 찬도기야 우파니샤드, pp.469-470.

46 이샤 우파니샤드, pp.61-62.

는 길이 없느니라."[47]

"뿌리는 위쪽으로 가지는 아래쪽으로 향하는 무화과 나무를 보라. 그 시작을 알 수 없는 브라흐만처럼 보이도다. 그 뿌리가 바로 순수한 빛, 브라흐만의 모습이다. 그것이 '불멸'의 이름으로 불리는 브라흐만이다. 그 브라흐만에 모든 세상이 의지해 있으며, 그를 어느 누구도 벗어날 수 없도다. 그가 바로 그것(브라흐만)이다."[48]

"그와 같이 보는 자, 그와 같이 성찰하는 자, 그와 같이 깨닫는 자, 그의 아트만으로부터 숨이, 아트만으로부터 원함이, 아트만으로부터 기억력이, 아트만으로부터 대공大空이, 아트만으로부터 물이, 아트만으로부터 생겨나고 사라지는 것이, 아트만으로부터 음식이, 아트만으로부터 힘이, 아트만으로부터 앎이, 아트만으로부터 명상이, 아트만으로부터 지성이, 아트만으로부터 의지가, 아트만으로부터 마음이, 아트만으로부터 소리가, 아트만으로부터 이름이, 아트만으로부터 만뜨라가, 아트만으로부터 제례가, 아트만으로부터 이 모든 것이 비롯된다."[49]

2) '지각을 가능케 하는 자', '모든 것의 관망자', '극미極微·극대極大·최고最高의 존재', '발생과 내재 및 귀환의 근원존재根源存在', '초감각·불가사의의 순수의식', '순수한 지고至高의 존재'

"그를 마음속으로 생각할 수 없으나 그로 인해 마음속의 생각이 이루어질 수 있으니, 그대여, 바로 그가 브라흐만인 것을 알라. 이 세상 사람들이 숭배하는 물건들, 그것들은 브라흐만이 아니다. 눈으로 볼 수 없으나 그로 인해 눈이 사물을

---

47 까이왈리야 우파니샤드, p.903.
48 까타 우파니샤드, p.139.
49 찬도기야 우파니샤드, pp.394-395.

볼 수 있으니, 그대여, 바로 그가 브라흐만인 것을 알라. 이 세상 사람들이 숭배하는 것, 그것은 브라흐만이 아니다. 귀로 들을 수 없으나 그로 인해 귀가 소리를 들을 수 있으니, 그대여, 바로 그가 브라흐만인 것을 알라. 이 세상 사람들이 숭배하는 것, 그것은 브라흐만이 아니다. 숨이 그를 숨 쉬게 할 수 없으나 그로 인해 숨 쉬는 것이 가능하고 생명이 있게 되니, 그대여, 바로 그가 브라흐만인 것을 알라. 이 세상 사람들이 숭배하는 것, 그것은 브라흐만이 아니다."[50]

"세 가지 의식 상태에 감각의 대상과 주체 그리고 이들로 인한 기쁨이 있으니, 이들과는 전혀 다른 관망자, 순수의식, 영원한 시바는 바로 나로다."[51]

"나는 가장 미세한 것보다 미세하며, 가장 큰 것보다 더 크도다. 이 세상은 바로 나, 가장 오래된 것도 나, 사람도 나, 황금알의 주인도 나, 시바도 나로다."[52]

"나로부터 모든 것이 생겨났으며, 내 안에 모든 것이 존재하며, 나에게로 모든 것이 되돌아오도다. 그 브라흐만, 유일한 브라흐만은 바로 나로다."[53]

"나는 손과 발이 없고, 생각으로 생각되어지지 않는다. 나는 눈 없이 보며 귀 없이 들으며 각양각색의 무엇이든 아노라. 그러나 누구도 나를 알지 못하나니, 나는 '순수한 의식'이로다."[54]

"나에게는 땅도 물도 불도 공기도 대공조차도 없도다. 가슴 속 깊숙이 머물러

---

50   께나 우파니샤드, pp.76-77.

51   까이왈리야 우파니샤드, p.904.

52   까이왈리야 우파니샤드, p.905.

53   까이왈리야 우파니샤드, p.905.

54   까이왈리야 우파니샤드, p.905.

있는 지고의 아트만을 아는 자, 순수한 지고의 아트만의 모습을 얻으리라."[55]

3) '모든 경험을 아는 이면의 존재', '이면에서 경험을 만들어 내는 자', '가장 심층의 존재'

"지혜 그 자체인 아트만으로 인하여 우리들은 형태, 맛, 냄새, 소리, 촉감 그리고 성관계로 인해 생기는 쾌감들을 잘 알고 있다. 이 모든 것은 그 아트만으로 인한 것이니, 이 세상에 아트만으로 인하지 않은 것이 있는가? 나찌께따가 알고 싶어 했던 것, 그것은 바로 아트만이다. 또한 그 아트만으로 인하여 우리는 꿈속의 현상과 실제의 현상을 볼 수 있다. 현명한 사람이라면 그 위대하고 모든 곳에 편재하고 있는 아트만을 진정으로 깊이 깨닫고 더 이상 슬퍼하거나 괴로워하지 않으리라."[56]

"늘 깨어 있으면서도 꿈꾸는 상태에서는 내부에서 원하는 것들을 만들어 내는, 깨어 있는 그가 바로 순수한 브라흐만이며 예로부터 그를 '불멸'이라 불러왔도다. 모든 세상은 그에 의지해 있나니 어느 누구도 그를 능멸하지 못하노라. 그가 바로 그것(브라흐만)이다."[57]

"그는 보는 자이며, 만지는 자이며, 듣는 자이며, 맛을 보는 자이며, 사고思考하는 자요, 깨닫는 자요, 행하는 자요, 사고하는 아트만, 뿌루샤로다. 그는 영원히 파멸하지 않을 최고의 아트만에 굳건히 서도다."[58]

55 까이왈리야 우파니샤드, p.905.

56 까타 우파니샤드, p.126.

57 까타 우파니샤드, p.136.

58 쁘라샤나 우파니샤드, p.168.

V. 본각本覺이란 무엇인가? 혹은 무엇이어야 하는가?   121

"깨어 있는 상태, 꿈꾸는 상태, 꿈이 없는 깊은 숙면 상태. 이 모든 상태, 모든 세상 속에 빛을 내고 있는 그 브라흐만이 바로 '나'임을 알고 나면, 그 아는 자는 모든 굴레에서 풀려나리라. 세 가지 의식 상태에 감각의 대상과 주체 그리고 이들로 인한 기쁨이 있으니, 이들과는 전혀 다른 관망자, 순수의식, 영원한 시바는 바로 나로다."[59]

4) 유일한 초월자

"유일한 존재 브라흐만을 구할 때에는 그를 초월적인 것으로 추구해야 한다. 또한 그를 이해하는 데 '여럿'이라는 것은 절대 끼일 자리가 없도다. 누구든 그를 '여럿'으로 이해하는 자는 죽음에서 죽음으로 도는 쳇바퀴를 벗어날 길이 없도다."[60]

"하나뿐인 불의 신 아그니가 그 불에 타는 물질의 형태에 따라 모습을 매번 바꾸듯, 온 세상에 하나뿐인 아트만이 그 들어가는 자리에 따라 매번 모습을 바꾸노라. 그리고도 그가 들어간 자리 밖에도 존재하노라. 태양은 스스로 모든 세상의 눈이지만 불결한 것들과 접촉하여 생기는 눈의 장애가 태양에게는 영향을 미칠 수 없도다. 마찬가지로 스스로 모든 생물의 근원이 되는 것은 아트만이나 그 생물들의 고통은 아트만에게까지 미칠 수 없도다. 다만 아트만은 안과 밖, 모든 곳에 머무를 뿐이로다. 온 세상에 유일한 모든 사물 속에 든 아트만은 하나로 여러 가지를 만들어 내도. 현명한 자는 그 아트만을 깨닫게 되어 영원한 기쁨을 얻으리라. 그러나 그 외 다른 자들은 그렇지 못하리라."[61]

---

59 까이왈리야 우파니샤드, p.904.

60 까타 우파니샤드, p.130.

61 까타 우파니샤드, pp.136-138.

5) 영원한 하나의 근원, 영원한 평화, 영원한 기쁨, 최고의 환희

"영원하지 못한 사물 가운데 유일하게 영원하며, 의식 있는 것들 가운데 그 의식의 근원이 되며, 여럿 중에 하나이고, 홀로 여럿의 욕망을 채워 주는 이가 있도다. 현명한 자는 그 아트만을 깨닫고 영원한 평화를 누리리라. 그러나 그 외 다른 이들은 그러지 못하리라. 온 세상에 유일한 모든 사물 속에 든 아트만은 하나로 여러 가지를 만들어 내도다. 현명한 자는 그 아트만을 깨닫게 되어 영원한 기쁨을 얻으리라. 그러나 그 외 다른 자들은 그렇지 못하리라. '그는 바로 이렇다' 하고 현자들은 깨닫지만 아트만은 말로 표현할 수 있는 것이 아니니 단지 최고의 환희라 할 뿐이로다."[62]

6) 존재(sat)이며, 의식(cit)이며, 환희(ānanda)이며, 둘이 아닌 존재

"브라흐만에 집중하라. 존재하는 아트만이며, 의식이며, 환희이며, 둘도 아닌 그 브라흐만에, 존재(sat)이며, 의식(cit)이며, 환희(ānanda)이며, 둘이 아닌 그 브라흐만에 집중하라. 이것이 우파니샤드의 가르침이다."[63]

"야쟈발끼야가 대답했다. "'그대가 바로 그이다.' '그대는 브라흐만의 머무르는 자리이다.' '내가 브라흐만이다.' 등의 위대한 구절들에 명상하라. '그라고 한 것은 초월적인 존재나, 전지全知의 속성과 환영력(幻影力, māyā)을 가진 자, 참(sat), 의식(cit), 환희(ānanda)로 된 자, 세상의 근원인 자를 말함이라. 또한 그 존재가 바로 내부의 감각들에 감화되고, 자각의식을 갖게 되는 '그대'라고 불린 자이다. '그'와 '그대'라고 불린 지고의 아트만과 개체 아트만이 그들을 감싸고 있던 환영력과 무지

---

62 까타 우파니샤드, pp.137-138.

63 와즈라수찌 우파니샤드, p.860.

를 버리고 나면 아트만과 다르지 않은 브라흐만이 된다."[64]

7) 언어 이전의 비非언어적 존재, 사유의 대상이 아닌 존재

"말로써 표현할 수 없으나 그로 인해 말이 표현될 수 있으니, 그대여, 바로 그 가 브라흐만인 것을 알라. 이 세상 사람들이 숭배하는 것, 그것은 브라흐만이 아니다."[65]

"지혜로운 사람이라면 말(言)을 마음속에 접어두고, 마음은 아트만을 깨닫고 자 하는 데에 두고, 그리고 그 깨달음을 얻기 위하여, 아트만에 자신을 온통 집중 시킬 수 있으리라."[66]

"나는 손과 발이 없고, 생각으로 생각되어지지 않는다. 나는 눈 없이 보며 귀 없이 들으며 각양각색의 무엇이든 아노라. 그러나 누구도 나를 알지 못하나니, 나 는 '순수한 의식'이로다."[67]

8) 무한한 존재

"즐거움이란 무한함에 있는 것이다. 유한한 것에는 즐거움이 없다. 무한한 것 만이 즐거움을 주는 것이다. 그러니 이 무한함이란 무엇인지 알아야 한다. 무한함 이란 누가 누구를 보지 않고, 누가 누구를 듣지 않고, 누가 누구를 알지도 않는 그 런 곳에 있는 것이다. 유한함은 누가 누구를 보고, 듣고, 아는 그런 곳에 있는 것이

---

64 빠잉갈라 우파니샤드, pp.884-885.
65 께나 우파니샤드, p.75.
66 까타 우파니샤드, p.123.
67 까이왈리야 우파니샤드, p.905.

다. 무한함은 불멸이며 유한함은 죽음이다. 그의 무한함은 아래요, 위요, 뒤요, 앞이요, 남쪽이요, 북쪽이다. 그는 모든 것이다. 자각의식을 통해서 사람은 "나는 '아래'이다. 나는 '위'이다. 나는 '서쪽'이다. 나는 '동쪽'이다. 나는 '남쪽'이다. 나는 '북쪽'이다. 나는 이 모든 것이다."라고 생각한다. 그 무한함은 아트만이다. 이 아트만이 아래, 위, 뒤, 앞, 서쪽, 동쪽, 남쪽, 북쪽, 아트만이 이 모든 것이다. 이 아트만이 보고, 마음으로 성찰하고, 진정 아는 자이다. 이것을 아는 자는 아트만 안에서 유희를 누리고, 아트만 안에서 희열을 느끼고, 아트만 안에서 하나가 되고, 아트만 안에서 기쁨을 느끼고, 아트만 안에서 스스로를 마음대로 할 수 있다. 그러한 사람은 모든 세상에서의 모든 움직임에서 자유롭다. 그러나 그렇지 않은 자들은 자신이 아닌 또 다른 통치자 아래로 간다. 결국 파멸로 이르는 세계로 가게 된다. 그들은 어떤 세상에서도 스스로의 뜻으로 마음대로 할 수가 없다."[68]

9) 마음과 아트만

"마음은 두 가지이니, 하나는 순수하고 다른 하나는 그렇지 않은 것이다. 불순한 것은 욕망과 결합한 마음이요, 순수한 것은 욕망에서 완전히 풀려난 마음이다. 마음에 아무런 동요도 없게 하고 게으름, 방심, 주저함에서 빠져나와 마음 그 자체에만 머물게 하는 것, 그것이 가장 높은 단계이다. 마음이 통제되어 심장 속 그 끝에 도달하는 것, 그것이 지혜요 해탈이다. 그 외의 것들은 모두 말(言)로 된 매듭에 불과하도다. 마음의 때가 명상을 통해 모두 씻겨 나가면, 그는 아트만 안에 들어가는 기쁨을 얻으리니, 그것은 말로 할 수 있는 것이 아니요 오로지 내면의 도구로서만이 알게 될 것이다. 마음이 사람의 속박과 해탈의 원인이니, 세상에 집착하면 속박이요 세상에서 풀려나면 해탈이라."[69]

---

68   찬도기야 우파니샤드, pp.392-394.

69   마이뜨리 우파니샤드, p.811.

V. 본각本覺이란 무엇인가? 혹은 무엇이어야 하는가?   125

10) 모든 것이 아트만·브라흐만이다

"브라마우 브라만을 아트만과 다르다고 아는 사람을 멀리하고, 끄샤뜨리야는 끄샤뜨리야를 아트만과 다르다고 아는 사람을 멀리하며, 세상은 세상이 아트만과 다르다고 아는 사람을 멀리하는 법이요. 신은 신들이 아트만과 다르다고 아는 사람을 멀리하고, 모든 생명체는 생물체들이 아트만과 다르다고 아는 사람을 멀리하고, 만물은 만물이 아트만과 다르다고 아는 사람을 멀리하는 법이라오. 이 브라만, 이 끄샤뜨리야, 이 세상, 이 신들, 이 모든 생명체들, 이 모두가 곧 아트만이라오."[70]

"모든 존재 속에서 아트만을 보고, 아트만 속에서 모든 존재를 보게 되면, 누구든 지고의 브라흐만에 다다르리라. 이 외의 다른 방법이 없도다."[71]

11) 아트만·브라흐만을 보는 자는 이 모든 속성을 갖는다

"아트만을 아는 사람은 아트만 안에서 세상의 모든 것을 본다. 모든 것들 속에서 그 아트만을 발견하니 그는 어느 누구도 증오하지 않으리라."[72]

"아트만을 아는 자에게는 모든 것이 곧 아트만이다. 모두가 같은 아트만임을 잘 알고 있는 그에게 욕심이나 슬픔이 어찌 생겨나겠는가."[73]

"모두가 육신을 입고 있으나 그는 육신이 없으며, 모두가 불안정하나 그는 유일하게 안정되어 있도다. 그 위대한 편재하는 아트만이 스스로와 다르지 않음을

---

70 브리하다란야까 우파니샤드, p.673.

71 까이왈리야 우파니샤드, p.903.

72 이샤 우파니샤드, pp.60-61.

73 이샤 우파니샤드, p.61.

깨달은 현명한 사람은 아무런 슬픔도 고통도 갖지 않도다."[74]

　"소리가 없고 촉감이 없으며, 형태와 맛, 그 끝과 냄새 또한 없으니, 그는 불멸의 존재로다. 또한 시작이 없고 끝이 없고, 초월적이며 지극히 안정된, 이 아트만을 알게 되면 그는 그 순간 죽음의 어귀에서 풀려나리라."[75]

　"제자여, 그림자가 없고, 육체도 없으며, 색色이 없고, 순수한 불멸의 그를 아는 사람은, 모든 것을 알게 되며 무엇이든 될 수 있도다."[76]

12) 하나됨의 경지

　"지혜로 세상의 바다를 벗어나리라. 이로써 그는 하나 됨의 경지에 오르리라. 하나 됨의 경지에 오르리라."[77]

13) 아트만·브라흐만을 깨달으면 어떻게 되는가?

　"이와 관련하여 이런 말씀도 있다. 〈깨달은 자에게는 죽음도 질병도 슬픔조차도 없다. 깨달은 자는 모든 것을 보고, 모든 곳에서 모든 것을 얻는다. 그는 하나가 된다. 그는 세 개가 되기도 하고, 다섯이 되기도 하고, 일곱이 되기도 하고, 아홉이 되기도 한다. 그리고 그는 열하나가 되기도 하고, 백 열개가 되기도 하고, 혹은 천이십 개가 되기도 한다. 음식이 깨끗하고 성스러우면 소화기관이 깨끗해지고, 소화기관이 깨끗하면 기억력이 좋게 되고, 기억력이 좋게 되면 가슴속 모든

74　까타 우파니샤드, p.116.

75　까타 우파니샤드, p.124.

76　쁘라샤나 우파니샤드, p.168.

77　까이왈리야 우파니샤드, p.906.

매듭이 풀어진다.)"[78]

"다시 제자들이 〈이 육신의 브라흐만의 자리에 담긴 대공大空 속에 이 모든 것이 다 들어 있고 모든 생물과 모든 욕망들도 들어 있다고 하셨습니다. 그러면 이육신이 노쇠하면 그들은 모두 어떻게 되는 것입니까?〉하고 질문하면, 스승은 이렇게 답한다. 〈이 육신의 노쇠함에도 그 브라흐만은 노쇠하지 않는다. 육신이 무기에 상처를 입고 죽음을 당해도 그 브라흐만(의 자리)은 죽음을 당하지 않는다. 이브라흐만은 참이요, 이 안에 모든 욕망들이 담겨 있다. 이 아트만은 옳고 그름의구별이 없고, 노쇠함이 없고, 죽음이 없고, 슬픔이 없고, 걱정이 없고, 갈증이 없으며, 참 욕망이요, 참 의지이다. 백성들이 그 왕의 명령을 받들 듯, 그는 그 안에 담긴 어떤 것을 원하든 그 어떤 자리 땅을 원하든, 그 원함대로 그것을 모두 취하게된다. 이 세상에서 행함으로써 얻은 것은 모두 (저 세상에 갈 때) 사라지는 것처럼, 아그니 제례 등을 통해 지은 선업도 그 업보로 받을 것을 받으면 사라진다. 이 행함이 우선되는 인간의 세상에서 아트만과 그 참 욕망을 알지 못하고 세상을 뜨는 사람은, 어느 세상에서도 그 원하는 대로 얻는 자가 되지 못한다. 이 세상에서 아트만과 참 욕망을 알고 세상을 뜨는 사람들은, 그들이 원하는 대로 마음껏 얻으리라. 그러한 자들이 이 세상을 떠나서 조상들의 세계에 가기를 원하면, 그러한 뜻만으로 조상들이 그들에게 나타나, 조상들의 세계에 있는 것을 모두 얻으니, 그들은 그들이 원하는 조상들 세계의 모든 것을 얻은 자가 되리라. … 어머니의 세계에/형제들의 세계에/자매들의 세계에/동료들의 세계에/향기와 화환이 있는 세계에/먹을 것과 마실 것이 있는 세계에/음악의 세계에/여자들의 세계에/ … 그가 어떤 세계를 원하든지, 그가 어떤 것을 원하든지, 그러한 뜻만으로 그것들이 그에게 나타나니, 그는 원하는 것을 얻어 풍족한 자 되리라. 그 아트만은 세상들이 서로 다투지 않도록 세상들을 잘 보존하게 하는 다리(橋)와 같다. 이 다리와 같은 아트만은 낮과 밤이 잡을 수 없는 것이다. 그 아트만은 나이도, 죽음도, 슬픔도, 선

78 찬도기야 우파니샤드, p.395.

과 악도 다다르지 못하는 것이니, 그것은 아트만이 죄악이란 조금도 없는 브라흐만의 세계 그 자체이기 때문이다. 다리와 같은 이 아트만에 다다르면 장님은 눈을 뜨고, 상처 입은 자는 상처가 나을 것이며, 환자는 병을 고친다. 이 다리를 건너가면 어두운 밤도 낮이 된다. 이 브라흐만의 세계는 항상 빛 그 자체이기 때문이다. 그러므로 금욕의 실천으로, 경전과 스승의 말씀으로 브라흐만의 세계를 알게 된 사람은, 반드시 그 브라흐만의 세계를 가게 된다. 모든 세상에서 그가 원하는 대로 이루는 풍요로운 자가 될 것이다."[79]

"아트만이란 무엇인가. 조물주 쁘라자빠띠가 말했다. "어떠한 죄악도, 늙음도, 죽음도, 슬픔도, 배고픔도, 목마름도 없는 그 아트만은 참 욕망을 가졌으며 참 의지를 가졌으니, 그것이 그대들이 알아야 할 것, 그대들이 찾아 깨달아야 할 것이다. 아트만을 알고 나면 그 사람은 모든 세계를 얻고 모든 욕망을 이루리라."[80]

"브라흐만의 지혜를 아는 자는 '브라흐만은 있다'고 한다. 고행을 통해 죄악으로부터 자유롭게 된 자들은 '고행이 브라흐만에게로 이르는 문'이라고 한다. 또한 브라흐만에 몰두하여 지속적으로 명상을 하는 자들은 '오옴'이 브라흐만의 '위대함의 상징'이라고 한다. 이처럼 지혜와 고행과 명상으로 브라흐만을 알 수 있다. 깨달은 자는 신들보다 높은, 지고의 위치에 있는 브라흐만조차 초월한다. 이 세 가지 방법으로서 브라흐만을 구한 자는 스러지지 않는 환희를 가지리오, 영원함을 얻으리오, 질병에서 자유롭게 되리라. 그러므로 이 '수레에 탄 자'는 그 안에 앉아 있으면서, 그를 지배했던 것들로부터 자유로워지고 그렇게 해서 저 아트만과 결합하는 것이다."[81]

79 찬도기야 우파니샤드, pp.396-402.

80 찬도기야 우파니샤드, p.405.

81 마이뜨리 우파니샤드, p.777.

14) 아트만·브라흐만과 만나는 방법

(1) 지식과 이해

"감각의 대상이 되지 않고, 밖으로 드러나지 않으며, 그 가진 모습이 끝이 없는, 복을 주는, 지극히 평온한, 불멸의, 브라흐만이 생겨난 원천인 그 존재를 명상하라. 처음과 중간 그리고 끝, 그 어느 구분도 없으며, 오로지 하나이며, 진정 놀랍고, 모습이 없는, 그 의식과 환희의 총체에 명상하라."[82]

"지혜로 세상의 바다를 벗어나리라. 이로써 그는 하나 됨의 경지에 오르리라. 하나 됨의 경지에 오르리라."[83]

"아트만을 수레의 주인이라 생각하고 육신을 수레라고 생각해 보라. 지혜를 마부, 그리고 마음을 고삐라 생각해 보라. 감각들을 말(馬)이라 하고 감각이 좇는 그 대상들을 말이 달려 나가는 길(道)이라 생각한다면, 이렇게 육신과 감각과 마음이 한데 모인 아트만은 마차 안에 들어앉은 주인이다. 지혜인 마부가 만일 마차를 제대로 몰지 못하여 마음인 고삐가 불안정하게 되면, 그 조정을 받는 감각들은 각기 제멋대로 움직이게 된다. 그러나 지혜인 마부가 마차를 잘 몰아 항상 마음을 통제할 수 있게 되면, 그의 말(馬)인 감각들은 마부가 길을 잘 들인 말처럼 항상 절도 있게 되는 것이다. 그러나 무지無智에 갇혀 그 의식을 통제하지 못하는 사람은, 그 지혜가 영구한 순수함에 이르지 못하여 최종 목적지까지 가지 못하고 탄생과 죽음의 윤회의 길을 따라 이 속세로 다시 되돌아 내려온다. 지혜롭고 마음을 통제하여 그로써 영구한 순수함에 도달한 사람은, 그 목적지까지 도달하여 이 고통스러운 탄생과 죽음의 쳇바퀴 속으로 다시 내려오지 않게 된다. 분별력 있는 마부, 지혜를 가지고 마음인 고삐를 단단히 쥐는 통제력을 가진 사람은, 이 세상의 여로

---

82 까이왈리야 우파니샤드, p.901.

83 까이왈리야 우파니샤드, p.906.

旅路를 마치고 편재하는 신의 그 지고至高의 경지에 도달하게 되리라."[84]

(2) 감각 제어—고행, 금욕, 요가

"감각보다는 그 대상이 먼저 생겼고, 그 대상들보다는 마음이 먼저 생겨났으며, 마음보다는 지혜가, 그리고 지혜보다는 아트만이 더 먼저 있었다."[85]

"스스로 생겨난 아트만이 우리의 감각들을 밖으로 향하게 하였으니, 감각은 안에 들어앉은 아트만을 보지 않고 밖의 대상들만 보려 든다. 해탈을 구하기 위하여 밖으로 향하는 감각들을 스스로 붙잡아 놓을 수 있는 사람만이 안으로 들어앉은 아트만을 볼 수 있도다."[86]

"지혜가 모자라는 사람은 바깥의 즐거움을 좇기 마련이고, 그로써 그는 죽음이라는 어마어마한 덫에 걸리게 되는 것이다. 그러나 현명한 사람은 안에 들어앉은 아트만을 흔들림 없는 확고한 존재로 인식하고, 그럼으로써 세상의 허망한 것들에 대해 욕심을 내지 않는다."[87]

"마음과 다섯 감각들이 아트만에 고정되면 감각기관들을 조정하던 '지혜'도 전혀 움직이지 않으니, 이 상태를 최상의 단계라고 부르노라. 이처럼 감각들이 고정되어 미동하지 않을 수 있는 단계에 이르게 하는 것을 '요가'라고 부른다. 구도자는 조금의 자만심도 갖지 않는 지경에 이를 수 있으니, 요가로써 마음의 내달림과 평온함을 통제할 수 있기 때문이다."[88]

---

84 까타 우파니샤드, pp.119-121.

85 까타 우파니샤드, p.121.

86 까타 우파니샤드, p.125.

87 까타 우파니샤드, p.125.

88 까타 우파니샤드, p.144.

"마음속에 자리 잡고 있는 욕망들에서 완전히 풀려나면, 그때 그 사람의 죽음은 죽음이 아닌 것이 될 것이요 육신을 입은 채로 브라흐만을 구할 수 있게 되리라."[89]

"감각을 통제하는 고행, 금욕, 믿음 그리고 초월의 지혜로서 아트만을 찾아가는 자는 북쪽의 길로 가는 것이며, 이 길을 가는 사람은 태양의 세계를 얻으리라. 그곳은 모든 생명체의 근거지요, 불멸의 장소, 두려움이 없는 곳, 궁극적인 목적지이다. 그곳에서 그들은 다시 돌아올 필요가 없으며, 그것을 (윤회의) 끝이라고 하는 것이다."[90]

"그 아트만은, 진실을 택함으로써, 고행으로써, 참 아트만을 옳게 앎으로써, 감각을 억제함으로써, 꾸준히 수행함으로써 얻을 수 있다. 불완전의 속성들을 하나하나 떨쳐내는 수행자만이 몸 안에 들어 있으며, 빛이며, 순수함 그 자체인 아트만을 발견하리라."[91]

(3) 이해와 집중 그리고 삼매

"(해탈에 대한 욕망이 자연스레 일면) 그때는 참된 스승에게 의지하여 오랜 시간을 그를 섬긴 후, 속박과 해탈에 대해 질문하여 가르침을 받는다. 고뇌하지 않으면 속박 속에 있을 것이요, 고뇌하는 자들은 결국 해탈을 얻으리라. 그러므로 항상 깊게 생각하라. 우리는 아트만을 (사실은 어떠한 속성도 없으나) 어떠한 속성을 통해야 이해하고, 부정의 방법을 통해야 겨우 이해할 수 있다. 그러므로 세상에 대해서, 자기 자신(개체아)에 대해서 그리고 초월의 아트만에 대해서 깊이 생각해야 한다. (이렇게 해서 아트만을 이해하고 나면) 이제 자기 자신과 세상의 영원하지 못함을 앎으로써 참된 것이 브라흐만뿐임을 깨닫게 된다.

---

89 까타 우파니샤드, pp. 145-146.

90 쁘라샤나 우파니샤드, p. 156.

91 문다까 우파니샤드, p. 202.

성자 빠잉갈라가 야쟈발끼야에게 여쭈었다. 〈'위대한 구절'에 대해 설명해 주십시오.〉 야쟈발끼야가 대답했다. 〈'그대가 바로 그이다.' '그대는 브라흐만의 머무르는 자리이다.' '내가 브라흐만이다.' 등의 위대한 구절들에 명상하라. '그'라고 한 것은 초월적인 존재나, 전지全知의 속성과 환영력幻影力(māyā)을 가진 자, 참(sat), 의식(cit), 환희(ānanda)로 된 자, 세상의 근원인 자를 말함이라. 또한 그 존재가 바로 내부의 감각들에 감화되고, 자각의식을 갖게 되는 '그대'라고 불린 자이다. '그'와 '그대'라고 불린 지고의 아트만과 개체 아트만이 그들을 감싸고 있던 환영력과 무지를 버리고 나면 아트만과 다르지 않은 브라흐만이 된다. '그대가 바로 그이다' '내가 브라흐만이다'라는 구절은 '들으라'는 가르침이다. 집중하여 들으라는 것은 '마음으로 생각하라'는 가르침이다. 듣고 마음으로 생각함으로써 그 대상에 완전히 집중하는 것은 '명상하라'(nididhyāsanam)는 가르침이다. 한 대상에만 집중하여 명상하라는 것은 명상하는 주제에 대한 의식과, 명상이라는 행위 자체를 잊고, 마치 바람이 없는 곳에 타오르는 등불과 같게 되는 삼매(samādhi)에 들게 하는 것이다. 이 단계에 오르면 그 사람의 인지활동을 담당했던 감각기능들이 모두 가라앉아 이제 인지하지 못하니, 그에게 떠오르는 것은 이미 기억된 것들에서 오는 것들뿐이다. 이 과정을 통해서, 시작 없이 계속되어 온 탄생과 죽음의 순환(윤회) 동안 셀 수 없이 쌓인 많은 전생의 업들이 모두 사라지리라. 그러한 수행은 감로수의 줄기가 항상 수천 방향에서 쏟아져 내리게 하는 것이니, 요가에 정통한 자들은 이 삼매 상태를 '다르마의 구름'이라고 부른다. 선과 악을 가르는 그물이 아무것도 남김없이 사라지고 나면, 과거와 미래에 속하는 것까지 그 축적된 선악의 업들이 그 뿌리까지 완전히 사라진다. 그것은 손바닥에 올려놓은 아말라까 열매를 알아보는 것 같이 직접적이고 즉각적인 인지작용, 그 (브라흐만을 보는 데에 방해가 되는) 장애가 사라지기 때문이다. 그렇게 되면 (그 브라흐만을 깨달은 자는) 육신을 입은 상태에서 얻는 해탈(jīvana mukti)한 사람이 되는 것이다.〉"92

---

92 빠잉갈라 우파니샤드, pp.883-885.

(4) 요가 삼매와 망아忘我

"마음과 다섯 감각들이 아트만에 고정되면 감각기관들을 조정하던 '지혜'도 전혀 움직이지 않으니, 이 상태를 최상의 단계라고 부르노라. 이처럼 감각들이 고정되어 미동하지 않을 수 있는 단계에 이르게 하는 것을 '요가'라고 부른다. 구도자는 조금의 자만심도 갖지 않는 지경에 이를 수 있으니, 요가로써 마음의 내달림과 평온함을 통제할 수 있기 때문이다."[93]

"그 하나에 가는 가장 좋은 방법은 다음과 같다. 숨을 조절하고, 감각들을 그 대상으로부터 거두어들이며, 정신을 집중하고 명상의 단계로 들어가, 숙고의 과정을 통해 삼매에 든다. 이것이 요가의 6단계라고 불리는 것이다."[94]

"현자들이 말하기를, 〈보다 높은 단계의 명상이 있나니, 혀끝을 입천장에 대고 누르고, 목소리와 마음, 숨을 자제함으로써 깊은 명상의 단계에 이르리라. 마음을 누름으로써, 스스로 세밀한 것보다 더 세밀한 그 광휘의 아트만을 본다. 그 아트만을 자신의 안에서 보고 그는 '자기 자신'을 잊는다. 그가 이처럼 자기 자신을 잊으면, 그는 세어 볼 수 없고 그 근원이 없는 자로 여겨지리니, 그것은 해탈의 징조이다. 이것이 바로 비밀스러운 원리로다.〉

현자들도 말했나니, 〈성찰을 통하여 선과 악의 업을 부수도다. 그는 고요한 아트만이 되어 아트만에 머무르니, 영원한 그 존재는 환희에 휩싸이도다.〉"[95]

"'내가 브라흐만이다'라는 확신이야말로, 훌륭한 아트만의 주인된 자에게는 해탈로 가는 가장 좋은 길이다. 얽매임과 해탈이라는 두 길은 각각 '나의 것'이 있는 상태요, '나의 것'이 없는 상태를 말하는 것이다. '나의 것'이라는 생각 때문에

---

93 까타 우파니샤드, p.144.

94 마이뜨리 우파니샤드, p.795.

95 마이뜨리 우파니샤드, p.797.

아트만이 묶여 있도다. 그러므로 '나의 것'이라는 생각이 없으면 해방된다. 자만 없는 마음상태(amānibhava)에 이르면 '둘'이라는 개념은 생겨나지 않는다."[96]

"또 현자들이 말하였다. 〈'수슘나'라 불리는 기도氣道가 있으니, 그것은 숨을 위로 실어 나르는 길이며, 그 길은 입천장을 관통해 간다. 그 (수슘나) 기도를 통해 숨과 '오움'이라는 글자 그리고 마음이 하나가 되면, 그는 저 높이 올라가도다. 혀 끝을 들어 혀 아래쪽 부분이 입천장에 닿도록 대고 누르며 감각들을 모두 한곳에 모아 통제하는 자, 그는 그 자신의 훌륭함으로써 저 훌륭함을 갖게 되리라. 그가 '자기 자신'을 없애는 단계로 가면, 자기 자신이 없음으로 인하여 기쁨이나 고통을 느끼지 않게 되며, 오로지 '유일함'이라는 절대적인 (하나의) 단계에 도달한다. 그러므로 현자들이 말하기를, 먼저 숨을 흔들리지 않게 하고, 입천장에 숨을 통제한 뒤 그는 '끝'을 넘어서리니, 드디어 머리끝에서 '끝이 없는 것'에 합쳐지리라.〉"[97]

(5) 비의秘義적 방법─오움(Oṃ, auṃ)

"오움, 이 오움이야말로 모든 것, 즉 과거에 있었으며 현재에 존재하고 미래에도 존재할 모든 것이다. 이들 시간 이외의 모든 것, 그것들 또한 오움이다. 이모든 것은 브라흐만이며, 아트만이 바로 브라흐만이다. 이 아트만의 네 부분이 있으니, 깨어 있는 상태에 머물며 외부세계를 분별하는 자, 일곱 부분과 열아홉 개의 입을 가지며 물질세계를 먹고 사는 바이슈바나라가 그 첫 부분이다. 꿈꾸는 상태에 머물며 내적 세계를 분별하는 자, 일곱 부분, 열아홉 개의 입을 가지며 덜 물질적인 세밀한 것들을 먹고 사는 따이지사가 그 두 번째 부분이다. 아무 것도 바라지 않으며 아무런 꿈도 꾸지 않는 상태는 바로 아주 깊은 숙면 상태. 그 깊은 숙면 상태에 머물며 희열로 만들어져 있으며 희열만을 먹고 사는 '의식意識'이라는 입을 가진 '쁘라쟈'가 그 세 번째 부분이다. 그(쁘라쟈)는 모두의 주인이며 모든 것을

---

96 빠잉갈라 우파니샤드, p.893.

97 마이뜨리 우파니샤드, pp.797-798.

아는 자, 내부의 통치자이며 모두의 근원, 모두의 시초이자 모든 생명체들의 종말이다. 내적인 것을 구별하는 지혜도 아니고, 외부의 물질세계를 구별하는 지혜도 아니고, 그 둘을 구별하는 것도 아니며, 의식의 덩어리도 아니고, 의식도 아니고, 의식이 아닌 것도 아니며, 보이지 않으며, 말로 설명할 수도 없으며, 잡을 수도 없고, 특징지을 수도 없으며, 상상해 볼 수도 없고, 어떤 이름으로 부를 수도 없고, 오직 하나의 핵심인 진리이며, 세상을 복되게 하는 그 어떤 것이며, 둘이 아닌 그 아트만을 성인들은 네 번째 '뚜리야'라고 말했나니, 그가 바로 아트만, 그가 바로 우리가 진정 알아야 할 존재로다.

바로 그 아트만의 글자로서의 모습이 '오움'이다. 아, 우, 머의 세 글자로서 그는 서 있다. 그의 세 부분이 아, 우, 머, 세 글자들이니, 아, 우, 머는 그를 이루고 있는 부분들이다. 우리의 의식이 깨어 있는 상태에 머무는 그 바이슈바나라는 신들 중에 바쳐진 제물을 가장 먼저 먹고, 그것을 다른 신들에게 전하며, 이것은 아, 우, 머의 첫 글자 '아'와 같이 맨 처음 나서니, 이들은 '처음'이라는 공통점을 가지고 있도다. 꿈꾸는 상태에 머무는 따이자사는 바이슈바나라와 쁘라쟈 사이에, 그리고 '우'는 '아'와 '머' 사이에 위치하는 공통점이 있으므로, 일치되는 바가 있도다. 이러한 지혜를 아는 사람은 그의 지식이 날로 늘 것이오, 세상사에 구별을 두지 않으며, 그 가문에는 브라흐만을 알지 못하는 자가 태어나지 않으리라. 깊은 숙면 상태에 머무는 그 쁘라쟈는 오움의 세 번째 글자 '머'와 공통점이 있도다. 이 둘은 각기 앞의 두 가지를 서로 잘 모아 어울려 적용시킨다는 점과 다른 것들이 이것에 와서 합쳐진다라는 점에서 일치한다. 이것을 아는 사람은 세상을 모아 어울려 적용하게 할 수 있으므로 '참 모습'을 알게 되며 세상의 근원에 와서 합쳐지리라. 글자로 온전히 표현될 수 없는 오움은 그 어떤 이름으로도 칭할 수 없는 '제4의 아트만'이다. 그는 말로 설명할 수 없고, 세상의 복 그리고 둘이 아닌 오로지 유일한 모습이며, 그러므로 오움은 그 자체가 아트만이다. 이것을 아는 사람은 그 자신 안의 아트만 속으로 들어가 하나가 되어 다시 세상에 태어나지 않으리라."[98]

---

[98] 만두끼야 우파니샤드, pp.214-219.

"리그 베다를 통해 이 땅의 세상을 얻고, 야쥬르 베다를 통해 하늘과 땅 사이 세계를, 사마 베다를 통해 그 브라흐만 세계를 얻으니, 현인賢人들은 '오움'을 통해서만이 이 세계들을 모두 얻을 수 있음을 안다. 물질과 영혼의 틀에서 완전히 자유롭고 평온한 그 브라흐만은 늙지 않고, 죽지 않으며, 두려움도 없으며, 모든 것을 넘어서 있는 것이다."[99]

"브라흐만을 알고자 한다면 이 '오움'이라는 글자의 소리 이상의 지름길은 없도다. 이 소리를 알게 되면 그 사람은 브라흐만 세상에서도 위대한 자로 통하게 된다."[100]

"사뜨야까마에게 대성자 삐빨라다가 말하였다. 〈사뜨야까마여, 이 '오움'은 초월의 브라흐만이며 또한 속세의 브라흐만이기도 하다. 그러므로 현명한 자들은 이 두 가지 브라흐만 중 하나를 얻게 되느니라.〉"[101]

"오움의 소리는 활이요, 아트만은 화살이다. 그리고 불멸의 브라흐만은 그 과녁이라 생각해 보라. 자만하지 않는 자는 과녁을 맞추리라. 그러면 화살과 과녁이 하나가 되듯, 브라흐만과 하나가 되는 것이다."[102]

"바퀴살들이 수레바퀴의 중심에 박힌 것처럼, 모든 기도氣道들이 일제히 향하고 있는 곳이 있다. 그곳에서 아트만은 여러 모습으로 생겨나고 또 그 안에서 움직이고 있도다. 이 아트만을 '오움'으로 명상하라. 그것은 그대가 어둠을 건너 저

---

99   쁘라샤나 우파니샤드, p.172.

100 까타 우파니샤드, p.114.

101 쁘라샤나 우파니샤드, p.169.

102 문다까 우파니샤드, p.196.

다른 편으로 가게 하리라."[103]

"브라흐만의 지혜를 아는 자는 '브라흐만은 있다'고 한다. 고행을 통해 죄악으로부터 자유롭게 된 자들은 '고행이 브라흐만에게로 이르는 문'이라고 한다. 또한 브라흐만에 몰두하여 지속적으로 명상을 하는 자들은 '오움'이 브라흐만의 '위대함의 상징'이라고 한다. 이처럼 지혜와 고행과 명상으로 브라흐만을 알 수 있다. 깨달은 자는 신들보다 높은, 지고의 위치에 있는 브라흐만조차 초월한다. 이 세 가지 방법으로서 브라흐만을 구한 자는 스러지지 않는 환희를 가지리오, 영원함을 얻으리오, 질병에서 자유롭게 되리라. 그러므로 이 '수레에 탄 자'는 그 안에 앉아 있으면서, 그를 지배했던 것들로부터 자유로워지고 그렇게 해서 저 아트만과 결합하는 것이다."[104]

"또 현자들이 말하였다. 〈'수슘나'라 불리는 기도氣道가 있으니, 그것은 숨을 위로 실어 나르는 길이며, 그 길은 입천장을 관통해 간다. 그 (수슘나) 기도를 통해 숨과 '오움'이라는 글자 그리고 마음이 하나가 되면, 그는 저 높이 올라가도다. 혀 끝을 들어 혀 아래쪽 부분이 입천장에 닿도록 대고 누르며 감각들을 모두 한곳에 모아 통제하는 자, 그는 그 자신의 훌륭함으로써 저 훌륭함을 갖게 되리라. 그가 '자기 자신'을 없애는 단계로 가면, 자기 자신이 없음으로 인하여 기쁨이나 고통을 느끼지 않게 되며, 오로지 '유일함'이라는 절대적인 (하나의) 단계에 도달한다. 그러므로 현자들이 말하기를, 먼저 숨을 흔들리지 않게 하고, 입천장에 숨을 통제한 뒤 그는 '끝'을 넘어서리니, 드디어 머리끝에서 '끝이 없는 것'에 합쳐지리라.〉"[105]

"현자들이 말하였다. 〈명상의 대상은 두 브라흐만이니, '소리로 된 브라흐만'

---

103 문다까 우파니샤드, p.197.

104 마이뜨리 우파니샤드, p.777.

105 마이뜨리 우파니샤드, pp.797-798.

과 '소리로 되지 않는 브라흐만'이다. 소리로 되지 않은 브라흐만이 소리를 통해 드러나도다. 그 소리로 된 브라흐만이 '오움'이다. 그것을 넘어서야 드디어 소리로 표현할 수 없는 브라흐만에 도달하게 되는 것이다. … 이러한 소리로 된 브라흐만의 여러 모습을 초월하여야, 지고하고, 소리로 되어 있지 않으며, 드러나지 않은 그 브라흐만에 가서 하나가 되는 것이다. 그것에 도달한 자들은 아무런 특성도 없게 되고, 여러 꽃들의 즙이 모여 같은 꿀이 되는 것처럼 그들 사이에도 아무런 구분이 없게 된다.)"[106]

"또 다른 현자들이 말하기를, 〈수면 상태에서 그러하듯, 감각을 안으로 모은 사람, 감각을 가지고 있으나 감각들의 지배를 받지 않는 사람은, '오움'이라 불리는 그 존재. 이끄는 자이며, 광휘를 가진 자. 잠이 없는 자. 나이 없는 자. 죽음 없는 자. 슬픔 없는 자. 그를 보게 된다.〉 또 다른 현자들도 말하였나니, 〈"이처럼 그(수도자)가 숨과 '오움' 그리고 이 다양한 세상과 결합하므로, 또 세상들이 그와 결합하므로, 이것을 '요가'(결합)라고 하도다. 숨과 마음의 하나 됨, 감각들의 하나 됨, 그 어떤 상태의 존재도 모두 사라지는 이 과정을 '요가'라고 부른다.)"[107]

2. 아트만·브라흐만에 부여된 속성들의 의미—경험 범주를 초월하려는 신비주의·형이상학적 사유방식

인간은 진화과정에서 자신의 모든 경험을 '재인지'하는 능력을 품었다. (이 문제는 다시 상론할 것이다.) 그리고 이 재인지하는 인간에게, 모든 경험은 '원하는 대로 있어 주지 않고 변하는 것'이며, 또 '원하는 대로 차지할 수 없고 마음대로 부릴 수 없는 것'으로 거듭거듭 재인지된다. '변화로 인한 상실'과 '소유·지배 욕망의 좌절'

---

106 마이뜨리 우파니샤드, pp.798-799.

107 마이뜨리 우파니샤드, p.801.

은 경험세계와 재인지 능력의 접촉에서 발생하는 근원적 불화와 균열이다. 이 원초적이고도 반복적인 문제에 대해, 망각이나 완화 등 일상적 방식으로 대응하는 미봉책에 불만을 느끼는 사람들, 궁극적이고도 완전한 해결을 추구하려는 사람들은 어떤 해법을 선택할 수 있을까? 경험세계의 모든 현상은, 예외 없이 그리고 어쩔 수 없이, '원하는 대로 있어 주지 않고 변하는 것'이며 '원하는 대로 차지하거나 부릴 수 없는 것'이라는 사실은, 삶의 고통에 예민한 성찰적 영성들에게는 방치할 수 없는 문제이다. 간절히 해결하고 싶지만 도무지 마땅한 출구가 보이지 않는 문제이다. 이때 그들이 선택할 수 있는 출구는 무엇일까? **두 가지 유형 가운데 하나를 선택할 수 있다. 하나는 경험주의적 해법이고, 다른 하나는 신비주의·형이상학적 해법이다.**

　경험주의적 해법은, '감관의 지각경험에 근거한 인지경험' 혹은 '감관의 지각경험과 연결이 되는 개념' 안에서 출구를 마련하는 것이다. 이 경험주의적 해법으로는 두 가지가 선택되곤 한다. 하나는 이성적 방식이고, 다른 하나는 윤리적 방식이다. 이성적 방식은, '모든 경험 현상은 변하는 것'이라는 이해를 수립하고 수용함으로써 '불변에 대한 기대'와 '변화하는 현실' 사이의 간극을 줄이는 것이다. 윤리적 방식은, 원하는 욕구를 줄여 '원하는 것'과 '차지하는 것/지배하는 것'의 간극을 줄이는 것이다. 이른바 소욕지족少欲知足의 길이다. 무상관無常觀과 무아관無我觀, 즉 무상無常과 무아無我에 대한 이해를 통해 실존의 근원적 불안과 고통에서 벗어나려는 불교의 '이해방식 수행'(觀法)은 이성적 방식에, 계학戒學이라는 행위방식 수행은 윤리적 방식에 근접하는 측면이 있다. 욕망의 제어와 축소를 주장하는 모든 유형의 윤리와 종교의 금욕주의적 방식은 윤리적 방식에 속한다. 전통적으로 목격되는 경험주의적 해법은 대개 이 두 가지 유형에 포섭된다. **그런데 붓다가 열어 준 길은 이 두 가지를 안으면서도 새로운 지평으로 안내하는 제3의 경험주의적 해법이다. 이 해법은 '이성적 방식으로서의 무상관無常觀·무아관無我觀'이나 '윤리적 방식으로서의 계학戒學'만으로는 충분히 포착되지 않는 길이다.** 이 점은 기존의 교학이나 현행 불교학에서 아직 충분히 거론되거나 탐구되지 않은 지대라고 생각한다. 밑그림을 충분히 그리면서 거론해야 하는 주제이므로 여기서는 더 이상 언급하지 않는다. 이하의 논의에서 그 일단이 드러날 것이다.

신비주의·형이상학적 해법은, '감관의 지각경험을 근거로 갖지 않는 인지적 상상' 혹은 '감관 지각경험과의 연결이 끊긴 개념' 속에서 출구를 마련하는 것이다. 형이상학적 철학과 신앙종교 및 신비주의가 선택한 해법이다. 이 해법은 '영원히 변하지 않는 존재' '원하는 대로 차지하고 마음대로 부릴 수 있는 능력'을 설정함으로써 '변화로 인한 상실'과 '소유·지배 욕망의 좌절'에서 탈출하고자 시도한다. 감관의 지각경험을 근거로 갖는 모든 것은 '변화'와 '제한'에 연루되어 있기 때문에, 아예 '변화와 제한으로부터의 탈주'를 꿈꾸어 보는 것이다. 그러나 그 탈주는 애초부터 지각경험적 근거를 가질 수 없는 '몽상적 상상'일 수밖에 없다. 그리고 이 몽상적 설정과 상상으로써 현실의 고통을 치유하기 위해서는 '신비주의적·주술적 몽환' 아니면 '종교적 신앙'이 필수적으로 요청된다.

우파니샤드 문헌들을 일관하는 사유방식은 아트만·브라흐만에 관한 주장들에서 극명하게 드러난다. 특히 **아트만·브라흐만 개념에 부여된 대표적 속성들을 주목하는 것**이 우파니샤드 사유방식의 특징과 의미를 확인하는 데 요긴하다. 우파니샤드에서 목격되는 아트만·브라흐만의 속성은 신비주의·형이상학적 해법의 전형이다. 아무리 그럴듯한 철학적 수사와 종교적 평가로 장식할지라도, **아트만·브라흐만에 관한 언어의 핵심은, 인도전통이 선택한 '고통으로부터의 신비주의·형이상학적 출구' 이상도 이하도 아니라고 본다. 그리고 바로 이 점에서 붓다는 근원적으로 인도전통과 결별하고 있다.** 철학과 종교를 하나로 묶어 고통 치유의 길을 모색한다는 점에서는 같다고 할 수 있을지라도, **붓다의 경험주의적 해법과 인도전통의 신비주의·형이상학적 해법은 애초에 섞일 수 없을 정도로 다르다. 길의 초입부터 갈라지는, 달라도 너무 다른 길이다. 붓다의 길을 인도전통 형이상학의 '신비주의적/주술적/몽환적/신앙종교적 길'과 뒤섞어 버리는 순간, 우리는 붓다의 손을 놓게 된다.** 인도전통의 형이상학적 해법을 '신비주의적'이라 부른 것은 신비체험을 통해 '경험 불가능한 것과의 합일'이 가능한 것처럼 주장하기 때문이고, '주술적'이라 부른 것은 '경험 불가능한 것을 경험할 수 있는 방법'을 주장하기 위해서는 주술과 같은 탈脫합리적 수단을 내세울 수밖에 없기 때문이며, '몽환적'이라 부른 것은 꿈을 꾸는 것처럼 현실을 외면하기 때문이고, '신앙종교적'이라 부른 것은 전능에 대한 기대를 충족하기 위해 전능성 기대가 투영된 신들에 대한 신앙적 수용을 요구하기 때문이다. 붓다의 길에서는 이러한 의미의 '신비주의/주술/몽환/신앙종교'가 뿌리 채 뽑혀 버린다. 그런 점에서 붓다의 길은 근원과 지말 모두에서 분명 반反인도적이다. 더 정확히 말하면, 동서를 막론하여 모든 유형의 신비주의·형이상학적 해법을 결연히 외면하는 길이다. 게다가 붓다의 경험주의적 해법은 이전의 경험주의적 해법에서 볼 수 없는 전혀 새로운 지평을 열고 있다.

'변화로 인한 상실'과 '소유·지배 욕망의 좌절'에서 발생하는 고통을 근원적이고도 궁극적이며 완전하게 해결하기 위해 신비주의·형이상학적 해법이 요구하는 조건은 명백하다. '변하지 않을 수 있는 영원한 동일성'과 '마음대로 차지하고 부릴 수 있는 전능한 힘'이다. 끝없이 밀려드는 변화의 풍랑에도 흔들리지 않을 수 있는 '불변의 성채城砦', 원하는 것은 무엇이나 마음대로 차지하고 뜻대로 부릴 수 있는 '전능의 권좌權座'를 확보하면 된다. 그런데 경험세계 속에서는 이러한 성채와 권좌를 확보할 수가 없다. 본래 존재할 수 없기 때문이다. 그렇다면, '변화로 인한 상실'과 '소유·지배 욕망의 좌절'에서 발생하는 경험세계의 고통을 완전하게 해결하기 위해, 경험세계 속에서는 목격되지도 존재하지도 않는 것을 확보해야 한다는 딜레마에 봉착한다. 이 모순적 난관을 돌파해야 출구가 확보된다. 그런 일은 어떻게 가능한가? 묘수가 하나 있긴 하다. 인간이 지니게 된 '개념적 사고능력'이라는 독특한 면모를 활용하는 방법이다.

경험세계에서 동일성과 전능성은 존재하지 않는다. 동일성이 확보되려면 변화가 거부되어야 하는데, '지각경험을 반영하는 경험세계'에서 변화의 예외는 없다. 또 전능성이 존재하려면 모든 현상을 마음대로 주재主宰하는 일점一點 권능이 있어야 하는데, 그런 권능자는 세계 안에 본래 없다. 그러한 **동일성과 전능성은 오직 개념과 언어 관념에서만 확보될 뿐이다.** 경험세계에서 운명으로 겪는 '변화의 상실'과 '소유·지배 욕망의 좌절'에서 벗어나기 위해 '영원불변의 성채'와 '전능의 권좌'를 확보하려던 사람들이라면, 개념과 언어 안에서 희망을 발견할 수 있다. 비록 현실의 경험세계에서는 '불변과 전능'이 존재하지 않지만, 개념과 언어로는 존재할 수 있기 때문이다. 바로 이 지점에서 '불변의 성채'와 '전능의 권좌'를 확보하기 위한 '신비주의·형이상학적 해법'이 출발한다. **신비주의·형이상학적 해법은 '지각경험에 의거한 경험을 반영하는 해법'이 아니라, 경험과의 연결이 끊긴 '오직 개념에서의 해법'이고 '오직 언어적인 해법'이다.** '불변의 영원'이나 '전능의 주재主宰'는 개념과 언어적 서술에서만 존재할 수 있기 때문이다. 동일·불변의 내용을 부여하는 명사 개념과, 술어와 모든 수사修辭의 내용이 수렴되는 '주어 용법'이 언어에 정착한 이후로는, 이 신비주의·형이상학적 전략이 언어인간에게 유효하게 된 것으로 보인다. 그것도 강력하게.

오직 개념과 언어용법에서만, 그것도 감관 지각경험과의 연결이 끊겨 버린 개념과 언어용법 안에서만 성립되는 '불변의 동일성'과 '전능한 힘'이 경험세계에서도 실재한다고 하는 주장은, 크게 두 유형으로 구분할 수 있다. 그리고 이 구분은, 일반화의 허점을 고려할지라도, 문명권의 전반적 대비에도 적용할 수 있을 것으로 보인다. '세계 구현적 방식'이 그 한 유형이고, '존재 구현적 방식'이 다른 유형이다.

세계 구현적 방식은 〈'불변의 동일성'과 '전능한 힘'을 누릴 수 있는 세상이 실재한다〉는 주장이다. 그런데 이런 세계가 현실에 존재한다고 주장할 수는 없다. 경험적으로 증명할 수 없기 때문이다. 따라서 '사후死後에 갈 수 있는 다른 세상'에 실재한다고 주장할 수밖에 없다. 불변과 전능에 대한 염원을 이런 방식으로 펼치는 것은 서양의 종교적 전통에서 일반적으로 목격된다. 이에 비해 존재 구현적 방식은 〈'불변의 동일성'과 '전능한 힘'이 존재의 본질로서 존재하며, 노력을 통해 '지금 이 세상'에서 그런 존재가 될 수 있다〉고 주장한다. 이런 주장은 주로 동양의 신비주의 전통에서 목격된다. 아트만·브라흐만과 하나가 된 인간, 도교의 신선이 대표적 사례이다.

진화과정의 언제부턴가 인간은 언어라는 기호를 활용한 개념적 사고를 할 수 있는 생명체가 되었다. 그런데 **개념적 사고의 구조적 특징은 '상반되는 이항異項들의 상호의존성'이다. 모든 개념은 그 개념과 반대되는 개념과 짝지어 존립한다.** 개념의 근거인 지각경험의 속성이 그러하기 때문이다. '있음에 대한 경험'은 '없음에 대한 경험'에 대비되어 발생한다. 개념은 지각경험을 근거로 삼아 발생하는 현상이기 때문에, 단독·절대적으로 존립하는 '순수 독자적 개념'은 없다. '남성'이라는 개념은 언제나 '여성'이라는 반대개념과 짝지어 있다. '여성'이 없는 '남성' 개념은 존재할 수가 없다. 달리 말하면, '남성'이라는 개념은 '여성'이라는 개념에 의존하고, '여성'이라는 개념 역시 '남성'에 의존한다. '남성' 개념은 '여성' 개념을 조건으로 삼고, '여성' 개념은 '남성' 개념을 조건으로 삼는다. **'반대되는 개념의 상호 조건성'이 개념적 사고의 보편구조이다.** '있음'과 '없음'도 그러하고, '밝음'과 '어둠'도 마찬가지이다. **경험세계에서 엄습해 오는 불안과 고통으로부터의 출구를 신비주의·형이상학적으로 모색하려는 사람들은, 개념적 사고의 이러한 구조적 속성에서 희망을 발견한다.** '변화'라는 개념에 기대어 성립하는 '불변'이라는 개념, '불완전'이라는 개념에 짝지어 있는 '전능의 완전함'이라는 개념 속에서는, '불변과 전능'의 기대가 충족될 수 있기 때문이다.

애초에는 지각경험이 언어에 선행하였겠지만, 어느 시기 이후로 인간의 모든 경험은 속속들이 언어적 개념에 의존하고 있다. **'모든 현상의 차이들을 언어에 담아 처리하는 언어인간'이 된 이후, 개념과 무관한 인간의 경험은 사실상 비非인간적 현상이다.** 우리는 '변화'를 〈직접 지각한다〉고 여긴다. '변화에 대한 지각'은 감관이 경험하는 1차적 지각경험이며 개념과 무관한 것이라 생각하기 쉽다. 그러나 언어인간에게 **'변화에 대한 경험'은 비언어적 지각경험이 아니라 언어적 인지경험이다.** 언어에 의해 '동일 범주의 것'으로 분류했던 개념 단위의 내용은, 시간 경과 후 현재의 것과 과거의 것을 비교했을 때 양자 간에 차이가 목격된다. 그리고 이 차이가 '변화'라는 인지적 경험을 발생시키는 조건이 된다.

우리는 〈몸은 변하는 것이다〉라고 '이해'한다. 그리고 '변화하는 몸 그 자체'에 대한 비언어적 직접경험이 바로 그 이해의 근거라고 생각한다. 그러나 '변화에 대한 이해'의 근거는, 변화 현상 자체에 대한 비언어적 직접 지각경험이 아니라, '동일 대상에 대해 개념이 지시하는 내용의 시간적 대비'라고 해야 할 것이다. 동일한 개념으로 지칭하는 대상이, 시간에 따라 그 지시내용에 차이가 발생했을 때, 우리는 그 차이를 근거로 '변화'를 경험하는 것이며 '변화'라는 이해를 갖게 되는 것이다. 이렇게 생각하면, '변화'에 대한 '인간의 경험이나 이해'는, '현상 자체'에서 발생하는 것이 아니라, '개념·언어가 개입된 현상'에서 발생하는 것이라고 보아야 한다.

언어인간에게는 '변화'에 대한 경험도 '개념적'이라 보아야 한다. 아무런 개념적 매개 없이 직접 지각되는 변화는 인간에게 '변화'로서 지각되지도 인지되지도 이해되지도 않는다. 개념과 무관한 '변화'는 '변화'가 아니라 그저 현상일 뿐이다. 그리고 그런 단순현상은 인간에게 의미가 없다. 또 인간은 변화하는 현상을 '변화에 대한 언어·인지적 지각' 이전의 '현상 자체'로 경험할 수 없다. 언어인간의 숙명이 그러하다. 만약 '언어와 연루된 인지경험' 이전의 '현상 자체에 대한 경험'을 하고 싶다면 동식물이 되어야 한다. 그러나 그런 퇴행은 불가능하다. 불가능할 뿐아니라 굳이 추구할 필요도 없다. **인간의 경험은 어느 수준에서든 언어·개념과 무관할 수가 없다.**

붓다가 해탈의 첫 관문으로 삼은 '고통 판단'(苦諦)도 현상 자체의 문제가 아니라 '언어에 의거하여 발생한 인지경험에서의 문제'로 보아야 한다. 붓다를 비롯한 모든 인간에게, 〈문제 설정과 그 해결은 인지경험 범주에서의 일이다〉고 해야 할 것이다. 결국 붓다의 관심은 〈언어·개념과 연루되어 있는 인지경험에서 발생하는 문제를 어느 수준, 어떤 차원까지, 또 어떤 방식으로 해결하는가?〉하는 것이었다고 할 수 있다. 디그나가(Dignaga, 480~540년경)를 필두로 형성된 불교 인식논리학에서 설정하는 '실재에 대한 직접지각'이 만약 '언어·개념이 배제된 국면에 대한 상상'(필자는 상상이라고 본다)이라면, 그리고 언어·개념에 연루된 인지경험 이전의 '뜨거움' '차가움' 등에 해당하는 현상을 '있는 그대로의 실재에 대한 직접지각'이라고 상상하는 것이라면, 그런 관점은 붓다의 법설과 상응할 수 없는 일탈이라고 본다. 그리고 그런 인식론적 기초 위에서 깨달음을 전망하고 수행론을 수립하려 한다면, 붓다의 법설과도 맞지 않고 인식론적으로도 맞지 않으며 경험적으로 성공할 수도 없는 '깨달음 신비주의·형이상학'에 불과하다고 생각한다. 붓다 법설의 '있는 그대로'에 대한 해석학적 오독(誤讀)이라고 본다. 이 문제는 다시 후술한다.

인간의 인지경험은 언어·개념과 연관되어 있고 어떤 경우에도 언어·개념과

무관할 수 없다는 점, 따라서 인지경험에서 발생하는 그 어떤 문제도 언어·개념을 삭제하는 방식으로는 성공할 수 없다는 점을 유념해야 한다. 특히 해탈이나 깨달음을 궁극과제로 삼는 불교에서 이 문제를 진지하게 성찰해야 할 필요가 있다. 붓다의 법설에서는 찾아볼 수 없는 '언어·개념에 대한 이해와 태도'가 후학들의 교학에서 흔히 목격되기 때문이다. 이 문제를 성찰하다 보면, 언어와 실재, 깨달음 및 수행론과 관련된 기존의 교학/불교해석학 가운데, 상당 부분은 그 전제부터 바꾸어야 할지도 모른다는 생각이 든다. 과격한 문제 제기이지만, 필자는 그런 지점까지 열어 놓고 탐구해야 붓다와의 새로운 대화가 가능하다고 생각하고 있다. 붓다의 법설을 해석하는 기존의 교학 전통 안에서는 〈'언어 이전의 완전한 실재'나 '언어적 경험 이전의 순수 경험'이 존재론적으로나 인식론적으로 선재先在하다〉고 설정한 후, 그에 의거하여 교학이나 수행론을 구성하는 경우를 목격하게 된다. 이러한 전제 자체가 원점에서부터 비판적으로 성찰되어야 붓다와 제대로 만날 수 있다고 본다.

논의가 잠시 곁길로 흘렀다. 다시 논점으로 돌아간다. 앞의 논의를 요약하면 이렇다.

① '변화로 인한 상실'과 '소유·지배 욕망의 좌절'에서 발생하는 고통은, '변하지 않을 수 있는 영원한 동일성'과 '마음대로 차지하고 부릴 수 있는 전능한 힘'을 확보할 수 있다면 완전하게 해결된다. 그러나 그런 '불변의 성채'와 '전능의 권좌'는 현실 경험세계에서 존재하지 않으므로 확보할 수가 없다. '불변의 영원'이나 '전능의 주재능력'에 접근하는 유일한 길은 개념·언어에 의존하는 길밖에 없다. 그리하여 등장한 것이 신비주의·형이상학적 해법이다. 신비주의·형이상학적 해법은 '지각경험에 의거한 경험을 반영하는 해법'이 아니라, 경험과의 연결이 끊어진 '오직 개념에서의 해법'이고 '오직 언어적인 해법'이다.

② 신비주의·형이상학적 해법은, '경험적 근거를 갖지 않는 인지적 상상' 속에서 출구를 마련하는 것이기 때문에 '신비주의적/주술적/몽환적/신앙종교적' 면모를 지니게 된다. 신비체험을 통해 '경험 불가능한 것과의 합일'이 가능한 것처

럼 주장해야 하기 때문에 '신비주의적 면모'를, '경험 불가능한 것을 경험할 수 있는 방법'을 주장하기 위해서는 주술과 같은 탈脫합리적 수단을 내세울 수밖에 없기 때문에 '주술적 면모'를, 꿈처럼 현실을 떠나야 하기 때문에 '몽환적 면모'를, 전능에 대한 기대를 충족하기 위해서는 주재능력을 지닌 신들에 대한 신앙을 요구해야 하기 때문에 '신앙종교적 면모'를 지니게 된다.

③ 우파니샤드에서 목격되는 아트만·브라흐만의 속성은 이러한 신비주의·형이상학적 해법의 전형이다. 아트만·브라흐만에 관한 주장은 철저히 '경험과 무관한 언어·개념적 설정'으로서, 이것은 인도전통이 선택한 '고통으로부터의 출구전략'이다.

아트만·브라흐만과 관련한 우파니샤드의 주장들은 이러한 관점을 지지하는 논거가 되기에 충분하다. **'변화로 인한 상실'로부터 구원받기 위한 우파니샤드의 신비주의·형이상학적 해법이 구사하는 언어전략**을 보자. 변화에 위협받지 않는 '불멸의 성채'에 거주하는 자가 되려면, 그 성채가 '본래부터 이미 완전한 존재'[108]이고, '영원하고 불멸하는 존재'[109]이며, '동일성을 유지하는 존재'[110]여야 한다. 또 감관의 지각적 근거를 지닌 모든 경험은 변하는 것이므로, 불멸의 성채에 거주하는 자는 '모든 경험을 아는 이면의 존재',[111] '이면에서 경험을 만들어 내는 존재',[112] '감관지각을 가능케 하는 존재',[113] '가장 심층의 존재',[114] '모든 것의 관망자'[115]로서

---

108 이샤 우파니샤드, 『우파니샤드』(이재숙 옮김, 한길사, 1997. 이하 우파니샤드 인용은 이 책에 의거한다), p.55; 아이따레야 우파니샤드, pp.498-499 등.

109 찬도기야 우파니샤드, p.469; 까타 우파니샤드, p.139 등.

110 까이왈리야 우파니샤드, p.903.

111 쁘라샤나 우파니샤드, p.168.

112 까타 우파니샤드, p.136.

113 까타 우파니샤드, p.126; 께나 우파니샤드, pp.76-77 등.

114 까이왈리야 우파니샤드, p.904.

115 까이왈리야 우파니샤드, p.904.

경험의 변화와 무관할 수 있어야 한다. 또 사람들이 변화를 확인할 수 없는 지위에 위치시켜야 '불변의 존재'라는 주장이 먹힐 수 있으므로, '극미極微/극대極大/최고最古의 존재',[116] '초감각/불가사의의 순수의식',[117] '순수한 지고至高의 존재',[118] '언어 이전의 비非언어적 존재',[119] '사유의 대상이 아닌 존재',[120] '무한한 존재',[121] '유일한 초월자'[122]여야 한다. 이러한 속성을 지닌 존재라면 변화의 위협으로부터 벗어난 '영원불멸의 자리'를 차지할 수 있을 것이다. 아트만·브라흐만이 그런 존재라는 것이다.

'소유·지배 욕망의 좌절'에서 벗어나려는 우파니샤드의 해법도 일관된 신비주의·형이상학적 전략을 구사한다. 가지고 싶은 대로 차지하고, 하고 싶은 대로 할 수 있으려면, 전능의 힘이 있어야 한다. '전지전능全知全能한 자',[123] '창조자',[124] '주재主宰하는 자',[125] '주인',[126] '모든 것의 원인',[127] '편재遍在하는 자',[128] '모든 것을 발생시키고 모든 것이 내재하며 모든 것이 그곳으로 돌아가는 근원존재'[129]여야 한다. 이런 속성들을 소유한 존재라면 '전능의 주재능력'을 지니고 '마음대로 차지하

116 까이왈리야 우파니샤드, p.905.

117 까이왈리야 우파니샤드, p.905.

118 까이왈리야 우파니샤드, p.905.

119 께나 우파니샤드, p.75; 까타 우파니샤드, p.123.

120 까이왈리야 우파니샤드, p.905.

121 찬도기야 우파니샤드, pp.392-394.

122 까타 우파니샤드, p.130, pp.136-138.

123 찬도기야 우파니샤드, p.467, pp.469-470.

124 아이따레야 우파니샤드, pp.498-499.

125 찬도기야 우파니샤드, pp.469-470.

126 찬도기야 우파니샤드, p.469.

127 아이따레야 우파니샤드, pp.498-499.

128 찬도기야 우파니샤드, p.467, pp.469-470; 이샤 우파니샤드, pp.61-62.

129 까이왈리야 우파니샤드, p.905.

고 부릴 수 있는 전능의 권좌'를 차지할 수 있을 것이다. 아트만·브라흐만이 그런 존재라는 것이다.

아트만·브라흐만에 '부여하는', 정확하게는 말하자면 '기대하는', 이 영원불멸과 전지전능의 면모는, 삶의 고통에서 벗어나 행복을 누리려는 인간의 갈망이 고스란히 반영된 것이다. '다툼과 불안' 대신 '평화와 평온', '고통과 슬픔' 대신 '기쁨과 환희', '유한한 것'이 아닌 '무한한 것'을, 마음껏 차지하여 영원히 누리고 싶은 세속적 염원의 적나라한 투영이다. 그래서 아트만·브라흐만은 '영원한 평화, 영원한 기쁨, 최고의 환희를 누리는 존재(sat)이고 의식(cit)이며, 둘이 아닌 존재, 무한한 존재'라고 주장한다.

"영원하지 못한 사물 가운데 유일하게 영원하며, 의식 있는 것들 가운데 그 의식의 근원이 되며, 여럿 중에 하나이고, 홀로 여럿의 욕망을 채워 주는 이가 있도다. 현명한 자는 그 아트만을 깨닫고 영원한 평화를 누리리라. 그러나 그 외 다른 이들은 그러지 못하리라. 온 세상에 유일한 모든 사물 속에 든 아트만은 하나로 여러 가지를 만들어 내도다. 현명한 자는 그 아트만을 깨닫게 되어 영원한 기쁨을 얻으리라. 그러나 그 외 다른 자들은 그렇지 못하리라. '그는 바로 이렇다' 하고 현자들은 깨닫지만 아트만은 말로 표현할 수 있는 것이 아니니 단지 최고의 환희라 할 뿐이로다."[130]

"브라흐만에 집중하라. 존재하는 아트만이며, 의식이며, 환희이며, 둘도 아닌 그 브라흐만에, 존재(sat)이며, 의식(cit)이며, 환희(ānanda)이며, 둘이 아닌 그 브라흐만에 집중하라. 이것이 우파니샤드의 가르침이다."[131]

"야쟈발끼야가 대답했다. '그대가 바로 그이다.' '그대는 브라흐만의 머무르는

---

130 까타 우파니샤드, pp.137-138.
131 와즈라수찌 우파니샤드, p.860.

자리이다.' '내가 브라흐만이다.' 등의 위대한 구절들에 명상하라. '그'라고 한 것은 초월적인 존재나, 전지全知의 속성과 환영력(幻影力, māyā)을 가진 자, 참(sat), 의식(cit), 환희(ānanda)로 된 자, 세상의 근원인 자를 말함이라. 또한 그 존재가 바로 내부의 감각들에 감화되고, 자각의식을 갖게 되는 '그대'라고 불린 자이다. '그'와 '그대'라고 불린 지고의 아트만과 개체 아트만이 그들을 감싸고 있던 환영력과 무지를 버리고 나면 아트만과 다르지 않은 브라흐만이 된다."[132]

"즐거움이란 무한함에 있는 것이다. 유한한 것에는 즐거움이 없다. 무한한 것만이 즐거움을 주는 것이다. 그러니 이 무한함이란 무엇인지 알아야 한다. 무한함이란 누가 누구를 보지 않고, 누가 누구를 듣지 않고, 누가 누구를 알지도 않는 그런 곳에 있는 것이다. 유한함은 누가 누구를 보고, 듣고, 아는 그런 곳에 있는 것이다. 무한함은 불멸이며 유한함은 죽음이다. 그의 무한함은 아래요, 위요, 뒤요, 앞이요, 남쪽이요, 북쪽이다. 그는 모든 것이다. 자각의식을 통해서 사람은 "나는 '아래'이다. 나는 '위'이다. 나는 '서쪽'이다. 나는 '동쪽'이다. 나는 '남쪽'이다. 나는 '북쪽'이다. 나는 이 모든 것이다."라고 생각한다. 그 무한함은 아트만이다. 이 아트만이 아래, 위, 뒤, 앞, 서쪽, 동쪽, 남쪽, 북쪽, 아트만이 이 모든 것이다. 이 아트만이 보고, 마음으로 성찰하고, 진정 아는 자이다. 이것을 아는 자는 아트만 안에서 유희를 누리고, 아트만 안에서 희열을 느끼고, 아트만 안에서 하나가 되고, 아트만 안에서 기쁨을 느끼고, 아트만 안에서 스스로를 마음대로 할 수 있다. 그러한 사람은 모든 세상에서의 모든 움직임에서 자유롭다. 그러나 그렇지 않은 자들은 자신이 아닌 또 다른 통치자 아래로 간다. 결국 파멸로 이르는 세계로 가게 된다. 그들은 어떤 세상에서도 스스로의 뜻으로 마음대로 할 수가 없다."[133]

이처럼 아트만·브라흐만에게 부여하는 속성은 인간의 세속적 염원을 신비주

---

132 빠잉갈라 우파니샤드, pp.884-885.

133 찬도기야 우파니샤드, pp.392-394.

의·형이상학적 방식으로 채워 보려는 시도이다. 우파니샤드에서는 이러한 의도와 목적이 노골적으로 천명되고 있다. 아트만·브라흐만을 알게 된 자가 확보하게 되는 능력과 이익은, '늙지 않고 죽지 않으며, 질병이나 슬픔, 걱정도 없이 완전한 건강으로, 원하는 것은 모두 얻고 하고 싶은 것은 다 할 수 있는 삶'이다.

"이와 관련하여 이런 말씀도 있다. 〈깨달은 자에게는 죽음도 질병도 슬픔조차도 없다. 깨달은 자는 모든 것을 보고, 모든 곳에서 모든 것을 얻는다. 그는 하나가 된다. 그는 세 개가 되기도 하고, 다섯이 되기도 하고, 일곱이 되기도 하고, 아홉이 되기도 한다. 그리고 그는 열하나가 되기도 하고, 백 열개가 되기도 하고, 혹은 천이십 개가 되기도 한다. 음식이 깨끗하고 성스러우면 소화기관이 깨끗해지고, 소화기관이 깨끗하면 기억력이 좋게 되고, 기억력이 좋게 되면 가슴속 모든 매듭이 풀어진다.〉"[134]

"다시 제자들이 〈이 육신의 브라흐만의 자리에 담긴 대공大空 속에 이 모든 것이 다 들어 있고 모든 생물과 모든 욕망들도 들어 있다고 하셨습니다. 그러면 이 육신이 노쇠하면 그들은 모두 어떻게 되는 것입니까?〉하고 질문하면, 스승은 이렇게 답한다. 〈이 육신의 노쇠함에도 그 브라흐만은 노쇠하지 않는다. 육신이 무기에 상처를 입고 죽음을 당해도 그 브라흐만(의 자리)은 죽음을 당하지 않는다. 이 브라흐만은 참이요, 이 안에 모든 욕망들이 담겨 있다. 이 아트만은 옳고 그름의 구별이 없고, 노쇠함이 없고, 죽음이 없고, 슬픔이 없고, 걱정이 없고, 갈증이 없으며, 참 욕망이요, 참 의지이다. 백성들이 그 왕의 명령을 받들 듯, 그는 그 안에 담긴 어떤 것을 원하든 그 어떤 자리 땅을 원하든, 그 원함대로 그것을 모두 취하게 된다. 이 세상에서 행함으로써 얻은 것은 모두 (저 세상에 갈 때) 사라지는 것처럼, 아그니 제례 등을 통해 지은 선업도 그 업보로 받을 것을 받으면 사라진다. 이 행함이 우선되는 인간의 세상에서 아트만과 그 참 욕망을 알지 못하고 세상을 뜨는 사

---

134 찬도기야 우파니샤드, p.395.

람은, 어느 세상에서도 그 원하는 대로 얻는 자가 되지 못한다. 이 세상에서 아트만과 참 욕망을 알고 세상을 뜨는 사람들은, 그들이 원하는 대로 마음껏 얻으리라. 그러한 자들이 이 세상을 떠나서 조상들의 세계에 가기를 원하면, 그러한 뜻만으로 조상들이 그들에게 나타나, 조상들의 세계에 있는 것을 모두 얻으니, 그들은 그들이 원하는 조상들 세계의 모든 것을 얻은 자가 되리라. … 어머니의 세계에/형제들의 세계에/자매들의 세계에/동료들의 세계에/향기와 화환이 있는 세계에/먹을 것과 마실 것이 있는 세계에/음악의 세계에/여자들의 세계에/ … 그가 어떤 세계를 원하든지, 그가 어떤 것을 원하든지, 그러한 뜻만으로 그것들이 그에게 나타나니, 그는 원하는 것을 얻어 풍족한 자 되리라. 그 아트만은 세상들이 서로 다투지 않도록 세상들을 잘 보존하게 하는 다리(橋)와 같다. 이 다리와 같은 아트만은 낮과 밤이 잡을 수 없는 것이다. 그 아트만은 나이도, 죽음도, 슬픔도, 선과 악도 다다르지 못하는 것이니, 그것은 아트만이 죄악이란 조금도 없는 브라흐만의 세계 그 자체이기 때문이다. 다리와 같은 이 아트만에 다다르면 장님은 눈을 뜨고, 상처 입은 자는 상처가 나을 것이며, 환자는 병을 고친다. 이 다리를 건너가면 어두운 밤도 낮이 된다. 이 브라흐만의 세계는 항상 빛 그 자체이기 때문이다. 그러므로 금욕의 실천으로, 경전과 스승의 말씀으로 브라흐만의 세계를 알게 된 사람은, 반드시 그 브라흐만의 세계를 가게 된다. 모든 세상에서 그가 원하는 대로 이루는 풍요로운 자가 될 것이다."[135]

"아트만이란 무엇인가. 조물주 쁘라자빠띠가 말했다. '어떠한 죄악도, 늙음도, 죽음도, 슬픔도, 배고픔도, 목마름도 없는 그 아트만은 참 욕망을 가졌으며 참 의지를 가졌으니, 그것이 그대들이 알아야 할 것, 그대들이 찾아 깨달아야 할 것이다. 아트만을 알고 나면 그 사람은 모든 세계를 얻고 모든 욕망을 이루리라.'[136]

---

135 찬도기야 우파니샤드, pp.396-402.

136 찬도기야 우파니샤드, p.405.

"브라흐만의 지혜를 아는 자는 '브라흐만은 있다'고 한다. 고행을 통해 죄악으로부터 자유롭게 된 자들은 '고행이 브라흐만에게로 이르는 문'이라고 한다. 또한 브라흐만에 몰두하여 지속적으로 명상을 하는 자들은 '오옴'이 브라흐만의 '위대함의 상징'이라고 한다. 이처럼 지혜와 고행과 명상으로 브라흐만을 알 수 있다. 깨달은 자는 신들보다 높은, 지고의 위치에 있는 브라흐만조차 초월한다. 이 세 가지 방법으로서 브라흐만을 구한 자는 스러지지 않는 환희를 가지리오, 영원함을 얻으리오, 질병에서 자유롭게 되리라. 그러므로 이 '수레에 탄 자'는 그 안에 앉아 있으면서, 그를 지배했던 것들로부터 자유로워지고 그렇게 해서 저 아트만과 결합하는 것이다."[137]

아트만·브라흐만은 경험적 근거를 갖지 않는 신비주의·형이상학적 설정이기 때문에, 아트만·브라흐만을 알고 만나 하나가 되는 방법도 이러한 신비주의·형이상학적 구조에 상응하는 내용으로 채워진다. 우파니샤드에서 보이는 아트만·브라흐만의 체득방법으로는 '지식과 이해'[138] '감각 제어 — 고행·금욕·요가'[139] '집중과 삼매'[140] '요가삼매와 망아忘我'[141] '비의秘義적 방법 — 오옴(Oṃ, auṃ) 수행'[142]이 있다. '변화로 인한 상실의 불안과 고통' 및 '소유·지배 욕망의 좌절로 인한 불만'을 해결하기 위해 신비주의·형이상학적 해법이 마련한 수행론이다. 그러므로 이들 수행법은 경험세계의 속성인 '변화 및 욕구충족의 제한성'과, 아트만·브라흐만에 부여한 속성인 '영원불멸 및 무제한의 전능'이 대비되는 구조로 구성되어 있다. '변화 및 욕구충족의 제한성'으로부터 '영원불멸 및 무제한의 전능'으로 향하는 '상반적 대

137 마이뜨리 우파니샤드, p.777.

138 까이왈리야 우파니샤드, p.901, p.906; 까타 우파니샤드, pp.119-121.

139 까타 우파니샤드, p.125, pp.144-146; 쁘라샤나 우파니샤드, p.156; 문다까 우파니샤드, p.202.

140 빠잉갈라 우파니샤드, pp.883-885.

141 까타 우파니샤드, p.144; 마이뜨리 우파니샤드, p.795, pp.797-798; 빠잉갈라 우파니샤드, p.893.

142 만두끼야 우파니샤드, pp.214-219; 쁘라샤나 우파니샤드, p.169, p.172; 까타 우파니샤드, p.114; 문다까 우파니샤드, pp.196-197; 마이뜨리 우파니샤드, p.777, pp.797-799, p.801.

비구조'로써 읽으면, 이 수행론을 관통하는 일관된 발상이 뚜렷하게 보인다.

아트만·브라흐만의 체득방법 가운데 '지식과 이해'는, 아트만·브라흐만에 부여된 '불별의 영원성'과 '전능의 주재력'에 관한 지식을 습득하고 그 논리·이론적 정합성에 대한 이해를 수립하려는 노력이다. 아트만·브라흐만은 경험적 근거가 없는 오직 개념·언어적 설정일 뿐이기에, 그에 관한 '지식'과 그 지식의 논리적 정합성에 대한 '이해'가 전면적으로 받아들여져야 한다. 경험적 근거에 의해 검증할 수 있는 지식이나 이해들은 언제든지 부당한 내용을 수정하면서 진화해야 살아남는다. 더 견실한 경험적 근거와 내용으로 보완된 지식이나 이해일수록 신뢰도가 높아지고, 그 높아진 신뢰도만큼이나 수용 가능성도 커지기 때문이다. 다시 말해, 경험적 주장들은 항상 수정 가능성에 개방되어 있다. 수정과 보완에 열려 있을수록 그 지식과 이론의 설득력은 지속적으로 커진다. 이에 비해 신비주의·형이상학적 주장은 처음부터 무흠결의 완전성을 유지해야 한다. 애초부터 경험적 근거가 없는 주장이기 때문에, 지식이나 이해가 경험적 검증을 통한 수정이나 보완을 필요로 하지 않는다. 오히려 그 주장의 전제에 조금이라도 내용수정이 발생하면 그 주장의 전체 체계가 무너진다. 모든 신비주의·형이상학적 주장은, 비록 논리적 일관성이나 이론적 정합성은 갖출 수 있어도, 자기수정을 허용할 수 없다는 점에서 폐쇄적이고 자기 완결적인 지식·이론이다.

신비주의·형이상학적 주장이 요구하는 지식이나 이해는, 수정이나 변화를 거절하는 '폐쇄적으로 완결된 내용과 논리에 대한 지적 수용'일 뿐이다. 견실한 경험적 논거들을 요구하는 '역동적·개방적으로 형성되는 합리적 성찰'과는 애초부터 불화의 관계일 수밖에 없다. '아트만·브라흐만에 대한 지식과 이해'도 그런 것이다. 이때의 지식이나 이해는, 자기수정에 열려 있는 합리적 태도와 성찰적 능력의 계발을 요구하는 것이 아니다. 그런 점에서 우파니샤드의 지적知的 수행론이 추구하는 합리성은 개방적 성찰과는 무관하다. 무릇 합리성이나 성찰력은 변화와 경험적 근거에 개방적이어야 생명력을 지닌다. 우파니샤드의 수행론은, 변화하는 모든 경험 현상을 뛰어넘으려는 신비주의·형이상학에 기대어 있기 때문에, 애초부터 합리와 성찰의 개방적 역동성을 외면한다.

감각의 제어를 특징으로 삼는 '고행이나 금욕에 의거한 요가 수행'도 합리적 전통의 윤리적 노력과는 그 맥락이 다르다. 경험적 근거에 열려 있는 합리적 전통에서는, 감관적 욕망에 대한 금욕적 자기 통제력을 통해, 경험적 근거를 지닌 합리적 성찰과 삶의 질적 향상을 추구한다. 어떤 방식의 금욕적 노력일지라도, 불변의 자리나 전능의 힘을 목표로 삼지는 않는다. 이에 비해 **우파니샤드의 금욕적 감각제어 수행**은 '변하고 한정적인 감각경험'을 넘어 '불변의 완전함과 전능'을 지향한다. 모든 감관적 욕망은 '변하고 유한한 것'이기 때문에, '불변의 완전함과 전능'을 목표로 삼는 수행론에서는 경험적 욕망이 근본적으로 절연絶緣의 대상이다. 따라서 이 수행론에서의 금욕수행은 극단적 유형이 되기 쉽다. '욕망 제어'에 그치지 않고 '욕망 소거'를 지향하게 된다. 자학적 고행苦行이 수행의 모범적 유형으로 간주되는 이유도 여기에 있다.

신비주의·형이상학적 해법에서의 '집중과 삼매'도 경험주의적 해법에서의 의미와는 다를 수밖에 없다. 경험주의 전통의 수행론에서 '집중과 삼매'는 일반적으로, 목표달성을 위한 일정한 정신적 초점의 지속적 유지와 안정을 '변하는 경험현상' 속에서 추구한다. 이에 비해 우파니샤드의 수행론은 '불변의 영원'과 '전능의 힘'을 목표로 하기 때문에, '집중과 삼매'는 경험현상과의 절연絶緣을 요구한다. 경험현상과 격절隔絶된 집중이나 삼매가 실제로 가능한 것인지도 의문이지만, 아트만·브라흐만을 목표로 삼는 집중과 삼매는 변하는 지각경험을 격절적으로 초월하려 한다. 목표가 다르면, 같은 수단이라도 의미와 내용이 달라진다. **경험주의적 해법의 수행론과 신비주의·형이상학적 해법의 수행론은 그 목표를 달리하기 때문에, 집중과 삼매의 의미나 내용은 다를 수밖에 없다.**

붓다의 무아 통찰, 그리고 무아를 체득하는 수행에서 등장하는 삼매는, 처음부터 끝까지 지각적 근거를 지닌 경험현상과의 관계에서 이루어진다. 그래서 붓다의 무아 통찰은 처음부터 끝까지 지각의 경험현상 범주를 떠나지 않는다. 우파니샤드가 말하는 '요가삼매를 통한 망아忘我' 역시 자아관념을 벗어 버리는 것이므로 붓다의 무아와 같은 것이라고 여기기 쉽다. 그러나 이 '요가삼매와 망아'는 어디까지나 아트만·브라흐만의 '불변의 동일성'과 '만능의 주재력'을 만나기 위해 채택된 방법이라는 점에서, **경험적 자아의 무아 지평에 관한 언어가 아니다.** 경험적 자아 속에서는 '불변의 동일성'과 '전능의 주재력'이 목격되지도 확보되지도 않기 때문에, 우파니샤드의 수행론은 어떻게든 경험적 자아를 떠나려 한다. '변화하는 경험적 자아'를 버리고 그 자리를 '불변의 신비주의·형이상학적 자아'로 채우려 한다. 그러므로 우파니샤드 수행론이 말하는 요가삼매는 경험적 자아를 잊으려는 수행이고, 망아忘我는 경험적 자아의 삭제를 염두에 둔 기호이다. 그런 삭제가 과연 가능한 것이며 그런 시도가 어떤 의미를 지니는 것인지는 불문하더라도 말이다.

우파니샤드 수행론의 현실적 중심은 비의秘義적 방법인 '오움(Oṃ, auṃ) 수행'에 놓여 있는 것으로 보인다. 무릇 합리성은, 지각적 근거를 가진 경험을 통해 검증되는 이해와 법칙일 때 보편성을 지닐 수 있고 이로운 문제해결력을 지닐 수 있다. 자연과학적 합리성이 그토록 탁월한 보편적 호소력과 문제해결력을 보여 주는 이유이기도 하다. 인문학적 합리성도 검증 가능성을 회피하지 않는 경험주의적 합리성이어야 건강한 보편적 호소력과 이로운 문제해결력을 지닌다. 필자는 그렇게 생각한다.

경험주의적 합리성은 지각적 근거를 지닌 경험을 중시하며 검증 가능성을 수용한다. 따라서 경험주의적 해법에서 제시하는 수행론은 '검증 가능한 조건인과적 합리성'에 의거한다. 그래서 **붓다의 수행론이 지닌 합리성은 '경험 가능한 조건들의 인과관계'를 토대로 삼는다. 선禪 수행이나 삼매 현상도 예외가 아니다. 그어떤 신비주의적 비약이나 주술적 비의秘義가 없다. 이에 비해 신비주의·형이상학의 수행론은 경험적 근거를 지니는 합리성을 수용할 수가 없다. 경험을 통해 검증될 수 있는 합리성을 채택하면 형이상학적 전제가 무너지기 때문이다. 신비주의·형이상학에 의거한 수행론도 형식논리적 정합성이나 일관성은 지닐 수 있다. 그러나 경험적 근거를 지닌 합리성, 검증에 열려 있는 합리성은 애초부터 거부한다.**

수행론은 '경험적 체득과 구현'을 목표로 하는 체계이다. 그렇다면 우파니샤드의 수행론은 불변의 동일성이나 전능의 주재력 같은 '비경험적 목표'를 '경험세계'에서 체득하거나 구현할 수 있다고 주장하는 셈이다. 그 출발점에서부터 경험범주를 일탈한 신비주의·형이상학이, 경험범주를 벗어난 목표를 경험세계에서 구현하겠다는 주장—이것은 근본적인 자기모순이다. 그럼에도 불구하고 우파니샤드는 수행론을 포기할 수 없다. 그들의 신비주의·형이상학적 해법이 단지 허황한 망상이 아니라고 설득하기 위해, 그들의 해법이 진리의 위상을 차지하고 종교적 권위를 확보할 수 있게, 수행론으로써 자신을 둘러싸는 전략을 취한다. 일종의 위장막이고 속임수다. '경험할 수 없는 것의 경험적 구현'에 관한 주장을 퍼뜨리고 설득력을 확보하려는 기만적 위장 전술이다.

바로 여기에 문제가 있다. 우파니샤드의 신비주의·형이상학적 전략은 애초부터 경험적 근거가 없고 경험적 검증 가능성도 닫아 버린 언어이기에, 경험적 합리성으로는 설득할 수가 없다. 그들의 전략은 단지 '경험적 근거와 무관한 개념과 논리의 범주'에서 유효한 것이지 '경험을 통한 조건인과의 합리성'을 끌어안을 수가 없다. 그럼에도 불구하고 사람들에게 신뢰와 기대를 갖게 해야 한다. '경험주의적 합리성은 없어도 호소력 있는 방법'이 필요하다. 진리의 위상에 오르게 하는 강력한 호소력을 발휘할 수 있는 무엇인가가 필요하다. 무엇이 대안인가. 비의秘義적 방법을 선택할 수밖에 없다. 그리고 주술이나 주문은 비의秘義적 방법의 고전적 전범이다.

비의秘義적 장치는 합리적 설득력은 없어도 강력한 현실 호소력을 지니며, 현실과 비현실, 경험과 비경험을 심정적으로 결합시키는 고리가 된다. 주문이나 주술, 제의祭儀는 이러한 비의적 장치의 전형이다. 인간은 힘든 현실을 비약적으로 넘어설 수 있는 방법에 언제나 끌린다. 시간과 노력을 요구하는 합리적 방식보다는, 단번에 뛰어넘을 수 있는 불합리한 비의秘義적 방식에 끌린다. 일종의 횡재 심리랄까, 현실을 단번에 넘어설 수 있는 비술秘術은 언제나 시선을 끄는 강한 유혹이다. 비의秘義적 도약에 대한 기대와 유혹은 언제나 강력했고 지금도 여전하다. 얼마나 많은 사람이 이 비의적 유혹에 휘말려 삶의 합리적 향상 가능성을 탕진해 버렸던가. 이 비의적 유혹의 속성을 이용하여 허위의 권좌에 앉아 세상을 농락한 사람들은 또 얼마나 많았던가. 지금도 이 소모적 탕진과 기만적 농간의 대열에 끼어 보려고 줄지어 있는 사람들은 또 얼마나 많은가.

아트만·브라흐만은 '불변의 영원성과 전능의 힘에 대한 인간의 기대'가 투영

되어 설정된, 오직 개념으로만 있는 존재이다. 그리고 아트만·브라흐만은 그에게 부여된 '불변'과 '전능'의 속성으로 인해 애초부터 경험세계와의 연결고리가 끊어져 있다. 그런데 아트만·브라흐만 같은 개념적 존재를 설정하여 문제를 풀어 보려는 사람들의 출발지는 어디까지나 '경험세계의 불안한 실존'이다. '변화'와 '욕구의 한정적 충족'에서 발생하는 인간의 인지적 불안과 불만 및 고통의 문제를 완벽하게 해결해 보려는 데서 출발한 것이다. 따라서 이러한 **신비주의·형이상학적 해법을 선택한 사람들은, 아트만·브라흐만 같은 오로지 개념일 뿐인 존재가 삶과 세상의 진리이고 실재이며 이를 통해 삶의 실존적 구원이 이루어진다고 주장해야 한다.**

경험세계의 속성인 '변화'와 '주재력의 제한'에서 발생하는 문제를 완벽하게 해결하려면 '불변'과 '전능의 주재력'이 확보되어야 하는데, '불변'이나 '전능의 주재력'은 경험세계에서 목격되지 않는다. 오로지 경험세계와의 고리가 끊긴 개념적 설정으로만 확보된다. 그러나 이 개념적 설정은 애초부터 경험세계와의 고리가 끊긴 것이므로 경험적 검증이나 구현이 불가능하다. '불변'이나 '전능의 주재력'을 부여한 개념적 존재를 수립한 이유는 '변화'와 '주재력의 제한'에서 발생하는 경험세계의 문제를 완벽하게 해결하려는 것이지만, 문제를 해결하려고 마련한 해법은 경험세계와의 고리가 근원에서부터 끊어져 있다. 신비주의·형이상학적 해법은 이러한 모순에도 불구하고 자기주장이 경험세계에서 구현될 수 있음을 주장해야 한다. 게다가 종교나 철학의 옷을 입은 사람들은 이런 주장이 '진리'나 '깨달음' 같은 궁극적 가치로 대접받길 원한다.

이 자기모순은 합리적으로는 해결할 수 없다. 원인과 결과의 인과적 관련을 경험적 근거 위에서 주장하는 경험주의 인과법칙의 승인범주에서 처음부터 이탈하고 있기 때문이다. 그것도 의도적으로. 그렇다면 남은 선택은 무엇일까? 목표가 경험범주를 일탈하고 있는 종교에서는 이 난관을 돌파하기 위해 신앙에 호소한다. 〈묻지도 따지지도 말고 그냥 믿어라〉는 명제를 만들어 퍼뜨린다. 신앙심에 호소하는 신앙종교는 그렇게 형성된 것이다. 그런데 수행론을 축적해 온 전통에서는 신앙 명제만으로 신비주의·형이상학적 주장을 보호하기가 어렵다. 그렇다면 과연 무엇으로 현실과 비현실, 경험과 비경험의 단절된 계곡을 이어 놓을 수 있을까? 합리적 방식이 아예 불가능하다면 남은 선택지는 무엇일까? 이 지점에서 비의秘義적 장치들이 지닌 주술적 호소력이 대안으로 등장한다. 아트만·브라흐만을 세운 우파니샤드 전통에서, 아트만·브라흐만과 만나는 수행방법으로서 '오움 수행'이라는 비의秘義적 방법을 선택한 이유는 아마도 이런 것이었을 것이다. '오움'이라는 소리가 아트만·브라흐만을 만나는 통로가 될 수 있다는 주장을 펼치기 위해 우파니샤드 사상가들이 구사하는 의미부여의 해석학은, 필자가 보기에 애잔할 정도로 진지하다.

"오움, 이 오움이야말로 모든 것, 즉 과거에 있었으며 현재에 존재하고 미래에도 존재할 모든 것이다. 이들 시간 이외의 모든 것, 그것들 또한 오움이다. 이모든 것은 브라흐만이며, 아트만이 바로 브라흐만이다. 이 아트만의 네 부분이 있으니, 깨어 있는 상태에 머물며 외부세계를 분별하는 자, 일곱 부분과 열아홉 개의 입을 가지며 물질세계를 먹고 사는 바이슈바나라가 그 첫 부분이다. 꿈꾸는 상태에 머물며 내적 세계를 분별하는 자, 일곱 부분, 열아홉 개의 입을 가지며 덜 물질적인 세밀한 것들을 먹고 사는 따이지사가 그 두 번째 부분이다. 아무것도 바라지 않으며 아무런 꿈도 꾸지 않는 상태는 바로 아주 깊은 숙면 상태. 그 깊은 숙면 상태에 머물며 희열로 만들어져 있으며 희열만을 먹고 사는 '의식意識'이라는 입을 가진 '쁘라쟈'가 그 세 번째 부분이다. 그(쁘라쟈)는 모두의 주인이며 모든 것을 아는 자, 내부의 통치자이며 모두의 근원, 모두의 시초이자 모든 생명체들의 종말이다. 내적인 것을 구별하는 지혜도 아니고, 외부의 물질세계를 구별하는 지혜도 아니고, 그 둘을 구별하는 것도 아니며, 의식의 덩어리도 아니고, 의식도 아니고, 의식이 아닌 것도 아니며, 보이지 않으며, 말로 설명할 수도 없으며, 잡을 수도 없고, 특징지을 수도 없으며, 상상해 볼 수도 없고, 어떤 이름으로 부를 수도 없고, 오직 하나의 핵심인 진리이며, 세상을 복되게 하는 그 어떤 것이며, 둘이 아닌 그 아트만을 성인들은 네 번째 '뚜리야'라고 말했나니, 그가 바로 아트만, 그가 바로 우리가 진정 알아야 할 존재로다.
바로 그 아트만의 글자로서의 모습이 '오움'이다. 아, 우, 머의 세 글자로서 그는 서 있다. 그의 세 부분이 아, 우, 머, 세 글자들이니, 아, 우, 머는 그를 이루고 있는 부분들이다. 우리의 의식이 깨어 있는 상태에 머무는 그 바이슈바나라는 신들 중에 바쳐신 제물을 가장 먼저 믹고, 그것을 다른 신들에게 전하며, 이것은 아, 우, 머의 첫 글자 '아'와 같이 맨 처음 나서니, 이들은 '처음'이라는 공통점을 가지고 있도다. 꿈꾸는 상태에 머무는 따이자사는 바이슈바나라와 쁘라쟈 사이에, 그리고 '우'는 '아'와 '머' 사이에 위치하는 공통점이 있으므로, 일치되는 바가 있도다. 이러한 지혜를 아는 사람은 그의 지식이 날로 늘 것이오, 세상사에 구별을 두지 않으며, 그 가문에는 브라흐만을 알지 못하는 자가 태어나지 않으리라. 깊은 숙면 상태에 머무는 그 쁘라쟈는 오움의 세 번째 글자 '머'와 공통점이 있도다. 이 둘은 각기 앞의 두 가지를 서로 잘 모아 어울려 적용시킨다는 점과 다른 것들이 이것에 와서 합쳐진다라는 점에서 일치한다. 이것을 아는 사람은 세상을 모아 어울려 적용하게 할 수 있으므로 '참 모습'을 알게 되며 세상의 근원에 와서 합쳐지리라. 글자로 온전히 표현될 수 없는 오움은 그 어떤 이름으로도 칭할 수 없는 '제4의 아트만'이다. 그는 말로 설명할 수 없고, 세상의 복 그리고 둘이 아닌 오로지 유일한 모습이며, 그러므로 오움은 그 자체가 아트만이다. 이것을 아는 사람은 그 자신 안의 아트만 속으로 들어가 하나가 되어 다시 세상에 태어나지 않으리라."[143]

"리그 베다를 통해 이 땅의 세상을 얻고, 야쥬르 베다를 통해 하늘과 땅 사이 세계를, 사마 베다를 통해 그 브라흐만 세계를 얻으니, 현인賢人들은 '오움'을 통해서만이 이 세계들을 모두 얻을 수 있음을 안다. 물질과 영혼의 틀에서 완전히 자유롭고 평온한 그 브라흐만은 늙지 않고, 죽지 않으며, 두려움도 없으며, 모든 것을 넘어서 있는 것이다."[144]

"브라흐만을 알고자 한다면 이 '오움'이라는 글자의 소리 이상의 지름길은 없

---

143 만두끼야 우파니샤드, pp.214-219.

144 쁘라샤나 우파니샤드, p.172.

도다. 이 소리를 알게 되면 그 사람은 브라흐만 세상에서도 위대한 자로 통하게
된다."[145]

"오움의 소리는 활이요, 아트만은 화살이다. 그리고 불멸의 브라흐만은 그 과
녁이라 생각해 보라. 자만하지 않는 자는 과녁을 맞추리라. 그러면 화살과 과녁이
하나가 되듯, 브라흐만과 하나가 되는 것이다."[146]

"바퀴살들이 수레바퀴의 중심에 박힌 것처럼, 모든 기도氣道들이 일제히 향하
고 있는 곳이 있다. 그곳에서 아트만은 여러 모습으로 생겨나고 또 그 안에서 움
직이고 있도다. 이 아트만을 '오움'으로 명상하라. 그것은 그대가 어둠을 건너 저
다른 편으로 가게 하리라."[147]

"브라흐만의 지혜를 아는 자는 '브라흐만은 있다'고 한다. 고행을 통해 죄악으
로부터 자유롭게 된 자들은 '고행이 브라흐만에게로 이르는 문'이라고 한다. 또한
브라흐만에 몰두하여 지속적으로 명상을 하는 자들은 '오움'이 브라흐만의 '위대
함의 상징'이라고 한다. 이처럼 지혜와 고행과 명상으로 브라흐만을 알 수 있다.
깨달은 자는 신들보다 높은, 지고의 위치에 있는 브라흐만조차 초월한다. 이 세
가지 방법으로서 브라흐만을 구한 자는 스러지지 않는 환희를 가지리오, 영원함
을 얻으리오, 질병에서 자유롭게 되리라. 그러므로 이 '수레에 탄 자'는 그 안에 앉
아 있으면서, 그를 지배했던 것들로부터 자유로워지고 그렇게 해서 저 아트만과
결합하는 것이다."[148]

---

145 까타 우파니샤드, p.114.

146 문다까 우파니샤드, p.196.

147 문다까 우파니샤드, p.197.

148 마이뜨리 우파니샤드, p.777.

"현자들이 말하였다. 〈명상의 대상은 두 브라흐만이니, '소리로 된 브라흐만'과 '소리로 되지 않는 브라흐만'이다. 소리로 되지 않은 브라흐만이 소리를 통해 드러나도다. 그 소리로 된 브라흐만이 '오움'이다. 그것을 넘어서야 드디어 소리로 표현할 수 없는 브라흐만에 도달하게 되는 것이다. … 이러한 소리로 된 브라흐만의 여러 모습을 초월하여야, 지고하고, 소리로 되어 있지 않으며, 드러나지 않은 그 브라흐만에 가서 하나가 되는 것이다. 그것에 도달한 자들은 아무런 특성도 없게 되고, 여러 꽃들의 즙이 모여 같은 꿀이 되는 것처럼 그들 사이에도 아무런 구분이 없게 된다.〉"[149]

"또 다른 현자들이 말하기를, 〈수면 상태에서 그러하듯, 감각을 안으로 모은 사람, 감각을 가지고 있으나 감각들의 지배를 받지 않는 사람은, '오움'이라 불리는 그 존재. 이끄는 자이며, 광휘를 가진 자. 잠이 없는 자. 나이 없는 자. 죽음 없는 자. 슬픔 없는 자. 그를 보게 된다.〉 또 다른 현자들도 말하였나니, 〈이처럼 그(수도자)가 숨과 '오움' 그리고 이 다양한 세상과 결합하므로, 또 세상들이 그와 결합하므로, 이것을 '요가'(결합)라고 하도다. 숨과 마음의 하나 됨, 감각들의 하나 됨, 그 어떤 상태의 존재도 모두 사라지는 이 과정을 '요가'라고 부른다.〉"[150]

🪷 『대승기신론』과 원효의 본각 이해

『대승기신론』은 선행하는 대승교학의 통찰을 종합하기 위해 긍정형 기호들을 적극적으로 채택한다. 이러한 현상은 원효의 저술에서도 일관되게 목격된다.

---

149 마이뜨리 우파니샤드, pp.798-799.

150 마이뜨리 우파니샤드, p.801.

대승교학, 특히 동아시아 대승교학에서 두드러지는 특징 가운데 하나는 이러한 긍정형 기호들이 대거 등장한다는 점이다. 불성佛性, 여래장如來藏, 본각本覺, 진여眞如, 일심一心, 진심眞心, 자성청정심自性淸淨心 등이 대표적이다. 원효의 저술에는 이 대승교학의 긍정형 기호들이 종합적으로 등장한다. 원효 시대에는 이 긍정형 기호들이 불교 이해와 서술을 위해 활발하게 유통된 것이 주요 배경이지만, 원효가 사유의 기본 얼개를 구축하는 데 결정적으로 활용한 것으로 보이는 『대승기신론』의 영향이 결정적이었을 것이다. 『대승기신론』은 대승교학에서 새롭게 채택한 긍정형 용어들을 거의 망라하면서 강요綱要적 불교 종합이론을 펼치고 있는데, '일심一心' '심진여心眞如' '여래장如來藏' '진여眞如' '진여성眞如性' '진여정법眞如淨法' '진여법眞如法' '진심眞心' '불생불멸不生不滅' '심원心源' '구경각究竟覺' '본각本覺' '진각眞覺' '자성청정심自性淸淨心' '법신法身' '여래법신如來法身' '심체心體' '자성自性' 등의 용어가 모두 채택되고 있다. 바로 이러한 이유 때문에 『대승기신론』이나 원효사상, 그리고 이런 용어들을 구사하는 동아시아 대승교학과 선종의 불교적 정체성에 대한 의구심이 끊이지 않는다. 아닌 게 아니라, 이런 긍정형 기호들의 의미와 텍스트에서의 용법을 어떻게 읽느냐에 따라 불교적 정체성에 대한 판단이 크게 달라진다. 독법 여하에 따라, 이런 용어들을 불교의 내용을 깊고 풍부하게 하는 '정체성의 확대 기호'로 읽을 수도 있고, 반反·비非불교적 일탈의 증거로 볼 수도 있다. 적어도 원효의 경우라면, 이런 용어들을 불교적 정체성의 심화와 풍요에 기여하는 통로로 활용했다고 본다. 이 글에서는 그 근거를 일부나마 확인하려고 한다.

　　『대승기신론』이 채택하고 있는 긍정형 기호들 가운데서도 본각은 특히 돋보이는 개념이다. 다른 용어들은 선행 문헌들과 교학에서도 찾아볼 수 있지만, 본각이라는 용어는 『대승기신론』에서 비로소 등장하기 때문이다. 깨달음에 관한 대승의 통찰을, 『대승기신론』은 본각本覺·시각始覺·불각不覺이라는 세 가지 개념을 연결시켜 통합하고 있다. 그러므로 본각이라는 개념을 충분히 탐구하려면 이 세 개념의 통합적 구조를 모두 음미해야 한다. 그러나 이 글은 본각을 읽는 사유방식의 문제를 다루어 보는 것이 초점이므로, 『대승기신론』에서 등장하는 본각 개념과 그에 대한 원효의 관점도 이 초점에 제한시켜 거론한다.

필자는 본각을 '본래적 깨달음' 혹은 '본연적 깨달음'으로 번역하다가『금강삼매경론』을 번역하면서부터는 '깨달음의 본연[인 '사실 그대로 앎']'이라는 번역어를 채택하고 있다. 현재까지의 관점으로는 이 번역이 가장 적합해 보여 향후 원효 저술에서 등장하는 본각 관련용어들은 모두 이 번역어를 기준으로 통일할 것이다. 예컨대『금강삼매경론』의 주요 개념인 '본각리本覺利'는 〈깨달음의 본연[인 '사실 그대로 앎']이 지닌 이로움'으로 번역했다.(이미 번역한『대승기신론소·별기』의 본각 관련 용어 번역도 추후 통일할 것이다)

'본각'이라는 용어의 번역에서 필자가 중시하는 것은 두 가지이다. 하나는 〈'불변의 완전한 참된 것'이 인간 내면이나 현상 이면에 실체로서 존재한다고 생각하는 사유방식과 결합하기 쉬운 번역어는 피한다〉는 것이고, 다른 하나는 〈붓다 법설이 안내하는 '사실 그대로 앎'·'있는 그대로 앎'과 본각을 결합시켜야 한다〉는 것이다. 따라서 필자가 본각을 '깨달음의 본연[인 '사실 그대로 앎']'으로 번역할 때는, 〈절대적이고 불변하는 참된 것의 내면·이면적 선재先在를 설정하는 신비주의나 형이상학적 사유방식〉의 표현이 아니라, 〈현상의 사실 그대로에 대한 이해와 경험'의 역동적 후현後顯을 주장하는 경험주의적 사유방식〉을 반영하려는 것이다. '본연本然'이라는 개념의 구체적 내용도 이러한 사유방식의 연장선에서 부여하고 있다. 그리하여 '본래부터 그러함'(本然)이라는 용어의 의미를, 〈불변·동일·절대를 설정하는 무지에 의해 왜곡되지 않은 '역동적이고 관계적인 차이 현상들의 사실 그대로'로서의 본연적 면모〉라고 이해하였다. 더 적절한 번역어가 생기면 언제든지 수정할 것이다.

『대승기신론』은 본각本覺·시각始覺·불각不覺에 대해 이렇게 설명한다.

"이른바 '깨달음의 면모'(覺義)란 '마음의 온전한 본연'(心體)이 '[근본무지에 따라] 분별하는 생각'(念)에서 벗어난 것을 말한다. '[근본무지에 따라] 분별하는 생각에서 벗어난 양상'(離念相)은 허공세계와 같이 미치지 못하는 곳이 없어 '모든 현상세계가 하나처럼 통하는 양상'(法界一相)이니, 이것이 바로 '진리와 같아진 분'(如來)의 '평등해진 진리 [그 자체로서의] 몸'(平等法身)이다. 이 '진리 [그 자체로서의] 몸'(法

身)에 의거하여 '깨달음의 본연'(本覺)[인 '사실 그대로 앎']이라 부르니, 어째서인가? '깨달음 본연의 면모'(本覺義)란 것은 '비로소 깨달아 가는 면모'(始覺義)에 대응하여 설하는 것이니, '비로소 깨달아 감'(始覺)이란 것은 바로 '깨달음의 본연'(本覺)[인 '사실 그대로 앎']과 같기 때문이다. '비로소 깨달아 가는 면모'(始覺義)란 것은, '깨달음의 본연'(本覺)[인 '사실 그대로 앎']에 의거하기 때문에 '깨닫지 못함'(不覺)이 있고 [다시 이] '깨닫지 못함'(不覺)에 의거하기 때문에 '비로소 깨달아 감'(始覺)이 있다고 말하는 것이다."[151]

구절의 의미맥락을 무시하고 용어만을 본다면, 심체心體·법신法身·본각本覺 등의 용어는 마치 '현상의 이면에 존재하면서 불변의 본질을 속성으로 지니고 있는 독자적 실체'를 지시하는 것으로 보일 수 있다. 그러나 『대승기신론』의 언어용법에서 나타나는 '용어들의 상호관계', 다시 말해 의미를 발생시키는 '개념들의 상호 조건성'을 주목한다면, 이런 용어들이 현상 이면의 실체적 존재를 지시하는 독자적 개념이 아니라는 점이 분명해진다. 『대승기신론』에 의하면, 본각과 시각 및 불각은 상호 조건적으로 성립하는 개념이어서 각 용어에 해당하는 독자적 본질이 있는 것이 아니다. 본각과 시각과 불각은 불변의 본질이나 독자적 실체를 지시하는 용어가 아니며, 그 용어에 담기는 내용과 의미는 어디까지나 상호 조건적으로, 다시 말해 연기적으로 구성된다. 그것도 역동적으로.

'깨달음의 본연'(本覺)[인 '사실 그대로 앎']이 '깨닫지 못함'(不覺)과 '비로소 깨달아감'(始覺)을 조건으로 삼아야 성립하는 것이라면, 본각은 마음이나 내면에 본래부터 독자적으로 존재하는 '불변의 참된 것'이라 볼 수 없다. '비로소 깨달아 감'(始覺)에 의해 '깨닫지 못함'(不覺)을 극복할 때라야 존재하게 되기 때문이다. 그러므로 본각은, 마음이나 존재 내면에 이미 선재先在하는 '불변의 참된 것'이 아니라, '깨닫지 못하고 있는'(不覺) '지금 여기'에서, 자각과 노력을 통해 비로소 확보하

---

151 『대승기신론』(T32, 576b11-16): "所言覺義者, 謂心體離念. 離念相者, 等虛空界, 無所不徧, 法界一相, 即是如來平等法身. 依此法身說名本覺, 何以故? 本覺義者, 對始覺義說, 以始覺者卽同本覺. 始覺義者, 依本覺故而有不覺, 依不覺故說有始覺."

게 되는 '비로소 깨달아감'(始覺)을 조건으로 삼아, 역동적으로 구현되는 '후현적後顯的 참됨'인 '현상의 사실 그대로에 대한 이해와 경험'인 것이다.

본각本覺과 시각始覺 및 불각不覺이 상호 조건적으로 성립하는 개념이므로 독자적 실체나 불변의 본질을 지시하는 용어가 아니라는 점을, 원효는 정확하게 간파하고 있다.

"다음으로 '비로소 깨달아 감'(始覺)을 해석한다. 여기에 두 가지가 있으니, 먼저 '깨달음의 본연'(本覺)[인 '사실 그대로 앎']에 대응하여 '깨닫지 못함'(不覺)[이라는 것]이 생겨난다는 뜻을 드러내고, 나중에 '깨닫지 못함'(不覺)에 대응하여 '비로소 깨달아 감'(始覺)[이 있다는] 뜻을 해석한다. 여기에서 [말하는] 요지(大意)는, '비로소 깨달아 감'(始覺)은 '깨닫지 못함'(不覺)[이라는 조건]에 기대어 있고 '깨닫지 못함'(不覺)은 '깨달음의 본연'(本覺)[인 '사실 그대로 앎'][이라는 조건]에 기대어 있으며 '깨달음의 본연'(本覺)[인 '사실 그대로 앎']은 '비로소 깨달아 감'(始覺)[이라는 조건]에 기대어 있다는 것을 밝히려고 하는 것이다. 이미 서로에 [조건으로서] 기대어 있기에 곧 [불변의 독자적] 본질/실체(自性)가 없으니, [불변의 독자적] 본질/실체가 없다는 것은 곧 [불변의 독자적 본질/실체로서의] 깨달음(覺)이 있지 않다는 것이다. [불변의 독자적 본질/실체로서의] 깨달음이 있지 않다는 것은 서로가 [조건으로] 기대어 있기 때문인데, 서로가 [조건으로] 기대어 이루어지니 곧 깨달음이 없지도 않다. 깨달음이 없지 않기 때문에 '깨달음'(覺)이라 말하는 것이지, [불변의 독자적] 본질/실체가 있어서 '깨달음'(覺)이라 하는 것은 아니다. '[본각本覺과 시각始覺, 이] 두 가지의 깨달음을 간략히 설명함'(略明二覺)을 여기에서 마친다.[152]

"만약 그대가 〈[본래 번뇌가 끊어져 있는] 깨달음의 본연'(本覺)[인 '사실 그대로 앎']이 있기 때문에 본래 범부가 없다〉고 말한다면, 끝내 [깨달음으로 비추는

---

152 『기신론소』(1-708a18-b1): "次釋始覺. 於中有二, 先顯亦對本覺不覺起義, 後對不覺釋始覺義. 此中大意, 欲明始覺待於不覺, 不覺待於本覺, 本覺待於始覺. 旣互相待, 則無自性, 無自性者, 則非有覺. 非有覺者, 由互相待, 相待而成, 則非無覺. 非無覺故, 說名爲覺, 非有自性名爲覺也. 略明二覺竟在於前."

작용'(覺照用)에 의해 번뇌를 끊는] '비로소 깨달아 감'(始覺)이 없을 것인데, 무엇에 의거하여 [현실적으로 존재하는] 범부가 있는 것이겠는가? [또] 그 범부에게도 끝내 '비로소 깨달아 감'(始覺)이 없다면 [범부에게는 '비로소 깨달아 감'(始覺)으로 회복해야 할] '깨달음의 본연'(本覺)[인 '사실 그대로 앎']도 없을 것인데, 어면 [있지도 않은] '깨달음의 본연'(本覺)[인 '사실 그대로 앎']에 의거하여 범부가 없다고 말하겠는가? [본래부터 번뇌가 끊어져 있는] '깨달음의 본연'(本覺)[인 '사실 그대로 앎']이 있기 때문에 '깨닫지 못함'(不覺)은 본래 없고, '깨닫지 못함'(不覺)이 없으므로 끝내 ['깨달음으로 비추는 작용'(覺照用)에 의해 번뇌를 끊는] '비로소 깨달아 감'(始覺)이 없을 것이며, '비로소 깨달아 감'(始覺)이 없으므로 ['비로소 깨달아 감'(始覺)으로 회복해야 할] '깨달음의 본연'(本覺)[인 '사실 그대로 앎']도 본래 없다는 것을 알아야 한다. [그러나] 〈'깨달음의 본연'(本覺)[인 '사실 그대로 앎']이 없다〉[는 말]에 이른 것은 그 연원이 〈'깨달음의 본연'(本覺)[인 '사실 그대로 앎']이 있다〉는 것에서 비롯하는 것이고, 〈'깨달음의 본연'(本覺)[인 '사실 그대로 앎']이 있다〉는 것은 〈'비로소 깨달음'(始覺)이 있다〉는 것에서 비롯하는 것이며, 〈'비로소 깨달아 감'(始覺)이 있다〉는 것은 〈'깨닫지 못함'(不覺)이 있다〉는 것에서 비롯하는 것이고, 〈'깨닫지 못함'(不覺)이 있다〉는 것은 '깨달음의 본연'(本覺)[인 '사실 그대로 앎']을 조건으로 삼기 때문이다. [이런 도리는] 아래 『대승기신론』의] 문장에서 〈'깨달음 본연의 면모'(本覺義)란 것은 '비로소 깨달아 가는 면모'(始覺義)에 대응하여 설하는 것이니, '비로소 깨달아 감'(始覺)이란 것은 바로 '깨달음의 본연'(本覺)[인 '사실 그대로 앎']과 같기 때문이다. '비로소 깨달아 가는 면모'(始覺義)란 것은, '깨달음의 본연'(本覺)[인 '사실 그대로 앎']에 의거하기 때문에 '깨닫지 못함'(不覺)이 있고 [다시 이] '깨닫지 못함'(不覺)에 의거하기 때문에 '비로소 깨달아 감'(始覺)이 있다고 말하는 것이다.〉(本覺義者, 對始覺義說, 以始覺者卽同本覺. 始覺義者, 依本覺故而有不覺, 依不覺故說有始覺)라고 한 것과 같다. 이와 같이 거듭하여 바뀌어 가면서 서로에게 기대어 있음을 알아야 하니, [이것은] 바로 모든 현상은 '[전혀] 없는 것이 아니지만 [불변·독자적 실체로서] 있는 것도 아니며 [또한] [불변·독자적 실체로서] 있는 것이 아니지만 [전혀] 없는 것도 아니라는 것'(非無而非有, 非有而非無)을 드러내는 것이다."¹⁵³

V. 본각本覺이란 무엇인가? 혹은 무엇이어야 하는가?   167

위에 인용한 『대승기신론』의 내용 가운데 "이른바 '깨달음의 면모'(覺義)란 '마음의 본연'(心體)이 '[근본무지에 따라] 분별하는 생각'(念)을 벗어난 것을 말한다"(所言覺義者, 謂心體離念)라는 구절에 등장하는 '마음의 본연'(心體)이라는 용어를 어떻게 이해해야 하는가의 문제는 매우 중요하다. 이것은 곧 『대승기신론』과 원효가 구사하는 '본각本覺' '일심一心' '진심眞心' '심원心源' '진각眞覺' '자성청정심自性淸淨心' '법신法身' '여래법신如來法身'과 같은 긍정형 기호에 대한 이해의 토대가 되기 때문이다. 사유방식을 기준으로 삼아 볼 때, 해석학적 선택지는 앞서 거론한 두 가지 가운데 하나이다. 하나는, '마음의 본연'(心體)을 〈마음에 이미 내재하는 불변의 '참된 것' '완전한 것'〉으로 읽고, 같은 계열의 긍정형 용어들에도 '불변의 본질적 속성'이나 '현상 배후의 독자적 실체'라는 의미를 부여하는 것이다. 그리고 다른 하나는, '마음의 본연'(心體)을 〈'현상의 사실 그대로'를 왜곡·오염시키던 무지를 극복할 때 비로소 역동적으로 구현되는 '현상의 사실 그대로인 참됨·온전함이 드러나는 마음 지평〉으로 읽으면서, 같은 계열의 긍정형 용어들도 이러한 뜻과 상응하는 의미로 파악하여 '불변의 본질'이나 '실체적 독자성 및 배후적 지위'를 부여하지 않는 것이다.

불변의 본질이나 이면의 실체를 지시하는 용어로 해석하는 전자의 사유방식을 채택한다면, 이러한 용어들로 직조된 교학이나 이론은 불교적 사유 정체성과 결별하게 된다. 그것은 동서양에 걸쳐 넓게 포진한 '불변·동일·절대의 본질/실체를 설정하는 신비주의·형이상학적 사유방식'과 연대하는 것이며, 붓다가 혁명적으로 극복한 우파니샤드의 개념체계로 다시 복귀하는 것이다. 필자가 볼 때, 근대 이전 교학에서는 이런 용어들을 이해하는 두 가지 사유방식이 혼재하고 있는 데 비해, 학문적 발전을 자부하는 근대 이후의 불교학에서는 오히려 전자의 사유방

---

153 『별기』(1-683c15-684a5): "若汝言由有本覺本來無凡, 則終無始覺, 望何有凡者? 他亦終無始覺則無本覺, 依何本覺以說無凡? 當知由有本覺故本無不覺, 無不覺故終無始覺, 無始覺故本無本覺. 至於無本覺者源由有本覺, 有本覺者由有始覺, 有始覺者由有不覺, 有不覺者由依本覺. 如下文云, 〈本覺義者, 對始覺義說, 以始覺者卽同本覺. 始覺義者, 依本覺故而有不覺, 依不覺故說有始覺.〉 當知如是展轉相依, 卽顯諸法非無而非有, 非有而非無也."

식에 의한 이해가 압도적인 것으로 보인다.

심체心體나 본각本覺이라는 용어를 〈'현상의 사실 그대로'를 왜곡·오염시키던 무지를 극복할 때 비로소 역동적으로 구현되는 '현상의 사실 그대로인 참됨·온전함에 대한 이해와 경험'〉을 지시하는 기호로 읽을 때, 이 용어들은 필연적으로 또 하나의 의미를 내포하게 된다. 〈'현상의 사실 그대로인 참됨·온전함에 대한 이해와 경험'을 후현後顯시킬 수 있는 잠재적 능력 혹은 잠재적 가능성이 있다〉는 의미가 그것이다. '현상의 사실 그대로인 참됨·온전함'을 경험지평에 구현시킬 수 있는 조건들(始覺)을 확보해 갈 수 있는 능력이 깨달음의 주체에게 잠재되어 있다는 전제가 깔려 있는 것이다. 이런 까닭에 심체心體나 본각本覺은 두 가지 의미를 지니게 된다. 하나는 〈후현後顯된 '현상의 사실 그대로인 참됨·온전함'〉이고, 다른 하나는 〈현상의 사실 그대로인 참됨·온전함'을 후현시킬 수 있는 잠재력〉이다. 실제로 『대승기신론』과 원효는 이들 용어에 두 가지 의미를 모두 부여하고 있다. **결국 본각本覺이라는 용어에는 '후현後顯되는 참됨·온전함'과 '참됨·온전함을 후현後顯시킬 수 있는 잠재적 능력'이라는 두 가지 뜻이 모두 담겨 있다. 그리고 이 두 가지 의미를 결합시켜 보면, 본각이라는 용어는 〈인간이 언어인간으로의 진화과정에서 품게 된 잠재적 능력을 계발시켜, '현상의 사실 그대로'를 왜곡·오염시키던 무지를 극복할 때, 비로소 역동적으로 구현되는 '현상의 사실 그대로인 참됨·온전함에 대한 이해와 경험'〉을 지시하는 것이 된다. 원효는 〈현상의 사실 그대로인 참됨·온전함'을 경험지평에 드러낼 수 있는 새로운 능력〉(始覺)을 계발하는 과정에서 작동하는 힘을 '본각이 지닌 불가사의한 훈습熏習의 힘'이라고 부른다.**

"'깨달음의 면모'(覺義)라고 말한 것에는 곧 두 가지가 있으니, '깨달음의 본연'(本覺)[인 '사실 그대로 앎']과 '비로소 깨달아 감'(始覺)을 말한다. '깨달음의 본연'(本覺)[인 '사실 그대로 앎']이라 말한 것은 이 '마음의 온전한 면모'(心性)가 '깨닫지 못함의 양상'(不覺相)에서 벗어난 것을 일컫는 것이니, 이 ['마음의 온전한 면모'(心性)가 지닌] '깨달음으로 [현상들을] 비추는 면모'(覺照性)를 '깨달음의 본연'(本覺)[인 '사실 그대로 앎']이라 부른다. 『대승기신론』의 아래 문장에서 〈이른바 ['참 그대로'(眞

如]' '스스로의 본연'(自體)에 크나큰 지혜 광명의 면모가 있기 때문이다'〉(所謂自體有大 智慧光明義故)라고 한 것과 같다. '비로소 깨달아 감'(始覺)이라 말한 것은, 곧 이 '마음 의 온전한 본연'(心體)이 근본무지(無明)라는 인연(緣)에 따라 움직여 '[근본무지에 따 라] 잘못 분별하는 생각'(妄念)을 짓지만, '깨달음 본연'(本覺)[인 '사실 그대로 앎']의 '거듭된 영향력'(熏習力) 때문에 점점 '깨달음의 작용'(覺用)이 있게 되다가 궁극에 이 르러서는 '깨달음의 본연'(本覺)[인 '사실 그대로 앎']과 다시 같아지니, 이것을 '비 로소 깨달아 감'(始覺)이라 부른다."¹⁵⁴

"이 '[생겨나(生)·머무르고(住)·달라지며(異)·사라지는(滅) 분별망상의] 네 가지 양상'(四相)을 총괄하여 '[분별하는] 한 생각'(一念)이라 부르니, 이 '[분별하는] 한 생각 의 네 가지 양상'(一念四相)에 의거하여 '네 가지 지위'(四位)에 차례로 나아감을 밝혔 다. [이것은 다음과 같은 내용을] 밝히려고 하는 것이다. 본래 '근본무지의 깨닫지 못하는 힘'(無明不覺之力)에 의거하여 '생겨나는 양상'(生相) 등 갖가지 '[허망한] 꿈과 같은 분별하는 생각'(夢念)을 일으켜 '[사실 그대로와 만나는] 근원적 마음'(心源)[인 온전한 마음지평]을 동요시켜 바꾸어서 [마침내 분별망상의] '사라지는 양상'(滅相) 에까지 이른다. [그래서] 오랫동안 '[근본무지에 매인] 세 가지 세계'(三界) 속에 잠자 듯 빠져들어 '몸의 과보를 받는 여섯 가지 세계'(六趣)로 떠돌아다니다가, 이제 〈'깨 달음의 본연'[인 '사실 그대로 앎']에서 나오는 '생각으로는 이루 헤아릴 수 없는 거듭된 영향력'〉(本覺不思議熏) 때문에 '[분별에 이끌리는 것을] 싫어하고 [온전한 진 리세계를] 즐거워하는 마음'(厭樂心)을 일으켜 차츰 '본래적 근원'(本源)[인 '하나처럼 통하는 마음지평'(一心)]으로 향한다. [그리하여] 비로소 [분별망상의] '사라지는 양 상'(滅相)을 [깨달아] 그치고, 나아가 [분별망상의] '생겨나는 양상'(生相)[을 깨달아 그 치는 데]에 이르러 환하게 크게 깨닫고, '자기 마음이 본래 [실체로서] 동요한 것이 없음'(自心本無所動)을 확연하게 깨달아, 이제 고요한 것도 없고 본래 평등하여 '[사실

154 『별기』(1-683b5-11): "言覺義者, 即有二種, 謂本覺始覺. 言本覺者, 謂此心性離不覺相, 是覺照性, 名爲 本覺. 如下文云, 〈所謂自體有大智惠光明義故.〉 言始覺者, 即此心體隨無明緣動, 作妄念, 而以本覺熏習力 故, 稍有覺用, 乃至究竟, 還同本覺, 是名始覺."

그대로와] 하나로 같아지는 자리'(一如床)에 머물게 된다. [이것은]『금광명경金光明經』에서 말한 '꿈속에서 강물을 건너가는 비유'(夢度河喩)와 같은 것이니, 이 [『대승기신론』]에서 자세하게 설명하려는 '핵심 취지'(大意)도 이와 같은 것이다."[155]

    그런데 본각을 이해하는 사유방식의 문제를 이상과 같이 신비주의·형이상학적 유형과 경험주의적 유형으로 대별하여 정리하고 나면, 곧이어 또 하나의 과제가 기다렸다는 듯이 다가온다. 〈'현상의 사실 그대로인 참됨·온전함'을 경험지평에 드러낼 수 있는 새로운 능력〉(始覺)과 이 〈'비로소 확보하는 새로운 능력'(始覺)으로 인해 드러나는 본각 지평〉은 구체적으로 어떤 내용인가? 또 그것은 인간의 실존적 경험과 세상에서 어떤 문제를 어떻게 해결하는 것인가?

    원효가 언급한 '본각이 지닌 불가사의한 훈습熏習의 힘'의 정체도, 이 질문에 응답하는 내용에 따라 드러나게 된다. '통섭적 깨달음 담론의 치유철학적 구성'을 구성하기 위해서 반드시 통과해야 할 관문이다. '통섭철학에 의거한 깨달음 담론의 구성'에 대한 필자의 전망도 결국 이 지점을 향하고 있다. 그러나 이 질문에 제대로 그리고 충실히 대답하려면, 열린 태도와 정밀하게 고도화된 능력으로 많은 주제를 성찰해야 한다. 기존의 교학 이론으로만 해결되는 문제도 아니고, 칼럼류類의 몇 마디 촌평으로 대답할 수 있는 것도 아니다. 현미경 같은 미시적 성찰과 망원경 같은 거시적 시선을 동시에 작동시키면서 한 땀 한 땀 뜨개질하듯 채워 가야 할 작업이다. 그것은 붓다의 법설과 다시 대화해 보는 여정이며, 붓다 법설에 대한 기존 해석학적 성취들과의 '만남과 헤어짐'이 거듭되는 길이다. 가지 않았던 길일 수도 있고, 방치했던 길일 수도 있으며, 놓쳤던 길일 수도 있고, 벗어났던 길일 수도 있다. 제대로 된 길을 선택하여 걸어 보려는 의지가 지칠 줄 모르고 이어지고 보내셔야 비로소 느러나는 길이다. '통섭적 깨달음 담론의 치유철학적 구성'

---

155 『기신론소』(1-709a24-b8): "總此四相名爲一念, 約此一念四相, 以明四位階降. 欲明本依無明不覺之力, 起生相等種種夢念, 動其心源, 轉至滅相, 長眠三界, 流轉六趣, 今因本覺不思議熏, 起厭樂心, 漸向本源, 始息滅相乃, 至生相, 朗然大悟, 覺了自心本無所動, 今無所靜, 本來平等, 住一如床. 如經所說夢度河喩, 此中應廣說大意如是."

이라는 필자의 관심은 그 길을 열어 보려는 의지이다.

🪷 깨달음 독법의 새로운 모색—통섭적 깨달음 담론의 치유철학적 구성을 위한 몇 가지 문제들

'통섭적 깨달음 담론의 치유철학적 구성'을 위해 그 첫 관문을 본각 개념으로 선택하였다. 아울러 본각의 의미를 읽어 내는 두 가지 상이한 사유방식을 구분해 보았는데, 하나는 〈절대적이고 불변하는 참된 것의 내면·이면적 선재先在를 설정하는 신비주의·형이상학적 사유방식〉이고, 다른 하나는 〈현상의 사실 그대로에 대한 이해와 경험'의 역동적 후현後顯을 주장하는 경험주의적 사유방식〉이다. **본각에 대해 신비주의·형이상학적 사유방식은 〈본각은 '불변·동일·절대의 참된 것'이며, 그것은 인간 내면이나 현상 이면에 선재先在한다〉고 본다.** 이에 비해 경험주의적 사유방식은, 본각이라 부르는 참됨이나 온전함은 불변·동일·절대의 것으로 존재하는 것이 아니라, 〈인간이 언어인간으로의 진화과정에서 품게 된 잠재적 능력을 계발시켜, '현상의 사실 그대로'를 왜곡·오염시키던 무지를 극복할 때, 비로소 역동적으로 구현되는 '현상의 사실 그대로인 참됨·온전함에 대한 이해와 경험'〉을 지시하는 것으로 본다.

본각을 보는 시선이 어떤 것이냐에 따라 수행론도 상이한 내용으로 수립된다. 본각을 신비주의·형이상학적 시선으로 읽으면, '불변·동일·절대의 참된 것'은 내면이나 이면에 이미 본래부터 존재하지만 언어와 사유(혹은 분별망상) 및 욕망에 가려져 있다. 그러므로 그 '불변·동일·절대의 참된 것'을 드러내고 만나려면 언어·사유·욕망과의 접속을 끊고 초월해야 한다. 따라서 **신비주의·형이상학적 시선에 의거한 수행론에서는 인간의 핵심 면모인 언어와 사유 및 그에 의거한 욕망을 부정적·적대적으로 처리한다.** 언어·사유·욕망을 지우거나 벗겨 냄으로써 가려져 있던 '불변·동일·절대의 온전함'을 드러내는 것이 수행론의 목표이자 원리이다.

그런데 깨달음·본각과 수행에 대한 이러한 시선은, 불교인(특히 동북아시아 대승/선종 권역 구성원과 한국불교인)에게 혹 매우 익숙한 것은 아닌가? 〈마음 내면 혹은 우주에 '본래부터 존재'하는 '불변·절대의 완전한 것'이지만 언어와 분별사유 및 욕망에 의해 '가려져 있는 존재'〉라는 존재론적 시선, 〈언어·사유·욕망의 장막을 벗겨내면 감추어져 있던 '불변·절대의 완전하고 참된 것'이 일시에 통째로 드러나 빛을 발할 것〉이라는 인식론적 시선, 이 신비주의·형이상학적 존재론과 인식론이 결합하여, 자성自性·본성本性·불성佛性·여래장如來藏·일심一心·진여眞如·본각本覺이라는 긍정기호들을 읽는 '깨달음 독법'으로 작동하고 있는 것은 아닌가?

선종 선불교의 돈오견성頓悟見性이나 화두참구 관련 언어에도 이러한 깨달음 독법을 적용하고 있는 것은 아닌가? 〈언어·사유·욕망의 장막에 가려져 있던 내면의 '불변·절대의 완전하고 참된 것'을 보게 되는 것〉이 견성見性이며 그것을 깨달음의 성취라고 보는 이해가 혹 널리 공유되고 있는 것은 아닌가? 〈불성佛性·자성自性·본래면목·주인공은 '본래부터 존재하는 불변·절대의 완전한 것'이고, 그것을 직접 체득하게 하는 것이 선종 선불교의 '직지인심直指人心' '즉심시불卽心是佛' '본래 부처'의 도리이다〉라는 이해, 〈그 본래부터의 완전한 존재가 지금 그대로 현현하고 있다는 생각을 챙겨가는 것이 묵조선默照禪의 도리이다〉라는 이해가, 선불교의 깨달음 독법을 장악하고 있는 것은 아닌가?

만약 그렇다면, **이러한 유형의 깨달음 독법은 '우파니샤드 신비주의·형이상학의 불교적 유형'이라는 혐의를 벗기가 어려울 것이다. 인도뿐 아니라 모든 문명권 사유의 질긴 경향이자 강력한 유혹인 신비주의·형이상학적 해법이 불교의 옷을 입고 활개 치는 것일 수 있다.** 이러한 의문의 근거가 타당한 것이라면, 불교는 자기 내부에 자리 잡은 가장 비非불교적인 사유방식에 의해 자신의 정체성과 생명력을 훼손시켜 왔으며 그 행적은 의외로 광범위하다고 할 수 있다. 그리고 이 신비주의·형이상학적 사유방식의 개입은 교학 형성의 매우 이른 시기부터 이루어졌을 가능성이 있다. 신비주의·형이상학적 사유방식의 발자국은 상좌부 아비담마의 교학과 수행론에서부터 목격된다는 것이 필자의 소견이다. 남전과 북전 모두에서 교학과 수행론을 막론하고 다양한 모습으로 내부에 자리 잡은 신비주의·형이상학적 사유방식을 확인하고 성찰하며 극복하는 것은 '불교적 깨달음 담론'이 감당해야 할 과제이다. 교학과 수행론에 반영된 신비주의·형이상학적 사유는 대부분 무아無我나 공空의 언어 뒤에 숨어 있기 때문에, 확인과 성찰 및 극복이 매우 어렵게 되어 있다는 점도 직시해야 한다. 불교 내부의 강력한 반발이 가장 큰 장애가 될 수도 있다. 결코 쉽지 않지만, 방치할 수도 없는 과제라고 본다. 불교의 미래는 근본적으로 이 과제에 어떤 수준과 내용으로 대응하는가에 달려 있다고 본다.

'본각'이나 '깨달음'의 의미를 읽어 내는 두 가지 상이한 사유방식은 '깨달음과 관련된 두 가지 비판담론'과 직결되어 있다. 한국불교, 특히 선종을 계승하는 불교에 대해 언제나 거론되는 두 가지 비판대상이, 다름 아닌 '깨달음을 보는 신비주의·형이상학적 사유방식'에서 발원하고 있다. **두 가지 비판대상이란 '깨달음 한건주의'와 '반反지성·반反언어의 깨달음관'이다.** 한국불교 전반에는 〈한 번 깨닫기만 하면 모든 것이 일시에 완결될 것이다〉라는 기대가 수행인들의 마음을 장악하고 있고, 특히 선종의 전통 속에서 수행하는 사람들 가운데서 쉽게 목격된다는 것이, '깨달음 한건주의'에 대한 비판의 핵심이다. 또 한국불교 구성원들은 지적 성찰이나 언어를 깨달음의 장애 요인으로 간주하는 반反지성·반反언어의 태도를 취하는 경향이 강하다는 것이, '반反지성·반反언어의 깨달음관'에 대한 비판의 요지이다. 필자는 **'깨달음 한건주의'와 '반反지성·반反언어의 깨달음관'이 모두 '깨달음에 관한 신비주의·형이상학적 사유'와 맞물려 있다고** 생각한다.

'깨달음 한건주의'라는 것은, 깨닫기만 하면, 화두 의심만 깨뜨리면, 단번에 완전한 깨달음을 일시에 확보할 수 있다는 신념이다. 그래서 단박에 무애도인으로 비약할 수 있다는 기대이다. 깨달음의 물꼬가 한 번 터지기만 한다면, 원하던 모든 경지를 한꺼번에 모두 획득할 수 있을 것이라는 벅찬 설렘으로 수행에 임하는 태도이다. 그리고 이런 태도들은 특히 선종 선문의 돈오頓悟를 그 신념의 강력한 근거로 채택한다. 불교사상사, 특히 선종사의 돈점담론은 돈오를 둘러싼 신비주의·형이상학적 시선과 경험주의적 시선의 충돌 문제로도 읽을 수 있다.[156] 돈오는 선禪과 깨달음에 관한 선종의 관점을 파악하기 위한 핵심 관문이다. 필자는 돈오의 문제가 붓다의 법설을 탐구하는 데에도 매우 중요하다고 생각한다. 그러나 돈오에 관해 교계와 학계에서 진행된 현재까지의 탐구내용으로는 돈오가 지니는 이러한 위상을 드러내기에 많이 부족하다고 본다. 새로운 독법의 다양한 시도를 기다리고 있는 문제영역이다. 필자도 나름대로 음미해 왔지만 향후에도 지속적으로 탐구해 보려고 한다. '깨달음 한건주의'가 돈오를 자기신념의 근거로 채택하는 것은 돈오에 대한 엉뚱한 오독誤讀이라는 것이 필자의 관점이다.

깨달음에 대해 반反지성주의·반反언어주의의 태도를 취하는 학인들은 경론에서 등장하는 '불가사의不可思議'나 '불가언설不可言說' 등의 말을 흔히 그 태도의 근거로 삼는다. 〈진리나 깨달음은 사유와 언어를 초월한다는 것이 '불가사의不可思議·불가언설不可言說'이라는 말의 뜻이다〉고 이해한다. 그리하여 '지적 성찰과 언어는 깨달음의 방해물'이며 '진리나 깨달음은 사유나 언어에 의해 파악할 수도 없고 그것들에 담아낼 수도 없는 것'이라고 주장한다. 그리하여 이들은 모든 지적 성찰을 '불변·절대의 참된 것을 가리는 장애물'로 취급하는 신비주의 인식론을 선호하고, 〈언어를 지우거나 언어에서 빠져나가야 불변·절대의 참된 것을 얻는다〉고 보는 신비주의 언어관을 채택한다. 선종의 '불립문자不立文字' 천명은 이러한 신비주의 언어관이 즐겨 채택하는 논거이기도 하다. 그러나 경론과 어록에서 등장하는 **불가사의不可思議·불가언설不可言說·불립문자不立文字 등의 언어부정적 표현을 이해할 때는, 이런 용어들이 등장하는 문장들의 전체 맥락을 고려하는 동시에 용어들의 '조건적 의미 발생'을 놓치지 말아야 한다. 이런 용어들은 사유와 언어의 전면적 부정을 의미하는 '무조건적 용법'이 아니라, 사유와 언어가 부정적 역할을 하는 내용과 맥락을 조건적·제한적으로 드러내는 '조건적 용법'이다.** 이런 표현들의 의미를 발생시키는 조건들, 그 조건들에 의해 발생하는 의미가 무엇인지를 조건인과적(연기적)으로 파악해야 한다.

---

156 필자의 『돈점 진리담론』(세창출판사, 2016)은 이러한 문제의식의 한 표현인데, 지금 거론하는 '신비주의·형이상학적 사유와 경험주의적 사유의 대비'를 더욱 명확히 드러내는 후속 작업을 계획하고 있다.

붓다는 '언어'와 '인간의 사유 및 욕망'의 '조건 인과관계'(연기)를 깊이 통찰한 것으로 보인다. 언어·사유·욕망에 관한 붓다의 태도는 명백히 경험주의적 시선의 연장선에 있는 것이며, 신비주의·형이상학적 시선을 비판하고 있다. 붓다는 '언어와 사유·욕망·행위의 상호 조건인과'에 대한 성찰을 통해, 언어가 지닌 부정적 역할과 긍정적 역할을 모두 '조건적으로' 통찰한다. 그리하여 깨달음과 관련하여 언어를 대하는 태도 역시 긍정과 부정 모두를 아우르는 양가적兩價的 태도를 보여 준다. 〈진리나 깨달음은 언어에 의해 가려지기도 하고 드러나기도 한다〉는 것이 붓다의 태도인 것이다. 그리고 언어가 진리나 깨달음을 드러내는 것이 되게 하려면, 〈인간은 '언어에 수반하는 동일성·불변성이라는 환각적 무지'를 극복할 수 있는 새로운 언어능력자가 되어야 한다〉는 것이 붓다의 태도이다. 붓다는 '언어와 접속한 채 언어의 덫을 푸는 제3의 길'을 연 것이며, 이 제3의 길이 중도中道의 한 의미라고 본다.

궁극적 진리나 깨달음을 위해 언어를 지우거나 언어에서 빠져나가는 '신비주의의 언어부정적 태도'를 취하는 것이 아니라, 언어의 덫을 풀기 위해 '새로운 언어능력'을 확보하는 길을 여는 것이 붓다의 입장이며, 선종은 이 붓다의 입장을 선禪의 범주에서 개성 있게 계승하고 있다는 것이 필자의 이해이다. 또 개인적으로도 붓다와 선종이 보여 주는 이러한 언어관에 동의하고 있다. 여기서 '새로운 언어능력'은 언어 자체의 문제가 아니라, 언어와 상호 조건적으로 관계 맺고 있는 '이해와 마음 및 행동'의 새로운 지평이다. 깨달음 등 인간의 그 어떤 경험 현상의 발생도 언어를 떼어 놓고는 불가능하다는 것, 그러므로 언어에서 발생하는 문제는 '언어와의 절연絕緣'을 통해 해결할 수 없고 '언어와의 새로운 관계'를 통해 해결될 수 있다는 것이 붓다의 입장으로 보인다. 진화과정에서 인간이 품게 된 언어적 사유/인지능력의 내용을 고려해도 이러한 입장이 타당하다.

언어를 어떤 관점으로 대하는가에 따라, '궁극 진리나 깨달음에 대한 관점' '진리나 깨달음이 구현된 세상에 대한 전망과 구현하는 과정 및 방법' 등에 관한 탐구 방향과 내용이 달라진다. '깨달음 담론'의 거의 모든 내용을 결정하는 분기점이 되는 것이다. 〈인간은 유사한 차이들을 언어기호에 담아 처리하는 언어능력을 꿈게 됨으로써 다른 생명체들에서는 복격되지 않는 특유의 축복과 재앙을 동시에 지니게 되었다. 인간의 언어능력이 지닌 이 상반되는 양가적兩價的 면모야말로 인간학의 핵심이다. 인간의 모든 문제는 근원적으로 언어와 연루되어 있으며, 언어와의 관계능력을 어떤 수준으로 가꾸어 가느냐에 따라 인간 세상의 행·불행 수준도 결정된다. 그리고 신비주의류類의 언어부정 및 초월의 태도로는 언어와의 관계능력 향상이 불가능하다.〉—이것은 필자가 불교철학을 탐구하는 초입부터 지금까지 일관되게 품어 온 생각이다. 붓다와 원효 및 선종과의 대화가 진전됨에 따라 이러한 생각은 갈수록 견고한 근거들을 확보할 수 있었다. '통섭적 깨달음 담론의 치유철학적 구성'에 대한 전망은 그 연장선에서 형성된 것이다.[157]

　　신비주의·형이상학적 사유방식은 〈불변·절대의 참된 것'이 인간 내면이나 현상의 이면에 선재先在한다〉라고 보는 시선이며, '깨달음 신비주의'는 이러한 사유방식에 의거하여 〈언어·사유·욕망의 장막 뒤에 감추어져 있던 '불변·절대의 완전하고 참된 것'과 직접 만나는 것이 깨달음이다〉고 보는 시선이다. 따라서 '깨달음 신비주의'는, 〈내면에 혹은 우주에 '본래부터 존재하는 불변·절대의 것'이지만 언어·사유·욕망에 의해 가려져 있는 존재〉라는 존재론적 시선과, 〈언어·사유·욕망의 장막을 벗겨 내면 가려져 있던 '불변·절대의 완전하고 참된 것'이 일시에 통째로 드러날 것〉이라는 인식론적 시선을 수립한다. 그리고 이러한 '깨달음 신비주의'의 존재론과 인식론이 결합하면 '깨달음 한건주의'와 '반反지성·반反언어의 깨달음관'을 발생시킨다. 이렇게 보면, 〈불변·절대의 완전한 것을 한꺼번에 다 얻을 것이다〉라는 '깨달음 한건주의'와, 〈지적 성찰과 언어는 깨달음의 방해물이고, 진리나 깨달음은 사유나 언어에 의해 파악할 수도 없고 담아낼 수도 없다〉는 '반反지성·반反언어의 깨달음관'은, 결국 깨달음 신비주의의 산물이다. 동시에 이 깨달

157　필자는 이러한 관심을 「불교의 언어이해와 불립문자不立文字」(고려대학교대학원 석사논문, 1984); 「원효의 언어이해」(『신라문화』3/4합집, 동국대신라문화연구소, 1987); 「언어, 붙들기와 여의기 그리고 굴리기—화두 의심과 돈오견성의 상관관계와 관련하여」(『동아시아불교문화』7집, 동아시아불교문화학회, 2011); 「원효 선관禪觀의 철학적 읽기—선과 언어적 사유의 결합문제와 관련하여」(『동아시아불교문화』 16집, 동아시아불교문화학회, 2013); 『돈점 진리담론』(세창출판사, 2017); 「이해와 마음」(『대승기신론소·별기』 해제, 세창출판사, 2020) 등을 통해 꾸준히 가다듬어 왔다.

V. 본각本覺이란 무엇인가? 혹은 무엇이어야 하는가?

음 신비주의는 신비주의·형이상학적 사유에 의거하고 있다. 결국 한국불교 비판 담론의 주요 내용인 '깨달음 한건주의'와 '반反지성·반反언어의 깨달음관'은 모두 신비주의·형이상학적 사유의 표현인 것이다.

'깨달음 한건주의' 및 '반反지성·반反언어의 깨달음관'의 발생 연원을 이렇게 파악한다면, 이 문제를 극복하는 길도 분명해진다. 깨달음에 관한 '신비주의·형이상학적 독법'을 '경험주의적 독법'으로 바꾸는 것이 그 길이다. **깨달음 독법을 구성하는 사유방식을 신비주의·형이상학적 유형으로부터 경험주의적 유형으로 바꾸는 것이 문제를 근원에서부터 푸는 길이다.** 〈불변하고 절대적인 참된 것의 내면·이면적 선재先在'를 설정하는 신비주의나 형이상학적 사유방식〉의 길에서는 문제가 더욱 악화된다. 〈현상의 사실 그대로에 대한 이해와 경험'의 역동적 후현後顯을 주장하는 경험주의적 사유방식〉이 열어 가는 길에서라야 문제가 풀린다. 이 길에서는 언어·사유·욕망과 접속을 유지하면서 문제를 풀어 갈 수 있다.

자성·본성·불성·여래장·일심·진여·본각 등의 긍정기호들을 통해 불교를 이해하고, 또 그런 기호들에 의거하여 수행체험을 드러내었던 전통 학인들 모두가, 지금 거론하는 신비주의·형이상학적 사유방식과 그에 의거한 깨달음 신비주의에 빠져 있었다고 생각하지는 않는다. 원효를 보아도 그렇다. 또한 '돈오頓悟' '직지인심直指人心 견성성불見性成佛' '마음이 곧 부처' '본래 면목' '주인공' 등의 선어禪語를 통해 수행하고, 체득 또한 그런 언어들을 통해 드러낸 선종 학인들도 사정은 마찬가지라고 본다. 또 높은 평가를 받는 전통 학인들의 언어가 모두 깨달음에 관한 경험주의적 독법을 취득했거나 그에 철저했다고 보기도 어렵다. 기라성 같은 선장禪杖들의 언어일지라도 모든 가능성을 열어 놓고 보아야 한다. 그리고 동일 학인에게 신비주의·형이상학적 사유방식과 경험주의적 사유방식이 혼재하는 경우도 있을 것이다. 불교계보의 언어들을 탐구하는 학인들은, 이 이질적 사유방식이 동일인에게 혼재 및 병존할 수 있을 가능성을 열어 두어야 한다.

필자는 개인적으로 선종의 안목을 매우 높게 평가하고 있다. 붓다 선법禪法의 핵심을 포착하여 창발적 방식으로 펼쳐 내는 선장禪杖들의 경이로운 안목과 역량에 전율한다. 붓다 선법의 정지正知 지평에 곧바로 눈뜨게 해 주고 그 자리에 올려

주는 '살려 주는 말'(活句)들, 그 명확한 낙처落處는, 감당하기 어려울 정도로 쏟아지는 축복이다.[158] 선장禪杖들의 언어에는 '경험주의적 사유에 의거한 깨달음관'에서 숫구쳐 오르는 생명력이 펄펄 살아 넘친다. 그것도 창발적인 방식으로. 그런데 후기 선종으로 갈수록, 특히 간화선 언어가 세우는 관문關門이 겹겹이 꼬여 고도화되고 상단上壇법문이 정형화된 이후부터, 선종 내부에서는 선어禪語들을 신비주의·형이상학적 사유로 대하는 경향이 확산되고 누적되어 간 것으로 보인다.[159]

〈삼매를 거부하고 공空에 대한 이해를 즉각적으로 체득하게 하는 것〉·〈불성佛性을 직관하게 하는 것〉·〈삼라만상이 불성·본각本覺의 현현임을 깨닫게 하는 것〉·〈참된 마음을 깨닫게 하는 것〉·〈주인공인 참된 자아를 성취하게 하는 것〉 등의 관점은 선사상 이해를 위해 가장 널리 채택되는 시선들이다. 그리고 이런 견해들 속에서는, 명시적으로나 암묵적으로 다양한 형태의 신비주의·형이상학적 시선들이 작동하는 경우가 흔하게 목격된다. 특히 근대 이후의 '학문 불교학'이 보여 주는 선불교 탐구는 이런 이해들을 이론화시키는 경향이 있다.

필자는 선불교를 이해하는 이런 독법에 동의하지 않는다. 이와 관련한 나름의 관점을 분명하게 밝히려면 밑그림에 해당하는 폭넓은 작업이 필요하다. 개인적으로는 전체 그림을 완성시키기 위한 부분작업을 유기적 연관 속에서 이어 가는 수순을 꾸준히 밟아가고 있다. 붓다와 원효와의 대화 내용도 그 연관체계 안에 포함된다. 그래야 깊고도 넓은 조망이 가능하기 때문이다. 선불교를 선불교의 언어나 전통교학의 언어만으로 설명하는 방식은 한계가 명백하다. 또 논리적 사변과 현학적 지식들을 열거하면서 정작 알맹이는 빠뜨리는 식의 비교철학적 독법도 남의 다리 긁는 격이 되기 십상이다. 앞서 거론한 '철학적 읽기'의 조건들을 갖춘 새로운 독법들이 많이 등장해야 한다.

---

158 붓다의 정지正知법문과 선종 선어禪語의 접속에 관한 이러한 견해는 새로운 시선이기 때문에 상세한 논의가 필요하다. 견해의 논거들은 확보하고 있지만, 글에 담아내는 작업은 가급적 풍부한 밑그림을 그리는 것이 소통력과 설득력을 높여 준다고 생각하여 지속적으로 수순을 밟아 가는 중이다. 이 책에서 거론할 '육근수호 정지正知'의 의미에 대한 개인적 소견도 이 문제와 직결되어 있다.

159 이 문제는 아래의 [부록] 「중도의 철학적 의미―성철·원효·붓다에 기대어」라는 글에서 상론된다.

V. 본각本覺이란 무엇인가? 혹은 무엇이어야 하는가? 179

선종의 언어들에서는 '주인공' '보고 듣고 말하는 자' '본래면목' '진심眞心' 등과 같은 주체 긍정형 용법과 '자성自性' '본성本性' 등과 같은 존재 긍정형 용법이 두드러진다. 그리고 이런 기호들의 의미를 실체나 본질 혹은 아트만에 해당하는 '참자아'로 읽은 후, 〈이런 언어들을 구사하는 경우는 모두 불교가 아니다. 무아/공사상에 위배되기 때문이다〉라고 비판하는 주장들이 적지 않다. 교학의 모든 분야가 탐구되고 그 성과가 대중에게 개방된 이후, 일반 학인이나 전문 학인을 막론하고 자주 거론하는 단골 메뉴이다. 그리고 이런 주장들은, 선종 선불교 언어에 대한 의심과 불교계 현실에 대한 실망 및 비판의식을 결합하여, 급기야 〈선禪을 통한 깨달음이나 대승교학의 긍정기호에 해당하는 깨달음은 없다〉라는 주장으로까지 내달린다. 소위 비판불교 담론에서의 여래장사상 비판 및 선종 비판은 그 전형이다.

필자는 선불교 언어에 대한 우파니샤드·신비주의적 이해에 대한 비판에는 전적으로 동의한다. 그러나 선불교의 언어가 아트만에 해당하는 '참 자아'를 담고 있는 신비주의 언설이라는 이해에는 동의하지 않는다. 무엇보다 선문禪門에서 '육근을 드나드는 자' '주인 자리' '보고 듣고 말하는 자' '보고 듣는 그 마음' 등의 주체 긍정형 언어용법이 등장하는 의미맥락과 이를 통해 일깨워 주려는 국면을 오해하거나 놓치고 있다고 생각하기 때문이다. 선문禪門의 이런 언어용법이야말로 붓다 선법의 요점, 특히 정지正知(sampajānāti)를 읽는 선종 선문의 안목을 가장 잘 드러내는 것이라고 생각한다. 그리고 이런 언어용법들은 학인들로 하여금, '바로 그때 그자리'에서, 붓다가 눈뜨게 해 주려는 '정지正知' 국면으로 이끌어 들이는 언어적 가교라고 본다. 정학定學에 대한 선종의 해석학적 기여의 핵심도 여기에 있다고 생각한다. 정지正知의 의미에 관한 필자의 관점에 대해서는 아래에서 상세히 거론할 것이다. 특히 니까야/아함이 전하고 있고 필자가 주목하는 '육근수호六根守護 법설에서의 정지正知'는 '차이 현상'(相)에 관한 붓다의 통찰 및 원효의 '치유철학으로서의 통섭철학'을 탐구하는 데 결정적 역할을 한다.

선종의 이런 언어용법이 안내해 주는 경험지평에 성공적으로 접속하는 경우라 해도, 돌아보아야 할 대목들이 있다. 비록 정련된 사고력이나 충분한 지적 소양을 갖추지는 않았고, 또 적합한 불교용어나 이론을 구사하지는 못하여도, 이 지평에 눈뜬 공부인들이 얼마든지 있을 수 있다. 그러나 그 개안의 철학적 의미나 불교학적 가치에 대해서는 스스로 잘 모르고 있을 수 있다. 그런 경우라면, 여러 언어지형을 조감하면서 그 개안의 좌표를 적확하고 균형 잡힌 안목으로 읽어 내고 또 언어에 담아내는 지성의 능력을 계발할 필요가 있다. 반면에 교학과 선어禪語에 대해 박학한 지식 소양을 지닌 학인이나 오랫동안 수행 길을 걸어온 수행자일지라도, 이 선문 언어용법이 열어 주려는 정지正知 지평에 전혀 접속하지 못한 학인들도 얼마든지 있을 수 있다. 선문의 언어용법들에 대한 이들의 이해가 '공성空性 직관론' '불성佛性·본각本覺 현현론' '본래 부처론' 등에 그치는 경우라면, 새로운 열린 탐구가 요청된다. 필자는 그렇게 본다.

간혹 화두참구에서 득력得力했다는 공부인들이 격외格外의 선지禪指를 펼친다면서 일상 언어용법들과는 전혀 만날 수 없는 언구들을 능수능란하게 굴리는 경우를 보게 되지만, 그것만으로는 그가 과연 선문의 언어용법이 열어 주는 경험지평에 얼마나 제대로 접속하고 있는지를 확인하기는 어렵다. 선문에서는 공부인들 사이에서 정형언어(언구)와 변형언어(소리, 몸짓 등)를 사용하면서 선문 언어용법이 열어 주는 지평에 얼마나 접속하고 있는지를 점검하는 방법을 가동하고 있지만, 이러한 점검방식이 옥석의 정확한 구분을 보장하지는 못한다. 어림짐작으로 순발력 있게 예전의 언구들을 흉내 내는 경우들도 많고, 그런 흉내 내기를 마치 승패 겨루듯 하면서 견성見性한 도인 행세를 하는 경우도 드물지 않아 보이기 때문이다. 선종의 선문 안에서 흔히 목격하게 되는 도인병 사례들의 전형들이다. 이 병에 걸려 변형된 아만我慢(이런 것은 법만法慢이라 하기도 어렵다)으로 우쭐거리며 더 이상의 자기 변화에 꽉 막혀 버린 경우는 결코 드물지 않아 보인다.[160]

'육근을 드나드는 자는 누구인가?' '듣고 보는 주인공을 아는가?' 등 **선문 특유의 언어용법들과 붓다 법설이 접속하는 통문通門**에 대해 논리와 이론을 갖춘 관점

---

160 이 문제와 관련하여 필자의 소견 일부를 「'깨달아 감'과 '깨달음' 그리고 '깨달아 마침'」(『깨달음, 궁극인가 과정인가』, 운주사, 2014)에 피력한 바 있다.

을 밝히려면 밑그림을 충분히 그려야 한다. 그것도 앞서 언급한 '철학적 읽기'의 붓으로 그려야 그 통문에 접근할 수 있고, **그 통문을 열어야 붓다 법설의 경험주의적 문제해결력이 드러난다.** 선문의 언어용법들을 탐구하는 학인들은, 이런 언어용법들이 왜 실체·본질·아트만론이 아니며 어떻게 다른 것인지를 '소통 가능한 언어'에 담아 밝혀야 한다. 그리고 언어 소통력을 높이기 위해서는 선문의 언어를 그대로 재배치하거나 교학적 언어로 해설하는 데 그쳐서는 안 된다. '자신의 관점'을 '현재어'에 담아 '정밀하게' 개진해야 한다. 직관적 호소력에 의지하는 재치 있는 기술만으로는 이 문제를 다룰 수가 없다. '철학적 읽기의 붓'을 드는 것은 그런 점에서 소통력을 높이는 유력한 대안이다. 〈참선해 보면 안다〉〈직접 체험의 영역이지 언어에 담을 수가 없다〉는 식의 방어로는 설득력이 없고 성공하지도 못한다.

〈선종의 언어는 실체·본질·아트만론이 아닌가? 선종은 과연 불교이기는 한 것인가?〉—이런 질문들에 설득력 있는 성찰적 언어로써 대답해야 한다. 만약 이 문제풀이를 외면하거나, 제대로 된 작업을 하지 않거나, 해도 실패하면, 선종은 불교사에서 그리고 한국불교의 현실과 미래 구성과정에서 조만간 무기력하거나 생명력을 다할 것이다. 〈외국에서는 한국의 전통 선禪을 주목한다〉〈외국인들이 한국 선을 연구하고 화두 수행을 한다〉는 식의 자기 위로는 전혀 문제해결력이 없다. 식민지문화적 호객행위로 넘길 수 있는 문제가 아니다.

긍정형 기호들을 선호하거나 구사하는 선불교 구성원들 가운데, 실제로 실체·본질·아트만에 해당하는 진아眞我를 추구한 경우가 있을 가능성은 충분하다. 적은 숫자도 아닐 것이라고 본다. 현재의 학인들 가운데서도 빈번하게 목격된다. 심지어 선어禪語 속에서 득력했다는 경우(흔히 '견성'했다고들 한다) 가운데도 유사 사례로 보이는 현상들이 있다. 이런 경우는 두 가지 가능성을 생각해 볼 수 있다. 하나의 가능성은, 체득한 내용은 선문 언어용법의 지평에 부합하는 것이지만 그것을 표현하는 언어는 실체·본질·아트만적 의미와 쉽게 결합할 수 있는 유형일 경우이다. 그들이 배우고 익힌 언어가, 긍정형 기호들을 적극적으로 채택한 대승교학, 그리고 그 연장선에 있는 선어禪語들이라는 점에서, 어쩔 수 없는 언어환경적 제약이라는 측면이 있다. 현재의 학인들이 전통 학인들의 언어를 이해하고 평가할 때에는, 이 언어환경적 조건을 충분히 고려해야 공정할 수 있다. 또 하나의 가능성은, 이 긍정기호들을 실제로 실체·본질·아트만적 의미로 이해하여 수행하였고, 그리하여 체득이라는 것도 아트만 구도자들이 수행과정에서 체득하는 '집중에 수반하는 심신 변화나 정신적 특이현상'의 유형이지만, 정작 당사자는 선종의 돈오견성이라고 착각하고 있는 경우이다. 선종 내부에는 이 두 가지 사례들이 혼재하고 있을 가능성이 높다. 이 두 가지 가능성을 동시에 고려해야 공정한 이해와 평가가 가능할 것이다.

선종이 구사하는 주체 긍정형 언어용법과 존재 긍정형 기호들이 붓다의 무아 법설과 어떻게 결합하는가를 명확히 밝히는 것은, 통섭적 깨달음 담론의 치유철학적 구성 작업에서 핵심부에 자리한다. 그런데 선종의 긍정형 언어용법과 무아사상의 결합 문제는 결코 간단하지가 않다. 〈자아에 대한 부정형 서술은 무아사상에 부합하지만, 긍정형 서술은 무아에 위배한다〉는 식의 단순한 관점으로는, 이 문제를 이해할 수도 다룰 수도 없다. 근본적으로는 〈붓다의 무아 법설을 어떻게 이해하고 어떻게 설명해야 하는가?〉의 질문에 어떤 대답을 하는가에 따라, 이 문제를 다루는 시선과 내용이 결정된다. 이 문제는 일심—心에 대한 원효의 이해나 그의 통섭철학과도 직결된다.[161]

무아 법설에 대한 통념적 이해에 익숙한 학인들에게 『열반경』의 '상常·낙樂·아我·정淨' 같은 언어용법은, 그야말로 붓다에 대한 배신이고 아트만 사상의 불교적 변주를 입증하는 강력한 논거로 보일 것이다. 실제로 불교학자들 가운데, 특히 이른바 남방불교나 초기불교를 탐구하는 학인들 가운데서, 이런 입장을 빈번하게 목격하게 된다. 아마 그들에게는 선종이나 대승교학의 긍정형 언어용법 자체가 미심쩍을 것이다. 그리하여 내심 〈동북아시아 불교나 한국불교는 불교가 아니다〉는 생각을 품고 있을 수 있다. 가치평가를 유보하는 '학문 불교학'의 학인이기에, 혹은 학문교류나 연구활동을 위해 표면에 드러내지는 않지만, 내심을 터놓을 기회가 있으면 대승불교와 선종, 그리고 이들을 내용으로 하는 한국불교에 대해

---

161 아래에서 다시 거론할 것이다.

매우 냉소적인 속내를 토로하곤 한다. 그들에게 대승교학과 선종의 긍정형 언어 용법들은 무아의 교리조차 모르는 것으로 보일 것이다.

그러니 성찰적 학인이라면 다시 묻고 대답을 탐구해야 한다. 〈무아 법설의 의미는 무엇인가? '무아'라는 언표는 어떤 경험 지평을 지시하려는 것인가? 우리는 무아 법설을 충분히 이해하고 있는가? 대승불교와 선종의 긍정형 기호들은 무아 지평과 어떤 관계인가? 결합적인가, 아니면 이탈적인가? 퇴행과 변질인가, 진일보하는 행보인가? 대승교학과 선종은 왜 긍정기호들을 선택하였는가? 만약 그런 기호들이 붓다 법설의 정체성을 계승하는 것이라면, 어떤 의미에서 그러하고 또 그 의미를 유효하게 만드는 조건들은 무엇인가?〉 이런 질문을 거듭해야 하고, 이에 대해 지속적으로 대답을 시도해야 한다.

많은 학인들은 〈무아 법설에 대한 이해와 설명은 이미 충분하며 완결되었다〉고 생각하고, 스스로도 정확하게 알고 있다고들 여기는 것으로 보인다. 그러나 과연 그럴까? 필자는 의문이다. 니까야/아함이 전하는 붓다의 법설이나 원효와 대화할수록 커지는 문제의식이다. 〈**우리는 아직 붓다의 무아 법설을 제한적으로 혹은 불충분하게 이해하고 있다**〉는 생각이 커져 간다. 그리고 무아 법설에 대한 이해를 진일보시키는 관문은 '**붓다 선법禪法에 대한 탐구**'로 보인다. 무아와 선禪에 관한 기존의 '위빠사나 해석학' 유형의 독법에 머물지 않는 새로운 해석학적 지대를 열어야 하며, 그 주요한 관문 하나가 '붓다 선법禪法에 대한 탐구'라고 생각한다. 특히 '육근수호의 법설'은 무아와 연기 및 붓다 선법의 탐구에서 결정적 실마리를 제공한다. 육근수호 법설은 무아·연기·선禪뿐 아니라 분별과 희론, 이해와 마음, 차이(相)와 차별 등, 불교의 핵심문제 전반을 꿰뚫어 주는 총괄적 매듭으로 보인다.[162] 또 붓다의 선법에 대한 선종의 안목은 매우 주목되어야 한다.

통섭적 깨달음 담론의 치유철학적 수립에서 '선禪수행 담론' 역시 핵심부에 자리한다. 수행론을 포함한 불교의 교학/해석학 가운데 가장 취약한 부분은 선禪이라고 생각한다. 〈선禪은 직접 수행하면 알게 되는 영역이다〉〈선 체험은 이해

162　육근수호 법설에 대해서는 아래에서 다시 상세히 거론한다.

나 성찰의 대상이 되지 않는다〉〈사유나 이해는 선 수행의 장애에 불과하다〉〈대상 집중이 선의 구체적 방법이다〉는 식의 이해가 아마도 일반화된 선관禪觀일 것이다. 붓다의 선법禪法을 이런 선관禪觀으로 처리해 버리는 한, 붓다 법설의 치유철학적 면모는 개인의 심리치료 영역에 갇혀 버린다. 또한 원효의 통섭철학을 '개인과 사회를 통섭하는 치유철학'으로 포착하는 작업도 불가능해진다. 붓다의 법설과 원효의 통섭철학이 보여 주는 '자신과 타인, 개인과 사회를 결합적으로 관통하는 통찰'을 놓쳐 버린다.

기존의 선관禪觀에 머무른다면, 무아 혹은 공이라는 말로 모든 불교를 설명해 버리는 방식에서 한 걸음도 떼지 못할 것이다. 이른바 비판불교 진영에서는 아예 〈붓다는 선정 수행을 설하지 않았다〉는 주장까지 나오고, 그에 동의하는 학인들도 많다. 니까야/아함이 전하는 붓다의 법설을 편견 없이 탐구한다면 도저히 발언하기 어려운 극단적 견해이다. 이런 견해가 학인들 사이에서 등장하고 또 지지받는다는 것 자체가 붓다 선법에 대한 탐구의 결핍을 증언한다. **무아 법설도, 연기 법설도, 모두가 붓다의 선禪 법설과 연동되어야 그 면모가 제대로 드러난다. 따라서 붓다의 선禪 법설에 대한 탐구가 다른 법설 영역에 비해 현저히 취약하다는 판단이 타당하다면, 무아나 연기에 대한 이해에도 구멍이 많다는 것을 의미한다.**

아무리 익숙한 것들이라도 괄호치고 성찰하려는 것이 '철학적 태도'이다. 그어떤 것에도 갇히거나 붙들려 매이지 않으려는 것이 철학이 지닌 성찰력의 생명이다. 그리고 붓다만큼 이러한 의미의 철학적 태도를 구도의 길에서도 요구하는 분은 찾기 어렵다. 무아·연기·공·선禪을 읽어 온 '해석학적 관행'들에 갇히지 않아야, 붓다의 법설을 거듭거듭 재음미할 수 있는 열린 탐구가 가능해진다. 그럴 때라야 기존의 해석학적 관점들도 제대로 이해되고 정당하게 평가받을 수 있다. 빠진 것은 채워 넣고, 놓친 것은 새로 추가하는 '역동적 불교해석학'도 그럴 때라야 견실한 내용을 확보한다. '깨달음 담론을 통한 통섭철학의 치유철학적 구성'은 이런 문제들에 대한 다채로운 응답들이 결합해야 구현된다.

깨달음 담론 및 치유철학으로서의 통섭철학 수립과 관련하여 마지막으로 생각해 볼 것은 '깨달음과 이해'의 문제이다. 인간의 모든 것은 언어와 연관된다. 인간의 어떤 경험도 언어와 무관할 수 없다. 깨달음 담론의 구성과 그 내용도 언어로 채워지고, 언어로 상호작용하고, 언어로 공유되어 갈 것이다. 그리고 언어는, 언어로써 분류된 차이들의 질서에 대한 경험인 '이해'와 한 몸으로 결합되어 있다. 언어가 이해를 가능케 하는 동시에, 이해가 언어를 직조해 낸다. 이런 점에서 〈깨달음 담론은 오직 이해로써 구성된다〉는 명제가 가능하다. 그러나 이러한 명제를 수용하려면 〈이해란 무엇인가?〉에 대한 성찰이 수반되어야 한다.

〈불교의 깨달음은 오직 이해일 뿐이며, 선禪 수행은 붓다가 말한 것이 아니다〉라는 주장은 선禪을 이해와 분리시킨다는 점에서 필자는 동의하지 않는다. 또한 〈선禪 수행도 이해일 뿐이다〉고 주장하는 '이해 지상주의'도 '이해'에 대한 종합적 성찰이 결여되어 있다는 점에서 동의하지 않는다. **'이해 현상' 및 '이해와 선 수행'**을 성찰하기 위해서는 **'이해와 마음'의 문제를 살펴보아야 한다. 선법禪法을 비롯한 붓다의 법설, 원효의 통섭철학, 선종의 선관禪觀을 성찰하기 위해서도, '이해와 마음'의 문제는 반드시 음미해야 한다.**[163]

불교에서 거론하는 '이해'의 문제를 음미하려면 다양한 주제들을 종합적으로 살펴야 한다. '이해와 마음의 겹침과 갈라짐 및 상호관계' '사실 그대로의 이해' '망상·희론의 왜곡된 이해' '이해를 바꾸어 가는 성찰적 이해' '이해를 유지·수정·대체해 가는 마음의 역할' 등을 생각해 보아야 한다. '이해'를 '불교적으로 이해하려면', 이해를 발생·유지·수정·대체해 가는 조건들을 성찰해야 한다. '이해'라는 현상에 대한 연기적 성찰이 요청되는 것이다. '위빠사나 수행과 이해' '사마타 수행과 이해' '깨달음과 이해' 등을 다루는 기존의 시선들에는 일차적으로 이런 성찰이 결핍되어 있는 것으로 보인다. 〈선 수행은 이해와 다르다〉고 하면서 지적 성찰의 무능과 결핍을 체험을 내세워 감추거나 정당화시키는 태도 역시 이해에 대한 성찰을 외면하는 무지이다. '이해에 대한 충분한 불교적 성찰'을 전제로 한다면, 깨달음 담론과 치유철학으로서의 통섭철학에서 차지하는 '이해'의 의미와 역할은 아무리 강조해도 지나치지 않는다.

---

163 이 문제는 아래에서 '이해와 마음'이라는 주제로 상세히 거론한다.

통섭적 깨달음 담론의 치유철학적 구성을 위해 점검해야 할 몇 가지 문제들을 살펴보았다. 이 모든 문제를 관통하는 것은 결국 사유방식의 재조정이다. 붓다의 법설에 부합하는 사유방식이라면, '참됨 및 온전함'의 경험적·역동적 후현後顯을 전망하는 경험주의적 시선이 타당하다. '현상의 사실 그대로에 대한 이해와 경험'의 역동적 후현後顯을 주장하는 경험주의적 사유방식이, 불교적 깨달음 담론구성의 토대여야 하고 치유철학으로서의 통섭철학을 관통하는 원리여야 한다. 반면에 〈'절대적이고 불변하는 참된 것의 내면·이면적 선재先在'를 설정하는 신비주의·형이상학적 사유방식〉은 붓다의 법설과도 맞지 않고, 통섭적 깨달음 담론의 구성원리가 될 수 없다. 불교적 깨달음 담론의 구성은 붓다의 법설이나 원효 및 선종의 언어를 혹 신비주의·형이상학적 사유방식으로 읽고 있지는 않은지를 비판적으로 성찰하는 데서 출발해야 한다.

이러한 사유방식의 조정은 통섭적 깨달음 담론의 치유철학적 수립을 위한 여정에서 출발 지점을 선택한 것에 불과하다. 〈'인간의 언어적 사유와 세계의 만남에서 발생하는 근원적 불화와 균열(苦)을 어떻게 해결할 것인가?'〉를 성찰해 가는 여정에 오르는 디딤돌을 하나 놓은 것이다. 이 디딤돌을 딛고 올라선 길에서는 곧이어 응답해야 할 질문들이 줄지어 기다린다. 〈'참됨·온전함의 경험적·역동적 후현後顯', '참됨·온전함을 경험하기 위한 이해·마음 능력의 향상', '언어·사유·욕구의 퇴행적 폐기가 아니라 그것들의 전진적 향상진화'는 구체적으로 어떤 내용인가? 그것으로써 어떤 문제들을 어떻게 풀 수 있는 것인가?〉 — 이에 답해야 하는 과정이 기다린다. 이 질문들에 얼마나 알차게 대답하는가에 따라 '통섭적 깨달음 담론의 치유철학적 구성'은 그 수준과 성패가 결정된다.

현재의 학인들이 대면하는 시절인연들은 매우 각별한 의미와 내용을 지닌다. 언어인간이 마주한 전혀 새로운 차원의 환경이다. 불교 안팎으로 그렇다. 모든 불교 지식과 정보가 지금처럼 누구에게나 전방위적으로 개방된 적이 있었던가? 동일성·불변·절대를 수립하는 무지의 분별이 구축해 온 기만과 차별, 폭력의 방식과 제도를, 지금처럼 계보를 살펴가며 송두리째 성찰할 수 있었던 적이 있었던가? 인간과 세상의 온갖 정신·물질적 양상들을 지금처럼 총체적으로 이해하고 탐구하는 것이 가능한 적이 있었던가? 이 최초의 시절인연들은 그 각별함만큼이나 각별한 전망을 가능케 한다. 이 각별한 조건들을 '통섭적 깨달음 담론의 치유 철학적 구성'에 반영하면서 앞서 거론한 문제들을 충실하게 다루어 간다면, 깨달음에 대한 새로운 독법과 현실구현을 전망해도 될 것이다.

VI.

원효의 일심一心과 깨달음의 의미

—통섭철학의 치유철학적 독법 구성을 위한 둘째 관문

'일심一心'은 모든 것을 지어내는 불생불멸의 본체인 '한마음'인가, 차이들과 만나면서도 '동일성·실체를 설정하는 무지·분별망상·희론의 차별'에 빠지지 않아 격리·불통의 벽을 뚫는 '하나처럼 통하는/통하게 하는 마음'인가?

🪷 일심一心에 대한 본체론적 해석

『대승기신론』과 원효가 펼치는 일심一心의 언어에 대한 이해들에는 '본체/현상론'이 적용되는 경우가 흔하다. 일심一心에다가 '모든 생멸하는 현상들을 지어내거나 포괄하는 불생불멸의 본체'라는 지위를 부여한 후, '생멸하는 현상들'과 '생멸현상에서 벗어나 불생불멸하는 본체'의 상호관계를 이론화시켜 보려는 시도들이 많다. 일일이 적시하기가 어려울 정도로 일반화된 경향성이나. 이런 시선은 '생멸生滅'과 '진여眞如'라는 개념도 각각 현상과 본체에 배정하곤 한다. 또 수행이나 구도의 현장에서는, 일심을 '모든 현상을 지어내는 원점原點 능력'으로 간주한 후 그 능력의 주체가 되어 보려고 한다. 학인과 구도자들의 이런 시선들이 결합하여 '일심一心의 깨달음'이 거론되곤 한다.

일심一心을 이런 시선으로 읽는 한, 원효나 『대승기신론』 및 대승의 일심一心철학을 우파니샤드 아트만 사상의 범주에서 구출하기는 어렵다. 〈일심一心은 아트만과 같은 실체가 아니다. 공空한 마음이다〉라는 식의 논리로는 성공하기가 어렵다. 불변의 본체든 공한 본체든, '본체/현상론'으로 일심一心에 접근하는 한, 우파니샤드의 사유구조에서 탈출하기가 어렵다. '본체/현상 형이상학'의 인도적 신비주의 틀에 빠져드는 것은 시간문제일 뿐이다. 새로운 독법이 필요하다.

흥미로운 것은 정작 원효가 펼치는 일심一心의 언어에는 어디에서도 '본체/현상론'이라 할 내용이 목격되지 않는다는 점이다. 『대승기신론』의 경우도 마찬가지이다. 만약 원효나 『대승기신론』의 일심 언어가 펼쳐 내는 내용이 '본체/현상론'이 아니라는 필자의 이해가 타당하다면, 그렇다면 이상한 일이 아닌가? 일심에 대한 '본체/현상론적 이해'가 난무하는 현상은 어디에서 비롯하는가? 두 가지 이유를 주목하고 싶다. 인간에게는 '본체/현상론'을 쉽사리 수긍하는 사유방식이 내면화되어 있을 가능성이 그 하나이고, 용어에 대한 일상 언어적 이해로 인한 오해가 다른 하나이다. 먼저 '본체/현상론'을 선호하는 사유방식을 발생시킨 조건들을 살펴본 후, 일상 언어적 이해가 원효의 언어에 적용되어 나타나는 오해의 사례를 음미한다. 새로운 독법의 정초를 마련하기 위해서이다.

🪷 인간 경험의 두 가지 발생조건

1. 인간의 경험은 어떤 수준, 어떤 유형이라도 언어·개념과 연관되어 있다

살아 있는 생명체는 감관능력을 통해 '대상과의 관계'에서 발생하는 무수한 '차이 현상들'을 경험한다. 그리고 인간은 진화과정에서 그 차이들을 유사한 특징에 따라 묶어 분류하는 정교한 기호체계를 발전시켰다. 차이들이 언어기호에 담겨 분류된 것이 개념이므로, 인간은 모든 현상을 개념과 연관시켜 지각·인지한다고 보아야 한다. 인간은 대상과 세계의 차이 현상을 언어·개념을 통해 경험하는 존재이다. 이 언어적 면모가 완전히 삭제된 인간은 어떤 유형으로도 설정할 수가 없다. 언어적 분류를 통해 인지하는 존재가 된 이후, 인간이 경험하는 모든 것은 원점에서부터 언어·개념에 연루되어 있다.

인간의 모든 경험은, 어떤 수준이든 어떤 유형이든, '언어적'이고 '개념적'이다. 적어도 인간에게는 언어·개념과 무관한 경험은 있을 수 없다고 보아야 한다. 경험 현상을 어떤 기준과 방식으로 분류하든, 인간의 모든 경험 현상은 언어·개념에 기대어 있다. 사유나 욕망, 행동이나 느낌, 마음이나 이법理法·이성理性 등으로 분류하는 모든 경험 현상들이 언어·개념을 조건으로 발생하고 소멸한다. 이것은 진화의 과정에서 어느 시기부터 인간이 확보한 운명적 조건이다. 그 이전으로 돌아갈 수도 없고, 그럴 필요도 없으며, '더 향상시켜야 할 인간의 조건'이다. 인간의 모든 이롭거나 해로운 가능성이 이 조건에서 비롯한다. 또 그 가능성은, 이로운 것이거나 해로운 것이거나, 다른 생물종에서는 목격되지 않는 고도의 수준을 예비하고 있다.

만약 언어·개념과의 결합 고리가 사라진 경험을 인간에게 상정한다면, 그것은 무지이거나 공허한 기대이다. 〈어떤 수준, 어떤 유형의 경험이라도 언어·개념과 연관되어 있다〉는 것을 직시하는 것이 '인간 경험에 대한 사실 그대로의 이해'이다. 삶과 세상을 향상시켜 주는 깨달음의 추구 역시 이 인간 특유의 '언어·개념과 연관된 경험'에서 출발해야 성공한다. 붓다와 원효가 제시하는 깨달음의 삶도 마찬가지라고 본다. 붓다가 설하는 연기·무아의 지혜, 선정, 해탈·열반, 자비, 원효의 일심一心이나 본각本覺·일각一覺 등의 용어가 지시하는 모든 경험과 체득은 이 인간 경험 특유의 발생조건인 언어·개념'과 연관되어 있다고 보아야 한다. 그리고 깨달음의 길은, '언어·개념으로 처리된 차이현상들과의 이로운 관계방식과 그 능력·실력을 키우는 길'이라고 생각한다. 〈인간의 경험은 언제나 언어·개념과 연관되어 발생한다〉는 것을 수용하는 것이 '사실 그대로'를 지향하는 합리적 이해와 경험주의적 통찰의 기반이다. 만약 이 인간 특유의 조건을 간과하거나 외면한 채

'언어·개념 이전' 혹은 '언어·개념의 초월'을 깨달음이나 구원과 연관시키려 한다면, 성공할 수 없는 공허한 망상이며 붓다나 원효와도 대화의 길이 막힌다.

2. 인간의 모든 능력은 본래부터 있는 '완전하고 완결된 신비 능력'이나 '신비 존재'가 연출해 내는 것이 아니다

또 하나 직시해야 할 인간 경험의 발생조건이 있다. 〈언어·개념을 수립하고 그것을 통해 차이현상들을 분류하고 재처리하는 능력은, 진화과정에서 형성된 역동적 현상이지, 본래부터 있는 '완전하고 완결된 신비 능력'이나 '신비 존재'가 연출해 내는 것이 아니다〉는 것이다. 가변적이고 잡다하며 비독자적인 현상의 배후에 자리 잡고 있으면서 그런 현상들을 연출해 내는 '불변의 독자적 본체'는 원래 없다. 인간의 궁극진화, 그 향상의 전망도, 이 사실을 수용해야 성취될 수 있다. **붓다가 성취한 해탈의 깨달음은, '본래부터 언제나 존재하던 불생불멸의 완전한 본체'에 눈뜨고 그것과 하나로 결합된 것이 아니라, 역동적으로 형성해 온 언어적 사유/인지능력을 새로운 차원으로 향상시킨 것이다.** 그 역동적으로 진화하는 사유/인지능력의 새로운 지평을 선구적으로 펼쳐 증언하였다는 것이 구도자 붓다의 위대함이다. 또 그 새로운 향상진화의 역동적 성취가 모든 인간에게 열린 가능성이라는 점을 알려 주었다는 것이 그의 스승으로서의 위대함이다.

인도의 아트만·브라흐만 전통이나 모든 신비주의가 설정하는 '모든 것을 지어내면서 자신은 불변하는 독자적 실체'나 '모든 것이 합일할 수 있는 신비한 본체'는 없다. '동일한 본질을 유지하면서 언제나 존재해 온 완전한 본체'나 그 본체에 속한 '전능한 신비능력'은 존재하지 않는다. 그런 본체적 존재는, '차이들을 단일한 기호에 담아 처리하는 언어·개념' 때문에 발생한 '동일·독자의 것이라는 환영'에 기대어 설정한 허구적 요청이지, 경험세계의 실재實在가 아니다. 만약 이러한 본체를 궁극실재로 설정한 후, 그것과의 대면이나 직접지각 내지 합일을 궁극적 깨달음이나 진리의 성취라고 여긴다면, 신기루 좇는 망상이다. 그런 깨달음이나 신리를 위해 금욕을 하고 명상·선정을 하며 논리와 이해를 발전시켜 가는 것을 구도의 여정으로 삼는다면, 도달할 곳 없는 목적지를 향해 걷는 헛걸음이다. 그런 설정과 추구일진댄, 뜨거운 진정성과 구세救世의 염원으로 펼치는 초인적 구도행각이라 할지라도 헛수고이다. 애초부터 존재하지 않는 것을 추구하기 때문이다.

🪷 언어·개념적 사유/인지능력의 이중적 면모와 그에 대한 실체론적 대응

인간의 시각기능은 '언어·개념으로써 차이현상들을 재처리할 수 있는 능력'(意根)과 결합되어 작용한다. 따라서 형태나 색깔의 유사한 차이들을 한 범주로 묶어 기호에 담고, 그것을 대상으로 한 '개념적 경험'을 일으킨다. 이처럼 언어·개념으로 분류되어 인지되는 것은, 단순한 '현상 경험'이 아니라, 개념의 내용을 그 면적으로 지니는 '존재 경험'이라 부를 수 있다. 동일한 형태나 색깔을 지각하여도, 언어·개념 능력이 발달하지 않은 생명체의 시각기능에서는 '차이현상 경험'이지만, 인간의 시각기능에서는 '존재 경험'이다. 시각기능뿐 아니라 다른 감관능력에서도 사정은 마찬가지이다. 물질적 현상이든 정신적 현상이든 간에, 인간의 지각에서 발생하는 현상은 모두 일종의 '존재 경험'이라고 할 수 있다. **다수의 유사한 차이들을 하나의 범주로 묶는 것이 개념이고, 그 개념의 단위들로 짠 그물을 통해 세계의 차이현상들을 건져 올리기 때문에, 인간의 지각은 '범주를 지닌 존재'에 대한 경험일 수밖에 없다.**

'관계 속에서 다양한 내용으로 역동적으로 변화하는 차이현상들'을 언어기호를 통해 동일한 존재 범주로 확정하고 다른 범주들을 배제하는 개념은, 차이들의 명료한 비교·분석·종합을 가능케 했다. 차이가 명료하게 구획되었기에 장기 기억도 가능해졌다. 그 결과 '차이현상들의 관계'와 '변화의 작동원리'를 법칙적으로 포착할 수 있게 하였다. 차이현상에 대한 '법칙적 경험'(法)이 가능해진 것이다. 인간이 보여 주는 탁월한 문제해결력은 언어적 사유/인지능력이 고도화되면서 그렇게 생겨난 것이다. 그러나 언어·개념의 그늘 또한 짙다. 무엇보다도 '개념의 범주'에 해당하는 존재 영역에 대해 불변·동일·절대·독자·순수라는 신기루 환각 관념을 발생시켜 인간에게 헛된 기대를 품게 한다. '갑순이'라는 동일한 호칭으로 지시하는 영역에는 언제나 유지되는 동일한 존재나 내용물이 있을 것이라는 기대, 타인들과는 격절된 독자성을 지닌 순수본질이 있을 것이라는 기대를 품게 한다.

그런데 언어에 의한 개념적 사유/인지능력은 그러한 환각적 기대를 스스로 폭로한다. 그리고는 감당치 못하는 불안과 괴로움에 시달린다. 개념적 사유/인지능력은 '10년 전 갑순이'와 '지금의 갑순이'의 차이를 선명하게 비교하여 그 차이를 인식·경험하게 한다. 그저 본능적으로 변화 현상을 감지하는 것이 아니라, 〈변했다〉 〈계속 변할 것이다〉라는 개념적 인식으로 그 차이를 경험하고 예측한다. 단순히 '변화된 현재'를 경험하는 것이 아니라 아직 도래하지 않은 '미래의 변화'까지 예측을 통해 경험하게 한다. 그리고 과거와 현재, 현재와 미래를 대비시켜 그 차이를 인식하게 한다. 그 차이로 인해 설레고 기쁠 수도 있지만, 괴롭고 불안할 수도 있다. 과거보다 좋아진 변화, 현재보다 좋아질 변화에 희망을 품을 수도 있지만, 과거보다 못해진 현재 때문에 상처받고 미래의 변화가 불안할 수도 있다. 그리고 '변화에 대한 인간의 경험'은 기쁨과 희망의 측면보다는 고통과 불안의 측면이 훨씬 크고 강할 것이다. 심리학에 의하면, 인간은 좋아진 변화보다 나빠진 변화에 더 예민하고 더 의식적이며 실패나 단점을 더 많이 더 오래 기억한다고 한다. 생물학적 관점으로 보아도 이런 현상을 수긍할 수 있다. 모든 생물은 환경에 성공적으로 적응하여 생존하는 것을 최우선 과제로 하기에, 안전보다는 위험에 더 민감할 수밖에 없다. 좋은 상태는 생존을 위해 문제를 해결해야 하는 긴장이 해소된 것이기에, 긴장도가 떨어지고 기억해야 할 필요성도 약하다. 이에 비해 나쁜 상태는 생존을 위해 해결해야 할 문제이기에 긴장해야 하고 잊지 말아야 한다. 심리학의 관찰은 생물학적 원리를 인간에게서 확인한 것이다.

개념적 사유/인지능력은 차이 현상들을 개념 단위로 비교하고 그 관계를 인지하게 함으로써 '절대 독자성'이나 '절대 순수성'이 존재하지 않는다는 사실도 폭로한다. 자기 한 몸만 하더라도 뇌, 심장, 폐, 신경, 혈관 등 수많은 개념들로 구분하는 무수한 차이들의 다발이고 상호관계라는 '이해 경험'을 발생시킨다.

중생 인간은 언어·개념에 기대어 불변·동일·순수·독자·절대의 존재를 갈망한다. 그러나 과거·현재·미래와 관련된 개념들의 비교를 통해 불변의 것은 없다는 사실을 거듭거듭 확인하고 기억하며 예상해야 하고, 분류된 개념들을 통해 독자적이거나 자족적인 것은 없다는 사실을 확인한다. 또 분류된 개념들의 분석을 통해 존재는 순수한 동일성으로 채워진 것이 아니라 온갖 다양한 내용으로 착색되어 있다는 것을 확인한다. 이러한 사태는 불변·동일·순수·독자·절대의 존재를 갈망하는 인간에게 지속적이고도 강력한 고통이다. 언어인간에게만 발생하는 끔찍한 형벌이다. 언어로 인한 축복만큼이나 거대한 재앙이다. **언어·개념에서 발생하는 환각적 기대와 경험적 실재의 근원적 불화는 지속적이고 만성적인 불안과 고통의 발생조건이다. '언어·개념이 유발하는 불변·동일·순수·독자·절대에 대한 기대'와 '기대를 언제나 좌절시키는 경험 현실' 사이에는 메워지지 않는 골이 깊게 패어 있다. 붓다가 수시로 강조하는 '고(苦)'라는 말은, 언어·개념적 인식능력을 조건으로 발생한 이 인간 특유의 인식적 불안을 지시하는 것으로 보인다.**

언어를 통해 현상의 차이들을 처리하는 인간은, 불변·동일·순수·독자·절대에 대한 기대를 품게 하는 동시에 그 기대의 허상을 폭로하는 '개념적 사유/인지능력의 이중적 면모'로 인해, 지속적이고도 강력한 '인식적 고통'을 겪는다. 언어·개념적 사유/인지능력이 발달하지 않은 생명체들은 겪지 않는 고통이다. **생물학적 노화와 죽음은 어떤 생명체 어느 인간이라도 피할 수 없는 첫 번째 화살이다. 그러나 언어·개념으로 인해 겪는 인식적 고통은 맞지 않아도 되는 두 번째 화살이다. 스스로 만든 사해의 화살, 피할 수 있는 화살을 스스로 자기 몸에 꽂은 것이 인간이다. 그런데 〈두 번째 화살은 뽑아낼 수 있고 피할 수 있다〉는 점이 중요하다. 붓다의 법설과 원효의 통섭철학은 '두 번째 화살을 뽑아내고 피할 수 있는 치유의 능력'을 키워 주는 것이다.**

이 문제 상황에 체념적으로 적응해 가는 일반인들과는 달리, 완전하고도 궁극적인 해법을 추구하는 사람들이 있어 왔다. 주로 종교와 철학 영역에 널리 자리 잡고 있다. 해결해야 할 과제는 명백하다. 언어·개념에서 발생하는 불변·동일·절대·독자·순수라는 기대와, 그 기대의 좌절을 명확하게 '기억하게 하고'(과거) '겪게 하며'(현재) '예상하게 하는'(미래) 개념적 인지력의 상호충돌을 해결해야 한다. 붓다나 노자, 장자의 길이 열리기 전, 이 문제를 해결하려 했던 사람들의 선택은 '불변·동일·절대·독자·순수의 기대를 충족시킬 수 있는 존재론적 근거를 설정하는 것'이었다. 이런 시도는 크게 두 방향으로 펼쳐졌다. 하나는, 인간이나 물질의 내부에 불변·동일·절대·독자·순수를 가능케 하는 근원적 존재 혹은 궁극적 존재를 설정하는 동시에, 그러한 '궁극 존재'나 '근원적 실재'를 체득하여 그것과 합일함으로써 불변·동일·절대·독자·순수의 기대가 충족될 것이라는 발상이었다. 다른 하나는, 외부에 불변·동일·절대·독자·순수의 존재자를 설정하는 동시에 그 존재자의 전지·전능에 의해 불변·동일·절대·독자·순수의 삶이 개인에게 주어질 것이라는 신념을 수립하는 것이었다. 언어·개념적 사유/인지능력에서 발생한 문제를 해결하기 위한 이 두 가지 발상은 종교와 철학의 중심부를 장악했다. 인도전통에서는 전자의 발상이 종교와 철학의 결합유형으로 만개하였고, 서구전통에서는 후자의 발상이 유일·절대·창조신 종교 유형으로 득세하였다. 이 두 발상 모두 종교 권력을 확보하는 데 성공하였기 때문에, 현재까지도 막강한 위세와 영향력을 발휘한다.

언어·개념이 유발하는 '불변동일성과 절대독자성 및 절대순수성을 지닌 존재'라는 관념과 현실 경험세계와의 불화는 언어인간이 안게 된 가장 무거운 짐이다. 이 짐 덩어리는 개인적 삶을 핍박하고 사회와 세상을 짓누르는 고통의 근원적이고도 포괄적인 체계이다. 논리로 무장한 무지와 정교한 기만, 은밀하거나 노골적으로 정당화된 부당한 차별과 폭력, 끝 모를 허영과 허세의 착취적 자기도취.—인간 세상의 이 모든 개인적·사회적 해악들은 '언어·개념이 유발하는 불변동일성·절대독자성·절대순수성'이라는 환각을 원천으로 삼아 끝없이 솟구치고 있다. 지금까지 인간은 이 문제와 씨름해 왔지만, 승리보다는 패배의 전적이 압도적이다.

이 문제를 해결하겠다고 닦아 놓았지만, 정교한 무지와 거대한 기만의 갖가지 성채들만 늘어선 길이 있다. 모든 유형의 본질·실체·절대론이 의기투합하여 닦아 놓은 그 길에서는 지금도 갖가지 기만극이 관객 가득 모아 놓고 흥행 중이다. 철학과 종교가 대본을 썼고, 강자와 권력들은 관객을 모았다. 철학과 종교의 본질·실체·절대주의는, 힘의 위계질서를 공고히 하여 강자의 지위를 영속시키려는 권력과 합세하여, 문화와 문명 안에 화려한 기만의 건축물을 세워 놓았다. 역동적이고 관계적인 차이들을 불변·동일성과 독자적 본질로 각색하여 힘과 이익의 차별구조를 공고히 하는 음험한 폭력이, 그 건축물 안에서 활개를 친다. 그곳에서는 여성과 남성, 혈통과 지역, 민족과 국가, 인종과 종교, 직업과 신분, 연령과 신체, 개성과 성격 등의 차이 현상을 불변의 본질로 여기게 하여, 부당한 우열·차별·위계의 질서를 세우고 배제의 폭력을 정당화시킨다. 또 그러한 우열·차별·위계의 배면背面에 그것들을 지어내는 불변의 본체가 있다거나, 그런 질서를 창조한 전능의 절대존재가 있다고 주장하면서, 부당한 차별 질서와 폭력의 최종 근거를 세워 놓는다. 그리고는 그런 질서와 차별들을 만들어 낸 본체나 절대 권능자의 헤아리기 어려운 오묘한 뜻과 섭리가 있는 듯, 언어 수사의 장막을 치면서 기만의 민낯을 직시하지 못하게 한다. 불변동일성·절대독자성·절대순수성이라는 환각에 시달리는 언어인간의 고통을 이용하는 거대한 농간이다. 그 길을 닦는 데 참여한 일꾼들에게는 농락의 의도가 없을지라도, 내용과 결과는 그러하다.

이 길 위에 세워진 성채는 불변·동일성과 독자성을 확보하고 있다고 호객하는 갖가지 광고물과 기구들을 성 안팎에 화려하게 배열한다. 〈이 성에 들어와 주민이 되면, 그대들이 갈구하는 불변의 영원한 동일성과 독자적 절대성과 절대 순수성을 성취하게 된다〉면서 유혹한다. 그 유혹에 넘어가는 순간부터 기만의 폭력과 착취에 자발적으로 굴종하게 된다. 경험으로는 결코 누릴 수 없는 환상을 희망과 위로의 원천으로 삼는다. 종교와 권력은 이 유혹의 거미줄에 걸린 사람들을 마음대로 조종하며 갑사의 시위를 만끽한다. 진리와 성스러움, 국가의 옷을 걸치고 마음껏 세상을 농락한다.

비록 언어·개념이 경험세계에 존재하지 않는 불변동일성·절대독자성·절대순수성이라는 환각적 관념을 발생시키기는 하지만, 동시에 차이 현상들의 변화·비독자성·잡종성을 '인식적'으로 알려 주기도 한다. 그런 점에서 불변동일과 절대

독자 및 절대순수의 환상세계를 구축하려는 진영에게, 언어는 유용하기도 하지만 위험하기도 하다. 그들에게는 오직 개념의 환각만이 살아남아야 하고, 언어·개념·사유가 경험세계의 진실을 폭로하는 것은 막아야 한다.

그러자면 '언어와 사유 이전에 존재하고 언어·사유와 무관한 불변의 동일한 절대존재, 절대순수의 궁극적 실재'를 주장해야 한다. 그래서 〈언어·사유의 배후에 있으면서 모든 현상을 연출해 내는 능력을 지닌 불변·동일·순수의 절대적 존재가 본래부터 있다〉는 것과 〈그 궁극 존재는 언어와 사유 범주를 벗어나야 만날 수 있다〉고 주장한다. 진리체험과 궁극실재의 비非언어성·초超사유성을 선언하고, 진리와 궁극실재를 언어와 사유의 범주에서 밀어낸다. 또 그런 주장으로 진리나 깨달음, 구원의 길을 포장한다. 〈인간 경험 발생의 원점조건은 언어와 개념이며, 그 어떤 경험도 이 조건과 무관할 수 없다〉는 것, 〈언어와 개념을 수립하고 그것을 통해 차이 현상들을 분류하고 재처리하는 능력은, 진화과정에서 형성된 역동적 현상이지, 본래부터 있는 '완전하고 완결된 신비 능력'이나 '신비 존재'가 연출해 내는 것이 아니다〉라는 통찰이, 이 길에서는 거부된다. 오히려 이런 통찰을 무력화시키고자 그럴듯한 논리와 신앙 및 수행론, 개인적·집단적 자기최면을 위한 뜨거운 신념의 꽃들이 만발한다.

🪷 인도 전통의 사유 틀―'본체·현상 존재론'의 우파니샤드적 기획

진화과정에서 확보되었을 인간의 언어적 사유/인지능력이 지닌 이중적 면모는, 이로움과 해로움이라는 두 얼굴의 한 몸 동거이기도 하다. 동일성과 독자성이라는 개념적 구획이 '차이 현상들에 대한 법칙적 이해 능력'과 그에 따른 '문제해결 능력'을 고도화시키는 것까지는 이로움으로 나아가는 대문일 수 있다. 그러나 언어·개념에 수반되는 동일성에 대한 환각적 기대가 이해와 욕구를 오염시키고 행위를 장악하는 것은 해로움의 늪으로 이끄는 대문이다. 인간이 언어적 사유/인지능력을 장착하는 순간부터 이 두 대문이 짝지어 섰다. 그리고 언어적 사유/인지능력이 고도화될수록 이 두 문도 커지고 넓어졌다. 붓다는 새로운 문을 열었던 것으로 보인다. 그가 연 문은 언어·개념적 사유/인지능력의 이로움은 키우고 해로움은 치유할 수 있는 제3의 문이다. '중도中道'는 그 제3의 문으로 들어가 걷는 길에 대한 지칭으로 보인다.

이 제3의 문과 길이 열리기 이전, 존재 내부에 불변동일·절대독자·절대순수의 근거를 설정하는 시도로서 철학적으로나 종교적으로 가장 성공적인 사례는, 인도의 전통적 사유를 장악한 아트만·브라흐만 본체론이 단연 돋보인다. 가장 전형적인 본질·실체주의적 사유방식인 동시에 신앙과 수행체계까지 겸비하여 현실을 장악한 사례로 보인다. 그리고 붓다는 이 전통적 사유방식과 대면하면서 가장 철저히 그리고 가장 성공적으로 그 전통과 결별한 인물로 보인다. 그것도 전혀 새로운 길을 열면서. 따라서 붓다나 불교의 언어를 다룰 때에는 이러한 사유지형의 차이를 철저하고도 충분하게 고려해야 한다. 이 차이를 느슨하거나 안이하게 처리하면, 붓다와 불교를 인도 전통의 사유방식과 뒤섞어 붓다와 불교의 생명력을 거세시킬 수 있다. 우파니샤드적 아트만 본체론이 불교 언어의 옷을 입고 활개 치는 현상에 대해서 기존의 교학적 언어와 이론만으로 대처하기에는 불충분해 보인다. 이 문제는 전통 불교학보다는 불교철학이 감당해야 할 열린 과제이다.

붓다의 등장 훨씬 이전부터 이후에까지 광범위한 기간에 걸쳐 형성된 우파니샤드 문헌들을 관통하는 사유방식은 일관되고 뚜렷하다. 그리고 아트만·브라흐만 개념을 초점으로 전개되는 이 사유방식은, '언어적 사유/인지능력의 이중적 면모'로 인한 '인식적 고통'을 해결하려는 본질·실체론적 해법의 전형이다. 따라서 앞서 거론한 인간 경험의 두 가지 발생조건과는 정반대되는 관점이 번성한다. 〈언어와 사유의 배후에 있으면서 모든 현상을 연출해 내는 능력을 지닌 불변·동일·순수의 절대적 존재가 본래부터 있다〉는 것과 〈그 궁극 존재는 언어와 사유 범주를 벗어나야 만날 수 있다〉는 주장이 진리의 이름으로 군림한다.

우파니샤드에 따르면, 아트만·브라흐만은 '본래부터 이미 완전한 존재',[164] '영원하고 불멸하는 존재',[165] '동일성을 유지하는 존재',[166] '모든 경험을 아는 이면의 존재',[167] '이면에서 경험을 만들어 내는 존재',[168] '감관지각을 가능케 하는 존재',[169] '가장 심층의 존재',[170] '모든 것의 관망자',[171] '극미/극대/최고最古의 존재',[172] '초감각/불가사의의 순수의식',[173] '순수한 지고至高의 존재',[174] '언어 이전의 비非언어적 존재',[175] '사유의 대상이 아닌 존재',[176] '무한한 존재',[177] '유일한 초월자'[178]이다. 아트만·브라흐만에 부여하는 이러한 속성들은 언어·개념에서 발생한 불변동일·절대독자·절대순수가 실제로 존재하는 것으로 믿기 위한 본질·실체주의적 기획의 노골적 표현이다. 본질·실체주의적 기획은 인간 지각경험과의 연관을 철저히 거부해야 성공할 수 있다. 그러므로 〈'언어·개념과의 연루' '변화' '제한' '관계' '비非독자성' '비非순수성' '감관을 조건으로 발생하는 욕망' '지각경험과 연루된 사유'〉와

---

164 이샤 우파니샤드, 『우파니샤드』(이재숙 옮김, 한길사, 1997. 이하 우파니샤드 인용은 이 책에 의거한다), p.55; 아이따레야 우파니샤드, pp.498-499 등.

165 찬도기야 우파니샤드, p.469; 까타 우파니샤드, p.139 등.

166 까이왈리야 우파니샤드, p.903.

167 쁘라샤나 우파니샤드, p.168.

168 까타 우파니샤드, p.136.

169 까타 우파니샤드, p.126; 께나 우파니샤드, pp.76-77 등.

170 까이왈리야 우파니샤드, p.904.

171 까이왈리야 우파니샤드, p.904.

172 까이왈리야 우파니샤드, p.905.

173 까이왈리야 우파니샤드, p.905.

174 까이왈리야 우파니샤드, p.905.

175 께나 우파니샤드, p.75; 까타 우파니샤드, p.123.

176 까이왈리야 우파니샤드, p.905.

177 찬도기야 우파니샤드, pp.392-394.

178 까타 우파니샤드, p.130, pp.136-138.

반대되는 것이 궁극 존재의 속성이 되어야 한다. 그래서 '비非언어' '불변' '무한' '절대' '독자' '순수' '감관욕망 없음' '사유의 초월'을 아트만·브라흐만의 고유 속성으로 부여한다. 그리고는 이 '비非지각적 속성'들을 지닌 존재가 '지각경험의 대상'이 될 수 있다고 주장한다. 이 범주 모순적 주장의 설득력 확보를 위해 다양한 전략을 구사하는데, 급기야 주술적 방법까지 수행론에 끌어들인다. 비의秘義적 방법인 '오움(Oṃ, auṃ) 수행'이 그것이다.[179]

　　우파니샤드의 사유는 자신의 기획이 단지 형이상학적 사변에 머물지 않고 진리 자격까지 취득하기를 원한다. 그리하여 본질·실체주의적 해법과 어울리는 수행론을 확립한다. 이 수행론에서는 특히 두 가지 특징이 주목된다. 하나는 '언어와 사유의 근원적 부정'이고, 다른 하나는 '감관욕망의 철저한 부정'이다. 아트만·브라흐만으로 돌아가기 위한 수행법으로 '지식과 이해'가 거론되기는 하지만, 그것은 어디까지나 아트만·브라흐만에 부여된 '불멸의 영원성'과 '전능의 주재력'에 관한 지식을 습득하고 그 논리와 이론을 이해하는 것이다. 그러나 '불멸의 전능한 존재'에 대한 주장은 어떤 경우라도 경험적 검증이 불가능한 것이므로 수정과 보완에 열려 있는 '지식과 이해'가 아니다. 논리적 일관성이나 정합성은 갖출 수 있어도, 자기수정을 허용할 수 없다는 점에서 '폐쇄적이고 자기 완결적인 지식/이론'이다. 그 전제에 조금이라도 내용수정이 발생하면 그 주장의 전체체계가 무너지기 때문이다. 따라서 아트만·브라흐만의 체득 수행법으로 제시되는 '지식과 이해'는, 견실한 경험적 논거들을 요구하는 '역동적으로 형성되는 합리적 성찰'이 아니라, '폐쇄적으로 완결된 내용과 논리'에 대한 수동적인 지적 수용일 뿐이다.

　　인간 경험의 발생조건인 언어는 사유와 한 몸이다. 차이 현상들을 기호에 담아 분류하고 재처리하는 개념의 그릇인 언어야말로 사유를 직조해 내는 기초단위이기 때문이다. 그래서 인간의 사유/인지능력에서 발생하는 모든 경험은 언어와 사유를 그 발생조건으로 한다고 보아야 한다. 살아 있는 인간의 감관은 언제나

179　우파니샤드는 자신의 기획을 종교적으로 성공시키기 위해 다양한 수행론을 수립한다. 이에 대한 상세한 논의는 「본각이란 무엇인가?―궁극적 관심사를 둘러싼 두 가지 사유방식과 관련하여」(박태원, 『철학논총』 93집, 새한철학회, 2018)에 있다.

가변적 차이 현상들과 접촉하고 있다. 따라서 모든 언어와 사유 현상도 언제나 지각이 만나는 가변적 차이 현상들과 접속하고 있다. 달리 말해 지각 가능한 가변적 차이 현상들이 바로 언어와 사유의 발생조건이다. 그러나 우파니샤드가 설정하는 아트만·브라흐만은 일체의 가변적 차이 현상을 초월하는 범주에 배치한 존재이다. 따라서 가변적 차이 현상들에 연루되는 언어와 사유는 아트만·브라흐만을 가리는 장막으로 간주된다. **우파니샤드 사유방식과 그 수행론에서 궁극적 진리/실재는 '비非언어·비非사유 범주'에 놓여 있기 때문에 언어와 사유는 근원적으로 부정되어야 한다.**

　인간의 모든 욕망은 살아 있는 감관을 발생조건으로 한다. 필자는 인간의 욕망을 '사유/인지능력(意根)을 포함한 감관능력이 지각대상과의 관계에서 발생시키는 가치 선택적 지향성'이라고 생각한다. 이때 '지각대상'은 곧 수많은 차이 현상들이다. 따라서 인간의 욕망은 '감관능력에서 발현되는 언어적 사유/인지능력이 차이들과의 관계에서 발생시키는 가치 선택적 지향성'이다. 그런데 사유/인지능력(意根)을 포함한 감관능력의 작용은 언제나 가변적·역동적·관계적이고, 지각의 대상들 역시 그러하다. 욕망을 발생시키는 모든 조건이 가변적·역동적·관계적인 것이다. 따라서 그러한 조건들에서 발생하는 욕망 현상도 가변적·역동적·관계적이다. 그런데 우파니샤드 사유방식과 그 수행론은 '불변의 완전함과 전능'을 지향하기 때문에 경험적 욕망을 근본적으로 절연絶緣의 대상으로 간주한다. 감관을 조건으로 발생하는 모든 욕망 범주에서 빠져나가야 아트만·브라흐만의 불변동일성·독자성·절대성·전능성을 만날 수 있다고 여기기 때문이다. 그러기에 이 수행론에서의 금욕수행은 극단적 유형이 되기 쉽다. '욕망 제어'에 그치지 않고 '욕망 소거'를 지향하게 된다. 고행이 모범적 유형으로 일반화되는 이유이다. **인간이 일으키는 욕망은 '사유/인지능력(意根)을 포함한 감관능력이 지각대상과의 관계에서 발생시키는 목적 지향적인 가변적·역동적·관계적 현상'이며, 우파니샤드의 사유가 드러내는 '아트만·브라흐만 체득의 욕망'도 그 한 산물이라 보아야 한다. 그런데 우파니샤드의 아트만 지향 욕망은 자신의 욕망이 발생한 조건들과 범주를 스스로 부정한다. 욕망론에서도 범주적 자기모순을 범하고 있다.**

이처럼 우파니샤드가 대변하는 인도 전통의 사유와 수행론에서는 '언어와 사유의 근원적 부정'과 '감관욕망의 철저한 부정'이라는 두 가지 특징이 목격된다. 이 특징은, 개념적 인식능력에서 발생한 인간 특유의 불안을 존재 내부에 불변동일·절대독자·절대순수·절대전능의 근거를 설정하여 해소하려는 사유방식의 필연적 요청이다. 그런데 붓다가 선택한 길은 철저하게 감관의 경험범주 안에 놓여 있다. 붓다의 진리관은 철두철미 감관능력에 의한 경험 가능성과 검증가능성을 원칙으로 삼는다. 그런 점에서 **붓다의 길은, 우파니샤드의 길처럼 '언어와 사유 및 욕망의 원초적 거부'를 주장하지 않는다. 붓다의 법설은 그렇게 읽어야 한다.** 다만 붓다의 길에서 발생하는 깨달음의 경험들은, '언어와 사유의 수준'이 다르고, '언어와 사유를 다루는 사유/인지능력의 내용과 그 수준'이 다르며, '욕망을 발생시키는 조건들'이 다를 뿐이다. '언어·사유'와 '욕망'은 '그것을 발생시키는 조건들에 대한 성찰'과 '이로운 조건들의 선택 문제'로 다루어져야 한다는 것이 붓다의 권고로 보인다. '언어·사유'와 '욕망'을 연기적緣起的 성찰로 다루어야 한다는 것이다. **붓다의 길에서 깨달음은, '언어·사유'와 '욕망'을 조건인과적/연기적緣起的으로 다루는 능력의 새로운 수준에서 발생하는 것이지, 조건인과 자체의 부정이나 초월, 혹은 가변적·관계적 현상들의 부정이나 초월로 성취되는 것이 아니다.** 필자는 붓다의 길을 그렇게 이해한다.

그런데 흥미로운 것은 붓다 법설에 대한 해석학인 교학이나 수행론 내부에서도 '언어와 사유의 근원적 부정'과 '감관욕망의 철저한 부정'이라는 태도가 쉽게 목격된다는 점이다. 연기 법설에 대한 이해마저도 이러한 태도를 지지하는 방식으로 이루어진다. '조건 지워지지 않는 상태'라는 열반의 의미를, 〈모든 현상은 조건에 의해 발생한다〉는 연기법 범주에 포함되지 않는 현상으로 이해하는 것이 대표적 사례이나. 이런 이해는 '언어·사유·욕망이라는 인간 경험의 조건들과 무관해진 것이 열반'이라는 시선과 결합되어 있다. 12연기의 통찰에 따라 열반을 '조건 지워지지 않는(unconditioned) 상태'라고 말할 수 있다면, 이때의 '조건'은 '불변성·동일성·독자성·절대성을 설정하는 무지'(無明)와 '무지에 의거하는 사유 및 욕망'을 지칭하는 것으로 그 의미를 제한해야 한다. 달리 말해, **'무지에 얽매이지 않을 수**

있는 능력을 조건으로 발생하는 현상'이 열반이다. 그런 점에서 '열반'이나 '해탈'도 연기법의 범주 안에서의 현상이다. 만일 그 어떤 조건들도 원인으로 삼지 않는 것이 '열반'이나 '해탈'이라면, 열반·해탈은 성취할 수 없다. 열반·해탈이 조건인과條件因果의 예외라면, 열반·해탈을 성취할 수 있는 원인들이 없기 때문이다. 무명을 조건 삼아 발생하는 개인적 삶의 12가지 조건인과 가운데 마지막 항목인 "태어남(生)을 조건으로 늙음(老)·죽음(死)과 근심·탄식·육체적 고통·정신적 고통·절망이 발생한다. 이와 같이 전체 '괴로움의 무더기'(苦蘊)가 발생한다"[180]는 구절의 의미에 대한 이해에도 이런 식의 시선이 적용되는 경우가 많다. 이때의 고통은, '언어능력에 수반하여 품게 된 동일성·불변성 관념 때문에 발생한 인간 특유의 고통체험(苦, dukkha)'이지, '생·노·병·사'라는 생물학적 변화를 지시하는 것이 아니다. 만약 이 구절의 의미를 〈생·노·병·사의 현상 자체가 없는 것이 열반이다〉라고 읽는다면, '생·노·병·사하는 오온五蘊 자체에서의 열반'(現法涅槃)을 설하는 붓다의 법설과 어긋날 뿐 아니라, 열반을 '우파니샤드적 궁극실재와의 합일'로 오해하게 된다. 붓다는 우파니샤드 사유전통에서 사용되던 '윤회'나 '해탈'이라는 용어의 의미를 완전히 바꾸었다. **붓다의 법설에서 윤회는 〈불변성·동일성·독자성·절대성을 설정하는 무지'(無明)를 조건 삼아 과거·현재·미래를 통해 이어지는 조건인과적 현상의 연속〉이며, 해탈은 〈무지를 제거하는 지혜'를 조건 삼아 무지의 속박에서 풀려나는 '지금 여기'에서의 조건인과적 경험현상 및 그 범주〉로 보아야 할 것이다. 그래야 붓다의 모든 법설이 일관되게 통한다.**[181]

니까야에 대한 주석서나 논서들에서부터 대승교학까지 요소요소에서 목격되는 이러한 해석학적 태도는 '비非붓다'적으로 보인다. 그리고 이러한 해석학적 일탈 현상이 일찍부터 불교 내부에서 발생한 것은 인도전통 우파니샤드 사유의 개입과 영향력 때문으로 보인다. 붓다의 직제자들 가운데 상당수는 붓다의 제자

---

180 「분석 경(Vibhaṅga-sutta)」, 『상윳따 니까야』(S12:2).

181 연기·무아·해탈·열반·수행 등과 관련된 통념적 이해와 붓다 법설의 이러한 불상응 문제들은 추후 별도의 논의로써 종합해 볼 계획이다.

가 되기 전에 이미 자신의 지적 토대나 수행 기초를 인도전통 속에서 형성했을 것이라는 추정이 유효하다면, 그들에 의해 자연스럽게 붓다 법설에 대한 이해에 우파니샤드적 사유가 개입했을 가능성이 있다. 그리고 붓다 이후에는 교학 안에 스며든 우파니샤드적 요소로 인해 그러한 경향이 더욱 커졌을 가능성이 있다. 비록 의도한 것은 아니었겠지만, 붓다의 법설을 인도 전통사유의 영향권 안에서 읽은 학인들의 이해가 일단 교학 내부에 자리 잡게 되면, 그것을 기초로 한 또 다른 유형의 우파니샤드 그늘이 번져 가는 것은 오히려 자연스러웠을 것이다.

필자가 볼 때, 붓다는 가장 철저하게 인도의 전통사유를 비판하고 탁월한 대안을 제시하면서 인도 프레임에서 벗어난 인물이다. 그러나 붓다의 법설을 접한 지식 엘리트들의 상당수는 인도 전통사유의 영향력으로부터 자유롭지 못한 것으로 보인다. 불교 내부의 비非불교적 현상이 발생한 원점은 이 지점으로 보인다. 그리고 교학·철학과 종교 현상 모두에 걸쳐 있는 이 일탈 현상이 붓다 법설의 문제해결력과 생명력을 훼손시켜 온 뿌리로 보인다. 이 혼란과 오염을 수습하는 것이 현재 학인들의 핵심과제이다. 그러나 '평가적 태도'와는 무관하게 진행할 수 있는 근대 이후 서구의 학문 방법론에 안주하는 한, 이 과제를 다루기는 어렵다.

붓다 법설에 대한 이해를 굴절시켜 온 인도 전통사유 영향력의 핵심부에는 '본체·현상 존재론'이 버티고 있다. 불변동일·절대독자·절대순수의 존재론적 근거를 설정하려는 사유방식은, 본체와 현상을 이원화시켜 세계를 설명하는 '본체·현상 존재론'을 구축한다. 변화하는 현상의 배후에는 불변의 본체/실체가 있으며 그 본체/실체가 모든 변하는 현상을 만들어 내고 있다는 발상이다. 사실 '만든다'는 현상은 만드는 자와 만들어지는 것 쌍방의 역동적 상호관계이기 때문에 '변화'를 조건으로 발생하는 현상이다. 그런 점에서 '불변의 것'은 '변화하는 것'을 만들수가 없다. 그래서 〈불생불멸하는 아트만·브라흐만이 생멸 변화하는 세계를 만들어 냈다〉거나 〈불생불멸하는 영원한 신이 생멸 변화하는 세상을 창조했다〉는 발상 자체가 모순이고 오류다. 그러나 '불변의 영원한 존재'에 대한 인간의 절박한 염원은 그런 무리를 서슴없이 범한다. 또 사람들은 자연스럽게 받아들인다. 사실이나 진실과는 무관하게 작동하는 '기이한 언어놀이'이다.

이러한 사유방식은 특히 '인도유럽 어족'(Indo-European Language Family) 범주의 문명권에서 번성한 것으로 보인다. '본체·현상 존재론'은 플라톤의 사유와 기독교 그리고 고대 인도인들의 사상과 종교를 관통한다. 인도 전통사유를 대변하는 우파니샤드의 아트만·브라흐만 사상은 '본체·현상 존재론'의 전형이다. '본체·현상 존재론'은 인도사유 전통 프레임의 핵심부를 차지한다. 인도의 종교와 수행론도 이 '본체·현상 존재론'의 표현이다. 필자가 '인도 프레임'이라는 말을 사용할 때는 바로 이 점을 주목하는 것이다. 흥미로운 것은 붓다의 사유는 이 '본체·현상 존재론'에서 완전히 탈출하고 있다는 점이다. 그리고 또 흥미로운 것은 붓다 법설에 대한 해석학인 불교교학 안에서 다시 이 '본체·현상 존재론'을 빈번하게 목격하게 된다는 점이다. 붓다 법설에 대한 최초기의 체계적 해석학이자 정통 적손임을 자부하는 아비담마의 '자성'(自性, svabhāva) 교학도 '본체·현상 존재론'의 전형적인 표현이다.

요약하면 이렇다. 〈불변동일·절대독자·절대순수의 기대를 충족시킬 수 있는 존재론적 근거를 설정하여 언어·개념의 환각에서 발생하는 불안을 해결하려는 시도는, '불변의 본체'와 '변화하는 현상'을 이원화시켜 세계를 설명하는 '본체·현상 존재론'을 구축한다. 인도의 경우 이 사유방식은 아트만·브라흐만의 사상과 종교로 나타난다. 그리하여 '언어와 사유의 배후에 있으면서 모든 현상을 연출해 내는 능력을 지닌 불변·동일·순수의 절대적 존재가 본래부터 있고, 그 궁극실재는 언어·사유와 감관을 벗어나야 만날 수 있다는 것', 따라서 진리와 깨달음과 구원을 위한 수행에서는 '언어와 사유가 근원적으로 부정되어야 하고 감관욕망도 완전히 근절되어야 한다는 것'을 주장한다. 그리고 이러한 '본체·현상 존재론'의 인도적 구현방식은 그러한 사유에 영향을 받은 학인들에 의해 불교 내부에도 유입된다. 그리하여 '탈脫인도적인 붓다의 법설'이 '인도적으로 해석'되는 사례가 불교 내부에 자리 잡는다.〉

🏵️ 원효의 일심一心: 모든 것을 지어내는 불생불멸의 본체인 '한마음'인가, 차이들과 만나면서도 '실체 희론의 차별'에 빠지지 않아 허구분별의 건축물을 허무는 '하나처럼 통하는/통하게 하는 마음'인가?

인간이 언어적 사유/인지능력자가 되었다는 것은 '차이 현상들을 언어에 담아 분류하는 능력'과 '개념으로 분류된 차이들을 재처리하는 능력'을 동시에 갖추게 되었다는 것을 의미한다. 다시 말해, '언어로 처리한 모든 차이를 대상으로 삼아 재인지하는 능력'을 확보했다는 것을 의미한다. 차이 현상을 언어로 처리한 모든 경험을, 다시 괄호치고 대상으로 삼아 재처리할 수 있는 능력을 지니게 된 것이다. '인간의 인식구조는 주관과 객관의 결합'이라는 말은 이러한 사유/인지능력을 반영하고 있다. 유식唯識은 인간의 사유/인지능력이 지닌 '주관·객관 이원화의 구성'이라는 속성을 다양한 각도에서 통찰하면서 마침내 새로운 인지지평으로 안내하고 있다.

본체와 현상으로 이원화시켜 세계를 이해하려는 사유는, 인간이 지닌 사유/인지능력의 이 '주관·객관 이원화 구조'와 맞물려 있는 것으로 보인다. '모든 것을 대상화시켜 재인지하는 주관의 자리'는 본체에, '주관에 의해 처리되는 객관대상'은 현상에 구조적으로 상응한다. 더욱이 주관이 고유명사 이름으로 지칭되고 그 이름에 동일불변성과 독자성을 부여하는 착시현상이 발생하면서, 주관 자리에 해당하는 본체는 동일불변·독자·순수·절대의 속성을 가진 것으로 간주되었을 것이다. 그리고 주관이 객관의 주인 노릇 한다고 생각하듯이, 본체는 변화하는 현상의 주인이라고 여기는 사고방식이 자리 잡게 되었을 것이다. 이런 추정이 유효하다면, '본체·현상 이원화 사유방식'은 기실 사유/인지능력을 지닌 모든 인간에 내면화된 경향성이라 할 수 있다. 이 내면화된 사유의 경향성은 계기만 주어지면 작동한다. 일심一心의 언어는 흔히 그 계기가 되곤 한다.

일심一心과 관련된 언어들이 '본체·현상 이원화 사유방식'의 작동 계기가 되는 것은, '일심一心'이라는 용어에 대한 일상 언어적 이해가 큰 요인이 되는 것으로 보인다. '一心'에 대한 한글 번역어를 보면 그냥 '일심'이라 하는 경우가 대부분이고, '한마음'이라 하는 경우가 그 뒤를 잇는다. 그리고 '일심'이라 하든 '한마음'이라 하든, '一心'의 '一'을 '여럿 아닌 하나'를 의미하는 것으로 읽는 것이 통례이다. '一'을 수사數詞로 읽는 것이다. 이렇게 수사 용법으로 보아 '여럿 아닌 하나'로 읽으면, '일심一心'은 '잡다한 현상들이 통합되는 하나의 마음' '온갖 것들을 지어내는 일점一點의 마음'이라는 이미지가 발생한다. 그리고 곧이어 '모든 현상이 마침내 돌아가는 발생의 근원' '모든 현상의 배후에 자리 잡고 있으면서 모든 것들을 일으키는 본체'라는 이해가 뒤따르기 마련이다. 여기에 '생멸生滅'이라는 용어에 대한 일상적 이해가 추가되곤 한다. '生滅'을 문자 그대로의 뜻과 일상적 의미를 결합시켜 '현상의 물리적 발생과 소멸'로 이해하는 시선이 추가되면, 일심一心은 '생멸하는 현상'과 '불생불멸의 본체'라는 짝 개념의 한 축에 안치된다. 그리고는 '생멸하고 변화하는 현상의 배후에 있는 신비한 불생불멸의 궁극존재/궁극실재'로 간주된다.

대승불교, 특히 7세기 이후 동아시아 대승불교에서는 긍정형 기호들이 적극적으로 채택된다. 불성佛性, 여래장如來藏, 본각本覺, 진여眞如, 일심一心, 진심眞心, 자성청정심自性淸淨心 등이 그것이다. 그런데 한자어로 표시된 이런 긍정형 기호들을 이해할 때, 한자어에 대한 일상 언어적 이미지를 적용하게 되면 대부분 의미의 굴절과 맥락 일탈이 발생한다. 『대승기신론』이나 원효의 언어를 읽을 때는 특히 이 점을 조심해야 하는데, 대표적 사례가 '一心'과 '生滅'에 대한 일상 언어적 이해이다. 무릇 모든 용어와 개념들을 읽을 때는 그들이 구사되는 의미맥락, 이런 용어들이 이끌어 가는 의미지평에 대한 섬세한 성찰이 필수적이다. 철학적 내용을 담은 용어들은 특히 그렇다. 용어와 개념들의 의미를 발생시키는 조건들을 엄밀하게 성찰하고 신중하게 선택해야 한다.[182]

---

182 철학적 문헌의 번역이 어려운 이유가 여기에 있다. 한문 전적을 한국어로 번역할 경우, 용어나 개념의 원전표현을 그대로 채택하면서 한글 접속어를 부가하는 식의 현토형 번역은 안이하고 무책임한 번역방식이다. 원전용어와 문장의 의미에 대한 번역자의 이해를 가급적 분명하고 소상하게 드러내는 방식이어야 번

원효가 구사하는 '일심一心'이라는 기호는 '모든 현상을 산출해 내는 본체' 혹은 '현상의 이면에 있는 불변의 어떤 기체基體'를 지시하는 것이 아니다. '일심一心'에 대한 원효 자신의 설명과 일심에 관한 『대승기신론』의 기술, '일심一心'과 직결되어 있는 '일각一覺' '일미一味' 등에 관한 원효의 설명, 이 개념들이 등장하는 문장들의 의미 등을 종합적으로 고려할 때, '일심一心'은 〈그 어떤 '불변·동일·독자의 실체 관념'이 세우는 벽에도 막히거나 갇히지 않는 인지 지평, 그리하여 '실체나 본질 관념을 자재로 삼아 건축된 허구적 차별체계의 거대 성채'에서 빠져나와 차이들을 만날 수 있는 마음 수준을 지시하는 기호〉로 보는 것이 적절하다.[183]

원효의 글에서 '一'은, 수사數詞 용법이 아닌 경우, 매우 무겁고 중요한 철학적 의미를 담고 있다. 필자가 보기에, 원효는 결국 '一'이라는 부호에 자신의 모든 성찰과 체득을 압축하고 있다. '일심一心, 일각一覺, 일미一味, 일상一相, 일여一如, 일행삼매一行三昧, 일법一法, 일성一性, 일실一實, 일심여一心如, 일의一義, 일제一諦, 일처一處, 일행一行' 등이 그런 사례들이다. 원효는 이런 기호들에 다른 용어들을 결합시켜 가면서 '一'의 의미 지평을 다양하게 변주하고 있다. 그의 말기저술로서 평생의 탐구와 성취를 반영하고 있는 것으로 보이는 『금강삼매경론』에서 특히 그런 태도가 목격된다. **이러한 용법들에서 '一'은 수사나 형용사가 아니라 '역동적인 동사적 국면/내용'을 반영하고 있다.**[184]

역이 발전적으로 재생산되면서 더 좋은 번역이 나타날 길이 열린다. 그리고 더 좋은 번역이 선택되어 가는 과정에서 다양한 성찰들의 풍요로운 융합이 발생한다.

183 '一心'에 대한 번역어에 이런 이해를 반영해 보려는 지점에서 고민이 많아진다. 필자는 그동안 이런 이해를 담기 위해 '하나로 보는 마음/마음지평' '하나로 만나는 마음/마음지평' 등을 채택해 보기도 하였다. 그러나 '하나로'라는 말이 '하나로의 통합이나 수렴'이라는 이해와 결합하기 쉽다는 점이 마치 체한 것처럼 마음에 걸려 있었다. 그러다 원효전서 번역작업을 진행하면서 '一心'을 '하나처럼 통하는/통하게 하는 마음'이라 번역하고 있다. 원효의 의도나 그에 대한 필자의 이해를 담아내는 데는, 현재까지는 가장 적합한 번역어라고 생각하고 있다. 물론 더 적합한 이해, 더 적합한 번역어의 등장 가능성은 활짝 열어 놓고 있으며 언제든지 수정할 용의가 있다.

184 '하나처럼 통하는/통하게 하는'이라는 번역어는 이런 이해를 담아 본 것이다. 이런 용법들에서의 '一'에다가 '하나처럼 통하는/통하게 하는'이라는 번역어를 대입해 보니 일관된 정합성을 확보할 수 있었다. '一心'을 비롯하여 원효사상의 궁극 개념들에 등장하는 '一'을 이렇게 번역하는 것을 논증할 수 있는 풍성한 근거들과 필요한 논리들이 준비되어 있지만, 이 글에서는 필요에 따라 제한된 내용만을 다룬다.

일상 언어적 이미지가 부적절하게 적용되어 원효나『대승기신론』사상 나아가 긍정형 기호들을 구사하는 대승불교의 사유를 본체·현상론으로 읽게 하는 또 하나의 대표적 용어는 '생멸生滅'이다. 대부분 이 용어를 일상 언어 관념에 따라 그저 '생겨남과 사라짐'이라는 뜻으로 이해하고 또 그렇게 번역한다. '생멸生滅'이라는 용어가 채택되는 문장의 고유 맥락은 세심하게 고려하지 않는 것이 일반적이다. 일상 언어든 학술 언어든, 인간이 구사하는 모든 언어의 의미는 '조건적으로 생성하는 것'이다. 일련의 연관된 조건들이 결합되어 성립하는 나름의 의미맥락을 고려해야 언어의 정확한 의미가 드러난다. '멋지네!'라는 말도 그 의미를 발생시키는 조건과 맥락에 따라서는 경멸의 의미를 담은 비아냥거리는 의미가 되곤 한다. 일상 언어적 관행은 '의미 발생의 조건들'을 외면하면서 오해·편견·독단을 유지하고 재생산한다.

붓다의 연기緣起 깨달음은 일상 언어적 관행에서 넘실대는 환각을 치유해 준다. 연기적 사유는 언제나 모든 현상을 '인과적 연관을 가지는 조건들에 의해 발생하는 것'으로 보면서 '현상의 발생조건'을 성찰하기 때문이다. 이러한 연기 법설을, 세계와 현상의 기원과 전개를 인과적으로 설명하는 '인과적 발생이론'으로 해석하는 것은 불충분하거나 부적절하다. 선택된 몇몇 인과적 개념들의 연쇄로 인생이나 윤회, 혹은 세계의 생성·소멸을 설명하는 이론으로 이해한다거나, 공성空性을 드러내 주는 통찰로 읽어 버리는 독법이, 과연 붓다의 의중에 어느 정도 부합하는 것일까? 재고의 여지가 많다고 본다. 이와 관련된 의견을 이미 일부 개진하기도 하였지만,[185] 향후에도 더 정밀하고 체계적으로 이 문제를 다루어 볼 생각이다.

모든 언어 용법은 연기적 사유로 다루어야 한다. 용어와 문장의 의미를 성립시키는 '조건들'을 포착하고, 그 조건들과의 연관성 정도와 인과적 맥락 속에서 의

---

[185] 「붓다의 연기법과 불교의 연기설 ─ 연기해석학들에 대한 의문」(『철학논총』 82, 새한철학회, 2015), 「고타마 싯닷타는 어떻게 붓다가 되었나?」(『철학논총』 88, 새한철학회, 2017), 「원효 화쟁철학의 형성과 발전 ─ 문門 구분의 사유를 중심으로」(『철학논총』 90, 새한철학회, 2017), 『원효의 화쟁철학』(세창출판사, 2017) 등에서 관련된 생각을 개진한 바 있다.

미를 선택해야 한다.[186] '생멸生滅'이라는 용어도 마찬가지이다. 붓다의 12연기부터 원효와 『대승기신론』에 이르기까지 '생멸生滅'이라는 용어는 연기 깨달음과 해탈의 길을 걷는 주요한 이정표 역할을 한다. 때로는 그저 '현상의 생겨남과 사라짐'을 지시하는 맥락에서 사용되기도 하지만, 특수한 '조건적 용법과 의미'를 드러내기 위해 사용하는 경우가 더 많고 더 중요하다. 붓다의 언어계보에서 채택하는 '생멸生滅'이라는 용어의 의미를, 그 용어의 의미를 발생시키는 조건들에 대한 불교철학적 이해를 반영하여 우리말로 푼다면 이렇게 말할 수 있다. 〈관계 속에서 변화하는 차이 현상들에게 '불변·동일·독자·절대·순수'라는 개념 환각을 덧씌운 후 차이 현상들과의 관계에서 그 '환각적 기대를 충족시키려는 행위의 모든 유형'과 '충족되지 않음과 관련한 모든 경험 현상'에서 발생하는 '인식적 동요와 불안'을 총칭하는 용어가 '생멸生滅'이다.〉 따라서 **'생멸生滅'이라는 용어에 대한 최소한의 조건적 번역어로는, '근본무지에 따르는 동요와 불안' 혹은 '근본무지에 매인 채 생멸을 경험하기에 겪는 동요와 불안'이라는 말을 선택해 볼 수 있다.**

그런데 곧 문제가 되는 것은 '생멸生滅'의 대칭 용어인 '불생불멸不生不滅' 혹은 '불생멸不生滅'이라는 용어이다. '불생불멸不生不滅'이 '생멸生滅'의 반대개념인 것은 명백하다. '생멸生滅'이 '근본무지에 따라 요동치는 동요와 불안'이라면, '불생불멸不生不滅'은 '근본무지를 치유한 지혜에 의해 환각적인 동요와 불안이 그친 평온'이다. 이때 등장하는 것은 〈**'근본무지에 따른다'는 것과 '지혜에 따른다'는 말의 의미와 내용이 무엇인가?**〉라는 질문이다. 이 질문에 답하지 않고 그저 '근본무지'나 '지혜', '동요'나 '평온'이라는 말을 습관적으로 사용한다면 공허한 동어반복이 된다. 그런데 이 질문에 답하려는 지점에서 붓다 법설과 불교 교학에 대한 응답자의 관점과 이해가 고스란히 작동하게 된다. 붓다와 불교에 대한 관점과 이해를 총가동해야만 자신의 대답을 내놓을 수 있다. 그 대답들은 다양하고 다층적인 편차를 보일 것이다. 필자의 대답은 후술하는 내용에서 드러날 것이다. 여기서는 거론하

---

186 붓다는 일상 언어용법의 비연기적 허상을 밝히고 그 치유의 길을 열어 주면서 자신의 언어용법을 철두철미 연기적으로 구사한다. 자신이 선택한 용어와 말이 어떤 조건들에 기대어 있으며, 따라서 어떤 '조건에 따른 의미'인지를 밝히면서 언어를 구사한다.

고 있는 '본체·현상론'에만 초점을 맞추기로 하겠다.

만약 '본체·현상론'의 사유로 이 질문에 답하려 한다면 큰 고민이나 어려움 없이 응답 내용을 구성할 수 있다. 〈현상의 변화와는 무관할 뿐 아니라 모든 현상의 원인이자 원천인 '불생불멸의 본체' 혹은 '불생불멸의 궁극실재'를 모르거나 만나지 못한 것이 근본무지(無明)이고, 그리하여 변화하며 윤회하는 삶이 '생멸生滅'의 의미와 내용〉이라 답할 것이다. 이때 '불생불멸의 본체'나 '불생불멸의 궁극실재'를 무엇이라 하는가는 차이가 있을 것이다. 인도 우파니샤드 전통 속에서 대답하려는 사람은 그것을 아트만·브라흐만이라 할 것이고, 대승교학의 언어 속에서 본체·현상론 사유로 대답하려는 사람은 '일심一心, 진여眞如, 불성佛性, 여래장如來藏, 본각本覺, 진심眞心, 자성청정심自性淸淨心'류類의 언어 가운데 하나 혹은 모두를 고를 것이다. 아트만·브라흐만을 선택한 사람은 그 본체나 궁극실재를 '불변·독자·절대·순수의 본질로 채워진 전능의 실체'라고 할 것이고, 대승교학의 긍정형 기호를 선택한 사람은 '공空한 실재'라고 부를 것이다. 아트만 개념을 선택한 사람에게 '생멸生滅'은 아트만이 만들어 낸 '모든 변화하는 것들'이고, '불생불멸不生不滅'은 그 변화하는 것들의 배후에 있는 아트만의 속성일 것이다.

대승불교의 긍정형 기호를 유식·여래장 계보 속에서 선택한 사람은 궁극실재인 '공한 실재'를 '변화하는 현상'과 무관하거나 그것을 초월한 것으로 간주할 개연성이 높다. 그런데 공空 교학에 의거하는 경우라면 그 대답이 간단하지 않다. 공교학은 어떤 개념에서도 실체관념을 털어 버리는 것에 집중하기 때문에 '변화를 버린 불변' 혹은 '변화와 무관한 불변'으로 나아가지는 않는다. 변화하는 현상에 덧씌우는 '불변·독자의 실체로 보는 관념'을 지우는 논리적 작업에만 집중하기 때문에, 〈변화하는 현상 그 자체가 그대로 공空이며 공한 실재이다〉라는 명제까지 세워질 수 있다. 다만 유식학 계열에서 비판하듯이, 공의 논리는 자칫 '인식적 긍정 내용을 상실하는 허무주의'의 덫에 걸릴 소지가 있고, '마음' 문제의 성찰에 빈약하다. 해탈과 깨달음은 결국 인지인간의 경험이므로, '인지현상의 범주', 즉 마음이나 식識의 문제가 궁극적 과제가 된다. 그런데 공 교학은 이 문제에 대한 기여분이 약하다. 공/중관과 유식이 대승교학의 양대 축일 수밖에 없는 이유다.

그런데 유식계열에서 대승불교의 긍정형 기호를 선택하는 경우에는 공 교학의 경우에 비해 상황이 다르다. '생멸·변화하는 마음'과 '불생불멸하는 마음'이라는 이원 구조 속에서 대답하고 싶은 유혹에 직면하기 때문이다. 만약 '생멸·변화하는 마음'의 배후에 있는 '불생불멸하는 마음', '생멸·변화하는 마음'에 가리어 있는 '불생불멸의 마음'을 별개의 범주로 설정한 후 '불생불멸의 마음'을 추구한다면, 전형적인 본체·현상론의 덫에 걸리게 된다. 아무리 '불생불멸의 마음'이 아트만 같은 실체가 아니라 '공한 실재'라고 한들, 구조적으로는 '본체·현상론'이다. 중생심을 '생멸生滅하는 현상'으로, 진여眞如/진여심眞如心·일심一心·진심眞心·자성청정심自性淸淨心·청정무구淸淨無垢의 제9식識을 '불생불멸의 실재'로 간주한다면, 영락없는 본체·현상 이원론이다. 실제로 유식·여래장 계열 및 유식의 통찰을 채용하는 선종 속에서는 이런 관점과 사유방식이 존재하는 것으로 보인다. 그것도 드물지 않게. 또 유식·여래장 계열의 긍정형 기호들에 의거하여 깨달음을 추구하는 구도의 현장에서도 이러한 사고방식과 관점을 빈번하게 접할 수 있다.

유식·여래장 계열의 언어에 기대어 붓다의 법설을 탐구하고 깨달음을 추구하는 학인들이 정면으로 다루어야 할, 그러나 결코 쉽지 않은 과제가 이 지점에서 등장한다. 만약 기존의 교학적 설명만으로도 본체·현상 이원화 구조를 충분히 해결할 수 있다고 생각하는 경우이거나, 붓다의 법설을 본체·현상론 독법으로 읽는 것이 타당하며 깨달음 성취도 이 독법으로 가능하다고 생각하는 경우라면, 이런 문제 제기가 별 의미가 없을 것이다. 그러나 기존의 교학적 이해만으로는 이 문제가 해결되지 않는다고 여기는 경우, 또 붓다의 법설을 본체·현상론 독법으로 읽는 것은 부당하다고 생각하는 경우, 그리고 깨달음은 본체·현상론의 길에서 성취할 수 없다고 판단하는 경우라면, 이 문제에 대한 탐구는 긴요하고 또 근원적이다.

아비담마 교학이나 니까야/아함의 언어만을 탐구한다는 초기불교 학인들은 이 문제와 무관할까? 고스란히 관련된다. 아비담마가 설정한 자성(自性, svabhāva)도 인도전통 우파니샤드 본체·현상론의 변주일 가능성이 높다. '불변의 본체'나 '불생불멸의 궁극실재'를 향한 갈증의 한 표현일 수 있다. 그런데 대승의 공 교학이 아비담마의 자성自性 개념을 혁파했다고 해서 불교 내부에 '불변의 본체'나 '불생불멸의 궁극실재'에 대한 희구심이 그친 것일까? 그렇지 않아 보인다. 또 초기 불교를 탐구하는 학인들이 무아無我·무상관無常觀으로 추구하는 해탈·열반에 대한 관점은 '불변의 실재'나 '불생불멸의 궁극실재' 관념과 전혀 무관한 것일까? 행行이 그친 무위無爲의 경지에 대한 그들의 이해는 이런 관념들과 전혀 무관한 것일까? 아니면 그런 사유를 충분히 극복하고 있는 것일까? 혹 '해탈·열반은 깨달음을 이루고 나서야 알게 될 미지의 경지'라는 신비의 장막을 치고 은연중에 '불변의 궁극실재'에 대한 기대를 품고 있는 것은 아닐까? 〈깨닫고 나면 알겠지〉〈해탈·열반의 경지에 이르면 저절로 알겠지〉라는 미루기 전법으로 이 문제에 대한 성찰과 대답을 회피하고 있는 것은 아닐까?

'생멸하고 변화하는 차이 현상들과의 접속을 끊으려는 사유와 충동'은 그 타당성을 출발지부터 다시 생각해 보아야 한다. 붓다와의 대화, 진리 추구와 구도의 길이 어지러워지거나 어긋나기 시작하는 지점이 바로 여기이기 때문이다. 또 불교의 세계내적/경험주의적/현세적 문제해결력을 훼손하는 오염의 출발점도 이곳이다. '생멸하는 변화 현상'으로부터 벗어나 '불생불변의 존재/실재'를 구하려는 태도, '생멸·변화하는 차이와의 관계'에서 눈 돌려 '차이가 소거된 불생불멸의 절대평등/절대초월'을 기웃거리는 시선―이런 태도와 시선을 거두는 것이 진리와 깨달음을 추구하는 학인, 특히 붓다의 법설에 기대어 문제를 해결해 보려는 학인들의 출발선이라 생각한다. '변화하는 차이 현상들과의 접속을 끊으려는 태도와 끊어 버리는 방법'에 눈 돌리는 순간, 진실구현이나 깨달음 성취 등 모든 경험적 문제해결의 힘을 원천에서 거세하는 덫에 발을 디디는 것이라고 본다.

'생멸生滅'과 '불생불멸不生不滅'이라는 용어의 불교적 의미를 성립시키는 '조건들에 대한 성찰'이나 '적합한 조건들의 선택'이 결여된 채 이 용어를 이해하거나 구사하게 되면, 거의 예외 없이 '불생불멸의 본체/실재'와 '생멸·변화하는 현상'을 이원화시켜 양자의 관계를 설명하려는 본체·현상론에 빠져들게 된다. 이럴 경우, 유식·여래장 계열의 언어는 〈'생멸하는 현상들'(분별심)을 벗어나 본래 완전한 '불생불멸의 마음'(제9식, 자성청정심自性淸淨心, 진심眞心, 일심一心 등을 여기에 배정할 것이다)으로 귀환하는 소식〉이거나 〈생멸하는 모든 것을 만들어 내는 마음을 체득하여 생멸·

변화의 현상에서 초월하는 소식〉이 될 것이다. 과연 이런 것이 '유식무경唯識無境·만법유식萬法唯識'의 소식일까? 혹 많은 유식·여래장 학인들이 알게 모르게 본체·현상론의 사유에 의거하여 유식·여래장의 언어를 읽고 있는 것은 아닐까? 유식을, '모든 현상을 창조·발생시키는 궁극실재로서의 마음'이라는 '궁극실재론'이나 '극단적 관념론' 아니면 '본체·현상론의 인식론적 변형'으로 취급하고 있는 것은 아닐까? 그리고 유식·여래장의 언어에 담긴 본연의 통찰이 '창조·발생의 궁극실재론'이나 '본체·현상론'의 사유가 아니라면, 그 통찰의 초점은 무엇일까?─이런 질문들에 대한 정밀한 응답들이 개진되고 축적되어야 한다.

'생멸生滅'과 '불생불멸不生不滅'이라는 용어의 불교적 의미를 성립시키는 조건들을 고려하지 않고 이 용어를 본체·현상론으로 읽어 '생멸·변화하는 현상'과 '불생불멸하는 본체/실재'로 처리하려는 시선은 불교 내부에 널려 있다. 교학의 곳곳에, 학인들의 이해 곳곳에서 목격된다. 불교 교학은 결코 단일한 관점의 통합체계가 아니다. 다양한 관점과 상이한 이해, 상호 충돌하는 내용들로 이루어진 복잡한 다층체계이다. 이 점은 해석학적 관용의 폭이 넓다는 장점이기도 하고, 해석학적 정체성 확보가 어렵다는 약점이기도 하다.

인간은 언어·개념의 창을 통해 세계를 만날 수밖에 없다. 따라서 인간의 모든 지각과 인식은 속속들이 언어·개념과 연루되어 있고 또 그럴 수밖에 없다. 그리고 인간은 어떤 방법으로든 '언어·개념에 의해 구성된 세계' 밖으로나 이전으로 나갈 수 없다. 따라서 '언어·개념 이전의 존재/실재'를 알려고 하는 것은 사유/인지능력의 구조상 원초적으로 불가능하므로 그런 시도는 성공할 수 없다. 언어·개념과 무관하거나 언어·개념을 벗어 버린 그 어떤 지각과 인식도 인간에게는 불가능하다. 따라서 '언어·개념 이전의 순수한 존재/실재와 그에 대한 직접지각'을 설정하는 것은 공허하나. **인간이 추구해야 할 것은, 그리고 성취할 수 있는 것은, 비非언어·개념적 존재/실재나 그에 대한 직접지각이 아니라, '언어·개념적 구성세계와 이로운 관계를 맺을 수 있는 새로운 관계방식'이고, '이로운 관계를 가능케 하는 관계능력'이다. '이미 언어에 연루된 현상들과의 이로운 관계', '그 이로운 관계를 가능케 하는 능력의 계발'이, 성취 가능한 목표이다. 언어에 의해 재분류·재처**

리되지 않은 '현상 자체'나 '존재/실재 그 자체'는 인간에게 알려질 수가 없다. 인간의 지각조건이 그러하기 때문이다. 인간에게 지각되는 모든 것들은 이미 '언어·개념의 체계에 의해 구성된 것'이다. 따라서 '언어의 창을 통과하기 이전의 현상·존재·실재 그 자체'가 목적이 아니라 '언어의 창을 통과한 것들과의 이로운 관계 맺기'가 목적이어야 한다.

이런 관점에 대해 곧 제기되는 질문은 아마도 〈생멸·변화하는 현상들과 접속을 유지하면서 어떻게 생멸변화의 동요와 불안에서 벗어날 수 있는가?〉라는 의문일 것이다. 이 대목을 어떻게 이해하고 또 수용하는가 하는 것이 깨달음과 관련하여 얽히고설킨 실타래의 결정적 실마리이다. 〈생멸·변화하는 차이 현상을 경험하는 주체가 불변의 존재/실재와 하나가 되거나, 아니면 생멸·변화하는 차이 현상이 아예 없는 범주로 들어가지 않고서 생멸·변화로부터의 자유와 평안이 가능한가?〉 〈경험 주체도 변하고 경험 대상도 변하면서 양자의 관계에서 주체가 평안과 자유를 누릴 수 있는가?〉—붓다의 대답은 〈가능하다〉였다. 붓다의 법설이 이해되기 어려운 이유도 여기에 있으며, 붓다의 법설이 굴절되기 쉬운 이유도 여기에 있다고 본다. 이와 관련한 필자의 관점을 담아내는 데는 서핑(surfing)의 비유가 적절해 보인다.

경험 주체도 변하고 경험 대상도 변하면서 양자의 관계에서 주체가 평안과 자유를 누릴 수 있는 것은, 마치 파도를 타고 즐기는 서핑(surfing)과도 같다. 서핑하는 사람(주체)이 부침·생멸하는 파도에 빠지지 않으려면, 변화하는 파도에 맞추어 끊임없이 자신의 몸과 정신 상태를 변화시켜야 한다. 서핑 능력자는 자신이 변하면서도, 변하는 파도와 접속한 채 자유와 평온을 즐긴다. 부침하고 변화하는 파도를 버리지도 않고 빠져들지도 않으면서, 역동하는 파도를 타고 자유와 즐거움과 평안을 누리고, 파도와의 만남과 헤어짐을 동시에 이루어 내는, 그런 능력을 확보했기 때문이다. 그는 '파도가 잔잔한 상태'나 '파도에서 아예 떠난 평온'을 구하는 것이 아니다. '파도를 타고 가면서도 파도에 빠져들지 않아 자유와 평안과 즐거움을 누릴 수 있는 능력', '파도를 있는 그대로 만나면서도 파도 상태를 제대로 파악하여 파도에 빠지지 않는 능력'은, 깨달음의 내용과 흡사하다. 생멸·변화하는 파도와 같은 현상과 세계에 몸담을 수밖에 없는 인간, 파도를 떠나면 삶도 없어지는 인간─그런 인간이 세계 속에서 추구해야 할 힘은 '파도타기의 능력'이고, 누려야 할 안락은 '파도 타고 노는 유희'이다.

원효의 '일심一心'은 이 '파도 타는 능력'을 마음 지평에서 일러 주는 기호로 보인다. 원효가 '일심一心'이라는 기호에 담아내려는 것은, '모든 것을 지어내면서 불생불멸하는 본체로서의 한마음'이 아니다. 그에게 일심一心은, '관계 속에서 변화하는 차이 현상들'에 본질·실체 관념이 덧씌워져 구축된 '차별과 배제의 장벽'에 갇히지 않을 수 있는 역동적 사유/인지능력이다. 차이(相)들이 '불변·독자·동일성의 벽을 무너뜨리고 만나'(通) '서로 열고 상호작용하면서'(攝) '더 좋은 이로움을 만들기 위해 어울릴 수 있게 하는'(和諍) 사유/인지능력의 역동적 지평─이것을 원효는 '일심一心'이라는 기호로 지시한다. 그렇게 보면 일심一心은 〈'하나처럼 통하는/통하게 하는'(一) '마음'(心)〉이다.

그럴진대 일심一心은, '본질·실체 관념이 일으키는 희론분별의 파도에 빠지지 않으면서 사유와 언어의 파도를 즐기는' 파도타기 능력이다. 이 능력은, '개념과 판단에 갇히지 않으면서도 개념과 판단에 접속하여 그것들을 나와 남 그리고 세상에 이롭게 굴리는 역동적 힘'이고, '더 좋은 판단을 구성해 가는 열린 성찰의 역동적 힘'이며, 그 성찰로 '더 이로운 행위를 선택하여 펼쳐 가는 역동적 힘'이다. '언제나 언어·사유·욕구·차이들과의 접속 고리를 끊지 않은 채 언어·사유·욕구·차이들에서 발생하는 허구와 오염을 치유하는 역동적 힘', '차이들과 만나는 언어·사유·욕구의 이로운 능력과 수준을 수립하고 펼쳐가는 역동적 마음의 힘'─그것이 '하나처럼 통하는/통하게 하는 마음'인 일심一心이다.

일심一心을 이렇게 읽을 때, 일심과 관련한 원효의 말들은 '본체·현상론의 덫'에서 풀려나 새로운 의미를 드러낸다. 대표적 사례 몇 가지를 적시해 본다. 각 구절의 의미를 해설하고 분석하는 작업은 생략한다.

"이 뜻은 무엇인가? 이 '하나처럼 통하는 마음의 본연'(一心體)에는 대략 '다섯 가지 특징'(五相)이 있다. 무엇이 다섯 가지인가? 첫 번째는 '취하는 대상'(所取)의 차별되는 모습(相)을 멀리 떠났고, 두 번째는 '취하는 주관'(能取)의 분별하는 집착에서 풀려났으며, 세 번째는 '과거·현재·미래의 모든 때'(三世際)에 두루 미치면서 한결같지 않음이 없고, 네 번째는 [그 범주가] '허공의 [모든] 세계'(虛空界)와 같아서 두루 미치지 않는 곳이 없으며, 다섯 번째는 '있음과 없음'(有無), '같음과 다름'(一異) 등[을 실체로 보는] '치우친 [견해]'(邊[見])에 떨어지지 않아 [치우친 견해에 의한] '마음의 작용 범주'(心行處)를 뛰어넘고 [치우친 견해를 담아내는] '언어의 길'(言語道)을 넘어선다.

갠지스 강의 모래알보다도 많은 '본래부터 갖추어져 있는 이로운 능력'(本有功德)에도 다섯 가지 면모(義)가 있어 [하나처럼 통하는 마음'(一心)의] 본연(體)과 상응한다. 첫 번째로, 하나하나의 '이로운 능력'(功德)들은 '취하는 대상의 [차별적] 모습'(所取相)에서 떠났기 때문에 '진리의 몸'(法身)과 분리되지 않아 [하나처럼 통하는 마음의 본연'(一心體)의] '첫 번째 특징'(第一相)과 상응하니, 『부증불감경不增不減經』에서 〈분리되지 않는다〉(不離)고 말한 것과 같다. 두 번째로, 하나하나의 '이로운 능력'(功德)들은 '취하는 주관'(能取)의 집착을 벗어났기 때문에 '진리의 몸'(法身)에서 이탈하지 않아 [하나처럼 통하는 마음의 본연'(一心體)의] '두 번째 특징'(第二相)과 상응하니, 『부증불감경不增不減經』에서 〈이탈하지 않는다〉(不脫)고 말한 것과 같다. 세 번째로, 이 하나하나의 '이로운 능력'(功德)들은 '과거·현재·미래의 모든 때'(三世際)에 두루 미쳐서 시간적(縱)으로 과거(前際)와 미래(後際)의 단절이 없어 [하나처럼 통하는 마음의 본연'(一心體)의] '세 번째 특징'(第三相)과 상응하니, 그러므로 [『부증불감경不增不減經』에서] 〈끊어지지 않는다〉(不斷)고 말한 것이다. 네 번째로, 이 하나하나의 '[이로운] 능력'(功德)들은 [그 범주가] '허공의 [모든] 세계'(虛空界)와 같아서 공간적(橫)으로 이곳과 저곳의 차이가 없어 [하나처럼 통하는 마음의 본연'(一心體)의] '네 번째 특징'(第四相)과 상응하니, 그러므로 [『부증불감경不增不減經』에서] 〈차이나지 않는다〉(不異)고 말한 것이다. 다섯 번째로, 이 하나하나의 '이로운 능력'(功德)들은 모두 온갖 '치우친 [견해]'(邊[見])를 벗어나서 [치우친 견해로써] '생각하고 헤아리는 영역'(思量境)에서 벗어나고 [치우친 견해를 담아내는] '언어의 길'(言語路)을 끊어 [하나처럼 통하는 마음의 본연'(一心體)의] '다섯 번째 특징'(第五相)과 상응하니, 『부증불감경不增不減經』에서 〈생각으로 가늠하기 어렵다〉(不思議)고 말한 것과 같다.

모든 [종류의] '이로운 능력'(功德)에는 이 다섯 가지 면모(義)가 있어 ['하나처럼 통하는 마음'(一心)의 본연(體)과 다르지 않으니, '서로 녹아들어 한맛으로 통한다'(融通一味). 이러한 이치 때문에 "서로 응한다"(相應)고 말하는 것이니, '왕 노릇하는 마음'(心王)과 '마음 작용'(心數)이 '각자의 고유성'(別體)과 상응하는 것[을 '서로 응한다'고 말하는 것]과는 같지 않다.

지금 이『부증불감경不增不減經』에서 〈생각으로 헤아리기 어려운 지혜 현상에서 벗어나지도 떠나지도 않으니〉(不離不脫智不思議法)라고 말한 것은, 모든 '이로운 능력'(功德)들 중에서 간략하게 '깨달음의 면모'(覺義)만을 들어 다섯 가지 상응하는 것 가운데서 대략 [깨달음의] 세 가지 면모(義)를 설명한 것이니, 이것은 ['여래의 면모가 간직된 창고'(如來藏)가 지니는 세 가지 측면 가운데] '첫 번째 [측면]'(第一[門])인 '[모든 이로운 능력을] 포섭하는 여래장'(能攝如來[藏])이다. '세 가지 여래장'(三種[如來]藏)의 뜻을 간략히 설명하면 이상과 같다."[187]

"다음으로 [분별하는 모든 식이 생겨나지 않는'(諸識無生)] 결과를 나타내었다. 여기에는 두 가지가 있으니, 먼저 깨달음이 완전해짐을 밝혔고 나중에 [분별하는] 식識이 생겨나지 않음을 나타내었다. 처음에 말한 〈끊고 나면 머무름이 없는 경지에 들어가〉(斷已入無住地)라는 것은 '금강[석과 같은] 지혜로 [번뇌에서] 풀려난 것'(金剛解脫)인데, 종자를 끊고 나서 곧바로 '오묘한 깨달음의 머무름이 없는 경지'(妙覺無住之地)로 들어가는 것이다. '[세속적 관점'(俗諦)과 '궁극적 관점'(眞諦)이라는] 두 가지 관점'(二諦)에서 벗어나 오직 '둘[로 나누어 분별함]이 없는 경지'(無二)에 있으니, 그

---

187 "是義云何? 此一心體, 略有五相. 何等爲五? 一者, 遠離所取差別之相, 二者, 解脫能取分別之執, 三者, 遍三世際, 無所不等, 四者, 等虛空界, 無所不遍, 五者, 不墮有無一異等邊, 超心行處, 過言語道. 過恒沙等, 本有功德, 亦有五義, 與體相應. 一者, 一一功德, 離所取相故, 非法身所攝, 與第一相相應, 如經言〈不離〉故. 二者, 一一功德, 脫能取執故, 非法身所脫, 與第二相相應, 如經〈不脫〉故. 三者, 此一一德, 遍三世際, 縱無前後際斷, 與第三相相應, 故言〈不斷〉. 四者, 此一一德, 等虛空界, 橫無彼此區異, 與第四相相應, 故言〈不異〉. 五者, 一一功德, 皆離諸邊, 非思量境, 絶言語路故, 與第五相相應, 如經言〈不思議〉故. 諸功德法, 有此五義, 與體無別, 融通一味. 由是道理, 名爲〈相應〉, 非如王數別體相應. 今此中言, 〈不離不脫智不思議法〉者, 諸功德中, 略擧覺義, 五相應中, 略說三義, 此是第一能攝藏也. 三種藏義, 略述如之."(『금강삼매경론』, 1-616a~b).

러므로 "머무름이 없다"(無住)고 말한 것이다. [이] '머무름이 없는 마음'(無住之心)은 '[세속적 관점'(俗諦)과 '궁극적 관점'(眞諦)이라는] 두 가지 관점'(二諦)을 다 없앴기 때문에 '세속에서 벗어남'(出俗)과 '진리[세계로 들어감'(入眞)이 차이가 없다. 이미 '[세속에서] 벗어남'(出)과 '[진리세계로] 들어감'(入)이 없고, 없음(空)과 있음(有)에도 있지 않으니, 그러므로 〈마음이 [어디에도] 자리 잡지 않는 경지에 있다〉(心處無在)라고 말하였다. '[어디에도] 자리 잡지 않는 경지'(無在之處)는 오직 '하나처럼 통하는 마음'(一心)이니, '하나처럼 통하는 마음의 본연'(一心之體)은 '본래 [분별망상이] 그친 것'(本來寂靜)이기 때문에 "본래 참 그대로인 본연의 경지"(決定性地)라고 말하였다.

'하나처럼 통하는 마음'(一心)이 나타날 때에는 '여덟 가지 식'(八識)이 모두 바뀌어 가니, 그러므로 이때에 '[대원경지大圓鏡智, 평등성지平等性智, 묘관찰지妙觀察智, 성소작지成所作智 이] 네 가지 지혜'(四智)가 완전(圓滿)해진다. 왜냐하면 이 '하나처럼 통하는 마음'(一心)이어야 [근본무지의] 암흑에서 벗어나 [지혜의] 밝음을 이루고 [그 지혜가] 명백하고 온전해져서(淸淨) [제대로] 비추어 내지 못하는 모습이 없기 때문이니, 그러므로 〈그 경지는 청정하니 맑은 유리와 같다〉(其地淸淨, 如淨瑠璃)라고 말하였다. 이것은 '[알라야식을 치유하여 성취한] 완전한 지혜의 면모'(大圓鏡智之義)를 드러낸 것이다.

[또한] 이 '하나처럼 통하는 마음'(一心)이어야 '[항상 있다는 견해'(常見)와 '아무 것도 없다는 견해'(斷見) 이] 두 가지 치우친 견해'(遠離二邊)에서 멀리 벗어나 '나와 남이 평등하여 둘이 아닌 [경지]'(自他平等無二)를 통달하니, 그러므로 〈본연은 언제나 평등하니 저 대지와 같다〉(性常平等, 如彼大地)라고 말하였다. 이것은 '[실체적 자아관념으로써 비교하지 않아] 평등하게 보는 지혜의 면모'(平等性智之義)를 나타낸 것이다.

이와 같은 '하나처럼 통하는 마음'(一心)[지평]에서는 '[실체관념으로 분별하여] 본 것'(所觀)이 없기 때문에 '모든 현상'(諸法門)을 [사실대로] 관찰하지 못하는 경우가 없으니, 그러므로 〈깨달음은 사실대로 관찰하니, 햇빛처럼 빛나는 지혜와 같고〉(覺妙觀察, 如慧日光)라고 말하였다. 이것은 '수승하게 사실을 관찰하는 지혜의 면모'(妙觀察智之義)를 밝힌 것이다. [또] 이와 같은 '하나처럼 통하는 마음'(一心)[지평]에서는 [분별로] '지어내는 것'(所作)이 없기 때문에 다른 사람을 이롭게 하는 일을 지어내지 않음이 없으니, 그러므로 〈이로움이 이루어져 본연을 얻으니, 위대한 진리의 비를 맞은 것과 같다〉(利成得本, 如大法雨)라고 말하였다. 비는 만물을 적셔 열매를 맺게 하는데, 이 지혜도 그와 같아 다른 사람을 이롭게 하는 일을 이루어 [그들로 하여금] '깨달음의 본연'(本覺)을 얻게 하니, 이것은 '[타인을 이롭게 하는] 일을 이루어가는 지혜의 면모'(成所作智之義)를 밝힌 것이다. [이리하여] '[대원경지大圓鏡智, 평등성지平等性智, 묘관찰지妙觀察智, 성소작지成所作 이] 네 가지 지혜'(四智)가 완전해지니, 이것이 '비로소 깨달아 감이 완전해진 것'(始覺滿)이다.

〈부처님 지혜의 경지에 들어가는 것이니〉(入是智者) 이하는, 다음으로 '모든 분별하는 식이 생겨나지 않음'(諸識不生)을 나타낸 것이다. 이 '[대원경지大圓鏡智, 평등성지平等性智, 묘관찰지妙觀察智, 성소작지成所作智의] 네 가지 지혜'(四智)를 얻은 것이 바로 '오묘한 깨달음의 경지'(妙覺之位)이므로 〈부처님 지혜의 경지에 들어가는 것이니〉(是入佛智地)라고 말하였고, 이때에 '하나처럼 통하는 마음의 본원'(一心之源)으로 돌아가서 '여덟 가지 식'(八識)의 온갖 [분별의] 파도가 다시는 '일어나 동요하지'(起動) 않기 때문에 〈[부처님] 지혜의 경지에 들어간 사람에게는 모든 [분별하는] 식識이 생겨나지 않는다〉(入智地者, 諸識不生)라고 한 것이다. 이상의 [제식공적諸識空寂과 제식무생諸識無生] 두 부분으로 '비로소 깨달아감'(始覺)을 설명하는 것이 끝난다."[188]

"그러나 '부처 면모의 바탕'(佛性之體)은 바로 '하나처럼 통하는 마음'(一心)이니, '하나처럼 통하는 마음의 면모'(一心之性)는 '모든 극단적 측면에서 멀리 벗어나는

---

[188] "次顯其果. 於中有二, 先明覺圓滿, 後顯識不生. 初中言〈斷已入無住地〉者, 金剛解脫, 斷種子已, 卽入妙覺無住之地. 二諦之外, 獨在無二, 故言〈無住〉. 無住之心, 雙泯二諦故, 無出俗入眞之異. 旣無出入, 不在空有, 故言〈心處無在〉. 無在之處, 唯是一心, 一心之體, 本來寂靜, 故言〈決定性地〉. 一心顯時, 八識皆轉, 故於是時, 四智圓滿. 所以然者, 卽此一心, 離闇成明, 明白淸淨, 無影不照, 故言〈其地淸淨, 如淨瑠璃〉. 是顯大圓鏡智之義. 卽此一心, 遠離二邊, 通達自他平等無二, 故言〈性常平等, 如彼大地〉. 是顯平等性智之義. 如是一心無所觀故, 於諸法門, 無不觀察, 故言〈覺妙觀察, 如慧日光〉. 是明妙觀察智之義. 如是一心, 無所作故, 於利他事, 無所不作, 故言〈利成得本, 如大法雨〉. 雨潤萬物, 令成菓實, 此智亦爾, 利他事成, 令得本覺, 是明成所作智之義. 四智旣圓, 是始覺滿也.〈入是智者〉已下, 次顯諸識不生. 得是四智, 正是妙覺之位, 故言〈是入佛智地〉, 是時旣歸一心之源, 八識諸浪不更起動, 故〈入智地者, 諸識不生〉也. 上來二分, 演始覺竟."(『금강삼매경론』, 1-633a~b).

것'(遠離諸邊)이다. '모든 극단적 측면에서 멀리 벗어나기'(遠離諸邊) 때문에 [불성佛性의 바탕을 무엇이라고 주장해도] 모두 ['부처 면모의 바탕'(佛性之體)에] '해당하는 것이 없고'(無所當), '해당하는 것이 없기'(無所當) 때문에 ['부처 면모의 바탕'(佛性之體)에] '해당하지 않는 것도 없다'(無所不當). 그러므로 '[하나처럼 통하는] 마음'(心)[이라는 맥락]에 의거하여 거론하자면, 마음은 '원인도 아니고 결과도 아니며'(非因非果), '[참인] 진리도 아니고 [허위虛僞인] 세속도 아니며'(非眞非俗), '[불변하는] 자아도 아니고 [실체인] 현상도 아니며'(非人非法), '일어난 것도 아니고 잠복해 있는 것도 아니다'(非起非伏). [그런데] 만약 '[현상을 발생시키는] 조건'(緣)[이라는 맥락]에 의거하여 거론하자면, 마음은 '일어난 것이기도 하고 잠복해 있는 것이기도 하며'(爲起爲伏), '현상을 짓기도 하고 자아를 짓기도 하며'(作法作人), '[허위虛僞인] 세속이 되기도 하고 [참인] 진리가 되기도 하며'(爲俗爲眞), '원인을 짓기도 하고 결과를 짓기도 한다'(作因作果). 이것을 ['부처 면모의 바탕'(佛性體)이 지닌] '그러하지 않으면서, 그러하지 않은 것도 아닌 면모'(非然非不然義)라고 말한다. 그러므로 [여섯 법사의] 여러 주장들은 모두 틀렸기도 하고 모두 맞기도 하다."[189]

"이러한 문장들은 똑같이 〈하나처럼 통하는 마음의 '원인도 아니고 결실도 아닌 면모'〉(一心非因果性)를 드러낸다. 왜냐하면, '본래면모가 온전한 깨달음의 본연'(性淨本覺)은 '번뇌가 스며들지 않는 이로움'(無漏善)이고 '오염에 따르는 모든 이로움'(隨染衆善)은 '번뇌가 스며드는 이로움'(有漏善)이지만, '하나처럼 통하는 마음이라는 바탕'(一心之體)은 ['본연이 온전한 측면'(性淨門)과 '오염에 따르는 측면'(隨染門), 이] '두 가지 측면'(二門)에 해당하지 않기 때문에 '번뇌가 스며드는 것도 아니고 번뇌가 스며들지 않는 것도 아니다'(非有漏非無漏). 또 '부처라는 결실'(佛果)은 ['본연에] 늘 머무르는 이로움'(常善)이고 '원인[으로서의 부처면모]'(因)는 ['본연에] 늘 머무르지 않는 이로움'(無常善)이지만, '하나처럼 통하는 마음이라는 바탕'(一心之體)은 '원인도 아

189 "然佛性之體正是一心, 一心之性遠離諸邊. 遠離諸邊故, 都無所當, 無所當故, 無所不當. 所以就心論, 心非因非果, 非眞非俗, 非人非法, 非起非伏. 如其約緣論, 心爲起爲伏, 作法作人, 爲俗爲眞, 作因作果. 是謂非然非不然義. 所以諸說皆非皆是."(『열반종요』, 1-538b~c).

니고 결실도 아니기'(非因非果) 때문에 '[본연에] 늘 머무르는 것도 아니고 늘 머무르지 않는 것도 아니다'(非常非無常). 만약 '하나처럼 통하는 마음'(一心)이 원인(因)이기만 하다면 결실(果)이 될 수 없고, 만약 그 [마음]이 결실(果)이기만 하다면 원인(因)이 될 수 없다. **진실로 '하나처럼 통하는 마음'(一心)은 '원인도 아니고 결실도 아니기'(非因非果) 때문에, 원인(因)도 될 수 있고 결실(果)도 될 수 있으며 '원인[으로서의 면모]에 따르는 원인'(因因)도 되고 '결실[로서의 면모]에 따르는 결실'(果果)도 된다.** 그러므로 [사자후보살품師子吼菩薩品에서] 〈'부처의 면모'(佛性)에는 '원인[으로서의 면모]'(因)도 있고 원인[으로서의 면모]에 따르는 원인(因因)도 있으며, '결실[로서의 면모]'(果)도 있고 '결실[로서의 면모]에 따르는 결실'(果果)도 있다〉(佛性者有因, 有因因, 有果, 有果果)고 말했다.

이리하여 앞에서 말한 '[본연이 온전한 측면'(性淨門), '오염에 따르는 측면'(隨染門), '현재에 나타난 부처라는 결실의 측면'(現果門), '미래에 있을 부처라는 결실의 측면'(當果門), 이 네 가지 측면에서 '오염[에 따르는 측면] 및 [본연이] 온전한 [측면]이라는 두 가지 원인[으로서의 부처 면모]'(染淨二因)와 '미래[에 있을 측면] 및 현재에 나타난 [측면]이라는 두 가지 결실[로서의 부처 면모]'(當現二果)는 그 본연(性)이 '다르지 않고'(無二) 오직 '하나처럼 통하는 마음'(一心)임을 알아야 하니, '하나처럼 통하는 마음의 본연'(一心之性)은 오직 '부처가 체득하는 것'(佛所體)이기 때문에 〈이 '[하나처럼 통하는] 마음'(心)을 '부처의 면모'(佛性)라 부른다〉고 말한다. **다만 '[부처의 면모'(佛性)는 '여러 [차이나는] 측면'(諸門)에 의거하면서 이 '하나처럼 통하는 본연'(一性)을 드러내는 것이기에 '차이나는 측면'(異門)에 따르면서도 '독자적 본질'(別性)이 있는 것은 아니니, '[여러 차이나는 측면'(諸門)에 '[불변·독자의 실체로서의] 차이'(異)가 없는데 어찌 [독자적 본질을 지닌] 하나(一)가 있을 수 있겠는가? '독자적 본질을 지닌 하나'(一)가 아니기 때문에 '여러 [차이나는] 측면'(諸門)에 해당할 수 있고, '[불변·독자의 실체로서의] 차이'(異)가 아니기 때문에 '여러 [차이나는] 측면'(諸門)은 '한 맛[처럼 서로 통하는 것]'(一味)이다.** '부처의 면모'(佛性)에 관한 뜻을 간략히 구별하면 이상과 같다. 이제까지 설명한 '열반[에 관한 부문]'(涅槃)과 '부처의 면모[에 관한 부문]'(佛性) 전체는 '[경의 뜻을 넓게 펼쳐놓고 내용에 따라 구분하여 설함'(廣開分別)의] 두 번째인 '경의 핵심 내용을 자세히 설명함'(廣經宗)[의 단원]을 이루니 [이 단원을] 마친다."[190]

원효는 이러한 일심一心의 의미와 지평을 『대승기신론』에 등장하는 본각本覺·시각始覺·불각不覺과 연관시키면서 깨달음(覺)에 관한 그의 통섭적인 생각을 체계화시켜 간다. 그리고 일심과 깨달음의 관계에 관한 그의 성찰과 체득은 말기저술인 『금강삼매경론』에서 완성된 모습으로 나타난다. 『금강삼매경론』에서 원효는 일심과 본각本覺·시각始覺·불각不覺의 관련 체계를 여래장如來藏개념과 결합시키는 작업을 마무리하는 동시에, '일각一覺'이라는 용어에다가 깨달음에 관한 그의 모든 성찰과 체득을 수렴시키고 있다. 본각本覺·시각始覺·불각不覺에 대한 성찰과 체득은 '하나처럼 통하는/통하게 하는 깨달음'(一覺)을 여는 것이어야 하고, 이 '하나처럼 통하는/통하게 하는 깨달음'(一覺)이 열릴 때 '하나처럼 통하는/통하게 하는 마음'(一心)의 지평에 올라선다.

원효의 깨달음(覺) 사상을 구성하는 이러한 개념체계는 정밀하게 음미하면서 현재언어에 담아 보아야 그 철학적 의미가 드러난다. 여러 층이 결합되어 있는 지층을 탐구할 때는, 각 층을 각각의 결대로 다루어가는 미시적 정밀성과 더불어, 그 결들의 결합을 통섭적으로 다루어가는 거시적 총체성이 모두 요청된다. 원전 용어와 논리를 그대로 채택하면서 재구성하여 체계화시키는 연구방법론으로는, 이런 정밀성과 총체성을 확보할 수 없다. '일심一心'의 문제에 관한 필자의 독법은, 원효의 깨달음 체계가 지닌 여러 결(理) 가운데 하나를 다루는 것이다. 본각本覺·시각始覺·불각不覺·일각一覺·여래장如來藏 등과 관련된 원효의 다층적 사유체계의 안 뜰에 들어가려면 다양한 여러 결을 섬세하게 다루어야 한다.

---

190 "是等文同顯一心非因果性. 所以然者, 性淨本覺是無漏善, 隨染衆善是有漏善, 一心之體不常二門故, 非有漏非無漏. 又佛果是常善, 因是無常善, 一心之體非因果非果故, 非常非無常. 若心是因, 不能作果, 如其是, 不能作果. 良由一心非因非果故, 得作因, 亦能爲果, 亦作因因, 及爲果果. 故言〈佛性者有因, 有因因, 有果, 有果果.〉是故當知前說四門, 染淨二因當現二果, 其性無二, 唯是一心, 一心之性唯佛所體故, 說是心名爲佛性. 但依諸門, 顯此一性, 非隨異門而有別性, 卽無有異, 何得有一? 由非一故, 能當諸門, 由非異故, 諸門一味. 佛性之義略判如是. 上來所說涅槃佛性, 全爲第二廣經宗竟."(『열반종요』, 1-545b~c).

🪷 일심一心에 관한 새로운 독법의 함의

'문제해결력을 고도화시키고, 사유/인지능력에서 초래한 오염과 훼손을 치유하며, 이로움을 키워 갈 수 있는 길'에 오르려는 성찰 지성, 또 그 길을 넓히려고 하는 성찰 지성은, 꾸준히 역량을 키워 왔고 성취를 축적해 왔다. 인간 세상에서 좋은 가치들을 소중히 여길 수 있게 된 것은 그 때문이다. 무지와 기만의 극복, 차별적 폭력의 치유, 보편적 우애와 평등, 자유와 정의와 평화와 같은 고귀한 보편 가치들에 꾸준히 힘을 실어 주고, 그것들을 구현할 수 있는 사유와 욕구와 행위의 능력을 향상시켜 온 것은, 그 성찰 지성의 빛과 노력 때문이다. 이런 노력과 역량을 '세속적'이라는 말로 간단히 평가절하하는 시선은 인간의 사유/인지능력을 소홀히 처리하는 무지이다. 문제해결력을 고도화시키고, 사유/인지능력에서 초래한 오염과 훼손을 치유하며, 이로움을 키워가는 여정에서 목격되는 것은, 언어·사유·욕구·차이에 대한 치열한 성찰 지성의 탐구 행보이다. 인문 지성의 고귀한 보물들은 그렇게 얻어진 것이다.

언어·사유·욕구·차이의 집 바깥을 두리번거리는 태도, 언어·사유·욕구·차이를 너무 쉽게 외면해 버리거나 삭제해 버리려는 시선, 언어·사유·욕구·차이 이전이나 이후의 지점에서 궁극적 관심을 해소해 보려는 열정이 구도의 길을 장악해 버릴 때, 그 길에서는 언어·사유·욕구가 향상하는 길이 막히고, 차이와 제대로 만나 이로움을 구현하는 능력의 계발이 외면된다. 성찰 지성의 계발을 위한 관심과 노력이, 〈분별 키우지 말라〉는 말에 의해 봉쇄되어 버린다. 그 결과는 성찰력과 문제해결력의 고갈과 왜곡이다.

〈욕심 버려라〉〈분별 버려라〉〈말일 뿐이다〉〈지식일 뿐이다〉—표현방식과 맥락의 차이를 충분히 고려한다고 해도, 아마도 불교를 비롯하여 모든 종교 현장에서 가장 자주 듣게 되는 말일 것이다. 그런데 지적 능력이 빠져 버린 인간, 욕망이 탈각된 삶이 과연 가능하기나 할까? 사례는 목격될까? **언어·사유·욕구·차이와 그들의 상호관계가 인간의 삶과 세상을 구성한다. 인간의 삶은, 어떤 유형 어떤**

수준이라 할지라도, '지적 능력에 의한 성찰'과 '차이와의 관계에서 발생하는 욕망'에 깊숙한 곳에서부터 연루되어 있다.

언어·사유·욕구·차이가 인간 경험의 발생조건이라는 점에서, '개념적 지식 능력'과 '성찰 능력'이 외면되면 인간 존재 자체가 공허해진다. 앞서 필자는 〈욕망은 사유/인지능력(意根)을 포함한 감관 능력이 지각대상과의 관계에서 발생시키는 가치 선택적 지향성〉이며, 이때 지각대상은 곧 수많은 차이 현상들이므로 〈욕망은 '감관 능력에서 발현되는 언어·사유의 인지능력'이 '차이들과의 관계'에서 발생시키는 가치 선택적 지향성〉이라고 정의하였다. 그런데 언어와 사유가 차이들과 만나는 것이 인간의 경험이므로, 인간은 살아 있는 동안 욕망과 격절될 수가 없다. 어떤 내용, 어떤 수준의 것이든, 살아 있는 인간은 언제나 욕망을 경험하고 또 지향한다. 범부든 성자든 말이다. 붓다도 마찬가지이다.

붓다가 일깨워 준 것은 '사유와 언어능력의 포기'나 '욕망의 거세'가 아니다. '차이들을 대하는 언어·사유의 이로운 능력', 그 이로운 능력으로 맺는 '차이들과의 관계'에서 발생하는 '이로운 욕망'을 깨달음의 내용으로 제시한 것이다. '사실 그대로/있는 그대로 이해함'(如實知見)·'진리답게 생각을 펼침'(如理作意)·'실체관념에 의한 허구적 이해를 해체하는 이해능력'(無分別智)·'깨달은 후 차이들을 제대로/사실대로 이해하고 관계 맺는 능력'(後得智) 등의 용어는 '차이들을 대하는 언어·사유의 이로운 능력'을 지시한다. 또 '열린 우호'(慈)·'열린 연민'(悲)·'열린 기쁨'(喜)·'갇히지 않는 평정'(捨)은 '차이들과의 관계에서 발생하는 이로운 욕망'의 정점에 배열되는 것들이다. 흥미롭게도 원효는 이런 통찰을 적극적으로 계승하여 고도의 언어 수준에 담아 펼친다.

인간 세상의 모든 문제는 언어·사유·욕망·차이의 문제이기에, '언어·사유·욕망을 펼치는 능력'과 '차이와의 관계능력'을 향상시킨 만큼 문제를 잘 풀 수 있다. 그런데 깨달음이나 진리의 이름으로, 또 성스러움(聖)이나 초월 및 구원의 이름으로 언어·사유·욕망·차이를 부정하는 것은, 문제 발생의 초기조건인 '차이들'에 대한 관심을 없애버리고, 문제를 잘 풀기 위해 '언어·사유·욕망의 능력을 향상시키려는 의지'를 원천에서부터 거세시켜 버린다. 그리고 차이에 대한 관심이 거두어진 자리, 언어·사유·욕망의 향상 의지와 그 능력이 거세된 자리에는, 온갖 무지와 기만 및 허위가 활개 치기 마련이다. 이러한 자리에 묶이면, 깨달음과 구도 및 구원의 열정이 무지와 기만의 체제에 부역하게 된다. 의도하지 않아도 결과적으로는 그렇게 된다. 인도전통의 종교체계와 서양의 종교들은 민초들의 문제해결 의지와 능력계발을 원천에서 마비시키는 거세 이념체계로 작동하였고 또 작동하고 있는 측면이 있다. 불교는 얼마나 예외였고, 또 예외로 작동하고 있을까? 붓다가 열어준 길에는 거세去勢 이념에서 해방시키는 통찰이 가득하다. 그러나 후학들이 걷는 그 길에는 거세의 잡초가 우거져 있다.

원효의 성찰과 체득은 흥미롭게도 깨달음의 문제를 언어·사유·욕구·차이의 범주 내에서 접근하게 한다. 동아시아 대승교학 전통 안에서 붓다와 대화한 원효에게서 이런 안목을 목격한다는 것은 흥미를 넘어 전율을 느낀다. 원효는 다양한 맥락의 불교 언어들을 종횡으로 서로 엮어 가면서 이런 안목을 펼쳐 내고 있다. 그러기에 관련된 내용들을 다면적으로 탐구한 후 유기적으로 엮어야 그 안목의 전모가 드러날 수 있다. 원효의 이런 통찰이 드러나는 구절 몇 대목을 더 소개해 본다.

"이 [열반이라는] 길(道)을 증득證得한 자는 갈수록 고요한가 하면, 갈수록 떠들썩하기도 하다. 갈수록 떠들썩하기 때문에 '[부처님의] 여덟 가지 [수승한] 음성'(八音)[과도 같은 말]을 널리 울려 허공에 두루 펼치면서 쉬지 않고, 갈수록 고요하기 때문에 '[보살 십지十地의] 열 가지 특징들'(十相)을 멀리 떠나 '참 지평'(眞際)과 같아져서 잔잔하다."[191]

"첫 번째인 '전체의 취지'(大意)를 기술한 것은 [다음과 같다.] 〈'하나처럼 통하는 마음'이라는 원천〉(一心之源)은 '[독자적 실체로서] 있음'(有)과 '[아무것도] 없음'(無)[이라는 존재환각]을 여의어 오로지 온전하며(淨), '실체가 없는 세 가지 경지'(三空)

---

191 "證斯道者, 彌寂彌喧, 彌喧之故, 普震八聲, 通虛空而不息, 彌寂之故, 遠離十相, 同眞際而湛然."(『열반종요』, 1-524a).

의 바다는 '[성스러운] 진리[의 세계]'(眞)와 '[저속한] 세속[의 세계]'(俗)[의 둘로 나누는 분별을] 녹여 말끔하다(湛然). 둘[로 나누어 보는 분별을] 말끔히 녹였으나 [眞과 속俗의 차이가 없어진] 하나는 아니며, 오로지 온전하게 '[유有와 무無에 대한 두 가지] 치우친 견해'(邊)를 여의었지만 [유有와 무無를 섞어 놓은] 중간도 아니다. [유有와 무無를 섞어 놓은] 중간이 아니면서 '[유有와 무無에 대한 두 가지] 치우친 견해'(邊)를 여의었기 때문에, '있지 않은 현상'(不有之法)이라 해서 곧 '[아무것도] 없는 상태'(無)에 머무는 것이 아니고, '없지 않은 모습'(不無之相)이라 해서 곧 '[항상] 있는 상태'(有)에 머무는 것이 아니다. [그리고] [眞과 속俗의 차이가 없어진] 하나가 아니면서 '[眞과 속俗을] 둘[로 나누어 보는 분별]을 녹였기 때문에, 〈'[성스러운] 진리'(眞)가 아닌 현상〉(非眞之事)이라 해서 처음부터 '[저속한] 세속'(俗)[의 현상]이기만 한 적은 없고, 〈'[저속한] 세속'(俗)이 아닌 진리〉(非俗之理)라 해서 처음부터 '[성스러운] 진리'(眞)이기만 한 적은 없다. [또한] '[眞과 속俗을] 둘[로 나누어 보는 분별]을 녹였지만 [眞과 속俗의 차이가 없어진] 하나가 아니기 때문에, '[성스러운] 진리[의 세계]'(眞)와 '[저속한] 세속[의 세계]'(俗)라는 면모(性)가 세워지지 않음이 없고, 오염(染)과 청정(淨)의 모습(相)이 갖추어지지 않음이 없다. [그리고] '[유有와 무無에 대한 두 가지] 치우친 견해'(邊)를 여의었지만 [유有와 무無를 섞어 놓은] 중간이 아니기 때문에, 있음(有)와 없음(無)의 현상이 만들어지지 않는 바가 없고, [유有와 무無에 대한 판단의] 옳음(是) 그름(非)의 뜻이 두루 미치지 아니함이 없다. 그리하여 '깨뜨림이 없으면서도 깨뜨리지 않음이 없고, 세움이 없으면서도 세우지 않음이 없으니'(無破而無不破, 無立而無不立), 가히 '이치가 없는 지극한 이치'(無理之至理)요 '그러함이 없는 크게 그러함'(不然之大然)이라 할 수 있다. 이것이 이 경전의 '전체 취지'(大意)이다.

참으로 '그러함이 없는 크게 그러함'(不然之大然)이기 때문에 '설하는 말'(能說之語)은 [모든 것과 통하는] '고리 가운데'(環中)[192]에 신묘하게 합치하고, '이치가 없는

192　환중環中: 『장자莊子』의 「제물론齊物論」에 나오는 것으로 고리의 가운데에 있는 구멍을 가리키는 말이다. 고리의 구멍은 텅 비어 있으면서도 고리 전체와 연결되어 있으므로 원효는 '금강삼매'의 이치를 비유하는 데 적절하다고 보아 채택한 용어로 보인다.

지극한 이치'(無理之至理)이기 때문에 '말에 담아낸 근본도리'(所詮之宗)는 '한정[하는 이치]'(方)를 뛰어넘는다. [이처럼] 깨뜨리지 않는 것이 없으므로 '금강[석金剛石 같은] 삼매'(金剛三昧)라 부르고, 세우지 않는 것이 없기 때문에 '대승大乘[의 이치]를 포괄하는 경'(攝大乘經)이라 부르며, 모든 이치(義)의 핵심(宗)은 이 ['깨뜨리지 않음이 없음'(無所不破)과 '세우지 않음이 없음'(無所不立)]의 두 가지를 벗어남이 없기 때문에 또한 '헤아릴 수 없이 많은 이치의 핵심'(無量義宗)이라고도 부른다. 그리고 [이 가운데] 첫 번째 것을 들어 [경의] 앞머리로 삼았기 때문에 『금강삼매경』이라고 말하였다."[193]

"[또] 그 '[실체로] 분별한 것이 없음'(無所分別)으로 말미암아 '[차이를 제대로] 구별하지 않음도 없으니'(無不分別), 그러므로 〈분별함이 없는 지혜는 [차이를 제대로] 구별함이 끝이 없다〉(無分別智, 分別無窮)라고 말하였다. '[차이를 제대로] 구별함이 끝이 없는'(分別無窮) 까닭은 다만 모든 분별을 없애기 때문이니, 그러므로 〈'[제대로 구별함이] 끝이 없는 면모'는 오직 [실체로] 분별하는 것만이 사라진 것이다〉(無窮之相, 唯分別滅)라고 말하였다."[194]

"〈이 수행에 들어간 이는 '실체가 없다는 관념'도 일으키지 않는다〉(入是行者, 不生空相)라는 것은, 비록 '[사실 그대로에] 같아짐에 따르며'(隨如) 수행하면서도 언제나 '[인과因果의] 현상에 따르고'(隨事) '[오직] 분별하는 마음[이 구성한 것이라는 도리]에 따르면서'(隨識) 수행하기 때문에 '실체가 없다는 관념'(空相)을 취하여 '[분별에

---

193 "第一述大意者, 夫一心之源, 離有無而獨淨, 三空之海, 融眞俗而湛然. 湛然融二而不一, 獨淨離邊而非中. 非中而離邊故, 不有之法, 不卽住無, 不無之相, 不卽住有. 不一而融二故, 非眞之事, 未始爲俗, 非俗之理, 未始爲眞也. 融二而不一故, 眞俗之性, 無所不立, 染淨之相, 莫不備焉. 離邊而非中故, 有無之法, 無所不作, 是非之義, 莫不周焉. 爾乃無破而無不破, 無立而無不立, 可謂無理之至理, 不然之大然矣. 是謂斯經之大意也. 良由不然之大然, 故能說之語, 妙契環中, 無理之至理, 故所詮之宗, 超出方外. 無所不破, 故名〈金剛三昧〉, 無所不立, 故名〈攝大乘經〉, 一切義宗, 無出是二, 是故亦名無量義宗. 且擧一目, 以題其首, 故言『金剛三昧經』也."(『금강삼매경론』, 1-604b~c)

194 "由其無所分別, 乃能無不分別, 故言〈無分別智, 分別無窮〉. 所以'分別無窮'者, 只由滅諸分別, 故言〈無窮之相, 唯分別滅.〉"(『금강삼매경론』, 1-659c).

의한 동요가] 그쳐 고요한 경지'(寂滅)에 머무르지도 않는 것이다. [또] 〈여래[의 경지]에 들어갔다고 말할 수 있다〉(可謂入如來)라는 것은, 비록 '[인과因果의] 현상'(事)과 '[오직] 분별하는 마음[이 구성한 것이라는 도리]'(識)에 따르면서도 언제나 '[사실 그대로에] 같아짐'(如)에 따라 '평등한 수행'(平等行)을 취하기 때문에 '여래의 면모가 간직된 바다와 같은 창고'(入如來藏海)에 들어간다고 말할 수 있다는 것이다."[195]

---

195 "〈入是行者, 不生空相〉者, 雖隨如行, 而恒隨事隨識行故, 不取空相, 而住寂滅也. 〈可謂入如來〉者, 雖隨事識, 而恒隨如取平等行故, 可謂能入如來藏海也."(『금강삼매경론』, 1-661a).

VII.

이해와 마음

🪷 왜 '이해와 마음'을 주목하는가?

원효와 붓다를 한 자리에 불러내어 대화하게 한다고 할 때, 그 대화 자리를 마련한 사람이 양자의 말을 통역해야 한다. 정확히 말하자면, '자리를 마련한 사람의 통역 내용에 따라 펼쳐지는 대화'이다. 자리를 마련하고 붓다와 원효의 말을 통역하려는 사람이면 처음부터, 그리고 언제나 되물어야 하는 질문이 있다. 〈인간은 어떤 독특한 조건들을 발현시켜 갖추었는가? 그 조건들은 어떤 현상을 발생시켜 왔는가? 또 어떤 현상을 발생시킬 수 있는가? 붓다와 원효는 이 질문에 어떤 대답을 하고 있는 것인가?〉라는 물음이다. 이 물음에 어떻게 답하는가에 따라 그들의 말에 대한 통역내용이 결정된다.

근자에는 철학·문학·역사의 인문적 탐구 외에도 생물학·인류학·물리학·의학·뇌과학·사회과학·예술 등 다양한 학문 분야에서의 인간 이해가 급속도로 고도화되어, 이 물음을 탐구하는 데 요긴한 다양한 시선들을 접할 수 있게 되었다. 인류의 역사상 가장 정밀하고 풍부한 '인간 이해의 관점들'을 참고할 수 있게 되었다. 이것은 그 어느 시대보다 붓다와 원효의 말을 음미하는 데 좋은 조건들이 형성되었다는 것을 의미한다. 이런 조건들에 기대어 붓다와 원효를 초대하여 대화의 장을 마련해 본다는 것은 실로 가슴 벅찬 삶의 축복이다. 그 어느 때보다 깊고 풍요로운 대화 내용을 이끌어 낼 가능성이 있기 때문이다.

〈인간에게 갖추어진 독특한 조건들은 어떤 것인가? 어떤 현상들이 그 조건을 원인으로 발생하는가? 인간은 또 어떤 새로운 조건을 선택할 수 있으며, 그 조건에서 어떤 새로운 현상을 발생시킬 수 있는가? 붓다와 원효가 권하는 길은 이런 물음에 어떤 대답을 하는 것일까?〉―그 대답을 탐구하는 출발지와 도착지 입구에는 대문이 있다고 한다면, 그리고 그 문 안에 난 길을 걸어야 출발과 도착이 성공할 수 있다고 한다면, 그 문은 무엇일까? 그 대문은 두 짝의 문으로 이루어져 있다고 생각한다. 한 짝은 '이해'이고, 다른 한 짝은 '마음'이다. '이해'와 '마음'의 두 문을 열고 들어가야 도착지로 이어지는 길에 올라설 수 있다고 본다.

불교해석학이란 '붓다의 말을 이해해 온 해석의 체계'를 지칭하려고 채택한 용어다. 여기에는 전통교학과 수행론, 현대 불교학이 모두 포함된다. '붓다의 말에 담긴 내용'과 '불교해석학'은 일치하지 않는다. 상응하는 내용도 있고 그렇지 않은 내용도 있다. 상응과 불상응의 정도도 편차가 심하다. '상응'에만 가치를 부여하는 입장도 있고, '불상응'을 발전과 확대의 풍요로 평가하는 입장도 있다. 어떤 입장을 선택할지는 결국 각자의 몫이다.

'이해'와 '마음'을 주목해 왔던 지금까지의 불교 해석학에서는 일종의 '신비주의 시선'을 목격할 수 있다. '신비주의 시선'이라는 말은 〈'가변적이고 다양한 모든 현상의 이면에 있는 불변의 유일한 실재', '모든 현상을 발생시키는 원점으로서 변하지 않고 완전한 궁극실재'가 존재하며, 그 실재와의 만남이 '이해와 마음'의 목적이고 의미이다〉라는 관점을 지시한다.

'신비주의 시선'은 불교해석학 내부에 다양한 유형으로 포진하고 있다. 불교뿐만 아니라 철학과 종교 일반에서도 다양한 방식으로 광범위하게 퍼져 있으며, 강력한 영향력을 확보하고 있다. 필자는 이러한 신비주의 시선을 반영하는 철학이나 종교언어에 동의하지 않는다. 경험 사실에 부합하지도 않고 무지의 기만으로 삶과 세상을 다양한 형태로 해롭게 한다고 보기 때문이다. 불교해석학 안에 자리 잡은 신비주의 시선은 붓다의 말과 상응하기 어려워 붓다와의 대화를 방해하거나 왜곡시킨다.

신비주의 시선으로 '이해'를 중시하게 되면, '현상에 대한 관찰과 이해'(觀法) 수행의 궁극목적은 '불변의 궁극실재에 관한 이해'가 된다. 현상 이면/이후의 불변 실재(自性)를 보는 '신비한 이해', 그런 이해에 의해 만나는 '신비한 실재'가 관심사가 되고 만다. 이를 '이해 신비주의'라고 불러본다. 또 신비주의 시선으로 '마음'을 중시하게 되면, '불생불멸의 궁극실재로서의 마음'이 수행의 목표가 된다. '대상을 판단하고 평가하여 분별하는 마음', '변하면서 갖가지 내용이 역동적으로 교체되고 동거하는 오염된 마음'에서 떠나, '대상과 무관하게 전지(全知)의 절대적 지혜를 지녔으며 불변의 순수하고 완전한 본질을 지닌 마음'을 참된 마음으로 간주하여 체득하려고 한다. 이를 '마음 신비주의'라고 불러 본다.

'이해 신비주의'와 '마음 신비주의'로 이해와 마음을 다루면 구도의 길이 왜곡되고 도착할 곳이 없어진다. 비장한 의지와 엄격한 자기절제, 치열한 노력은 목격될 수 있지만, 있지 않기에 도착하지 못할 곳을 향해 열심히 걷는 행보와 여정은 요란하지만 공허하다. 붓다와 원효와 대화하려면, '이해 신비주의'와 '마음 신비주의'가 수립한 독법(讀法)들과 결별하고 새로운 독법을 마련해야 한다. 새로운 독법으로 『대승기신론』과 원효철학을 읽어야 한다.

🪷 이해

1. '동식물이 파악하는 의미'와 '인간이 파악하는 의미'

'이해理解'는 인간의 경험에서 발생하는 독특한 현상이다. 어쩌면 지구상에서는 '오직 인간'에게서만 발생하는 현상일지 모른다. 만약 그렇다면, 이해는 '인간 경험의 특수성'을 대표하는 현상이다. 그런데 '이해'라는 말은 어떤 내용을 지시하는 기호인가? 일단 '대상이나 상황의 의미를 파악하는 현상'이라 정의해 보자. 그리고 '의미'는 대상이나 환경과의 관계에서 발생하는 '이로움과 해로움의 차이'라고 정의해 보자. 이 정의는 '생존 욕구'라는 생물학적 보편 충동을 고려한 것이다. 그렇다면 모든 생물은 환경이나 사태의 의미를 파악할 수 있다고 말해야 한다. 그럴진대 동식물도 환경과 사태를 '이해'하는 것인가? 그렇게 말할 수는 없다. 동식물은 환경의 의미를 파악하지만 '이해'하지는 못한다. **'이해'는 '의미를 파악하는 인간의 현상'에 붙여지는 말이다.**

동식물이 환경의 이로움과 해로움을 분간해 내는 것은 본능적이고 직감적 수준에서의 의미 파악이다. 그러나 같은 상황에서 이로움과 해로움을 분간해 낸다고 해도, 인간이 파악하는 의미는 동식물의 본능이나 직감이 파악하는 것보다 훨씬 복잡하다. 종류가 다르고, 양상과 내용이 다르다. 동식물이 파악하는 의미는 '안전과 위험'에 관한 원초적 분간을 넘어서지 않는 것으로 보인다. 이에 비해 동일한 안전과 위험 분간일지라도 인간이 파악하는 의미는 복잡한 수준의 판단과 평가, 분석과 예측이 반영된다. 또 그 의미는 이유와 근거를 제시하는 논리와 이론을 담은 법칙적 현상이다. 인간이 파악하는 의미는 '어떤 안전/위험인가?, 왜 안전/위험한가? 언제 어떻게 안전/위험할 것인가?' 등을 포함하고 있다. **인간이 파악하는 의미에는 차이들의 비교·종합·분석에 의한 이해·판단·평가·예측이 함께 하고 있다. 동식물은 의미를 '감지'하지만, 인간은 의미를 '이해'한다.**

'인간이 파악하는 의미'는 '언어적·기호적·추상적 기준들과 논리·이론을 갖춘 견해·관점으로 짜인 이해의 그물을 통과한 것'이다. 그런 점에서 환경과의 관계에서 안위만을 기준으로 파악하는 동식물의 직감적·본능적 의미와는 내용이 다르다. **'인간이 파악하는 의미'는 '논리·이론을 지닌 관점과 견해로써 직조된 이해의 그물을 통과한 것'이라는 점에서 '법칙적 현상'이다.** 그런 점에서 붓다가 담마(Dhamma, 法)라는 용어로써 '가르침, 이론, 도리, 법칙'과 '현상'이라는 뜻을 모두 지칭하는 것은 주목된다. **행동과 감정을 비롯하여 인간이 보여 주는 모든 현상은 '이해를 조건으로 삼는 법칙적 현상'이다.** 인간의 모든 경험과 행위에서 이해는 어떤 경우라도 제외할 수 없는 요인이다. **이해는 인간 경험의 특이성을 결정하는 근원적 조건이다.**

2. 이해의 발생과정에 관한 조건인과條件因果—그 연기緣起적 발생에 관한 추정

인간이 현재 보여 주는 인지능력과 '이해하는 사유'는 어떻게 생겨난 것일까? 본래 있던 완결된 내용이라는 신비주의 시선, 우연히 기적적으로 생겨났을 것이라는 비합리적 상상, 창조자가 일거에 완결된 내용으로 만들어 낸 것이라는 창조론적 시선에 동의하지 않는다면, 어떤 접근이 가능할까? 인간이 향상시켜 온 인과적 사유와 과학적 탐구 성과를 결합시키는 방식이 합리적이라고 본다. 지구 행성 위에서 환경에 적응하기 위해 진화해 온 변화의 과정에 집중하는 것이 맞다고 생각한다.

생물학과 인류학의 관점을 경청하면서 필자는, 〈'환경과 세계의 변화하는 차이 현상들을 대면하여 안전/이로움은 선택하고 위험/해로움은 회피하려는 생물학적 보편본능'→'차이를 기호(언어)에 담아 분류하는 능력의 발현'→'기호로 분류된 차이들을 비교·구분하는 기준수립 능력의 발달'→'논리와 이론 능력의 발현'→'논리와 이론을 갖춘 견해와 관점을 수립하는 능력의 발현'→'법칙적 의미를 파악하는 이해능력의 발현'→'이해를 직조하는 사유능력'과 '직조된 이해체계'의 정립〉이라는 조건인과적·연기적 발생의 연쇄를 추정해 본다.

풀어쓰면 이렇다. 〈다른 생물종들에 비해 현저한 차이를 보여 주는 인간의 인지능력과 이해사유의 발생은 그 출발점이 '환경과 세계의 변화하는 차이 현상들을 대면하여 안전/이로움은 선택하고 위험/해로움은 회피하려는 생물학적 보편본능'이었다. 그리고 '차이를 기호(언어)에 담아 분류하는 능력의 발현'이 이해사유와 인지능력이라는 특이점 발생의 결정적 분기점이었다. 차이들을 기호에 담아 분류함으로써 비교가 용이하고 정밀해질 수 있었고, '안전/이로움과 위험/해로움의 차이를 구분하는 기준'을 수립하는 능력이 발달하였다. 그리고 기준들의 우열을 비교하고 선택하는 능력을 발전시키는 과정에서 기호/언어로 분류한 차이들의 특징과 관계를 파악하는 능력이 발현하였고, 그 능력에 수반하여 '논리와 이론 능력이 발현'하였으며, 급기야 '논리와 이론을 갖춘 견해와 관점'을 수립하는 능력이 발현하였다. 그리고 논리와 이론을 갖춘 견해와 관점에 의거하여 '현상의 법칙적 의미를 파악하는 이해능력'이 발현되었고, 이해능력을 기반으로 '이해를 직조하는 사유능력'과 '직조된 이해의 체계'가 정립되었다.〉

동식물이 파악하는 의미와 인간의 파악하는 의미의 현저한 차이는 이러한 과정에서 발현한 것이다. 그런데 **인간 특유의 의미파악 현상인 '이해'가 발생하는 과정에서 결정적 분기점은 뭐니뭐니 해도 '언어 능력'의 돌연변이적 발현이었던 것으로 보인다.** 이때의 '언어 능력'은 단순히 안전과 위험을 알리는 신호전달 능력이 아니라 **'유사한 차이들을 기호에 담아 분류하는 능력'이다.** 환경 적응능력을 발전시켜 가는 과정에서 발생한 것이겠지만, 인간은 안전/이로움과 위험/해로움의 분간과 대처능력을 발달시키는 과정에서, **'필요에 따라 차이들을 세밀하게 분류하고 그 분류된 차이들을 기호에 담아 처리하는 능력'**을 점차 고도화시켰다. 음성기호에서 문자기호까지 아우르는 이 **'차이 분류와 처리능력'**은 차이들의 정밀한 비교를 가능케 했다. 그리고 비교가 정밀해짐에 따라 기준수립과 선택능력도 고도화되어 갔다. 인간이 현재 보여 주는 차이 비교능력, 논리·이론 능력, 논리·이론을 갖춘 견해·관점에 의한 판단·평가·분석 능력은, 그 '차이 분류와 비교처리 능력의 고도화' 과정에서 발현한 것이라 본다. '이해 능력'은 이 고도화 과정의 산물이다.

❀ 마음

1. 재인지 능력의 발현

'재인지 능력'이란 자신의 경험을 괄호 치듯 대상화시켜 재인지하는 능력이다. 나는 '내가 먹고 있다'는 현상을 대상 관찰하듯 '알면서' 먹을 수 있다. 먹는 경험 현상에 그저 머무는 것이 아니라, '먹는 경험 현상을 관찰하는 자리'에 설 수 있다. 그 관찰의 자리로 이전한다고 해서 관찰 대상인 현상이나 행위가 증발하지는 않는다. **인간의 인지능력은 자신의 인지력 범주 안에서 이러한 '자리 이전'을 행한다. 관찰을 위해 이전하는 자리와, 그 자리에서 관찰되는 대상을, '모두 동시에' 인지경험 범주에 동거시킨다. 독특한 면모다.**

경험하는/경험된 모든 것들뿐 아니라 관찰자 자신마저도 대상화시킨다. 이것은 **주/객관의 모든 경험에 갇히거나 매이지 않을 수 있는 '거리의 발생'**을 의미한다. 이 거리 발생은 물리적 거리의 발생이 아니다. **인지 범주 안에서 '재인지를 가능케 하는 좌표의 발생'을 의미한다. '괄호 치듯 대상화시켜 놓고 재검토할 수 있는 좌표로 끊임없이 미끄러지듯 옮겨 갈 수 있는 능력'이 '재인지 능력'이다. 인간은 이 재인지 능력이 고도화되어 있다.**

인간의 이러한 재인지 능력은 역동적으로 변화하는 환경과 세계 속에서 〈안전/이로움과 위험/해로움의 차이를 선택하는 기준들을 더 좋은 것으로 바꾸어야 환경에 적응한다〉는 생물학적 요청의 산물이다. 마치 환경의 변화에 맞추어 피부색을 바꾸면서 자신을 보호하는 카멜레온처럼, 인간도 변화하는 환경/세계에 맞추어 차이들의 선택기준을 필요할 때마다 바꾸어야 한다. 차이에 대한 판단·평가·선택의 기준, 관점과 견해를 수립하는 논리와 이론들, 관점·견해로 법칙적 의미를 파악하는 이해─이 모든 것들은 지속적으로 그 적절성을 다시 검토받아야 하고 수정·보완해야 한다. 예외 없이 역동적으로 변하는 환경과 세계이기에, 안전/이로움과 위험/해로움의 차이를 판단하고 평가하며 선택하게 하는 기준들도 변할 수밖에 없다.

더 적합한 기준과 방식을 확보하기 위해서는 기존의 것에 갇히거나 매이지 않는 능력이 필요하다. 이미 선택한 기준·관점·견해·이해를 재평가하고 수정·보완하거나 새로운 것으로 대체하려면, 기존의 것들과 거리를 두려는 능력이 요청된다. 마치 떨어져서 보듯, 괄호 치고 보듯, 이미 확보하여 가동하고 있는 기준·판단·평가·관점·견해·이해로부터 거리를 확보해야 한다. 대상화시켜 재음미할 수 있어야 한다. 이 대상화와 거리두기의 필요에 따라 발현된 것이 '재인지 능력'이었을 것이다. 〈안전/이로움은 키우고 위험/해로움은 줄이는 더 좋은 방법과 능력을 지속적으로 향상시켜야 한다)는 생물학적 보편본능의 요청에 응하는 과정에서, 인간 특유의 '재인지 능력'이 발생하여 고도화된 것으로 보인다.

대상화/거리두기 능력이 고도화되면서 마침내 인간은 자기에게 발생하는 '모든 경험현상'을 '다시 아는 자'가 되었다. '모든 것'을 '대상'으로 괄호 치고 '그것들을 아는 자리'로 이전하여 자신의 경험을 '재인지'하는 능력자가 되었다. 밥을 먹으면서 '밥 먹는 행위를 아는 자리'에 설 수 있고, 생각하면서 '생각한다는 것을 아는 자리'에 설 수 있는 능력을 확보하였다. 행위나 감정은 물론 지식·관점·판단·평가·이해 등의 추상적 경험마저도 '재인지의 대상'이 된다. **재인지 능력은, '차이들→기호·언어에 의한 분류→취사선택을 위한 기준의 수립→논리와 이론→관점과 견해→이해'의 조건인과적 연쇄에서 가장 늦게 발현되었지만, 그 계열에 배치된 모든 것들을 재인지의 대상으로 삼을 수 있게 되었다. 심지어 '대상화시켜 재인지하는 현상'마저도 다시 대상화시켜 재인지한다.** 인간이 확보한 인지능력에서 가장 주목할 만한 현상이라고 생각한다. **인간의 모든 위대한 가능성과 희망이 이 재인지 면모에서 비롯된다**고 생각하기 때문이다. 모든 것을 '성찰의 대상'으로 삼는 능력을 소중히 여겨 그 능력을 향상시켜 온 **'성찰 지성의 진보행진'도 이 재인지 능력의 표현이다.**

재인지 능력은 인간 경험의 모든 것을 대상으로 삼아 재성찰할 수 있게 하여 '사실에 더 맞는 진실'과 '더 나은 이로움'을 만들어 가는 길을 밝히는 등대이다. 그러나 재인지 능력이 언제나 희망의 길잡이인 것만은 아니다. 밝은 희망만큼이나 어두운 재앙의 길로도 이끌어 간다. 재인지 능력이 '불변·동일·독자의 실체나 본질 관념'을 재인지의 대상에 투영시킬 때가 그 재앙의 출발이다. 신체현상과 정신현상, 사회현상에 실체와 본질의 옷을 입힐 때 재앙의 큰길에 올라선다. 사실을 왜곡하고 오염시키는 정교한 기만, 이 기만을 무기로 삼아 휘두르는 폭력의 칼춤, 그에 열광하는 무지의 광기―인간 특유의 이 괴물 같은 면모도 재인지 능력에서 힘을 얻는다. **'불변·동일·독자의 실체/본질 관념에 의해 일그러진 이해'를 불교철학에서는 '분별分別'이라 부르곤 하는데, 이 분별의 산출과 확대재생산의 원동력도 바로 재인지 능력이다.**

재인지 능력은 그야말로 양날의 검이다. 잘 쓰면 인간과 세상을 두루 이롭게 하는 활인검活人劍이고, 잘못 쓰면 닥치는 대로 베어 죽이는 살인검殺人劍이다. 붓다는 이 재인지 능력을 활인검으로 쓰는 법을 가장 깊숙한 수준에서 확보하여 일러 준 분으로 보인다. 그러기에 그의 길에 동참하려는 학인들은 붓다가 일러 준 활인 검법을 제대로 익혀야 한다. 원효는 그 활인 검법을 탐구하여 익힌 후 전수하고 있다.

2. '재인지 사유'와 '이해 사유' 그리고 마음

인간의 인지능력이 보여 주는 가장 현저한 특징은 '사유 활동'이다. 차이를 기호(언어)에 담아 분류한 후, 기호로 분류된 차이들을 비교하고 선별하는 기준을 만들며, 선별기준을 정당화시키는 논리와 이론을 마련하고, 논리·이론을 갖춘 견해와 관점을 수립하며, 그 견해와 관점에 의거하여 현상의 법칙적 의미를 파악하는 이해를 펼치는 것.—이 모든 것이 사유 활동에 속한다. 그리고 이 사유 활동의 중심축은 단연 '이해'라 할 수 있다. 모든 사유 활동의 내용은 이해를 향하고, 이해는 다른 모든 사유 활동의 동기와 방향 및 내용을 규정한다. 이런 사유를 **'이해 사유'** 라 불러보자.

'재인지 현상이나 능력' 역시 사유 범주에 속한다. 그런데 이 '재인지 현상 및 능력'은 이해와 결합되어 있으면서도 이해에 갇히지 않는다. '이해조차 재인지의 대상으로 처리'할 수 있는 것이 '재인지 현상'이기 때문이다. 그런 점에서 재인지 현상과 이해 현상은 같은 사유 범주에 속하면서도 동일하지가 않다.

만약 재인지 현상과 이해 현상이 같은 것이라면, 이해를 괄호 치고 대상으로 삼는 재인지 현상은 불가능하다. 기존의 이해와는 다른 자리로 이동할 수 있어야 그 이해들을 재인지의 대상으로 삼을 수 있기 때문이다. 재인지가 기존의 이해와 같은 것이고 완전히 겹치는 것이라면, 사유는 과거의 이해에 갇힐 수밖에 없다. 더 이상 이해를 수정하거나 새로운 이해로 바꿀 수가 없다. 그런데 현실의 사유는 과거의 이해를 바꾼다. 수정하고 보완하며 대체한다. 기존의 이해 안에 갇히지 않고 밖으로 나올 수 있어야 가능한 현상이 사유에서 발생하고 있다. 이러한 사유는 '재인지 사유'라고 불러 보자.

이렇게 보면 인간의 사유에는 두 가지 다른 유형이 섞여 있다. 하나는, '이해로 수렴되고 또 이해로부터 규정되는 사유'이다. '이해 사유'가 그것이다. 다른 하나는, '기존의 이해 자체를 대상화시켜 처리하는 사유'이다. 과거와 현재의 이해에 갇히지 않고 기존의 이해들을 수정·보완·대체하는 사유이다. '재인지 사유'가 그것이다. 그리고 이 '이해 사유'와 '재인지 사유'를 모두 품은 사유현상을 '마음'이라 부를 수 있다. 따라서 마음의 내용은, 이해 사유와 재인지 사유가 상호적으로 작용하면서 역동적으로 이루어진다.

3. '이해 사유'와 '재인지 사유'의 관계―'같지도 않고 별개의 것도 아니다'(不一而不二)

재인지 사유와 이해 사유가 동일한 것이라 할 수 없지만, 완전히 무관한 것이라고도 할 수 없다. 어떤 이해의 흠결을 인지하는 사유가 발생했다고 하자. 그럴 때 그 사유 현상은, 흠결 있는 이해를 대상화시켜 처리하는 자리에서 발생하는 것이다. 눈이 눈을 볼 수 없듯이, 그 이해 안에 갇혀 있다면 관찰과 평가가 불가능하다. 눈을 거울에 비추어 대상화시켜야 눈에 대한 관찰이 가능하고 눈 상태에 대한 판단과 평가가 이루어진다. 재인지 사유도 마찬가지다. 재인지 사유는, 거울을 보는 자리처럼, 이해를 대상화시켜 관찰할 수 있는 자리에서 발생한다. 이런 점만을 고려한다면 재인지 사유와 이해 사유는 범주가 다르기 때문에 다른 것이라 할 수 있다. 그러나 이해 사유와는 다른 자리에서 발생하는 재인지 사유는 어떤 경우에도 이해 사유와 무관할 수 없다. 대상이 된 이해에 대한 그 어떤 대응과 처리도 그 이해에 기대어 있지 않을 수 없기 때문이다. '좋은 이해' '맞는 이해'라는 판단·평가도, '좋지 않은 이해' '틀린 이해'라는 판단·평가도, 재인지의 대상이 된 이해를 조건 삼아 발생한다. 또 수정된 이해나 새로운 이해도 기존의 이해를 조건으로 한다. 틀린 이해가 없으면 맞는 이해가 성립할 수가 없다. 이런 점에서는 재인지 사유와 이해 사유는 완전히 무관한 다른 것이라고 할 수 없다. **재인지 사유는 이해 사유와 언제나 서로 맞물려 있다.**

이처럼 재인지 사유는 언제나 이해 사유를 조건으로 삼아 발생하고 작용한다. 연기적緣起的 상호의존 관계의 전형이다. 어느 한쪽이 없으면 다른 쪽도 성립하지 못하며, 그 결과 사유 자체가 제대로 작동하지 못한다. '이해 사유의 의미 규정력'이 없다면 사유의 그릇이 비게 되고, '재인지 사유의 이해 구성력'이 없다면 사유 그릇의 내용물이 썩는다. 이해 사유와 재인지 사유는, 원효의 말을 빌리면, '같지 않으면서도 별개의 것이 아닌'(不一而不二) 관계를 맺고 있다. 이해 사유와 재인지 사유는 '같은 것도 아니고 다른 것도 아니다'(不一不異). 마음은 〈이해 사유와 재인지 사유가 '같은 것도 아니고 다른 것도 아닌 관계'로 역동적으로 상호작용하는 '사유의 장場'〉이다.

4. 이해 사유의 의미

인간의 사유는, 어떤 수준 어떤 정도 어떤 양상이건, '차이 현상들을 언어·기호에 담아 처리하는 과정이자 그 결과'이다. 인간의 인지능력 기관(六根)에서 발생하는 모든 경험은 '차이들에 대한 언어·기호적 처리'와 연관되어 있다. 언어·기호적 처리와 무관한 경험 현상은 없다. 붓다는 이러한 점을 가장 깊은 수준에서 가장 철저히 통찰했던 것으로 보인다.

"도반들이여, 어떠한 것이 명색名色이고, 어떠한 것이 명색의 발생이고, 어떠한 것이 명색의 소멸이고, 어떠한 것이 명색의 소멸에 이르는 길입니까? 도반들이여, 그것 가운데는 느낌, 지각, 의도, 접촉, 정신활동이 있으니 이것을 명이라고 부르고, 네 가지 물질요소, 또는 네 가지 물질요소에서 파생된 것을 색이라고 부릅니다. 의식이 생겨나므로 명색이 생겨나고, 의식이 소멸하므로 명색이 소멸합니다. 명색의 소멸에 이르는 길이야말로 여덟 가지 고귀한 길이니 곧, 올바른 견해, 올바른 사유, 올바른 언어, 올바른 행위, 올바른 생활, 올바른 정진, 올바른 새김, 올바른 집중입니다.

도반들이여, 고귀한 제자가 이와 같이 명색을 잘 알고, 명색의 발생을 잘 알고, 명색의 소멸을 잘 알고, 명색의 소멸에 이르는 길을 잘 알면, 그는 완전히 탐욕의 마음을 제거하고 분노의 마음을 제거하고 '나는 있다.'라고 하는 자아의식의 마음을 제거하고 무명을 버리고 명지를 일으키며 지금 여기에서 괴로움의 종식을 성취합니다. 이렇게 하면 고귀한 제자는 올바른 견해를 지니고, 견해가 바르게 되어, 가르침에 흔들리지 않는 확신을 갖고, 올바른 가르침을 성취합니다."[196]

"또한 수행승들이여, 명색名色이란 무엇인가? 그것에는 감수, 지각, 사유, 접촉, 숙고가 있으니 이것을 명이라 부르고 네 가지 물질요소, 또는 네 가지 물질요소로 이루어진 형태를 색이라고 부른다."[197]

그런데 차이들에 대한 '언어·기호적 처리과정'은 '논리와 이론을 요구하는 비교·판단·평가'이며 그 모든 과정에서 발생하는 현상이 '이해'이다. 그래서 '이해'는 '인간에게 발생하고' '인간이 경험하는' '법칙적 현상'이다. 그리고 '의미'나 '뜻'은 '법칙적 현상으로서의 이해'와 맞물려 있는 현상이다. '언어·기호적 처리과정과 결과'는 인간에게 '의미·뜻'으로 경험되는 것이다. 이처럼 인간에게 '의미·뜻'이란 본능적 양상이 아니라 기호적 양상이다. 음악이나 미술 같은 예술적 경험도 '이해 및 의미'와 무관하지 않아 보인다. 가락이나 조형에 대한 인간의 심미적 경험은 운율이나 조형의 기호적 질서에 의거하기 때문이다.

196 맛지마니까야 9경 「올바른 견해의 경」(Sammādiṭṭhi Sutta), 전재성 역(한국빠알리성전협회, 2009) p.167.

197 쌍윳따니까야(12:2) 「분석경」(Vibhaṅgaṃ Sutta), 전재성 역(한국빠알리성전협회, 1999) p.31.

결국 사유를 채우는 것은, '논리와 이론을 갖춘 비교·판단·평가'를 통해 발생하는 '이해한 의미들의 역동적 체계'라 할 수 있다. 그런 점에서 사유의 구체적 내용을 규정하는 것은 '이해'다. 차이 현상을 처리하는 기준과 방식, 그와 관련된 논리·이론·관점·견해, 그리고 그것들에 의해 현상의 의미를 이해로써 읽어 낸 다음, 사유는 그 의미들로 자신을 채운다. 그래서 '이해'는 '사유 구성'의 중추적 지위를 차지한다. 이해 여하에 따라 사유의 내용이 결정된다.

사유의 내용을 결정하는 최후의 조건이 이해이기 때문에, 어떤 이해를 선택하는가에 따라 사유를 채우는 내용의 질이 달라진다. 그리고 인간 세상의 개인적·사회적 현상들은 결국 사유의 표현이며, 사유의 내용을 규정하는 것은 이해이기 때문에, 인간이 만든 모든 문제의 원인과 해법은 근원적으로 이해의 문제로 귀결된다. 개인적/사회적 세상의 내용 구성, 이로운 현상과 해로운 현상의 선택은, 결국 '어떤 이해를 수립하거나 선택할 것인가'의 문제로 귀결된다. 국가와 시장의 이익 다툼 당사자들이 너나 할 것 없이 지식과 논리와 이론의 우위 확보에 진력하는 것은 그래서 자연스럽다. 불의不義하고 불공정한 이익을 차지한 자들도 그 기득권을 방어하는 데 유리한 지식과 논리·이론 확보에 사활을 걸기 마련이고, 그들을 비판하며 의롭고 공정하며 합리적인 세상을 추구하는 사람들도 그 의지와 목표를 관철하는 데 유효한 지식·논리·이론의 계발과 공유·확산에 명운을 건다. **더 나은 삶, 더 좋은 세상을 지향하는 진보지성의 생명력은 '좋은 보편가치 구현에 기여하는 지식·논리·이론과 그에 의거한 더 이롭고 더 나은 이해'이다. 이런 점에서 인류의 행적을 '이해를 결정하는 지식·논리·이론의 경합'으로 읽을 수 있다.** 지금도 그렇고 앞으로도 그럴 것이다. 현상의 법칙성을 포착하여 기호에 반영해 보려는 모든 유형의 과학적 탐구도 언제나 '더 좋은 이해를 가능케 하는 지식·논리·이론의 계발'이 그 행석을 관봉한다.

삶과 세상의 해로움은 치유/제거하고 이로움은 만들어 내어 키우려는 사람들의 모든 노력은, 〈이해가 사유의 내용을 결정하고, 사유의 내용이 삶과 세상의 내용을 구성해 간다〉는 측면을 주목할 수밖에 없다. 더 좋은 이해의 선택과 수립, 그것을 가능케 하는 지식·논리·이론을 확보해야 그 선의善意가 목표를 성취한다.

문제를 잘 풀어 주는 이해, 더 이로운 현상을 발생시키는 이해를, 수립하고 선택하며 적용해야 한다. 인간 향상진화의 관문에는 언제나 '이해 문제'가 문 앞에 버티고 서 있다. **'이해의 수립과 선택 및 적용'을 이로움과 해로움의 분기점으로 만든 것은 인간이 스스로 선택한 독특한 조건이다.** 이 독특한 조건으로 인해 인간은 지구 행성 위 그 어떤 생물종보다도 위대한 가능성을 품게 된 동시에, 가장 끔찍한 공멸共滅의 파멸적 가능성도 품게 되었다. 어느 가능성에 더 힘을 실을지는 전적으로 인간의 선택지이다.

'사유내용의 구성에서 이해가 행하는 역할'과 '삶과 세상의 구성에서 사유가 감당하는 역할'을 고려할 때, 불교의 깨달음이나 해탈수행을 '이해 중심으로 파악하는 시선'은 자연스럽다. 모든 것을 '불변·동일·독자의 시선으로 보는 이해'를 '변화와 조건인과 관계의 현상으로 보는 이해'로 바꾸려는 노력을 깨달음 수행의 핵심으로 보는 것은, '인간과 사유 및 이해의 관계'를 고려할 때 정당하다. '모든 것은 변한다는 이해를 수립하여 간수해 가려는 노력'(無常觀), '그 어떤 존재나 현상에도 불변·동일·독자의 실체나 본질은 없다는 이해를 수립하여 간수해 가려는 노력'(無我觀), '모든 현상은 조건에 따라 인과적으로 발생한다는 이해를 수립하여 간수해 가려는 노력'(緣起觀)을 해탈수행으로 간주하는 것은, '사유하는 인간'이라는 독특한 조건을 잘 반영한 것이다.

그런데 이해를 사실에 맞는 것으로 교정하고 바꾸려는 노력이 단지 '지식습득 수준'에 그쳐서는 그 이해가 실존에서 힘을 발휘하기가 어렵다. '확신할 수 있는 수준'이 되어야 사유와 세상을 바꾸는 힘으로 작동하는 이해가 될 수 있다. 〈몸과 마음의 현상을 면밀히 관찰해야 한다. 그러면 무상無常·고苦·무아無我를 직접 볼 수 있다〉라는 주장은 이러한 요청을 반영한 것으로 보인다. 이른바 '위빠사나 행법'(관법觀法 수행)이다. 심신 현상에 대한 주의 깊고 면밀한 관찰은 분명 필요하다. '불변과 독자의 것'으로 보던 이해는 '경험적 근거가 없는 착각'이고 '충족 불가능한 기대'에 불과하다는 점을 자각하고 확신하기 위해서는, 건성으로 선입관에 맡기던 태도에 제동을 걸고 경험현상을 대면적對面的으로 살필 필요가 있다. 그래야 현상을 '변화와 관계의 관점'에서 이해할 수 있는 분석과 판단 능력이 향상·심화되기 때문이다. 그런 점에서 **위빠사나 행법의 지침 가운데 〈몸과 마음의 현상을 면밀히 관찰해야 한다〉는 주장은 타당하다.**

하지만 위빠나사 행법의 지침 가운데 두 번째 명제인 〈무상·고·무아를 직접 볼 수 있다/보아야 한다〉는 주장은 그 타당성이 의심스럽다. '무상·고·무아라는 이해'는 차이 현상을 언어·기호에 담아 분류하여 비교·분석·판단·평가하는 사유 과정에서 발생하는 현상이지 그것과 무관한 직접경험이 될 수가 없다. 다시 말해, '무상·고·무아라는 이해'는 어디까지나 '차이 현상들을 언어·기호적으로 처리과 정'에서 발생하는 현상이지, 이런 과정이나 그 조건들과 무관하게 이루어지는 경험현상이 아니다. 만일 〈직접 본다〉〈직접 체득해야 한다〉는 말의 의미를, 〈비교·분석·판단·평가하는 언어·기호적 과정 및 그 조건들을 빼 버리거나 그것들과 무관하게 관찰자가 현상을 직접 만나는 것〉이라고 여긴다면 무지다. **인간의 어떤 경험도 언어·기호적 처리 없이 외부 현상과 직접 만나 발생하는 것은 없으며, 이해는 더더욱 그렇다.** 〈분석이나 추론 없이 직접 안다〉는 '직관'도 '언어·기호적 차이처리 과정'을 조건 삼아 발생하는 하나의 인식 양상이라 보아야 한다. 그럼에도 불구하고 위빠사나 행법을 수용하는 사람들 가운데는, 〈무상·고·무아를 직접 볼 수 있다/보아야 한다〉는 말을 〈비교·분석·판단·평가하는 언어·기호적 과정이나 그 조건들〉과 무관하게 이루어지는 체험을 해야 한다〉는 뜻으로 여기면서 그 체험이 '깨달음의 체득'일 것이라고 기대하는 경우가 적지 않은 것 같다.

'차이 현상들에 대한 언어·기호적 처리과정이나 그 조건들'과 무관하게, 마치 눈이 사물을 마주하듯 직접 볼 수 있는 '무상·고·무아의 현상'을, 인간은 만날 수가 없다. 인간의 지각/경험 조건이 그러하기 때문이다. **무상·고·무아의 사태는 볼 수 있는 대상이 아니라 이해의 대상이다.** 〈무상·고·무아라는 현상을 직접 볼 수 있다〉라고 주장하는 사람들은 그 경전적 근거로 니까야/아함에 빈번하게 등장하는 〈'사실 그대로'(yathābhūtaṃ) '보아야 한다'(daṭṭhabbaṃ)〉라는 구절을 제시할지도 모른다. 그러나 이 말이 등장하는 문구의 전후 맥락을 보면 이 말도 '이해'를 조건으로 하는 용법이다. '오온五蘊의 무상·고·무아'를 설하는 법문에서 붓다는 이렇게 말한다.

"비구들이여, 그러나 색은 무상하고 변화하는 것임을 '알고 나면'(viditvā) 탐욕에서 벗어나고 적멸한다. 과거의 색이거나 현재의 색이거나 그 모든 색은 무상하고, 고이며, 변화하는 것이라고, 이와 같이 있는 그대로 바른 지혜로써 '보게 되면'(passato) 슬픔, 비탄, 고통, 근심, 고뇌인 것들은 사라진다.(이하 受…想…行…識에 대한 반복구도 동일)"¹⁹⁸

"비구들아, 색은 무상하다. 무상한 그것은 고다. 고인 그것은 무아이다. 무아인 그것은, '이것은 내 것이 아니고, 이것은 나가 아니며, 나의 실체도 아니다.' 이와 같이 이것은 올바른 지혜로써 '사실 그대로'(yathābhūtaṃ) '보아야 한다'(daṭṭhabbaṃ). … (다음의 구문에서 수상행식 반복구 동일…)"¹⁹⁹

〈'사실 그대로'(yathābhūtaṃ) '보아야 한다'(daṭṭhabbaṃ)〉라는 말은 어디까지나 무상·고·무아라는 것을 '아는/이해하는'(viditvā, vidati) '올바른 지혜'의 작용을 지시하는 것이다. 붓다는 〈무상하다고 '알고' 무아라고 '알아야 한다'〉고 했지 〈무상·무아를 '직접 보아야 한다'〉라고 말하지 않았다. 직관적 이해든 분석적 이해든, 이해의 양상은 다를 수 있어도 '무상·고·무아에 대한 앎'은 모두가 '이해범주의 현상'이다. 〈이해가 아닌 무상·고·무아의 사실을 직접 보았다〉고 주장하는 사람이 있다면 무지의 착각이거나 기만이다.

변화와 관계 속에 생멸하는 현상의 모습을 실감 나게 확인하고 싶다면 차라리 고도의 전자현미경으로 관찰하는 것이 나을 것이다. 그러나 전자현미경을 통

---

198 상윳따 제22 '존재의 다발' 43(SN.Ⅲ, pp.42~43); "rūpassa tveva bhikkhave aniccataṃ viditvā vipariṇāmaṃ virāgaṃ nirodhaṃ. pubbe ceva rūpaṃ etarahi ca sabbaṃ rūpaṃ aniccaṃ dukkhaṃ vipariṇāmadhammanti evaṃ etaṃ yathābhūtaṃ sammappaññāya passato ye sokaparidevadukkhadoman assupāyāsā te pahīyanti."/『잡아함경』(T2, 8b5~10); "若善男子. 知色是無常已變易離欲滅寂靜沒. 從本以來, 一切色無常苦變易法知已. 若色因緣生憂悲惱苦. 斷彼斷已無所著. 不著故安隱樂住, 安隱樂住已, 名爲涅槃. 受想行識亦復如是."

199 상윳따 제22 '존재의 다발' 12~15(SN.Ⅲ,p.22); "Rūpaṃ bhikkhave aniccaṃ. yad aniccaṃ taṃ dukkhaṃ. yaṃ dukkhaṃ tad anattā. yad anattā taṃ netaṃ mama neso ham asmi na meso attā ti. Evaṃ etaṃ yathābhūtaṃ sammappaññāya daṭṭhabbaṃ."

한 관찰에서 발생하는 경험 역시 이미 '비교·분석·판단·평가하는 언어·기호적 차이처리 과정'이 전제되어 있다. 그러므로 〈몸과 마음의 현상을 면밀히 관찰해야 한다〉는 것은 타당하지만, 〈무상·고·무아를 직접 볼 수 있다/보아야 한다〉는 것은 그 말의 의미를 제한적으로 해석해야 한다. 이때 〈직접 보아야 한다〉는 말은 〈흔들림 없이 확신할 수 있는 수준의 이해까지 나아가야 한다〉는 정도의 뜻으로 수용해야 한다. 그렇지 않으면 자칫 '언어·사유·이해를 부정하거나 건너뛰려는 신비주의의 덫'에 걸리기 쉽다. 일단 이 신비주의의 덫에 걸리면 '언어·사유·이해와 맞닿아야 발생하는 경험주의적 합리성'은 너무도 쉽게 망실하게 된다. 가장 경계해야 할 대목이라고 본다.

5. 재인지 사유의 의미

사유의 내용을 결정해 가는 이해의 압도적인 '규정적 구성력'은 확정적이지 않다. 내용을 규정할 정도로 강력하지만 닫힌 완결이 아니다. 이해 자체가 바뀔 수 있기 때문이다. **이해는 '강력한 규정력'을 지녔지만 '가변적인 열린 가능성'이다.** 좋은 이해의 선택과 수립을 통해 문제를 이롭게 해결해 가려는 노력이 유효한 이유는 이해가 변화에 개방된 것이기 때문이다. 위빠사나 행법이 실제 삶을 치유하고 바꾸는 변화를 보여 줄 수 있는 것도 '사실과 맞지 않는 이해'를 '사실과 맞는 이해'로 바꿀 수 있기 때문이다.

〈이해가 이해를 바꾼다〉고 말하기는 어렵다. 이해는 일종의 창窓이다. 규격과 색에 맞추어 세상의 모습을 받아들이는 창과 같은 것이다. 그런데 이미 형성된 창이 스스로 창의 규격이나 색 등을 바꾸어 새 창으로 변해 가는가? 만약 그러한 것이라면 이해의 의미 규정력은 미약하고 불안정하여 문제해결력을 발휘하기 어렵다. **〈이해 자체의 능동적 가변성 때문에 이해가 변한다〉고 하기보다 〈이해와는 범주를 달리하는 어떤 작용이 이해를 바꾼다〉고 하는 것이 타당하다. 만약 이해 자체에 자율적 수정 능력이 내재되어 있어 이해가 바뀌는 것이라고 한다면,**

누구나 적절하고 수월하게 이해를 바꾸는 모습을 보여야 한다. 그러나 현실은 이해 바꾸는 능력과 정도가 사람마다 큰 편차를 보인다. 〈이해 자체가 이해를 바꾸는 것이 아니라 '이해 아닌 것'이 이해에 작용하여 이해가 바뀐다〉고 보는 것이 합리적이다. 그렇다면 '이해를 대상화시켜 처리할 수 있는 능력'이 있다고 보아야 한다. 그 능력을 가동할 수 있는 실력의 정도에 따라 이해 바꾸기의 편차가 발생한다고 보는 것이 타당할 것이다. 그 능력은 바로 재인지 사유의 능력이다. 나는 '나의 견해'가 어떤 것이라고 '알 수 있다'. 이때 '나의 견해'와 '견해를 아는 것'은 동일한 것이 아니다. 재인지하는 작용은 재인지의 대상과 거리를 확보하기에 겹치지 않는다. 이것은 경험적 사태다. 인간의 사유/인지능력에는 '이해 작용'과 '이해에서 빠져나오는 작용'이 동거한다. 이 '빠져나오는 능력과 작용' 때문에 이해를 대상화시켜 선택하기도 하고 밀어내기도 하며 수정하기도 하고 대체하기도 한다.

이해는 본래부터 있는 것이 아니다. 없다가 형성된 것이고 수립된 것이다. 무엇이 이해를 형성하는가? 제3의 전능자를 설정하여 창조론적으로 설명하는 것은 현상의 내재적 인과관계를 외면하는 불합리한 방식이기에 거절하겠다. 관찰 가능한 현상들 사이에서 작용하는 내재적 인과관계를 주목하는 것이 모든 탐구의 합리적이고 타당한 방식이라고 생각한다. 그래서 **'이해 현상'은 인간 생명현상의 진화적 전개에서의 인과적 계열에서 발생하였다고 본다.** '이해 현상'을 발현시킨 조건들과 그 인과관계의 정확한 과정이나 시점을 소급하여 알 수는 없지만, 앞서 거론한 '사유발생의 조건인과적 발생연쇄에 관한 추정'에 따른다면, 적어도 **차이들을 언어·기호에 담아 처리하는 능력'의 발생이 '이해현상 발생의 선행조건'**이라고 보는 것은 타당할 것이다. 그리고 **언어·기호적 처리능력을 발생시킨 것은 '생명체의 개별적 인과계열에서 작용하는 일정한 범주적 능력'**으로 보인다. '일정한 범주적 능력'이라는 말은, 생명의 개별적 인과계열에서 여러 조건이나 현상들을 유기적으로 엮어 주면서 그 계열 내에서 새로운 조건이나 현상들을 인과적으로 전개시켜 가는 '통합적 중심축' 혹은 '통합적 상위 작용'을 지칭하기 위해 선택하였다. 개별 생명의 인과계열에서 발생하는 조건인과적 현상들을 통합적으로 수렴하고 이어 주면서 거듭 새로운 창발적 현상을 가능케 하는 근거가 있다고 보아, 그것을

'일정한 범주적 능력'이라 불러 보는 것이다. 필자는 이 '일정한 범주적 능력'이 '차이들에 대한 언어·기호적 처리능력'부터 '이해를 직조하는 사유능력'까지의 창발적 발현을 가능케 한 토대라고 생각한다.

사유능력이 발현된 이후 이 '일정한 범주적 능력'은, 인지적 경험의 모든 것을 대상화시켜 '재인지하면서 재구성하는 능력'으로 자신을 표현하는 것으로 보인다. 기존의 관점·견해·이해를 평가하여 수정하기도 하고, 다른 것으로 대체하기도 하며, 새로운 이해를 수립하기도 하는 창발적 현상의 근거로 작용하는 것─ '이해 사유'의 강력한 규정력에 갇히지 않고 이해 내용을 보완·수정해 가고 새로운 이해로 바꾸어 가는 '재인지 사유의 창발적 구성력'이 그것이다. 이 '재인지 사유의 창발적 구성력'을 주목하여, 그것을 '선先이해체계/문법에서 풀려나는 능력' 및 '이해들을 이로운 것으로 수정하거나 수립하는 능력'으로 포착한 후, 그 능력을 의도적으로 계발하여 고도화시켜 가는 길을 마련한 분이 붓다였다고 본다.

붓다와 그의 길에 동참한 전통이 주목한 '재인지 사유의 창발적 구성력'을 불교 전통에서는 '마음'이라 부르는 경우가 있다. 앞서 '이해 사유'와 '재인지 사유'를 모두 품은 사유 현상을 '마음'이라 불러 보았는데, 이 경우의 '마음'은 이해의 강력한 규정력을 거부하고 재구성할 수 있는 '재인지 사유의 창발적 구성력'을 지칭하는 것이다. 필자가 거론하는 '마음'에 관한 정의定義는 초점에 따라 두 가지로 구분된다. 하나는 '이해 사유'와 '재인지 사유'를 모두 포괄하는 것으로서 '광의의 마음'이라 할 수 있고, 다른 하나는 특히 '재인지 사유의 창발적 구성력'에 초점을 두는 것으로서 '협의의 마음'이라 하겠다. 불교해석학/교학과 수행론의 계보 속에는 이러한 두 의미의 마음이 공존한다. 이해를 조정하고 선택하며 수정하거나 새로운 것으로 바꾸는 위상을 지닌다는 점에서, '마음으로서의 재인지 사유'는 '이해 사유'보다 상위의 지위에 있다고 할 수 있다. 이해를 바꿀 수 있는 것은 이 '마음 작용' 때문이다. 잘못된 이해를 치유할 수 있는 것도 이 마음 작용 때문이고, 잘못된 이해를 선택하거나 만들어 낼 수 있는 것도 이 마음 작용 때문에 가능하다. 사실에 맞지 않는 이해·관점·견해를 사실에 부합하는 것으로 바꿈으로써 삶의 근원적 치유와 행복을 구현하려는 '이해 수행'(觀, 위빠사나 행법)도 이 마음 작용이 받쳐 주어야 완전해진다.

유념할 것은, 두 가지 가운데 어떤 의미의 마음일지라도 그것은 예외 없이 변하는 것이라는 점이다. '불변의 것'이 '변화하는 것'을 만들 수는 없다. 무엇인가를 만들어 내려면 자신도 변해야 한다. '만든다'는 현상은 만드는 것과 만들어지는 것 쌍방의 역동적 상호관계이기 때문에 '변화'를 조건으로 해야 가능하다. 그런 점에서 '불변의 것'은 '변화하는 것'을 만들 수가 없다. 〈불생불멸하는 아뜨만/브라흐만/궁극실재/본체/실체가 생멸·변화하는 현상세계를 만들어 냈다〉거나 〈불생불멸하는 영원한 신이 생멸·변화하는 세상을 창조했다〉는 발상 자체가 모순이고 오류다. '불변'과 '변화'는 이처럼 결합될 수 없는 것임에도 불구하고, **'변화하는 현상을 만들어 내는 불변의 그 무엇'을 인간은 너무 안이하게 설정하고 너무 오랫동안 붙들어 왔다. '변화의 불안'을 '불변하는 것에 의한 안정'으로 극복하려는 사유가 근거도 없이 위세를 떨쳐 왔고 지금도 그러하다.**

특히 마음을 불변의 실재로 간주하는 경우는 예외 없이 신비주의에 빠져든다. 필자가 말하는 '신비주의'는 〈언어·사유와 무관하게, 그 이면이나 초월의 범주에서, 완전하고도 불변하는 실재가 본래 있고, 수행이나 깨달음을 통해 문득 그 불변의 완전한 실재와 결합하여 하나가 되면, 존재의 완성과 진리구현과 구원이 몽땅 이루어진다〉는 관점과 신념을 지칭한다. 이런 내용의 신비주의는 인도 우파니샤드 전통에서 그 오래된 전형이 목격된다. 또 **이런 신념을 경험적 근거가 없다고 비판하고 새로운 대안을 제시하면서 인도 전통사유를 해체시킨 붓다의 집안에서도 여러 변형된 모습으로 빈번하게 목격된다.** 특히 후기 선종의 언어에 기대어 깨달음을 성취하려는 구도자들 가운데서 많이 보인다. 최고 수준의 깨달음을 '불생불멸의 마음과 하나가 된 경지'라 여기고 그 경지에 도달하기 위해 초인적 노력을 기울이기도 한다. 아비담마 교학에 의지하여 위빠사나 혹은 사마타 행법에 몰두하는 구도자들 가운데서도 내심 '변하는 현상 이면에 있는 불변의 실재'(自性)를 보는 것을 궁극목표로 삼는 경우가 드물지 않아 보인다. **모두 '변화의 불안'을 '불변존재의 확보'로 극복하려는 사유의 변주이고, 붓다의 길에서는 벗어나 있다.**

🪷 마음 탐구의 두 가지 유형

불교해석학/교학의 계보에서 마음을 탐구하는 것은 크게 두 유형으로 구분된다. 하나는 인식론적·심리학적 접근이다. '인식·심리의 주체'(心王)와 '인식·심리의 현상'(心所)을 다양한 방식과 내용으로 분석하고 체계화시켜 설명하려는 것이다. 근본무지에 오염되어 발생한 주관·객관의 심리현상을 여러 기준으로 분류하고 분석하며, 이롭거나 이롭지 못한 마음현상들을 번쇄할 정도로 분석하고 복잡하게 체계화시킨다. 이와 관련하여 아비담마가 수립한 분석체계의 기본 틀은 대승 유식학에까지 마음현상 탐구의 기본체제로 작동한다. **다른 하나는 해탈론적 접근이다. 깨달음·해탈의 근거나 구현과정 및 깨달은/해탈된 마음의 특징과 작용을 탐구하거나 설명하려는 접근방식이다.** 인식론적·심리학적 접근도 크게는 해탈론의 맥락에서 이루어지는 것이긴 하지만, 이 후자의 접근방식은 깨달음·해탈의 근거와 과정 및 작용에 대해 보다 직접적이고도 집중적인 관심을 보여 준다는 점에서 '해탈론적 접근'이라 구분해 본다. 이 접근방식은 유식·여래장·『대승기신론』·선종 계열에서 두드러지는 현상이다. 7세기 이후 동북아시아 불교지성계의 지배적 경향성으로 부각되는 '긍정형 언어·기호들과 긍정형 서술'은 이 '해탈론적 접근'의 계열에서 발생하는 현상이다. 원효는 인식론적·심리학적 접근과 해탈론적 접근, 이 양자와 관련된 내용을 모두 탐구하여 탁월한 안목과 계발적인 내용을 풍부하게 펼치고 있다.

불교 교학이 거론하는 '마음'은 고스란히 '인간의 사유현상'이다. 그리고 사유현상은 앞서 거론한 '이해 사유'와 '재인지 사유'의 상호작용으로 발생하는 것이다. 따라서 인식론적·심리학적 접근이든 해탈론적 접근이든, '이해 사유와 재인지 사유의 상호작용에 의해 발생하는 사유현상'을 관심에 맞추어 탐구하는 것이다. 그런데 사유의 구체적 내용을 근원적/최종적으로 결정하는 것은 '이해'이지만, 사유라는 그릇에 담긴 것이 온통 '지적·논리적·이론적 현상으로서의 이해'인 것만은 아니다. 사유의 그릇을 채우는 '이해한 의미들'은 '이성적 현상들'에 국한되지 않기 때문이다. 욕망·감정·느낌·충동·정서 등의 '감성적 현상들'도 '이해와 관련된 의미체계'에 해당한다. 그러므로 '마음'은 이성적 현상과 감성적 현상을 모두 그 내용으로 한다. 동시에 이성적 현상과 감성적 현상은 모두 '이해한 의미들과 연관된 현상들'이다. 필자가 '이해 사유와 재인지 사유의 상호작용에 의해 발생하는 사유현상'이 '사유'이며 또한 '마음'이라고 말하는 것에는 이러한 의미가 모두 반영되어 있다.

　'인식론적·심리학적 접근에서의 마음 탐구'가 거론하는 '마음 현상'에는 '이해 사유와 재인지 사유의 상호작용에 의해 발생하는 이성적 현상과 감성적 현상'이 모두 포함되어 있다. 그러나 '이성적 현상'은 물론이거니와 '감성적 현상' 역시 '이해'와 무관하지 않다. 인간의 모든 지각과 경험은 원초적으로 '이해'와 연계되어 있다. 이해와 연계된 정도나 양상에 따라 '이성적·지적·이론적·논리적 현상'으로 분류하기도 하고 '감성적·정서적 현상'으로 분류하기도 하면서 구분할 뿐이다. 언어로 차이 현상들을 처리하는 능력이 고도화된 이후의 인간 감관에서 발생하는 지각이나 경험은, 그것이 아무리 본능적이고 감각적이라 해도, '그 어떤 수준과 양상에서의 이해'와 연관되어 있다. 원효는 유식학이나 『대승기신론』의 탐구를 통해 '오염된 마음 현상'을 **'번뇌의 장애'**(煩惱障, 煩惱碍)**와 '이해의 장애'**(所知障, 智碍)로 분류하여 분석하면서 체계화하고 있다. '번뇌의 장애'는 탐욕적 욕망이나 폭력적 분노와 연계되는 다양한 정서적 마음현상들과 관련되고, '이해의 장애'는 관점·견해·논리·이론의 허물과 결핍인 이성적·지적·이론적·논리적 마음현상과 관련된다. 동시에 '번뇌의 장애'는 '자아를 불변·동일·독자의 본질/실체로 간주하는 잘못된 자아 관념에 대한 집착'(人執)을 연원으로 삼는 것이고, '이해의 장애'는 '현상을 불변·동일·독자의 본질/실체로 간주하는 무지에 대한 집착'(法執)을 연원으로 삼는 것이다. 이 두 가지 장애는 별개의 독자적인 것이 아니라 상호 연계되어 있고 상호 작용하는 것인 동시에, '이해의 장애'가 더욱 근원적이라 할 수 있다. 원효가 '현상에 대한 이해의 미혹'(法執)을 치유하는 것이 가장 어렵다는 관점을 다양한 방식으로 개진하고 있는 것은 이런 점에서 정확하다.

　깨달음·해탈의 근거와 과정 및 작용을 탐구하거나 설명하려는 '마음에 대한

해탈론적 접근'의 경우, 그 관심의 초점을 '오염된 마음현상의 분석적 분류'보다는 '잘못된 마음현상의 치유' 혹은 '왜곡되고 오염된 마음현상에서 풀려남'에 집중한다. 구체적으로는, '치유/해탈능력의 근거'와 '치유/해탈의 방법' 및 '치유/해탈된 마음의 현상이나 작용'에 관심을 집중한다.

'치유/해탈 능력의 근거'를 마음 범주에서 밝혀 보려는 관심은 그 근거를 긍정형 기호들로 표현한다. 불성佛性, 여래장如來藏, 본각本覺, 일심一心, 자성청정심自性淸淨心 등이 대표적이다. 이들 용어를 통해 〈인간의 마음에는 '스스로 오염시킨 마음현상들'을 '스스로 치유하며 풀려날 수 있는 능력 내지 가능성'이 누적적으로 발전하여 마침내 뚜렷한 근거로서 내면화되어 있다〉는 인간관을 표현한다.

'치유/해탈된 마음의 현상이나 작용'에 대해서는, 자신·타인의 삶과 세상에 '좋은 이로움'을 발생시키는 마음현상과 작용을 적극적으로 기술한다. 특히 원효는 〈'깨달음의 본연'(本覺)과 '비로소 깨달아 감'(始覺)의 통섭通攝적 하나 됨〉을 축으로 삼아, 그곳으로 수렴되어 가고 또 그로부터 발산해 가는 현상과 작용 및 그것들을 펼칠 수 있는 능력/실력을, 다양한 맥락에서 거론한다. '자기를 이롭게 하는 행위'(自利行)와 '타자를 이롭게 하는 행위'(利他行)가 근원에서 결합하면서 펼쳐질 수 있는 지점인 '보살수행의 열 가지 본격적인 단계'(十地)의 '첫 번째 단계'(初地)를 이러한 능력/실력의 실존적 분기점으로 강조하고 있다.

특히 주목되는 것은 '치유/해탈의 방법'을 마음현상과 관련하여 밝히려는 노력들이다. 필자가 보건대, 이들은 기본적으로 유식학의 성과 위에서 등장하고 있으며, 『대승기신론』과 이에 대한 원효의 해석에서 '공관空觀을 안은 유식관唯識觀'의 방식으로 나타난다. 이에 관한 원효의 관점은 그의 말기저술인 『금강삼매경론』에 이르러 완결적인 모습을 보여 준다. '완결적'이라 표현한 것은 '치유/해탈 능력의 근거'와 '치유/해탈의 방법' 그리고 '치유/해탈된 마음의 현상이나 작용'을 가히 통섭적通攝的으로 결합시켜 종합하고 있기 때문이다. 그리고 이 '공관空觀을 안은 유식관唯識觀'은 선종이 보여 주는 새로운 선관禪觀의 철학적 토대이기도 하다. 아울러 원효의 '공관空觀을 안은 유식관唯識觀'과 선종의 선관禪觀은, '붓다의 선禪/정학定學의 요점'을 잘 파악하고 있는 것으로 보인다. 이로 인해 정학·선·삼매

수행을 '대상 집중'으로 읽어 오던 시선들과 결별하고 붓다의 선/정학 법설과 새롭게 대화하고 제대로 소화해 낼 수 있는 전환이 이루어졌다.

🪷 이해 바꾸기

1. '이해 바꾸기'가 갖는 중요성과 의미

인간의 경험은 사유에 담긴 이해에 의해 내용이 형성된다. 이해의 종류와 내용에 따라 경험세계의 내용이 결정된다. 그런데 이해에 따라 발생하는 경험현상은 이롭거나 해롭다. 이로움과 해로움에도 각각의 질적 수준 차이가 있고 다양한 유형이 있다. 자기에게는 이롭지만 타인(들)에게는 해로운 것이 있고, 타인(들)에게는 이롭지만 자기에게는 이롭지 못한 것이 있다. 모두에게 이롭거나 모두에게 해로운 것도 있다. 수준 높은 이로움이 있고 저급한 이로움이 있으며, 나쁜 이로움/해로움도 있고 좋은 이로움/해로움도 있다. 이로워도 해로운 것이 있고, 해로워도 이로운 것이 있다. 이로움과 해로움의 내용, 그것을 발생시키는 조건들과 그 조건들의 관계가 복잡하고 가변적인 만큼, 이로움과 해로움을 발생시키는 이해·관점·견해의 유형을 일률적으로 규정하기는 불가능하다. 〈나와 남 모두에게 이로워야 한다〉는 불교적 이로움(善)의 요청도, 실제 상황을 반영하려면 복잡하고 난해한 문제들에 봉착한다.

그러나 '이로움을 발생시키는 이해'와 '해로움을 발생시키는 이해'를 구분하거나 선택할 수 있는 보편적·근원적 기준이 없다고는 보지 않는다. 인간의 개인적·사회적·역사적 경험들은 이 보편적 기준에 점차 눈뜨게 했다고 본다. 더 좋은 가치를 추구해 온 지성들은 보편적 설득력을 가진 기준이 무엇인지를 성찰해 왔고 또 제안해 왔다. 그 성찰과 제안들이 수렴되는 곳이 있을까? 있다면 어떤 것일까? 철학적 관심으로 볼 때, 그것은 '불변·동일·독자의 실체나 본질을 설정하는 이해'와 '실체나 본질을 부정하고 해체하는 이해'로 압축된다. 붓다의 관점이 대표적이다. 〈탐욕과 분노와 무지'라고 불리는 현상을 발생하는 이해는 해롭고, 그 현상들을 치유하고 제거하는 이해는 이롭다〉고 하는 붓다의 말도 이런 맥락에서 등장하고 있다.

'모든 유형의 본질·실체주의를 지지하는 이해'는 전반적·근원적·궁극적으로 해로움을 발생시킨다. 일시적으로는 이로워 보여도 근원적·궁극적으로는 이롭지 않으며, 특정 개인이나 집단에게만 이로운 배타적·폐쇄적인 이로움이라서 보편성이 없다. 이런 이해에 의거한 이로움은 강력한 배타적 결집력을 발생시켜 얻은 것이라서 폭력적이고 저질이고 불안하다. 또 아만, 독선, 증오, 배타적 이기심, 소유에 대한 집착, 기만적 무지 등을 발생시키는 이해이기에 해롭다. 이익을 발생시켜도 좋은 이익이나 보편가치에 다가서는 이로움이 되지 못한다. 역사가 넘쳐나는 사례들로 증언한다. 인간의 길에는 본질·실체 환각에 묶인 이해가 펼쳐 놓은 그럴듯한 기획들이 가득하다. 날카로운 가시덤불이다.

이에 비해 '불변·동일·독자의 실체나 본질을 부정하거나 해체하는 이해'는 전반적·근원적·궁극적으로 이로움을 발생시킨다. 비록 본질·실체주의적 이해로 펼치는 기획처럼 '폐쇄된 이익의 배타적 성취'에는 기여하지 못할지라도, 더 좋고 더 깊고 더 크고 더 보편적인 이로움을 발생시킨다. 일상세계와 역사는 이 점을 증언하는 사례들도 넘치도록 제시한다.

인간의 행위나 욕망, 감정은 어떤 수준 어떤 방식으로든 판단이나 평가에 연루된다. 그리고 판단·평가의 내용을 결정하는 것은 관점·견해·이해다. 따라서 이로움을 생겨나게 하는 관점·견해·이해는 선택하거나 수립하여 힘을 실어 주어야 한다. 반면에 해로움을 생겨나게 하는 관점·견해·이해에서는 벗어나야 하고 수정해야 한다. 근원적 수준에서는, '불변·동일·독자의 실체나 본질을 부정하거나 해체하는 관점·견해·이해'는 수립하여 살려야 하고, '모든 유형의 실체·본질주의를 지지하는 관점·견해·이해'는 고쳐야 한다. '이해하는 언어·사유 인간'의 운명적 과업이다. 언어·사유에 의해 이해하는 능력이 고도화된 이후로 줄곧 이 과제와 씨름해 왔고, 앞으로도 집중해야 한다. 인간에게는 '이해의 치유'가 좋은 삶과 세상을 만드는 근원적 조건이다. **보편가치를 합리적 방식으로 추구해 온 지성의 행보도 결국 '해로운 이해의 극복'과 '이로운 이해의 확보'였다. 붓다는 이 이해의 문제를 가장 깊은 근원에서 다루어 성공했던 것으로 보인다. 따라서 붓다의 길에 동참하려는 불교 전통은 이에 관해 남다른 실력을 펼쳤어야 마땅하다. 이런 요청에 얼마나 성공적으로 부응하였는지를 묻는 것은 현재 학인들의 몫이다.**

그런데 **'이해 바꾸기'는 기대처럼 쉽게 이루어지지 않는다.** 인간 사유의 그릇 안에는 이미 강력한 '이해의 체계들'이 축적되어 있다. 그 이해체계들은 지각되는 차이 현상들을 선별·가공하여 처리한다. 그리고 인간의 경험은 이해체계를 통해 해석된 의미들로 채워진다. 뇌 과학의 서술방식으로 보면, 이 선先이해 체계는 감관을 통해 입력된 정보들을 처리하는 신경시스템에 해당할 것이다. 뇌에 자리 잡은 신경시스템의 정보처리 방식은, 비록 재구성 및 변화가능성을 인정한다고 할지라도, 가소성可塑性보다는 '같은 방식이 재현되는 패턴'이 압도적일 것이다. 마찬가지로, 사유에 내재된 선先이해 체계도 차이 현상들의 해석방식에 있어서 거의 같은 내용을 반복할 정도로 안정적이다. 욕구와 감정, 행동의 방향과 내용을 규정하다시피 하는 이해, 그리고 그 이해들이 얽히고설켜 형성된 체계는, 강력한 관성을 지니고 있다. 같은 방식을 반복하면서 안정적으로 작용한다. 〈사람은 안 변한다〉는 통념의 근거이기도 하다.

사유에 내면화된 이해체계가 불변으로 보일 정도로 안정적인 것은 자연스럽다. 현재 작동하고 있는 개인적/사회적 선先이해 체계는 장기간에 걸쳐 검증된 환경적응 방식이기 때문이다. 환경적 조건들은 비록 가변적이지만 문제 유형들은 반복적으로 발생하는 경우가 대부분이기 때문에, 그에 대응하여 수립된 이해들은 유사한 문제해결을 위해 반복적으로 채택된다. 만일 같거나 유사한 문제들에 대해 그때마다 상이한 이해들로 대응한다면, 문제해결력은 불안정해지게 된다. 게다가 문제에 대응하기 위해 수립된 이해들은 집단적으로 공유되고 전승되는데, 그 과정에서 전통·문화·종교·제도와 같은 지속적/안정적 방식들과 결합된다. 이런 사정들로 인해 사유에 이미 자리 잡은 이해체계는 바꾸기 어려울 정도로 안정적으로 작동한다.

그러나 **아무리 안정적이고 바꾸기 어려울지라도 기존의 이해체계가 불변의 것은 아니다.** 원래 없던 '개인적/사회적 선先이해 체계'를, 그 자신도 변하는 '개인적/사회적 마음'이, 역동적으로 구성한 것이기 때문이다. 선先이해 체계와 마음 모두 역동적으로 변하는 현상이다. '일정한 범주적 능력'인 마음은, 개인적 범주의 것이든 사회적 범주의 것이든, 그 작용과 내용이 역동적으로 변하는 것이기에, '차이들에 대한 언어·기호적 처리능력'부터 '이해를 직조하는 사유능력'까지의 창발적 변화와 구성이 가능하였다. 또한 '이해들과 그 체계'도 그 역동적인 마음에 상응하여 변하면서 수립된 것이다. 그러므로 비록 **안 변할 것처럼 안정적이고 굳건한 '이해들과 그 체계'일지라도 변할 수 있다.** 개인적·사회적 마음의 '변화에 열린 작용'에 의해 새로운 내용으로 바뀔 수 있다. 그 변화 가능성 때문에 문화와 문명도 바뀌어 왔다. 또 그 가능성 때문에 인간은 진보의 희망을 품을 수 있었고, 완만하게나마 실제로 향상 진보의 길도 걸을 수 있었다.

2. '이해 바꾸기'의 방법론적 성찰

그런데 이 지점에서 중요한 질문이 등장한다. 〈**이해들은 어떻게 바꿀 수 있는가?**〉라는 질문이다. '이해 바꾸기'의 요청에 응하려면 '이해 바꾸는 방법'을 탐구해야 한다. 의지나 요청만으로는 바뀌지 않는다. 적합한 방법론이 확보되어야 성공할 수 있다. 방법의 적절성 여하에 따라 이해 바꾸기의 정도와 성패가 좌우된다. 그런데 **'이해 바꾸기'의 중요성은 강조되어도 방법론에 관한 관심과 탐구는 기대에 미치지 않는다.** 가장 널리 승인되어 온 방식은 '성찰하기' '비판적으로 생각하기' '편견이나 선입견에 지배받지 않기' '다른 이해를 경청하기' '열린 태도' 등이다. **'방법론에 대한 탐구'와 '실험을 통한 검증'이 집중적이고 체계적으로 진행되는 경우는 현재도 목격하기 어렵다. 붓다의 경우는 그런 점에서도 돋보인다.**

이해의 강력한 규정력에 매이지 않고 이해 자체를 바꾸어 간다는 점에서, '마음으로서의 재인지 사유'는 '이해 사유'보다 상위의 지위라 할 수 있다. 그런데 재인지 사유의 이 '이해 바꾸기 작용'은 구체적으로 어떻게 이루어지는 것일까? '이해 바꾸기의 기능적 구조', 그 '이해 바뀜의 메커니즘'은 어떤 것일까? 앞서 언급한 것처럼, 재인지 사유는 언제나 이해 사유를 조건으로 삼아 발생하고 작용한다. 연기적緣起的 상호의존 관계의 전형이다. 어느 한쪽이 없으면 다른 쪽도 성립하지 못하며, 그 결과 사유 자체가 제대로 작동하지 못한다. '이해 사유의 의미 규정력'이 없다면 사유의 그릇이 비게 되고, '재인지 사유의 이해 구성력'이 없다면 사유 그릇의 내용물이 썩는다. 이해 사유와 재인지 사유는, 원효의 말을 빌리면, '같지 않으면서도 별개의 것이 아닌'(不一而不二) 관계를 맺고 있다. 이해와 마음은 '같은 것도 아니고 다른 것도 아니다'(不一不異). 이해와 마음, '이해 사유'와 '재인지 사유' 양자의 이 '같지 않으면서도 별개의 것이 아닌 관계'(不一而不二)를 주목하면 '이해 바뀜의 메커니즘'을 풀어 볼 단서가 잡힌다.

'재인지 사유'가 보여 주는 '이해 바꾸기 작용'은 두 가지 방식으로 작동되는 것으로 보인다. 하나는, 〈어떤 이해가 재인지 사유의 선택작용을 촉발시켜 재인지 사유로 하여금 새 이해를 선택하게 하는 방식〉이다. 예컨대 '불변·동일·독자의 실체는 없다'(無我, 空)는 이해가 재인지 사유의 선택작용을 촉발시켜, 마침내 재인지 사유가 '불변·동일·독자의 실체가 있다'는 이해를 '불변·동일·독자의 실체는 없다'는 이해로 바꾸는 경우이다. 〈재인지 사유의 선택작용을 촉발하는 이해의 등장→재인지 사유의 선택→이해 바꾸기〉의 메커니즘이라 할 수 있다. 다른 하나는, 〈어떤 이해가 재인지 사유의 '붙들려 갇히지 않고 빠져나오는 작용'을 촉발시키면, '빠져나온 자리/붙들지 않는 자리'로 옮아간 재인지 사유가 그 '붙들거나 갇히지 않는 자리'에서 상이한 이해들을 만나고, 그 재인지 자리의 '매이지 않는 자유의 힘'으로 비교·검토하여 좋은 이해를 선택하거나 새로 수립하는 방식〉이다. 예컨대 '불변·동일·독자의 실체는 없다'(無我, 空)는 이해가 재인지 사유로 하여금 '불변·동일·독자의 실체가 있다'는 이해에 갇히지 않고 빠져나가게 하는 작용을 촉발시키고, 빠져나감으로써 확보하게 된 '붙들거나 갇히지 않는 자리'에서 '자유의 힘'을 지닌 채 다시 두 상이한 이해들과 접속하며, 마침내 '불변·동일·독

자의 실체는 없다'(無我, 空)는 이해의 선택이 이루어지는 경우이다. 〈재인지 사유의
'빠져나가는 작용'을 촉발하는 이해의 등장→'빠져나온 자리/붙들지 않는 자리'의
확보→좋은 이해의 선택이나 수립〉이라는 메커니즘이다. 이 두 가지 방식의 '이
해 바꾸기'가 가능한 것은, '이해 사유'와 '재인지 사유'가 '같지 않으면서도 별개의
것이 아닌 관계'(不一而不二)에서 상호작용하기 때문이다. 또 기존에 없던 새로운 이
해의 발생현상도, '이해 사유'와 '재인지 사유'가 '같지 않으면서도 별개의 것이 아
닌 관계'(不一而不二)에서 상호작용하는 과정에서 이루어지는 것으로 보인다.

  뇌과학이나 신경과학이라면 이러한 '이해 바뀜의 메커니즘'을 물리·전기화
학적 현상으로 환원시켜 설명할 것이다. '이해'라는 현상, '이해 사유'와 '재인지 사
유'의 현상, 재인지 사유가 이해를 바꾸는 두 가지 방식 등을 물리·전기화학적 용
어로 바꾸어 그 메커니즘을 가시화시켜 탐구해 볼 수 있을 것이다. 그러나 뇌과학
이나 신경과학의 설명방식이 마지막 안고 있는 난제는 '창발적 현상'으로 보인다.
'학습에 의한 뇌 신경시스템의 가소성可塑性'을 인정한다고 해서 이 문제가 해결되
지는 않는다. 학습내용의 선택적 차이들도 '이미 주어진 신경시스템 구조와 환경
들과의 상호작용'으로 설명해 버린다면, 순환적 결정론에서 벗어나기가 어렵다.
인간의 사유에서 발생하는 '자율적 선택에 의한 창발적 현상'을 설명하기 위해서
는 더 좋은 관점의 '창발'이 필요하다.

3. 붓다가 제시한 '이해 바꾸기 방법론' - 삼학三學

  과거와 현재를 통틀어 '이해 바꾸기의 의미와 필요성 및 방법론'을 집중적으
로 탐구하고 검증해 온 유일한 사례는 붓다의 전통이라고 생각한다. 붓다의 법설
과 수행론은 고스란히 '이해 바꾸기의 의미와 필요성 및 방법론에 관한 가르침'이
기도 하다. 붓다의 법설과 후학들의 해석학 및 수행론을 이렇게 읽으면, 놓쳤던
의미와 내용들이 새롭게 살아난다. 이른바 계戒·정定·혜慧 삼학三學은 '이해 바꾸기
방법론'의 종합체계로 볼 수 있다.

계학戒學**은 '행위 선택을 통해 이해를 바꾸어가는 방법론'이다.** '이해와 행위의 밀접한 상관관계'를 고려한 방법론이다. 행동심리학이 주목하고 있듯이, '행위의 변화'는 '인지나 심리의 변화'를 발생시키는 강력하고도 효과적인 방법이다. 견해와 인식의 변화가 원인이 되어 행동의 변화가 발생한다는 인지심리학이 '견해·이해의 변화→행동의 변화'라는 인과관계를 중시하는 것이라면, 행동심리학은 그 반대방향의 인과관계를 중시한다. 계학은 행동심리학적 관점과 그 유효성을 '이해 바꾸기 방법론'에 반영한 것으로 볼 수 있다.

혜학慧學**은 '바른 이해에 기대어 잘못된 이해를 바꾸어가는 방법론'이다. 선각자에 의해 제시된 '사실과 부합하는 이해'를 거울로 삼아 '사실과 부합하지 않는 이해'를 반성하고 수정하는 방식이다.** 예컨대 붓다가 설하는 '불변·동일·독자의 실체나 본질은 어디에도 없다'(無我)는 이해를 거울로 삼아, 본질과 실체가 있다고 생각하는 모든 유형의 이해를 비판적으로 성찰하여 잘못된 이해를 치유한다. 또한 '모든 현상은 조건에 따라 인과적으로 생겨난다'(緣起)는 이해를 거울로 삼아, 모든 유형의 무조건적 이해나 절대주의적 이해를 수정한다.

그런데 붓다에 따르면, **혜학은 두 가지 조건을 요구한다. 하나는 〈비록 선각자에 의해 제시된 이해일지라도 그 타당성을 검토하기 위해 아무런 전제 없이 성찰해야 한다〉는 것이다.** 스승, 성전, 전통 등의 권위에 매이지 말고 자유롭게 그 타당성을 검토해야 한다. 그 검토과정에서는 특히 **'경험적 검증가능성'과 '인과적 합리성'을 중시하라고** 붓다는 조언한다. **다른 하나는 〈스스로 충분히 탐구하고 실험하여 확신의 근거를 자기 안에서 마련해야 한다〉는 것이다.** 선각자가 제시한 이해에 대한 지적 공감이나 존중만으로는 기존의 이해를 성공적으로 바꾸기가 어렵다. 이해를 바꾸고, 그 새로운 이해가 실존에서도 힘을 쓸 수 있는 정도가 되려면, '확신의 자기근거'를 마련해야 한다. 그것이 '수행'의 의미이기도 하다.

이러한 **'혜학 방법론'은 '이해 사유'의 역할과 '재인지 사유'의 역할이 결합해야 성공한다.** 바른 이해에 기대어 잘못된 이해를 고치려는 것은 이해 사유의 역할을 중시하기 때문이다. 이해는 사유 활동의 동기와 방향 및 내용을 규정하여 욕구와 행위, 정서 등 인간 경험의 내용을 결정한다. 〈**인간 삶의 내용과 경험은 궁극**

적으로 이해에 의해 결정된다〉는 점을 주목하여 혜학은 이해 바꾸기를 통해 '이해 사유의 역할'을 이로운 것으로 만들고자 한다. 그런데 이미 거론한 것처럼, 이해 스스로 이해를 바꾸지는 못한다. 어떤 자율적 변화의 힘이 이해에 내재하여 스스로 이해를 바꾼다고 하기는 어렵다. '특정 이해에 갇히지 않으면서 이해를 대상으로 처리할 수 있는 사유능력'이 있다고 보는 것이, 경험에 비추어 봐도 논리적으로 따져 보아도 합리적이다. '이해들과 맞닿아 있으면서도 이해들에 갇히지 않고 이해를 바꿀 수 있는 사유능력'이 있다고 보아야 한다. 그 사유를 '재인지 사유'라고 불러 보았다. **'바른 이해에 기대어 잘못된 이해를 바꾸어가는 혜학 방법론'에서 '바꿈'이 가능하려면 이 '재인지 사유에 의한 새로운 선택작용'이 있어야 한다. 이**렇게 볼 때 **'혜학 방법론'은 이해 사유가 지닌 '내용규정의 힘'과 재인지 사유의 '바꾸는 힘'이 결합시켜야 유효하다. 특히 재인지 사유의 '선택작용의 능력'을 얼마나 의도적으로 향상시켜 활용하는가에 따라 혜학의 성공 정도가 결정된다.**

정학定學은 **'마음의 힘에 기대어 어떤 이해에도 갇히지 않으면서 이해를 가꾸어가는 방법론'이다.** 여기서 '마음'은 이해를 비롯한 모든 경험현상을 괄호 치고 거기에서 빠져나와 그것을 재처리할 수 있는 재인지 사유의 면모이다. 그리고 '힘'은 이해·욕구·행동·정서 등 모든 경험현상에 갇히거나 매이지 않고 빠져나온 자리에서 관계 맺는 능력이다. 모든 대상, 모든 경험과의 접속을 유지하면서도 그것들에 갇히거나 묶이지 않을 수 있는 힘, 그러기에 더 좋은 현상들과의 관계를 위해 자유롭게 자리를 옮겨 가는 유영遊泳의 힘이다. **혜학에서 작용하는 재인지 사유의 힘이 '바꾸는 선택작용'에 그 초점이 있다면, 정학에서 주목하는 재인지 사유의 능력, 그 마음의 힘은, '빠져들지 않고 만나기' '갇히지 않고 접속하기' '붙들려 매이지 않고 관계 맺기'에 그 초점이 있다.** 니까야/아함이 전하는 붓다의 선禪·정념止念·정학·육근수호 법설, '공관空觀을 안은 유식관唯識觀'에 입각하여 펼치는 원효의 마음철학과 선관禪觀, 선종의 선관禪觀에 대한 탐구를 종합하여 수립한 이해인데, '정학의 의미와 내용'이 여기에 있다고 필자는 생각한다.

이와 관련하여 필자가 이미 거론했던 내용이 있어 그대로 옮겨 본다.

〈사마타 행법을 '마음 집중'으로 간주하는 시선은, 삶과 세계에 대한 마음범주에서의 왜곡 및 오염이 '마음의 동요'에서 비롯된다고 생각하는 것으로 보인다. 그리고 마음 동요의 극복방안으로서 '대상에 마음을 매어 움직이지 않는 집중능력'을 선택한다. 그러나 마음에 의한 삶과 세계의 왜곡·오염은 마음 동요나 산만의 문제가 아니다. 그렇게 보는 것은 의식(意根)/의식/마음에 의해 펼쳐지는 인식적 사유 현상에 대한 피상적 이해의 표현이다. 의근/의식/마음이라 칭하는 인식범주의 현상은, '설정된 기준들에 따라 마련된 관점·이해와 욕구의 다양한 방식들이 상호적으로 얽혀 중층적으로 누적된 인지기능적 체계'의 작동이며, 지각/인식 경험의 구체적 내용을 구성적으로 채워가는 '해석·가공의 경향적/관성적 메커니즘'의 작용이다. 따라서 마음에 의해 삶과 세계가 왜곡되고 오염되는 것은, 마음작용의 기능적 동요나 산만함 때문이 아니라, 마음범주 안에 자리 잡은 '설정된 기준들과 그에 따라 분류·선별·해석·가공하는 방식들' 때문이라고 보는 것이, 더 적절한 인과적 이해이다.

그렇다면 불변·동일의 본질/실체를 설정하는 '이해의 근원적 결핍'(근본무지)에 오염된 마음범주를 치유하거나 그 지배력에서 벗어나려면, 그 마음범주의 문법·지평·계열·체계에 '빠져들지 않는 선택'이 필요하다. 그런데 마음집중은 그 선택이 되기 어렵다. 마음작용의 기능적 집중은 여전히 오염된 문법·범주·지평·계열·체계 내부에서의 일일 수 있기 때문이다. 마음집중이 오염된 마음범주의 정화나 그로부터의 탈출에 무익하다고는 할 수 없지만, 가장 필요한 것은 '현상에 대한 무지'가 유효하게 작용하는 마음범주의 지평·계열·체계에 '더 이상 휘말려 들지 않는 마음자리/마음국면'의 계발과 확보이다. '마음범주에 의한 왜곡'은 '마음범주 속'에서는 그쳐지지 않는다. 무지를 조건으로 형성된 마음범주의 문법·계열·체제·지평을 '붙들어 의존하고' '따라 들어가 안기고', 그 안에 '빠져들고' '휘말려 드는' 관성(업력)에 떠밀리는 한, 아무리 집중하고 무아·공의 이해를 수립하여 애써 적용한다 해도, 무명의 그늘에서 빠져나오기는 어렵다.

선 수행을 '마음방식의 수행'이라 부른다면, 그리고 그 '마음 수행법'이 '오염된 마음범주'에 더 이상 농락당하지 않을 수 있는 행법일 수 있으려면, 현상/존재/

세계를 왜곡하고 오염시키는 문법으로 작용하는 '마음범주의 선先계열/체계'에 '빠져들지 않는 마음국면' '휘말려 들지 않는 마음국면' '그 마음범주를 붙들고 달라붙지 않는 국면' '그 마음계열 전체를 괄호치고 빠져나오는 국면'을 열어야 하고, 그 마음범주에서 '전면적으로 빠져나오는' 마음자리를 확보해야 한다. 마음의 '범주·지평·계열 차원의 자기초월'이 이루어져야 하는 것이다.〉²⁰⁰

정학/선 수행의 초점과 내용은 '대상에 대한 집중'이 아니다. 정학/선 수행의 초점은, 이미 자리 잡아 안정화된 그 어떤 이해들이나 그 이해에 의거한 욕구·행동·정서들에 '붙들려 빠져들지 않는 마음자리' '매여 갇히지 않는 재인지 자리'를 자율의지에 따라 확보할 수 있는 힘을 키우는 노력에 있다. 또한 그 '붙들지 않고 갇히지 않아 빠져나온 자리'에서 그 대상들과 접속하고 관계 맺어 조정할 수 있는 힘을 키우는 노력에 초점이 있다. 그리하여 그 어떤 이해체계 안에도 매이거나 갇히지 않으면서 더 좋은 내용을 수립하고 선택하며 고쳐 가는 자유의 힘을 키우는 일이 정학/선 수행이다. 불교 전통에서 입버릇처럼 사용하는 〈집착하지 않는다〉라는 말은 이런 맥락에서 유효한 것이다.

정학/선정/삼매 수행에서 힘을 얻는다는 것은 집중력이 고도화되는 일이 아니다. 집중력 향상과 무관하지는 않지만, 선 수행의 초점과 내용 및 목표가 집중력은 아니다. 〈선정의 힘을 얻어 '동요하지 않는 평온'을 성취했다〉는 것은 마음이 분산되지 않는 집중의 힘 때문에 평온을 유지한다는 의미가 아니다. 특정한 이해나 욕구, 감정이나 행동을 집착하듯 붙들면, 그리하여 그것에 갇히거나 매이면, 그 이해·욕구·감정·행동이 기대와 달라질 때 불안하고 동요하게 된다. 그러다가 어떤 이해·욕구·감정·행동도 붙들지 않고 빠져나온 자리에서 관계 맺는 힘, 갇히지 않는 자리에서 접속하는 힘을 얻으면, 이해·욕구·감정·행동에 따른 불안과 동요가 근원적으로 잦아든다. 이 '풀려난 자유로 인한 평온'이 선정/삼매/정학의 평온이다.

---

200 「티베트 돈점논쟁과 선禪수행 담론」(『철학논총』 제84집, 새한철학회, 2016).

정학/선 수행의 초점과 내용을 이렇게 본다면, 〈선 수행으로 깨달음을 성취했다〉든가 〈선정의 힘을 얻었다〉는 말의 의미도 달리 생각해야 한다. 선정의 힘이나 깨달음의 힘은 '집중력의 유지로 동요하지 않을 수 있는 경지'가 아니다. 이런 부류의 시선은 선정이나 깨달음을 일종의 기능적 힘으로 처리한다. 견해·이해·관점을 선택하여 판단과 평가를 펼치는 '사유와 언어의 힘'은 무시하기 십상이다. 좋은 이해와 가치를 선택하여 추구할 수 있는 지성과 성찰의 힘은 흔히 '쓸데없는 세속의 분별'로 치부된다. 과연 그럴까? 만약 선정이나 깨달음의 힘이 그런 것이라면 추구할 가치가 있기는 할까? '집중력'이라는 힘은 양날의 검이다. 이로움 추구의 집중력으로 쓸 때는 활인活人의 날이 되지만, 해로운 신념과 의지를 집중력을 가지고 흔들림 없이 추구할 때는 살인과 살생의 날이다. 사유의 힘, 이해·판단·성찰의 힘과 무관한 집중력은 매우 위험하다. '대상 집중' 훈련을 통해 성취한 집중력이 궁극적 지혜/이해나 해탈지평과 인과적으로 연결될 것이라는 기대는 얼마나 타당한 것일까? 무지의 뻔뻔함, 기만과 폭력의 당당함을 지탱해 주는 '흔들림 없는 집중력'은 '대상 집중의 힘'과 무관할까?

선정이나 깨달음의 힘은 '집중력의 유지로 동요하지 않을 수 있는 실력'이 아니라, '그 어떤 이해·욕구·감정·행동도 붙들지 않고 빠져나오는 자리를 확보하여 그 자리에 관계 맺으면서 더 좋은 이해·욕구·감정·행동을 선택하고 수립하는 힘'이다. 아무리 강력하게 안정화된 견해나 이론, 이해와 욕구일지라도 그것들에 갇히지 않는 마음자리로 이전할 수 있는 힘을 얻어, 그 풀려난 마음자리에서 접속하면서, 허물은 고치고 장점은 살려 내며 부족한 것은 채워 더 이로운 내용으로 바꾸어 가는 실력이다. 그러하기에 **선 수행을 통해 득력得力하거나 깨달음이라 할 만한 변화를 성취했다면, 수행하지 않은 사람들보다 '성찰과 지성의 능력'을 향상시켜 가는 힘이 수승해야 한다.** 자신의 견해에 집착하지 않고 특정한 이해를 고집하지 않는 힘, 언제든지 기꺼이 더 좋은 견해로 옮아갈 수 있는 힘, 얼마든지 다른 이들의 더 좋은 이해를 수용할 수 있는 힘이, 범부들보다는 나아야 한다. 만약 수행 이력을 내세우면서도 자기견해에 대한 배타적 고집이 강하고, 이해를 바꾸고 향상시키는 능력이 저하되어 있으며, 성찰하고 판단하는 실력이 수준 이하임에도 무끄러워할 술 모르고 뻔뻔하다면, 그의 선 수행은 길을 잘못 든 것이다. **집중력은 돋보이지만 좋은 이해를 가꾸어가는 지성의 힘에 관심 없거나 무능하다면 정학의 힘은 아니다. 모든 지적**知的 **관행과 욕구 전통 및 행동 양식에도 갇히지 않는 자리에 서는 힘, 그 자리에서 이해·욕구·행동과 접속하면서 더 좋은 것들로 바꾸어 가는 힘—정학의 힘은 이런 실력으로 표현되어야 한다.**

『대승기신론』과 원효가 보여주는 '지관止觀 수행'에 대한 관점은 이런 이해를 뒷받침해 준다.『대승기신론』은 말한다.

"어떻게 〈'[빠져들지 않고] 그침'(止)과 '[사실대로] 이해함'(觀)의 수행〉(止觀門)을 익히며 실천하는가? '[빠져들지 않고] 그침'(止)이라는 것은 〈모든 '[불변·독자의 실체로 간주하는] 대상[을 수립하는] 양상'(境界相)[에 빠져드는 것을 그치는 것]〉(止一切境界相)을 말하니, 〈'[빠져들지 않고] 그침을 통해 [사실대로 이해하면서] 바르게 봄'(奢摩他觀, 止觀)의 측면(義)〉(奢摩他觀義, 止觀義)에 따르는 것이다. '[사실대로] 이해함'(觀)이라는 것은 '원인과 조건에 따라 생겨나고 사라지는 양상'(因緣生滅相)을 이해(分別)하는 것을 말하니, 〈'[사실대로] 이해함을 통해 [빠져들지 않고 그쳐서] 바르게 봄'(毗鉢舍那觀, 觀觀)의 측면〉(毗鉢舍那觀義, 觀觀義)에 따르는 것이다. 어떻게 따르는가? 이 두 가지 측면을 점차 익히면서 서로 배제(捨)하거나 분리(離)되지 않게 하여 쌍으로 [함께] 나타나게 하는 것이다."[201]

원효가 화답한다.

"처음인 '간략하게 밝히는 것'에서 말한 〈모든 '[불변·독자의 실체로 간주하는] 대상[을 수립하는] 양상'[에 빠져드는 것을 그치는 것을 말한다]〉(謂止一切境界相)라는 것은 [다음과 같은 뜻이다.] 앞서 [불변·독자의 실체나 본질이 있다는 견해에

---

201 『대승기신론』(T32, 582a); "云何修行止觀門? 所言止者, 謂止一切境界相, 隨順奢摩他觀義故. 所言觀者, 謂分別因緣生滅相, 隨順毗鉢舍那觀義故. 云何隨順? 以此二義, 漸漸修習, 不相捨離, 雙現前故."

따르는] 분별 때문에 '[불변·독자의 실체로 간주하는] 온갖 대상들'(諸外塵)을 지어 내다가 지금은 '[사실대로] 깨닫는 지혜'(覺慧)로써 '[불변·독자의 실체로 간주하는] 대상들[을 수립하는] 양상'(外塵相)을 깨뜨리니, '[불변·독자의 실체로 간주하는] 대상들[을 수립하는] 양상'(塵相)이 이미 그쳐 [불변·독자의 실체로 간주하여] 분별되는 것이 없다. 그러므로 〈[빠져들지 않고 그침]〉(止)이라고 부른다.

다음으로 말한 〈'[원인과 조건에 따라] 생겨나고 사라지는 양상'을 이해한다〉(分別[因緣]生滅相)라는 것은 [다음과 같은 뜻이다.] '[근본무지에 따라] 생멸하는 측면'(生滅門)에 의거하여 '현상의 [연기적緣起的] 양상'(法相)들을 관찰하는 것이니, 그러므로 〈이해한다〉(分別)라고 하였다. 이를테면 『유가사지론』 「보살지菩薩地」에서 [다음과 같이] 말한 것과 같다. 〈이 중에서 보살은 '모든 현상'(諸法)에 대해 [불변·독자의 실체나 본질이 있다는 견해로] 분별하는 것이 없으니 [이것을] '[빠져들지 않고 그침]'(止)이라 부른다는 것을 알아야 하고, 만약 '모든 현상'에서 '[사실대로 보는] 탁월한 내용의 이해'(勝義理)로써 이르는 '사실 그대로 이해하는 참된 지혜'(如實眞智)와 갖가지 한량없이 많은 '언어에 담은 이해'(安立理)로 도달하는 '세속을 사실대로 이해하는 오묘한 지혜'(世俗妙智)라면 [이것을] '[사실대로] 이해함'(觀)이라 부른다는 것을 알아야 한다.〉

그러므로 '참 그대로인 측면'(眞如門)에 의거하여 온갖 '[불변·독자의 실체로 간주하는] 대상들[을 수립하는] 양상'(境相)을 그치므로 [불변·독자의 실체로 간주하여] 분별되는 것이 없어 곧 '[불변·독자의 실체나 본질이 있다는 관점에 의거한] 분별'이 없는 바른 이해〉(無分別智)를 이루고, '[근본무지에 따라] 생멸하는 측면'(生滅門)에 의거하여 '갖가지 [연기적으로 생멸하는] 양상들'(諸相)을 이해(分別)하므로 갖가지 [현상들이] '[연기의] 이치대로 나아감'(理趣)을 관찰하여 곧 '[깨달음을 성취한] 후에 얻어지는 '[사실 그대로] 이해하는] 지혜'(後得智)를 이룬다는 것을 알아야 한다.

〈'[빠져들지 않고] 그침을 통해 [사실대로 이해하면서] 바르게 봄'(奢摩他觀, 止觀)의 측면(義)에 따르고, '[사실대로] 이해함을 통해 [빠져들지 않고 그쳐서] 바르게 봄'(毘鉢舍那觀, 觀觀)의 측면에 따른다〉(隨順奢摩他觀義, 隨順毘鉢舍那觀義)는 것은 [다음과 같은 뜻이다.] 그들 [인도인]이 사마타(奢摩他, samatha)라고 말한 것을 이들 [중국인]

은 '지止'로 번역하였고, 비발사나(毘鉢舍那, vipassanā)는 이들 [중국인]이 '관觀'으로 번역하였다. 다만, 지금 이 『기신론』을 번역한 이는 '수단과 방법[을 통한 이해]'(方便[觀])와 '곧바로 사실대로 이해함'(正觀)을 구별하려 했기 때문에 '곧바로 사실대로 이해함'(正觀)에 대해서는 그들의 언어[인 산스크리트]를 그대로 쓴 것이다. 만약 모두 이쪽[중국]의 언어를 갖추어 쓴다면 〈'[빠져들지 않고] 그침을 통해 [사실대로 이해하면서] 바르게 봄'(止觀)의 측면에 따르고, 또한 '[사실대로] 이해함을 통해 [빠져들지 않고 그쳐서] 바르게 봄'(觀觀)의 측면에 따른다〉(隨順止觀義, 及隨順觀觀義)라고 말해야 한다. '[빠져들지 않고] 그침'(止)과 '[사실대로] 이해함'(觀)을 쌍으로 [함께] 운용할 때 바로 '곧바로 사실대로 이해함'(正觀)이 [성취된다]라는 것을 드러내고자 하기 때문에 '[빠져들지 않고] 그침을 통해 [사실대로 이해하면서] 바르게 봄'(止觀)과 '[사실대로] 이해함을 통해 [빠져들지 않고 그쳐서] 바르게 봄'(觀觀)이라고 말한 것이다.

'수단과 방법'(方便)[에 의거하는] 때에는 모든 '[불변·독자의 실체로 간주하는] 대상들[을 수립하는] 양상'(塵相)을 그쳐야 '곧바로 사실대로 이해하는 그침'(正觀之止)에 따를 수 있으니, 따라서 〈'[빠져들지 않고] 그침을 통해 [사실대로 이해하면서] 바르게 봄'[의 측면(義)]에 따른다〉(隨順止觀義)라고 말했다. 또 '[원인과 조건에 따라] 생겨나고 사라지는 양상을 이해'(分別[因緣]生滅相)할 수 있기 때문에 '곧바로 사실대로 이해하는 이해'(正觀之觀)에 따를 수 있으니, 따라서 〈'[사실대로] 이해함을 통해 [빠져들지 않고 그쳐서] 바르게 봄'[의 측면(義)]에 따른다〉(隨順觀觀義)라고 말했다.

〈어떻게 따르는가?〉(云何隨順) 이하는 이 뜻을 곧바로 해석한 것이다. 〈점차 익힌다〉(漸漸修習)라는 것은 〈따를 수 있는 '수단과 방법'〉(能隨順之方便)을 밝힌 것이고, 〈[쌍으로 함께] 나타나게 한다〉([雙]現前)는 것은 〈따르게 된 '곧바로 사실대로 이해함'〉(所隨順之正觀)을 밝힌 것이다.

여기서는 '[빠져들지 않고] 그침'(止)과 '[사실대로] 이해함'(觀)의 뜻을 간략하게 밝혔는데, 특징(相)에 따라 논하면 선정(定)은 '[빠져들지 않고] 그침'(止)이라 부르고 지혜(慧)는 '[사실대로] 이해함'이라 부르게 되며, [수행의] 실제내용(實)에 의거해 말하면 선정(定)은 '[빠져들지 않고] 그침'과 '[사실대로] 이해함'에 [모두] 통하고 지혜도 그러하다."[202]

계·정·혜 삼학三學이라는 붓다 자신의 법설 분류방식에는 〈계학은 정학의 토대조건이 되고, 정학은 혜학의 토대조건이 된다〉는 관점이 반영되어 있다. 삼학에 대한 전통 해석학도 이러한 의미를 계승하고 있다. 수행과정과 깨달음의 성취에 대한 붓다 자신의 회고에서부터 이 점은 분명히 천명되고 있다. 현존 기록에 의하는 한, 고타마 싯다르타의 수행과정은 '선정수행(1,2)-고행-선정(3)-깨달음 완성'의 순서이고, 고행 이후의 선정과 깨달음 완성 사이에 세 가지 특별한 체득(三明; 숙명통, 천안통, 누진통)이 언급되고 있다. '선정수행(1,2)-고행-선정(3)-삼명-깨달음 완성'의 과정에 관한 회고를 통해 붓다는 자신의 성공 요인을 알려주려 한다. 12연기 성찰과정은 붓다가 된 직후에 펼쳐지고 있기에, 〈12연기를 성찰하여 깨달음을 성취하고 붓다가 되었다〉는 이해는 타당하지 않다. 생략된 내용이 있건, 변형·추가된 내용이 있건 간에, 현재 주어진 자료에서 그 성공 요인을 탐색해 갈 때, 필자로서는 고타마 싯다르타의 성공 요인 네 가지를 주목하게 된다. 첫 번째는 〈'이해/언어'와 '탈脫이해/탈脫언어'의 차이 및 관계에 대한 개안〉이고, 두 번째는 〈연기적 사유에 대한 성찰적 개안인 '조건적 발생에 대한 이해'〉이며, 세 번째는 〈모든 경험현상과 그 발생조건들에 갇히지 않는 능력의 확보를 가능케 하는 새로운 선禪의 확보〉이고, 네 번째는 〈조건인과적 발생(緣起)에 대한 체득적 확인에 의한 연기 깨달음의 완전한 성취〉가 그것이다.[203] 붓다가 되기까지의 수행과정에 대한 회고에서부터, '선정→연기 이해의 완성' 다시 말해 '선정과 궁극적 지혜/이해의 인과적 발생'이 목격되는 것이다. 뿐만 아니라 붓다가 된 이후의 설법에서도 〈선정을 토대로 삼아 '궁극적 지혜/이해'(明知, 解脫知見)가 밝아진다〉는 내용이 기회 있을 때마다 천명되고 있다. 따라서 선/정학 수행은 궁극적 지혜/이해의 성취와 인과적으로 연결되어야 한다.

그런데 선정 수행을 '대상에 대한 집중'으로 해석하는 견해로는 이 인과관계

---

202 『소』(1-727a~b).

203 이에 관한 논의는 박태원, 「고타마 싯닷타는 어떻게 붓다가 되었나?─네 가지 성공요인에 대한 철학적 음미」(『철학논총』 88, 새한철학회, 2017)에 있다.

를 설명하기가 어렵다. 그저 〈집중해 가다보면 어느 순간 궁극적 지혜/이해가 별안간 밝아질 것이다〉라는 식의 신비주의적 기대로써 설명을 대신할 수밖에 없어 보인다. 선종의 간화선 화두참구를 집중수행으로 간주하는 수행자들의 기대와도 흡사하다. 그러나 이러한 신비주의 시선으로 붓다의 선/정학을 이해한다면, 붓다의 선법禪法이 확보한 독특함은 발견되지 않는다. 기존의 집중수행법들과의 차이가 드러나지 않는다. 만약 붓다의 선법도 집중수행의 일종이라면, 붓다가 무아와 연기라는 전혀 새로운 이해지평에 설 수 있었던 것은 남다른 우연한 행운이어야 한다. 그리고 고타마 싯다르타에게 선정 수행을 지도한 두 스승들의 가르침(우파니샤드 신비주의 계열의 집중수행 유형들로 추정된다)과 결별한 이유도 찾기 어렵게 된다. 또 만약 간화선도 집중수행으로 간주해 버린다면, 간화선의 집중력만이 굳이 깨달음 성취에 요긴한 것이라고 설명할 수 있는 근거를 제시하기가 어렵게 된다.

'선/정학 수행'과 '지혜/이해 성취' 양자의 인과관계를 이해하거나 더 잘 설명할 수 있는 길이 있다. 선/정학의 초점이 '집중력의 계발과 그로 인해 동요하지 않을 수 있는 안정'에 있는 것이 아니라, '그 어떤 이해·욕구·감정·행동도 붙들지 않고 빠져나오는 자리를 확보하여 그 자리에서 관계 맺으면서 더 좋은 이해·욕구·감정·행동을 선택하고 수립하는 능력'의 계발에 있다고 보면, 그 길이 열린다. 〈선정이 토대가 되어 '궁극적 지혜/이해'(明知, 解脫知見)가 밝아진다〉는 것을 조건인과적/연기적으로 설명하는 더 좋은 길이 열린다. 어째서인가.

이해·욕구·감정·행동은 상호 조건적으로 얽혀서 발생하고 또 작용하면서 삶의 내용을 채워가고 세상을 구성해 간다. 그리고 이들 연관체계의 내용과 방향을 선택하는 결정적 요인은 '이해'이다. '차이들을 언어로 처리하는 능력을 토대로 삼은 사유인간'이기에 그렇다. 이해, 욕구, 감정, 행동 가운데 어느 하나의 내용변화는 다른 것들의 내용변화에 어떤 정도라도 영향을 끼친다. 이들이 영향을 주고받는 것은 '상호 인과적'이다. 그러나 이해의 변화가 다른 것들에 미치는 인과적 영향이 가장 근원적이다. 따라서 인간에게 있어 경험세계 내용의 질을 향상시키는 마지막 관건은 결국 '이해'이다. 경험세계 내용의 최고수준을 지시하려고 채택하는 불교적 기호인 '해탈'이나 '열반', '궁극 깨달음'이라는 말의 내용을 마지막으로 완성시키는 요인은 '이해'라고 보아야 한다. '이해 수립'이 중요한 이유가 여기에 있고, '좋은 이해를 수립할 수 있는 능력과 방법'을 주목해야 하는 이유가 여기에 있다. 그리고 붓다의 법설과 불교 공부/수행에서 '사실에 맞는 이해의 수립과 실천'에 모든 노력들이 수렴되는 것도 이러한 이유에서이다.

좋은 이해, 사실에 맞는 이해, 그래서 더 나은 이로움을 발생시키는 이해의 확보가 궁극적으로 중요하기에, '이해 자체'보다는 더 수승한 이해를 수립하기 위해 '이해들을 보완하고 수정하며 바꾸는 능력과 방법'의 계발이 더욱 중요한 과제가 된다. 붓다가 제시하는 계戒·정定·혜慧 삼학三學은 이 문제에 대한 응답이다. '행위선택을 통해 이해를 바꾸어 가는 방법론'(계학)과 '바른 이해에 기대어 잘못된 이해를 바꾸어 가는 방법론'(혜학) 및 '마음의 힘에 기대어 어떤 이해에도 갇히지 않으면서 이해를 가꾸어 가는 방법론'(정학)의 상호인과적 종합체계인 **삼학三學은, '이해가 인간존재에서 갖는 의미와 중요성'에 대한 불교적 대응이다.** 이와 관련하여 앞서 거론한 내용의 핵심을 요약하면 이렇다.

〈혜학 방법론〉은 '이해 사유'가 지닌 '내용규정의 힘'과 '재인지 사유'가 지닌 '선택 작용'을 결합시켜야 성공할 수 있는데, 특히 재인지 사유의 '선택작용의 능력'을 얼마나 의도적으로 향상시켜 활용하는가에 따라 혜학의 성공 정도가 결정된다. 이에 비해 정학에서는 재인지 사유의 면모 가운데 '빠져들지 않고 만나게 하는 능력' '갇히지 않고 접속하게 하는 능력' '붙들려 매이지 않고 관계 맺게 하는 능력'에 초점을 둔다. 정학/선 수행의 초점과 내용은, '대상에 대한 집중'이 아니라, 이미 자리 잡아 안정화된 그 어떤 이해들이나 그 이해에 의거한 욕구·행동·정서들도 '붙들어 빠져들지 않는 마음자리' '매여 갇히지 않는 재인지 자리'를 스스로 확보할 수 있는 힘을 키우는 데 있다. 또한 그 '붙들지 않고 갇히지 않아 빠져나온 자리'에서 그 대상들과 접속하고 관계 맺어 조정할 수 있는 힘, 그 어떤 이해체계에도 매이거나 갇히지 않으면서 더 좋은 내용을 수립하고 선택하며 고쳐가는 자유의 힘을 키우는 노력이 정학/선 수행이다. 그러므로 선정수행으로 얻는 힘은, '집중력의 유지로 동요하지 않을 수 있는 실력'이 아니라, '그 어떤 이해·욕구·감정·행동도 붙들지 않고 빠져나오는 자리를 확보하여 그 자리에서 관계 맺으면서 더 좋은 이해·욕구·감정·행동을 선택하고 수립하는 힘'이다.〉

정학/선 수행의 내용과 의미를 이렇게 파악하면, '선/정학 수행'과 '지혜/이해 성취'의 인과관계가 분명해진다. 정학/선 수행으로 '그 어떤 이해·욕구·감정·행동도 붙들지 않고 빠져나오는 자리를 확보하여 그 자리에서 관계 맺으면서 더 좋은 이해·욕구·감정·행동을 선택하고 수립하는 힘'을 계발하면, 그 연장선에서 인과적으로 궁극적 지혜/이해를 전망하게 된다. 〈정학/선정을 토대로 삼아 '궁극적 지혜/이해'(明知, 解脫知見)가 밝아진다〉는 말을 연기 설법으로 파악할 수 있게 되는 것이다.

그런데 〈정학/선정을 토대로 삼아 '궁극적 지혜/이해'(明知, 解脫知見)가 밝아진다〉는 말을 '특별한 내용을 지닌 불변의 확정적 이해를 성취하는 것'이라고 보는 것은 부적절하다. '궁극적 지혜/이해'(明知, 解脫知見)가 정학/선 수행을 조건으로 삼아 생겨나는 것이고, 또한 정학/선 수행은 그 어떤 이해들에서도 '빠져나온 채 접속하는 힘이 발휘되는 인지지평' '붙들려 매이지 않고 관계 맺는 능력을 펼칠 수 있는 마음자리'를 열어 확립하는 것이라는 점을 아울러 고려한다면, 〈어떤 이해에도 붙들려 갇히지 않는 힘을 조건 삼아 '특정한 내용의 불변의 이해'를 성취한다〉는 말은 모순이 되기 때문이다. 수행과 깨달음 성취과정에 대한 붓다 자신의 회고내용을 보아도, 붓다는 그 어떤 현상과 그것들의 발생조건에도 매이지 않을 수 있는 능력을 성취한 이후에 '궁극적 지혜/이해'(明知, 解脫知見)가 밝아졌다고 한다.[204] 그렇다면 〈정학/선정을 토대로 삼아 '궁극적 지혜/이해'(明知, 解脫知見)가 밝아진다〉는 말이 지시하려는 인지경험 지평은 어떤 의미로 읽는 것이 적절한가?

'빠져나온 채 접속하는 힘이 발휘되는 인지지평' '붙들려 매이지 않고 관계 맺는 능력을 펼칠 수 있는 마음자리'는 그 어떤 이해에도 갇히지 않는 자리이지만,

---

204 박태원, 「고타마 싯닷타는 어떻게 붓다가 되었나? – 네 가지 성공요인에 대한 철학적 음미」(『철학논총』88, 새한철학회, 2017).

그 재인지/마음의 자리에서 펼치는 그 어떤 현상도 이해와 무관하지 않다. '이해들에서 빠져나온 자리에서 그 이해들과 접속하면서 전개하는 현상'은 언제나 이해와 맞물려 있다. **빠져나오고 붙들지 않아, 이해들에 갇히지 않으면서도 그것들에 기대어 발생하는 현상의 내용은, 또한 '이해의 속성'을 지닐 수밖에 없다.** '이해들'에 기대어, 그것들을 조건 삼아 발생하기에, 발생하는 현상 자신도 '이해의 속성을 지닌 것'일 수밖에 없다. 그러나 '이해를 조건으로 생겨나는 또 다른 이해'이지만 '어떤 이해에도 매이거나 갇히지 않은 채 겪는 이해경험'은, 매이거나 갇혀 있는 이해들에서 발생하는 경험들에 비해 전혀 새로운 지평에 놓인다. '매이고 갇힌 이해'에서 발생하는 경험은, 새로운 이해로 이전하기 어렵고 더 나은 이해를 수립해 가기 어려운 '지적 굼뜸', '부자유와 속박', '폐쇄적 협애狹隘' 등의 특성으로 점철되어 있다. 이에 비해 '이해에 기대어 있지만 매이지 않는 능력', '접속한 채 **빠져나오는 자리에서 기존의 이해들을 조건으로 삼아 새로운 이해를 역동적으로 수립해 가는 능력**'에서 펼쳐지는 경험은, 더 나은 이해를 향해 마음껏 옮겨가는 '역동의 활력'과 '이해력의 향상', 계속 풀려날 수 있음에서 생겨나는 '홀가분한 자유', 갇히지 않아 세상과 전면적으로 만나는 '광활한 전일감全─感과 열린 우호', 머물지 않고 만나는 '유영遊泳의 유희', 빠져나온 자리에서 접속할 수 있기에 누리는 '근원적 평온', 특정의 이해·신념·욕망·행위에 붙들려 갇히지 않기에 생겨나는 '무지·독단·편견을 자각하는 성찰력'과 '사실 이해력 및 오해의 치유력' 등을 특성으로 품는다. 이런 특징들을 압축하는 용어가 **'해탈'**(근원적 자유)이고 **'열반'**(근원적 안식)이라 읽을 수 있다.

붓다의 수행경험담 회고의 의미를 〈그 어떤 현상과 그것들의 발생조건에도 매이지 않을 수 있는 능력을 성취한 이후에 '궁극적 지혜/이해'(明知, 解脫知見)가 밝아졌다〉는 것으로 읽는다면, 그리하여 붓다의 정학/선 법설은 〈정학/선정을 토대로 삼아 '궁극적 지혜/이해'(明知, 解脫知見)를 밝힌다〉는 것으로 읽는다면, 그 '궁극적 지혜/이해'(明知, 解脫知見)의 의미는 이렇게 읽을 수 있을 것이다; 〈궁극적 지혜/이해(明知, 解脫知見)는 '이해에 매이거나 갇히지 않는 자리에서의 이해경험'이다. 달리 말해, '접속하면서도 붙들지 않는 자리에서 사실에 맞고 이로운 이해를 역동적으로 수립하여 굴려가는 이해지평'이자 '자유의 유희와 평안의 안식이 이해와 맞물려 구현되는 지평'이다. 붓다는 이런 능력과 실력이 궁극의 수준에 이른 인간이다. 그리고 붓다의 길을 따라 걸으려는 사람들은 이런 능력과 실력을 키운 만큼 나아간 것이다.〉

해탈·열반·깨달음을 '이해·언어·사유와 무관한 신비체험'이나 '모든 지각경험을 초월해 버린 제3의 범주'라고 보는 것은 붓다의 법설과 맞지 않는다. 모든 신비주의 전통이 내세우는 신비체험이나 '궁극실재와의 합일 체험'이 만일 이해·언어·사유와 무관하거나 상호 배제적인 것이라면, 그리고 그런 신비체험을 동경하거나 고취한다면, 그것은 '경험할 수 없는 것으로 세상을 속이는 기만'이고 '경험세계의 문제해결 의지와 실력향상을 원천에서 무력화시키는 거세去勢의 덫'이다. 불교를 비롯한 모든 종교의 교리와 제도가 혹 그런 기만과 거세의 올가미로 작동하고 있는 것은 아닌지 정직하게 성찰할 필요가 있다.

정학/선 수행에서 성취한 능력을 토대로 밝아진 '궁극적 지혜/이해'(明知, 解脫知見)는 '지고至高의 내용을 지닌 불변의 이해현상'이 아니다. 또한 '아무리 수승한 내용을 지닌 이해현상일지라도 붙들거나 매이지 않을 수 있는 자리/지평'은 '불변의 확정적 좌표'가 아니다. 그 자리/지평은 '가변적인 이해들'에 기대어 그것들을 조건 삼아 발생하기에, 그 자신도 '가변적·역동적으로 발현하는 자리/지평'이다. 그 어떤 이해·욕망·느낌·행위도 붙들지 않고 갇히지 않으며 매이지 않는 자리역시 역동적으로 발현하는 것이고, 그 자리에서 발생하는 이해현상인 '궁극적 지혜/이해'(明知, 解脫知見)도 역동적으로 펼쳐지는 것이며, 그 자리에서 누리는 '자유와 평안의 지복至福', 그 파도타기의 유희 현상도 역시 역동적이다. 이 '역동적 현상'을 '지속적'으로 간수해 가는 것이 깨달음의 궁극이라고 본다.

역동적 변화 현상이 어떻게 지속적 안정성을 확보할 수 있는가? 〈동일성을 유지해야 안정이 지속될 수 있다〉는 생각은 재고되어야 한다. 그런 생각은 경험세계의 현실을 반영하지 못한다. 감관능력으로 지각하는 경험세계 현상 그 어디에도 '동일성의 지속'은 없다. 그럼에도 불구하고 우리는 지속적 안정성을 경험할수 있다. **'변화와 관계 속에 펼쳐지는 일련의 인과계열 현상에 대한 통합적 자각'**

을 유지하면서 '지속적 안정성'을 경험한다. 예컨대, 걷고 있는 현상을 '알면서 걷고 있는 인지'를 '자각적 선택'으로 유지해 갈 수 있다. 또 '불변·동일·독자의 본질이나 실체는 없다는 이해'를 선택하여 간수해 가면서 '지속적 안정'을 경험한다. 이때 '이해 사유'와 '재인지 사유'의 작용 등, '지속적 안정의 경험'을 발생시키는 조건들은 모두 역동적으로 변화하는 것이다. 변화하는 조건들, 그리고 그것들에 의해 발생하는 변화하는 현상들 속에서, 우리는 '지속적 안정'을 경험한다. 이것은 지각경험 범주에서 검증 가능한 일이다. 다만 이 '자각적 선택 국면'을 얼마나 지속시킬 수 있는가의 문제에서 개인별 편차가 발생한다. **인간의 가능성을 토대로, 의지와 노력에 따른 성취에 의거하면서, 그 지속능력을 얼마나 이어갈 수 있는가**에 대해서는 알 수가 없다. 붓다의 경우는 상상하는 것 이상의 수준이나 지평이었을 것으로 추정할 뿐이다. 만약 붓다의 경지를 '동일성이 영속되는 궁극실재와 하나가 되어 해탈이라는 지복至福을 누리는 것'이라고 생각한다면, 그런 생각은 적어도 붓다 법설에서는 근거를 확보하지 못한다. 또 선사의 깨달음이나 '오매일여寤寐一如의 경지'를 그런 경지라고 본다면, 우파니샤드 아트만 사상의 변주일 뿐 불교적 정체성은 상실한다.

'변화하는 차이 현상들과 접속한 채, 자신도 변하면서 자유와 평안의 유희를 누리는 길', 그 길에서의 자유와 평안을, '파도타기'에 비유할 수 있을 것이다.

경험 주체도 변하고 경험 대상도 변하면서 양자의 관계에서 주체가 평안과 자유를 누릴 수 있는 것은, 마치 파도를 타고 즐기는 서핑(surfing)과도 같다. 부침하고 생멸하는 파도에 서핑하는 사람(주체)이 빠지지 않으려면, 변화하는 파도에 맞추어 끊임없이 자신의 몸과 정신 상태를 변화시켜야 한다. 서핑 능력자는, 자신도 변하면서, 변하는 파도와 접속한 채 자유와 평온의 유희를 즐긴다. 부침하고 변하는 파도에서 떠나지도 않고 파도에 빠져들지도 않아, 파도와의 만남과 헤어짐을 동시에 이루어 내면서, 역동하는 파도를 타고 자유와 즐거움과 평안을 누리는 실력을 확보했기 때문이다. 그는 '파도가 그쳐 잔잔한 상태'나 '파도에서 아예 떠난 평온'을 구하는 것이 아니다. 그가 보여 주는 '파도를 타고 가면서도 파도에 빠져들지 않아 자유와 평안과 즐거움을 누릴 수 있는 능력', '파도 그대로와 만나면서도 파도 상태를 제대로 파악하여 파도에 빠지지 않는 능력'은, 깨달은 자의 능력과 흡사하다. 생멸·변화하는 파도와 같은 세계에 몸담을 수밖에 없는 인간. 파도를 떠나면 삶도 없어지는 인간. 그런 인간이 세계 속에서 추구하고 또 누릴 수 있는 안락은, '파도타기의 능력'이고 '파도 타고 노는 유희'이다.

🪷 공관空觀을 안은 유식관唯識觀

선관禪觀의 해석학적 계보를 보면서 필자가 품는 문제의식을 다시 요약해 본다. 논점이 흩어지지 않게 하기 위함이다.

〈선·선정·삼매·정학의 요점을 '대상에 대한 마음집중'으로 읽는 선관禪觀은 붓다가 설한 선 법설과 맞지 않아 보인다. 어쩌면 붓다의 직제자들에서부터 이러한 해석학적 불연속이 발생하였고, 이런 선관은 남방 상좌부와 대승에 이어졌으며, 현재의 구도 현장이나 명상에서도 광범위하게 채택되고 있다. 그런데 이러한 '대상 집중의 선관'과 입장을 달리하는 새로운 선관이 목격된다. 원효와 선종의 선관이 그것이다. 이들 선관의 특징을 필자는 '공관空觀을 안은 유식관唯識觀'이라고 불러 본다. 원효와 선종의 선관은 같은 시선의 다른 표현이다. 이들의 선관은 붓다의 선 법설을 전혀 새롭게 읽게 하며, 붓다 선관의 초점에 접근하는 데 더 적합해 보인다. 필자는 붓다의 선 법설을 가장 잘 전하고 있는 것이 '육근수호의 법설'이라 보는데, 원효와 선종의 선관은 '육근수호 및 정념의 정시正知(sampajānāti)' 요짐을 새롭게 만나게 해 준다.〉

'육근수호 및 정념의 정지正知'가 알려 주려는 새로운 선禪의 지평, 인도 전통 철학이나 종교 및 수행론에서는 일찍이 없었던 전혀 새로운 선, 그리고 이 붓다의 선을 가리고 있던 장벽을 걷어내는 새로운 선관禪觀으로 보이는 〈원효와 선종이 공유하는 '공관空觀을 안은 유식관唯識觀'〉의 통찰.—지금까지 '이해와 마음'이라는 주제 아래 '이해 사유와 재인지 사유', '이해 바꾸기의 의미와 방법론적 성찰' 등을 거론한 것은 이런 생각을 풀어 보려는 일종의 터 닦기였다. 이제까지의 논의를 엮어 '공관空觀을 안은 유식관唯識觀'의 의미를 풀어 본다. 그리하여 **붓다와 원효 그리고 선종을 연속시켜 보는 견해의 근거**를 밝혀 본다.

필자는 정학/선 수행의 중요한 초점이 유식학唯識學에 계승되고 있다고 생각한다. 유식학을 '마음의 현상학' '모든 현상의 유심론적 발생에 관한 이론' '모든 것을 심리현상으로 환원시켜 분석하는 체계' 등으로 읽는 시선들은 유식학의 지말적 해석학이라고 생각한다. 심리현상이나 '주관능력의 구성적 지위' 등을 소상히 분석하고 그에 맞추어 수행과정을 체계화시키는 작업이 유식학 이론의 많은 비중을 차지하고 있지만, 그 모든 통찰의 출발이자 귀결로서 유식학이 제시하려는 것이 〈마음/식識이 모든 것을 만들어 낸다〉는 창조론적 관념론은 아니라고 본다.

그렇다면 유식의 근본통찰이 겨냥하는, 혹은 겨냥할 수 있는 것은 무엇인가? 〈인간의 모든 지각·인식·경험 현상은, 마음범주에 이미 자리 잡은 선先이해 체계인 '분류·선별·판단·평가하며 해석·가공하는 문법'에 의해 구성된 것이다. 따라서 '이해의 근원적 결핍'(근본무지)에 오염된 마음범주 현상을 치유하거나 그 지배력에서 벗어나려면, 그 마음범주를 지배하는 선先 문법·지평·계열·체계에 '빠져들지 않는 마음자리의 확보'가 필요하다〉.—이것이 〈오로지 식識에 의한 구성만 있을 뿐, 식의 구성과 무관한 객관적 대상은 없다〉(唯識無境) 내지 〈모든 현상은 오로지 식識에 의한 구성이다〉(萬法唯識)라는 유식 통찰이 궁극적으로 알려 주려는 것, 혹은 알려 줄 수 있는 것이라고 본다. 이러한 유식무경唯識無境·만법유식萬法唯識의 의미에는 두 가지의 시선이 얽혀 있다. **망식妄識인 제8아뢰야식阿賴耶識**[205]**에 초점을 두**

---

205 아뢰야식阿賴耶識: 유식학의 제8식인 'ālaya vijñāna'는 '阿賴耶識' '阿梨耶識' '阿黎耶識'으로 번역되어 사용되는데, 현장의 법상유식학에서는 '阿賴耶識'을, 『대승기신론』에서는 '阿梨耶識'을 채택한다. 그리고 법상유식에서는 '阿賴耶識'을 妄識으로 간주하는 데 비해, 『대승기신론』에서는 '阿梨耶識'을 眞妄和合識으로 본다.

는 시선과 진식眞識인 제9암마라식唵摩羅識[206]에 초점을 두는 시선이 그것인데. 이 두 시선을 통합시킨 것이 『대승기신론』이 채택한 진망화합식眞妄和合識인 아리야식阿梨耶識으로 보인다. 망식妄識인 제8아뢰야식阿賴耶識에 초점을 맞추는 시선은, 〈이해를 수립·유지·수정·교체하는 재인지 마음 자리/국면마저 '불변·동일의 본질/실체를 설정하는 이해를 수립하려는 경향성'에 물들어 있다〉는 점을 주목하는 것이다. 이에 비해 진식眞識인 제9암마라식唵摩羅識에 초점을 맞추는 시선은, 〈불변·동일의 본질/실체를 설정하는 모든 유형의 이해를 '붙들거나 빠져들어 갇히지 않고 치유할 수 있는 재인지 마음 자리/국면'〉에 주목하는 것이다. 그리고 진망화합식眞妄和合識인 아리야식阿梨耶識을 내세우는 『대승기신론』의 시선은, 〈이해를 수립·유지·수정·교체하는 재인지 마음 자리/국면이 지닌 이 두 가지 면모를 통합시키는 관점〉이다.

공관空觀은 '불변·동일·독자의 실체나 본질은 없다'(空)는 이해로써 모든 현상을 이해하려고 하는 노력이다. '바른 이해에 기대어 잘못된 이해를 바꾸어가는 혜학慧學 방법론'의 전형이고, 니까야/아함의 무아관無我觀을 고스란히 계승하고 있다. 앞서 거론한 것처럼, '바른 이해에 기대어 잘못된 이해를 바꾸어가는 혜학慧學 방법론'은, 이해 사유가 지닌 '내용-규정의 힘'과 재인지 사유가 지닌 '바꾸는 힘'을 결합시켜야 성공한다. 그리고 혜학에서 작용하는 재인지 사유의 '바꾸는 힘'은, '이해에 의해 촉발된 재인지 사유의 선택작용'에 그 초점이 있다. 그런데 유식관唯識觀은 〈모든 현상은 식識에 의해 구체적 내용이 구성되는 것이고, 따라서 식識 작용과 무관하게 존재하는 불변·동일·독자의 실체나 본질은 없다〉는 이해를 천명한다. 〈불변·동일·독자의 실체나 본질은 없다〉는 통찰을 천명하는 점은 같지만, 공관은 '현상·존재의 공空한 속성에 대한 이해'에 집중하는 데 비해, 유식관은 '현

---

206 암마라식唵摩羅識(amala-vijñāna): 암마라는 산스크리트어 'amala'의 발음을 옮긴 말인데 아마라阿摩羅, 아말라阿末羅, 암마라唵摩羅 등으로 부르기도 한다. 'amala'의 어원은 '먼지(mala)가 없다(a-)'에서 비롯하기 때문에 뜻으로 옮기면 무구식無垢識, 청정식淸淨識이 된다. 유식불교에서 제시하는 제8알라야식이 '실체로 보는 생각이 완전하게 없어짐'(究極空)의 경지로 들어간 것을 가리키는 개념이다. 진제眞諦의 섭론종攝論宗에서는 암마라식이 제8식보다 상위에 있다고 여겨 제9식이라 부른다. 그러나 현장의 법상종法相宗에서는 제8알라야식의 청정한 부분으로 간주해도 충분하다고 여겨 제9식을 인정하지 않는다.

상에 대한 식識의 구성력에 대한 이해'에 초점을 맞추고 있다. 이것은 어떤 차이를 의미하는가?

유식학 탐구자들이 궁극적으로 직면하는 질문이 있다. 〈유식무경唯識無境·만법유식萬法唯識이라는 명제는 해탈수행과 관련하여 무엇을 알려주려는 것인가? 혹은 알려 줄 수 있는 것인가?〉 —이 질문에 어떤 내용으로 답하는가에 따라 유식학 이해가 결정된다. 유식학의 이론체계와 내용을 분석·종합하며 해설하는 방식의 탐구방법은 '식識이 구성하는 심리현상의 갖가지 양상'을 음미하면서 유식의 통찰을 심리학적 통찰의 보고寶庫로 평가하거나, 〈식識이 모든 것을 만들어 낸다〉는 창조론적 유심론/관념론으로 유식학의 궁극적 의미를 읽기도 한다. 특히 후자의 경우, 창조의 원점에 위치시킨 식識을 '궁극실재'로 보는 시선과 쉽게 결합하곤 한다. 그리고 이 궁극의 마음실재를 본래 존재하는 '불변의 실재', '만능의 실재', '완전한 실재'로 간주하기도 한다. 아울러 〈그 실재는 본체이고, 현상은 그 본체의 나타남이거나 본체가 만들어 낸 것이다〉라는 본체·현상론으로 미끄러져 들어가기도 한다. 이런 문제점을 예의 주시한 공관空觀 계열에서는 유식학에 대해 〈결국은 실체/본질주의의 변형이 아니냐?〉라는 의심의 시선을 거두지 않는다.

'유식무경唯識無境·만법유식萬法唯識이라는 이해'는 해탈수행과 관련하여 어떤 기여를 하려는 것일까? 혹은 어떤 길을 열어 줄 수 있는 것인가? 앞서 '이해 바꾸기의 방법론적 성찰'에서 '재인지 사유'가 보여 주는 '이해 바꾸기 작용'이 두 가지 방식으로 작동되는 것으로 추정해 보았다. 하나는 〈어떤 이해가 재인지 사유의 선택작용을 촉발시켜 재인지 사유로 하여금 새 이해를 선택하게 하는 방식〉이고, 다른 하나는 〈어떤 이해가 재인지 사유의 '붙들려 갇히지 않고 빠져나오는 작용'을 촉발시키면, '빠져나온 자리/붙들지 않는 자리'로 옮겨간 재인지 사유가 그 '붙들거나 갇히지 않는 자리'에서 상이한 이해들을 만나고, '매이지 않는 자유의 힘'으로 비교·검토하여 좋은 이해를 선택하거나 새로 수립하는 방식〉이다.

공관空觀은 첫 번째 방식의 '이해 바꾸기 방법론'에 속하는 것으로 보인다. 〈'불변·동일·독자의 실체는 없다'(空)는 이해(觀)의 제시→재인지 사유의 선택작용 촉발→'불변·동일·독자의 실체는 없다'의 이해를 선택→이해 바꾸기의 완성〉을 구현하려는 방법론이다. 이에 비해 유식관唯識觀은 두 번째 방식의 '이해 바꾸기 방법론'에 속하는 것으로 보인다. 〈'모든 현상은 식識에 의해 구성된다'(唯識)는 이해(觀)의 제시→재인지 사유의 '붙들려 갇히지 않고 빠져나오는 작용' 촉발→'빠져나온 자리/붙들지 않는 자리'로 옮아감→'붙들거나 갇히지 않는 자리'에서 상이한 이해들과 접속→'매이지 않는 힘'으로 비교·검토하여 좋은 이해를 선택하거나 수립→이해 바꾸기의 완성〉을 구현하려는 방법론이다.

이렇게 본다면, '모든 현상은 식識에 의해 구성되는 것'(唯識)이라고 보는 이해(觀)는, 그 어떤 이해·욕구·감정·행동체계에도 '붙들려 빠져들지 않는 마음자리' '매여 갇히지 않는 자리'로 옮아가는 재인지 사유에 힘을 실어 그 자리로 이전하게 하는, '마음자리 이동의 촉매와 사다리 역할'을 수행하는 것으로 보인다. 사유 안에서 그 초점을 '이해에서 마음으로', 다시 말해 '이해 사유로부터 재인지 사유로' 옮아가게 하는 '연결고리 역할을 하는 이해'가 유식관唯識觀이다. 그런데 이해와 마음, 이해 사유와 재인지 사유는 '같지도 않지만 별개의 것도 아닌'(不一而不二) 관계이므로, 이 '옮아감'은 한 집에서 다른 집으로 이사하는 것이 아니다. '사유'라는 한 집 안에서 자리를 옮겨 가는 것이며, 그것은 단지 무게중심의 초점을 이동하는 것이다.

유식관唯識觀과 관련하여 『대승기신론소·별기』에서 만나게 되는 원효의 다음과 같은 말들을 이런 독법으로 읽으면 그 의미가 분명해진다.

"'뚜렷하게 분별하여 집착하는 양상'을 버리기 때문에 '[[사실 그대로와 만나는] 근원적 마음'(心源)에 가까워진] 비슷한 깨달음'이라 부른다"(捨麤[分別執著[相故, 名相似覺)라는 것은, 안과 밖으로 '[불변·독자인] 나'(我)와 '나에 속한 [불변·독자인] 것'(我所)을 생각하여 분별하는 것을 '뚜렷하게 [분별하여] 집착함'(麤執着)이라고 하고, 비록 이와 같은 '[불변·독자의 실체나 본질이 있다는 생각으로] 뚜렷하게 분별하여 [집착하는] 생각'(麤分別想)은 버렸지만 아직 '[모든 현상은] 오로지 분별하는 마음[에 의한 구성]일 뿐이라는 실제 면모'(唯識實性)는 증득하지 못한 것을 '[[사실 그대로와 만나는] 근원적 마음'(心源)에 가까워진] 비슷한 깨달음'(相似覺)이라 부르니,

이것은 '깨달음의 범위'(覺分齊)[를 말한 것이다.]"[207]

"〈그러므로〉(是故) 이하에서는 '[모든 현상은] 오로지 분별하는 마음[에 의한 구성]일 뿐'(唯識)이라는 [이치로써] 결론지은 것이니, 앞에서 설명한 다섯 가지 식識들은 별도의 '자기 실체'(自體)가 없고 모두 '하나처럼 통하는 마음'(一心)에 의거한다는 뜻 때문에 〈[욕망세계欲界·유형세계色界·무형세계無色界, 이] 세 가지 세계는 실재가 아니며 '오직 마음[의 분별]이 지어낸 것'이다〉(三界虛僞, 唯心所作)라고 하였다."[208]

"두 번째인 〈[집착이] 끊어지지 않는 것에 서로 응하는 오염[된 마음]〉(不斷相應染)이라는 것은, '[근본무지에 따라 처음] 움직이는 식'(業識)·'[불변·독자의 실체로 간주되는 주관으로] 바뀌어 가는 식'(轉識)·'[불변·독자의 실체로 간주되는 대상을] 나타내는 식'(現識)·'분별하는 식'(智識)·'[분별을] 서로 이어 가는 식'(相續識), 이] 다섯 가지 의意 가운데 '[분별을] 서로 이어 가는 식'이다. '현상에 불변·독자의 실체나 본질이 있다고 하는 집착'(法執)에 서로 응하면서 '[분별을] 서로 이어 감'(相續)을 생겨나게 하는 것이니, "[집착이] 끊어지지 않음"(不斷)은 바로 '[분별을] 서로 이어 감'의 다른 명칭이다. '[진리에 대한] 이해가 확고해지는 열 가지 단계'(十解位, 十住位)에서부터 '[모든 현상은] 오로지 분별하는 마음[에 의한 구성]일 뿐이다'(唯識)는 것을 성찰하는 '사유 착수'(尋)와 '사유 심화'(思)라는 '수단과 방법'(方便)을 익히고, '[십지+地의] 첫 번째 경지'(初地)에 이르러 [유식학에서 말하는] '세 가지에 모두 각자의 본질이 없음'(三無性)을 직접 체득하면, '현상에 불변·독자의 실체나 본질이 있다고 하는 집착'(法執)으로 행하는 분별이 나타나 작용할 수 없다. 그러므로 〈[대승보살 수행단계 가운데 십지+地의 '첫 번째 경지'(初地, 歡喜地)인] '온전한 마음의 경지'

---

207 『별기』(H1, p.685b~c); "捨麁執著故, 名相似覺"者, 分別內外計我我所, 名麁執着, 雖捨如是麁分別想, 而未證知唯識實性, 名相似覺, 是覺分齊.

208 『별기』(H1, p.691b); "〈是故〉以下, 結成唯識, 是上所明五種識等, 無別自體, 皆依一心義故, 〈三界虛僞, 唯心所作〉也."

를 성취하여 궁극적으로 벗어날 수 있는 것이다〉(得淨心地究竟離故)라고 말했다."209

　　"[세 번째로 말한] 〈이전의 '[잘못 분별된] 대상세계'는 [본래] 없다는 것을 사실
그대로 알기 때문에〉(以如實知無前境界故)라는 것은, '[열 가지 본격적인 수행경지'(十
地)의 첫 번째 경지'(初地)인 '[진리다운] 이해를 밝혀가는 수행'(見道)에서 '[모든 현
상은] 오로지 분별하는 마음[에 의한 구성]일 뿐이라는 이해'(唯識觀)가 성취됨을
밝힌 것이다."210

　　"이 [제6의식으로서의] '[현상을 [불변·독자의 실체로 간주하여] 분별하는]
식'(分別事識)은 모든 대상세계(塵)가 '오로지 분별하는 마음[에 의한 구성]일 뿐'(唯
識)[이라는 사실]을 알지 못하니, 따라서 마음의 밖에 '[독자적 실체로서의] 대상세
계'(境界)가 실제로 있다고 집착한다."211

　　"[그리하여] 모든 보살은 〈마음이 [불변·독자의 실체로 나누는] 분별에 따라
움직인 것이지 [불변·독자의 실체로 존재하는] 별도의 대상세계는 없다〉(知心妄動,
無別境界)는 것을 알아 '모든 현상들은 오로지 식이 [분별로] 헤아린 것일 뿐'(一切法
唯是識量)이라는 것을 이해하여 모든 이전의 '뚜렷한 집착'(麁執)이 '[근본무지에 따
라 처음] 움직이는 식의 양상'(業識相)과 비슷해지니, 따라서 〈'[근본무지에 따라 처
음] 움직이는 식'에 거듭 영향을 끼치는 것〉(業識熏習)이라 부르고, 또한 "의意에 거
듭 영향을 끼치는 것〉(意熏習)이라고도 한다. [이것은] 근본무지(無明)가 일으킨 '[처
음] 움직이는 식'(業識)을 말하려는 것이 아니라, '[처음 움직이는 식의 면모'(業識義)
에 따라] '오로지 분별하는 마음[에 의한 구성]일 뿐'(唯識)이라는 도리를 깨달아 알

209　『소』(H1, p.717a); "第二〈不斷相應染〉者, 五種意中之相續識. 法執相應相續生起, 〈不斷〉卽是相續異
名. 從十解位, 修唯識觀尋思方便, 乃至初地證三無性, 法執分別不得現行. 故言〈得淨心地究竟離故〉也."

210　『소』(H1, p.720c); "〈以如實知無前境界故〉者, 是明初地見道, 唯識觀之成也."

211　『소』(H1, p.720c); "此識不知諸塵唯識, 故執心外實有境界."

수 있는 것을 말한다. 다름 아닌 ['처음 움직이는 식의 면모'에 따라] '[모든 현상은] 오로지 분별하는 마음[에 의한 구성]일 뿐'(唯識)이라는 도리를 깨달아 아는 것을 말한다."[212]

　　"처음에 말한 〈'현상을 [불변·독자의 실체로 간주하여] 분별하는 식'에 의거한다〉(依分別事識)라는 것은 [다음과 같은 뜻이다.] 보통사람(凡夫)과 '[성문聲聞, 연각緣覺] 두 부류의 수행자'(二乘)는 아직 '[모든 현상은] 오로지 분별하는 마음[에 의한 구성]일 뿐'(唯識)임을 알지 못하여 '바깥의 대상세계'(外塵)가 [식識이 보는 그대로] 있다고 헤아리니, 이것이 바로 '현상을 [불변·독자의 실체로 간주하여] 분별하는 식'(分別事識)의 면모이다. 지금 '부처의 몸'(佛身)을 보더라도 역시 마음 바깥에 [있는 것이라고] 헤아려 '[제6] 의식意識의 [분별하는] 면모'(意識義)에 따르기 때문에 〈'현상을 [불변·독자의 실체로 간주하여] 분별하는 식'(分別事識)에 의거하여 ['참 그대로'(眞如)의 작용인 부처 몸을] 본다〉(依分別事識見)고 말한다. 이 사람은 자신의 '[불변·독자의 실체로 간주되는 주관으로] 바뀌어 가는 식'(轉識)에 의거하여 '[형태나 색깔이 있는] 모습'(色相)을 나타낼 수 있음을 알지 못하니, 그러므로 〈'[불변·독자의 실체로 간주되는 주관으로] 바뀌어 가는 식'이 나타낸 것임을 알지 못하기 때문에 [마음] 바깥에서 온 것으로 본다〉(不知轉識現故, 見從外來)라고 말했다."[213]

　　"['참 그대로'(眞如)의 작용인] '[진리성취의] 결실인 부처 몸'(報身)[을 드러내는 곳]에서 말한 〈'[근본무지에 따라 처음] 움직이는 식'에 의거한다〉(依於業識)라는 것은 [다음과 같은 뜻이다.] '[진리에 대한] 이해가 확고해지는 열 가지 단계'(十解/十住) 이상의 보살들은 〈'[모든 현상은] 오로지 분별하는 마음[에 의한 구성]일 뿐'(唯心/唯識) [식識이 보는 그대로의] '바깥 대상세계'(外塵)는 없다는 뜻〉(唯心無外塵義)을

212 『별기』(H1, p.696a~b); "此諸菩薩, 知心妄動, 無別境界, 解一切法唯是識量, 皆前麁執似業識相, 故名〈業識熏習〉, 亦名〈意熏習〉. 非謂無明所起業識, 卽能覺知唯識道理也."

213 『소』(H1, p.722b); "初中言〈依分別事識〉者, 凡夫二乘未知唯識, 計有外塵, 卽是分別事識之義. 今見佛身, 亦計心外, 順意識義故, 說依分別事識見. 此人不知依自轉識能現色相, 故言〈不知轉識現故, 見從外來〉."

이해할 수 있어서 '[근본무지에 따라 처음] 움직이는 식'(業識)의 면모에 따라 '부처의 몸'(佛身)을 보기 때문에 〈'[근본무지에 따라 처음] 움직이는 식'에 의거하여 ['참 그대로'의 작용인 부처 몸을] 본다〉(依於業識見)고 말한 것이다."[214]

원효의 저술에서는 '이해 바꾸기'의 공관적空觀的 방식과 유식관적唯識觀的 방식이 모두 목격된다. 그러나 원효는 이 두 방식을 단순히 병렬시키지 않는다. 그는 도처에서 〈유식관唯識觀이야말로 '본격적인 이해수행'(正觀)이고, 다른 이해수행(觀)들은 '본격적 이해수행에 오르기 위한 보조수단'(方便觀)이다〉라는 견해를 천명한다. 동시에 그는 유식관을 이해수행의 상위上位에 두면서도 공관을 버리지 않는다. 유식관을 펼치고 해설하는 모든 경우에 언제나 공관을 결합시키고 있다. **유식관을 상위에 두면서도 공관을 토대로 삼는 것이다. 이러한 그의 태도를 '공관空觀을 안은 유식관唯識觀'이라 불러 본다.**

종래 원효사상을 평가할 때 가장 흔히 거론되는 관점이 '중관과 유식의 종합'이라는 설명이다. 이러한 관점은 기본적으로 〈원효는 공관空觀과 유식관唯識觀을 각각 천명하는 중관학과 유식학의 지위를 병렬적으로 두고 양자를 종합했다〉는 이해가 깔려 있다. 그러나 원효는 분명 유식관의 우월적 지위를 확실히 한다. 그러면서도 언제나 '공관을 토대로 한 유식관의 우월적 지위'를 천명한다. 원효의 관점은 '공관을 안은 유식관'이라 불러야 적절할 것이다.

---

214 『소』(H1, p.722b); "報身中言〈依於業識〉者, 十解以上菩薩, 能解唯心無外塵義, 順業識義, 以見佛身故, 言依於業識見也."

🪷 붓다와 선종의 '빠져나오게 하는 방식'

1. 붓다의 정지正知(sampajānāti, 모든 것을 앞세우듯 하면서 알아차림) 방식

정학/선 수행에서 계발하려는 재인지 사유의 능력, 그 마음의 힘은, 그 어떤 현상과 그것의 발생조건들에도 '빠져들지 않고 만나는 자리' '갇히지 않고 접속하는 자리' '붙들려 매이지 않고 관계 맺는 자리'의 확보에 그 초점이 있다. 그리고 원효는 그 자리를 확보하는 방법론으로 '공관을 안은 유식관'을 선택하는 것으로 보인다. '공관을 안은 유식관'이 재인지 사유가 지닌 자리이동의 힘을 촉발하고 마침내 그 어떤 이해·욕구·감정·행동체계에도 '붙들려 빠져들지 않는 마음자리' '매여 갇히지 않는 재인지 자리'로 옮아가게 한다고 보는 것 같다. 이러한 관점은 원효가 붓다 이후 불교해석학 계보 내의 거의 모든 주요내용을 탐구한 결과이다. 특히 대승교학의 양대 축인 중관과 유식의 상이한 개성을 통섭적通攝的으로 결합시켜 보려는 노력의 산물로 보인다.

그런데 붓다는 재인지 사유에 힘을 실어 그 '매여 갇히지 않는 재인지 자리'로 이전하는 '마음자리 이동'을 촉발시키는 방법으로 어떤 것을 설하고 있을까? 무아관無我觀·무상관無常觀·연기관緣起觀 등의 이해를 수용한 후 그 이해를 체득적으로 확인하고자 관찰로써 탐구하는 이해수행(위빠사나 행법)만으로 그 자리로의 이동이 가능할까? 무아관無我觀·무상관無常觀·연기관緣起觀으로 그 이해를 바꾸려는 노력은 '불변(常)·실체자아(我)로 보는 이해' 및 '무조건적·절대적으로 보는 이해'에 갇힌 상태에서 풀려나게 하는 유효한 지적 수단인 것은 분명하다. 그러나 이러한 '이해에 의해 이해에서 빠져나오는 방식'은 개별적 이해들을 대상으로 진행된다는 점에서, 그것에 의해 성취할 수 있는 것은 '빠져나오기의 부분적·개별적 능력'이라 할 수 있다. 이 능력은 '그 어떤 이해에도 갇히지 않고 빠져나오는 전면적 능력'이라 할 수는 없다. 다만 전면적 능력을 발현하는 데 필요한 조건은 될 수 있다. '이해로써 이해 바꾸기' 방식으로 성취하는 부분적·개별적 능력이 전면적이고 온전한 능력이 되기 위해서는 또 다른 어떤 도움이 필요하다. 붓다는 그 도움을 정학/선정 법설로 제시하는 것으로 보인다.

그런데 만약 정학/선정 수행의 초점이 '집중능력 계발'에 있는 것이라면, 그 도움 방식은 유효해 보이지 않는다. 〈집중력을 고도화시키면 '이해 바꾸어 빠져 나오기'의 부분적 능력이 어느 순간 완전한 전면적 능력이 될 것이다〉라는 기대는 그 인과관계가 의심스럽다. 불교 이외의 모든 영역에서도 일반적으로 채택되는 능력향상 기법인 '대상 집중을 통한 집중력 계발'은, 집중력 향상에 따른 몰입능력은 기대할 수 있다. 그러나 '빠져나오기 능력'은 집중능력과는 그 결이 다르다. '빠져나오는 힘을 키우는 일'에 '집중'할 수는 있지만, 그리고 그런 점에서 '집중력의 기여분'을 인정할 수는 있지만, 집중력 자체가 '빠져나오는 힘'은 아니다. '이해로써 이해 바꾸기' 방식으로 성취하는 부분적·개별적 능력이 전면적 능력이 되기 위해서는, '빠져나오는 힘'의 발현과 밀접한 인과관계가 있는 그 어떤 방식이 요청된다. 이런 점에서도 붓다의 정학/선정을 '집중 수행'으로 이해하는 것은 설득력이 없다.

그렇다면 정학/선 수행(사마타 행법)에서 알려 주는 방법은 무엇일까? 그것이 '대상 집중' 수행이 아니라면, 이해·욕구·감정·행동 등 그 어떤 경험현상에도 갇히지 않고 빠져나오게 하고 그 풀려난 자리에서 현상들과 관계 맺을 수 있게 하는 방법이라면, 사마타 행법은 어떤 내용을 설하고 있는 것일까? 정념과 육근수호 법설에서 설하는 '정지(正知, sampajānāti) 수행'이 그것으로 보인다. 이 sampajānāti를 '정지正知'로 번역하면서 일종의 '이해수행'으로 간주하는 것이 학계와 수행자들의 통념이다. 이런 견해에서는 정지正知의 구체적 수행법이 '대상이나 현상의 속성을 이해하기 위해 알아차리면서 관찰하는 것'이 된다. 예컨대 정념 수행이나 육근수호에서 설하는 '몸동작에 대한 정지正知'의 의미를 『대염처경』의 주석서는 이렇게 해설하고 있다.

"'분명히 알아차리면서 행한다'라는 것은 분명히 알면서 모든 행위를 하거나 분명하게 아는 것만을 오직 행하는 것을 말한다. 그는 참으로 나아가는 등에 대해서 분명히 알아차리는 것을 행하며 어디서든 분명히 알아차림이 없지 않기 때문이다. 여기서 분명히 알아차림에는 1) 이익됨을 분명히 알아차림, 2) 적당함을 분명히 알아차림, 3) 영역을 분명히 알아차림, 4) 미혹하지 않음을 분명히 알아차림의 네 가지 분명히 알아차림이 있다. 먼저, 나아가는 마음이 일어날 때에 그 마음만을 통해서 가지 않고 '내가 여기에 가서 무슨 이익이 있는가? 아니면 없는가?'라고 이익이 있음과 없음을 잘 파악한다. 이처럼 이익을 분명히 파악하는 것을 '이익됨을 분명히 알아차림'이라고 한다." 『중부 주석서(MA)』의 「염처경 주석」)[215]

〈현상의 특징이나 속성을 이해하기 위해 '면밀히 관찰하는 알아차림'이 정지正知의 의미이자 수행법이다〉라는 관점은, 관찰하려는 특징이나 속성 내지 수행기법 등에서 약간의 편차를 보이지만, 지금까지도 구도자나 학자들의 이해를 대부분 장악하고 있는 것으로 보인다. 이런 관점에서는 정학의 핵심인 정념수행마저도 이해수행(위빠사나 행법)으로 치환되어 버린다. 그렇다면 '이해들에서 빠져나오는 수행법'/'풀려나는 수행법'(해탈수행)으로서 붓다는 '이해로써 이해 바꾸기' 방식만을 설하는 셈이 된다. 정학/선정 수행을 '대상 집중'으로 간주하여 수용하려는 사람이라면 거기다가 '집중수행'을 추가할 것이다. 과연 그럴까? 그런 방식으로 충분할까? 그렇다면 철학을 비롯한 모든 영역에서 가동해 온 '새로운 이해를 수립하여 묵은 이해를 대체하는 방식'은 위빠사나 행법과 얼마나 다른 것일까? 위빠사나 이해수행만이 해탈에 유효하다는 근거는 무엇일까?

필자는 붓다의 모든 법설을 위빠사나류類의 이해수행법으로 치환해 버리는 시선에 동의하지 않는다. **정지正知는, 현상을 면밀히 관찰하여 특징을 '이해'하는 데 초점이 있는 것이 아니라, 동작·느낌·마음상태·이해 등 모든 경험현상을 '괄호 치고 알아차려 그것에 갇히거나 매이지 않고 빠져나오는 마음자리'에 눈뜨게 하는 데 초점이 있다고 본다.** 그 '빠져나오는 마음자리'에 눈떠 그 자리로 옮아간 후, 그 자리에서 경험현상들을 만나는 힘을 키우게 하는 방법론적 매개가 정지正知의

215 『네 가지 마음챙기는 공부—대염처경과 그 주석서』(각묵 옮김, 초기불전연구원, 2003), pp.115-117.

'알아차림'이다. 그래서 필자는 'sampajānāti'를 〈모든 것을 앞세우듯 하면서 알아차린다〉라고 번역한다.[216]

니까야/아함을 통해 붓다와 대화할 때 특히 주목되는 것은 '육근수호六根守護 법설'이다. 육근수호 법설의 핵심은 〈눈·귀·코·혀·몸·마음이 그에 상응하는 대상과 관계 맺을 때 그 대상의 '전체적 차이/특징'(nimitta, 相)과 '부분적 차이/특징'(anuvyañjana, 細相)을 움켜쥐지 말라〉는 말, 그리고 nimitta와 anuvyañjana를 움켜쥐지 않을 수 있으려면 〈모든 경험현상을 앞으로 세우듯 하면서 알아차린다〉(sampajānakārī hoti, 正知)는 말에 있는 것으로 보인다. nimitta와 anuvyañjana는 분명 '현상이 지니는 특징적 차이'들을 지시한다. 그리고 '움켜쥠'(gāha)과 '움켜쥐지 않음' 및 '모든 것을 앞으로 세우듯 하면서 알아차림'(sampajānakārī hoti)은, '현상이 지닌 특징적 차이들'과의 '관계방식'을 말한다. 붓다는 변하는 차이 현상 이면에 그 어떤 불변의 본체나 궁극실재가 있다거나 그것을 체득해야 부처가 된다는 말을 한 적이 없다. 〈감관에서 발생하는 경험현상의 가장 초기조건은 '특징적 차이들'이며, 그 차이들에 어떻게 대응하는가에 따라 삶의 이로움과 해로움이 결정된다〉는 것, 달리 말해 〈깨달음이나 해탈의 이로움을 누리려면 차이들과 만나는 관계능력을 바꾸어야 한다〉는 것. ─이것이 육근수호 법설의 요점이라고 본다. 그리고 붓다 법설의 핵심과 요점은 이 육근수호 법설에 압축적으로 담겨 있다고 본다. 차이 현상들을 만나는 인지능력과 관련하여 이런 소식을 전하는 것은 아직까지 어떤 철학과 종교에서도 목격할 수 없다. 이것은 인간의 궁극 진화를 구현시켜 주는 통찰로 보인다.

붓다는 '모든 것을 괄호 치듯, 앞세우듯 하면서 알아차리는' 방법을 설하여 '그 어떤 경험현상에서도 빠져나오는 마음자리'에 체득적으로 눈뜨게 하는 수행법을 펼친다.

---

216 'sampajānāti'를 이렇게 번역하는 것은 낯설게 보일 것이다. 『청정도론』을 비롯한 남방논서들의 관점이나 학계에서 통용되는 이해와는 다르기 때문이다. 필자가 이렇게 번역하는 이유와 논거들을 충분히 거론하자면 긴 글이 된다. 관련된 생각은 후술한다.

"그는 눈으로 형색을 봄에 그 표상(全體相)을 취하지 않으며, 또 그 세세한 부분상(細相)을 취하지도 않는다. 만약 그의 눈의 기능(眼根)이 제어되어 있지 않으면, 욕심과 싫어하는 마음이라는 나쁘고 해로운 법(不善法)들이 그에게 [물밀듯이] 흘러들어 올 것이다. 따라서 그는 눈의 감각기능을 잘 단속하기 위해 수행하며, 눈의 감각기능을 잘 방호하고, 눈의 감각기능을 잘 단속한다. 귀로 소리를 들음에 … 코로 냄새를 맡음에 … 혀로 맛을 봄에 … 몸으로 감촉을 느낌에 … 마노(意)로 법을 지각함에 그 표상(全體相)을 취하지 않으며, 또 그 세세한 부분상(細相)을 취하지도 않는다. 만약 그의 마노의 기능(意根)이 제어되어 있지 않으면, 욕심과 싫어하는 마음이라는 나쁘고 해로운 법(不善法)들이 그에게 [물밀듯이] 흘러들어 올 것이다. 따라서 그는 마노의 감각기능을 잘 단속하기 위해 수행하며, 마노의 감각기능을 잘 방호하고, 마노의 감각기능을 잘 단속한다. 그는 이러한 성스러운 감각기능의 단속을 구족하여 안으로 더럽혀지지 않는 행복을 경험한다.

그는 나아갈 때도 돌아올 때도 [자신의 거동을] 분명히 알아차리면서[正知] 행한다. 앞을 볼 때도 돌아볼 때도 분명히 알아차리면서 행한다. 구부릴 때도 펼 때도 분명히 알아차리면서 행한다. 법의法衣·발우·의복을 지닐 때도 분명히 알아차리면서 행한다. 먹을 때도 마실 때도 씹을 때도 맛볼 때도 분명히 알아차리면서 행한다. 대소변을 볼 때도 분명히 알아차리면서 행한다. 갈 때도 서 있을 때도 앉아 있을 때도 잠잘 때도 깨어 있을 때도 말할 때도 침묵할 때도 분명히 알아차리면서 행한다."[217]

이 번역문에서 '분명히 알아차리면서 행한다'라고 번역된 정지正知(sampajānāti)를 필자는 〈모든 것을 앞세우듯 알아차리면서 행한다〉라는 의미로 읽는다. **일상의 모든 동작을 '괄호 치듯 묶어 재인지(알아차림)의 대상으로 처리하면서 빠져나오는 국면'을 일깨워 간수해 하는 것이 이 정지正知(sampajānāti) 행법의 초점**이라고 생각한다.

---

217 「간다라까의 경(Kandarakasutta)」(M1:339), 대림 번역, 맛지마니까야 2권, pp.428-429.

인간의 '걸어가는 동작'은 언제 어떤 양상에서나 '이해들'과 연관되어 있다. 그래서 '걸어간다'는 것은 '걷는 것에 연관된 이해들과 함께하는 행위'이다. 그런데 대개 우리는 그 걸어가는 행위에 연루된 이해를 붙들고 있거나 그것에 매여 있다. 그리하여 그 이해에 기대어 생겨난 목적이나 욕망을 좇아가는 데 급급하다. 이러한 태도를 유지하는 한 '걸어가는 행위에 얽힌 이해들'에서 자유롭기가 어렵다. 이해들에서 빠져나와 재조정하는 능력을 발휘하지 못한다. 그런데 목적이나 욕망 등을 이끌어 가는 이해를 바꾸는 일은 일상적 방식으로도 가능하다. 걸어가다가 생각을 가꾸어 목적지를 바꿀 수 있고, 생각을 달리하여 욕망도 바꿀 수 있다. '이해를 다른 이해로 바꾸어 행위를 바꾸는 방식'은 일상에서 자연스럽게 작동한다. 이러한 일상적 이해 바꾸기 방식은 비非자율적 조건에 기인하여 발생하기도 한다. 목적지를 바꾸라는 타인의 명령에 따라 생각을 바꾸는 일도 흔하다.

그러나 이러한 '부분적·개별적·비자율적 대응 방식'으로는 불충분하다. '빠져나와 관계 맺을 수 있는 능력'의 더욱 근원적이고 전면적이며 자율적인 유형이 요구된다. 이 요구에 부응하는 것이 바로 '스스로 재인지의 마음자리로 옮겨가 그 자리에서 이해들과 접속하는 능력의 계발'이다. 걸어갈 때는 '걸어가는 행위를 마치 괄호 치듯 묶어 재인지하는/알아차리는 의도적 노력'을 하여 '걸어가는 행위에 붙들려 갇히지 않고서 걸어감'에 눈떠 챙겨 간다. 그것은 곧 '그 행위에 얽힌 이해/생각들에 매이지 않고 빠져나온 채 그 이해/생각들과 접속하는 능력'을 확보해 가는 일이다. 그리고 이 능력은 근원적이고 전면적이며 자율적인 힘이다. 비록 특정 행위를 매개로 삼았을지라도 거기서 발생시켜 확보하는 능력은 근원적이고 전면적이다. '걷는 행위 알아차리기'를 통해 확보하는 '빠져나와 관계 맺는 능력'은, 모든 행위(身), 모든 느낌(受), 모든 마음상태(心), 모든 이해/지식(法)에도 동일하게 대처할 수 있는 보편능력이다. 그러기에 특정 동작 하나에서만이라도 제대로 정지正知 국면을 열어 확보하면 된다. 한 동작에서 눈떠 챙긴 '정지正知 자리에 서는 능력'은 모든 심신현상에 그대로 적용되기 때문이다. 만약 〈'몸을 대상으로 하는 정지正知'와 '느낌을 대상으로 하는 정지'의 목표가 각각 다른 내용이다〉고 생각한다면, 흡사 〈이 화두의 목표가 다르고 저 화두의 목표가 다르니 모든 화두 공안을 일일이 타파해야 한다)고 주장하는 것과 같다. 화두 하나에서 제대로 마음 자리를 챙기면 되는 것이라고 본다.

'모든 이해에 갇히지 않고 빠져나온 국면/자리에서 이해들과 접속하여 성찰하고 조정하며 수립할 수 있는 근원적·전면적·자율적 능력'의 계발과 확보를 위한 방법. 그것을 붓다는 정학/선정 수행으로 설하는 것으로 보인다. 그리고 그 핵심은 정지(正知, sampajānāti) 행법이며, 이것은 '모든 심신 현상을 괄호 치듯 묶어 그것을 재인지함으로써 그것들에서 빠져나오는 국면/자리를 일깨워 간수해 가는 것'이다. 이해로써 이해를 바꾸어 빠져나오는 이해행법은 부분적·개별적 대응이라는 점에서 한계가 있지만, 동시에 개별적이고 부분적인 만큼 용이한 지적 대응일 수 있다. 그래서 요긴하다. 또한 인간의 어떤 경험도 이해와 맞물려 있지 않을 수 없다는 점에서 이해행법은 삶의 모든 향상에 필수조건이다. 이러한 **이해행법의 장점을 안으면서도 그 부분적·개별적 대응의 한계를 넘어서게 하는 것이 정학/선정의 정지**正知 **행법으로 보인다. 정지**正知**행법을 마음행법이라 불러 본다면, 이해행법**(慧學)**과 마음행법**(定學)**이 어울려 상호작용하고, 거기에 행동행법**(戒學)**이 가세할 때, 비로소 '근원적 자유'**(해탈)**와 '근원적 안식'**(열반)**을 경험 가능한 목표로 추구할 수 있다. '접속하면서도 붙들지 않는 자리에서, 사실에 맞고 이로운 이해를 역동적으로 수립하여 굴려가는 이해지평', '자유의 유희와 평안의 안식이 이해와 맞물려 구현되는 지평', 그 '궁극적 지혜/이해'**(明知, 解脫知見)**를, 향상의 최종 목적지로 삼을 수 있게 된다.**

2. 선종 선문의 관점과 방식

붓다의 정학/선 행법을 이렇게 읽을 때, 선종 선문의 선관禪觀은 붓다 선관과의 연속성을 보여 준다는 점에서 매우 흥미롭다. 정학/선 행법을 '대상 집중행법'으로 이해하는 시선과는 달리, 선종은 정학/선 행법의 취지와 초점을 앞서 거론한 내용으로 파악하고 있다. 적어도 필자가 보기에는 그렇다. 선정 수행을 '대상에 대한 집중수행'으로 보는 시선은 인도 대승불교의 유가행중관파 수행론에서도 고스란히 이어지고 있는데, 이런 전통에 대해 선종禪宗이 전혀 새로운 선관禪觀을 천명하면서 공개적으로 대론對論을 펼친 일이 있었다. 8세기 말에 티베트에서 펼쳐진 이른바 돈점頓漸논쟁이다. 이 논쟁은 수행과 깨달음에 대한 선종의 시선과 유가행중관파의 시선이 맞닥뜨려 각자의 관점을 논쟁적으로 피력한 격렬한 진리담론이다. 그리고 이 논쟁의 핵심은 선禪 수행에 관한 '이해방식과 마음방식'의 차이 문제였다.[218] 선종을 대변했던 마하연摩訶衍 화상 측은 선 수행에 관한 선종의 관점을 돈오頓悟의 문제로써 다루면서 '마음방식의 선 수행'에 관한 선종의 안목을 개진하였고, 인도불교 전통을 대변했던 까말라씰라(Kamalaśīa 蓮華戒, 740?-795?) 측은 유가행중관파의 시선을 계승하면서 '이해방식과 집중수행'의 결합으로써 선 수행에 대한 그들의 관점을 펼쳤다. 티베트 논쟁은 선 수행을 둘러싼 상이한 두 시선을 통해 붓다 정학定學에 대한 이해를 한 차원 높일 수 있는 의미심장한 담론이었지만 성공적이지는 못했다.

티베트 논쟁을 흔히 인도불교의 점문漸門과 중국 선종의 돈문頓門의 대립으로 기술한다. 그리고 점문은 '연속적 행법에 의한 점차적 성취'를, 돈문은 '비연속적인 행법에 의한 단박의 성취'를 의미하는 것으로 이해되곤 한다. 그러나 논쟁의 실제 내용을 보면, 인도불교 측 점문漸門은 〈대상(所緣)집중 행법'(무분별영상, 사마타)과 '이해사유 행법'(유분별영상, 위빠사나)의 지속적 축적을 통한 무분별지의 성취〉를 주장하는 것이고, 선종 마하연 측 돈문頓門은 〈'마음시선 바꾸기 행법'(看心)을 통해, 분별의 개념환각을 붙들고 쫓아가는 마음지평·계열·범주로부터의 해방을 생각마다 단박에 성취하는 것〉을 천명하는 것이다. 이 두 시선의 차이가 끝내 평행선을 달린 것이 티베트 논쟁의 전말이다. 필자는, 까말라씰라가 대변하고 있는 인도 유가행중관파의 수행관을 '이해방식', 마하연이 대변하는 선종의 수행관을 '마음방식'이라 부른다.

마하연이 전하는 선종 간심看心 행법의 핵심 내용은 '불사不思·불관不觀·부작

---

218 박태원, 「티베트 돈점논쟁과 선禪수행 담론」, 『철학논총』 제84집, 새한철학회, 2016).

의不作意'에 관한 새로운 관점으로 제시된다. 그리고 이에 대한 까말라씰라, 쫑카빠 등 유가행중관파의 비판 요점은, 간심 행법이 '이해 사유'에 의한 수행을 외면하고 있다는 것이다. 마하연이 피력하는 '불사불관不思不觀의 간심看心 행법'에 대한 인도불교 유가행중관파 고승들의 이해와 비판의 초점은 한결같다. 〈마하연은 '이해 행법'(觀)을 외면하고 있으며, 일체의 이해·사유·인식활동을 중지·폐기하는 잘못된 삼매수행을 설한다. 따라서 선종의 간심 행법은 불교 선 수행의 요점인 지관止觀수행이라 할 수 없다〉는 것이다.

까말라씰라에게 있어서 사마타(止) 수행은, '선택한 특정 대상에 마음의 시선을 붙들어 매어 움직이지 않게 하는 것'이어서, '그 대상을 이해하려고 하지 말고'(무분별영상) 그저 '마음이 산만하거나 동요하지 않게 집중시켜 가는 것'이다. 이에 비해 위빠사나(觀) 수행은 '대상의 속성이나 본질을 제대로 이해하려는 사유관찰'로서 '대상을 공성空性으로 이해하는 사유를 지속적으로 유지·발전시켜 가는 지적 노력'이다. '집중으로 인한 마음의 안정'(止)과 '지적 성찰로 인한 이해의 계발'(觀)이 상호작용하여, 모든 개념환각(희론)에서 풀려나고, 마침내 궁극적 지혜가 드러나는 최고의 깨달음 경지를 성취하게 된다는 것이다. 이러한 까말라씰라의 수행론은 비단 대승불교 유가행중관파의 관점에 국한되는 것이 아니라, 지관止觀 수행에 대한 남방과 북방의 일반적 이해로 보아도 무리가 없을 것이다. 다시 말해, 정학定學 내지 선 수행에 관해 현재까지도 광범위하게 공유되고 있는 관점이다.

이러한 유가행중관파의 지관止觀 해석학은 지止와 관觀을 종합하고 있지만, 지와 관이 같은 지위로 취급되는 것은 아니다. 그들이 일관되게 중시하는 것은 '이해를 위한 사유와 관찰'이다. '이해 수행'이 없이는 마음집중(止)이 의미를 지니지 못한다. 수행의 성공 여부와 중심축을 '이해 수행'에 두고 있다는 점에서, **'이해방식을 축으로 삼는 수행해석학'**이다. 유가행중관파로서는 자신의 수행론이 '이해방식과 마음방식'을 구족하고 있다고 말할 것이다. 따라서 그들의 수행론을 '이해방식'이라 부르는 것에 동의하기 어려울 것이다. 그러나 유가행중관파의 수행론에서 '이해 행법'(觀)이 차지하는 위상과 의미는 명백히 '중심부'를 차지하며, '집중 행법'(止)은 보조 내지 보완 역할을 수행한다. 그리고 사마타(止)를 '대상 집중'으로 이해하고 있다.

그러나 마하연이 전하는 선종의 '간심看心 행법'은 사마타(止)에 대한 이해가 다르다. 마하연이 말하는 '불사불관不思不觀의 간심법看心法' 내용을 들어 보자.

"묻는다. 무엇을 '마음을 보는 것'(看心)이라 하는가? 답한다. 마음의 본원을 돌이켜 비추는 것이니, 마음의 상想이 움직이면 그 마음을 보아 있음(有)과 없음(無), 깨끗함(淨)과 '깨끗하지 못함'(不淨), 공(空)함과 '공하지 않음'(不空) 등 (개념적 분별)을 모두 헤아리지 않으며, 관觀하지 않는다는 것도 헤아리지 않는다."[219]

"묻는다. '일체의 상想'이라 한 것은 그 상想이 무슨 뜻인가? 답한다. 상想이란 마음의 생각이 일어나 움직여 바깥 대상을 취하는 것이다."[220]

"묻는다. 어떤 방편을 써서 망상과 습기를 제거할 수 있는가? 답한다. 망상이 일어나는 걸 깨닫지 못하는 것을 생사生死라고 부른다. 깨달으면 마침내 '망상을 따라가 업을 짓는 것'을 하지 않는다. (망상을) 붙들지도 (망상에) 머무르지도 않아, 생각마다 바로 해탈반야이다."[221]

마하연 화상이 설하는 '불사불관不思不觀의 간심 행법'은 선종 돈오행법의 핵심을 전하고 있는데, 그 의미는 이렇게 풀어 볼 수 있다. 〈대상에 대한 인간의 지각경험은 '있음(有)과 없음(無), 깨끗함(淨)과 깨끗하지 못함(不淨), 공(空)함과 공하지 않음(不空)' 등 다채로운 존재론적·가치론적 개념다발이다. '대상(境界)'이라는 것 자체가 인간에게는 이미 개념적 구성의 산물이다. 마음 시선이, 개념의 동일성·실

---

219 왕석王錫, 『돈오대승정리결頓悟大乘政(正)理決』(『大藏經補編』 35권, 台北, 1986, p.821); "舊問. 云何看心? 答. 返照心源, 看心心想若動, 有無淨不淨空不空等 盡皆不思, 不觀者亦不思."

220 같은 책, p.820. "舊問. 言一切想者 其想云何? 答. 想者心念起動, 及取外境."

221 같은 책, p.821. "舊問. 作何方便 除得妄想及以習氣? 答. 妄想起不覺, 名生死. 覺竟不隨妄想作業. 不取不住, 念念卽是解脫般若."

체성 환각에 의해 착색된 대상들을 향해 나아가 그것들을 붙들고 거기에 다시 이해와 분석, 비교와 판단 등의 인식적 구성을 추가한 것이 상상想이며, 이 '상想 계열의 마음작용'이 망상이다. 마음 이 행하는 이 상想의 망상 작용을 마음 스스로 '알아차리면'(覺), 더 이상 망상을 '붙들고 따라가고 거기에 머무는 일'을 '그치는 국면'이 열린다. 그럴 때 개념 환각으로 착색된 대상을 거듭 환각적으로 가공하던 상想 놀음에 휘말리지 않는 마음자리가 확보된다. 망상적 분별에서 전면적으로 풀려날 수 있는 '마음의 조건'이 확보되는 것이다. 상想 계열로 빠져드는 것을 '알아차리는' 국면을 챙기면, 그 국면을 챙기는 순간에 즉시 망상분별의 계열·범주에서 전면적으로 풀려날 수 있다(念念卽是解脫). 이것이 선종의 '마음보기'(看心) 수행법이다.〉

선종의 불사불관不思不觀은 '사유와 인식작용의 정지나 폐기'가 아니라 '사유나 인식의 계열·범주·문법으로부터의 자리이동/전이轉移'를 지시하는 용어로 보는 것이 적절하다. 그러나 이 '불사불관'에 대한 까말라씰라 내지 유가행중관파의 이해와 해석은 전혀 다르다. 논자가 보기에 까말라씰라 진영의 시선은 과도할 정도의 오해로 점철되어 있다. 마하연이 설하는 선종의 간심看心 행법을 전혀 이해하지 못하고 있는 것으로 보인다.

마하연 화상의 불사불관不思不觀에 대해, 쫑카빠는『응악림첸모(密宗道次第廣論)』에서 다음과 같이 비판하고 있다.

"(마하연 화상은) 〈사유가 있음은 부처를 성취하는 심오한 도의 수행이 아니다. 왜냐하면 사유인 이상 그것은 분별이며, 분별은 또한 탐착의 유형에 속하거나 아니면 불탐의 유형에 속해서 탐착과 탐착의 여읨을 일으키게 되고, 그것에 의해서 윤회에 결박당하기 때문이다. 그러므로 전혀 사유하지 않음으로써 탐과 불탐의 유형에 속하는 분별을 벗어나게 되고, 그것을 벗어나게 되면 윤회를 벗어나게 되어서 성불하게 되는 것이다. 그러므로 부처를 증득하는 길은 일체를 사유하지 않는 무사(無思)이며, 그 밖의 다른 분별의 삼마지가 아닌 것이다.〉(라고 한다)ー(이에 대해)『오차제광석(五次第廣釋)』에서 〈여기서 만약 무사지가 부처를 얻게 하는 것이라면

(不思가 이루어지는) 그때 일체의 유정들이 어째서 부처가 되지 못하는 것인가? 그들 또한 깊은 숙면 중에는 무사지에 들어가게 되어서, 탐하는 사물들을 애착하지도 않으며, 탐하지 않는 사물들에 애착의 여읨도 또한 없는 것이다.)라고 하였다."[222]

'간심 행법'의 마음방식 수행은, 대상에 마음을 붙들어 매어 산만하거나 동요 하지 않게 하는 집중이 아니라, '망상분별의 계열·범주·지평에 휘말려 들지 않는 마음 국면/자리를 열고 챙겨 가는 수행'이다. 지止에 대한 이해가 전혀 다른 것이 다. 따라서 유가행중관파의 수행론에서 '이해 행법'이 차지하는 각별한 위상, 그리 고 지止의 마음수행에 관한 선종의 상이한 시선, 아울러 그 새로운 마음 행법이 선 종 돈오의 핵심부를 차지하고 있다는 점 등을 모두 고려할 때, 유가행중관파와 선 종의 수행론적 특징을 대비적으로 분명히 하기 위해서는 양자의 수행론을 각각 '이해방식'과 '마음방식'의 수행이라 구분하는 것이 적절해 보인다.

티베트 논쟁은 수행 내지 선 수행을 보는 유가행중관파의 '이해방식' 시선과 선종의 '마음방식' 시선이 맞닥뜨린 것이다. 그리고 유가행중관파의 '이해방식' 시 선은, 선종의 '마음방식' 행법이 낯설고 이해하기 어려운 선관禪觀이었기에, 왜곡 에 가까운 오해, 비난에 가까운 비판으로 대응했다. 반면 마하연은 선종의 '마음 방식' 행법을 상대측에 이해시키는 데 실패하였다.

사마타(止) 행법에 대한 통념적 이해는 '대상에 대한 마음집중'이다. 니까야 주 석서와 아미담마 전통, 인도 대승교학 전통 모두에 이러한 시선이 일반화되어 있 다. 사마타 행법은 '대상에 마음을 붙들어 매어 움직이지 않게 하는 수행'이라는 것이다. **결국 남/북의 불교 전통은 전반적으로 선 수행의 두 축인 지止와 관觀을 '대상에 대한 마음집중'과 '이해 계발'로 간주하고 있다. '무아·공성의 관점과 이해 를 수립하여 대상에 적용하는 수행'(위빠사나, 관觀)과 '대상에 마음을 붙들어 매어 동 요하거나 흩어지지 않게 하는 수행'(사마타, 지止)을 통해, 무명환각에 지배되는 오염 된 이해와 마음현상 및 행위로부터 완전하게 해방될 수 있다는 것이, 남/북 전통**

---

222 『까말라씰라의 수습차제 연구—쌈예의 논쟁 연구』(중암, 불교시대사, 2006), p.165.

의 일반적 지관止觀 수행관이다.

그런데 흥미로운 것은 **니까야가 전하는 붓다의 정학 설법에서는 그런 식의 설명을 확인할 수 없다는** 점이다. **사마타 행법을 '대상에 대한 마음집중'으로 이해하는 것은 후학들의 해석학적 선택이지 붓다의 의중과 부합한다고 말하기 어렵다. 그렇다면 붓다의 정학을 탐구하는 새로운 관점이 불교 전통에서 존재하였을까?** 필자는 원효와 『대승기신론』 그리고 선종을 그 대표적 사례로 꼽고 싶다. **원효와 『대승기신론』 그리고 선종의 새로운 선관은 사마타(止)에 대해 어떤 새로운 관점을 제시하는 것인가?** 이미 앞서의 논의에서 거론된 내용이지만, 요점을 재확인한다.

마음에 의한 '삶과 세계의 왜곡과 오염'은 마음 동요나 산만의 문제가 아니다. 인간의 인식 현상은, '설정된 기준들과 그에 따른 관점·이해·욕구의 다양한 방식들이 상호적으로 얽혀 중층적으로 누적된 해석체계'의 산물이며, '분류·선별·판단·평가하는 해석·가공의 경향적/관성적 메커니즘'의 전개양상이다. 따라서 마음에 의해 삶과 세계가 왜곡되고 오염되는 것은, 마음작용의 기능적 동요나 산만함 때문이 아니라, 마음범주 안에 자리 잡은 '해석체계와 문법' 때문이라고 보는 것이, 더 적절한 인과적 이해이다. 그렇기에 왜곡과 오염에서 벗어나려면, 마음을 지배하는 문법체계에 '빠져들지 않는 능력'이 필요하다. 그런데 마음집중이 그 능력을 감당하기는 어렵다. 마음의 기능적 집중은 여전히 오염된 문법체계 안에서의 일일 수 있기 때문이다. 마음집중이 오염된 마음의 정화나 그로부터의 탈출에 무익하다고는 할 수 없지만, 가장 필요한 것은 〈무지의 문법체계가 지배하는 마음 지평·계열에 '더 이상 휘말려 들지 않는 마음 자리/국면'의 계발과 확보〉이다. 근본무지를 조건으로 형성된 마음의 문법체제를 '붙들어 의존하고', '따라 들어가 안기고', 그 안에 '빠져들고 휘말려 드는' 관성(업력)에 지배되는 한, 무아·공의 이해를 수립하고 애써 적용하는 것만으로는 그 문법체계·계열에서 충분히 빠져나오기가 어렵다. '이해로써 이해를 바꾸는 방식'만으로는 충분하지가 않다. **현상·존재·세계를 왜곡·오염시키는 문법으로 작용하는 '마음을 지배하는 선先체계'에 '빠져들지 않는 마음 자리/국면' '휘말려들지 않는 마음 자리/국면' '붙들고 달라붙지**

않는 마음 자리/국면' '계열 전체를 괄호 치고 빠져나오는 마음 자리/국면' '전면 적으로 빠져나오는 마음 자리/국면'을 열어 주는 수행이 필요하다. 이 수행이 '마음방식의 수행'인 정학/선의 초점이라는 것이 선종의 선관이다. 원효는 '이해와 마음의 통섭적 지위'인 일심一心으로써 이러한 선관을 품는다. '빠져들지 않는 마음 자리/국면'에서 기준·관점·이해들을 '사실 그대로'에 상응하는 이로운 것으로 만들어 가는 능력을 발휘하는 것이 일심이다. 그런 점에서 원효의 선관은 붓다의 선과 잘 통한다.

선종의 선관禪觀에 관한 필자의 이해가 타당하다면, 선종의 돈오頓悟는 이러한 선관의 단적인 표현이다. 돈오에 관한 필자 생각의 요지는 이렇다. 〈근본무지를 조건 삼아 형성된 마음의 범주·계열·문법 '안에서' 왜곡과 오염을 수습하려는 모든 노력은, '차츰차츰·점차로·차례대로·단계적'이라 할 수 있는 개량적 개선이다 (漸). 그것은 마음을 왜곡·오염시키는 문법이 유효한 범주 내에서 성취되는 향상이라는 점에서, 아무리 수준 높은 것일지라도 여전히 왜곡과 오염의 문법 안에 놓여 있다. 반면 그 문법체계에 '갇히지 않고 빠져들지 않는 마음 자리/국면'으로 이전하는 것은, '단박에·몰록·단번에·한꺼번에·갑자기'라 할 수 있는 '전면적으로 빠져나옴'이다(頓). 이 전면적 국면전환과 자리바꿈은 현상을 왜곡하고 오염시키던 마음의 문법 전체에서 풀려나는 자리이동이기에, 계열의 비非연속적 이탈이고, 범주이탈적 자리바꿈이며, 지평의 전면적 전의轉依로서, 돈오라 부르는 것이 적절하다.〉[223]

지눌(知訥, 1158-1210)의 저술에는 이러한 선종의 선관禪觀을 확인시켜 주는 내용으로 가득하다. 선종의 선사상을 종합적으로 연구하여 체계화시키는 작업에서 단연 돋보이는 선학先學은 지눌이다. 선종의 활로를 모색하는 그의 노력과 역량, 그리고 싱취는 선문禪門 내에서 유례를 찾기 어려울 정도로 탁월하다. 그는 선종의

---

223 이에 관한 논의는 「돈오의 의미지평─돈오의 두 시원을 중심으로」(『철학 논총』 제49집, 새한철학회, 2007); 「돈오의 두 유형과 반조 그리고 돈점논쟁」(『철학연구』 46집, 고려대학교철학연구소, 2012); 「'깨달음'과 '깨달아 감' 그리고 '깨달아 마침'」(『깨달음, 궁극인가 과정인가』, 운주사, 2014); 「티베트 돈점논쟁과 선禪수행 담론」(『철학논총』 84집, 새한철학회, 2016)에 있다.

선관, 그 마음방식 수행론의 초점과 요점을 적실하게 추려 내어 알려 준다.

"묻습니다. 〈당신께서는 '한꺼번에 깨달음'(頓悟)과 '점차로 익혀감'(漸修) 두 방식(門)이 모든 성인이 밟아 온 길이라 하였습니다. [그런데] 깨달음이 이미 '한꺼번에 깨달음'(頓悟)이라면 어째서 '점차로 익혀감'(漸修)을 빌려야 하고, 익힘(修)이 만약 '점차로 익혀감'(漸修)이라면 어째서 '한꺼번에 깨달음'(頓悟)이라 말합니까? '한꺼번에 [깨달음]'(頓[悟])과 '점차로 [익혀감]'(漸[修])이라는 두 가지 뜻을 다시 설명하여 남은 의심을 끊게 해 주십시오.

답하겠다. 〈'한꺼번에 깨달음'(頓悟)이란 것은 [다음과 같은 것이다.] 범부가 미혹할 때는 네 가지 물질적 조건(四大)[이 모인 것]을 몸이라 여기고 망상妄想을 마음이라 여겨, '스스로의 온전한 본연'(自性)이 '참된 진리의 몸'(眞法身)인 줄 모르며, '자신이 지닌 지혜롭게 아는 능력'(自己靈知)이 '참된 부처'(眞佛)인 줄 모른다. [그리하여] 마음 밖으로 부처를 찾아 이리저리 달리다가 문득 선지식의 가리켜 보임을 만나 [바른] 길에 들어 '한 생각에 마음의 시선을 돌이켜'(一念廻光) '자신의 온전한 본연을 본다'(見自本性). 그런데 이 '온전한 본연의 자리'(性地)에는 원래 번뇌가 없고 [번뇌가] 흘러들어 옴이 없는 지혜면모'(無漏智性)가 본래 스스로 갖추어져 있어서 곧 모든 부처님과 조금도 다르지 않으니, 그러므로 '한꺼번에 깨달음'(頓悟)이라고 말한다. '점차로 익혀 감'(漸修)이라는 것은 [다음과 같은 것이다.] 비록 '본래의 온전한 본연'(本性)이 부처와 다르지 않음을 깨달았으나 시작을 알 수 없는 때부터의 '누적된 경향성'(習氣)은 갑자기 '한꺼번에 제거'(頓除)하기 어려우므로 깨달음에 의지해 익히는 것이니, 점차로 거듭 익혀서 성취(功)가 이루어지고 '성스러움의 싹'(聖胎)을 오랫동안 길러 오래도록 성스러움을 이루어 가는 것이니, 그러므로 '점차로 익혀 감'(漸修)이라고 말한다. 비유하자면 마치 어린아이가 처음 태어났을 때 모든 감관이 갖추어져 다른 사람과 다름이 없지만 그 힘은 아직 충실하지 못하여 어느 정도 세월이 지나야 비로소 성인成人이 되는 것과 같다."[224]

---

[224] 『수심결』(H4, pp.709c~710a); "問. 汝言頓悟漸修兩門, 千聖軌轍也. 悟旣頓悟, 何假漸修, 修若漸修, 何

"묻습니다. 〈저의 입장에서 본다면 어떤 것이 '불변·독자의 실체나 본질이 없고 본래 분별의 동요가 없이 고요하며 지혜롭게 아는 능력을 펼치는 마음'(空寂靈知之心)입니까?〉

답하겠다. 〈그대가 지금 나에게 묻는 그것이 바로 그대의 '불변·독자의 실체나 본질이 없고 본래 분별의 동요가 없이 고요하며 지혜롭게 아는 능력을 펼치는 마음'(空寂靈知之心)이다. 어째서 돌이켜 비추지 않고 오히려 밖으로 찾는가? 내가 지금 그대의 입장에 의거해서 '본래의 [온전한] 마음[자리]'(本心)를 곧바로 가리켜 그대로 하여금 곧 깨닫게 할 것이니, 그대는 마음을 깨끗이 하고 내 말을 들어 보아라.

아침부터 저녁까지 하루 종일, 보기도 하고 듣기도 하며, 웃기도 하고 말하기도 하며, 성내기도 하고 기뻐하기도 하며, 옳다고도 하고 그르다고도 하면서 갖가지로 펼치면서 움직여 가니, 필경 이것은 누가 능히 그렇게 움직이면서 펼치는 것인지를 말해 보라. 만약 육신이 [그렇게] 움직여 간다고 말한다면, 어째서 방금 목숨이 끊어진 사람은 아직 [그 육신이] 완전히 무너져 문드러지지도 않았는데도 눈은 스스로 보지 못하고, 귀는 듣지 못하고, 코는 냄새를 맡지 못하고, 혀는 말을 하지 못하고, 몸은 움직이지 못하고, 손은 잡지 못하고, 발은 움직여 달리지 못하는가? 그러므로 보거나 동작하는 것은 반드시 그대의 '본래의 마음'(本心)이지 그대의 육신이 아님을 알아야 한다. 하물며 이 육신은 [그것을 이루고 있는] '네 가지 물질적 조건'(四大: 地水火風)의 성품에 불변·독자의 실체가 없는 것이 마치 거울 속의 형상과 같고 또한 물에 비친 달과 같은데, 어떻게 또렷 또렷이 항상 알고 밝고 밝아 어둡지 않아서 [대상에] 감응하면서 갠지스 강의 모래알처럼 많은 묘한 작용에 통할 수 있겠는가. 그러므로 〈신통과 묘한 작용이여, 물 긷고 나무 나르는 것이로다〉고 하였다.

言頓悟? 頓漸二義, 更爲宣說, 令絶餘疑. 答. 頓悟者, 凡夫迷時, 四大爲身, 妄想爲心, 不知自性是眞法身, 不知自己靈知是眞佛也. 心外覓佛, 波波浪走, 忽被善知識指示, 入路一念廻光, 見自本性. 而此性地, 原無煩惱, 無漏智性, 本自具足, 卽與諸佛, 分毫不殊, 故云頓悟也. 漸修者, 雖悟本性, 與佛無殊, 無始習氣, 卒難頓除故, 依悟而修, 漸熏功成, 長養聖胎, 久久成聖, 故云漸修也. 比如孩子, 初生之日, 諸根具足, 與他無異, 然其力未充, 頗經歲月, 方始成人."

그리고 진리에 들어가는 문은 많지만, 그대에게 한 문을 가리켜서 그대로 하여금 근원으로 되돌아가게 하겠노라. 〈그대는 저 까마귀 우는 소리와 까치 지저귀는 소리를 듣는가?〉 〈듣습니다.〉 〈그대는 그대가 듣고 있는 성품을 돌이켜 들어 보아라. [듣는 것을 돌이켜 듣는 자리에도] 다시 많은 소리가 있는가?〉 〈이곳에 이르러서는 일체의 소리, 일체의 분별을 모두 얻을 수가 없습니다.〉 〈기특하고 기특하다. 이것이 '소리를 돌이켜 알아'(觀音) 진리에 들어가는 문이다.〉 내가 다시 그대에게 묻는다. 〈그대가 말하길, '이곳에 이르러서는 일체의 소리, 일체의 분별을 모두 얻을 수가 없다'고 했는데, 이미 [일체를] 얻을 수가 없다면 그러한 때는 허공이 아니겠는가?〉 〈원래 아무것도 없음이 아니며, 밝고 밝아 어둡지가 않습니다.〉 〈그러한 [작용을] 일으키는 것이 '아무것도 없음이 아닌 것'의 바탕인가?〉 〈[이것은] 또한 형태 있는 모습이 없으니, 말로 표현할 수가 없습니다.〉 〈이것이 모든 부처님과 조사들의 생명이니, 다시는 의심하지 말라.〉"[225]

돈오頓悟, 자성自性, 본성本性, 본심本心, 영지靈知, 공적영지심空寂靈知心, 일념회광一念廻光, 견성見性(견자본성見自性) 등은 선종이 자신의 선관禪觀을 담아내기 위해 채택하는 핵심용어들이다. 이 용어들의 의미를 어떻게 이해하느냐에 따라 선종 선사상에 대한 전체 이해의 방향이 결정되다시피 한다. 그리고 이들 용어를 다루는 학인들의 시선에서는 일종의 신비주의 독법이 흔히 목격된다. 〈자성自性·본성本性·본심本心·영지靈知·공적영지심空寂靈知心·진심眞心 등의 용어가 지시하는 것은 '변하는 현상의 이면이나 이후에 존재하는 완전한 불생불멸의 궁극실재'이며, 이 궁극실재는 언어·사유·차이·욕망들을 끊은 것이고, 돈오頓悟·일념회광一念廻光·견성見性(견자본성見自性) 등은 그 궁극실재와 '하나가 되는 합일의 체득'을 말하는 것이며, 이것이 바로 깨달음이고 존재의 완전한 구원이다〉라는 식의 독법이 거의 일반화되어 있는 것으로 보인다.

---

225 『수심결』(H4, p.710b-c); "問. 據吾分上, 何者是空寂靈知之心耶? 答. 汝今問我者, 是汝空寂靈知之心. 何不返照, 猶爲外覓? 我今據汝分上, 直指本心, 令汝便悟, 汝須淨心, 聽我言說. 從朝至暮, 十二時中, 或見或聞, 或笑或語, 或瞋或喜, 或是或非, 種種施爲運轉, 且道, 畢竟是誰能伊麼運轉施爲耶. 若言色身運轉, 何故有

신비수의 녹법은 여기저기서 등장하는 '합일 체험의 다양한 증언들'을 이 독법의 경험적 근거로 삼는다. 그 합일 체험의 증언들이 일상적 유형의 경험양상은 아니지만, 그 증언자들의 신비경험을 신비주의가 상정하는 궁극실재와의 만남으로 간주해야 하는 근거는 없다. '변화와 관계에 연루된 현상'을 '언어·사유·차이·욕망의 지평'에서 만나는 경험 범주 내에서도 조건들에 따라서는 얼마든지 비일상적 신비체험이 발생하기 때문이다. 신비체험의 '비일상성'에 현혹되기보다는 그 비일상적 현상을 발생시키는 경험적 조건들의 인과관계를 주목하는 것이 더 합리적이다. 그리고 이러한 경험주의적 합리성에 의해 충분히 검증해 보면, 신비주의가 강조하는 신비체험들의 인과적 발생도 '변화와 관계를 반영하는 언어·사유·차이·욕망의 경험적 범주'에서 벗어나지 않음이 드러난다고 생각한다.

신비주의 독법의 가장 심각한 문제는 너무도 쉽게 본질·실체주의 문법과 결합할 수 있다는 점에 있다. '불변·동일·독자의 실체/본질'과 '변화·관계의 다양한 현상들'을 이원화시킨 후 양자를 주종主從/본말本末의 발생론이나 창조론으로 설명하려는 본질·실체주의 기획은 신비주의와 쉽게 결합한다. 〈모든 가변적 차이 현상 이면에 있으면서 자신은 불변하고 평등한 궁극실재가 있다〉라든가 〈가변적 차이 현상들을 발생시키는 원천이면서 자신은 불생불멸의 완전한 상태인 궁극실재/본체本體/기체基體가 존재한다〉라는 식의 본체설이나 기체설은 신비주의 독법과 동일한 사유방식의 변주로 보인다. 만약 선종의 핵심용어들을 이해하는 학인의 시선이 신비주의 독법에 속하는 것이라면, 선종의 선사상, 정확하게는 선종의 용어들을 그렇게 이해하는 학인의 사상은, 전형적인 본질·실체주의 사유방식이다. 그리고 그 학인의 시선이 타당하다면, 선종은 불교적 정체성을 상실한다. 이

人一念命終, 都未壞爛, 卽眼不自見, 耳不能聞, 鼻不辨香, 舌不談論, 身不動搖, 手不執捉, 足不運奔耶? 是知能見搏作, 必是汝本心, 不是汝色身也. 況此色身, 四大性空, 如鏡中像, 亦如水月, 豈能了常知, 明明不昧, 感而遂通恒沙妙用也. 故云, 〈神會幷妙用, 運水及搬柴〉. 〈且入理多端, 指汝一門, 令汝還源. 〈汝還聞鴉鳴鵲噪之聲麽?〉曰, 〈聞.〉〈汝返聞汝聞性. 還有許多聲麽?〉曰, 〈到這裏, 一切聲, 一切分別, 俱不可得.〉曰, 〈奇哉奇哉. 此是觀音入理之門.〉我更問儞. 〈儞道, '到這裏, 一切聲, 一切分別, 總不可得', 旣不可得, 當伊麽時, 莫是虛空麽?〉曰, 〈元來不空, 明明不昧.〉曰, 〈作麽生, 是不空之體?〉曰, 〈亦無相貌, 言之不可及.〉曰, 〈此是諸佛諸祖壽命, 更莫疑也.〉"

런 문제는 『대승기신론』이나 원효의 긍정형 기호들을 탐구하는 학인들에게도 고스란히 유효하다.

선종의 핵심용어들을 신비주의 독법으로 읽게 하는 원인 가운데 하나는, 한문 용어에 반영된 철학적 의미를 숙고하는 것을 방해하는 '읽기와 번역 및 이해'의 방식이다. 원전용어 그대로 한글로 음차해 읽으며 한자의 관습적 이미지를 투영하여 그 의미를 직관적으로만 형성하는 읽기 방식, 원전용어를 그대로 채용하면서 문장의 한글화를 위한 최소한의 조사와 접속사만 붙여 번역하는 현토懸吐형 번역방식, 그리고 그런 번역문에 등장하는 원전용어에 대해 한자의 일상적 용법을 적용시켜 의미를 구성해 내는 이해방식.─이런 요인들의 상호결합이 신비주의 독법으로 기울어지게 하는 원인 가운데 하나로 보인다. 원전의 용어들이 등장하고 채택되는 철학적 배경과 맥락 등에 대한 충분한 탐구와 성찰이 결핍되면 이런 문제점에서 벗어나기가 어렵다. 필자의 상기 번역문은 이런 문제점을 고려한 것이다. '한꺼번에 깨달음'(頓悟), '스스로의 온전한 본연'(自性), '자신이 지닌 지혜롭게 아는 능력'(自己靈知), '한 생각에 마음의 시선을 돌이킴'(一念廻光), '자신의 온전한 본연을 봄'(見自本性), '본래의 온전한 본연'(本性), '본래의 [온전한] 마음[자리]'(本心), '불변·동일·독자의 실체나 본질이 없고 본래 분별의 동요가 없이 고요하며 지혜롭게 아는 능력을 펼치는 마음'(空寂靈知之心) 등의 번역에는 나름대로 숙고한 철학적 근거가 있다. 그 철학적 근거를 밝히려면 상세한 논변이 요구되는데, 이것은 다른 기회로 넘긴다.

선종의 선관禪觀을 담아내는 용어들은 붓다의 정학/선 법설의 취지를 잘 계승하고 있는 것으로 보인다. '마음을 구성하는 이해문법의 선先계열·체계'에 '빠져들지 않는 마음 자리/국면' '휘말려 들지 않는 마음 자리/국면' '붙들고 달라붙지 않는 마음 자리/국면' '괄호 치고 빠져나오는 마음 자리/국면' '전면적으로 빠져나오는 마음 자리/국면'의 확보가 선禪 수행의 요점이라는 것을 잘 드러내고 있다. 더욱 흥미로운 것은, 이러한 **'갇히지 않고 자유로이 빠져나오는 마음 자리/국면' '휘말려 들지 않으면서 대상**(境界, 차이현상들)**을 만나는 마음 자리/국면'을 일깨워 주는 방식마저 붓다의 방식을 계승하고 있다**는 점이다. 붓다는 심신에서 발생하는 경험현상을 '행위(身)와 관련된 현상'·'느낌(受)과 관련된 현상'·'마음상태(心)와 관련된 현상'·'이해/지식(法)과 관련된 현상'의 네 부류로 구분한 후, 그 현상들을 '괄호 치듯 묶어 알아차리는 국면'을 일깨워 간수해 가는 정지正知 행법을 설한다. 예컨대 행위와 관련해서는 〈나아가는 동작, 돌아오는 동작, 앞을 보는 동작, 뒤돌아보는 동작, 구부리는 동작, 펴는 동작, 앉거나 일어서는 동작, 먹거나 마시는 동작, 옷 입거나 그릇 집는 동작, 말하거나 침묵하는 행위 등을 **알아차리면서 행하라**〉고 설한다. 〈**일상의 모든 행위를 '앞세우듯 괄호 치고 알아차리는 국면/자리'를 확보하라**〉는 것이다. **그런데 붓다가 설하는 정지**正知 **행법의 구체적 방법과 지눌의 다음과 같은 말은 놀랍게도 겹치지 않는가.**

"그리고 진리에 들어가는 문은 많지만, 그대에게 한 문을 가리켜서 그대로 하여금 근원으로 되돌아가게 하겠노라. 〈그대는 저 까마귀 우는 소리와 까치 지저귀는 소리를 듣는가?〉 〈듣습니다.〉 〈그대는 그대가 듣고 있는 성품을 돌이켜 들어 보아라. [듣는 것을 돌이켜 듣는 자리에도] 다시 많은 소리가 있는가?〉 〈이곳에 이르러서는 일체의 소리, 일체의 분별을 모두 얻을 수가 없습니다.〉 〈기특하고 기특하다. 이것이 '소리를 돌이켜 알아'(觀音) 진리에 들어가는 문이다.〉 내가 다시 그대에게 묻는다. 〈그대가 말하길, '이곳에 이르러서는 일체의 소리, 일체의 분별을 모두 얻을 수가 없다'고 했는데, 이미 [일체를] 얻을 수가 없다면 그러한 때는 허공이 아니겠는가?〉 〈원래 아무것도 없음이 아니며, 밝고 밝아 어둡지가 않습니다.〉 〈그러한 [작용을] 일으키는 것이 '아무것도 없음이 아닌 것'의 바탕인가?〉 〈[이것은] 또한 형태 있는 모습이 없으니, 말로 표현할 수가 없습니다.〉 〈이것이 모든 부처님과 조사들의 생명이니, 다시는 의심하지 말라.〉"[226]

---

[226] 『수심결』(H4, p.710b-c); "且入理多端, 指汝一門, 令汝還源. 〈汝還聞鴉鳴鵲噪之聲麼?〉 曰, 〈聞.〉 曰, 〈汝返聞汝聞性. 還有許多聲麼?〉 曰, 〈到這裏, 一切聲, 一切分別, 俱不可得.〉 曰, 〈奇哉奇哉. 此是觀音入理之門.〉 我更問儞. 〈儞道, '到這裏, 一切聲, 一切分別, 總不可得', 旣不可得, 當伊麼時, 莫是虛空麼?〉 曰, 〈元來不空, 明明不昧.〉 曰, 〈作麼生, 是不空之體?〉 曰, 〈亦無相貌, 言之不可及.〉 曰, 〈此是諸佛諸祖壽命, 更莫疑也.〉"

선종 선문禪門의 화두로 유명한 '이 무엇인가?'(是甚麼?)는 붓다가 설하는 사념처 정지正知 행법의 선종적 계승이라고 보는 것이 적절하다. 선종의 언어를 '언어적 명제의 정립에 대한 부정'을 거듭하는 반야공般若空·중관中觀의 '이해 수행'으로 처리하거나, 선종의 중·후기부터 선문 내에 자리 잡기 시작하는 것으로 보이는 '신비주의 시선'에 의거하여 공안과 화두 참구법을 읽어 버리면, 선문 언구 본래의 초점과 생명력을 놓치게 된다.

선종의 선관은 붓다의 정학/선 수행에 관한 새로운 관점을 천명하고 있고, 이러한 새로운 관점의 철학적 기초는 흥미롭게도 원효와 『대승기신론』에서 확인된다. 그리고 원효와 『대승기신론』 그리고 선종의 새로운 선관은 그 인식론적 기초를 공히 유식唯識 통찰에서 마련하고 있다. 그런데 이들이 유식 통찰의 의미와 초점을 정학/선 수행론에 적용시키는 내용은 남·북전 전통에서 일반적으로 목격되는 유식학唯識學 이해나 선관禪觀과는 달라 보인다. 원효와 『대승기신론』 및 선종의 관점에서는 그 핵심과 토대에서 흥미로운 공통점이 목격된다. 그 공통지대에 입각하여 이들은 선 수행 방법론과 내용에 대한 관점을 새로운 길 위에 올려놓는다. 그리고 이 새로운 선관은, 필자의 소견으로는, 붓다 선 법설의 핵심과 취지를 읽어 내는 데 기존의 선관보다 더 적합한 것으로 보인다.

이 새로운 선관은 경시되거나 왜곡된 사마타 수행전통을 제대로 복원시키려는 노력으로도 볼 수 있다. 지금도 초기불교 탐구의 주요 과제 가운데 하나는, 굴절된 사마타 수행전통을 붓다의 법설에 상응하는 내용으로 복원시키는 일이라고 본다. 니까야 자체의 의미 맥락을 자유롭게 탐구하면서, 주석서와 『청정도론』 및 아비담마 교학의 사마타 이해에 내재한 문제점들을 확인하는 동시에, 대승교학과 현대 선학에서 통용되는 선관도 과감하게 재성찰해야 그 복원의 길이 열릴 것이다.

🪷 원효의 '하나처럼 통하는/통하게 하는 마음'(一心)[227]

1. 새로운 독법의 요청

인간이 경험하는 모든 현상은 '언어·사유로 직조된 인식적 그물에 포획된 구성적 산물'이라는 점은 분명하다. 유식 이론이 이 점을 정밀하게 확인시켜 주고, 서양철학의 관념론적 성찰도 이 점을 드러내고 있다. 문제는 바로 이 지점에서 발생한다. 〈모든 현상은 언어·인식적 구성의 산물이다〉라는 성찰의 지점에서부터 어떤 길로 접어드는가의 문제가 생겨난다. 크게 볼 때 두 길에 사람들이 몰려 북적거린다.

하나는 '사변의 길'인데, 서양철학의 사변전통 속에서 두드러진다. 〈모든 경험현상이 인식적 구성이라면, 인식주관 너머에 있는 대상에 대해 우리는 어떻게 알 수 있는가?〉 〈객관대상은 어떻게 알 수 있으며, 인식주관과 객관대상의 관계는 어떻게 설명해야 하는가?〉 〈자신과 타인이 공지共知하는 대상은 주관인가 객관인가?〉 등이 이 길에서의 핵심질문이다. 이 질문에 그럴듯한 대답을 마련하는 것이 이 길에 올라선 학인들의 주요 관심사다. 경험론과 관념론을 종합하였다고 평가받는 칸트의 대답은 〈인식이라는 구성의 베일 너머에 있는 것은 '인식 구조상 결코 확인할 수 없지만, 있다고 설정해야 할 그 무엇'이라 하고 세상을 설명하자〉는 것이 요점으로 보인다. 〈인간의 모든 경험현상은 어쩔 수 없이 인식적 구성의 산물일 수밖에 없다는 점은 거부할 수가 없다〉는 것을 재확인하고 있는 것이기도 하다.

다른 하나는 '신비의 길'인데, 인도전통이 대변한다. 일종의 '마음 신비주의'이다. 모든 것을 구성해 내는 마음/인식 능력을 신비화시켜 '창조·발생의 원점인 궁극실재'나 '근본 원리' 혹은 '궁극 법칙'으로 간주해 버리는 시선이다. 그리고 그 '창

---

[227] 앞서 일심에 관한 본체/현상론적 이해나 신비주의 독법의 문제점을 거론하면서 일심의 의미를 거론한 바 있다. 여기서는 앞서 논의한 내용을 계승하면서 원효의 일심철학이 지니는 의미를 부연해 본다.

조와 발생의 원점인 불변의 궁극실재'나 '궁극 원리'를 직접 지각하거나 그것과 하나가 된다면 삶의 궁극적 완성과 진리 체득이 이루어질 것이라는 기대가 이 시선에 수반된다. 〈모든 현상은 언어·인식적 구성의 산물이다〉라는 성찰 지점에서 갈라진 이 신비주의의 길에서는, 궁극실재를 직접 확인하기 위한 온갖 수행론적 발상들이 등장한다. 그러나 이 신비주의의 길이 그 목적지로 설정한 '창조와 발생이 수렴되는 불변의 궁극실재'는 애초부터 허상이다. 따라서 이 길을 걷는 이들의 의지는, 〈존재하지 않고 그러기에 확인할 수 없는 것을 직접 확인하겠다〉는 것이어서 공허하다. 처음부터 허구를 디딤돌로 삼아 올라선 길이기에 성공할 수가 없다. 그리고 잘못된 전제와 공허한 의지를 진실과 진리구현의 열정인 양 포장하는 과정에서 거대한 '무지의 기만체계'가 번성할 수밖에 없다. 이 길에서는 집중수행, 기도, 주술, 명상, 요가 등의 수행법과 그에 따른 심리·신체적 변화 및 체험들을 '목적지를 향해 다가서는 징표들'로 선전하지만, 목적지 자체가 애초부터 존재하지 않는 것이다.

〈모든 현상은 언어·인식적 구성의 산물이다〉라는 성찰 지점에서 갈라진 '사변의 길'과 '신비의 길' 이외에 다른 길은 없을까? 있다. 붓다가 바로 그 다른 길을 열어 알려 준 분이며, 중도中道가 그 길로 보인다. **〈'언어·사유에 의한 구성적 산물일 수밖에 없는 차이 현상들'과의 이로운 관계능력과 방식을 근원적 수준에서 열어 가는 새로운 길〉이 붓다의 선택이었다고 본다. 그리고 그 '차이 현상들과 관계 맺는 이로운 능력의 계발'을 '이해'(慧學)와 '마음'(定學) 및 '이해·마음과 연관된 행위'(戒學)의 범주에서 알려 주는 것이 붓다의 법설이다.** 중관과 유식의 언어도 이 길에서 벗어나지 않을 때라야 본연의 생명력이 살아난다. 만약 중관과 유식의 언어를 '사변의 길'에 올려놓으면 서양철학의 식구가 되어 버리고, 자칫 '신비의 길'에 올려놓으면 '붓다가 비판하고 결별한 인도전통'으로 회귀하는 문이 되어 버린다.

해탈이나 깨달음의 추구는 인간의 감관지각에서 발생하는 경험현상의 범주를 벗어나지 말아야 한다. 그리고 그 경험범주는 예외 없이 '관계 속에 변화하는 무수한 차이 현상들'로 채워져 있고 그 차이 현상들을 조건으로 발생하는 것이다. 지혜·자비·자유·평안의 경험도 마찬가지이다. 제아무리 밝은 이해이고 수준 높은 자비와 자유, 평안의 경험지평일지라도, 속박의 부자유와 불안을 발생시키는 '변화와 관계의 차이 현상들'을 조건으로 삼아 생겨나며, 그것에 기대어 성립한다. 무지와 속박 및 고통을 발생시키는 '변화와 관계의 차이 현상'이 없다면, 지혜와 자유 및 평안의 경험도 없다. 이롭거나 해로운 인간의 모든 경험은 '생멸하면서 관계 속에서 변화하는 차이들' 때문에 발생한다는 점을 사실 그대로 수용해야 한다. '관계' '변화' '차이' 가운데 어느 하나라도 결여되면 인간의 경험은 생겨나지 않는다. '절대·독자적'이고 '불변하며' '순일한' 것이 실제로 있다면, 그곳에 서는 순간 모든 현상은 정지된다. 이런 존재 상태는 허무와 같다. 경험도 아니고 경험될 수도 없는 적막한 허무다. 만약 이런 상태에다가 '깨달음'이니 '해탈의 지고한 안락'이니 '열반의 평온'이니 '진리와의 합일'이니 하는 이름을 붙여 추구한다면, 아무런 의미나 가치도 없고 성공 가능성도 전무하다. 그런 상태의 인지적 경험과 체득은 아예 불가능하다. 그러한 '모든 것의 그침과 단일함'은 그저 깜깜한 죽음이다. 만약 깨달음과 해탈·열반의 길에서 언급하는 '생멸의 그침'이 그런 상태가 아니라고 생각한다면, '생멸'이라는 용어의 '의미를 성립시키는 조건들'과 그 조건들에 맞는 용법과 의미를 명확히 해야 한다. 그러지 않으면서 〈불생불멸'은 불변·절대·순일한 실체를 지시하는 것이 아니고 허무의 단멸론도 아니다〉고 강변하는 것은 이 문제의 해결에 도움이 되지 않는다.

인지능력을 발현시킨 인간은 차이 현상들을 '언어와 개념의 창'을 통해 만난다. 그리하여 인간의 감관에서 발생하는 경험은 어떤 유형 어떤 수준 어느 범주에서든 언어·개념과 연관된다. 결국 **인간이 어떤 경우에도 벗어날 수 없는 운명적 조건은 '언어·개념의 창으로 들어오는 관계와 변화의 무수한 차이현상들'이다.** 따라서 〈언어 이전에 있는, 언어가 개입하기 이전의 순수한 실재를, 직접 경험/체득할 수 있다〉거나 〈그 실재를 만나는 것이 지혜의 완성이고 깨달음이며 해탈의 성취다〉라는 주장들은 공허하다. 인간은 어떤 경우라도 비非언어적 실재를 경험할 수가 없기 때문이다. 붓다도 그런 주장을 한 적이 없다.

또한 인간은 '관계와 변화 속에 생멸하는 차이 현상들'과 어떤 방법으로도 접속 자체를 끊을 수가 없다. 세계 속에 불변동일·절대독자·절대순수의 존재나 현상은 없으며, 인간의 경험범주에서도 그러하다. 따라서 '언어와 무관한 불변동일·절대독자·절대순수의 본체/실재'는 개념이 불러일으킨 환각일 뿐 존재하지 않는다. 이러한 사유를 반영한 '본체·현상론'도 그래서 허구다. 본체·현상론으로 인간과 세계를 설명하는 것도 무지의 허구이고, 그런 사유방식으로 깨달음과 구원을 추구하는 것도 무지의 허구다. 붓다는 그런 길의 무지와 허구를 폭로하고 새로운 길을 연 분이다.

인간은 〈언어와 연관되어 있으면서 관계와 변화 속에 역동적으로 생멸하는 차이 현상들과의 접속을 유지한 채〉 문제를 풀어 가야 한다. 살아 있는 인간에게는 생멸·변화하는 차이 현상과의 접속이 끊어지는 때가 없으며 끊을 수 있는 방법도 없다. 〈생멸·변화하는 차이와 만나면서도 그로 인한 삶의 훼손을 치유하는 길〉만이 유일한 선택지이다. 그렇기에 길은 분명해진다. 생멸·변화하는 신체적/물리적 차이 현상들로 인한 삶의 훼손이 깨달음으로 치유해야 할 문제는 아니다. 병들 수밖에 없고 죽을 수밖에 없다. 건강 유지를 위한 의학적, 환경적 대응은 가능할지라도 그것이 깨달음의 길을 채울 수는 없다. 그렇다고 신체적 불사不死나 영원불멸의 삶에 기웃거리는 것이 깨달음의 길일 수도 없다. 의지와 노력으로 해결 가능한 문제가 깨달음의 대상이 되어야 하고, 그것은 '인간의 인지능력이 만들어 낸 인위적 문제'일 수밖에 없다. 그리고 그 인위적 문제 가운데서도 근원적인 지점에 놓인 것들이 궁극적으로 깨달아야 할 대상이 되어야 한다.

그 근원적이고 궁극적인 인위적 문제에 대한 붓다의 조언은 정곡을 찌른다. 〈'관계 속에서 변화하는 차이 현상들 위에 불변·동일·독자·절대·순수라는 개념 환각을 덧씌운 것, 그리고 그 환각을 조건으로 발생하는 사유와 욕망을 충족시키려고 하는 것'이 풀어야 할 문제이고 또 풀 수 있는 문제〉라는 것이다. 그리고 그 문제를 해결하기 위한 길 안내도 분명하다. 〈차이들에 언어·개념의 환각을 덧씌운 언어적 인지능력을 포기하거나 언어 이전으로 퇴행하는 것이 아니라, 언어적 인지능력을 한 차원 더 발전시키는 향상진화의 길을 걸어야 한다. 또한 그 길은 '생멸·변화하는 차이 현상들과 접속하면서도, 차이 현상에 덧씌운 무지의 환각에 빠져들지 않고 그 환각의 병증을 치유할 수 있는 능력을 계발하는 여정'이다〉는 것

312

이다. 〈'언어를 통해 차이를 만나면서도 언어 환각에 빠지지 않고 그 언어 환각의 후유증들을 치유하는 이로운 언어능력', '생멸·변화하는 차이 현상들과 접속한 채 지혜와 자비, 평온과 자유와 같은 이로움을 누릴 수 있는 이해와 마음의 능력'을, 열고 향상시키고 그 주인으로 살아가는 길이 깨달음의 길이다〉.─이것이 붓다의 길에서 놓치지 말아야 할 요점이다.

인간은 언어·개념의 창을 통해 세계를 만날 수밖에 없다. 따라서 인간의 모든 지각은 속속들이 언어·개념과 연루되어 있고 또 그럴 수밖에 없다. 그리고 인간은 어떤 방법으로든 '언어·개념에 의해 구성된 세계' 밖으로나 이전으로 나갈 수 없다. 따라서 '언어·개념 이전의 존재/실재를 알려고 하는 것은 인지능력의 구조상 원초적으로 불가능하므로 그런 시도는 성공할 수 없다. **언어·개념과 무관하거나 언어·개념을 벗어 버린 그 어떤 지각과 인식도 인간에게는 불가능하다. 따라서 '언어·개념 이전의 순수한 존재/실재와 그에 대한 직접지각'을 설정하는 것은 공허하다. 인간이 추구해야 할 것은, 그리고 성취할 수 있는 것은, 비非언어·개념적 존재/실재나 그에 대한 직접지각이 아니라, '언어·개념적 구성세계와 이로운 관계를 맺을 수 있는 새로운 관계방식'이고, '이로운 관계를 가능케 하는 이로운 능력'이다.** '이미 언어에 연루된 현상들과의 이로운 관계', '그 이로운 관계를 가능케 하는 능력의 계발'이 성취 가능한 목표이다.

언어와 무관한 존재/실재 그 자체는 인간에게 알려질 수가 없다. 인간의 지각 조건이 그러하기 때문이다. 인간에게 지각되는 모든 것들은 이미 '언어·개념의 체계에 의해 구성된 것'이다. 따라서 인간에게는, **'언어의 창을 통과하기 이전의 존재나 실재 그 자체'가 목적이 아니라, '언어의 창을 통과한 것들과의 이로운 관계 맺기'가 목적이어야 한다.** 붓다의 법설은 그 점을 알려 주려는 것이라 생각한다. '불립문자不立文字, 불가언설不可言說, 불가사의不可思議, 비사량처非思量處, 막존지해莫存知解, 개구즉착開口則錯'도 그에 관한 소식으로 읽어야 '불교적' 의미를 확보한다. 직접 지각할 수 있는 것들을 대상으로 삼아 진리를 말하겠다는 것이 붓다의 일관된 태도이다. 그의 법설을 관통하는 이러한 입장과 진리관을 붓다 이후의 불교 전통에서 얼마나 충분히 이해하였고 잘 계승하였는지는 되짚어 볼 대목이 많아 보인다.

'언어·개념 능력과 지각의 결합'은 주어진 숙명이다. 언어·개념에 의해 '구성된 세계' 안에서 살아가는 것이 인간의 운명이며, 누구든 이 운명의 옷을 벗어버릴 수가 없다. 아니, 굳이 벗을 필요가 없다. **언어·개념에 의해 세계를 풍요롭게 구성할 수 있다는 것은 인간에게 주어진 축복이기도 하다.** 그러나 동시에, 언어·개념에 의한 지각·사유·욕망·행동의 오염은 있다. 그것도 매우 강력하고 해악적으로. 그런데 **언어·개념의 오염에서 벗어나는 길은 '언어·개념의 부정'으로가 아니라 '언어·개념과의 이로운 관계능력의 확보'로 열어야 한다.** 붓다는 그 길에 눈떴고 그 길을 알려준 스승으로 보인다. 붓다의 모든 법설을 이런 시선으로 읽으면 새로운 독법이 가능해진다.

2. 원효 일심一心철학의 의미

원효는 그가 눈뜬 삶과 세상의 궁극 지평을 '일심一心'이라는 용어에 담곤 한다. 그의 저술을 관통하는 특징이다. 또한 원효는 '一'이라는 기호에 자신의 모든 성찰과 체득을 압축하고 있다. '일심一心, 일각一覺, 일미관행一味觀行, 일미一味, 일상一相, 일여一如, 일행삼매一行三昧, 일법一法, 일성一性, 일실一實, 일심여一心如, 일의一義, 일제一諦, 일처一處, 일행一行' 등이 그런 사례들이다. 원효는 이런 기호들을 적재적소에 사용하면서 '一'의 의미 지평을 다양하게 변주하고 있다. 그의 말기저술로서 평생의 탐구와 성취를 반영하고 있는 것으로 보이는『금강삼매경론』에서는 특히 그런 태도가 두드러진다. **이러한 용법들에서 '一'은 수사나 형용사가 아니라 '역동적인 동사적 국면/내용'을 반영하고 있다.** 그래서 필자는 원효가 보여 주는 성찰들을 종합적으로 반영하여 '일심一心'을 '하나처럼 통하는/통하게 하는 마음'이라 번역하고 있다.

원효는 일심一心의 의미와 지평을『대승기신론』에 등장하는 본각本覺·시각始覺·불각不覺과 연관시키면서 깨달음(覺)에 관한 그의 통섭적通攝的인 사유를 체계화시켜 간다. 그리고 일심과 깨달음의 관계에 관한 성찰과 체득은 말기저술인『금강삼매경론』에서 완성된 모습으로 나타난다. 『금강삼매경론』에서 원효는 일심과 본각本覺·시각始覺·불각不覺의 관련체계를 여래장如來藏개념과 결합시키는 작업을 마무리하는 동시에, '일각一覺'이라는 용어에다가 깨달음에 관한 그의 모든 성찰과 체득을 수렴시킨다. **본각本覺·시각始覺·불각不覺의 성찰과 체득은 〈'하나처럼 통하는 깨달음' 혹은 '하나처럼 통하게 하는 깨달음'〉(一覺)을 여는 것이어야 하고, 이 '하나처럼 통하는 깨달음'(一覺)이 열릴 때 '하나처럼 통하는 마음'(一心)의 지평에 올라선다.**

원효의 깨달음(覺) 사상을 구성하는 이러한 개념체계는 정밀하게 음미하면서 현재언어에 담아 보아야 그 철학적 의미가 드러난다. 여러 층이 결합되어 있는 지층을 탐구할 때는, 각 층을 각각의 결대로 다루어가는 미시적 정밀성과 더불어, 그 결들의 다층·다양한 결합을 통섭적으로 다루어가는 거시적 총체성이 모두 요청된다. 그리고 이런 정밀성과 총체성은 원전용어와 논리를 그대로 채택하면서 재구성하여 체계화시키는 연구방법론으로는 확보할 수 없다. 일심一心·본각本覺·시각始覺·불각不覺·일각一覺·여래장如來藏 등의 개념과 관련된 원효의 다층적 사유체계의 안뜰에 들어가려면, 여러 문들을 열고 있는 원효 언어의 의미를 현재언어의 그릇에 담아 섬세하게 다루어야 한다.

'하나처럼 통하는/통하게 하는 마음'(一心)은 '삶과 세상의 향상적 변화를 가능하게 하는 근거'(여래장如來藏으로서의 일심一心)이자 '향상변화의 목적지'이다. 원효의 모든 통찰과 언어는 이 출발지와 도착지 및 그 과정에 관한 것이다. 그런데 그 모든 과정을 관통하는 중심축은 '[사실대로] 이해하는 수행'(觀行)이다. 이 관행觀行의 요점을 『금강삼매경론』에서는 '한 맛[처럼 서로 통하는] 이해와 [그 이해에 의거한] 수행'(一味觀行)의 문제로 종합하고 있다.

원효는 '[사실대로] 이해하는 수행'(觀行)을 크게 두 유형으로 분류한다. 하나는 '수단이 되는 이해수행'인 방편관方便觀이고, 다른 하나는 '온전한/본격적인 이해수행'인 정관正觀이다. 자리행과 이타행을 하나로 결합시킬 수 있는 관행이면 '온전한/본격적인 이해수행'(正觀)이며, 그렇지 못하면 그런 경지에 접근하기 위해 '수단이 되는 이해수행'(方便觀)이라 구분하기도 한다. 정관은 '참된 이해수행'(眞觀)

이라고도 하는데 진여문(眞如門, 참 그대로와 만나는 측면)에 들어가게 되는 것은 정관에 의해서이다. 방편관은 자아를 포함한 대상들에 대한 실체관념(相)의 제거를 겨냥하는 것이고, 정관은 대상들에 대한 실체관념뿐 아니라 '실체관념을 제거하는 마음(能取) 자체에 대한 실체관념'마저 제거하는 것이다.

또한 정관正觀/진관眞觀은 '[빠져들지 않고] 그침'(止)과 '[사실대로] 이해함'(觀)을 하나의 지평에서 융합적으로 펼쳐 가는 수행이다. 구체적으로는, 〈[인간의 지각 경험에서 모든 현상은] 오로지 마음[에 의한 구성]일 뿐 [마음과 무관한] 독자적 객관대상은 없다〉(唯識無境)는 유식의 이해를 기반으로 '그침'(止) 국면과 '살핌/이해'(觀) 국면을 동시적으로 펼쳐가는 수행이다. 이것을 '그침과 이해를 동同근원적으로 함께 굴림'(止觀雙運)이라 부른다. 이러한 정관正觀에 의거하여 '사실/참 그대로'(眞如)에 직접 접속하게 되고, 마침내 〈'비로소 깨달아감'(始覺)의 내용이 바로 '깨달음의 본연'(本覺)〉이라는 것을 체득하게 되는 '하나처럼 통하는/통하게 하는 깨달음'(一覺)의 지평에 올라선다. 이후의 과제는 '깨달음의 본연'(本覺)과 통하는 정도를 확장해 가는 것이다. 통하는 정도를 확대시켜 가다가, '[차이들을] 평등하게 볼 수 있는 깨달음의 경지'(等覺位)에서 성취하게 되는 금강삼매金剛三昧에 의거하여 마침내 '[차이들을] 사실대로 함께 만날 수 있는 깨달음의 경지'(妙覺位)에 오른다. 이때 '비로소 깨달아감'(始覺)의 내용과 '깨달음의 본연'(本覺)이 완전하게 하나가 된다.[228] 그리고 이 모든 과정의 가능근거이자 귀결로서 최상위 지위를 차지하는 인지의 면모가 '하나처럼 통하는/통하게 하는 마음'(一心)이다.

인간이 '하나처럼 통하는/통하게 하는 마음'(一心)의 주체가 되는 과정에서 부각되는 개념들의 인과적 연쇄를 원효의 안내에 따라 정리하면 다음과 같다. '일심一心여정旅程'의 이정표 내지 거치게 되는 기착지에 대한 선별적 안내문인 셈이다.[229]

〈향상의 잠재적 가능성이자 근거인 '여래장如來藏으로서의 일심一心'→불변·

---

228 이에 관한 구체적 논의는 「자기이익 성취와 타자이익 기여의 결합 문제와 원효의 선禪−자리/이타의 결합 조건과 선禪」(『불교학연구』40호, 불교학연구회, 2014)에 있다.

229 이 밖에도 중요한 개념의 군群들이 있지만 이 글의 논지에 맞추어 선별한 것이다.

동일·독자의 실체나 본질은 없다는 이해'(空觀)→'현상을 유식唯識으로 이해함'(공관空觀을 안은 唯識觀)→'온전한 이해수행'(正觀)인 '[빠져들지 않고] 그침'(止)과 '[사실대로] 이해함'(觀)의 융합(止觀雙運)→'자기를 이롭게 함'(自利行)과 '타인을 이롭게 함'(利他行)의 결합적 전개→'비로소 깨달아 감'(始覺)의 내용이 바로 '깨달음의 본연'(本覺)임을 체득하게 되는 '하나처럼 통하는/통하게 하는 깨달음'(一覺)→'하나처럼 통하는/통하게 하는 마음'(一心)〉.

이 조건인과적 연쇄를 통해 걸어가는 길의 의미를 풀면 이렇게 될 것이다.

인간은 진화과정에서 새로운 향상의 가능성을 발현시켜 품었다. 언어능력에 수반하여 발생한 것으로 보이는 '불변·동일·독자의 실체/본질 관념'은 차이들 사이에 분리와 배제의 벽을 세웠지만, 다시 그 장벽을 해체시키고 **차이들과 '하나처럼 통하면서 만날 수 있는 인지능력/마음'(一心)을 발현시킬 수 있는 가능성**을 품게 되었다. **원효는 그것을 '여래장**如來藏**으로서의 일심**一心**'이라 부른다. '불변·동일·독자의 실체나 본질은 없다는 이해'**(空觀)**는 이 가능성을 구현하는 토대이다.** 이 토대를 딛고 서서, 〈[인간의 지각 경험에서 모든 현상은] 오로지 마음[에 의한 구성]일 뿐 [마음과 무관한] 독자적 객관대상은 없다〉(唯識無境)는 유식唯識의 이해를 사다리로 삼아, 또 한 번 도약한다. 원효는 그 도약 방법을 '공관空觀을 안은 유식관唯識觀'으로 제시한다. **'공관**空觀**을 안은 유식관**唯識觀**'에 의거하여, '모든 경험현상을 괄호 치고 거기에서 빠져나오는 마음국면/자리'를 확보하고, 그 국면/자리에서 이해들을 만나 '더 좋은 이해로 바꾸어 가는 능력'을 확보한다. '공관을 안은 유식관'을 디딤돌 삼아 성취하는 이 능력을 원효는 '온전한 이해수행'**(正觀)**이라 부른다. 〈주·객관의 모든 현상에 '빠져들지 않고 그침'**(止)〉과 〈그친 국면/자리에서 '사실대로 이해함'**(觀)〉**을 동시에 펼칠 수 있는 능력이다. 지관쌍운止觀雙運의 정관止觀이 그것이나.

그런데 이 '온전한 이해수행'(正觀)은 '자기를 이롭게 하는 이해의 수립 및 실천'(自利行)과 '타인들을 이롭게 하는 이해의 수립 및 실천'(利他行)을 하나로 결합시켜 펼칠 수 있는 실력을 키워가는 것이기도 하다. 개인 구제와 사회 구제가 '별개의 것이 아닌 관계'(不二, 不異)로 맺어지는 지평이 비로소 제대로 꽃을 피우는 단계이다. 이후에는 모든 차이현상과 '하나처럼 통하면서 만날 수 있는 깨달음'(一覺)이 뚜렷하게 되고, 마침내 모든 차이와 '하나처럼 통하는/통하게 하는 마음'(一心)이라 부르는 궁극의 인지능력이 성취된다.

이 모든 향상과정은 고스란히 '개인과 사회의 생활세계 문제해결력 향상과정'이기도 하다는 점을 간과하지 말아야 한다. 이 일심 여정에서는, 불변·동일·독자의 실체·본질 관념으로 차이들을 왜곡하고 오염시켜 부당하게 다루어 오던 실체·본질주의 기획의 갖가지 해로운 민낯이 고스란히 폭로된다. 동시에 종교·철학·문화·전통·관습·제도의 옷을 걸치고 국가의 보호 아래 위세를 떨치던 실체·본질주의의 기만과 폭력을 치유하는 능력이 향상한다. 이 성찰과 치유의 여정은 '조건 인과적 합리성'을 경험세계 내에서 구현시켜 간다. 모든 현상을 '조건에 따라 인과적으로 발생'(緣起)한 것으로 이해하는 연기적 이해능력으로 '차이 현상들의 있는 그대로'를 드러내고, 그 '본질/실체가 아닌 차이들'과 서로 막힘없이 공명共鳴하며 호혜적 관계를 만들어 가는 '조건 인과적 합리성의 광대한 구현과정'이 그 여정의 풍경이다. 조건 인과적 합리성을 개인적·사회적으로 고도화시키는 최고 수준의 능력을 원효는 '하나처럼 통하면서 만날 수 있는 깨달음'(一覺)으로 노래한다. 그리고 '하나처럼 통하는/통하게 하는 마음'(一心)은 그 여정의 시작이고 여러 기착지이며 최종 목적지이다.

이 '일심一心 여정'에서는, 〈'어떤 이해나 경험에도 붙들려 갇히지 않고 빠져나오는 국면/자리'를 열고, 그 자리에서 이해들을 만나, 더 좋고 더 이로운 것으로 바꾸어가는 능력〉을 키워 주는 붓다의 정학/선 법설이, 정교한 논리와 풍부한 이론에 담겨 재구성되고 있다. 〈공관空觀을 안은 유식관唯識觀→'빠져들지 않고 그침'(止)과 '사실대로 이해함'(觀)의 동시 결합적 전개→'자기를 이롭게 함'(自利行)과 '타인들을 이롭게 함'(利他行)의 나뉘지 않는 실천→'하나처럼 통하면서 만날 수 있는 깨달음'(一覺)의 성취→'하나처럼 통하는/통하게 하는 마음'(一心)의 완전한 발현〉으로 재기술되고 있는 것이다. 그런데 붓다는 '빠져나오는 마음자리'에 눈뜨게 하는 수행인 정지(正知, sampajānāti)의 구체적 방법을 '일상의 심신 현상에 대한 알아차림'의 방식으로 제시해 준다. 그리고 선종은, 붓다의 정학/선 법설의 취지를 계승하고 있을 뿐 아니라, 정지正知에 관한 방법론적 장치마저도 붓다의 방식을 계승하고 있다. 이에 비해 원효의 '일심 여정'에는 붓다와 선종에서 목격되는 것과 같은 '빠져나오기 방식'의 일상적 기법에 관한 언급은 없다. 그러나 정학/선의 의미와 내용을 정밀하게 밝혀 주는 철학, 붓다와 선종이 제시하는 '정지正知의 일상적 방법'이 제대로 작동할 수 있는 철학적 근거와 토대는 탁월한 모습으로 펼쳐진다.

원효와 『대승기신론』 및 선종의 선관은 붓다의 정학/선 수행에 관한 새로운 관점을 천명하고 있다. 그리고 이들은 그 새로운 관점의 철학적 기초를 공히 유식唯識 통찰에서 마련하고 있다. 그런데 선종은 자신의 유식적 기반을 간명한 형태와 압축적 방식으로 표현하는 데 그치고, 대부분의 관심을 '빠져나오는 마음국면/자리'를 확보하는 방법론적 행법에 집중한다. 선종의 언어는 철학적 내용을 담은 것일지라도 결국은 이 방법론적 행법을 이론적으로 분명히 하려는 의도와 관련되어 있다. 이에 비해 원효는 '빠져나온 마음국면/자리의 확보'와 '그 국면/자리에서 이해들을 만나 더 좋은 이해로 바꾸어가는 능력' 및 그 능력의 계발방법을 드러나게 하는 풍요로우며 고도화된 철학적 내용과 이론을 밑그림으로 펼치고 있다. '정학/선의 철학적 근거'를 체계적으로 수립하여 '철학의 땅에 뿌리내린 정학/선의 나무'를 키워 내고 있다. 선종은 자기 언어의 철학적 근거와 이론을 원효로부터 제공받을 때, 선종 내부에 자리 잡은 신비주의 및 사유·언어의 결핍 현상을 극복할 수 있는 힘을 얻는다.

멋진 그림이 그려진다. 붓다의 법설과 원효의 철학 그리고 선종의 창발적인 방법론적 언어가 어우러진 그림이다. 깊은 뿌리인 붓다의 법설, 그 뿌리에서 제공하는 풍부한 수분과 양분으로 거목이 된 원효, 그 거목의 가지에 주렁주렁 열린 선종의 열매. 그 뿌리는 또 다른 나무를 키워내고, 그 나무에는 또 다른 열매가 열릴 것이다.

일심에 관한 원효의 말 몇 구절을 들어 보자.

"처음 ['본연의 측면에서 총괄적으로 펼침'] 중에서 〈현상이라고 하는 것은 중생의 마음을 말한다〉(所言法者, 謂衆生心)라는 것은, [대승] '자신의 [온전한] 본연'(自體)을 현상(法)이라 말하는 것이다. 지금 대승에서는 모든 현상에 다 각자의 실체가 없으며 오로지 '하나처럼 통하는 마음'(一心)을 그 '자신의 [온전한] 본연'으로 삼으니, 그러므로 〈현상이란 중생의 마음을 말한다〉(法者, 謂衆生心)라고 하였다. 〈이 [중생의] 마음이 곧 [세간과 출세간의] 모든 것을 포섭하고 있다〉(是心卽攝一切)라고 한 것은, '대승[에서 말하는] 현상'(大乘法)이 '소승[에서 말하는] 현상'(小乘法)과 다름을 드러낸다. 참으로 이 [중생의] 마음이 모든 현상(法)을 '통틀어 끌어안기'(通攝)를 하기 때문에 '모든 현상 자신의 [온전한] 본연'(諸法自體)은 오로지 '하나처럼 통하는 마음'이니, 소승에서 〈모든 현상에는 각각 자신의 실체가 존재한다〉(一切諸法各有自體)고 말하는 것과는 같지 않은 것이다. 그러므로 '하나처럼 통하는 마음'(一心)이 '대승의 현상'(大乘法)이라고 말하는 것이다."[230]

  "〈'하나처럼 통하는 마음'이라는 도리를 세운다〉(立一心法)는 것은 저 첫 번째 의문[인 '진리(法)에 대한 의문']을 제거하는 것이니, '대승의 진리'(大乘法)에는 오직 '하나처럼 통하는 마음'(一心)만 있다는 것을 밝히는 것이다. '하나처럼 통하는 마음' 이외의 또 다른 진리(法)란 없으니, 단지 근본무지(無明)가 있어 스스로의 '하나처럼 통하는 마음'을 미혹하게 하여 온갖 [분별의] 파도를 일으켜 '여섯 가지 미혹의 세계'(六道)에 떠돌아다니게 한다. [그러나] 비록 '여섯 가지 미혹의 세계'(六道)라는 파도를 일으키더라도 '하나처럼 통하는 마음'(一心)이라는 바다에서 벗어나지 않는다. 실로 '하나처럼 통하는 마음'(一心)으로 말미암아 '여섯 가지 미혹의 세계'(六道)를 움직여 생겨나게 하는 것이므로 [중생을] 널리 구제하겠다는 서원(弘濟之願)을 일으킬 수 있는 것이며, 또한 '여섯 가지 미혹의 세계'(六道)가 '하나처럼 통하는 마음'(一心)에서 벗어나지 않기 때문에 '한 몸으로 여기는 크나큰 연민'(同體大悲)을 일으킬 수 있게 된다. 이와 같이 의문을 제거하면 [깨달음을 구하려는] 크나

---

230 『소』(H1, p.704a); "初中"所言法者, 謂衆生心"者, 自體名法. 今大乘中, 一切諸法皆無別體, 唯用一心爲其自體, 故言"法者, 謂衆生心"也. 言"是心卽攝一切"者, 顯大乘法異小乘法. 良由是心通攝諸法, 諸法自體唯是一心, 不同小乘一切諸法各有自體. 故說一心爲大乘法也."

큰 마음'(大心)을 일으킬 수 있는 것이다."[231]

"'두 측면'(二門)이 [나뉘는 것이] 이와 같은데, 어째서 '하나처럼 통하는 마음'(一心)이라 하는가? 오염되었거나 청정하거나 그 모든 것의 '본연적 면모'(性)는 [불변·독자의 실체나 본질에 의해] 둘[로 나뉨]이 없기에'(無二) '참됨과 허구라는 두 측면'(眞妄二門)은 [본질적] 차이(異)가 있을 수 없으니, 그러므로 '하나'(一)[처럼 통함]이라 부른다. [그리고] 이 '[불변·독자의 실체나 본질에 의해] 둘[로 나뉨]이 없는'(無二) 자리에서 모든 것을 실재대로이게 하는 것은 [이해하는 작용이 없는] 허공과는 같지 않아 〈'본연적 면모'(性) 자신이 지혜롭게 사실대로 이해하니〉(性自神解[232]), 그러므로 '마음'(心)이라 부른다. 그런데 이미 '둘'(二)[로 나뉘는 불변·독자의 실체나 본질]이 있지 않다면 어떻게 '하나'[처럼 통함]이라는 것이 있을 수 있으며, '하나'[처럼 통함]이 있지 않다면 무엇에 입각하여 '마음'이라 하겠는가? 이와 같은 도리는 '언어적 규정에서 벗어나고 분별하는 생각을 끊은 것'(離言絶慮)이어서 무엇으로써 지칭해야 할지 알 수가 없지만 억지로나마 '하나처럼 통하는 마음'(一心)이라 부른다."[233]

원효가 '일심一心'이라는 기호에 담아내려는 것은, '모든 것을 지어내면서 자신은 불생불멸하는 본체'가 아니다. 일심一心은, 〈차이 현상들 위에 근본무지가 실체·본질 관념을 덧씌워 수립한 '허구적 이해'(분별)의 성채에 갇히지 않고 빠져나와, 그 '잘못된 해로운 이해들'을 '사실적 차이에 부합하는 이로운 이해들'로 바꾸어, '차이들의 사실적 지위'를 살려 내는 동시에 부당한 차별의 벽을 허물어 버리

---

231 『소』(H1, p.701b~c); "立一心法者, 遣彼初疑, 明大乘法唯有一心. 一心之外更無別法, 但有無明迷自一心, 起諸波浪流轉六道. 雖起六道之浪, 不出一心之海. 良由一心動作六道, 故得發弘濟之願, 六道不出一心, 故能起同體大悲. 如是遣疑, 得發大心也."

232 '神解'의 '神'은 확정되지 않는 면모를 지시하는 개념으로서 불교철학으로는 '분별적 구획에 갇히지 않음'을 지칭한다.

233 『소』(H1, p.705a); "二門如是, 何爲一心? 謂染淨諸法其性無二, 眞妄二門不得有異, 故名爲一. 此無二處, 諸法中實, 不同虛空, 性自神解, 故名爲心. 然旣無有二, 何得有一, 一無所有, 就誰曰心? 如是道理, 離言絶慮, 不知何以目之, 强號爲一心也."

는 능력을 펼치는 마음〉이다. 그리하여 차이들로 하여금 '허구적 이해'(분별)로 만든 기만과 폭력의 감옥에서 풀려나게 하여, 〈왜곡과 배제를 일삼는 '본질·실체주의의 덫'에 갇히지 않은 채 서로 만나며〉(通), 〈실체·본질의 벽에 막히지 않고 공명共鳴하여 이롭게 관계 맺으며 상호작용함으로써〉(攝), '더 나은 이해'로 나아가 '더 좋은 이로움'을 만들고 '더 널리 함께 누리는 길'을 걸어갈 수 있는 사유의 수준이다. 그러기에 '하나처럼 통하는/통하게 하는'(一) '마음'(心)이다.

원효의 '일심一心'은 '파도 타는 실력'과 관련된 기호이다. 일심一心은, 차이들을 싣고 가는 '이해의 파도'에 빠지지 않으면서 '이해의 파도타기'를 즐기는 유영遊泳의 사유능력이다. '차이들의 변화와 관계에 접속한 채' '역동적이면서도 지속적으로' '자유와 평안의 유희'를 펼칠 수 있는, 사유의 새로운 능력이다. 이 능력은, '개념과 판단에 갇히지 않으면서도 개념과 판단에 접속하여 적절하게 개념·판단을 굴리는 힘'이고, '더 좋은 판단을 역동적으로 구성해 가는 열린 성찰의 힘'이며, 그 활짝 열린 자리에 서서 '더 이로운 행위를 선택하여 펼칠 수 있는 능력'이다. 언제나 언어·사유·차이들과의 접속 고리를 끊지 않은 채, 언어·사유·차이들에서 발생하는 허구와 그로 인한 삶과 세상의 훼손을 치유하는 힘, 차이들과 만나는 언어와 사유의 이로운 능력과 수준을 열어 끝없이 향상시키는 마음의 힘.─그것이 '하나처럼 통하는/통하게 하는 마음'인 일심一心이다.

붓다와 원효의 길은, 언어·사유·차이들이 존재의 집일 수밖에 없는 인간이, 그 집에 살면서도 근원적인 안락과 자유의 이로움을 누릴 수 있는 길이다. 이 길이 혹 무성한 잡초에 가려 있는 것은 아닐까? 그것도 집안 내부의 잡초들에 의해서. 인문人文 학인에게 붓다와 원효의 길은 새로운 수준의 인문의 길(道)이기도 하다. 이 길이 제대로 걷기 어려울 정도로 풀숲이 되어 있다면, 그것은 언어·사유·차이와의 접속 고리를 끊어 버리는 후학들의 해석들 때문이다. 이 접속 고리를 다시 복원하는 것이 불교철학을 비롯하여 보편지혜를 탐구하는 인문 학인들의 과제다. 원효는 등 뒤를 밀어주는 강력한 등 바람이다. 그 등 바람을 빌리면 숲길 헤치고 가는 행보가 훨씬 수월해진다. 원효의 언어는 든든한 순풍이다.

VIII.

차이(相)들의 '상호 개방'(通)과 '상호 수용'(攝)

―『금강삼매경론』과 차이 통섭의 철학

🪷 붓다의 법설과 후대 교학의 불연속—차이에 대한 시선의 문제

니까야/아함을 통해 붓다와 대화하면서 지속적으로 심화되는 의문은, 〈'붓다의 법설'과 '붓다 법설의 의미를 해석해 온 교학'과의 불연속 문제가 예상보다 훨씬 근원적 지대에 분포되어 있는 것은 아닌가?〉라는 것이다. 그 불연속 양상은 연기緣起 법설, 정학定學 등 붓다 법설의 핵심부와 그에 수반하는 주변부에 이르기까지 널리 그리고 다양하게 포진되어 있는 것으로 보인다.

'붓다의 법설'과 '후학後學들의 법설 해석학'(敎學) 사이의 불연속 양상에서 광범위하게 목격되는 것은 '차이(nimitta, 相)에 대한 이해'와 '차이를 다루는 방식'이다. 붓다의 모든 법설은 인간의 감관을 조건으로 하여 발생하는 경험현상에서 출발한다. 그리고 감관을 조건 삼아 발생하는 현상은 다름 아닌 '차이들'이다. 살아 있는 내내 차이와 무관한 지각이나 경험은 없다. 또 차이가 없는 순수 지각이나 경험도 없다. 깨달음·해탈·열반·구원의 깃발을 들고 '모든 차이가 소거된 불변의 동일성 지대'를 향한다면, 원래 없는 목적지를 향한 헛걸음이다. 혹 이런 헛걸음이 철학이나 교리, 신비주의의 지원을 받으면서 위세당당하게 행진하는 것은 아닌가. **'차이가 없는 동일성의 평등', '변화가 없는 무풍의 고요', '오직 자신만으로 존재하는**

독자의 자유'는 원래 없고 미래에도 생겨나지 않는다. 만약 붓다의 법설을 이런 목적지로 이끌어 주는 길이라 해석한다면, 붓다의 길에서 벗어나는 일탈이다. 붓다의 법설은, '차이'에서 시작하여 '차이와의 관계능력'을 키워 〈차이와 접속한 채 펼치는 '풀려나는 이해와 마음'〉으로 이끌어 주고 마침내 '차이 접속지대에서 누릴 수 있는 최고수준의 개인적·사회적 이로움'을 향유할 수 있는 길을 일러 준다. 그리고 원효는 붓다의 이러한 법설을 〈차이(相)들의 '상호개방과 상호수용'(通攝)〉의 통찰로써 계승한다.

차이 현상의 경험과 관련한 붓다의 통찰과 관련 법설은 아마도 붓다의 상당수 직제자들에서부터 그 의미와 초점이 흐려지기 시작한 것이 아닌가 싶다. 붓다의 제자가 된 지식인들이 대부분 붓다 이전 인도전통의 사유방식 속에서 지적 소양을 키워 왔던 것이 가장 큰 이유로 보인다. 기존의 전통사유를 내면화한 사람들은 차이에 대해 전혀 다른 통찰을 펼치는 붓다의 법설 앞에서 두 길 가운데 하나를 선택해야 했다. 하나는 과감하게 전통사유와 결별하는 것이고, 다른 하나는 인도전통의 길에 붓다의 길을 이어 붙이는 것이다. 미련 없이 옛길을 버리고 새길로 갈아탄 사람들은, 그 길을 걸으며 누리는 새로운 이로움에 환호하였을 것이다. 반면 인도 우파니샤드 전통의 옛길에 붓다의 길을 이어 붙이려 했던 사람들은, 익숙하던 옛길에 이어진 길을 걸으면서 안도감을 누렸을 것이다. 그러나 그 익숙한 길에서의 편안함은 붓다의 감로약수(甘露藥水)를 흐리는 이물질이 되어 약효를 없애고 말았다.

붓다 이전 인도의 사상과 종교는 그 시선이 불변·동일·독자·순수·절대·만능의 궁극실재(아트만/브라흐만)으로 향하고 있다. 우파니샤드 전통은 이러한 시선을 신비주의로 포장하여 종교와 사상 및 사회를 장악했다. 그리고 이 우파니샤드 전통에 기대어 우월적 지위를 확보할 수 있었던 종교와 정치의 강자들은, 자신들의 지위를 확고하게 유지하기 위해 불변·동일·독자·순수·절대·만능의 궁극실재를 근원 내지 정점으로 하는 교리·논리·철학·수행론과 본질주의적 신분 위계제도를 수립하였다. 그런 궁극실재는 원래 존재하지 않기에 경험적으로 입증하기가 불가능하다. 아무도 확인했던 사람은 없었고 앞으로도 그럴 사람은 없다. 그런데 기이하게도 바로 이 검증 불가능성이야말로 모든 허구적 이론과 체계의 강력한 보호막이다. 어떤 방법으로든 경험세계에서 확인할 수 없는 것에 대한 주장은, 참과 거짓을 논할 수 있는 자격 자체가 결여된 '무의미한 명제'일 뿐이다. '참과 거짓'을 따질 수조차 없기에, 필요한 것은 설득의 기술이고 거창해 보이도록 꾸미는 수사법이며 그럴듯한 의미와 가치를 부여하는 논리이고 권위를 세우는 갖가지 장치이다. 불변·동일·독자·순수·절대·만능의 궁극실재(아트만/브라흐만/창조신)를 설정하여 종교와 철학, 사회와 문화를 장악한 모든 유형의 '무의미한 명제'들은 이러한 기법들을 꾸준히 개발하여 성공한 사례들이다.

붓다 이전, 아트만/브라흐만을 에워싼 인도의 전통사유는, 유일·절대·만능의 창조신을 옹립하는 서양의 신앙 사유와 더불어, 무의미한 명제가 어떤 방식으로 세상에 먹힐 수 있는가를 보여 주는 사례의 전형이고 아직까지 위력을 잃지 않는 성공 사례이다. 그런데 붓다는 이 무의미한 명제를 원점에서 해체한다. 불변·동일·독자·순수·절대·만능의 궁극실재로 향하는 길 자체를 폐쇄하고 전혀 새로운 길을 연다. 필자가 보기에, 그 길에 들어서는 문은 대략 다음과 같은 관점들이 열쇠가 된다.─〈삶의 구원과 진리에 관한 모든 주장은 반드시 경험을 통해 검증할 수 있어야 한다.〉〈모든 현상 속에 불변·동일·독자의 실체나 본질은 원래 없고, 그런 현상들을 산출하고 관장하는 전능의 불변 실재도 없다.〉〈모든 현상은 가변적이고 관계적이며 조건발생적이다.〉〈인간의 모든 경험은 차이(nimitta, 相)들과의 관계에서 발생하는 것이다. 따라서 그 어떤 수준의 깨달음과 성취라도 처음부터 끝까지 '경험의 발생조건인 차이 현상들'과의 관계를 유지해야 하며, 또 그 관계에서 발생해야 한다.〉〈구도와 수행이란 것은 '차이 현상들과의 새로운 관계방식'에 눈떠 '새롭게 관계하는 능력'을 키워 가는 과정이다.〉〈개인과 사회의 모든 수준의 이로움도 가변적·관계적·조건발생적인 차이 현상들과의 접속을 유지한 채 추구해야 하고, 그 차이 현상과의 관계에서 구현해야 한다.〉〈가변적·관계적·조건발생적인 차이(nimitta, 相)들과의 접속을 끊어 버리려는 초월적 탈주의 유혹, 모든 변화와 차이 및 관계의존성이 제거된 '불변·동일·독자의 실재나 지대'를 설정하는 것은, 모든 무지와 기만 및 폭력의 원천이다.〉

붓다의 길에 들어서는 이러한 문 열쇠들이 과연 얼마나 제대로 간수되고 또 계승되었는지는 의문이다. 붓다의 법설을 해석하고 이론적으로 체계화하는 지적 작업, 그 지적 작업의 산출물에 의거한 수행론의 구성 및 수행 현장, 불교의 팻말을 내건 종교 현상, 불교와 사회의 관계방식 및 상호작용.─이 모든 영역에서 그 열쇠들이 혹 분실되는 일들은 없었는가? 혹은 다른 열쇠로 대체되어, 붓다의 길에 들어서는 문은 열지 못하고 다른 문을 열고 엉뚱한 길에 들어선 일들은 없었을까?

❀ '있는 그대로, 사실 그대로'(yathābhūta, 如實)에 대한 전통시선

'있는 그대로 알고 봄'(yathābhūtañaṇadassana, 如實知見)은 '동일성·독자성·불변성이라는 환각으로 사실을 왜곡시키던 근본무지가 제거된 온전한 이해'를 지칭하기 위해 사용되는 초기경전의 대표적 용어이다. 지혜(paññā, 般若)·'있는 그대로'(yathābhūta, 如實)·'있는 그대로 안다'(yathābhūtaṁ pajānāti) 등은 같은 맥락에서 채택되는 용어들이다. 원효가 『금강삼매경론』에서 구사하는 '실상實相' '실상관實相觀' '실상진여實相眞如' '진관眞觀' '진실관眞實觀' '진여정관眞如正觀' '정관正觀' '정관지正觀智' '진여眞如' '진여실상眞如實相' '진조관眞照觀' '진증관眞證觀' 등도 같은 의미계보에서 등장한 용어들이다.

동일한 맥락에 놓인 이 일련의 용어들은 모두 두 가지 의미가 한 용어에 결합되어 다양하게 변주되고 있다. 하나는 '있는 그대로, 사실 그대로'(如實·實相·眞如·眞·眞實)이고, 다른 하나는 '이해'(知·見·觀)이다. '있는 그대로, 사실 그대로 이해하는 것'이 지혜이고, 이러한 지혜를 성취하는 과정이 깨달음의 수행이며, 이 지혜에 의해 개인과 사회는 원초적 무지의 왜곡·오염으로부터 풀려나 좋은 이로움을 누릴 수 있다는 것이다. 붓다의 모든 법설은 결국 '인지능력의 원초적 결함'(根本無知)을 궁극적 문제로 삼고 있다는 점을 확인시켜 주는 용어들이다. '있는 그대로, 사실 그대로 이해하기'는 니까야 대장경 탐구에 집중하는 상좌부 전통의 교학이나 수행법의 핵심 목표이고, 대승불교 역시 용어와 이론을 변주시켜 가며 같은 목표를 겨냥하고 있다. 다만 선종 선불교의 후기에 들어서는 깨달음에 관한 일종의 신비주의적 언어가 번성하면서 이 '있는 그대로, 사실 그대로 이해하기'에 대한 시선과 초점이 이동되는 경향성이 목격된다. 그것은 선종 선불교가 부각시킨 '마음'의 문제에서 파생된 현상으로 보이는데, 이에 관한 필자 나름의 소견은 앞서 '이해와 마음'에 관한 글에서 피력하였다.

　　불교철학과 수행론의 핵심이 '있는 그대로, 사실 그대로 이해하기'에 있다는 것은 학인들 사이에서 널리 공유되고 있다. 그런데 중요한 물음 하나에 대한 성찰이 아직 충분치 않아 보인다. 〈'있는 그대로, 사실 그대로 이해한다는 것'은 '무엇'을 대상으로 하는 것인가?〉라는 물음이 그것이다. 이 물음에 대한 대답을 예상하는 것은 어렵지 않다. 〈당연히 내면의 주관적 현상들은 물론 외부의 현상들까지, 일체를 대상으로 하는 것이지!〉라고 할 것이다. 그리고 '있는 그대로, 사실 그대로의 이해'에 대해서는, 상좌부의 시선을 통해 초기불교를 탐구하는 학인이라면 〈인간 내부와 외부에 있는 모든 현상의 무상無常·고苦·무아無我를 직접 보아 이해하는 것〉이라 대답할 것이고, 대승 공空교학의 학인이라면 〈모든 현상이 공空하다는 것을 이해하는 것〉이라 할 것이며, 대승 유식唯識교학의 학인이라면 〈모든 현상은 알음알이 식識이 지어낸 것임을 이해하는 것〉이라 할 것이고, 선종 선불교의 학인이라면 〈마음의 본연을 깨칠 때 모든 현상이 사실 그대로 훤하게 드러나는 것〉이라 대답할 것이다. 또 이런 내용을 직접체득으로 확인하려는 것이 '위빠사나 관법觀法 수행'이고 '공관空觀 및 유식관唯識觀 수행'이며 '진심眞心을 깨치려는 무념無念의 화두참구 수행'이라 말할 것이다.

　　〈내면의 주관적 현상은 물론 외부의 객관적 현상을 망라하는 일체의 것이 '있는 그대로, 사실 그대로 이해해야 하는 대상'이다〉라고 보는 것은 모든 교학전통에서 이견이 없는 것으로 보인다. 다만 '있는 그대로, 사실 그대로'에 해당하는 내용에 대해서 초점이나 관점의 차이가 있을 뿐이다. '있는 그대로, 사실 그대로'를 '무상無常·고苦·무아無我인 현상', '불변·동일·독자의 본질이나 실체가 없는 공空

한 현상', '식識에 의해 구성된 현상', '분별심에서 벗어날 때 드러나는 현상' 등으로 이해하는 것들은 내용상 전혀 다른 것들은 아니다. 이런 표현들은 '무상無常·고苦· 무아無我·연기緣起를 핵심으로 삼는 붓다의 혜학慧學'과 '정지정념正知正念을 축으로 삼는 붓다의 정학定學'에 대한 후학들의 이해가 초점을 달리하면서 나타난 것인데, 그 초점의 이동은 곧 교학/불교해석학의 다채로운 역동적 전개를 보여 준다. 교학/불교해석학의 이러한 다양한 초점들이 모두 상이한 내용을 지시하는 것이라 할 수도 없고, 동일한 내용의 다양한 표현이라 장담할 수도 없다. 또 이들 가운데 어느 하나가 완결된 정답이라 말할 수도 없고, 모두를 합하면 정답이 된다고도 말하기 어렵다. '있는 그대로, 사실 그대로'를 읽는 교학/불교해석학들의 다양한 초점과 이해들에는, 관통하는 연속선과 공유 지대도 있고, 충돌하는 불연속선과 비非공유 지대도 목격된다.

붓다의 법설에 대한 후학들의 이해인 다양한 교학/불교해석학은 어느 하나가 정답이라고 할 수 없다. 붓다 법설에 대한 역사적·문헌적 정통성을 주장하는 상좌부 교학, 사상적 정통성을 내세우는 대승 교학, 수행론적 정통성을 자부하는 선불교, 이들 가운데 어느 하나 혹은 모두가 완결된 정답이라 볼 수는 없다. 그러나 이들 각자가 정답은 아니라는 말이 그들 모두가 틀렸다는 것을 의미하지는 않는다. 어느 교학/해석학과 수행론 전통 속에도 붓다 법설의 의미를 제대로 포착하는 부분과 그렇지 못한 부분이 혼재되어 있다고 보는 것이 타당할 것이다. 또한 붓다 법설에 대한 새로운 이해는 여전히 열려 있다. 따라서 기존의 교학/해석학과 수행론들 속에서 붓다 법설에 상응하는 내용들을 선별적으로 종합하거나 상응하게끔 통섭通攝시키는 노력을 하고, 혹 기존의 시선들이 아직 포착하지 못하고 있는 내용은 도전적으로 발굴하며, 혹 잘못 이해하고 있는 내용은 과감하게 비판하면서, 과거나 현재에 멈추지 않고 진보하는 행보를 내딛어야 한다.

'있는 그대로, 사실 그대로'를 둘러싼 기존의 시선들은 과연 충분할까? 혹 방치하거나 놓쳐 버린 것이 있지는 않을까? 현상들을 '있는 그대로, 사실 그대로'만나지 못하는 궁극 원인이 무명無明이라는 점에 대해서는 모든 교학·수행론 전통에서 이견이 없다. 그리고 '있는 그대로, 사실 그대로'를 왜곡하고 오염시켜 가는 과

정의 인식적 계기를 '분별과 희론'으로 보는 통찰을 계승하는 점도 동일하다. 그런데 붓다 법설의 이런 통찰을 계승하는 교학/해석학과 수행론에서 목격되는 경향성 하나가 있다. '근본무지·분별·희론과 언어·사유의 관계'에 관한 시선이 그것이다. 〈언어와 사유는 근본무지·분별·희론의 토대이다. 언어와 사유에 의거하는 한 근본무지·분별·희론에서 풀려나는 것은 불가능하다. 언어와 사유의 집을 뛰쳐나와야 '있는 그대로, 사실 그대로'와 직접 만날 수 있다. 언어와 사유는 '있는 그대로, 사실 그대로'를 가리는 장막이다. 그 장막을 걷어 내는 일을 진행하는 과정에서는 언어와 사유의 조력이 필요하지만, 걷어 내는 단계에서는 언어와 사유를 넘어서야 한다. 어떤 형태로든 언어 및 사유와 관계 맺는 한, 분별은 완전히 그칠 수 없고 '있는 그대로, 사실 그대로'를 직접 체득할 수가 없다.〉—초기불교 학인에서부터 대승의 공空·유식唯識 학인 및 선종 선불교 학인에 이르기까지 거의 예외 없이 공유하는 시선이다. 이러한 시선은 압도적 주류여서 예외를 찾기 어려울 정도이다.

붓다의 진리관은 몸(五蘊)으로 경험할 수 있는 현상들을 대상으로 한다는 점에서 '경험주의적 진리관'이다. 붓다의 경험주의는 두 층으로 구성되어 있다. 한 층은, 〈진리 주장은 '경험할 수 있는 것'에 의거해야 한다〉는 것이다. 다른 한 층은, 〈진리 주장은 '온전한 경험'에 상응하는 것이어야 한다〉는 것이다. **경험 혹은 경험 가능한 것들은 '온전한 것과 왜곡된 것'의 두 유형이 있으며, 진리는 '온전한 경험'에 상응하여 구현된다는 것이, 붓다 경험주의의 지향이다. 니까야/아함에서 빈번하게 등장하는 '있는 그대로, 사실 그대로'(yathābhūta, 如實)라는 용어는 붓다 경험주의의 지향을 드러내는 대표적 표현으로 보인다.** '사실대로 안다'(yathābhūtaṃ pajānāti)는 것은 '온전한 경험' 지평이 열린 것이며, 이 경험지평에서는 해탈의 명지(明知)가 발휘된다. 연기법과 사성제 및 그 다양한 변주 법설들은 결국 '사실을 있는 그대로 아는 온전한 경험'을 발생시키는 조건들에 관한 통찰로 볼 수 있을 것이다. **그런데 이 '있는 그대로, 사실 그대로'와 '언어'의 관계를 적대적으로 보는 시선이 즐비하다. '있는 그대로, 사실 그대로'에 대한 직접체득(直接知)을 '비非언어적 실재에 대한 직접경험'으로 간주하는 시선들이 그에 해당한다. 이런 시선은 불교**

교학의 여러 범주에서 광범위하게 목격할 수 있는데, 필자는 그 타당성에 대해 근원적으로 회의적이다. 붓다 법설의 굴절이라고 본다. 그리고 이 굴절 때문에 붓다 법설의 개인적·사회적 치유력과 생명력이 원천에서부터 부당하게 제한받아 왔다고 본다. '있는 그대로, 사실 그대로'를 모든 '차이 경험이나 개념적 경험 이전의 비언어적 실재'라고 읽어서는 안 된다고 본다.

지각이론에 대한 정교한 논리와 통찰을 펼치고 있는 불교 인식논리학을 비롯하여, 깨달음의 대상과 내용 및 방법에 대한 전통 교학/해석학들 가운데, '사실 그대로'를 '차이 경험이나 개념적 경험 이전의 비언어적 실재'로 보는 시선을 품고 있는 것들은 그 발밑부터 되짚어 볼 필요가 있다. **'사실 그대로'라는 말에다가 비언어적 실재에 대한 기대를 투영하여 일종의 존재론적 궁극실재를 설정하는 시선은, 붓다 이전의 인도전통 신비주의 사유가 붓다의 언어에 개입하여 초래한 해석학적 굴절이라고 본다.** 솔직히 필자는 아비담마 이래 교학의 중심부를 차지하는 존재론과 인식론에 대한 관심과 지향이 전반적으로 과연 얼마나 불교적일까 하는 의문까지 품고 있다. 이때 '불교적'이라는 말은 '붓다 법설과의 의미 상응'을 염두에 둔 표현이다. 니까야/아함을 통해 붓다와 대화를 하면 할수록 커져 가는 의문이다. 기존 교학의 존재론 및 인식론적 통찰이 결코 무의미하다고는 생각하지 않는다. 다만 그 통찰들을 '붓다와의 대화'에 유익하게 활용하려면('적용'이 아니다) 새로운 해석학적 전망이 필요하다고 생각하는 것이다. 필자의 관심은, **'있는 그대로'의 지평에 대한 새로운 독법의 가능성 및 필요성**에 있다. 그 독법 여하에 따라 붓다와의 대화 내용이 새로운 국면으로 접어들 수 있다고 보기 때문이다. 붓다의 법설이 여타의 철학이나 종교와 다른 지평을 열고 있다는 점을 제대로 포착하기 위해서도, 이 문제에 대한 새로운 접근이 필요하다. 이 글에서 거론하는 '육근수호의 법설'은 그 문제와 맞닿아 있다.

'있는 그대로, 사실 그대로'와 관련된 성찰을 인식론적·논리학적으로 전개하고 있는 불교 인식논리학에서는, '사실 그대로'를 '차이 경험이나 개념적 경험 이전의 비언어적 실재'로 보는 시선을 인식·논리적으로 정립한다. 디그나가(Dignaga, 480~540년경)는 바른 인식수단(pramāṇa, 量)으로서 직접지각과 추리의 두 가지를 거론하면서 인도 및 불교인식론 전통을 계승하여 독자적인 불교논리학 체계를 수립한 인물로 평가받는다. 그는 직접지각의 대상으로는 독자상(svalakṣaṇa, 自相)을, 추리의 대상으로는 공통상(sāmānyalakṣaṇa, 共相)을 거론하면서, '개념을 여읜 것'을 직접지각이라 정의한다. 또한 다르마끼르띠(Dharmakīrt, 600~660)는, 직접지각은 '개념을 여읜 것이며 착오가 없는 인식'이고 '개념'이란 '언어를 지닌 이해'라고 정의한다. 아울러 다르마끼르띠는 인식대상이 되는 것은 독자상뿐이라고 주장하는데, 공통상은 단지 관념적 존재이고 독자상만이 효과적인 작용이 가능하다는 것을 논거로 삼는다. 이들에 의하면, 유일한 실재인 독자상을 '있는 그대로' 인식하는 것이 직접지각이며, 이 독자상에 가탁되는 다양한 공통상의 하나를 매개로 삼아 그 독자상을 인식하는 것이 '추리에 의한 앎'인 추리지推理知라고 한다. 디그나가와 다르마끼르띠 모두 〈직접지각은 '대상에 대한 있는 그대로의 인식'이고 추리지는 '대상에 대한 부분적 인식'〉이라는 관점이지만, 인식대상을 독자상으로만 한정한다는 점에서는 다르마끼르띠가 디그나가와 입장을 달리한다고 알려져 있다.

일반적으로 불교지식론에서는 '개념적 지각'(有分別知覺)을 '근본무지→분별→ 오염'의 계열에 속하는 것으로 간주하기 때문에 이 계열에서 벗어나는 새로운 지각을 지향할 수밖에 없는데, 디그나가와 다르마끼르띠는 이 지향을 '직접지각과 독자상'의 문제로 정립한 것이다. 이들이 수립한 인식논리 체계에서, 직접지각으로 알게 되는 독자상은 분별의 오염에서 벗어난 '있는 그대로의 실재'이고, 추리로 알게 되는 공통상은 '언어 개념을 통한 앎'인 개념지概念知이다. 그리고 개념지의 공통되는 기능은 '타자의 배제'(anyāpoha)이며 분별(kalpanā)과 동일하게 취급된다. '타자의 배제'를 통해 수립되는 개념지인 공통상은 추리나 분별지에 의해 알게 되고, '있는 그대로, 사실 그대로'인 독자상은 분별이 없는 직접지각에 의해 인식된다는 것이다. 이러한 직접지각은 '요가 수행자의 직접지각'이라 불리기도 한다. 결국 직접지각은 개념지인 공통상을 인식대상에서 배제하고, 개념지·분별지는 직접지각의 대상인 독자상을 인식할 수 없다.

디그나가나 다르마끼르띠는 모두 유식설의 입장을 취하기 때문에 모든 '차이나 구분'은 결국 인식의 자기인식이다. 따라서 '궁극적 관점'(勝義)에서는 모든 차

이와 구분이 부정되는 불이(不二, advaita)의 입장에 서게 된다. 그리하여 다르마끼르띠의 학설을 계승한 프라즈냐카라굽타(Prajñākaragupta, 750~810경)는 모든 차이 구분이 사실상 성립하지 않는다는 관점을 분명히 한다. 유식의 관점에서는 자기인식 이외의 타자가 인식될 수가 없기 때문이다. 유식의 지평에서 모든 구별과 차이를 부정하는 것이 일체의 언어·개념적 분별을 넘어서는 것이며, 그것이 무분별지이고 붓다의 지혜 경지라는 것이다.

'있는 그대로, 사실 그대로'에 대해 보여 주는 불교 인식논리학의 이러한 이해에 의하면, 직접지각은 언어·개념적 인식이 아니고 독자상은 언어·개념적 인식으로는 알 수 없는 것이다. 따라서 직접지각과 그 대상인 독자상은 언어·개념과의 그 어떤 연루도 거부하고 그 어떤 차이나 구분도 배제한다. 차이와 구분에 관한 인간의 모든 경험은 '개념에 의한 구분'에 의거하고 개념은 언어에 담겨 수립되는데, '있는 그대로'인 독자상은 모든 언어·개념적 인식을 거부하는 직접지각에 의해 알려진다고 주장하기 때문이다. 이런 주장에 따르면, '있는 그대로, 사실 그대로'인 독자상은 언어·개념적 인식 이전의 지각인 직접지각에 의해 알려지므로 모든 언어·개념적 연루를 허용하지 않는다. 만약 이러한 시선에 따른다면, 붓다의 지혜는 '그 어떤 언어·개념적 연루도 없는 지적 능력'으로 간주하게 된다.

인간의 지각경험은 어떤 수준, 어떤 방식으로든 언어·개념과 결합되어 있다고 보는 것이 타당하다. 불교 인식논리학에서 거론하는 공통상은 '유사한 차이들을 언어·개념으로 묶은 것'이라는 의미이므로 언어·개념의 특징을 반영하는 용어이다. 그런데 독자상은 '언어·개념과의 연루가 끊어진 실재'이다. 〈언어·개념에 담겨 분류되지 않은 것을 지각할 수 있다〉는 가정을 수립하고 있는 것이다. 독자상에 대한 불교 인식논리학의 이러한 가정은 타당하지 않다는 것이 필자의 소견이다. 인간이 지각 가능한 범주는 어디까지나 '언어·개념과 연루된 현상'이라 생각하기 때문이다. 다르마끼르띠처럼 '효과적인 작용을 할 수 있는 것'을 논거로 삼아 독자상을 거론하는 방식은 수긍하기 어렵다. '언어·개념에 담기기 이전의 것'이 존재한다고 보는 것은 무리가 없지만, 그 '언어·개념과 무관한 것'을 인간의 지각대상으로 설정하는 것은 타당하지 않다. 불교 인식논리학이 설정하는 독자상은 인간의 지각대상이 될 수 없다. 독자상을 지각대상으로 설정하는 시선의 연원은 아비담마가 설정한 자성(自性, svabhāva)으로 보인다. 만약 그렇다면 아비담마의 실체론적 해석학을 비판하면서 수립된 대승불교의 인식논리학도 이 점에서는 아비담마의 불교이해의 틀에서 자유롭지 못한 셈이다. 필자는 아비담마가 설정한 자성이 인도전통 우파니샤드 본체·현상론의 변주일 가능성을 주목하는데, 이런 이해가 타당하다면 **아비담마를 비롯하여 대승불교의 인식논리학에 이르기까지, 붓다 법설을 탐구한 학인들 가운데는 거의 무의식적으로 인도 우파니샤드 신비주의 사유에 포획된 경우가 많아 보인다.**

불교 인식논리학의 이러한 이론은 '있는 그대로, 사실 그대로'에 대해 붓다의 후학들이 널리 공유해 온 이해를 인식·논리적으로 이론화시키는 것이기도 하다. 지금도 많은 학인들은 불교 인식논리학의 이러한 이해를, '있는 그대로, 사실 그대로'를 설하는 붓다 법설에 관한 해석의 정답으로 간주하는 것으로 보인다. 불교 인식논리학의 거장들이 펼치는 정밀한 논리와 사유에 경탄하면서 그들의 논의를 분석하고 정리하는 작업에 몰두하는 학인들은 많지만, '있는 그대로, 사실 그대로'를 이해하는 불교 인식논리학의 시선이 과연 얼마나 타당한가를 물어보는 근원적 성찰은 만나 보기 어렵다. 〈'있는 그대로, 사실 그대로'는 무엇이며 어떻게 포착될 수 있는가?〉라는 의문은 디그나가와 다르마끼르띠를 위시한 불교 인식논리학 학인들의 출발지이기도 하고 도착하려고 하는 목적지이기도 하다. 그리고 탐구의 결과로 그들이 제시한 것은 그 어떤 언어·개념적 인식도 배제하는 지각능력인 '직접지각'이었고, 일체의 언어·개념적 연루도 허용하지 않는 실재인 '독자상'이었다. 〈직접지각 능력을 확보하여 독자상을 인식하는 것이 깨달음의 성취이고 해탈과 열반의 궁극적 근거이다〉라는 것이 불교 인식논리학의 모든 내용을 하나로 꿰는 줄이다.

'있는 그대로, 사실 그대로'에 관해 불교 인식논리학이 정립하고 있는 관점과 이론에서 일관되게 목격되는 것은 '언어·개념·차이·구분에 대한 부정적 시선'이다. '있는 그대로, 사실 그대로'의 실재와 '언어·개념·차이·구분'은 상호부정과 불상응의 관계에 놓여 있다는 관점은 현재의 초기불교 학인을 비롯한 대승의 공空·

유식唯識 학인 및 선종 선불교 학인들 사이에서 널리 공유되고 있고, 모든 교학과 수행론의 전통에서 예외를 찾기 어려울 정도로 압도적이다. 불교 인식논리학이 정립하는 '직접지각과 독자상' 이론은 붓다 법설을 이해하여 온 기존의 주류 시선을 정밀한 학적 체계로 정립한 셈이다.

그런데 근원적 질문이 필요해 보인다. 〈'있는 그대로, 사실 그대로'를 이해하는 이러한 주류 시선은 과연 붓다의 법설을 제대로 읽고 있는 것일까? '있는 그대로, 사실 그대로'는 과연 언어·개념·차이·구분과의 연루를 허용하지 않는 실재인가? 붓다가 그런 내용을 설한 적이 있는가?〉—불편하지만 구도의 학인이라면 언제든지 누구나 물어야 하는 질문이다. 그래야 〈모든 것을 전제 없이 성찰하라. 나의 가르침조차.〉라는 붓다의 권유에 따르는 것이 된다. 〈'있는 그대로, 사실 그대로'에 대한 교학/불교해석학의 이해는 혹 출발점에서부터 부적절한 행보가 있는 것은 아닐까? 만약 붓다의 길로부터 일탈이 있었다면 그 이유는 무엇일까? '있는 그대로, 사실 그대로'는 어떻게 이해하는 것이 타당할까? 또 붓다의 법설에 상응하는 이해는 어떤 것이어야 할까?〉—감당할 내공이 안 된다는 이유로 밀쳐놓을 수만은 없는 질문이다.

일단 묻고 나름대로 대답해 보려는 시도 자체가 필요해 보인다. 그런 시도들이 쌓이고 상호작용하는 과정에서 더 향상하는 길에 오를 수 있을 것이다. '있는 그대로, 사실 그대로'는, 붓다의 도움을 받아 탐구하는 학인들 모두의 근원적·궁극적 관심사다. 또한 '있는 그대로, 사실 그대로'와 '언어·개념·차이·구분'은 상호부정과 불상응의 관계에 놓여 있다는 관점이 과거와 현재를 압도적으로 장악하고 있다. '있는 그대로, 사실 그대로'에 대한 전통 시선은 교학·이론적 탐구와 수행적 탐구의 거의 모든 내용과 직결되어 왔기에, 주류 시선의 타당성을 묻는 질문과 대답은 불편함을 넘어 강한 반발을 예상하게 된다. 그러나 어쩌랴, 불붙은 질문의 심지에 기름이 더해만 가는 것을.

필자가 보기에, '있는 그대로, 사실 그대로'에 대한 전통 주류의 시선은 간과하기 어려운 두 가지 문제점을 안고 있다. 첫 번째 문제점은, 〈'있는 그대로, 사실 그대로'의 실재는 '언어·개념·차이·구분'과 상호부정의 관계에 놓여 있다〉라는 시

선의 타당성 문제이다. 〈있는 그대로, 사실 그대로'인 독자상은 모든 언어·개념적 연관을 끊은 것〉이며, 〈독자상을 직접 체득하기 위해서는 언어와 개념에 의거하는 일체의 인식과 차이들을 배제하는 직접지각의 능력을 확보해야 한다〉라는 명제 자체가 의심스럽다. 과연 인간의 경험에서 언어·개념과 무관한 것이 있기나 할까? 또 언어·개념에 의거하지 않아도 되는 지각이 가능하기는 할까? 그런 지각 능력이 있을 수는 있는 것인가?

두 번째 문제점은 **'현실 문제해결력의 원천적 거세 현상'이다.** 인간의 삶은 문제 풀이의 과정이다. 동식물보다 훨씬 복잡하고 다층적인 문제들을 만들어 내고 또 풀어 가는 과정이다. 흔히 종교 고유의 문제인 양 간주되는 '삶과 죽음'의 문제도 사실은 인간만이 풀어 가야 할 '인간 특유의 문제' 가운데 하나이다. 결코 생명의 유지와 소멸에 관한 생물 일반의 문제가 아니다. 그리고 그 모든 문제는 인간의 감관으로 지각하는 현실에서 발생하며, 또한 예외 없이 언어·개념·차이들과 연관된 것들이다. 달리 말해, **언어·개념과 연관된 차이들에서 발생한 문제들이기에 '인간 특유의 문제'이고, 인간의 삶은 그 문제들을 풀어 가는 길에서의 여정일 뿐이다.**

그런데 〈있는 그대로, 사실 그대로'는 '언어·개념·차이·구분'과 상호부정의 관계에 놓여 있다〉〈있는 그대로, 사실 그대로'인 독자상은 그 어떤 언어·개념적 연관도 끊은 것이다〉〈독자상을 직접 체득하기 위해서는 언어와 개념에 의거하는 일체의 인식과 차이들을 배제하는 직접지각의 능력을 확보해야 한다〉라는 시선으로 '있는 그대로, 사실 그대로'를 추구한다면, 그것도 구도의 열정으로 추구한다면, 어떤 일이 벌어질까. **'언어·개념·차이·구분'에 의거한 모든 현실문제에 대한 근원적 혐오와 무관심이 깨달음의 깃발 아래 무성해진다는 것을 의미한다.** 그리고 그 결과는 '현실문제에 대한 무관심'과 '문제해결 능력의 저하'이다. '언어·개념·차이·구분'과 관련하여 발생할 수밖에 없는 부당한 차별과 불의, 기만과 폭력의 문제들을 구도의 명패를 달고 외면해 버리기 쉽다. '속세에서 초연함' '세간에 매이지 않음' '더 높은 출세간 문제를 해결하기 위한 불가피한 외면' 등으로 정당화되는 경우, 직면하고 풀어야 할 문제들에 대한 무관심과 무능력은 뻔뻔해지기도 한다.

사회적 강자의 입장에서는, '있는 그대로, 사실 그대로'에 대한 전통 시선과 그에 수반하는 '지각 가능한 현실문제에 대한 무관심과 문제해결력의 저하 현상'은 더할 나위 없는 우군이다. 이에 비해, 부당한 차별의 다양한 방식들에 포획되어 있는 다수 약자들이 이 전통 시선을 따른다면, 문제를 해결하려는 관심과 의지 및 능력을 원점에서 포기하게 된다. 기독교와 이슬람교, 불교 교단들이 현실 강자들과 맺어 온 관계에서는 이런 진단이 유효한 현상들을 쉽게 찾아볼 수 있다. 구원이나 깨달음이라는 깃발 아래 운집시켜 놓고는 '현실문제에 대한 무관심과 문제해결 의지의 거세'를 교리·교학으로 정당화시키는 현상은 지금도 여전히 기승을 부린다. 모든 종교의 주류세력이 관습과 제도, 사유나 행동에서 강한 보수적 태도를 보여 주는 것도 이와 무관하지 않다. **사랑이나 자비 같은 보편적 우호 정서의 실천은 매우 고귀한 것이지만, 그 정서는 언제나 '언어·개념·차이와 관련된 현상들에 대한 조건인과적/연기적**線起的 **성찰력'과 결합하여야 한다.** 그렇지 않을 경우, 불합리하고 부당한 현상들마저 보호·유지시켜 가는 자기모순과 사회적 기만의 덫에 걸리기 쉽다. 불합리한 기존질서를 수호하는 닫힌 보수의 최후 보루는 과거나 지금이나 여전히 종교다.

　　지금까지 제기해 온 질문을 다시 요약하면 이렇다. 〈붓다 법설을 해석해온 교학과 수행론 속에, 혹 '언어·개념·차이와 궁극실재와의 절연絶緣'을 설정하는 인도전통 신비주의 시선을 수용해 버린 현상이, 생각보다 깊고 넓게 포진해 있는 것은 아닐까? 붓다는 말한 적이 없는 내용을, 전통 신비주의 시선에 길들어진 학인들이 붓다 법설의 해석에 끌어들여 붓다 법설을 굴절시킨 것은 아닐까? 언어·개념·차이와 연관된 경험현상들을 기초조건으로 삼는 붓다의 '있는 그대로, 사실 그대로'에 관한 통찰을 제대로 살피지 못한 것은 아닐까? 아트만·브라흐만이라는 불변·동일·독자·순수·절대·만능의 실체를 설정하여 언어·개념·차이로부터 아예 탈출해 보려는 인도 신비주의 사유의 허구를 원점에서부터 해체하고 새길을 보여준 붓다의 법설이, 그 후학들에 의해 변형된 신비주의가 되어 다시금 인도전통 신비주의 문법에 포획되어 버린 것은 아닐까? 그리하여 언어·개념·차이와 연관된 삶과 세상의 문제들을 치유하는 능력이 원점에서부터 거세된 것은 아닐까? '있는 그대로, 사실 그대로'에 대한 신비주의적 이해가, 언어·개념·차이에 의거하여 발생하는 지각범주 내의 문제들을 다루는 관심과 능력을 근원에서 마비시켜 버린 것은 아닐까?〉

❀ '있는 그대로, 사실 그대로'(yathābhūta, 如實)와 언어·개념·차이

1. 인간 그리고 언어적 인지능력

인간이건 동물이건, 감관이 마주하는 일차적 사태는 '무수한 차이들'이다. 다만 감관을 통해 경험되는 차이들의 양상과 내용은 인간과 동물이 다르다. 동물의 경우 생존에 필요한 이로운 현상은 수용하고 해로운 현상은 거부하는 '본능적 기준에 의해 선별·취사·가공된 차이들'을 경험한다. 이에 비해 인간은 이로운 현상과 해로운 현상을 분간하고 취사선택·가공하는 독특한 능력 하나를 발전시켜 감관능력에 추가하였다. 유사한 차이들을 묶어 언어라는 부호에 담아 분류하고 처리하는 능력이 그것이다.

동물이건 인간이건, 지각을 통해 대면하는 차이 현상들은 '현상 자체의 모습과 내용'이 아니다. 감관이라는 필터를 통해 '여과된 현상'을 지각한다. 살아 있는 유기체의 감관은 환경에서 제공되는 무수한 차이 현상들을 생존에 유리할 수 있도록 선별·취사·가공하여 지각한다. 감관은 그 선별·취사·가공능력을 발전시키는 방향으로 진화해 온 것으로 보인다. 예컨대 청각의 경우, 모든 소리를 그대로 지각하는 것이 아니라 종種에 따라 음파의 영역과 감지 거리를 달리하면서 선별적으로 감지한다. 시각, 후각, 피부감각 등도 마찬가지이다. 인간의 귀도 모든 음파, 모든 거리의 소리를 그대로 감지하지 않는다. 생존에 필요한 내용만을 선별적으로 감지하는 구조로 진화해 왔다. 역동적으로 변하는 환경에서 제공되는 무수한 차이 정보들에 대해 '생존에 유리한 방식으로 선별·취사·가공하는 방식'을 적절히 진화시켜 온 종種은 살아남았고, 그렇지 못한 종은 소멸했다고 볼 수 있을 것이다. 인간의 감관능력도 이러한 생물학적 요청 속에서 진화해 온 것이다. **인간뿐 아니라 모든 생물은 감관이라는 그물망을 통과한 차이들을 지각하는 것이며, 그 그물망 씨줄과 날줄의 크기와 짜임새 등은 저마다 다르다.**

따라서 감관기능을 지닌 모든 생명체의 '지각하는 차이 경험'과 '외부세계의 차이 현상'은 동일한 것이 아니다. **생명체의 지각에서 발생하는 차이 경험은 '생존 이익을 위해 선별·취사·가공된 차이들'이다. 어떤 생명체도 외부세계의 차이 현상들을 거울에 비추어 내듯 고스란히 그대로 경험하지 않는다. 인간도 예외가 아니다. 인간이 아무리 고도화된 인지능력을 지녔을지라도 그 인지능력/정신이 감관 밖으로 나가 외부세계의 현상들을 '있는 그대로' 확인하는 것은 불가능하다. 인간의 경험은 감관조건에 의존할 수밖에 없으며, 따라서 인간의 지각에서 발생하는 차이 경험들도 다른 생명체들처럼 '선별·취사·가공된 차이들에 대한 경험'이다.** 붓다에 의하면 기억·비교·분석·종합·추리 등을 행하는 인지능력(意根)도 하나의 감관능력이며, 이 인지능력의 경험내용은 다른 다섯 가지 감관능력과 연관되어 있다. **인간의 정신·사유·인지능력이 아무리 복잡하고 고도화된 것일지라도, 다른 신체적 감관들과 연계하여 외부세계의 차이 현상들을 선별·취사·가공한 후 경험한다. 인간의 지각경험은 감관조건에 갇혀 있고, 대승의 유식학**唯識學**은 이 점을 잘 통찰하고 있으며, 칸트는 이 문제를 '구성적 인식론'으로 확인하고 있다.**

동물의 감관능력에서도 기억·판단 등의 지적 능력이 목격된다. 그러나 감관 능력의 통합적 역할을 수행하는 인간 인지능력(意根)의 지적 능력은 단연 고도의 수준을 보여 준다. 이 고도의 지적 능력이 가능한 것은 분명 인간 특유의 고도화 된 언어능력 때문이다. 위험 등의 상황 정보를 본능적 방식으로 전달하는 것은 언어능력이 아니라 단순한 신호 전달능력이다. 인간의 언어능력은 동물 일반의 신호 전달력과는 차원을 달리한다. **인간 특유의 언어능력은 '감관으로 1차 처리된 차이 현상들'을 '언어부호에 의거하여 재처리하는 능력'과 관련되어 있다. 감관에 포착된 '1차 처리된 차이들'을 대상으로, 다시 유사한 차이들을 묶어 언어·문자 부**

호에 담아 하나의 차이로 재처리하는 것이 인간 언어능력의 출발 지대이다.

언어·개념에 담아 유사한 차이들을 적절하게 분류하자, 분류된 차이들의 비교가 용이해졌다. 인간이 유사한 차이들을 한 다발로 묶어 언어·문자 부호에 담으려고 한 애초의 동기는, 감관에 와 닿는 차이들의 혼란을 줄여 대응능력을 높이려는 것이다. 유사한 차이들을 한 다발로 묶으면 무수한 차이들의 혼란이 줄어들어 비교와 대응이 용이해지고, 기억도 쉬울 뿐 아니라 장기 기억이 가능하며, 그에 따라 환경에서 발생하는 문제들에 대한 대응력과 해결력이 높아지기 때문이다. 환경에 잘 적응하여 생존하기 위한 생물학적 충동의 인간적 표현이다. 언어·개념을 통해 차이들의 분류와 비교 및 기억능력이 현저하게 발달하고, 또 분류·비교·기억된 차이들에 대해 취사선택 등으로 대응하는 과정에서, 언어적 인지능력의 고도화가 발생하였을 것이다.

차이들과의 만남에서 발생하는 문제들을 해결하기 위해, 언어·개념에 담아 분류된 차이들에 대해 적절히 대응할 수 있는 판단·평가의 기준선 수립이 우선적으로 요청되었을 것이다. 그 기준선이 바로 관점(view)이다. 관점이 확보되자, 다시 관점을 토대로 한 판단·평가·선택의 고도화 과정에서 일관성을 지닌 질서와 법칙이 포착되었을 것이다. 이렇게 포착된 법칙의 핵심은 '인과관계'였을 것이다. 'a라는 언어부호에 담은 차이'가 있으면 반드시 'b라는 언어부호에 담긴 차이'가 발생한다는 것을 반복적으로 경험하는 과정에서 a와 b의 관계를 인과관계로 포착하게 되었을 것이다. 필자의 생각으로는, 인간이 언어능력의 고도화 과정에서 확보한 법칙 포착능력은 '인과관계에 대한 포착'을 근간으로 삼아 그 내용이 풍요로워진 것으로 보인다. '비교된 차이들의 질서와 법칙에 대한 경험'이 바로 이해(understanding)이며, 따라서 이해는 '언어·개념에 담아 재처리된 차이들에 대한 법칙적 경험'인데, 이 이해능력의 핵심이 바로 '인과관계에 대한 포착능력'이다. 인과관계를 포착하는 이해능력이 발현되자, 인과관계에 대한 이해를 표현하는 '논리'(logic)가 발전하였고, 뒤이어 논리의 종합체계인 '이론'(theory)이 등장하였으며, 이에 수반하여 판단·평가·종합·분석·추론 등의 능력이 더욱 고도화되었을 것이다.

붓다의 연기법緣起法을 흔히 '인과관계에 대한 천명'으로 간주하면서 인과법에 대한 통찰이 불교 고유의 창안인 것처럼 이해하는 것은 부적절하다. 불교의 인과법이 물질현상뿐 아니라 정신현상 및 삶과 세상의 인과적 전개를 통틀어 말한다는 점은 특유의 시선이라 할 수 있어도, 인과법 자체에 대한 개안은 진화과정에서 인간이 언어능력에 기대어 발현된 것으로서 붓다 이전에 이미 인간 특유의 능력으로 확보된 것으로 보아야 할 것이다. **붓다 연기법의 탁월함과 특수성은 인과법을 설했다는 것에 있는 것이 아니라, '원인과 결과를 불변·독자의 본질/실체로 간주하지 않는 비非본질적 인과법'을 천명했다는 점에 있다.** 신이라 하건 아트만/브라흐만이라 하건 '유일·절대·전능의 궁극실재'를 최초의 궁극 원인으로 설정하여 자연과 인간 세상을 인과적으로 설명하는 것도 일종의 인과적 사유의 표현이다. 다만 이러한 인과적 설명은 원인이나 결과, 혹은 원인과 결과 모두를 본질로 간주하거나 '가변적 현상 이면에 있는 불변의 실체'를 설정하는 본질/실체주의적 시선에 의거하고 있다. 실재하지도 않는 본질이나 실체를 설정하여 인과적 사유를 표현하고 있는 것이다. 그리고 이런 점에서 **'사실 그대로의 인과적 설명'**이 되지 못한다. 신학적 설명이나 우파니샤드 신비주의적 설명뿐 아니라, 다양한 자연학의 인과적 설명이나 철학적 형이상학의 인과적 설명들도 대부분 본질/실체주의적 시선에 묶여 있다. 철학이나 과학에서 현상의 인과적 전개에 본질/실체가 없다는 인식이 확산된 것은 그리 오랜 일이 아니다. 다양한 유형과 범주의 본질/실체주의가 깔아 놓은 덫에서 탈출하려는 시도가 본격화된 것은 근자의 일이다.

본질/실체를 설정하지 않고서 현상의 인과적 전개를 잘 설명할 수 있는 이론의 개발과 확보가 자연과학이나 철학을 비롯한 모든 진리탐구 영역에서의 최고 관심사이자 현안이 되었다는 점은 의미심장한 현상이다. 인간이 언어능력에 기대어 확보한 '법칙 포착능력의 새로운 진화'를 의미하기 때문이다. '인과적 사유의 새로운 진화'가 진행되고 있는 것이다. 이렇게 보면 '원인과 결과까지도 모두 조건 인과적으로 발생한 것으로 보는 인과법'을 천명한 붓다의 연기법이 얼마나 선구적이며 탁월한 것인지를 비로소 이해하게 된다. 게다가 붓다는 이 비非본질/실체적 인과법을 본질/실체주의의 덫에 걸린 삶과 세상을 치유하는 길로 펼치고 있다. '본질/실체 관념을 조건 삼아 발생한 욕망과 이해'(탐욕·분노·무지)로써 삶과 세상을 훼손시키고 있는 '왜곡·오염된 실존 현상'(苦)을 치유하는 새로운 인과적 사유의 길로 안내하고 있는 것이다. 붓다의 연기법이 여전히 선구적이고 유효한 이유이다.

인간의 생존을 도와주거나 해치는 외부환경 가운데 대표적인 것은 다름 아닌 인간 자신이다. 인간 최고의 우군도 인간이고 최대의 적도 바로 인간이다. 따라서 피부, 외양, 언어, 성별 등에서 다양한 차이를 지닌 인간들을 만나면서 이로운 사람(들)과 해로운 사람(들)을 구분하고 기억하는 일은 생존 이익 확보를 위한 필수능력이다. 이 구분과 기억이 성공적인 만큼 생존 이익을 위한 문제해결력이 높아진다. 그런데 인간은 매우 유용한 도구를 확보했다. 언어능력이다. 유사한 차이들을 묶어 언어부호에 담는 것은 구분과 기억을 위해 가장 효과적인 일이다. 그리하여 인간은 관계의 친소親疎, 피부색, 말, 성별, 행동양식 등 다양한 측면에서 유사한 차이들을 묶어 언어로 담아 선명하게 구분한다. 개인의 이름에서 출발하여 혈연관계를 묶는 성씨, 민족과 국가 단위로 묶은 차이를 지칭하는 명칭 등, 다종·다층의 유사성을 언어부호에 담아 이로운 사람(들)과 해로운 사람(들)을 효과적으로 구분한다.

이 지점에서 **언어인간 특유의 '언어의 속성에 의거하여 수립한 유용한 허구'**가 발생한다. **'언어에 담은 유사한 차이들의 다발'에, 실제의 차이 현상들 속에는 존재하지 않는 '동일성·불변성·독자성'을 부여하는 것이다.** 유사한 차이들을 한 다발로 묶어 하나의 언어 그릇에 담으면, 혼란스러운 무수한 차이들 간의 비교가 용이해지고 기억도 선명해지며 장기 기억도 가능해진다. 그리고 그에 따라 차이들에 대한 대응력과 문제해결력이 높아진다. 이때 언어에 담긴 차이들 사이의 대비가 선명하고 지속적으로 유효할수록 비교·판단·평가·기억의 작업도 효율적이다. 그런데 '유사한 차이들의 다발'을 '동일한 단일 차이'로 보면 '차이들 사이의 대비'가 극적으로 명확해지고 일관성을 갖게 된다. 게다가 언어부호는 각자가 품은 차이 고유성을 '타자의 배제'라는 배타적 방식을 통해 유지하는 것을 속성으로 한다. '한국'과 '일본'이라는 명칭이 상호 교환되거나 내용이 수시로 변경되면 '언어에 의한 차이 분류' 기능이 무력화無力化된다. 바로 여기서 인간 특유의 '요청된 허구'가 발생한다. '차이 비교를 통한 문제해결력의 고도화 요청'은 '유사한 차이들의 다발'을 '불변·동일·독자적 단일 차이'로 간주하는 관점(view)을 채택하게 한다. 이 관점은 문제해결력의 고도화 요청과 언어 속성이 결합하여 발생한 '사실에 부가한 허구적 포장'이고, 필요에 의해 '선택한 환각'이다. 이 동일성 관점은 인간 생존능력과 문제해결력의 고도화를 위해 선택한 '요청된 허구'이다. 비록 사실은 아닐지라도 차이 대비의 선명성과 일관성을 높여 개인과 집단의 이익을 도모하는 데 기여하기 때문이다.

'변화와 관계 속에 있지만 유사한 차이들의 묶음'을 '불변·독자의 동일한 차이'로 간주하는 관점을 수립하자, 차이들에 대한 비교를 선명하고 일관되게 진행할 수 있게 되었다. 그리고 그에 따라 차이들에서 발생하는 문제들을 해결하기 위한 분석과 종합, 판단과 평가 및 기억이 더욱 용이해지고 한층 고도화되었을 것이다. 그 과정에서 차이들의 관계에서 작동하는 질서와 법칙이 포착되었을 것이다. 그리고 그 법칙적 질서의 핵심은 인과관계이다. 그러자 '차이들에 대한 법칙적 경험'인 이해(understanding)가 인과법을 토대로 확립되었고, 그에 수반하여 이해의 질서인 '논리'(logic), 이해와 논리의 체계인 '이론'(theory)이 발전하였을 것이다. 그리고 관점·이해·논리·이론이 상호 결합하면서 차이 문제에 대응하는 기억·판단·평가·종합·분석·추론 능력의 고도화가 가속화되었을 것이다.

그러나 '동일한 것' '변하지 않는 것' '단독적인 것'이라는 관념은 설정된 허구일 뿐 사실이 아니다. 하나의 언어 그릇에 담긴 것들이 아무리 유사한 차이들일지라도, 그 차이들은 동일한 것이 아니며 불변하는 것도 아니고 독자적인 것도 아니다. **모든 차이에 동일성·불변성·독자성은 없다. 모든 현상은 '가변적·관계적으로 구성되는 차이 현상들'이다.** 이것은 만물의 보편적 속성이고 우주적 운명이다. 그런데 지구 행성에서 진화해 온 생물종 가운데 오직 인간만이 이 보편적 속성을 임의로 왜곡하고 우주 자연의 운명을 외면한다. 이 인간의 선택은 '양지와 음지가 선명하게 갈리면서도 결합해 있는' 독특한 길을 열어 왔다. **언어에 기대어 차이들을 동일성으로 착색시킨 선택은 기억·판단·평가·종합·분석·추론 능력을 지속적으로 발전시켜 차이에서 발생하는 문제들에 대한 대응력을 고도화시켰다.** 인간종이 자랑하는 다양·다층의 문화와 문명, 허약한 신체적 능력에도 불구하고 먹이사슬의 최고 정점을 확보한 것은 그 길의 양지이다.

또한 언어로 구분한 차이에 동일성·독자성·불변성을 부여한 것은 인간 특유의 실존적 고통과 재앙의 문을 열었다. 판도라의 상자를 개봉한 셈이다. 동일성·불변성·독자성이라는 열쇠로 열고 들어선 문 안에서, 인간은 언어와 연루된 모든 경험에 동일성·불변성·독자성을 기대하여 '나와 우리만의 변치 않는 영원한 소유'를 기대하고 또 전력으로 추구한다. '나'는, '나의 신체와 정신' '나의 생명' '나의 가족' 등 일체의 '나의 것들'이, '나만의 변치 않는 소유물'로서 동일하게 유지되길 기대한다. 그러나 그 어떤 것도 이 기대를 채워 주지 못한다. 원래 채워 줄 수가 없기 때문이다. **'가변적·관계적으로 구성되는 현상들의 실제'와 '불변·독자의 동일성에 대한 인간적 요청' 사이에 패인 깊은 골은 건널 수도 없고 메울 수도 없다. 변화·관계 속에서 끊임없이 다른 차이로 미끄러져 가는 땅 위에 서서, 건너갈 방법이 없는 불변·독자·동일성의 땅을 바라보는 인간은 고통스럽다. '변화·관계로 인한 동일성·독자성의 붕괴와 상실'을 기억하고 또 예상하는 것은 인간 특유의 고통이다. 인간 이외의 그 어떤 생물종도 겪지 않는 '언어인간의 언어적 고통'이다.** 소유물을 배타적으로 차지하는 능력을 키우고 소유의 양을 끝없이 늘려 보려는 노력에 매달리지만, 그리하여 소유물의 비교우위를 통해 '동일성 상실의 불안'을 지우려 하지만, 동일성·불변성·독자성에 대한 기대를 품고 있는 한 실패할 수밖에 없다. 개인의 실존은 동일성 상실의 불안과 고통에 만성적으로 시달린다.

언어로 분류한 차이들에 동일성·독자성·불변성을 부여하자 사회적 고통과 재앙의 문도 활짝 열렸다. 동물들의 군집 생활에서는 목격되지 않는 인간 특유의 재앙이다. 가족·가문·지역·국가·계층·신분·성별·민족·혈연·종교·전통 등에서 '유사한 특징'이나 '공유하는 이익'으로 결집된 각종의 차이 집단은, 자신들의 '차이 유사성'을 '동일한 본질'로 포장하여 배타적 이익을 관철하는 길에 올랐다. '동일성 이데올로기'로 뭉쳐 이질성과 타자들을 배제하고 차별하며 억압하는 '인간 특유의 폭력'을 펼치는 길을 질주했다. 인간은 동일한 명칭을 공유한 자들을 '무조건적/절대적으로 긍정'하고 다른 명칭에 속한 자들을 '무조건적/절대적으로 부정'

하는, 과잉 애정과 과잉 폭력성을 보여 준다. 다른 생물종에서는 목격되지 않는 특이한 현상이다.

'흑인'이라는 명칭으로 분류된 사람들에 대한 '백인' 명칭 인간들의 '무조건/절대적' 혐오와 경멸은 현실을 왜곡하는 '불합리한 현상'이다. 현실의 개인 흑인들과 개인 백인들은 생활세계에서 미워하기도 하고 좋아하기도 한다. 경멸하기도 하지만 존경하기도 한다. 상이한 시선과 감정이 조건들에 따라 서로에게 '조건적/역동적으로' 오고 간다. 모든 우호와 혐오는 '조건적으로' 발생하여 변하면서 교환된다. 뿐만 아니라 우호와 같은 긍정 감정이든 혐오와 같은 부정 감정이든, 각자 단일·순수의 내용으로 존재하는 현상은 언제 어디에도 없다. 우애에도 증오가 섞여 있고 증오에도 우애가 섞여 있는 것처럼, 상반되거나 상이한 것들이 한 행동, 한 욕구, 한 시선에 동거하기도 한다. 또 섞여 있든 같이 있든, 그 어떤 양상도 예외 없이 변한다. 한 사람의 신체와 인격, 지성이나 정서에도 불변의 순수본질은 원래 없다. **상이한 것들, 상반된 것들이 뒤섞여 있고, 상호 조건적 관계로 얽혀 있으며, 예외 없이 역동적으로 변한다. 이것이 현상들의 '있는 그대로, 사실 그대로'이다.**

기실 상반되는 것들은 서로에게 기대어 존재한다. 어떤 시선이나 정서도 '사실상' 그리고 '구조적으로' 반대되는 것들과 동거한다. '좋아함'은 '싫어함'이라는 반대 정서를 조건 삼아 발생하고 유지된다. 그러기에 '좋아함'과 '싫어함'은 서로에게 기대어 존재하고, 서로를 성립시켜 주며, 서로를 지탱해 준다. 어느 한쪽이 아예 없다면 반대쪽도 성립하지 않는다. 선善과 정의正義의 이름을 새긴 깃발을 들고 악과 불의라 이름 붙인 것들을 제거해 버린다면, 승리하는 순간 자신도 소멸한다. **'반대되는 것들의 상호적 성립과 지지 구조' 자체가 붕괴되면, 양쪽 모두 소멸한다.** 그러므로 필요한 것은, 상반되는 명칭 양쪽의 관계가 가져다줄 이로움의 양과 질은 키우고 해로움의 양과 질은 줄여 나가는 '관계의 역동적 구성' 혹은 '역할의 역동적 조정'이지, 어느 한쪽의 완전한 소거가 아니다.

언어로 분류한 차이들에 동일성·독자성·불변성을 부여하는 인간의 선택은, 현상세계의 〈'섞여 있음'·'조건 지어져 있음'·'의존하고 있음'·'변하고 있음'의 사실 그대로〉를, 〈'순일함'·'무조건적/절대적으로 있음'·'독자적으로 있음'·'변하지 않

음'의 허구〉로 바꾸어 버린다. 그리고 이 '있는 그대로, 사실 그대로에 대한 왜곡'
에 의거하여 무조건적/절대적 과잉 애정과 과잉 증오를 펼쳐 낸다. '무조건적/절
대적 과잉 애정'과 '무조건적/절대적 과잉 증오'는 서로의 발생조건이 된다. 종교
인들에게 부여한 동일한 명칭과 그에 수반하는 동일성 신념은, '우리 종교'에게는
무조건적/절대적 긍정과 애정을, 명칭을 달리하는 '다른 종교'에게는 무조건적/절
대적 부정과 혐오를 동시적으로 발생시킨다. 인종·국가·성·신분 등에서도 같은
현상이 발생한다. **다른 생물종에서는 목격할 수 없는 인간 특유의 '동일성의 기만
과 폭력'이 사회적 단위에서 자행된다. '차이와 언어와 동일성의 결합'은 '있는 그
대로, 사실 그대로'에 대한 사회적 기만과 집단적 과잉 폭력의 길을 활짝 열었다.
그 길 위에서의 신음과 고통은 여전히 줄어들지 않는다.**

이렇게 보면 인간의 궁극 과제가 명백해진다. **인간이 노력하여 스스로 해결
할 수 있고 또 해결해야 하는 궁극적 문제는, '개인과 사회에서 목격되는 인간 특
유의 동일성 재앙'이다.** 이 재앙의 원천인 동일성·독자성·불변성 관념은, 인간이
진화과정에서 생존력을 고도화하기 위해 언어를 매개로 삼아 부가한 '언어적 허
구'이다. **이 재앙이 '언어를 매개로 차이에 부가한 허구'로부터 발생한 것이라면
'부가한 허구'를 제거하면 될 것이다.** 두 가지 제거방식이 있다. 하나는, 허구를 부
가한 매개를 없애버리는 것, 즉 언어를 제거해 버리는 것이다. 이 방식은 불가능
하다. 언어능력은 언어 이전으로 되돌리거나 삭제할 수 있는 것이 아니기 때문이
다. 언어능력을 삭제하면 인간의 인지·사유능력도 삭제된다. 그럴 수도 없고 그
래서도 안 된다. 그렇다면 선택해야 할 제거방식은 남은 하나다. **언어의 역할과
언어능력을 유지하면서도 '언어 속성에 기대어 차이 현상들에 동일성을 부여하는
일'을 행하지 않는 것이다.** 이것이 가능하다면 인간 특유의 언어적 재앙을 치유할
수 있다. **이것은 새로운 언어능력을 계발하는 일이며, 언어인간이 다시 한번 차원
다른 진화를 감행하는 일이다.** 〈차이를 분류하여 비교·기억·판단·평가·종합·분석·
추론 능력을 지속적으로 발전시키면서 관점·이해·논리·이론을 통한 문제해결력
을 고도화시켜 가는 언어능력〉에 〈동일성 환각을 버릴 수 있는 능력〉을 추가하는
여정에 오르는 일이다. 새로운 언어인간으로의 진화 행진이다.

2. '있는 그대로, 사실 그대로'를 언어·개념·차이와 연관시켜 만나는 길

이 새로운 길은 〈'있는 그대로, 사실 그대로'를 언어·개념·차이와 연관시켜 만나는 길〉이다. 〈'있는 그대로, 사실 그대로'를 언어·개념·차이와의 연관이 완전히 끊긴 실재로 간주하는 신비주의의 길〉이 아니다. 감관을 통한 인간의 경험 속에 언어·개념·차이와의 연관이 끊긴 현상은 있을 수 없기 때문이다. 앞서 언급했듯이, 모든 생명체가 감관을 통해 대면하는 차이 현상들은 '현상 자체의 모습과 내용'이 아니라 '생존 이익을 위해 선별·취사·가공된 차이들'이다. 어떤 생명체도 외부세계의 차이 현상들을 '있는 그대로' 고스란히 경험하지 않는다. 인간의 모든 경험도 그러하다. 인간의 경험은 감관을 구성하는 조건들에 의존할 수밖에 없으며, 그런 감관을 통해 경험하는 것들은 '선별·취사·가공된 차이들에 대한 경험'이다. 그런데 인간의 경우는 이 선별·취사·가공 능력에 특유의 능력 하나를 추가하였다. 언어능력이 그것이다. **감관을 통해 포착된 '1차 가공·처리된 차이들'을 다시 언어·문자 부호에 담아 재처리하는 능력**이다. 인간 특유의 고도화된 인지·사유능력은 언어능력과 맞물려 발전해 왔다. **차이들을 언어에 담아 개념으로 처리하는 능력을 갖춘 이후, 인식·사유·욕구·행동 등 인간의 모든 행위와 경험은 언어·개념을 그 발생조건으로 삼게 되었다. 인간의 모든 경험은 속속들이, 그리고 예외 없이, '언어·개념'과 '언어·개념으로 분류하여 구분한 차이'와 연관된다.**

'언어·개념'과 '언어·개념으로 분류하여 구분한 차이'는 인식·사유·욕구·행동 등 인간의 모든 행위와 경험의 필수적 발생조건이라고 보아야 한다. 따라서 이러한 이해를 전제로 한다면, **'있는 그대로, 사실 그대로' 역시 '언어·개념' 및 '언어·개념으로 분류하여 구분한 차이'를 조건으로 발생하는 현상들을 그 대상으로 삼아야 한다.** 인간이라는 생명체에게 '언어·개념' 및 '언어·개념으로 분류하여 구분한 차이'와 무관한 '있는 그대로, 사실 그대로'는 경험의 대상이 되지 않는다. 인간의 경험을 발생시키는 조건에서 '언어·개념' 및 '언어·개념으로 분류하여 구분한 차이'를 배제하면 경험 자체가 공허해진다. **인간이 감관능력을 통해 경험할 수 있는 '있는 그대로, 사실 그대로'는, '언어·개념' 및 '언어·개념으로 분류하여 구분한**

차이'와 연루되어 있다. 개인의 실존과 인간 세상의 근원적 치유를 위해 '있는 그 대로, 사실 그대로'를 탐구하는 행보는, '언어·개념' 및 '언어·개념으로 분류하여 구분한 차이'가 열어 놓은 길 위에서 이루어져야 한다. 언어·개념·차이와의 연관 이 단절된 실재를 '있는 그대로, 사실 그대로'라고 설정하여 추구하는 신비주의의 길에 오르는 것은 도피 행각에 불과하다. '언어·개념·차이에서 발생한 문제들'로 채워진 집의 거주민이 문제를 감당하기 어려워 아예 언어·개념·차이가 없는 집 으로 이사해 버리려는 것과 같다. 그러나 이사해 입주할 집 자체가 없다. 동일성 환각의 언어 재앙에 지친 인간의 희망이 부여한 주소지는 있다. 그러나 살 집이 없는 유령 주소지일 뿐이다.

붓다가 사문유관四門遊觀에서 눈뜬 인생의 근원적 불안과 고통은 생물학적 생 로병사의 문제가 아니다. 붓다는, 고스란히 보존되는 '영원하고도 동일한 건강과 삶'을 추구한 것이 아니고, 그런 삶을 성취한 것도 아니다. 붓다가 된 이후에도 그 는 병들었고 늙었고 죽었다. 다만 병듦과 늙음과 죽음을 마주하면서도 동요하지 않는 평온, 생로병사를 비롯한 삶의 모든 변화 양상에 노예적으로 종속되지 않는 자유를 누리는 능력을 성취한 분이 붓다이다. **붓다는 언어인간이 품게 된 동일성 환각에서 발생하는 삶의 무지와 불안, 고통을 문제 삼았고, 그런 인간 특유의 고 통에서 벗어나는 능력을 성취하는 데 성공하였으며, 그 능력의 성취방법을 널리 공유하려고 한 분이다.** 그 능력을 '마비시키고 있는 조건들', 그 능력의 성취를 가 능케 하는 '성공의 조건들'을 일러 준 것이, 붓다 그분의 삶이고 그의 법설이다. 그 런데 그 **성공의 길은 인도 전통의 신비주의의 길이 아니다. 그 성공 조건은 '언어· 개념·차이와의 단절'이 아니라 '언어능력의 새로운 진화향상'이다.** 언어의 역할과 능력을 유지하면서도 '차이 현상들에 동일성을 부여하지 않을 수 있는 능력'을 확 보하는 길에 나서는 일이다. 〈'언어능력'과 '동일성 환각을 버릴 수 있는 능력'을 결합시키는 일〉, 〈언어·개념·차이와 접속하면서도 동일성 환각의 집에 들어가지 않는 능력을 키우는 일〉이 성공 조건이다. 파도를 타고 가면서도 물에 빠지지 않 는 능력, 파도 위에 몸을 싣고서도 파도에 휩쓸리지 않고 자유와 평안의 유희를 누리는 파도타기 능력.─이 능력을 키우는 방법이 붓다의 법설이다.

만약 붓다의 성취를 〈몸은 비록 병들고 죽지만 정신은 동일성과 전능성을 유지할 수 있는 불변·불멸의 실재가 된 것〉이라거나 〈육신의 한계를 벗어버린 사후에는 동일성·전능성·완전성을 보존하는 불변·불멸의 실재가 되는 것〉으로 본다면, 영락없는 신비주의 시선이다. 순수·완전·전능의 본질/실체이며 불변·불멸의 영원성을 지닌 아트만·브라흐만을 설정하고, 그것을 직접 체득하여 하나가 될 수 있다고 주장하는, 인도 우파니샤드 전통의 신비주의 시선이다. **만약 일체의 변화와 차이를 넘어선 순수·불변의 실재를 꿈꾸는 신비주의적 기대를 교학이라는 이름으로 붓다에게 적용한다면, 이는 후학들이 붓다를 배신하는 셈이다.** 붓다는 한 번도 말한 적이 없고 오히려 명확히 비판하는 우파니샤드 신비주의의 옷을 붓다에게 입혀 버리는 일이다.

인간은 어떤 경우에도 감관 너머의 객관적 현상을 '있는 그대로, 사실 그대로' 알 수가 없다. 이 점을 입증하는 성찰은 동서양의 인식론 계보와 과학에 널려 있다. **인간이 만날 수 있고 경험할 수 있는 '있는 그대로, 사실 그대로'는, '언어의 창을 통과한 특징·차이'이다.** 아무리 지각·인식 과정을 거슬러 올라가 인간 경험발생의 첫 지대에 이를지라도, 그곳에서 만나게 되는 것은 '언어의 그물망에서 걸러진 **특징·차이'이다.** 언어적 인지능력을 품은 인간이 사유능력을 비롯한 감관능력을 통해 만날 수 있는 것은, 감관에 개입하고 있는 언어 스크린을 통과한 특징·차이 현상들일 뿐이다. 어떤 방식으로도 인간은 감관 밖으로 나갈 수 없다는 인식론적 성찰과, 인간의 감관은 언어에 연루되어 있다는 언어인간의 면모를, 학인들은 그대로 수용해야 한다.

이렇게 생각하면, **인간이 추구할 수 있는 '있는 그대로, 사실 그대로'는 '언어·개념으로 직조**織造**된 처리·해석 체계'를 통과한 특징·차이들과 연관된 것이다.** '있는 그대로, 사실 그대로'를 마치 언어·개념·감관을 초월하여 만나는 객관적 실재로 여긴다면, 무지의 공허한 기대일 뿐이다. 그런 실재에 대해 말하거나 그것을 직접 체득할 수 있다고 주장하는 것은, 경험현상을 발생시키는 인간의 감관조건에 대한 무지의 발언이다. 때론 신비의 품에 안기어, 때론 구원이나 깨달음 혹은 진리의 깃발을 들고, 자못 비장하게 그런 실재를 향하는 행렬은 여전히 현재진행형이다.

　인간의 모든 경험은 '언어·개념에 의거한 사유'가 '현상세계의 특징·차이'(相)들을 해석·처리하여 구성한 것이라는 점, 그리고 인간의 고통과 평안, 구속과 자유는 그 '언어사유가 구성한 현상들 범주' 안에서 이루어질 수밖에 없다는 점을, 원효는 명료하게 인지하고 있다. 그리고 그 성찰 위에서 〈차이(相)들의 '상호 개방'(通)과 '상호 수용'(攝)〉을 가능케 하는 통섭通攝철학을 펼치고 있다.

　"[자아를 이루고 있는 요소들의 다섯 가지] 더미'(五陰)와 '[6가지 감관능력과 6가지 감관대상, 그리고 이 둘의 결합으로 생겨난 6가지 경험현상을 모두 합한 18가지] 경험세계'(十八界) 등의 '존재하는 것'(有)들은 본래 스스로 자기를 '모양과 색깔이 있는 것'(色) 등의 명칭으로 부를 수가 없고 단지 [사실 그대로를] 잘못 분별하는 마음'(妄心)에 의해 '모양과 색깔이 있는 것'(色) 등의 명칭으로 부르는 것이니, 그렇기 때문에 모든 것은 다 '불변·독자의 본질/실체가 없고 [불변·독자의 본질/실체로 보는 분별의] 동요가 없는 것'(空寂)이다."234

　"이것은 [세 번의 문답 가운데] 두 번째로서 [무주보살의] 두 번째 의심을 없애어 '다스려야 할 해로움'(所治惡)을 드러낸 것이니, '[불변·독자의 본질/실체로 보아 분별하는] 한 생각이 일으킨 [분별망상의] 네 가지 양상'(一念四相)이 '모든 [근본무지에 매인] 삶과 죽음을 포괄하기'(攝諸生死) 때문에 [불변·독자의 본질/실체로 보는] '자아를 이루고 있는 요소들의 다섯 가지 더미'(五陰)를 갖추어 '50가지 해로움'(五十惡)이 있게 됨을 밝히고자 한 것이다."235

　"'세 가지 세계[에 대한 분별]이 없어질'(三界滅無) 때에는 마음과 대상세계(境)가

234　『금강삼매경론』(H1, 631b18~20); "陰界等有, 本不自名我爲色等, 但由妄心, 名爲色等, 是故一切悉皆空寂也."

235　『금강삼매경론』(H1, 636b1~3); "是第二番, 遣第二疑, 顯所治惡, 欲明一念四相, 攝諸生死故, 具五陰有五十惡."

서로를 일으키지 않는다. 왜냐하면, 오직 마음이 '사실과 다르게 보아'(妄見) '[사실과 다른] 대상세계'(境界)를 바꾸어 지어내는 것이니, 마음에 '사실과 다르게 [봄]'(妄[見])이 없을 때는 곧 '[사실과 다른] 대상세계'(境)를 지어내지 않고, '[사실과 다른] 대상세계'(境界)가 없기 때문에 '[사실과 다르게 분별하는] 마음'(心)을 생겨나게 하지 않는다."²³⁶

"〈유익한 현상이나 해로운 현상은 마음에 따라 변화하여 생겨나는 것이다〉(善不善法, 從心化生)라는 것은, '[유익한 현상이나 해로운 현상'(善不善法)에 대해] '[신체(身)·언어(口)·생각(意)으로 이루어지는] 세 가지 행위'(三業)라는 '원인이 되는 행위들'(因行)은 모두 마음이 짓는 것이기 때문이다. 〈모든 대상세계는 생각과 언어로 구분하여 나눈 것이다〉(一切境界, 意言分別)라는 것은, '[지옥地獄·아귀餓鬼·축생畜生·아수라阿修羅·천상天上·인간人間, 이] 여섯 가지 세계'(六道)에서의 '결과로 나타나는 대상세계'(果境)는 모두가 '생각[과 언어]'(意[言])가 변화시킨 것이기 때문이다. 마음이 어지럽게 움직이지만 다스릴 수 없기 때문에 '[여섯 가지 미혹세계'(六道)에 태어나게 하는] '원인[인 삼업三業]과 결과[인 육도의 삶]'(因果)을 변화시키면서 만들어 내어 '괴로움의 바다'(苦海)를 흘러 다닌다. 그러므로 '괴로움의 바다'(苦海)에서 건너가고자 원한다면 '보살 수행'(菩薩道)을 닦아 마음을 '하나처럼 통하는 사실 그대로'(一如)가 되게 하여 '[여섯 가지 미혹세계'(六道)를 흘러 다니게 만드는] '여러 가지 조건들'(衆緣)을 끊어 없애야 하니, 그래서 '보살의 수행'(菩薩修)에는 '언어가 나타내는 차이'(名相)가 [불변·독자의 본질/실체로서] 없다."²³⁷

"처음에 〈이해〉(觀)라고 말한 것은 '사유하고 성찰하는 것'(思量觀察)이고, 〈오로

---

236 『금강삼매경론』(H1, 641b17~20); "三界滅無時, 心境不相生. 所以然者, 唯心妄見, 變作境界, 心無妄時, 則不作境, 境界無故, 不生心也."

237 『금강삼매경론』(H1, 650c18~23); "〈善不善法, 從心化生〉者, 三業因行, 皆是心作故. 〈一切境界, 意言分別〉者, 六道果境, 無非意變故. 由心亂動, 不能制故, 變作因果, 流轉苦海. 是故欲度苦海, 修菩薩道, 制心一如, 衆緣斷滅, 所以菩薩修無名相."

지 마음과 언어[에 의해 구성된 것이다]〉(唯是意言)라는 것은 '취해진 외부의 대상'(所取外境)은 [불변·독자의 본질/실체로서] 소유되는 것이 없기(無所有) 때문이다. [또] 〈마음에 따라 나타난다〉(隨意顯現)라는 것은 '외부의 객관'(外相分) 같은 것이 주관(見[分])과 분리되지 않기 때문이다. 〈나의 [욕망세계(欲界)·유형세계(色界)·무형세계(無色界)의] 근본이 되는 식識이 아니다〉(非我本識)라는 것은, 식識과 분리되어 바깥[의 것]으로 '보이는 대상'(所見境界)은 이미 나의 식識이 아니기 때문에 '[나의 것으로] 소유되는 것이 없다'(無所有)는 것이다. 여기서 말하는 〈근본이 되는 식識〉(本識)이라는 것은 제6식(第六識)이니, '[욕망세계(欲界)·유형세계(色界)·무형세계(無色界), 이] 세 가지 세계'(三有)의 근본이기 때문이다. [이것은] 제바提婆보살이 설한 게송에서 [다음과 같이] 말한 것과 같다. 〈의식意識은 '세 가지 세계'(三有)의 근본이니, '모든 대상세계'(諸塵)는 그 [의식이] 원인이네. 만약 대상세계(塵)가 '[불변·독자의 본질/실체로서] 있는 것이 아님'(非有)을 알면 [세 가지] 세계가 [전개되는] 잠재적 가능성'(三有種)은 저절로 사라진다네.〉"[238]

"이러한 '모든 현상'(諸法)은 '오로지 마음에 의해 지어진 것'(唯心所作)이니, 마음(心)을 벗어나서는 대상(境)이 없고 대상(境)을 벗어나서는 마음(心)도 없다. 이와 같은 것을 '오로지 분별하는 마음[에 의한 구성]일 뿐이라고 사유하는 것'(唯識尋思)이라고 말한다. 마치 『화엄경』에서 [다음과 같이] 말하는 것과 같다. 〈마음은 화가와도 같이 갖가지 '자아를 이루고 있는 요소들인 [색色·수受·상想·행行·식識의] 다섯 가지 더미'(五陰)를 그려내니, 모든 세상의 어떤 것도 만들어 내지 않는 것이 없다네. 마음처럼 부처도 그러하고, 부처처럼 중생도 그러하니, 마음과 부처와 중생이 세 가지에는 [모든 것을 지어냄에] 차별이 없다네.〉"[239]

---

238 『금강삼매경론』(H1, 654c22~655a6); "初言〈觀〉者, 思量觀察, 〈唯是意言〉者, 所取外境, 無所有故. 〈隨意顯現〉者, 似外相分, 不離見故. 〈非我本識〉者, 離識已外所見境界, 旣非我識, 故無所有. 此中言〈本識〉者, 謂第六識, 三有本故. 如提婆菩薩所說頌言, 〈意識三有本, 諸塵是其因. 若見塵非有, 有種自然滅.〉"

239 『금강삼매경론』(H1, 665b2~7); "如是諸法, 唯心所作, 離心無境, 離境無心. 如是名爲唯識尋思. 如『華嚴經』言, 〈心如工畵師, 畵種種五陰, 一切世間中, 無法而不造. 如心佛亦爾, 如佛衆生然, 心佛及衆生, 是三無

3. '있는 그대로, 사실 그대로'가 지시하는 것

철학이나 종교에서는 〈감관이나 개념적 사유는 사실과 진리를 가리거나 왜곡시킨다〉는 시선을 쉽게 목격한다. 이런 시선은 인간 감관능력의 조건과 특징을 그대로 수용하기를 거부하는 태도이다. **인간의 지각과 인식은 감관능력을 구성하는 조건들에 의지하며, 인간의 경우 특히 '언어·개념'을 필수조건으로 삼는다.** 이 사실을 수용하면서 관심사를 탐구해야 한다. **'있는 그대로, 사실 그대로'라는 말로 추구해야 할 것은 '감관능력과 언어·개념적 사유에 의해 선별·해석·가공되기 이전의 실재'가 아니다.** 인간 경험의 발생조건 및 인식의 구조상 그런 실재는 접근할 수도 만날 수도 없다. 언어·개념을 핵심조건으로 삼아 짜여진 '특징·차이의 처리/해석 체계'와 무관한 실재는 체득할 수 없는 것이다. **그렇다면 붓다의 법설이 설하는 '있는 그대로, 사실 그대로'는 무엇을 지시하는 것인가?**

디그나가의 관점을 필두로 한 불교 인식논리학 이론체계에서는 〈인간의 감관능력이 '언어·개념의 연루가 없는 실재'를 직접 만나고 있는 원초적 사태〉를 설정한다. 그리고 그 실재를 '독자상獨自相(svalakṣaṇa, 自相)이라 부르는 동시에, 언어·개념에 연루되지 않고 그 실재를 만날 수 있는 감관능력을 '직접지각'이라 부른다. 따라서 **불교 인식논리학이 상정하는 '직접지각'이란 〈'인간의 감관능력'과 '언어·개념의 연루가 없는 실재'가 직접 만나고 있는 원초적 사태〉를 지칭한다.** 그런데 앞서 거론한 것처럼, 인간의 경우, 언어·개념과의 연루를 배제한 감관능력을 설정하는 것 자체가 문제가 된다. 필자는 그런 설정을 수긍하지 않는다. **'언어·개념 이전의 실재인 독자상을 언어·개념과 무관하게 경험하는 직접지각'이라는 발상은 인도 우파니샤드 신비주의 사유의 연장선 위에 있으며, 붓다의 사유에서 일탈한 것이라고 생각한다.**

붓다는 〈'있는 그대로, 사실 그대로'(yathābhūta, 如實)에 대한 이해와 경험적 체득〉을 천명하고 있고, 이것은 모든 불교교학/해석학과 수행론의 출발지 내지 귀

差別〉故."

착지이다. 인도불교 인식논리학 이론수립에 참여한 학인들은 이 '있는 그대로, 사실 그대로'를 '언어·개념적 사유의 대상이 아닌 실재'로 이해하는데, 필자가 보기에는, 부적절하게 해석한 것이다. 불교 인식논리학의 이론체계가 붓다의 통찰을 인식논리학적으로 계승·발전시키는 내용을 풍부하게 지니고 있다는 점과는 별도로, '있는 그대로, 사실 그대로'에 대한 비非불교적 전제에서 출발하고 있지 않은가라는 의문은 유효하다고 본다. 그런데 **붓다가 〈'있는 그대로, 사실 그대로'(yathābhūta, 如實)에 대한 이해와 경험적 체득〉을 천명하고 있다는 것은 〈인간의 감관능력과 '있는 그대로, 사실 그대로'와의 대면 상황〉을 인정하고 있는 것이다.** 인간 감관능력(六根)의 특성은 사유능력(意根) 때문에 발생하는 것이고, 그 사유능력은 어떤 경우 어떤 수준에서라도 언어·개념과 연루되어 있다는 관점을 전제로 한다면, **〈인간의 감관능력과 '있는 그대로, 사실 그대로'와의 대면 상황〉은 무엇을 지시하는 것일까?**

인간이 감관을 통해 지각 내지 인식하는 모든 경험현상은 '다양한 특징·차이들'인 동시에 '언어·개념에 의해 1차 분류·처리된 특징·차이들'이다. 그리고 붓다는 〈'있는 그대로, 사실 그대로'의 인식〉을 해탈의 조건으로 설한다. 그렇다면 이런 결론이 가능하다: **〈인간이 지각·인식하는 '언어·개념에 의해 분류·처리된 특징·차이들'은 두 범주로 구분된다. 하나는 '있는 그대로, 사실 그대로의 범주'이고, 다른 하나는 '있는 그대로, 사실 그대로가 아닌 범주'이다.〉**

이렇게 보면 문제가 분명해진다. **'있는 그대로, 사실 그대로의 범주'와 '있는 그대로, 사실 그대로가 아닌 범주'를 나누는 기준을 무엇으로 보느냐에 따라 '있는 그대로, 사실 그대로'의 내용과 의미가 결정된다. 필자는 그 기준선을 '언어·개념의 속성에서 발생하는 동일성 관념'으로 본다.** 유사한 특징·차이들을 묶어 하나의 언어 그릇(개념)에 담아 처리하는 것이 인간 언어능력의 출발이고 핵심이다. 언어·개념적 사유능력은 '유사한 특징·차이들'을 마치 '동일한 특징·차이'인 것처럼 간주하여 처리하는 기능을 기초 생명력으로 삼기 때문에, '언어·개념에 의해 분류·처리된 특징·차이들'에 대해 '인간의 사유능력'은 '동일성'을 덧씌우는 일을 자연스럽게 행한다. **'언어·개념에 의해 분류·처리된 특징·차이들'과 '동일성'의 결합**

은 언어기능의 속성상 자연스럽다. 그러나 필연적인 것은 아니다. 인간의 감관능력이 1차적으로 대면한 것은 '언어·개념에 의해 분류·처리된 특징·차이들'이고, 여기에 사유능력이 '동일성'을 추가적으로 부여한 것이다. 따라서 **'동일성'은 인간 사유능력의 선택이다.** 〈인간의 사유능력이 동일성을 부여한다〉는 말은 〈인간의 사유능력은 동일성을 부여하지 않을 수도 있다〉는 것을 의미한다.

인간의 감관능력, 특히 사유능력(意根)은 '언어·개념에 의해 분류·처리된 특징·차이들'을 대면하면서 두 길로 나뉘는 갈림길에 선다. 하나는 〈언어·개념에 의해 분류·처리된 특징·차이들'에게 '동일성'을 부여하는 길〉이고, 다른 하나는 〈언어·개념에 의해 분류·처리된 특징·차이들'에게 '동일성'을 부여하지 않는 길〉이다.

'언어·개념에 의해 분류·처리된 특징·차이들'일지라도 변화와 관계의 현상들이고 어디에도 동일성은 없다. 다양·다층의 유사성만 존재할 뿐이다. 따라서 〈동일성·불변성·독자성이 부여된 '언어·개념에 의해 분류·처리된 특징·차이들'〉은 '있는 그대로, 사실 그대로'가 아니다. 〈언어·개념에 의해 분류·처리된 특징·차이들'에게 '동일성'을 부여하는 길〉에 오르면 언어·개념으로 묶은 유사한 특징·차이들을 '동일성을 지닌 본질'로 처리한다. 동일성이 유지된다는 것은 곧 '변하지 않는다'는 것과 '독자적'이라는 것을 의미하므로, 동일성 관념은 불변성 및 독자성 관념과 한 몸이 된다. 그리하여 이 길에서는 모든 가변적·관계적 현상에 동일성·불변성·독자성을 덧씌워 처리한다. 경험세계에서는 동일·불변·독자의 존재가 목격되지 않으므로, '가변적 현상 이면의 불변·독자의 본질이나 실체', '현상의 가변성과 관계성을 초월하여 자기동일성을 유지하면서 변하지 않는 궁극실재' 등을 설정해서라도 동일성·불변성·독자성 관념을 관철해 간다. 그리고 동일성과 독자성을 확보하기 위해 '타자의 배제'를 '존재의 필연적 요청'으로 간직해 간다. 그 결과 **이 길에서는 비교와 분석의 명료함이 선물하는 탁월한 문제해결력이 돋보이지만, 본래 존재하지 않는 동일성 허구를 주장하는 무지와 기만, 그 동일성 허구가 요청하는 배제의 폭력이 넘실댄다. 언어인간이 된 이후 현재까지 대부분의 인류가 선택한 길이기도 하다.**

356

삼판능력이 변화와 관계를 내용으로 하는 '언어·개념에 의해 분류·처리된 특징·차이들'을 접촉하는 것이 1차적 사태라면, 그들에게 동일성을 부여하여 불변·독자의 본질/실체를 설정하는 것은 사유능력의 선택에 의해 발생한 2차적 사태이다. 1차적 사태와 2차적 사태 사이에는 '갈림길에 선 인간의 사유능력'이 있다. 그런데 〈언어·개념에 의해 분류·처리된 특징·차이들〉에게 '동일성'을 부여하는 길〉의 선택이 인간으로서는 너무도 자연스러운 것이었기에, 그 갈림길에서의 다른 선택은 마치 망각된 것처럼 보인다. 대부분 무시해 버리거나 간과해 버렸기에, 본래 있던 길이지만 비로소 성찰로 환기하여 다시 갈림길의 분기점에 서야 한다. **인간의 감관능력과 대상의 접촉지대에 분기점이 있음을, 또한 그 지점에서 선택할 수 있는 새로운 길이 있음을, 그리고 그 새로운 길에 접어들어 걸어갈 수 있음을 알려 주는 것이 붓다 그분이었다고 본다.** 그 새로운 길이 바로 〈언어·개념에 의해 분류·처리된 특징·차이들〉에게 '동일성'을 부여하지 않는 길〉이다. 특히 육근수호의 법설은 그 갈림길의 분기점과 새길을 일깨워 주는 동시에, 새길에 오를 수 있는 구체적 방법까지 일러 주고 있다. 이 길에서 만나는 〈동일성이 덧씌워지지 않은 '언어·개념에 의해 분류·처리된 특징·차이들'〉이 '있는 그대로, 사실 그대로'이다.

그렇다면 '있는 그대로, 사실 그대로'를 추구하는 학인들은 무엇을 대상으로 **탐구해야 하는가?** 일단 〈'언어·개념을 주요 소재로 직조된 처리/해석의 그물'(인간의 감관능력)을 통과한 특징·차이 현상〉이 '있는 그대로, 사실 그대로'를 탐구하는 현상의 범주다. '언어·개념에 의해 1차 가공된 특징·차이 현상들'이 '있는 그대로, 사실 그대로'의 탐구대상인 것이다. 그리고 그 〈1차 가공된 특징·차이들'에 동일성·독자성·불변성이 덧씌워져 탐욕·분노·무지를 발생·증폭시키는 조건이 된 것〉은 '있는 그대로, 사실 그대로'가 아니다. 반면에 〈'1차 가공된 특징·차이들'에 동일성·독사성·불변성이 덧씌워지지 않아 차이들이 상호 개방과 상호 수용의 관계를 맺으면서 좋은 이로움을 발생시키는 조건이 된 것〉은 '있는 그대로, 사실 그대로의 범주'에 놓인다.

왜 '있는 그대로, 사실 그대로의 범주'라고 말하는가? '있는 그대로, 사실 그대로'가 '확정된 공간을 점유한 실재'가 아니기 때문이다. 만약 언어·개념과 연루되지 않은 '동일·불변·독자의 실재'가 존재하고 또 경험될 수 있는 것이라면, '있는 그대로, 사실 그대로'라는 말은 불변의 본질로 채워진 비非유동적 실재를 가리키는 것이 된다. 그러나 인간의 경험에 포착되는 것은 '언어·개념적 처리의 산물'이면서 동시에 '가변적·관계적인 특징·차이들'이다. 따라서 〈개념적·가변적·관계적 특징·차이 현상으로서의 '있는 그대로, 사실 그대로'〉는 동일·불변·독자의 고정된 사태일 수가 없다. 그렇다면 인간의 과제는 〈'있는 그대로, 사실 그대로'라는 말로 지시할 수 있는 현상과 그 발생조건들을 '선택'하는 일〉이어야 한다. 그리고 그 어떤 선택 가능한 조건들일지라도 가변적·관계적 지평 위에 놓인 것이므로, 선택 가능한 '가변적·관계적 조건들'과 그런 조건들에서 발생한 '가변적·관계적 현상' 가운데서 '있는 그대로, 사실 그대로'를 언급해야 한다. '있는 그대로, 사실 그대로의 범주'라고 말한 이유이다.

붓다의 법설을 기준 삼아 '있는 그대로, 사실 그대로'라는 말로 지시할 수 있는 현상과 그 발생조건들을 '선택'한다면 최소한 이렇게 말할 수 있다.─〈언어·개념에 의해 1차 가공된 특징·차이 현상들에, 동일성·독자성·불변성을 덧씌우지 않아, 차이들이 상호 개방과 상호 수용의 관계를 맺으면서 좋은 이로움을 발생시키는 조건이 된 것.─이것은 '있는 그대로, 사실 그대로의 범주'에 놓인다. 이 '있는 그대로, 사실 그대로의 범주'에 있는 특징·차이들은 탐욕·분노·무지를 줄이고 치유하여, 향상된 이해능력(지혜)과 정서능력(자비)으로 좋은 이로움을 발생시킨다.〉

'있는 그대로, 사실 그대로'가 지시하는 것은 불변의 본질이나 동일·독자의 실재가 아니다. 따라서 '있는 그대로, 사실 그대로'와 만나려는 행보는 불변의 확정된 주소지에 도달함으로써 끝나는 것이 아니다. '있는 그대로, 사실 그대로'라는 말로 선택한 현상 및 그 발생조건과의 상응 정도에 따라, '있는 그대로, 사실 그대로'와의 상응 정도가 역동적으로 이루어진다. '있는 그대로, 사실 그대로 범주 내에서의 근접·상응 수준'의 문제인 것이다. 필자가 언급하는 '상호 개방과 상호 수용이 이루어지는 통섭通攝의 차이'·'왜곡·오염되지 않은 차이'·'있는 그대로, 사실 그대로의 차이'·'탐욕·분노·무지를 발생·증폭시키는 조건이 아닌 차이' 등은, '울타리 처진 집' 안에 놓인 불변·동일·순수의 본질이 아니다. 따라서 '있는 그대로,

사실 그대로'와 만난다는 것은, 그 말로 지시하려는 현상 및 그 발생조건과 상응해 가는 '역동적 자리 잡기'이다. 예컨대 '있는 그대로, 사실 그대로'를 '파도에 빠지지 않는 상태'에 비유한다면, '빠지지 않는 파도타기'를 역동적으로 지속하는 것이 '있는 그대로, 사실 그대로의 차이들과 만나는 행위'이다. 안 빠지고 멀리 갈 수 있으면 '있는 그대로, 사실 그대로의 차이들'과 잘 만나고 있는 것이고, 빠졌다가 다시 올라오거나 멀리 가지 못하는 실력이면 '있는 그대로, 사실 그대로와의 상응'도 그만큼이다.

4. 차이(相)에 대한 원효의 통섭通攝 통찰

원효사상의 총결산으로 보이는 『금강삼매경론』에서는 '상相'[240]이라는 개념을 중심으로 '차이'와 '사실 그대로'의 문제가 다양한 방식으로 풍부하게 거론되고 있다. 원효는 '구분되는 특징적 차이', 더 정확하게는 '언어·개념에 의해 분류·처리된 특징·차이들'을 지시하는 '상相'이라는 용어에 두 가지 상반된 의미를 모두 담는다.[241] 하나는 '왜곡·오염되어 부당하게 차별된 차이'이고, 다른 하나는 '제대로 이해된 사실 그대로의 차이'이다. '왜곡·오염되어 부당하게 차별된 차이'는 '동일성이 덧씌워져 불변·독자의 본질이나 실체로 간주되는 차이'이고, '제대로 이해된 사실 그대로의 차이'는 '동일성의 옷이 벗겨진 변화·관계의 차이 현상'이다. 그리고 전자의 차이(相)는 '독점·배제·억압의 폭력'과 '무지·독단의 기만'에 힘을 실어주는 차별적 차이이고, 후자의 차이(相)는 '개방·수용·공유·호혜互惠의 평화'와 '사실

---

240 '相'은 니까야에서 '구분되는 특징적 차이'를 의미하는 팔리어 nimitta의 번역어로 시작하여 불교문헌들 속에서 다양한 변주를 보여 주는 용어이다. 원효 저술 속에서 목격되는 '相'의 다양한 용법들을 우리말로 번역할 경우 〈차이, 양상, [불변·독자의 본질/실체로 차별된] 차이, 특성, 특징, 면모, 모습, 현상, 대상〉 등이 된다. 이들은 모두 '相'(nimitta)이 지시하는 '구분되는 특징적 차이'라는 의미의 '문장 맥락에 따른 다양한 변형'이다. 따라서 이 모든 번역어를 관통하는 일관된 의미는 '구분되는 특징적 차이'이다.

241 이 글에서는 '相'을 서술의 편의상 그저 '차이'라고도 표현하지만, 엄밀하게 말하면 '언어·개념에 의해 분류·처리된 특징·차이들'을 지시한다.

에 접근하려는 성찰'의 토대다. 원효의 '차이 통섭의 철학'은 후자의 차이를 세상에 구현하려는 통찰의 체계다.

원효는 '상相'이라는 동일한 용어에 이와 같은 상반된 두 가지 의미를 부여한다. 그리고는 논의의 맥락에 따라 두 가지 가운데 하나를 선택하고 있다. 원효가 같은 용어에 상반된 의미를 모두 담고 있는 것은, 의미를 명료하게 분리시켜 반영하는 것이 어려운 한자어의 한계 때문이다. 원효의 저술을 읽으면서 항상 목격하게 되는 것은, '원효 사유의 정밀함'과 '한문이라는 언어의 특성'이 보여 주는 언어적 불화이다. 그런 점에서 의미 압축적 기능이 돋보이는 한자어를 수용하면서도 의미 구분과 표현 및 연결의 정밀함을 아울러 보여 주는 한글은, 철학적 사유와 언어를 결합시키는 데 너무도 탁월한 언어다. 한국어와 한글을 통해 원효와 대화하고 그 내용을 기술할 수 있다는 것을 필자는 금생의 특별한 축복으로 여긴다.

원효는, 다른 저술에서도 그러하지만, 특히 『금강삼매경론』에서는 '일一'이라는 기호에 자신의 모든 성찰과 체득을 압축하는 모습을 집중적으로 보여 준다. 〈일심一心, 일각一覺, 일심본각一心本覺, 일미관행一味觀行, 일미一味, 일상一相, 일여一如, 일행삼매一行三昧, 일법一法, 일성一性, 일실一實, 일심여一心如, 일의一義, 일제一諦, 일처一處, 일행一行〉 등이 그런 사례들이다. 원효는 이런 개념들을 다양한 논의와 맥락에서 사용하면서 '一'이라는 말로 드러내려는 동일한 의미를 변주하고 있다. 그리고 이 모든 용법에서 '一'은 '하나'라는 숫자를 나타내는 것이 아니라 '하나처럼 상통하고 서로 연결되어 있으며 상호작용하는 역동적인 동사적 현상'을 지시하고 있다. 원효가 구사하는 '一'은 '역동적 통섭通攝 현상'을 압축적으로 드러내는 개념이다. 그래서 필자는 이런 경우의 '一'을 '하나처럼 통하는' 혹은 '하나처럼 통하게 하는'이라고 번역하고 있다. 예컨대 '일심一心'은 '하나처럼 통하는/통하게 하는 마음'이라 번역하고 있다. 원효의 평생 탐구는 '모든 차이 현상의 역동적 통섭通攝'에 관한 통찰로 결산되며, '一'이라는 기호는 그 통찰을 압축적으로 대변하고 있다.

'一'이 드러내는 역동적 통섭通攝에 관한 통찰을 원효는 『금강삼매경론』에서 집중적으로 거론하는데, 특히 '차이 현상'(相)과 연관시키고 있어 주목된다. 필자가 『금강삼매경론』을 통해 거듭거듭 확인하는 것은, 원효의 철학을 일관되게 '차이 현상에 대한 통찰'로 읽을 수 있다는 점이다. 일심—心과 화쟁和諍을 비롯하여 원효의 사유를 직조하고 있는 주요 개념과 이론들은 '통섭通攝'으로 망라할 수 있고, 그 통섭철학은 다름 아닌 '차이에 관한 통찰'로 읽을 수 있다고 본다. 그런 점에서 원효철학은 '차이 통섭의 철학'이다.

불교 교학의 거의 모든 유형을 심도 있게 탐구하여 '차이들의 상호 개방과 상호 수용'이라는 '차이 통섭의 지혜'로 읽어 내는 원효의 안목은 주목해야 한다. 불교 언어들을 '차이 통섭에 관한 통찰'로 읽는 것은 붓다와의 대화에서 새로운 장을 마련하는 것이기 때문이다. 주류 교학의 시선으로는 이러한 독법이 정통성을 확보하기 어려운 특수한 유형으로 보일지 모른다. 그러나 오히려 이런 독법은 오랫동안 묻혀 왔던 붓다 법설의 중요한 핵심 하나를 채굴하는 것이라 본다. 그리고 그런 점에서 이런 독법은 붓다 법설의 정통성을 확보할 수 있다고 본다. 기존의 교학/해석학들이 공유하고 승인하던 정통성이 아니라, 새로운 내용으로 보완된 새로운 정통성의 구성 가능성에 학인들은 인색할 필요가 없다.

'상相'이라는 용어를 통해 '차이의 문제'를 다룰 때, 원효는 '一'을 차이들에 대한 왜곡과 오염을 치유하는 일종의 '치유의 언어'로 구사한다. 동일성의 옷이 입혀져 불변의 독자적·배타적 본질/실체로 간주되면서 부당하게 차별되는 차이(相)들, 그리하여 상호 배제적으로 격리되고 서로 막혀버린 차이(相)들.―그 오염된 차이들을 원효는 '一'을 통해 치유한다. 차이(相)들에서 동일성의 의상을 벗겨 내어 '사실 그대로의 차이'에 접근하는 길을 열고, '차이들이 하나처럼 통하여 상호 개방하고 상호 수용하는 통섭의 세상'(實際)을 일구려 한다. 이와 관련된 원효의 통찰을 『금강삼매경론』에서 일부만 소개해 본다.

"먼저 단원(品)의 명칭을 해석한다. '[불변·독자의 본질/실체로 차별된] 차이가 없음'(無相)이라고 말한 것은 '[불변·독자의 본질/실체로 차별된] 차이가 없음에 대한 이해'(無相觀)를 가리키니, '모든 유형의 [불변·독자의 본질/실체로 차별된] 차이'(諸相)를 깨뜨리는 것이다. 다음으로 도리(法)라고 말한 것은 '이해의 대상이 되는 도리'(所觀法)를 가리키니, [바로] 〈'하나처럼 통하는 마음'이라는 도리〉(一心法)이다. ‘[불변·독자의 본질/실체로 차별된] 차이가 없음에 대한 이해’(無相觀)라는 것은 앞[에서 말한] [육품六品의 각각인] ‘여섯 부분’(六分) 중에서 [첫 번째인 무상법품無相法品에 해당하는] ‘첫 번째 부분’(第一分)[이 드러내는] 뜻이고, ‘이해의 대상이 되는 도리’(所觀法)라는 것은 뒤[에서 말한] ‘여섯 가지 해석방식’(六門) 가운데 ‘첫 번째 해석방식’(第一門)에서의 도리이다. 이제 이 ‘첫 번째 단원’(初品)에서는 이 두 가지 뜻을 나타내니, 그러므로 〈[불변·독자의 본질/실체로 차별된] 차이가 없다는 도리[를 주제로 하는] 단원〉(無相法品)이라고 말하였다."242

"〈현상의 ‘사실 그대로’에 들어간 것이다〉(入實法相)라는 것은, [바로] 이 부처님의 지혜가 ‘[불변·독자의 본질/실체로 차별된] 모든 차이’(一切相)을 깨뜨려 ‘모든 현상’(諸法)의 ‘사실 그대로’(實相)에 통달했음을 일컫는다. 〈본래 그러한 것〉(決定性)이라는 것은, 이 〈현상의 ‘사실 그대로’〉(實法相)는 부처가 지어낸 것이 아니고, 부처가 있든 없든 본연(性)이 스스로 그러하기 때문이다. … 여래가 스스로 〈현상의 ‘사실 그대로’에 들어간 것〉(入實法相)이기 때문에 다른 이들로 하여금 ‘[불변·독자의 본질/실체로 차별된] 차이가 없어서 생기는 이로움’(無相利)을 얻게 할 수 있는 것이다."243

"〈모든 곳〉(一切處)이라는 것은 ‘진리와 세속’(眞俗) ‘동요와 평온’(動寂) 등[의 현상이 있는] 모든 곳이며, 〈머무름이 없다〉(無住)라고 말한 것은 이 모든 것에서 ‘[불변·독자의 본질/실체로서] 얻은 것이 없기’(無所得) 때문이다. [또] 〈떠남이 없다〉(無離)라는 것은 이 모든 것에서 ‘[현상으로서] 얻지 못하는 것도 없기’(無所不得) 때문이니, 왜냐하면 그 ‘모든 곳’(一切處)들은 다 ‘[불변·독자의 본질/실체로서] 그러한 것도 아니고 [현상으로서] 그러하지 않은 것도 아니기’(非然非不然) 때문이다."244

242 『금강삼매경론』(H1, 609b4~9); "先釋品名. 言無相者, 謂無相觀, 破諸相故. 次言法者, 謂所觀法, 一心法故. 無相觀者, 先六分中, 第一分義, 所觀法者, 後六門內, 第一門法. 今此初品, 顯是二義, 以之故言〈無相法品〉."

243 『금강삼매경론』(H1, 609c6~13); "〈入實法相〉者, 謂此佛智破一切相, 通達諸法之實相故. 〈決定性〉者, 是實法相, 非佛所作, 有佛無佛性自爾故. … 如來自入實法相故, 故能令他得無相利也."

244 『금강삼매경론』(H1, 629a4~8); "〈一切處〉者, 一切眞俗動寂等處, 言〈無住〉者, 於此一切, 無所得故.

"'[어디에도] 자리 잡지 않는 경지'(無在之處)는 오직 '하나처럼 통하는 마음'(一心)이니, '하나처럼 통하는 마음의 본연'(一心之體)은 '본래부터 [불변·독자의 본질/실체로 보는 분별의 동요가] 그쳐 평온한 것'(本來寂靜)이기 때문에 〈본래 사실 그대로인 본연의 경지〉(決定性地)라고 말하였다. '하나처럼 통하는 마음'(一心)이 나타날 때에는 '여덟 가지 식'(八識)이 모두 바뀌어가니, 그러므로 이때에 '[거울로 비추는 것처럼 [현상세계를] 온전하게 드러내는 지혜'(大圓鏡智)·'[불변·독자의 본질/실체라는 생각으로 비교하지 않아] 평등하게 보는 지혜'(平等性智)·'사실 그대로 이해하는 지혜'(妙觀察智)·'[중생들이 열반에 이르도록 성숙시키는] 일을 이루어가는 지혜'(成所作智), 이 네 가지 지혜'(四智)가 완전(圓滿)해진다. 왜냐하면 이 '하나처럼 통하는 마음'(一心)이어야 [근본무지의] 암흑에서 벗어나 [지혜의] 밝음을 이루고 [그 지혜가] 명백하고 온전해져서(淸淨) [제대로] 비추어 내지 못하는 모습이 없기 때문이니, 그러므로 〈그 경지는 청정하니 맑은 유리와 같다〉(其地淸淨, 如淨瑠璃)라고 말하였다. 이것은 '거울로 비추는 것처럼 [현상세계를] 온전하게 드러내는 지혜의 면모'(大圓鏡智之義)를 드러낸 것이다. [또한] 이 '하나처럼 통하는 마음'(一心)이어야 '[항상 있다는 견해'(常見)와 '완전히 없어진다는 견해'(斷見) 이 두 가지 치우친 견해'(遠離二邊)에서 멀리 벗어나 '나와 남이 평등하여 둘이 아닌 [경지]'(自他平等無二)를 통달하니, 그러므로 〈본연은 언제나 평등하니 저 대지와 같다〉(性常平等, 如彼大地)라고 말하였다. 이것은 '[불변·독자의 본질/실체라는 생각으로 비교하지 않아] 평등하게 보는 지혜의 면모'(平等性智之義)를 나타낸 것이다. 이와 같은 '하나처럼 통하는 마음'(一心)[지평]에서는 '[불변·독자의 본질/실체가 있다는 생각으로 분별하여] 본 것'(所觀)이 없기 때문에 '모든 현상세계'(諸法門)를 [사실대로] 이해하지 못하는 경우가 없으니, 그러므로 〈깨달음은 '사실대로 이해하니', 햇빛처럼 빛나는 지혜와 같다〉(覺妙觀察, 如慧日光)라고 말하였다. 이것은 '사실 그대로 이해하는 지혜의 면모'(妙觀察智之義)를 밝힌 것이다. [또] 이와 같은 '하나처럼 통하는 마음'(一心)[지평]에서는 [분별로] '지어내는 것'(所作)이 없기 때문에 다른 사람을 이롭게 하는 일을 지어내지 않음이 없으

言〈無離〉者, 於此一切, 無所不得故, 所以然者, 彼一切處, 悉皆非然非不然故."

니, 그러므로 〈이로움이 이루어져 본연을 얻으니, 위대한 진리의 비[를 맞은 것과 같도다]〉(利成得本, 如大法雨)라고 말하였다. 비는 만물을 적셔 열매를 맺게 하는데, 이 지혜도 그와 같아 다른 사람을 이롭게 하는 일을 이루어 [그들로 하여금] '깨달음의 본연'(本覺)[인 '사실 그대로 앎']을 얻게 하니, 이것은 '[중생들이 열반에 이르도록 성숙시키는] 일을 이루어가는 지혜의 면모'(成所作智之義)를 밝힌 것이다. [이렇게 이] 네 가지 지혜'(四智)가 완전해지면, 이것이 '[사실 그대로'를] 비로소 깨달아감이 완전해진 것'(始覺滿)이다."245

"이것은 '[대승의 세 부류의 계율들이 참된 면모[인 '사실 그대로']로부터 이루어짐을 밝힌 것'(明三聚戒從眞性成)의 다섯 부분 중에서] 다섯 번째인 '[사리불이] 이해함'(領解)인데, 여기에는 두 가지가 있다. 앞의 것은, 〈따라야 할 '하나처럼 통하는 사실 그대로'(一如)가 바로 '진리의 몸'(法身)이고, '[상락아정常樂我淨이라는] 네 가지 [본연의] 능력'(四德)을 갖추었으며, '사람과 현상에 대한 [불변·독자의 본질/실체로 차별된] 차이'(人法相)를 뛰어넘은 것이고, 이것이 위대한 열반임〉을 이해한 것이다. [그리고] 뒤의 것은, 〈[사실] 그대로를 따르는 마음'(能順如心)은 '[사실] 그대로를 따르기에'(隨如) [번뇌의] 속박에서 벗어나 '크나큰 자유자재의 힘'(大自在力)을 행하지 않음이 없음〉을 이해한 것이다."246

"그 '[불변·독자의 본질/실체로 보는 생각으로] 분별한 것이 없음'(無所分別)으로 말미암아 '[차이를 제대로] 구별하지 않음도 없으니'(無不分別), 그러므로 〈[불변·

245 『금강삼매경론』(H1, 633a17~b8); "無在之處, 唯是一心, 一心之體, 本來寂靜, 故言〈決定性地〉. 一心顯時, 八識皆轉, 故於是時, 四智圓滿. 所以然者, 卽此一心, 離闇成明, 明白淸淨, 無影不照, 故言〈其地淸淨, 如淨瑠璃〉. 是顯大圓鏡智之義. 卽此一心, 遠離二邊, 通達自他平等無二, 故言〈性常平等, 如彼大地〉. 是顯平等性智之義. 如是一心無所觀故, 於諸法門, 無不觀察, 故言〈覺妙觀察, 如慧日光〉. 是明妙觀察智之義. 如是一心, 無所作故, 於利他事, 無所不作, 故言〈利成得本, 如大法雨〉. 雨潤萬物, 令成菓實, 此智亦爾, 利他事成, 令得本覺, 是明成所作智之義. 四智旣圓, 是始覺滿也."

246 『금강삼매경론』(H1, 651c17~20); "此是第五領解, 於中有二. 先領所順一如, 卽是法身, 具足四德, 超人法相, 是大涅槃. 後領能順如心, 隨如離繫, 而無不爲大自在力."

독자의 본질/실체로 보는 생각으로] 분별함이 없는 지혜는 [차이를 제대로] 구별함이 끝이 없다〉(無分別智, 分別無窮)라고 말하였다. '[차이를 제대로] 구별함이 끝이 없는'(分別無窮) 까닭은 다만 모든 분별을 없애기 때문이니, 그러므로 〈[제대로 구별함이] 끝이 없는 차이들'(無窮之相)은 오직 '[불변·독자의 본질/실체로 보는 생각으로] 분별된 것'(分別)만이 사라진 것이겠습니다〉(無窮之相, 唯分別滅)라고 말하였다."[247]

5. '있는 그대로, 사실 그대로'를 언어·개념·차이와 연관시켜 만나는 길과 원효

　니까야/아함에서 만나는 붓다의 법설은 '언어·개념·차이·변화·관계와의 접속을 끊지 않고 무지의 오염 문제를 해결하는 길'이다. 필자는 그렇게 본다. 게다가 흥미로운 것은 원효의 '차이 통섭의 통찰'이다. 필자가 보기에, 원효는 '언어·개념·차이·변화·관계와 접속하면서 삶과 세상의 오염을 치유하는 붓다의 길'을 제대로 포착한 흔치 않은 인물이다. 동아시아 대승불교 언어권역 속에서 등장한 한반도 토착 불교지성에서 이런 면모를 목격하게 되는 것은 경이롭다. 니까야 문헌들만 간수하고 탐구하여 붓다 법설의 해석학적 정통성을 주장하는 남방 상좌부 전통에서도 목격하기 어려운 혜안을, 북방 대승권역의 한 자락 한반도에서, 그것도 하늘을 찌르는 자신감으로 중국 유학도 거부한 인물에게서 목격한다는 것은 놀라운 일이다. 원효와 꾸준히 대화해 온 필자도 이런 사실을 확신하게 된 것은 그리 오랜 일이 아니다. 원효전서를 번역하느라 꼼꼼히 음미하면서 비로소 눈에 선명히 잡힌 원효의 면모이다. 이전에도 감지 정도는 했지만, '차이 통섭'에 관한 원효의 안목이 이토록 일관되고 또 심층적인 줄은 미처 몰랐었다.

　이후 원효의 언어가 새로운 의미로 다가왔고, 불교철학이 새롭게 읽혔으며,

---

247 『금강삼매경론』(H1, 659c4~7); "由其無所分別, 乃能無不分別, 故言〈無分別智, 分別無窮〉. 所以'分別無窮'者, 只由滅諸分別, 故言〈無窮之相, 唯分別滅〉."

철학과 인문학, 인간의 새로운 전망이 보였다. 여러 분야의 지성들과 협업을 진행하면, 원효를 '지금 여기'로 소환하면서 새로운 인문학을 수립하는 멋진 일이 구현될 수 있겠다는 전망이 뚜렷해졌다. 현재 출간 중인 원효전서 한글번역의 영역英譯까지 이루어진다면, 원효학은 단기간에 인문학과 철학의 중심과 전위지대를 형성해 갈 것이라는 확신을 다지게 된다. 이런 전망을 구현할 수 있는 조건들만 현실에서 갖추어진다면, 한반도 지성의 전통계보 속에서 비로소 고도의 보편적 호소력을 지닌 현재적 자생 철학/인문학을 내놓을 수 있을 것이다.

원효철학 형성의 기반으로 보이는 『대승기신론』을 불교 신비주의의 이론체계로 간주하는 시선이 많다. 무엇보다도 『대승기신론』이 채택하고 있는 긍정형 용어들이 그런 이해에 힘을 실어 왔다. 일심一心·상주일심常住一心·여래장如來藏·본각本覺·진각眞覺·자성自性·자성청정심自性淸淨心·심성心性·진심眞心·심진여心眞如·심진실心眞實·심원心源·심체心體·불성佛性·진여眞如·불생불멸不生不滅 등의 긍정형 기호들은, 만약 이런 기호들이 채택되는 문장의 의미맥락을 충분히 살피지 않으면, 동일성·독자성·불변성을 지닌 궁극실재를 지칭하는 것으로 읽기 쉽다. 원전의 한자 용어가 지니는 의미를 현재어로 풀어 자신의 견해를 밝히지 않고 원전 용어를 그대로 사용하는 방식의 번역과 해설들은, 한자어의 일상적 의미를 성찰 없이 따라가면서, 긍정형 기호들을 구사하는 『대승기신론』을 불교 신비주의의 교본처럼 보기 쉽다. 게다가 불교 인식논리학이 정립하고 있는 '직접지각과 독자상' 이론까지 끌어 붙이면, 『대승기신론』은 영락없이 '동일·독자·불변의 궁극실재'를 설하는 대승불교 신비주의 교본이 되고 만다. 그럴 때 **『대승기신론』은 〈언어·개념적 인식인 '심생멸心生滅의 분별심分別心'과 작별케 하고, 그 어떤 언어·개념·차이·변화와도 연緣을 끊어 버린 일심一心·본각本覺·진심眞心·심진여心眞如·심원心源·심체心體를 깨닫게 하여, 동일·독자·순수·불변의 실재인 '있는 그대로, 사실 그대로'를 체득하게 해주는 이론〉으로 읽히게 된다.** 학계의 학인이나 현장의 수행 구도자들 속에서 이런 경우를 만나는 것은 어렵지 않다.

『대승기신론』이 신비주의 교본으로 읽히는 경우, 원효철학도 덩달아 신비주의 불교철학으로 취급받게 된다. 원효 저술이 『대승기신론』 연구·해설서에 국한되는 것은 아니지만,『대승기신론』사상은 그의 다른 저술 및 사유와 밀접한 정합적 관계를 맺고 있다. 따라서『대승기신론』을 신비주의 철학이론으로 읽으면, 원효의 모든 저술과 철학도 신비주의 문법으로 읽게 된다. 원효철학이 흔히 최고 수준의 상찬實讚을 받곤 하지만, 그간 학인들이 제시해 온 상찬의 이유와 논거들이 과연 얼마나 적절하고 타당한지는 되물어 보아야 한다.『대승기신론』을 비롯하여 원효의 언어를 신비주의 독법으로 읽는 한, 원효의 안목과 그 의미는 드러나지 않는다. '언어·개념·차이·변화·관계와의 접속을 끊지 않고 문제를 해결하는 길'에 관한 원효의 통찰은 묻히거나 왜곡되고 만다. 이에 비해 원효철학을 〈차이(相)들의 '상호 개방과 상호 수용'(通攝)에 관한 통찰〉로 읽으면 원효의 안목이 새롭게 드러난다.『금강삼매경론』은 이러한 원효의 '차이 통섭의 철학'을 완숙된 내용으로 집대성하고 있다.

🪷 언어·개념·차이·사유·욕구와 접속한 '있는 그대로, 사실 그대로'―붓다의 육근수호六根守護 법설과 원효의 '차이 통섭通攝'

　　니까야/아함에서 만나게 되는 '육근수호六根守護 법설'과 '희론戱論(papañca, 분별의 확산)에 관한 법설'은, 붓다가 언급하는 '있는 그대로, 사실 그대로'(yathābhūta, 如實)의 의미로 안내하는 대표적 가르침으로 보인다. 붓다는 우파니샤드 전통에 기초한 인도 신비주의가 설정하는 '일체의 언어·개념·차이·사유·욕구와 연관되지 않는 불변·독자·전능·순수·동일의 실재'를 명백히 부정했다. 그의 어떤 법설에서도 그런 신비주의 실재를 설정하는 내용이나 흔적을 발견할 수 없다. 붓다의 법설이 변화(無常)와 '불변·동일·독자의 본질/실체의 부재'(無我) 및 '관계적·조건인과적 발생'(緣起)에 관한 통찰을 천명하고 있다는 점은 널리 알려져 있으며 또한 분명한 사실이다. 그런데 이러한 붓다의 법설이 붓다 후학들 사이에서는 '언어·개념·차이·사유·욕구·변화·관계와의 접속을 끊지 않고 무지의 오염 문제를 해결하는 길'로서 읽히지 않는 경우가 빈발한 것으로 보인다. 변화(無常)의 법설에 대해서는 〈변화하는 것들은 허망하니 그런 것들에 매여 살지 말고 허망하지 않은 불변의 실재를 구하라는 뜻이다〉라고 읽고, '불변·동일·독자의 본질/실체의 부재'(無我)에 대해서는 〈무상한 가짜 자아를 버리고 참 자아인 불변자아를 구하라는 뜻이다〉라고 읽으며, '조건인과적 발생'(緣起)에 대해서는 〈인과법칙에 매이는 것은 모두 윤회이니, 인과법칙에 매이지 않는 절대 실재를 체득하여 윤회의 굴레에서 벗어나라는 뜻이다〉라고 읽는 시선이 대표적이다.

변화·차이·관계의 현상을 불안과 고통으로 보는 시선들, 특히 우파니샤드 전통에 기초한 인도 신비주의에 길들어진 시선들에게는, 무상無常·무아無我·연기緣起도 불변·동일·독자의 피난처로 이끄는 이정표로 읽어야 안심이 되었을 것이다. '변화'(無常)와 '불변·동일·독자의 본질/실체의 부재'(無我) 및 '관계적·조건인과적 발생'(緣起)을 제대로 수용하는 것이 자유와 평안의 길에 오르는 것이라는 붓다의 법설은 이해하기도 감당하기도 어려웠을 것으로 보인다. 그런 시선들로서는, 붓다의 법설도 표현만 다를 뿐 인도전통 신비주의 교설과 차이가 없는 것으로 읽고 싶은 유혹을 거부하기 어려웠을 것이다.

1. 육근수호 법설과 '있는 그대로, 사실 그대로'(yathābhūta, 如實)

육근수호 법설의 의의意義

필자는 '경험을 발생시키는 여섯 가지 감관능력을 잘 간수해 가는 방법에 관한 설법', 즉 '육근수호六根守護 법설'이야말로 인도 신비주의 시선과의 결별을 가장 명확하게 보여 주는 것이라 생각한다. 붓다가 일러 주는 길이 '언어·개념·차이·사유·욕구·변화·관계와의 접속을 끊지 않고 무지의 오염 문제를 해결하는 길'이라는 것을 육근수호의 법설은 명확하고 정확하게 알려 주기 때문이다. 붓다의 길을 이해하려면 육근수호 법설을 충분히 음미해야 한다고 본다. 생각건대, '육근수호 법설'은 붓다의 모든 법설, 사상과 수행의 모든 내용이 그곳으로 수렴되고 또 그로부터 발산된다. 특히 팔정도 정념正念을 축으로 하는 정학定學의 의미와 내용을 이해하려면 반드시 '육근수호 법설'을 깊이 음미해야 한다. '육근수호 법설'은 붓다의 사상과 해탈 수행법을 제대로 이해하는 관건이다. 붓다의 선禪, 특히 정념정지正念正知와 사마타 수행의 의미와 내용을 탐구하는 데 가장 중요한 것이 '육근수호 법설'이다. 연기 법설과 무아 법설을 제대로 이해하고 체득하는 데 있어서도 '육근수호 법설'을 건너뛰면 큰 구멍이 생긴다. 게다가 '육근수호 법설'은 선종禪宗 선문禪門을 이해하기 위해서도 필수적이다. 선종 선문의 언어를 곧바로 붓다의 육성과 결합시킬 수 있게 하는 근거 가운데 '육근수호 법설'보다 적절한 것은 없다고까지 생각한다. 직지인심直指人心 돈문頓門의 연원을 추적해 가는 작업에서 '육근 수호 법설'은 가히 보배광산이라고 본다.

무아·연기·사성제·팔정도·삼학 등 붓다가 펼친 모든 법설은 '육근수호의 법설'과 직결되어 있다. **'육근수호의 법설'은 붓다의 모든 교설을 총체적으로 엮을 수 있는 매듭으로 다룰 수 있다고 본다. 붓다의 모든 교설이 수렴되어 하나로 엮이는 매듭이고, 또 모든 교설의 가닥을 다양하게 풀어내는 발산의 매듭이다.** 붓다의 모든 언어는 상호 연관되어 있는 것이지만, '육근수호의 법설'처럼 교설의 모든 것을 직접적으로 연관시키면서 망라할 수 있는 매듭은 발견하기 어렵다고 생각한다. '육근수호의 법설'은, 모든 교설이 자유롭게 들락날락하면서도 쉽게 서로 연결될 수 있다는 점에서, 가히 수렴과 발산의 통섭적通攝的 매듭으로 보인다. 따라서 이 육근수호 법설을 어떻게 이해하느냐에 따라, 붓다의 법설과 수행법 전체에 대한 이해가 결정될 수도 있다. 육근수호 법설에 대한 이해는, 무아·연기·혜학·정학·위빠사나·사마타·고苦·해탈·열반·깨달음·이해·마음 등 초기불교 핵심 주제들을 읽는 시선과 이해 내용을 결정한다. 또한 **육근수호 법설은, 붓다 법설의 치유력을 개인적 범주에 제한시키려는 태도가 얼마나 근거 없는 것인지도 확인시켜 준다. 붓다의 깨달음과 법설이 지니는 '개인적 향상진화'의 의미와 내용뿐 아니라 '사회적 향상진화'의 전망도, 육근수호 법설에서 그 근원적 내용을 확인할 수 있**

다. 육근수호 법설은, 붓다 교설에 대한 후학들 내지 특정 교학전통의 해석이 지닌 특징과 적절성을 판단할 수 있는 지표로 선택해도 전혀 손색이 없다고 본다. 이처럼 중차대한 내용과 의미를 지닌 붓다의 법설이 전통 교학과 수행론에서는 거의 방치되고 있다. 개인적으로 육근수호 법설을 음미해 가면서 품게 된 큰 의문이다.

육근수호 법설은 니까야/아함에서 다음과 같은 내용을 핵심으로 하여 거의 정형구처럼 자주 등장한다.

"그는 눈으로 형색을 봄에 그 표상(nimitta, 全體相/相)을 취하지 않으며, 또 그 세세한 부분상(anuvyañjana, 細相)²⁴⁸을 취하지도 않는다. 만약 그의 눈의 기능(眼根)이 제어되어 있지 않으면, 욕심과 싫어하는 마음이라는 나쁘고 해로운 법(不善法)들이 그에게 [물밀듯이] 흘러들어 올 것이다. 따라서 그는 눈의 감각기능을 잘 단속하기 위해 수행하며, 눈의 감각기능을 잘 방호하고, 눈의 감각기능을 잘 단속한다. 귀로 소리를 들음에 … 코로 냄새를 맡음에 … 혀로 맛을 봄에 … 몸으로 감촉을 느낌에 … 마노(意)로 법을 지각함에 그 표상(全體相)을 취하지 않으며, 또 그 세세한 부분상(細相)을 취하지도 않는다. 만약 그의 마노의 기능(意根)이 제어되어 있지 않으면, 욕심과 싫어하는 마음이라는 나쁘고 해로운 법(不善法)들이 그에게 [물밀듯이] 흘러들어 올 것이다. 따라서 그는 마노의 감각기능을 잘 단속하기 위해 수행하며, 마노의 감각기능을 잘 방호하고, 마노의 감각기능을 잘 단속한다. 그는 이러한 성스러운 감각기능의 단속을 구족하여 안으로 더럽혀지지 않는 행복을 경험한다. 그는 나아갈 때도 돌아올 때도 [자신의 거동을] 분명히 알아차리면서(正知) 행한다. 앞을 볼 때도 돌아볼 때도 분명히 알아차리면서 행한다. 구부릴 때도 펼 때도 분명히 알아차리면서 행한다. 법의法衣·발우·의복을 지닐 때도 분명히 알아차리면서 행한다. 먹을 때도 마실 때도 씹을 때도 맛볼 때도 분명히 알아차리면서

---

248 전재성은 nimitta를 '인상'으로, anuvyañjana를 '연상'으로 번역하고 있다. 『맛지마니까야』(한국빠알리협회, 2009), p.607.

행한다. 대소변을 볼 때도 분명히 알아차리면서 행한다. 갈 때도 서 있을 때도 앉아 있을 때도 잠잘 때도 깨어 있을 때도 말할 때도 침묵할 때도 분명히 알아차리면서 행한다."[249]

이와 같은 육근수호의 법설은 붓다의 다양한 법문 상황에서 등장하고 있는데, 특히 주목해야 할 것은 구도자의 해탈 수행과정을 완결된 체계로서 설하고 있는 법문에서 등장하는 경우이다. 니까야/아함에서는 해탈 수행과정의 완결된 체계를 설하는 법문이 거의 동일한 내용으로 자주 설해지고 있는데, 이 법문을 '해탈수행차제修行次第 법문'이라 불러 보자. **붓다는 이 '해탈 수행차제 법문'을 두 가지 형태로 설하고 있다. 하나는, 붓다 자신의 수행과정에 대한 회고 형식으로 설하는 것이다.** 출가와 수행, 목표 성취의 실패와 성공과정을 들려 주는 방식으로 해탈수행의 전체 과정과 내용을 완결적으로 설하는 법문이다. **다른 하나는, 이러한 붓다 자신의 수행경험에서 실패한 내용은 빼고 성공할 수 있었던 내용과 과정만으로 재구성한 것이다.** 여기서는 수행 주체가 붓다가 아닌 일반 구도자로 바뀌고, '육근의 수호'와 '다섯 가지 장애(五蓋)의 극복'이 추가되어 있다. 붓다가 자신의 해탈수행 과정과 경험을 일반 구도자의 수행지침과 전범으로 채택할 수 있게 하려는 교육적 고려를 반영한 설법방식이다. 따라서 **전자가 '해탈 수행차제 법문'의 특수형이라면, 후자는 '해탈 수행차제 법문'의 일반형이라 할 수 있다.**

육근수호의 법설은 '해탈 수행차제 법문'의 일반형에서 가장 중요한 역할과 위상을 지니는 것으로 보인다. 육근수호의 수행법이 붓다 자신의 수행과정과 경험을 회고하는 '해탈 수행차제 법문의 특수형'에서는 등장하지 않고 일반형 법문에서 등장한다는 점, 그리고 해탈 수행차제에 관한 일반형 법문은 붓다 자신의 개

---

249 「간다라까의 경(Kandarakasutta)」(M1:339), 대림 번역, 맛지마니까야 2권, pp.428-429. 이 번역문에서 '분명히 알아차리면서 행한다'라고 번역된 정지正知(sampajānāti)를 필자는 그 의미를 반영하여 〈모든 것을 앞세우듯 하면서 알아차린다〉라고 풀어서 번역한다. 일상의 모든 동작을 '괄호 치듯 묶어 재인지(알아차림)의 대상으로 처리하면서 빠져나오는 국면'을 일깨워 간수해 가면서 그 재인지 자리에서 현상의 특징과 차이들의 연기적 양상을 관찰하는 것이 정지正知(sampajānāti) 행법의 초점이라고 생각하기 때문이다. 앞서 Ⅶ장의 〈이해와 마음〉에서 거론한 바 있다.

인적 경험과 성공 요인을 교육적 목적으로 재구성한 것이라는 점, 그리고 육근수호의 내용 자체를 아울러 고려하면, **육근수호의 법설이야말로 붓다가 설하는 해탈 수행체계 안에서 중추적 역할과 위상을 지니고 있는 것으로 보인다.** 인간과 세상에 대한 통찰, 위빠사나와 사마타 수행의 의미와 내용, 해탈·열반의 의미와 내용, 무아와 연기 법설의 이해, 깨달음의 문제 등, 붓다 법설의 핵심 주제들을 탐구하는 작업에서 육근수호의 법설은 가히 중심축의 역할을 담당할 수 있다고 생각한다.

또 하나 주목해야 할 것은 '육근수호 법설이 등장하는 전후 맥락'이다. 구도자들을 대상으로 한 '일반형 해탈 수행차제 법문'에 나타나는 내용들이 전개되는 맥락을 유심히 살펴야, '육근수호 법설의 범위'와 '육근수호 법설이 지니는 수행법으로서의 의미와 위상'이 드러난다. '해탈 수행차제 법문'의 일반형에서 나타나는 내용 전개는 다음과 같다.

【붓다가 출현하여 가르침을 설함→가르침을 들은 사람이 가르침에 대한 믿음을 일으켜 출가수행을 결심→출가 후 윤리적 행위를 익힘(正業·正語·正命에 해당하는 수행)→**육근의 수호→동작들의 정지**正知 **수행→**다섯 가지 장애(五蓋)의 극복→사선四禪→숙명통→천안통→누진통→해탈】

이러한 내용 전개에서 우선적으로 이해와 의견이 엇갈릴 수 있는 대목은 두 가지이다. 하나는 **'육근수호 법설'에 해당하는 구절을 어디까지로 보아야 하는가**의 문제이고, 다른 하나는 **'육근수호 법설'이 '행위 제어의 수행'**(戒學)**·'선정 수행'**(定學)**·'이해 수행'**(慧學)**이라는 삼학**三學 **중 어디에 해당하는가**의 문제이다.

〈육근수호 법설에 해당하는 구절을 어디까지로 보아야 하는가?〉의 문제는, 구체적으로는, 육근수호의 구절에 바로 이어 설해지는 '다양한 동작들에 대한 정지正知**'의 수행이 육근수호 법설과 어떤 관련이 있는가 하는 문제이다.** 육근수호와는 별개의 수행으로 볼 때는 육근수호 법설의 범위가 이전의 구절로 한정되게 되지만, 육근수호 수행을 부연하는 법문으로 볼 때는 '다양한 동작들에 대한 정지正知'를 설하는 구절도 육근수호의 법설에 포함되게 된다. **필자는 '다양한 동작들에 대한 정지**正知**'의 내용을 육근수호 법설의 내용이라 보고 있다. 육근수호의 이치를**

실제 수행에 적용하는 방법을 일러주는 것으로서, '육근수호 법설'의 의미를 포착하는 데 필수적이고도 중요한 내용이라고 본다.

〈육근수호 법설이 삼학 중 어디에 해당하는가?〉의 문제는, 육근수호 법설을 '행위 제어의 수행'(戒學)으로 보아야 하는가 아니면 '선정 수행'(定學)으로 보아야 하는가의 문제이다. 육근수호에 관한 전통적 이해를 대변하는『청정도론』은 육근수호 법문을 '행위 제어의 수행'(戒學)으로 해설하고 있다. 그러나 필자는 **육근수호 법문의 초점이 '다양한 동작들에 대한 정지**正知**'를 핵심으로 하는 '선정 수행'(定學)에 있다**고 생각한다.

니까야 대장경에 대한 해석학적 준거로 평가받는『청정도론』의 시선이 육근수호 법설의 의미 탐구에 도움을 주는 내용은 기대보다 훨씬 제한적이다.『청정도론』은 육근수호의 법설을 제1장의 '계'(sīlanidesso)에서 해설하고 있는데, 해설 내용은 감관대상들에 대한 욕망을 단속하는 금욕적 능력의 계발에 초점을 두고 있다.『청정도론』의 전체 구성에서 육근수호를 '계' 범주에 넣고 있을 뿐 아니라 내용도 계학 수행으로 해설하면서[250] 육근수호 법설의 의미를 금욕주의적 수행론으로 읽고 있는 것이다. 그리하여 '전체적 특징·차이'(nimitta, 相)와 '부분적 특징·차이'(anuvyañjana, 細相)를 '대상을 깨끗하지 못하다고 보는 이해수행'(不淨觀)에 관련시키고, 이 수행을 감관능력(육근)의 단속을 성취하는 정념 수행의 내용으로 거론하고 있다. 대상의 '전체적 특징·차이'(相)가 아름다운 것이어서 욕정이 발생하면, 아름답다는 생각을 제거하기 위해 '아름답지 않다는 생각'(不淨想, asubha-saññā)을 의도적으로 수립하여 대상에 적용함으로써 욕정을 가라앉혀 감관기능(육근)을 단속한다는 것이다. 이렇게 감관기능을 금욕적으로 단속하는 것이 바로 계율 조목의 단속이고 육근수호의 수행이라는 것이『청정도론』의 설명이다.

『청정도론』이 이해하는 육근수호 수행은 이렇게 요약할 수 있다: 〈대상의 '전체적 특징·차이'(nimitta, 相)와 '부분적 특징·차이'(anuvyañjana, 細相)를 감관(육근)이 접촉한다→욕정과 같은 파계破戒**의 욕망이 일어난다→'청정하지 못한 것이라는**

---

250 「감각기능(根)의 단속에 관한 계」, 대림 번역,『청정도론』1, pp.155-158, pp.181-183.

생각'(不淨想, asubha-saññā)을 수립하여 아름다운 '전체적 특징·차이'와 '부분적 특징·차이'를 지닌 대상에 적용하여 욕망을 제거한다.〉

이러한 이해에 따르면, 육근수호 법설에서 말하는 〈'전체적 특징·차이'(nimitta, 相)와 '부분적 특징·차이'(anuvyañjana, 細相)를 움켜쥔다〉는 말의 의미는 〈계율을 깨뜨리는 욕망에 따른다〉는 것이고, 〈전체적 특징·차이와 부분적 특징·차이를 움켜쥐지 않는다〉는 말의 의미는 〈'청정하지 않은 것이라는 이해'(不淨觀) 등으로 그 욕망에 따르지 않는다〉는 것이 된다. 요컨대, 계율을 오염시키지 않게 하기 위해 감관(六根)을 욕망으로부터 보호하는 것이 '육근수호'이고, nimitta(相)와 anuvyañjana(細相)는 계율을 깨뜨리는 욕망을 발생시키는 대상의 특징들을 두 가지로 구분한 것이 된다. 그리고 'nimitta(相)와 anuvyañjana(細相)를 취하는 것'은 'nimitta(相)와 anuvyañjana(細相)에 따라 발생한 욕망을 따르는 것'이고, 'nimitta(相)와 anuvyañjana(細相)를 취하지 않는 것'은 'nimitta(相)와 anuvyañjana(細相)에 따라 발생하는 욕망에 따르지 않는 것'이라는 이해이다. 이러한 『청정도론』의 이해는 육근수호 법설의 의미를 계학戒學으로 읽는 입장을 대변하고 있다. 정념正念 수행에 대한 이해 역시 그 연장선에서 수립하고 있다. 출가자 위주의 금욕주의적 해석이다. 그러나 이러한 해석으로는 육근수호 법설이 알려주는 '선정 수행'(定學) 내용을 포착할 수가 없다고 본다.

만약 '해탈 수행차제 법문'에 등장하는 육근수호 법설을, 『청정도론』의 시선처럼, '대상의 특징을 접촉할 때 발생하는 욕망을 따라가지 않는 금욕주의적 계학'으로 본다면, '해탈 수행차제 법문'은 그저 수행과정의 주요 항목들을 평면적으로 병렬한 것이 된다. 그럴 때, 〈붓다가 출현하여 가르침을 설함→가르침을 들은 사람이 가르침에 대한 믿음을 일으켜 출가수행을 결심→출가 후 윤리적 생활을 함→'경험을 발생시키는 여섯 가지 감관능력을 잘 간수함'(육근수호)→'다섯 가지 장애'(五蓋)의 극복→'네 가지 선정 단계'(四禪)의 성취→숙명통→천안통→누진통→해탈〉이라는 내용을 열거하는 '해탈 수행차제 법문'은, 〈육근수호를 통해 욕망을 제어하고, 다섯 가지 장애를 극복하며, 선정을 성취하고 삼명三明이 밝아지면 마침내 해탈한다〉는 설법이 된다. 그런데 만약 이런 정도의 의미라면, '해탈 수행차제 법문'은 사실상 평범하다. 붓다의 여타 법문들에서 누누이 목격되는 '법문마다의 특별한 초점'이 뚜렷하게 드러나지 않게 된다.

구도자들을 대상으로 설하는 '해탈 수행차제 법문의 일반형'이 지닌 특별한 초점과 내용은 '육근수호 법설'에 있다고 본다. 붓다가 해탈수행의 전체과정을 열거하면서 육근수호 법설을 설한 것은, 이 육근수호 법설의 특별한 의미와 위상을 알려 주기 위한 선택이었으며, 또한 육근수호가 정학定學을 이끌어 가는 요결임을 알려 주려는 것으로 보인다. 다시 말해, 정학定學의 요결을 육근수호 법설에 담고 그것을 해탈수행의 중심축으로 삼아 해탈수행의 전체구조를 완결적으로 설하는 것―이것이 '해탈 수행차제 법문의 일반형'이 지니는 의미이자 특별함이라 생각한다.[251]

2. 육근수호 법설의 세 가지 의미

필자는 육근수호 법설에서 세 가지를 주목하고 싶다. 첫 번째는, 감관을 통한 인간의 경험을 '감관능력(根)과 그에 대응하는 차이현상(相)의 관계'로 설명한다는 점이다. 감관능력이나 차이현상이 없으면 그 어떤 경험도 발생하지 않는다. 〈감관능력과 그에 대응하는 차이현상이 서로 관계 맺는 것이 인간 경험발생의 초기조건이다〉는 점을 분명히 하고 있는 것이다. 그리고 이때의 차이현상(相)은 이미 언어·개념에 의해 1차 가공 처리된 것들이다. 두 번째는, '감관능력(根)과 그에 대응하는 차이현상(相)의 관계 맺기 방식'은 두 가지로 나눌 수 있으며, 이 두 가지 방식은 모두 인간의 선택지라는 것을 분명히 한다는 점이다. 〈감관능력(根)과 그에 대응하는 차이현상(相)의 관계 맺기는, 감관능력이 그에 대응하는 차이현상을 '움켜쥐는 방식으로 관계 맺는 것'과 '움켜쥐지 않는 방식으로 관계 맺는 것'의 두 가지가 있으며, 어떤 관계 방식이든 인간의 자율적 선택의 대상이 된다〉는 것이다. 세

---

251 육근수호 법설를 정학으로 보아야 하는 이유는 Ⅶ장의 〈이해와 마음〉에서 거론하였다.

번째는, 감관능력(根)이 그에 대응하는 차이현상(相)과 '움켜쥐는 방식'으로 관계 맺으면 '해로운 현상'(不善法)들이 감관능력으로 일으키는 모든 경험을 채울 것이고, '움켜쥐지 않는 방식'으로 관계 맺으면 '이로운 현상'(善法)들이 경험을 채워 수준 높은 행복을 누리게 된다는 점이다. 〈감관능력(根)과 그에 대응하는 차이현상(相)이 관계 맺는 두 가지 방식은 삶/경험의 내용을 각각 '해로운 것'과 '이로운 것'으로 결정한다〉는 것이다.

첫 번째 의미인 〈감관능력과 그에 대응하는 차이현상이 서로 관계 맺는 것이 인간 경험발생의 초기조건이다〉라는 것의 함의는 다음과 같다: **인간의 경험은 감관능력(根)과 그에 대응하는 차이현상(相)의 만남에 의해 발생하므로 차이현상이 없으면 인간의 경험 자체가 없다.** 따라서 '차이가 없는 동일 실재'를 체득하겠다는 발상은 인간 경험발생의 구조상 불가능하다. 붓다의 법설이 안내하는 깨달음이나 해탈·열반은 '차이와의 접속에서 이루어지는 것'이다.

두 번째 의미인 〈감관능력(根)과 그에 대응하는 차이현상(相)의 관계 맺기는, 차이현상을 '움켜쥐는 방식으로 관계 맺는 것'과 '움켜쥐지 않는 방식으로 관계 맺는 것'의 두 가지가 있으며, 어떤 관계 방식이든 인간의 자율적 선택의 대상이 된다〉는 것의 함의는 다음과 같다: **다른 생물종들과는 달리, 인간은 '감관능력과 차이현상의 관계방식'에서 자율적 선택 가능성을 발전시켜 왔다.** 다른 생물종들은 '생존과 번식'이라는 생물학적 충동에 의해 형성된 생물학적 관계방식을 수동적으로 수용한다. **인간 역시 기본적으로는 생물학적 관계방식을 채택하고 있지만, 진화과정에서 새로운 관계방식의 선택 가능성을 꾸준히 발전시켜 온 것으로 보인다. 그 결정적 근거는 붓다가 감관능력의 하나로 간주하는 '사유능력(意根)'이다.**

인간은 진화과정에서 차이들을 언어에 담아 분류하여 기억·비교하는 능력을 발현시킨 이후, 그 능력에 의거하여 다시 판단·평가·종합·분석·추리의 능력 및 관점·이해·논리·이론의 구성능력까지 발전시켜 왔다. 다른 생물종에서는 목격되지 않는 이 독특한 능력은 흔히 인지능력·사유능력이라 불리는데, 붓다는 이것을 의근意根이라 부르면서 감관능력의 하나로 간주한다. **인간은 의근意根이라는 감관능력을 발전시켜 가는 과정에서 '감관능력과 차이현상의 관계방식'에서 새로운**

선택지를 추가하는 동시에, 자율적 신택 가능성을 발선시켜 온 것으로 보인다. 붓다는 이러한 인간 감관능력의 특징, 특히 의근意根에 의거하여, 감관능력(根)과 차이현상(相)의 관계방식을 '움켜쥐는 방식'과 '움켜쥐지 않는 방식'의 두 가지로 구분하였고, 이 두 가지 관계 방식은 모두 인간의 자율적 선택의 대상이 된다고 천명한다.

세 번째 의미인 〈감관능력(根)과 그에 대응하는 차이현상(相)이 관계 맺는 두 가지 방식은 삶/경험의 내용을 각각 '해로운 것'과 '이로운 것'으로 결정한다〉라는 것의 함의는 다음과 같다: 개인적 삶과 사회적 삶의 목표는 '해로운 경험은 줄이고 이로운 경험은 늘리는 것'이다. 이 목표를 달성하는 방식과 내용 및 그 수준에 따라 개인과 사회의 행복 수준이 결정된다. 그리고 이 목표를 추구하는 인간과 사회의 근원적 역량은 '차이현상(相)과의 관계 맺기 방식'에 의해 좌우된다. 차이현상(相)과 관계 맺기를 '움켜쥐는 방식'으로 하면, 해로운 경험이 갈수록 늘어나고 이로운 경험은 갈수록 줄어든다. 반면에 차이현상(相)과 관계 맺기를 '움켜쥐지 않는 방식'으로 하면, 해로운 경험은 갈수록 줄어들고 이로운 경험은 갈수록 늘어난다. 개인과 사회의 행·불행은 그 원초적 분기점이 '차이현상(相)과의 관계 맺기 방식'에 있으며, 관계 맺기의 두 가지 방식에 대한 선택은 개인과 사회 모두에게 열린 가능성이다. 개인적 선택 역량은 개인 내면의 내공內功의 문제일 수 있지만, 사회적 선택 역량은 개인 역량과 집단 역량 및 제도·환경의 역량이 결합한 외공外功의 문제이다.

'감관능력(根)과 차이현상(相)의 관계 맺기 문제'에는 사회적 범주도 포함시켜야 한다. 감관능력의 개인적 양상뿐 아니라 사회적 양상도 동시에 고려해야 한다. 그것이 '관계적·조건인과적 발생'(緣起)에 관한 붓다의 통찰에도 부응한다. '감관능력(根)과 차이현상(相)의 관계 맺기'는 개인적 범주에 국한되시 않고 사회적 범주에서도 발생한다. 다수인과 집단 및 전통이 공유하거나 승인하는 '차이들에 대한 시선'과 '차이들과의 관계 방식'은, '집단적으로 작동하는 사회적 감관능력과 그에 대응하는 차이현상들'의 문제 영역이다. 이렇게 생각하면, 앞서 거론한 육근수호 법설의 세 가지 의미는 개인적 범주에서의 의미일 뿐 아니라 사회적 범주에서의 의미이기도 하다.

〈감관능력과 그에 대응하는 차이현상이 서로 관계 맺는 것이 인간 경험발생의 초기조건이다〉는 것은, 〈사회적 구성에서 주력해야 할 것은 사회적 감관능력이 차이들을 대하는 방식이다〉는 의미이기도 하다. 국가나 사회가 자신을 구성해 가는 작업에서는, 전통·관행·문화·종교·사상·제도 등에 의해 형성된 사회적 감관능력이 보여 주는 '차이들을 대하는 방식과 내용'에 집중해야 한다. 차이들을 대하는 사회적 감관능력은 사회적 인문능력의 핵심이다. '사회적 감관능력과 차이들이 관계 맺는 방식과 내용'을 경시하거나 간과해 버리는 국가나 사회는 문화적·인문적 전망을 상실한다.

〈감관능력(根)과 그에 대응하는 차이현상(相)의 관계 맺기는, 차이현상을 '움켜쥐는 방식으로 관계 맺는 것'과 '움켜쥐지 않는 방식으로 관계 맺는 것'의 두 가지가 있으며, 어떤 관계 방식이든 인간의 자율적 선택의 대상이 된다〉는 것은, 〈사회적 감관능력이 차이들과 관계 맺는 방식은 '불통·배제의 방식'과 '소통·수용의 방식'으로 구분할 수 있으며, 이 두 가지 방식 모두 열려 있는 사회적 선택지이다〉라는 의미이기도 하다. 집단이나 국가의 사회적 감관능력은 비록 과거의 방식에 크게 영향 받고 있지만, 그럼에도 불구하고 역동적으로 구성되어 가는 열린 가능성이다. 강자나 기득 질서의 방어·유지를 위해 차이들을 부당하게 차별하고 배제·억압하면서 그것을 종교나 전통 및 제도에 기대어 정당화시키는 사회적 감관능력은 차이들에 대해 '불통과 배제의 방식'을 선택한다. 반면, 차이에 대한 부당한 억압·배제·차별을 지지하는 사유와 제도를 비판적으로 성찰하면서 차이 왜곡과 오염을 치유해 가려는 사회적 감관능력은 '소통과 수용의 방식'을 선택한다.

〈감관능력(根)과 그에 대응하는 차이현상(相)이 관계 맺는 두 가지 방식은 삶/경험의 내용을 각각 '해로운 것'과 '이로운 것'으로 결정한다〉는 것은, 〈국가와 사회의 행복지수와 구성원들의 삶의 질은 '차이들을 대하는 사회적 감관능력의 수준'에 달려 있다〉는 의미이기도 하다. 국가나 사회의 성장지표는 국민총생산(GNP) 성장률이 아니라, 갖가지 차이들을 대하는 사회적 감관능력의 수준에 따라 결정된다고 보아야 한다. 따라서 **사회/국가 운영의 일관되고도 궁극적인 관심사는**

'사회적 감관능력과 차이들과의 관계능력 향상'이 되어야 한다. 사회적 감관능력이 차이들과 관계 맺는 방식 및 내용이 사회/국가의 수준과 구성원의 행복지수를 결정한다.

3. 육근수호 법설의 '차이(相) 통찰'과 원효의 '차이 통섭通攝'

홍미롭게도 원효의 통섭通攝철학은 '차이들의 상호 개방과 상호 수용'을 가능케 하는 철학적 조건들에 관한 성찰이다. 그런 점에서 원효는 붓다의 육근수호 법설이 갖는 의미를 계승하고 있다. 원효가 『금강삼매경론』에서 차이(相)라는 개념을 중심으로 '왜곡·오염되어 부당하게 차별된 차이'와 그 해로움, '제대로 이해된 사실 그대로의 차이'와 그 이로움을 집중적으로 거론하고 있는 것은, 고스란히 육근수호 법설의 의미와 통한다. 원효는 '오염되어 차별되는 차이'를 '불변·동일·독자의 본질이나 실체로 간주되는 차이'로, '사실 그대로 이해된 차이'를 '무본질·무실체의 차이 현상'으로 대비시키면서 '차이 통섭'의 통찰을 펼친다.

"〈이와 같은 명칭과 뜻〉(如是名義)이라는 것은 앞에서 말한 것과 같은 '생각으로 헤아리기 어려운 명칭과 뜻의 면모'(不可思議之名義相)이다. 명칭(名)과 뜻(義)이 서로 상응하여 뒤바뀜도 없고 달라짐도 없기 때문에 〈참됨〉(眞實)이라 불렀고, 이와 같은 명칭과 뜻은 '주관과 객관'(能所)[을 불변·독자의 본질/실체라고 분별하여 분리하는 것]에서 멀리 벗어나 '한 맛처럼 통하여 평등'(一味平等)하기 때문에 〈같아진 차이〉(如相)라고 불렀다. [또] 이와 같은 '명칭과 뜻'(名義)은 '평등과 같아진 차이'(平等如相)이고 모는 부처님과 여래께서 체득한 것이기 때문에 〈여래와 같아진 차이〉(如來如相)라고 말하였다. … 이와 같이 [뜻과 이름이 서로] 들어맞아 '주관과 객관이 [불변·독자의 본질/실체로 분리되지 않고] 평등'(能所平等)하기 때문에, 명칭(名)[으로 나타내는 차이(相)]이든 뜻(義)[으로 나타내는 차이(相)]이든 '여래 아닌 것이 없다'(非不如來). … 〈중생 마음에서의 차이'(衆生心相)에서 [그] 차이(相)도 여래이다〉(衆生心相,

相亦如來)라는 것은, 모든 중생의 '[불변·독자의 본질/실체로 보는 생각으로] 분별하는 마음에서의 차이'(分別心相)는 [그] '차이'(相)가 곧 '[불변·독자의 본질/실체로 차별된] 차이가 아니어서'(非相) [여래와 같아진 차이들과] 평등하지 않음이 없기 때문에 저 '[중생의 분별하는 마음에서의] 차이'(相)도 여래라는 것이다. 이상으로 '평등에 관한 도리'(平等道理)를 곧바로 세웠다."252

"〈어떤 것도 '[사실] 그대로[인 면모]'(如)가 없는 것은 없다〉(無有無如)는 것은 '특징을 지닌 그 어떤 현상'(一有相之法)이라 해도 '사실 그대로의 도리'(如理)가 없는 것은 아니기 때문이다. … 이와 같이 '온전한 현상'(淨法)들은 '[불변·독자의 본질/실체를] 설정하는 양상'(有爲相)에서 벗어났기에, '[불변·독자의 본질/실체로서] 생겨남도 없고 [완전히] 사라짐도 없으며'(無生無滅) '[불변·독자의 본질/실체가] 시작됨도 없고 [완전히] 끝남도 없다'(無始無終). 이와 같은 뜻이기 때문에 〈현상 그대로가 온전하다〉(法爾淸淨)[고 말한 것이다]."253

"'모든 현상의 양상'(一切法相)은 조건(緣)에 따라 생겨난 것이고 '결과인 모든 현상'(一切果法)도 조건에 따라 있게 된 것이므로 곧 '[불변·독자의 본질/실체로서] 생겨난 것'(生起)은 없으니, [따라서] 〈생겨나는 양상의 본연은 '사실 그대로'이고 '사실 그대로'에는 동요되는 것이 없다〉(起相性如, 如無所動)고 하였다. 그 아래에서는 '[현상을] 일으키는 모든 조건'(能起諸緣)도 '불변·독자의 본질/실체가 없음'(空)을 밝혔다."254

---

252 『금강삼매경론』(H1, 640c2~20); "言〈如是名義〉者, 如前所說, 不可思議之名義相. 名義相稱, 無倒無變, 故名〈眞實〉, 如是名義, 遠離能所, 一味平等, 故名〈如相〉. 如是名義, 平等如相, 諸佛如來所體, 故言〈如來如相〉. … 如是稱當, 能所平等故, 若名若義, 非不如來也. … 〈衆生心相, 相亦如來〉者, 謂諸衆生分別心相, 相即非相, 無不平等, 是故彼相亦是如來. 上來正立平等道理."

253 『금강삼매경론』(H1, 643a18~b7); "〈無有無如〉者, 無一有相之法, 而無如理者故. … 如是淨法, 離有爲相, 無生無滅, 無始無終. 由是義故, 〈法爾淸淨〉也."

254 『금강삼매경론』(H1, 644a8~10); "一切法相, 從緣所生, 一切果法, 從緣有故, 即無生起, 〈起相性如, 如無所動〉也. 下明能起諸緣亦空."

"'참 그대로인 현상'(眞如之法)은 '모든 이로운 능력'(諸功德)과 '모든 작용능력'(諸行德)을 두루 갖추어 [그] '본연의 면모'(本性)로 삼기 때문에 〈참된 면모[인 '사실 그대로']〉(眞性)라고 말하고, 이와 같은 '참된 면모[인 '사실 그대로']'(眞性)는 모든 '언어가 나타내는 차이'(諸名相)[를 불변·독자의 본질/실체로 보는 것]을 끊어 버리기 때문에 〈참된 면모[인 '사실 그대로']에는 불변·독자의 본질/실체가 없다〉(眞性空)라고 말한다. 또한 이 '참된 면모[인 '사실 그대로']'(眞性)는 '차이(相)에서 벗어나 있고 본질(性)에서도 벗어나 있으니'(離相離性), '차이에서 벗어나 있다'(離相)는 것은 '[불변·독자의 본질/실체로 보는] 분별망상으로 지어낸 차이에서 벗어나 있다'(離妄相)는 것이고 '본질에서 벗어나 있다'(離性)는 것은 '참된 면모[라는 불변·독자의 본질/실체]에서도 벗어나 있다'(離眞性)는 것이다. '[불변·독자의 본질/실체로 보는] 분별망상으로 지어낸 차이에서 벗어나 있기'(離妄相) 때문에 '[불변·독자의 본질/실체로 보는] 분별망상으로 지어낸 차이'(妄相)에는 불변·독자의 본질/실체가 없고, '참된 면모[라는 불변·독자의 본질/실체]에서도 벗어나 있기'(離眞性) 때문에 '참된 면모[인 '사실 그대로']'(眞性)에도 불변·독자의 본질/실체가 없으니, 그러므로 〈참된 면모[인 '사실 그대로']에는 불변·독자의 본질/실체가 없다〉(眞性空)라고 말하는 것이다. 지금 이 단원(品)에서는 '[분별망상으로 지어낸 차이에는 불변·독자의 본질/실체가 없다'(妄相空)는 것과 '참된 면모[인 '사실 그대로']에도 불변·독자의 본질/실체가 없다'(眞性亦空)는] 이 '두 가지 뜻'(二義)을 드러내고 있으므로, 이러한 뜻에 의거하여 '[참된 면모[인 '사실 그대로']에는 불변·독자의 본질/실체가 없다'(眞性空)라고 하는] 단원의 이름을 세웠다."[255]

  "'[깨달음의 본연[인 '사실 그대로 앎']을 일으키는] 마음'(本覺之心)에 의하여 생겨난 '신체와 마음'(色心)[이라는 현상들]이 [중생에게는] '[불변·독자의 본질/실체로 간주되어] 차별된 양상'(差別相)이지만, 저 '깨달음의 본연[인 '사실 그대로 앎']을

---

255 『금강삼매경론』(H1, 650b6~13); "眞如之法, 具諸功德與諸行德, 而作本性, 故言〈眞性〉, 如是眞性, 絶諸名相, 以之故言〈眞性空〉也. 又此眞性, 離相離性, 離相者離妄相, 離性者離眞性. 離妄相故, 妄相空也, 離眞性故, 眞性亦空, 以之故言〈眞性空〉也. 今此品中, 顯是二義故, 依是義, 立品名也."

일으키는] 마음'(本覺心)은 '[불변·독자의 본질/실체로서의] 양상'(相)에서 벗어나 있고 '불변·독자의 본질'(性)에서도 벗어나 있으니, 이와 같은 '[불변·독자의 본질/실체라고] 차별하는 자리'(差別之處)에 있지 않아야 저 '[불변·독자의 본질/실체로서의] 양상에서 벗어나 하나처럼 통하게 하는 깨달음'(離相一覺)과 같은 것이 있게 된다. 그러므로 이 신체(色)와 마음(心)의 '[불변·독자의 본질/실체로 간주되어] 차별된 양상'(差別相)을 '불변·독자의 본질/실체가 없는 것'(空)으로 볼 때라도 '[불변·독자의 본질/실체로서의] 양상에서 벗어나 하나처럼 통하게 하는 깨달음'(離相一覺)마저 함께 없앨 수는 없다. 이러한 도리로 말미암아 앞[에서 마음은 '아무 것도 없이 허망한 것과는 같지 않다'(不同空)고 말한 설명]이 헛된 말이 아닌 것이다."[256]

육근수호 법설의 의미가 개인적 범주뿐 아니라 사회적 범주에서도 유효한 것처럼, 원효의 통섭철학도 마찬가지이다. 특히 『금강삼매경론』에서는 이러한 사회적 범주에서의 통섭철학이 집대성되어 있다. 원효는 이와 관련한 성찰을 '중생과 세상을 이롭게 하기 위한 세속(俗)으로의 재귀再歸' 문제로 펼치고 있다. 〈차이 통섭의 능력〉은 개인 실존뿐 아니라 사회적 범주에서도 작동되어야 한다〉는 점을 역설하고 있는 것이다. 그런 점에서 원효의 통섭通攝철학은 육근수호 법설의 사회적 의미를 잘 계승하고 있다. 『금강삼매경론』에는 이와 관련된 내용이 풍부하게 등장하는데 일부만 소개한다.

"모든 중생들이 시작을 알 수 없는 때부터 '근본무지의 [어두운] 길고긴 밤'(無明長夜)에 들어 '[불변·독자의 본질/실체로 보아 분별하는] 잘못된 생각이 일으킨 크나큰 꿈'(妄想大夢)을 꾸지만, 보살이 '[진리다운] 이해'(觀)를 닦아 '[불변·독자의 본질/실체로서] 생겨난 것이 없는 경지'(無生)를 얻을 때에는 〈중생들[의 망상대몽妄想大夢]이 '본래부터 [불변·독자의 본질/실체로 보는 분별의 동요가] 그쳐 평온한

256 『금강삼매경론』(H1, 669a5~9); "所生色心, 是差別相, 彼本覺心, 離相離性, 不於如是差別之處而有如彼離相一覺. 是故空此色心差別相時, 不得同遣離相一覺. 由是道理, 前非虛說."

것'(本來寂靜)이고 단지 '깨달음의 본연'(本覺)[인 '사실 그대로 앎'])이라는 것을 통달하여, '[온전함과] 하나처럼 통하여 같아지는 자리'(一如床)에 누워 이 '[깨달음의] 본연[인 '사실 그대로 앎']이 지닌 이로움'(本利)으로써 중생들을 이롭게 한다. 이 단원(品)은 이러한 이치를 드러내고 있기 때문에 〈깨달음의 본연[인 '사실 그대로 앎']이 지닌 이로움[을 주제로 하는] 단원〉(本覺利品)이라고 부른다."²⁵⁷

"〈불변·독자의 본질/실체가 없고 [불변·독자의 본질/실체로 보는 분별의] 동요가 없는 경지'도 [이것을 붙들지 않고] 모두 벗어난다〉(具離空寂)라는 것은 '[중생의 처지에] 응하여 [몸을] 변화시켜 세상에 태어나'(應化受生) '[욕망세계·유형세계·무형세계, 이] 세 가지 세계'(三有)를 두루 다니기 때문이고, 〈온갖 [종류의] '불변·독자의 본질/실체가 없다'(諸空)[는 생각]에도 머무르지 않는다〉(不住諸空)라는 것은 '다섯 가지에 불변·독자의 본질/실체가 없다'(五空)²⁵⁸[는 것으로 보는 것]에 빠지지 않고 항상 '모든 곳'(十方)[의 중생]을 교화하기 때문이니, 이것은 '중생을 교화하는 선'(敎化衆生禪)을 밝힌 것이다."²⁵⁹

"이 글은 '[열 가지] 본격적인 수행경지[의 초지初地] 이상'(地上)을 증득하여 들어가는 수행(行)을 밝힌 것이다. 〈마음이 [대상으로] 기울거나 의존하지 않는다〉(心不傾倚)라는 것은, '사실 그대로의 도리와 같아진 지혜로운 마음'(如理智心)이 [대상에] 얽매이지 않기 때문에 '[대상에] 얽매이는 마음'(攀緣之心)을 일으키지 않는 것이다.

---

257 『금강삼매경론』(H1, 629c4~8); "一切有情, 無始已來, 入無明長夜, 作妄想大夢, 菩薩修觀, 獲無生時, 通達衆生本來寂靜, 直是本覺, 臥一如床, 以是本利, 利益衆生. 此品顯是道理, 故名〈本覺利品〉."

258 '다섯 가지에 불변·독자의 본질/실체가 없음'(五空)은 『금강삼매경』(H1, 639a21~23)에 등장히는데, 이에 따르면, '[욕망세계(欲界)·유형세계(色界)·무형세계(無色界), 이] 세 가지 세계는 불변·독자의 본질/실체가 없음'(三有是空), '여섯 가지 미혹한 세계에서의 그림자와 같은 과보는 불변·독자의 본질/실체가 없음'(六道影是空), '현상세계의 양상은 불변·독자의 본질/실체가 없는 것임'(法相是空), '언어가 나타내는 차이는 불변·독자의 본질/실체가 없는 것임'(名相是空), '마음과 의식의 면모는 불변·독자의 본질/실체가 없음'(心識義是空)이다.

259 『금강삼매경론』(H1, 621b3~5); "〈具離空寂〉者, 應化受生, 遍三有故, 〈不住諸空〉者, 不滯五空, 恒化十方故, 此明敎化衆生禪也."

〈[대상의] 모습에 움직임과 바뀜이 없다〉(影無流易)라는 것은, '사실 그대로의 도리와 같아진 대상'(如理之境)은 '[과거와 현재와 미래의] 세 시기'(三際)[에서 마음의 분별에 의해 바뀌어 가는 것]에서 벗어난 것이기 때문에 '[분별에 의해] 움직이고 바뀌는 대상의 모습'(流變境像)이 다시는 [마음에] 나타나지 않기 때문이다. '존재하는 모든 세간적 행복과 즐거움'(所有一切世間福樂)에서부터 '깨달음으로 얻는 위대한 열반의 결실'(菩提大涅槃果)에 이르기까지 이 모든 것에서 다 [불변·독자의 본질/실체를] 원함이나 구함이 없고, [불변·독자의 본질/실체가 없이] 평등함을 통달하여 '이것과 저것[을 불변·독자의 본질/실체로 차별하는 것]이 없기 때문에, 대상세계(境界)의 바람에 동요되지 않는다. 이것은 '자신을 이롭게 하는 것'(自利)에 '수행으로써 들어감'(行入)을 밝힌 것이다. 〈[마음과 자아를 불변·독자의 본질/실체로 보는 생각을] 없애고 벗어났기에〉(捐離) 이하는 다른 사람들을 [이로움에] 들어가게 하는 수행이니, '[자아(我)와 현상(法), 이] 두 가지에 불변·독자의 본질/실체가 없음'(二空)을 증득하여 '사람과 현상에 대한 [불변·독자의 본질/실체로 차별된] 차이'(人法相)에서 벗어났기 때문에 모든 [중생들을] 두루 구제할 수 있는 것이다. 비록 '마음에 [불변·독자의 본질/실체로서] 생겨난 것이 없고'(心無生) '[불변·독자의 본질/실체로 차별된] 대상의 차이도 없지만'(無境相), 그 '불변·독자의 본질/실체가 없고 [불변·독자의 본질/실체로 보는 분별의] 동요가 없는 면모'(寂滅之性)도 [불변·독자의 본질/실체로서] 취하지 않아 언제나 모든 중생을 버리지 않으니, 그러므로 〈[열반을] 취하지도 않아 [중생을] 버리지 않는다〉(不取不捨)라고 말하였다. '[자신의 이로움'(自利)과 '타인을 이롭게 함'(利他)에 들어가게 하는] 이와 같은 '두 가지 수행'(二行)을 '수행으로써 들어가기'(行入)라고 부른다."[260]

---

260 『금강삼매경론』(H1, 642a17~b4); "是明地上證入之行.〈心不傾倚〉者, 如理智心, 不攀緣故, 攀緣之心不生起故.〈影無流易〉者, 如理之境, 離三際故, 流變境像, 不復現故. 所有一切世間福樂, 乃至菩提大涅槃果, 於是一切皆無願求, 通達平等無此彼故, 故非境界風所鼓動. 是明自利行入.〈捐離〉已下, 令他入行, 以證二空, 離人法相故, 能普遍救度一切. 雖心無生, 亦無境相, 而不取其寂滅之性, 恒不捨於一切衆生, 以之故言〈不取不捨〉. 如是二行, 名爲行入."

"뒤의 [부처님의] 대답에서 말한 〈마음[의 경지]와 [세상의] 일이 별개의 것으로 나뉘지 않는 것을 '간직해 가는 작용'이라 부른다〉(心事不二, 是名存用)라는 것은 '세 가지 [해탈]을 간직해 가는 작용'(存三之用)의 뛰어난 능력을 말하는 것이다. 만약 어떤 이가 '세 가지 [해탈]을 간직해 가는 작용'(存三之用)[의 능력]을 아직 얻지 못했다면, '마음을 고요하게 하고'(靜心) '불변·독자의 본질/실체가 없음을 이해하더라도'(觀空) [세상의] 일과 마주하면 '[이해한 그] 생각을 놓쳐'(失念) '나라는 생각'(我)과 '내 것[이라는 생각]'(我所)을 취하고 '해롭거나 이로운 대상'(違順境)에 집착하여 '하늘에서 부는 바람'(天風)[처럼 몰아치는 대상들]에 동요되어 '마음[의 경지]와 [세상의] 일이 각기 달라진다'(心事各異). [그런데] 만약 '[허공虛空·금강金剛·반야般若, 이] 세 가지 해탈'(三解脫)을 익숙하게 닦을 수 있는 사람이라면 '이해수행에서 나와'(出觀) 세상의 일과 마주하더라도 '이해수행의 힘'(觀勢)을 여전히 간직하고 있어서 '[불변·독자의 본질/실체로 차별된] 나와 남의 차이'(我他之相)를 취하지 않고 '좋거나 싫은 대상'(好惡之境)에 집착하지 않는다. 이에 따라 '하늘의 바람'(天風)[처럼 몰아치는 대상들]에 휘둘리지 않게 되고 ['이해수행'(觀行)으로] 들어간다거나 ['이해수행'(觀行)에서] 나온다는 [생각을] 모두 잊어버려 마음[의 경지]와 [세상의] 일이 별개의 것으로 나뉘지 않으니, 이와 같은 것을 '세 가지 [해탈]을 간직하는 작용'(存三之用)이라고 부른다. 이러한 '이해수행'(觀)을 처음으로 닦는 것은 '믿음을 세우는 열 가지 단계'(十信位)에서이고, '간직하는 작용'(存用)이 이루어지는 것은 '[믿음이 이해로] 안착하는 열 가지 단계의 경지'(十住位)에서이다. 『본업경本業經』에서 '[믿음이 이해로] 안착하는 열 가지 단계의 경지'(十住位)[를 설명하는] 가운데 이 '이해수행'(觀行)을 세운 것과 같은 것이다. 〈안으로 수행함〉(內行) 이하는 [보살의] 두 번째 질문에 대한 대답으로 '이해수행을 하는 양상'(觀相)을 밝힌 것이다. 〈안으로 수행함〉(內行)은 '이해수행으로 들어가'(入觀) '[분별의 동요를] 그쳐 [사실 그대로] 이해하는 행위'(寂照行)이고, 〈밖으로 [중생을] 교화함〉(外行)은 '이해수행에서 나와'(出觀) '중생을 교화하는 행위'(化物行)이다. 나오거나 들어가거나 ['사실 그대로와 만나는 지평'(實際)인] 중도中道를 잃지 않기 때문에 〈별개의 것으로 나뉘지 않는다〉(不二)라고 말하였다."[261]

"〈[사실] 그대로(如)에 따르는 지혜와 선정'(如慧定)에서 [크나큰] 연민(悲)으로써 모두를 유익하게 한다〉(於如慧定, 以悲俱利)라는 것은, 앞의 지혜와 선정이 모두 '사실 그대로의 도리'(如理)를 따르기 때문에 〈[사실] 그대로에 따르는 지혜와 선정에서〉(於如慧定)라고 하였고, 그 가운데 또한 '크나큰 연민'(大悲)과 서로 응하는 것을 수행하여 자신을 이롭게 하고 타인도 이롭게 하기 때문에 〈모두를 유익하게 한다〉(俱利)라고 말하였다. 왜냐하면, 만약 '크나큰 연민'(大悲)에서는 멀어진 채 단지 '선정과 지혜'(定慧)만을 닦는다면 '[성문聲聞, 연각緣覺] 두 부류의 수행자의 지위'(二乘地)로 떨어져 '보살의 수행'(菩薩道)을 가로막을 것이고, [또] 만약 연민(悲)[의 마음]만 일으키고 '선정과 지혜'(定慧)를 닦지 않는다면 '범부의 근심'(凡夫患)에 떨어져 '보살의 수행'(菩薩道)이 아니기 때문이다. 그러므로 '세 가지 일'(三事)을 닦아 [범부凡夫와 이승二乘의 수준으로 떨어지는] '두 가지 치우친 견해'(二邊)에서 멀리 벗어나고 '보살의 수행'(菩薩道)을 닦아 '가장 높은 깨달음'(無上覺)을 이루니, 그러므로 〈이와 같은 세 가지 일로 깨달음을 성취한다〉(如是三事, 成就菩提)라고 말하였다. 만약 이 세 가지 일을 함께 행하지 않는 사람이라면 곧 '[근본무지에 매여] 살고 죽어가는 [동요]에 머물러 있거나'(住生死) '열반[의 고요함]에 집착하여'(着涅槃) '크나큰 바다와 같은 네 가지 지혜'(四智大海)로 흘러들어가지 못하고 '수행을 방해하는 네 가지 방해물'(四魔)의 뜻대로 되게 된다."[262]

"〈이 사람은 이러한 도리(法)에서 '완전한 깨달음'(正覺)을 증득하지 못함이 없다〉(是人於是法, 無不得正覺)라는 것은, '자기를 이롭게 하는 지혜능력이라는 결실'(自利智

261 『금강삼매경론』(H1, 646b24~c13); "後答中言, 〈心事不二, 是名存用〉者, 是名存三之用勝能. 若人未得存三之用, 靜心觀空, 涉事失念, 取我我所, 着違順境, 天風所動, 心事各異. 若能熟修三解脫者, 出觀涉事, 觀勢猶存, 不取我他之相, 不着好惡之境. 由是不爲天風所鼓, 入出同忘, 心事不二, 如是乃名存三之用也. 是觀如修在十信位, 存用得成在十住位. 如『本業經』十住位中, 立此觀故. 〈內行〉已下, 答第二問, 以明觀相. 〈內行〉者, 入觀寂照行, 〈外行〉者, 出觀化物行. 若出若入, 不失中道, 故言〈不二〉."

262 『금강삼매경론』(H1, 662a9~19); "〈於如慧定, 以悲俱利〉者, 前慧及定, 皆順如理, 是故說名〈於如慧定〉, 於中亦修大悲相應, 自利利他, 故言〈俱利〉. 所以然者, 若離大悲, 直修定慧, 墮二乘地, 障菩薩道, 設唯起悲, 不修定慧, 墮凡夫患, 非菩薩道. 故修三事, 遠離二邊, 修菩薩道, 成無上覺, 故言〈如是三事, 成就菩提〉. 若不俱行此三事者, 卽住生死, 及着涅槃, 不能流入四智大海, 卽爲四魔所得便也."

德之果)을 드러낸 것이다. 이 '세 가지 도리'(三法)에서 '부처가 되는 길'(佛道)을 닦으면 '완전한 깨달음'(正覺)이라는 결실(果)을 얻지 못함이 없기 때문이다. 〈완전한 깨달음에서 생긴 지혜'(正覺智)를 얻고서는 '위대한 궁극적 자애'(大極慈)를 흘려보낸다〉(得正覺智, 流大極慈)라는 것은, '남을 이롭게 하는 자애능력이라는 결실'(利他恩德之果)을 드러낸 것이다. '[불변·독자의 본질/실체로 보는 생각으로] 차별함이 없는 크나큰 궁극적 자애'(大極無緣之慈)를 널리 흘려보내 '모든 현상세계'(法界)에 두루 미치게 하여 [중생을] 이롭게 하지 못함이 없기 때문이다. 〈자기와 남을 모두 이롭게 하여 '부처의 깨달음'(佛菩提)을 이룬다〉(己他俱利, 成佛菩提)라는 것은 앞의 두 가지를 '총괄하여 묶은 것'(摠結)이다. '[자기를 이롭게 함'(自利)과 '타인을 이롭게 해줌'(利他), 이] 두 가지 이롭게 함'(二利)이 완전해져 [차이들을] 평등하게 볼 수 있는 깨달음'(等覺)을 이루기 때문이다."[263]

4. 육근수호 법설에서의 '있는 그대로, 사실 그대로'(yathābhūta, 如實)

육근수호 법설의 의미에 접근하기 위해서 통과해야 하는 세 가지 관문이 있다. **첫째는 nimitta(相)와 anuvyañjana(細相)를 거론하는 취지이고, 둘째는 'nimitta(相)와 anuvyañjana(細相)를 움켜쥐는 것과 움켜쥐지 않는 것'의 의미이며, 셋째는 '다양한 동작에 대한 정지正知(sampajānāti)'의 의미이다.** 이 세 가지가 결합하여 육근수호 법설의 구체적 내용을 구성하고 있다.

1) '전체적 특징·차이'(nimitta, 相)와 '부분적 특징·차이'(anuvyañjana, 細相)를 거론하는 의미

『청정도론』은 'nimitta'와 'anuvyañjana'를 각각 '전체적인 특징'과 '세세한 특징'

---

263 『금강삼매경론』(H1, 673b5~12). "〈是人於是法, 無不得正覺〉者, 是顯自利智德之果. 於是三法而修佛道, 無有不獲正覺果故. 〈得正覺智, 流大極慈〉者, 是顯利他恩德之果. 普流大極無緣之慈, 遍周法界, 無不利故. 〈己他俱利, 成佛菩提〉者, 摠結前二. 二利圓滿, 成等覺故."

으로 설명하고 있는데, nimitta와 anuvyañjana의 언어적 의미를 파악하는 데 요긴하다.

"그 표상(nimitta, 全體相)을 취하지 않으며: 여자라든지 남자라든지 하는 표상이나 아름답다는 표상 등 오염원의 바탕이 되는 표상을 취하지 않는다. 단지 본 것에서만 그친다. 세세한 부분상(anuvyañjana, 細相)을 취하지도 않는다: 손, 발, 미소, 웃음, 이야기, 앞으로 봄, 옆으로 봄 등의 형태를 취하지 않는다. 그런 형태는 오염원들을 더 상세하게 하기 때문에, 분명히 드러나게 하기 때문에 세세한 부분상이라는 이름을 얻는다. 그는 단지 있는 그대로 그것을 취한다."[264]

'전체적 특징·차이'(相)와 '부분적 특징·차이'(細相)를 지시하는 'nimitta'와 'anuvyañjana'는 경험과 인식 성립의 초기조건이다. 물론 이 특징·차이들은 이미 언어·개념의 그물이 쳐진 지각에서 1차 걸러진 것들이다. 인간의 모든 경험은 지각에 포착된 특징·차이를 조건으로 펼쳐지기에 '차이를 조건으로 발생하는 현상'이다. 그리고 경험의 구체적 내용은 '차이들의 대비'에 의해 이루어진다. '그것'과 '그것 아닌 것'의 차이가 '그것'과 '그것 아닌 것'을 경험할 수 있게 한다. '흰색'이라는 경험은 흰색 아닌 것들과의 차이에서 발생하고, '둥근 것'이라는 경험은 '둥근 것 아닌 것들'과의 대비에서 발생한다. 물질적/유형적 대상에 대한 경험뿐 아니라 정신적/무형적 대상에 대한 경험도 마찬가지이다. '선善에 관한 인식'은 '선 아닌 것'과의 대비에서 발생한다. 선과 악, 정의와 불의 등 모든 무형적 현상에 대한 인식경험도 '차이'를 조건으로 발생한다.

'차이'란 '대비對比 가능한 특징'이다. 〈차이가 있다〉는 것은 〈대비가 가능하다〉는 것이고, 대비를 가능케 하는 속성을 '특징', 즉 '차이를 보여 주는 속성'이라 부른다. 〈같다〉는 말도 '차이'를 전제로 성립한다. 대비할 수 있는 차이를 전제로 〈다르지 않다〉거나 〈같다〉는 말을 사용한다. 따라서 **모든 차이가 소거된 '절대**

---

264 대림 번역, 『청정도론』 1, p. 154.

388

순수'는 어떤 경우에도 경험되지 않는다. 대비나 차이를 허용하지 않는 '절대 선' '절대 악'은 인식되거나 경험되지 않고, 아예 존재조차 하지 않는다. '차이들의 대비'는 곧 '차이들의 상호 의존'이기에, 인간뿐 아니라 모든 생명체의 지각과 경험은 '차이의 허용'을 조건으로 발생한다. 경험세계는 '차이들의 동거 및 공생'을 구조적 운명으로 안고 있다. 그 어떤 차이도 모두 소멸해 버린 '절대·순수의 경험'은 있을 수가 없다. 만약 선하지 않은 모든 것이 제거된 '오직 선善' '절대 선' '순수지선純粹至善'을 추구하거나 내세운다면, 존재하지도 않고 경험될 수도 없는 환각을 추구하는 공허한 시도이거나 무지의 기만이다. '동일성의 순수'를 경험할 수 있고 또 성취할 수 있다고 생각하는 것은 무지이고, 그런 것이 실재한다거나 그것을 성취했다고 주장하는 것은 기만이다. '순수'나 '절대'라는 수사修辭는 '이롭지 못한 현상'(不善)에 대한 비판 의지의 표현 혹은 극복을 위한 잠정적 수단에 그쳐야 한다.

선善이나 정의正義 같은 윤리적 가치뿐 아니라 '깨달음' '열반' 같은 궁극적 가치도 마찬가지이다. 일체의 차이가 실제로 소거된 절대평등, 차이들과의 관계로부터 격절된 절대자유를 깨달음이나 열반의 이름으로 추구하거나 상정한다면, 그러한 깨달음이나 열반 역시 경험될 수 없다. '경험 발생의 조건'을 거부하고서 '경험의 발생'을 기대하는 것은 무지다. 붓다의 통찰을 빌리면, 반反연기법적 무지다. 만약 붓다가 설한 깨달음과 열반의 경지가 그런 유형의 절대경험이라면, 붓다의 말은 허위가 된다. 만약, 붓다는 그런 '차이현상이 완전히 없어진 절대주의적 깨달음과 열반'을 설하지 않았는데 후학들이 그렇게 해석한 것이라면, 깨달음과 열반에 대한 절대주의적 해석은 붓다에 대한 오해이고 해석학적 일탈이다. 붓다에 대한 배반이다. '정신·물질 현상의 다섯 가지 집합과 그 관계'(五蘊)인 심신心身에서 경험할 수 있는 현상 속에서 진리를 추구하고 또 주장해야 한다는 것이 붓다의 일관된 입장이었다는 점, 붓다의 어느 법문에서도 절대주의적 내용이 보이지 않는다는 점을 고려할 때, 깨달음이나 해탈/열반에 대한 절대주의적 해석은 후자의 경우라고 생각한다.

붓다 법설에 대한 일부 후학들의 절대주의적 해석은, 교학과 수행의 다양한 영역에서 논리를 갖추며 자리 잡아 온 것으로 보인다. 존재와 현상의 연기적 성립에 관한 붓다의 법설을 '본질/본체와 그로 인한 현상'의 존재론으로 해설하려는 아비담마/유부의 해석학적 일탈, '동일성 무지에 매인 측면에서의 언어와 사유'를 비판하는 '무분별無分別·불가설不可說·불가사량不可思量·불가사의不可思議' 등의 용어를 아예 '언어·사유에 의한 차이 구분과 판단의 전면적 부정'으로 이해하는 절대주의적 해석에 오염된 시선들은, 불교학이 성찰해야 할 절박한 과제라고 생각한다. 불교 내부에 자리 잡은 본질주의·절대주의 양상을 비판적으로 성찰한다는 것은, 불교교학의 핵심 주제들에 대한 이해들을 성역 없이 근원에서 재검토한다는 것을 의미한다. 절대주의나 본질주의의 옷을 걸친 것으로 의심되는 이론에 대한 기존의 성찰 방식과 내용으로는 턱없이 부족하다. 방법론이나 논의의 내용 모두 새롭고 충실한 성찰이 요청된다. 필자는 **불교 내부에 축적된 본질주의·절대주의 해석학들이 붓다의 연기 법설과 불교의 문제해결력을 근원적 지점에서부터 훼손시켰다고 생각하고 있다. 어떤 경우라도 오온五蘊 심신의 연기적 경험 현상을 떠나지 않고 문제를 해결하려는 붓다의 법설을, 거꾸로 연기적 경험세계에 대한 전면적 외면과 혐오의 태도를 초래하는 '절대초월의 법설'로 변질시켜 버리는 것이 본질주의·절대주의 해석학이라고 보기 때문이다. 붓다 법설의 '경험세계 치유능력'을 거세시켜 버리는 철학적 흉기가 바로 불교 내부의 본질주의·절대주의 해석학이라고 생각한다.** 지금 이 글도 이런 문제의식의 연장선 위에 있다.

　과학적 진리든, 윤리적 진리이든, 삶의 궁극적 진리든, 인간이 추구하는 진리는 어디까지나 '경험할 수 있는 대상'이어야 유의미하다. '경험 가능한 현상'이나 '그 현상을 발생시키는 조건들'과 무관한 탐구나 주장은 근원에서부터 공허하다. 어떤 방식으로든 경험할 수 없는 것에 대해서는, 침묵하는 것이 정직한 태도이다. 붓다가 선택한 진리관도 그런 것이었고, 필자도 그러한 경험주의적 진리관을 지지한다. 모든 유형의 본질주의나 절대·초월주의가 설정하는 대상이나 목적은 경험될 수 없고, 경험에 의해 검증될 수 없다는 의미에서 '무의미한 형이상학적 설정'이다. 그리고 **모든 유형의 형이상학적 설정은 언제나 독단적 무지의 기만과 허구에 수반하는 해로움을 품고 있기에 충분히 경계해야 한다.**

　비록 경험될 수 없는 본질이나 절대의 설정이 경험세계의 구성에 큰 영향력을 행사할 수 있지만, 그런 영향력 행사에는 항상 기만과 그 후유증의 그늘이 드리워진다. 경험적 근거를 가질 수 없는 본질·절대의 형이상학이라 할지라도, 그들이 설정한 대상이나 목적은 인간의 사유와 욕망, 행위의 결정에 영향을 끼쳐 현실세계의 구성에 개입한다. 그러나 본질·절대의 형이상학이 설정한 것들은 애초부터 경험적 근거를 지닐 수 없는 것이라는 점에서 '허구'다. 그리고 **형이상학적 허구가 지닌 모든 영향력은 언제나 위험하다. 강력할 수 있고, 때로는 이로울 수도 있으며, 문제해결을 위해 요청된 것일 수도 있지만, 형이상학적 허구는 근원적으로 독단적 무지의 기만과 그로 인한 해악성을 안고 있다. 타당성의 경험적 검증과 평가가 원천적으로 막혀 있기 때문이다.**

나치는 게르만민족의 순수한 본질이 있다고 주장했다. 경험적 근거는 물론 없다. 우리가 경험적으로 확인할 수 있는 것은, 모든 혈통은 생물학적으로 잡종일 뿐, 그 어떤 불변의 순수본질은 없다는 것이다. 유전자적 유사성과 인과적 근접성의 정도 차이는 말할 수 있어도 순수본질은 원래 없다. 그것이 경험세계의 진실이다. 그러나 허구가 분명한 순수혈통 주장은 나치 집단의 사고와 욕망, 행위를 발생시키는 조건이 된다. 절대우월 의식에 의거한 강력한 응집력과 배타적 전투력을 발생시켜 집단이익을 관철하게 만든다. 동시에 경험적 검증과 평가를 거부하는 무조건적·절대적 타당성을 주장할 수 있어 이익의 강력한 추구에 유리하다. 그러나 **경험적 검증과 평가를 원천적으로 거부하는 무조건적·절대적 주장은 제어되지 않는 배타적 폭력의 원천이 된다. 인간에 대한 인간의 가장 잔혹한 살육에 태연히 참여한 '악의 평범성'은, 검증될 수 없는 본질·절대주의 주장의 그늘에서 번성한다. 순수·본질·절대의 깃발을 높이 세운 종교적 구원과 정치적 이념의 모든 주장도 마찬가지다. 강력한 현실 구성력과 집단이익의 관철에는 탁월한 기능을 하지만, 검증과 수정을 거부하는 독단과 독선의 배타성과 그 잔인한 폭력성은 언제나 분출의 계기를 기다린다.**

인간의 역사는 본질·절대주의 사고의 해악을 넘치도록 증언한다. 그럼에도 불구하고 인간은 아직도 '본질·절대'의 마력에 홀리고 '본질·절대주의'의 덫에 빠져든다. 그 이유는 무엇일까? 세 가지가 주목된다. 첫 번째는 '무오류의 유혹'이고, 두 번째는 '배타적 이익 관철의 강력한 동력'이며, 세 번째는 '경험세계의 불안에서 벗어나려는 충동'이다.

경험을 통해 검증될 수 있는 주장들은 언제나 오류와 수정 가능성에 열려 있다. 경험 가능성과 검증 가능성을 중시하는 사람들은 항상 더 나은 주장과 해법을 수용할 수 있는 열린 태도를 지닐 수 있다. 자기주장의 오류와 수정 가능성을 용인하는 것이 더 나은 진실로 나아갈 가능성을 높여 준다는 사실을 더 소중하게 여긴다. 반면 경험적 근거를 내놓을 필요가 없는 주장들은 자기주장의 오류 가능성과 수정의 필요성을 원천적으로 거부할 수 있다. '경험할 수 없는 것'에 대한 주장은 맞다고 할 수도 없고 틀리다고 하기도 어렵다. 기껏해야 형식논리적 정합성 여하를 다툴 수 있을 뿐이다. 바로 이 점 때문에 경험세계에서는 존재하지 않는 '본질·절대의 것'에 대한 주장은 무오류의 유혹에 말려든다. 누구도 경험적 근거를 제시할 수 없기에, 오히려 무조건·절대적 타당성을 주장할 수 있게 된다. 그냥 우기면 된다. 그럴듯한 논리라도 갖추면 무적이다. 경험 근거를 가지고 오류 여부를 다툴 수 없기에 '무오류의 확신'을 품을 수 있어, 소신을 완결적으로 유지해 갈 수 있다. 달콤한 유혹이 아닌가?

본질·절대주의적 주장은 이익을 배타적으로 관철시키는 데에도 강력한 기능을 행사한다. 무오류의 확신은, 개인에게는 확고부동의 신념을, 집단에게는 구성원들의 강력한 결집을 제공하여, 전투력을 극대화시킨다. 그리하여 이익이 충돌하는 현실세계에서 자신과 자기집단의 이익을 배타적으로 관철할 수 있는 힘을 제공한다.

본질·절대주의가 발산하는 '무오류의 유혹'과 '배타적 이익 관철의 강력한 동력'을 가장 선호해 온 것은 절대주의 종교전통일 것이다. '유일·절대·전능의 존재'에 대한 주장은 '경험으로 직접 확인할 수 없는 존재'라는 전제 위에 펼쳐지기 때문이다. 경험적 입증책임으로부터 자유로운 폐쇄적 완결성, 절대적 타당성의 독단, 무오류의 독선은, 독점과 배타의 진리 주장을 담보해 주기 때문이다. 그런 점에서 경험주의적 토대 위에 펼쳐진 동아시아 종교·철학 전통은 서구 절대주의 종교전통과는 매우 대조적이다. 불교·유교·노장사상의 보편적 호소력은 기실 경험에 집중하여 검증 가능성을 중시하는 태도에서 비롯된다. 붓다 법설에 대한 해석학들(敎學)과 신유학, 노장사상의 도교적 전개 속에서는 본질·절대 형이상학의 유혹이 파고든 족적을 목격하게 되지만, 그 출발과 전반적 통찰 및 수행·수양론은 한결같이 경험주의적이다.

경험을 발생시키는 최초 조건은 지각에서 1차 걸러진 '차이들'이다. 그리고 그 차이들은 각자의 동일성을 유지하는 '본질'도 아니고 상호 조건적 관계를 거부하는 '독자적 절대'도 아니다. 언어·개념에 의해 재배치된 차이들이라 할지라도, 경험 가능한 차이현상들의 보편적 특성이 '변화와 조건적 관계'라는 점은 부인할 수 없다. '변화'와 '조건적 관계'는 경험의 실제에서 결합되어 있다. 변화는 조건적 관계라야 발생하며, 조건적 관계는 변화를 통해 전개된다. **변화와 조건적 관계의 결합이 연기(緣起)이다.** 추상적이거나 논리적 존재들이 동일성과 독자성을 지니는 것처럼 보여도, 그들 역시 다른 논리적 존재와의 차이 대비를 통해 성립한다는 점에서 '조건적인 것'이며, 대비를 통해 자신도 변한다는 점에서 '변화하는 것'이다. 게다가 논리를 펼치는 주체(五蘊) 역시 '변화와 관계'의 차이들이다. 그런 점에서 **인간이 경험할 수 있는 모든 현상은 '변화와 조건적 관계 속의 차이들'이다.** 그러나 모든 본질·절대주의는 경험세계의 보편적 속성인 '변화와 조건성'을 거부한다. 따라서 본질·절대주의는 어쩔 수 없이 '변화하는 조건적 차이현상 범주' 밖으로 뛰쳐나가 '불변·절대의 그 무엇'을 설정해야 한다. 그러기에 본질·절대주의의 목표는 결코 경험할 수 없는 환각이고 허구다. 그 환각적 허구가 '무오류의 유혹'과 '배타적 이익 관철의 강력한 동력' 위에 아직도 맹위를 떨친다.

경험을 발생시키는 최초의 조건은 '변화와 조건적 관계를 속성으로 하는 차이'다. 그리고 인간의 실존을 채우는 경험이란 것은 그러한 차이들에 의해 발생한다. 그런데 변화와 조건적 관계를 경험한다는 것은 근원적으로 불안하다. 〈무상한 것은 괴롭다〉라는 말이 간명하게 일깨워 주듯, 변화는 현실의 안정을 잠재적·현실적으로 위협한다. 나의 삶을 지탱하는 모든 것이 '변화하는 조건적 관계'라는 점은 구조적 불안이다. 내 삶이 〈변하는 몸·인간관계·사회적 관계·환경적 관계 등 무수한 조건들에 기대어 있다〉는 것은, 안전과 안정의 불변적 확보를 불가능하게 한다. 〈'일체의 섞임이나 변화가 없는 순수 동일성'이 '그 어떤 조건적 의존'도 없이 절대적·독자적으로 영속되어야, 불변의 안정과 위협받지 않는 안전이 가능하다〉는 생각은, 그래서 자연스럽다. 그리고 이러한 기대와 갈구가 본질·절대주의를 수립하는 것은, 변화와 조건적 관계를 숙명으로 지닌 경험세계의 불안에서 탈출하려는 인간의 절절한 몸부림이기도 하다. 플라톤이 수립한 이데아 형이상학도, 변화하는 현상계가 안고 있는 불안의 구조를 극복하기 위한 시도일 것이다.

이쯤에서 우리는 근원적 질문에 봉착한다. 〈인간의 경험범주를 채우고 있는 것은 '차이들'이며, 그 차이들은 '변화와 조건적 관계'를 보편적 속성으로 지니는 것이라면, 경험세계의 삶은 불안할 수밖에 없는 것이 아닌가? 경험 속에서 확인할 수 없는 '본질'이나 '절대'를 설정하여 그 불안에서 탈출하려는 시도를, 허구의 해악성을 이유로 거부한다면, 인간에게 불안은 어쩔 수 없는 숙명이란 말인가? 경험범주를 벗어나지 않고도 경험세계의 불안구조를 극복할 수 있는 길은 있는 것인가? 있다면 그 길은 어떤 것인가? 그리고 그 길은 개인적 극복에 국한되는 것인가, 사회적 전망까지 지니는 것인가?〉[265]

붓다가 눈뜬 것이 바로 그 길이었다고 본다. 그러나 그 길에 관한 붓다의 가르침은, 절대·불변·본질의 유혹에 길들어 버린 인간들에게는 이해되기도 수용되기도 어려운 것이었다. 심지어 붓다의 제자나 후학들도 붓다가 일러 주는 길을 제대로 이해하기가 어려웠을 것으로 보인다. 그 증거의 하나가 불교 내부에 자리 잡은 갖가지 본질·절대주의적 교학/해석학들이다. 붓다의 길을 탐구했던 사람들은, 그리고 지금도 우리는, 붓다가 일러 준 그 길을 아직도 제대로 혹은 충분히 이해하지 못하고 있을 가능성이 높아 보인다. 원점에서 다시 붓다와 대화할 필요가 절실해 보인다. 붓다는 매우 외로울 것 같다는 생각마저 든다. 붓다는 아직도 제한적으로 이해되고 있으며, 붓다의 법설을 해석해 온 교학의 축적이 반드시 발전만은 아니라는 생각이 든다. 그래서 붓다에 대한 기존의 이해와 교학에 성역을 두지 말고, 아무런 전제 없이, 다시 붓다와의 대화에 나설 필요가 절실하다는 생각이

---

265 필자는 그 길을 '파도타기' 비유로 설명해 보았다.

든다. 이런 문제의식은 갈수록 더욱 뚜렷해진다.

〈'전체적 특징·차이'(相)와 '부분적 특징·차이'(細相)는 경험을 발생시키는 초기 조건들〉이다. 감관능력이 어떤 대상을 지각하거나 인식할 수 있으려면, 그 대상은 '다른 것과 대비될 때 구분될 수 있는 특징'을 지닌 것이어야 한다. 이때 특징이란 것은 동일성을 말하는 것이 아니라 '응집된 유사성'이다. 유사성의 정도가 근접한 것들이 응집되어 마치 동일한 것처럼 보이는 것을 '특징'이라 불러 보자. 유사한 것들을 하나의 집합으로 묶어 개별성을 부여하는 '개념'과도 같은 것이다. 그리고 이 응집된 유사성들 사이의 대비적 편차를 '차이'라고 하자.

특징과 차이는 서로 맞물려 있다. 특징 때문에 차이가 드러나고, 차이 때문에 특징이 나타난다. 특징은 개별성의 근거이자, 차이를 분간하게 하는 근거이다. '이것'과 '저것'의 개별성, '이것'과 '이것 아닌 것'의 차이는 모두 특징에서 비롯된다. 특징을 지니지 않는 대상은 개별성도 차이도 발생시킬 수 없다. 그리고 개별성과 차이를 발생시킬 수 없는 대상은 지각되지도 인식되지도 않는다. 어떤 특징도 없는 것처럼 보이는 허공도 사실은 일종의 특징이다. '허공 아닌 것'과의 대비에서만 허공을 말할 수 있고 또 경험할 수 있기 때문이다. 그런 점에서 허공도 차이이며 개념적 개별성을 지닌다.

물리적이든 정신적이든, 모든 현상에서는 특징들이 목격된다. **현상 전개의 특징화 양상은 '본래 그러한 우주적 이법'으로 보인다. 모든 현상의 인과적 전개에도, 그 인과계열의 개별성을 말할 수 있게 하는 인과적 응집성들이 목격된다. 해체되기도 하고 다시 나타나기도 하면서, 일정한 패턴을 일정 기간 지속적으로 보여 주는 '인과적 전개의 특징들' 때문에, 인과적 분석과 예측도 가능해진다.** 인간 개개인도 '이미 형성된 특징적 인과계열' 속에서 태어나 살다가 죽는다. 개인을 말할 수 있게 하는 '인과계열의 특징', '인과관계의 개별적 응집성'을 지니고 있다. 생명의 진화 현상은 그렇게 전개되어 왔다. 〈윤회에서 벗어난다〉 혹은 〈윤회를 그친다〉는 말의 불교적 의미를, 〈인과계열의 구분 가능한 개별적 응집성이 완전히 소멸된다〉는 뜻으로 이해하는 것은 부적절하다고 생각한다. 그런 이해 역시 '차이들의 가변적·조건적 전개 현상'과의 연결고리를 아예 끊어 버리고 싶은 절대·본질주의 사유의 표현일 수 있다. 〈동일성 관념에 얽매여 전개되던 '개별적 응집성을 지닌 인과계열'〉에서 〈동일성 관념에서 풀려나 전개되는 '개별적 응집성을 지닌 인과계열'〉로의 질적質的 전환이 이루어진 것.—그것이 윤회와 해탈의 차이라고 본다.

인간이 감관능력으로 어떤 대상과 세계를 만난다는 사태는 다름 아닌 '특징과 특징의 만남'이다. 그리고 인간의 경험은 특징과 특징의 만남에서 발생하는 '또다른 특징들'이다. 육근수호의 법설은 이 점을 분명히 인지하고 있다. 눈·귀·코·혀·신체·마음은 이미 나름대로의 특징을 지니고 있으며, 이 감관적 특징들이 만나는 대상·세계의 최초 조건도 특징, 즉 nimitta(전체적 특징, 相)와 anuvyañjana(부분적특징, 細相)이다. '감관 특징과 대상 특징의 만남' - 이것은 이미 주어져 있는 조건들이다. 그리고 이 조건들의 만남으로 발생하는 '경험'이라는 현상도 특징·차이들로 채워진다.

경험 범주 안에서 문제를 해결한다는 것은, '특징과 차이'라는 조건들을 제거하지 않고 문제를 해결하려는 것을 의미한다. 〈인간의 경험을 발생시키는 조건들은 그 최초지점에서부터 특징·차이들이다〉라는 통찰에서 출발하는 육근수호 법설에는 이러한 시선이 담겨져 있다. 붓다가 육근수호 법설에서 '전체적 특징·차이'(相)와 '부분적 특징·차이'(細相)를 거론하는 취지가 여기에 있다고 생각한다. 문제는 〈어떻게 그러한 해결이 가능한가?〉하는 것이다. 이 물음에 어떤 답을 내놓는가에 따라 붓다 법설의 모든 것에 대한 이해 내용이 결정된다. 계·정·혜 삼학을 채우고 있는 모든 법설에 대한 이해가 이 문제에 대한 응답에 따라 달라진다.

2) '전체적 특징·차이'(nimitta, 相)와 '부분적 특징·차이'(anuvyañjana, 細相)를 '움켜쥐는 행위'와 '움켜쥐지 않는 행위'

육근수호 법설을 파악하기 위해 통과해야 할 두 번째 관문은 '전체적 특징·차이'(相)와 '부분적 특징·차이'(細相)를 '움켜쥐는 것'과 '움켜쥐지 않는 것'의 의미이다. "그 인상에 집착하지 않고 그 연상에 집착하지 않는다" "그 표상(全體相)을 취하지 않으며, 또 그 세세한 부분상(細相)을 취하지도 않는다" 등으로 번역되고 있는 "na nimittaggāhī hoti nānubyañjanaggāhī."(MN. I ,p.346)에서, '집착한다/취한다'에 해당하는 'gāhī'는 중성명사 'gāha(움켜쥠)'에서 파생한 형용사 'gāhin'(집착하고 있는, 집착을 가지고 있는)이 격변화된 것이다.[266]

세계와 만나는 대문인 감관능력(육근)을 수호하지 못하면, 이 문과 세계의 만남은 '삶을 해치는 현상'(不善法)을 발생시켜 그 해로운 현상이 감관 주체를 장악해 버린다. 마치 거센 탁류가 밀려들어 덮치듯이. 이와 달리 만약 감관능력의 문을 잘 지키면, 주체는 지고의 행복을 누리게 된다. 그리고 〈특징·차이(相, nimitta와 anuvyañjana)를 움켜쥐듯 취하여 그것에 달라붙으면〉 감관의 문을 '지키지 못하는 것'이 되고, 〈특징·차이를 움켜쥐지 않고 그것들에 달라붙지 않으면〉 감관의 문을 '지키는 것'이 된다. 따라서 〈특징·차이를 움켜쥔다〉는 것과 〈특징·차이를 움켜쥐지 않는다〉는 말의 의미가 관건이 된다. '특징·차이를 움켜쥐는 것'과 '특징·차이를 움켜쥐지 않는 것'의 의미를 어떻게 파악하는가에 따라 육근수호 법설에 대한 이해가 결정된다.

이미 살펴본 대로, 『청정도론』이 종합하고 있는 일련의 니까야 해석학에서는 이 말의 의미를 '계율의 수호를 위한 법설'로 파악하고 있다. 윤리적 규범을 지키려는 노력을 위협하는 것은 감관욕망이고, 그 감관욕망을 부추기는 것은 '대상들의 매력적 특징'이니, 〈대상의 특징들에 끌리지 않을 수 있는 능력을 계발하고 실천하라〉는 것이 육근수호 법설의 의미라는 것이다. 그러기에 『청정도론』류(類)의 시선은 '다양한 동작에 대한 정지(正知)'를 육근수호 법설에 포함시키지 않는다. 그러나 '다양한 동작에 대한 정지(正知)'야말로 육근수호 법설의 화룡점정이라 생각한다.

(1) '감관을 통한 경험'과 특징·차이

감관능력을 통한 경험은 '차이들의 대비'에서 발생하므로 인간의 경험은 온

---

[266] T. W. Rhys Davids & William Stede, *Pali English Dictionary*(London: The Pali Text Society, 1986), p.250.

통 '차이들을 조건 삼아' 발생한다. 차이와 무관하거나 차이 자체가 소거된 경험은 있을 수 없다. 그것은 이미 경험이 아니다. 경험일 수 있는 것은 어디까지나 '차이를 조건으로 발생하는 현상'의 범주이지, 차이와 상관없거나 차이를 소거한 것은 경험이 될 수 없다. 차이와 무관하거나 차이가 증발된 상태를 경험 대상으로 설정하는 것은 공허한 상상이다. **'모든 차이가 사라진 절대 동일성과 평등' '차이들의 대비에서 발생하는 삶과 세상의 알록달록한 다양성들이 완전히 제거된 동일·순수의 세계' '모든 변화와 차이를 훌쩍 초월해 버린 무차이의 영원한 신세계'를 염원하는 것은 그저 꿈으로나 즐겨야 한다.** 그런 경지나 세계가 실재한다고 생각하여 신앙이나 수행의 목표로 설정하는 순간, 결코 경험할 수 없는, 따라서 실패할 수밖에 없는 공허한 무지의 신기루를 좇아 황야에서 헤매게 된다. 그런 꿈은 험하고 힘겨운 현실을 잠깐 잊게 하는 임시처방에서 그쳐야 한다. 아무도 성취하지 못하였고 그 누구도 성공하지 못할 목표를 세워 놓고는, 자못 비장한 의지를 불태우며 타인마저 선동하지 말아야 한다. 자기 혼자의 일로 그치는 것이 그나마 후유증을 최소화하는 일이다. 종교와 신비주의의 길을 따라가다 그런 늪에 빠져 버렸다면, 팽팽한 성찰의 밧줄을 잡고서 있는 힘을 다해 탈출해야 한다.

감관능력으로 어떤 대상과 세계를 만날 때 최초의 사태는, **'차이를 대비시켜 주는 특징들'과의 접촉이다. 그리고 인간의 감관이든 동/식물의 감관이든, 감관 자체가 이미 '특징들로 이루어진 체계'이고 '차이들로 직조된 문법'이다.** 인간의 눈과 귀는 대상의 특징들을 자신의 특징적 체계에 맞추어 선택적으로 수용한다. 눈은 가시광선만을, 귀는 가청영역의 음파만을 선택적으로 여과시킨다. 시각능력(眼根)은 형색, 청각능력(耳根)은 소리, 후각능력(鼻根)은 냄새, 미각능력(舌根)은 맛, 감촉능력(身根)은 촉감, 인지능력(意根)은 개념만을 수용한다는 점도, 감관이 '특징적 차이의 체계/문법'이라는 점을 의미한다. 인간 감관능력의 특이성인 인지능력(意根)은 물론, 모든 생명체가 지닌 감관도 그러하다. 따라서 **감관과 대상이 만난다는 것은 '차이와 차이의 만남'이고 '특징과 특징'의 교류이다. 눈·귀·코·혀·신체·마음은 이미 나름대로의 특징적 체계를 지니고 있으며, 이 감관의 '차이 문법'들이 만나는 대상/세계의 최초 국면도 '특징'이다.** 경험이란 것은 특징과 특징의 만남에서 발생하는 '또 다른 특징들'이다. 〈여섯 가지 감관능력'(六根)과 그에 상응하는 '여섯 가지 대상세계'(六境)의 만남(觸)에서 '여섯 가지 의식 현상'(六識)이 발생한다〉는 것은 그러한 사태를 의미한다. '감관 특징과 대상 특징의 만남', 그리고 이 만남에서 발생하는 '특징과 차이들을 조건으로 하는 경험 현상'.―이것은 그 누구도 예외일 수 없는 '이미 스스로 그러한 조건'(自然)이며 '그럴 수밖에 없는 사태'(當然)이다. 붓다는 이 점을 통찰한 것으로 보인다. 그리고 육근수호 법설은 이 통찰에 의거하여 해탈 수행의 요결을 밝히는 것으로 보인다.

생물이 감관으로 대상을 만날 때 최초의 사태는, 감관 스크린에 올라온 특징·차이와의 만남이다. 이때 감관의 주체는 그 특징·차이에 대해 반응한다. 그 반응 양식을 결정하는 생물학적 원리는 '개체와 종種의 보전'이다. 긍정 반응이든 부정 반응이든, 대상의 특징·차이에 대한 반응양식은 '개체와 종種 보전의 유/불리'에 따라 결정된다. '사슴이라는 감관주체'가 '호랑이라는 대상의 특징'을 만나면 즉각 도망간다. 부정반응 양식을 통해 생존이익을 추구한다. 이에 비해 '호랑이라는 감관주체'가 '사슴이라는 대상의 특징'을 만나면 즉각 쫓아가고 달려든다. 긍정반응 양식을 통해 역시 생존이익을 추구한다. 사슴의 감관에는 호랑이와 같은 대상의 특징·차이를 위해危害정보로 처리하는 '정보해석 체계'가 갖추어져 있고, 호랑이의 감관에는 사슴과 같은 대상의 특징·차이를 이익정보로 처리하는 '정보해석 체계'가 갖추어져 있다. 특징·차이를 처리하는 이 상이한 '해석 체계'는 감관주체가 환경에 적응하는 과정에서 경험의 누적을 통해 형성된 것이다. 〈인간의 감관이든 동/식물의 감관이든, 감관 자체가 이미 '특징·차이들로 이루어진 체계'이고 '특징·차이들로 직조된 문법'이다〉라고 말한 것은 이러한 사정을 반영한 것이다.

(2) 특징·차이들에 대한 인간의 반응양식

'대상의 특징·차이들에 대한 인간의 반응양식'은 크게 두 가지 유형이다. 첫 번째는 생물적 방식이다. '감관능력에 이미 새겨져 있는 방식'에 의존하여 조건반응 하듯 대상의 특징·차이에 응하는 본능적 방식이며, '대상의 특징·차이를 움켜쥐듯 취하는 방식'의 생물적 유형이다. 두 번째는 언어적 방식이다. 언어적 인지력에 의해 추가된 방식이다. 그런데 이 **언어적 방식**은 다시 두 가지로 **나뉜다. 하**나는 '언어로 분류한 특징·차이들에 동일성을 부여하면서 그 특징·차이에 응하는 방식'이다. '대상의 특징·차이를 움켜쥐듯 취하는 방식'의 인간적 유형이다. 다른 하나는 '언어에 의거하여 특징·차이들을 처리하면서도 동일성을 부여하지 않고 그 특징·차이에 응하는 방식'이다. 언어능력을 새로운 차원으로 고도화시킨 방식이다. 이것은 비非본능적 방식일 뿐 아니라 '대상의 특징·차이를 움켜쥐는 방식'도 아니다. 육근수호 법설에서 붓다가 권유하는 '대상의 특징·차이를 움켜쥐지 않는 방식'이다.

(3) 생물적 방식

〈'전체적 특징·차이'(相)와 '부분적 특징·차이'(細相)를 움켜쥔다〉는 말은, 생물 일반의 경우, 감관 주체가 대상의 특징에 반응하는 전반적 양식을 지시한다. '개체와 종種 보전의 원칙'에 따라 '즉각적'이고 '본능적'으로 신속하게 가동하는 반응 양식이다. 인간 이외의 생물에게는 이 본능적 반응양식이 유일해 보인다. 달리 반응할 수 있는 또 다른 선택지가 없어 보인다. 있다고 해도 인간의 선택 가능성과는 비교할 수 없는 단순한 수준으로 보인다; 적어도 인간의 시선으로 보기에는 그렇다. 환경변화에 적응하기 위해 새로운 반응양식이 필요한 경우, 업그레이드된 새로운 반응양식을 추가하여 다시 본능 수준으로 내면화시키는 정도가 생물 일반이 취할 수 있는 새로운 선택지일 것이다. 대상의 특징·차이에 반응하는 생물적 방식은 그 목표나 내용이 단순하다. '개체와 종種의 보존'이라는 생물학적 목표만 달성되면 된다. 생존 위험을 회피하여 살아남으면 되고, 생명 유지에 필요한 것을 확보하면 된다. 그런 의미에서 생물적 방식은 1차적 수준이다.

대상의 특징·차이들을 만나 그것에 반응하는 생물적 방식은 공유와 전승 및 본능화의 산물로서, 감관에 유전적으로 전승된 본능적 방식이며, 신속하게 작동한다. 그리고 그 목표와 내용은 개체/종의 생존 수준에 그친다는 점에서 1차적이다. '개체/종 보전'의 본능에 따라 대상의 특징·차이에 즉각적으로 반응하는 양상은, '특징·차이에 대한 일종의 본능적 조건반응'이라는 점에서, 〈특징·차이를 움켜쥔다〉는 말을 적용할 수 있다.

　인간도 생물 진화의 계열에서 등장한 것이므로, '대상의 특징·차이에 대한 생물 일반의 조건반응적 양식'을 본능으로 지닌다고 보아야 한다. **'개체/종 보전'에 유리한 것으로 검증된 본능적 반응방식은 인간 몸에 계승되어 새겨져 있다고 보아야 한다. 그래서 인간도 대상을 접할 때 많은 경우에 '대상의 특징·차이를 움켜쥐듯 취하는 방식'으로 만난다.** 생활세계 전반적으로는 인간도 '감관능력에 이미 새겨져 있는 방식'에 의존하여, 조건반응 하듯 대상의 특징·차이를 처리한다. 환경과의 관계에서 장기간에 걸쳐 수립되어 감관에 계승된 '정보처리의 방식과 체계'를, 거의 본능적으로 대상의 특징·차이들에 적용하는 것이다. **성찰적 자율능력이 개입하는 경우는 예상이나 기대보다도 훨씬 적은 것이 현실일 것이다. 그럴 때 인간은, 감관능력에 이미 새겨져 있는 반응양식에 대해 수동적·종속적이다. 대상의 특징·차이에 대해 '움켜쥐는 방식'으로 만난다.**

(4) 언어적 방식과 육근수호 법설

　인간은 생물적 방식에 갇히지 않고 새로운 반응양식을 추가하였다. 인지혁명 이후 언어적 사고능력의 고도화과정에서 생겨난 특이 현상이다. 본래 주어진 가능성이라 하든, 진화의 산물이라 하든, **'대상의 특징·차이에 대한 새로운 반응방식'을 선택할 수 있게 된 것이야말로 인간 생명의 경이로운 신비라 생각한다. '인간의 궁극적 향상진화'에 관한 전망은 바로 이 새로운 능력으로 인해 가능해진다.** 붓다는 인간이 품게 된 '특징·차이에 대한 새로운 반응방식의 선택능력'에서 그 최고 수준을 성취한 분으로 보인다.

　인간도 여타의 생물처럼 개체/종 보존에 유리한 반응방식을 수립하여 공유와 전승 그리고 본능화를 통해 내면화시켰다고 보아야 한다. **대상의 특징·차이들에 반응하는 생물의 본능적 방식은 인간의 감관능력에도 고스란히 새겨져 있다. 그리고 강력하고 유효하게 작동한다.** 그런데 대상의 특징·차이들에 대한 인간의 반응방식도 기본적으로는 개체/종의 생존을 목표로 하지만, 그 내용은 일반 생물종들과는 현저한 차이를 보여 준다. **생물의 본능적 반응방식을 '1차적'이라 한다**

면, 인간의 그것은 '2차적'이라 부르는 것이 적절할 내용이 부가되어 있다. 그 부가된 내용은 언어능력에 의거한 인지혁명 이후에 인간이 품어 고도화시켜 온 '언어적 인지능력'의 산물이다.

필자가 보건대, 인간의 인지능력은 두 가지 능력의 상호결합 및 상호작용으로 그 특유의 면모를 발생시켰고 또 고도화될 수 있었다. 하나는, '유사한 특징·차이를 언어기호에 담아 처리하는 능력'이다. 이때 '처리'한다는 것은 개념을 기초단위로 삼아 특징·차이들에 대한 기억과 비교, 판단과 평가, 분석과 종합 등을 행하는 작용을 일컫는다. 다른 하나는, 모든 경험을 대상화시켜 다시 인지하는 능력인 '재인지 능력'이다. 언어·개념으로 분류·처리된 모든 것들을 '대상화시켜 경험하는 것'이 재인지이다.

'특징·차이를 언어로 처리하는 능력'과 '재인지 능력'은 상호 조건적으로 작용한다. '모든 경험을 대상화시켜 다시 인지하는 능력'은 '특징·차이에 대한 경험을 언어로 처리하는 능력'을 조건 삼아야 가능하다. 언어라는 그릇에 담긴 내용이라야 괄호 안에 집어넣듯 명료하게 대상화시킬 수 있기 때문이다. 또한 언어적 처리능력은 재인지 능력을 조건으로 삼아야 언어에 담기는 내용이 풍요로워지고 또 증폭적으로 새로워질 수 있다. 언어적 경험이 재인지의 대상이 될 때, 새로운 언어적 처리가 가능해지고 그 내용이 고도화될 수 있기 때문이다.

'특징·차이를 언어로 처리하는 능력'과 '재인지 능력'의 상호작용으로 인해 인간은 모든 자기경험을 '분리적으로 재경험하는 존재'가 되었다. 인간은 자신의 경험을 〈나는 어떤 사람이다〉〈나는 무엇을 한다〉는 등으로 언어 그릇에 담는 동시에, 언어 그릇 안의 모든 내용을 분리적으로 재경험할 수 있는 독특한 면모를 지니게 되었다. 인간은 모든 경험을 임의적으로 괄호 치듯 대상화시켜 놓고 그것들을 '다시 경험하는 주체의 자리'를 마련하고는 그 자리에 선다.

필자는 모든 생명 현상이 일종의 '원초적 창발력'을 품고 있다고 생각한다. 생명의 진화계열에서 목격되는 창발적 현상을 설명하려면 이 '생명의 원초적 창발력'을 설정해야 한다고 본다. 그런데 이 '생명의 원초적 창발력'이 언어적 인지력을 지닌 인간에 이르러서는 새로운 차원의 창발력이 되었다고 본다. 바로 '재인지 능력' 때문이다. '재인지 능력'이야말로 모든 인간적 창발성의 원천으로 보인다. 특징·차이들을 언어의 그릇에 담아 처리하는 능력에 기대어 인지능력이 보여주는 다양한 창발적 현상은 근원적으로 '재인지 능력'에서 발원한다. 관점·이해·판단·평가·분석·종합·추론 등을 수립·보존·수정·폐기·대체하는 과정에서 목격되는 창발성은 '재인지 현상'이 없다면 설명할 수가 없다. 모든 경험을 언어의 그릇에 담아 괄호 치고, 그것들을 다시 관찰하는 재인지 자리를 열며, 그 자리에 서서 대상화시킨 것들을 비교·검토·분석·선택·수정·대체하는 과정에서 모든 유형의 창발성이 생겨나는 것이다. **인간의 창발성이 발생하는 인식적 조건을 '거리 두고 보기'·'매이지 않고 만나기'·'갇히지 않고 관계 맺기' 등으로 압축시켜 본다면, 이 모든 것을 가능케 하는 것이 바로 '재인지 능력'이다. '재인지 능력'을 품게 됨으로써 인간은 '생명의 원초적 창발력'을 새로운 차원의 창발력으로 계승하였다.**[267] **그러나 이 재인지 능력은 '모든 것을 재인지하는 자아'에 동일성을 부여하여 '동일·불변·독자의 자아'라는 허구를 수립하는 토대가 되기도 한다.**

〈특징·차이를 언어로 처리하는 능력'과 '재인지 능력'이 상호작용하면서 특징·차이들에 응하는 것〉을 '언어적 방식'이라 불러 보자. 이때 인간의 이 언어적 **방식은 두 가지로 나뉜다. 하나는 '특징·차이를 움켜쥐는 언어적 방식'이고, 다른 하나는 '특징·차이를 움켜쥐지 않는 언어적 방식'이다.** 육근수호 법설은 이 두 가지 방식을 구분하면서, 전자는 해로운 방식이고 후자는 이로운 방식이라 평가한다. 아울러 '특징·차이를 움켜쥐지 않는 이로운 방식'을 선택할 수 있는 수행론적 방법을 제시한다. 〈일상의 동작들을 괄호 치듯 묶어 빠져나오는 재인지 자리를 열고, 그 자리를 간수해 가면서, 그 재인지 자리에서 특징·차이들의 연기적 양상을 관찰하는 능력〉을 키워갈 것을 권한다. 모든 경험현상을 앞세우듯 하면서 알아차리는 정지正知(sampajānāti)의 국면을 열어 확보하라는 것이다. **일상의 모든 동작을 '괄호 치듯 묶어 재인지(알아차림)의 대상으로 처리하면서 빠져나오는 국면'을 일깨우고, 그 재인지 자리에서, 동작이 지닌 특징·차이들의 연기적 양상을 관찰하는**

---

267 이 인간적 창발성을 Ⅶ장의 〈이해와 마음〉에서는 '이해와 마음'의 문제와 관련시켜 생각해 보았다.

것.—이것이 육근수호 법설에서 일깨워 주려는 정지正知(sampajānāti) 행법의 요점이 며, 육근수호 법설의 화룡점정에 해당하는 것으로 보인다.

(5) 특징·차이를 움켜쥐는 언어적 방식—동일성 부여의 방식

육근수호 법설이 언급하는 〈'전체적 특징·차이'(相)와 '부분적 특징·차이'(細相)를 움켜쥐는 것〉은 '특징·차이들에 응하는 인간의 언어적 방식' 가운데 하나인 '언어로 분류한 특징·차이들에 동일성을 부여하면서 대상의 특징·차이에 응하는 방식'이다. '대상의 특징·차이를 움켜쥐듯 취하는 방식'의 인간적 유형이다.

'대상의 특징·차이들을 처리하는 인간의 언어적 방식'에는 원초적 결함이 있다. 언어로 처리하는 특징·차이들에 동일성을 부여하는 행위가 그것이다. 경험하는 특징·차이의 현상 그 어디에도 존재하지 않는 '동일성'을 임의로, 아마도 차이들의 대비와 비교를 명확히 하려는 의도에서, 부여한 것이다. 특징·차이들에 덧씌운 이 '동일성'은 '불변성·독자성·순수성·절대성' 관념과 맞물리면서 문명·문화의 성채를 허구의 기초 위에 건립해 왔다. 자아와 세계의 구성을 '애초부터 존재하지 않는 허구' 위에 수립해 온 것이다. 붓다가 일관되게 문제 삼는 탐욕(貪, lobha)·분노(瞋, dosa)·무지(癡, moha)는 그 허구 위에 건립하는 건축행위의 지적知的·정서적·행위적 측면과 양상을 세 가지로 압축시킨 것으로 보인다.

감관을 지닌 생물은 대상세계에 반응하면서 개체/종을 보존해 간다. 생물의 감관능력은 그 자체로 자족적이지 않기 때문에 환경으로부터 감관 보존에 필요한 것을 취해야 한다. 감관능력을 유지해 가려면 환경과의 관계에서 필요한 조건들을 확보해야 하는 것이다. 그리고 이 필요조건들은 예외 없이 소진해 가는 것이기에, 감관 주체는 지속적·반복적으로 발생하는 필요조건들의 결핍을 채워 주어야 한다. 먹이 판단과 그에 대한 반응, 위험 판단과 그에 대한 반응 등, 감관으로 만나는 대상의 특징들을 처리하는 생물의 본능적 방식은, 이 결핍을 효과적으로 해소하기 위한 선택이다. **감관 보존에 필요한 조건이 결핍될 때 그 결핍된 조건을 확보하려는 충동을 '욕망'이라 부른다면, 살아 있는 모든 생물은 '욕망하는 존재'이다.** 감관에 의존하여 생명을 유지하는 모든 생물은 끊임없이 욕망을 일으킬 수밖에 없고, 그 욕망을 충족시키기 위해 대상세계와 만난다. **감관으로 만난 대상의 특징·차이들을 처리하는 '생물의 본능적 방식'은 욕망 충족을 목표로 한다.** 〈감관의 자기보존 능력에 결핍이 발생→결핍을 해소하려는 욕망이 발생→환경/대상의 특징·차이들을 욕망 해소에 적합한 방식으로 처리→욕망 충족→감관적 결핍의 재발생→(동일한 과정의 반복) 〉.—이것이 '생물학적 욕망의 구조'이고 '욕망 발생과 해소의 양식'이다.

인간의 욕망도 이러한 '생물학적 욕망의 속성'을 기본으로 한다. 그래서 감관으로 만나는 대상특징들을 처리하는 인간의 방식도 상당 부분이 생물학적 일반양상과 겹친다. 그러나 인지능력이 발달하면서부터, 동일한 생물학적 방식일지라도 그 내용에 뚜렷한 차이가 발생하게 된다. 인간이 생물적 수준의 욕구 충족에 만족하지 못하는 존재가 된 계기는 인지능력의 발달과 맞물려 있다. **생존과 번식충동에 따른 생물적 욕망을 1차 욕망, 언어적 인지능력에 의해 발생한 욕망을 2차욕망이라 부른다면, 지금 우리의 몸은 진화과정에서 수립된 생물적 1차 욕망과 인간적 2차 욕망의 궤적들을 모두 계승하고 있다.**

특징·차이를 언어에 담아 개념으로 분류하여 처리하는 '언어적 사유능력'은 동/식물 일반의 욕망과는 다른 새로운 욕망을 발생시킨다. **〈'언어에 담긴 차이들'(개념)에 의거한 개념적 욕망〉과 〈'언어에 담긴 차이들의 비교'에 의거한 비교우위를 향한 욕망〉이 발생한 것이다. 이 두 가지 욕망의 특징은 '배제'와 '무한 증폭'이다.** 개념은 배제를 통해 성립하기 때문에 개념적 욕망은 구조적으로 '배제의 욕망'이고 그런 점에서 언제나 폭력의 불씨를 품고 있다. 그리고 '언어에 담긴 차이들의 비교'는 무한히 증폭하는 것이기 때문에 '비교우위를 향한 욕망'은 무한 증폭의 욕망이고, 따라서 만족할 수도 그칠 수도 없다. **또한 '재인지 능력'은 인간으로 하여금 모든 경험을 분리적으로 재경험하게 하는데, 이때 이 '재인지한 대상'이나 '재인지하는 주체'에 이름을 붙이면서 동일성을 부여하여 '불변·동일·독자의 자아나 대상'이라는 실체관념을 수립한다.**

〈'언어에 담긴 차이들'(개념)에 의거한 개념적 욕망〉과 〈'언어에 담긴 차이들의 비교'에 의거한 비교우위를 향한 욕망〉 그리고 〈재인지의 대상이나 재인지 주체에 동일성을 부여하여 발생시킨 '동일·불변·독자의 실체관념'〉이 상호 결합하고 상호 작용하는 것이, 탐욕·분노·무지의 전개양상이다. 언어인간의 행보는 이 '탐욕·분노·무지의 길'을 넓혀 왔고 또 질주해 왔다. 배제를 속성으로 하는 '개념적 욕망', 무한히 증폭하는 '비교우위를 향한 욕망', '동일·불변·독자의 자아관념'을 자기보존의 힘으로 삼아 개인과 집단의 이익을 추구해 왔다. 그리고 이 힘을 본능처럼 내면화시켜 왔다. 또한 특징·차이들을 이 힘의 유지와 강화를 위한 조건으로 삼아 왔다. 따라서 인간이 감관능력(六根)을 통해 특징·차이들을 만날 때는, '특징·차이들과 탐욕·분노·무지가 결합하는 방식'을 선택하는 것이 일반적 경향이다. 이 것이 '특징·차이를 움켜쥐는 언어적 방식'이고, 육근수호 법설에서 말하는 〈'전체적 특징·차이'(相)와 '부분적 특징·차이'(細相)를 움켜쥐는 것〉이다.

(6) 특징·차이를 움켜쥐지 않는 언어적 방식─동일성을 부여하지 않는 언어적 인지능력

〈불교는 모든 욕망을 버리라는 가르침이다〉는 식의 이해는 비연기적非緣起的 오독誤讀이다. 욕망 현상도 모든 다른 현상들처럼 '조건적'으로 이해되어야 한다. 욕망을 발생시키는 조건이 무엇이냐에 따라 평가를 달리해야 한다. 생물적 1차 욕망이든 인간적 2차 욕망이든, 욕망은 크게 두 유형이다. 하나는 '이로운 욕망'이고, 다른 하나는 '해로운 욕망'이다. 인간의 경우, 광의의 욕망은 정서적 현상뿐 아니라 지적 현상까지 포함해 보아야 한다. '이해'라는 현상도, 언어·개념적 처리능력에 의거하여 문제를 해결하여 해로움을 피하고 이로움을 취하려는 욕망의 표현이기 때문이다. 그런 점에서 보면 탐욕·분노·무지는 모두 '인간적 욕망의 해로운 양상'이라 할 수 있다. 그리고 인간의 경우, 정서적 현상이든 지적 현상이든 모두 '언어적 인지능력'과 연루되어 있다.

그런데 **언어적 인지능력은 탐욕·분노·무지의 원천이지만, 인간 특유의 희망과 가능성이 발생하는 근거이기도 하다.** 언어적 인지능력은 탐욕·분노·무지의 발생조건이 될 뿐 아니라, 탐욕·분노·무지의 치유조건이 될 수 있는 것이다. **언어적 인지능력으로 인해 인간은 생물적 결핍과는 다른 차원의 결핍을 느낄 수 있**

으며, 이 새로운 차원의 결핍을 해소하려는 욕망(이것을 생물적 욕망과 구별하여 이후에는 '욕구'라 부른다)을 일으킬 수 있는 것이다. 특징·차이들을 언어로 분류하여 비교·기억·판단·평가·종합·분석·추리하는 것은 생물들에서는 목격할 수 없는 현상이며, 이 새로운 현상들을 조건으로 삼아 다른 생물들에서는 발생하지 않는 새로운 욕구가 발생한다. 그리고 이 새로운 욕구는 밝음과 어둠을 동시에 품은 양가적兩價的 현상이다. 이 새로운 욕구에 의해 인간은 생물종 가운데 가장 해로운 욕망(탐욕·분노·무지)의 주체가 되기도 하고, 다른 생물종은 품기 어려운 새로운 차원의 향상을 추구하고 성취할 수도 있다.

언어적 인지능력이 탐욕·분노·무지의 발생조건만이 아니라 치유조건도 될 수 있는 까닭은 무엇일까? 탐욕·분노·무지는 '동일성'이라는 허구관념에 의해 발생·유지·강화·확대의 순환을 이어간다. 자기와 타자의 특징·차이에 동일성을 부여하여 '동일·불변·독자의 실체적 자아와 대상'을 허구로 수립한 후, '동일·불변·독자의 자아'가 '동일·불변·독자의 타자들'을 향해 탐욕·분노·무지를 펼쳐간다. 그런데 동일성이라는 허구관념을 발생시킨 결정적 계기는 아마도 '재인지 능력'인 것 같다. 재인지 능력은 모든 자기경험을 분리적으로 재경험하게 하는데, 이때 '재인지한 대상'이나 '재인지하는 주체'에 명칭을 부여한 후 동일성을 부여하여 '불변·동일·독자의 실체'라는 관념을 수립하는 것으로 보인다. 인간 특유의 '개념적 욕망'과 '비교우위를 향한 욕망'은, 재인지 능력에 수반하여 발생한 '동일·불변·독자의 실체관념'과 상호 결합하고 상호 작용한다. 그 결과는 '탐욕·분노·무지의 상호적 발생과 전개'이다.

그런데 탐욕·분노·무지의 발생조건이 되는 '언어적 사유능력'과 '재인지 능력'은, 거꾸로 탐욕·분노·무지의 치유조건이 될 수 있다. 경험의 초기조건인 특징·차이를 언어·개념을 통해 명료하게 인지하는 능력은, 언어·개념으로 구분된 특징·차이의 속성을 명확하고도 법칙적으로 파악하고 성찰하는 능력이 될 수도 있다. 또한 특징·차이에 관한 모든 경험을 '대상화시켜 재인지하는 능력'은, 특징·차이가 탐욕·분노·무지의 발생조건이 되는 현상을 다시 대상화시켜 비판적으로 인지함으로써, 탐욕·분노·무지로부터의 자유와 치유의 길을 열 수도 있다.

언어적 인지능력은 어떤 현상이든 언어라는 그릇에 담아 명료하게 인지하는 능력이다. 그래서 언어적 인지능력은, 인간 특유의 탐욕·분노·무지라는 현상을 발생시키는 동시에, 그 탐욕·분노·무지의 현상도 언어에 담아 명료하게 인지하게 해준다. 그리하여 탐욕·분노·무지라는 현상의 발생인과와 속성을 '이해와 성찰의 대상'으로 만들어 준다. **언어적 인지능력은 탐욕·분노·무지 현상에 대한 '언어적 인지'를 통해 명료한 이해와 비판적 성찰을 가능케 해 주는 것이다.**

언어·개념적 처리를 통해 명확하게 된 모든 경험을 대상화시켜 재인지하는 능력은, 특징·차이가 탐욕·분노·무지의 계기가 되어 가는 현상을 다시 대상화시켜 성찰할 수 있다. 그리하여 특징·차이와 탐욕·분노·무지의 관계를 이해하는 동시에 치유의 길을 모색하게 한다. **재인지의 '대상화를 통한 사이 띄우기' 능력을 활용하면, '특징·차이를 탐욕·분노·무지의 발생조건으로 처리하는 방식'으로부터도 사이를 띄워 탈출과 수정을 가능케 하는 것이다.** '재인지 자리'로 이전하는 능력, 즉 모든 경험을 대상화시켜 재인지하는 능력이란 것은, 일종의 **'빠져나와 만나기'**이며 **'거리 두고 성찰하기'**이다. 그리고 이를 통해 **'특징·차이를 탐욕·분노·무지의 발생조건으로 처리하는 방식'에서 탈출하여 그 방식을 치유할 수 있다.**

인간의 인지능력은, 언어적 사유능력과 재인지 능력을 결합시켜, 모든 경험과 그 발생체계를 비판적으로 성찰하는 능력, 올바로 이해하는 능력, 그리고 치유하고 교정하는 능력으로 전환될 수 있다. 언어적 사유능력은 개념적 명료화를 통해 현상에 대한 '성찰적 이해'를 발생시켜 '특징·차이를 탐욕·분노·무지의 발생조건으로 움켜쥐는 방식'을 이해하여 제동을 걸며 치유할 수 있다. 또 재인지 능력은, '특징·차이에 동일성 관념을 덧씌우면서 움켜쥐어 탐욕·분노·무지의 발생조건으로 만드는 현상'을 재인지의 대상으로 삼아 괄호 치고, 그 현상을 움켜쥐지 않아, '특징·차이와 탐욕·분노·무지의 결합 관계'를 끊을 수 있다. 그리고 이 두 가지 치유력을 결합시키면, 탐욕·분노·무지의 치유와 그로부터의 해방을 근원적 수준에서 전망할 수 있다.

육근수호 법설에서 말하는 〈'전체적 특징·차이'(相)와 '부분적 특징·차이'(細相)를 움켜쥐지 않는 것〉은 언어적 사유능력과 재인지 능력이 지닌 이 두 가지 치유

력 때문에 가능해진다. 그리고 두 가지 가운데서도 특히 '재인지 능력에 의한 치유력'이 육근수호 법설의 초점으로 보인다. 〈일상의 모든 동작을 '괄호 치듯 묶어 재인지(알아차림)의 대상으로 처리하면서 빠져나오는 국면'을 일깨우고, 그 재인지 자리에서, 동작이 지닌 특징·차이들의 연기적 양상을 관찰하는 정지正知(sampajānāti)〉를 '특징·차이를 움켜쥐지 않는 방법'으로 설하고 있기 때문이다. 이 '움켜쥐지 않는 방식'은 **'언어에 의거하여 특징·차이들을 처리하면서도 동일성 환각에 매이지 않고 대상의 특징·차이에 응하는 방식'**이다. 언어능력을 새로운 차원으로 고도화시킨 방식이다. 이것은 '생물의 본능적 방식'이 아닐뿐더러 '대상의 특징·차이를 움켜쥐듯 취하는 언어적 방식'도 아니다.

3) 육근수호 법설과 탐욕(貪, lobha)·분노(瞋, dosa)·무지(癡, moha)

중생 인간은 인지능력의 두 축인 언어적 사유능력과 재인지 능력에 의거하여 〈특징·차이를 탐욕·분노·무지의 발생조건으로 처리하는 반응방식〉을 선택했다. '특징·차이를 움켜쥐는 방식'과 '탐욕·분노·무지의 현상'은 상호 결합되어 있다. 대다수 중생 인간의 감관능력은 '탐욕·분노·무지를 발생시키는 반응방식'을 통해 특징·차이들을 만난다. 따라서 〈전체적 특징·차이와 부분적 특징·차이를 움켜쥐면 감관을 통해 해로운 것들이 밀려들어 온다〉고 하는 육근수호 법설의 통찰을 이해하려면 탐욕·분노·무지의 속성을 이해해야 한다.

붓다의 언어는 다양한 매듭이 중층적으로 배열되어 있는 하나의 새끼줄이다. 다양하게 꼬여진 언어의 새끼줄을 모두 수렴하여 묶는 매듭, 새끼줄 꼬기를 출발시키고 마무리하는 매듭들이 다채롭게 배열되어 있다. 탐욕·분노·무지(이하 탐·진·치라고도 표기한다)는 붓다의 언어 새끼줄에서 목격되는 수렴과 발산의 대표적 매듭이다. 붓다의 법설과 교학/불교해석학은 탐욕·분노·무지에서 출발하고, 다시 그곳으로 되돌아오게 된다. 붓다의 법설이 탐욕·분노·무지의 문제를 해결하는 데 집중하고 있다는 것은 『심사빠 숲 경』과 『깔라마 경』에서 명확하게 천명된다.

붓다가 심사빠 숲에 머물 때 나뭇잎을 비유 삼아 설한 가르침은, **자신이 알**

고 있는 다양한 문제해법들 가운데 오직 〈탐·진·치에 연루된 실존의 근원적 결핍을 해소하는 데 유효한 것만을 선택하여 진리의 가치를 부여하고 설한다〉는 붓다의 명시적 입장이다.[268] 붓다에게 진리란, '고苦(dukkha, 삶의 인간적/근원적 불안)을 경험하게 하는 인간 특유의 문제 상황에 적용되어 그것을 해결해 주는 해법'이다. 달리 말해, 탐·진·치에서 발생하는 인간 실존의 상처를 치유하는 데 기여하지 못하는 지식이나 이론은 붓다의 관심사가 아니며, 그런 지식이나 이론을 진리의 이름으로 탐구하지도 않았고 또 설하지도 않겠다는 입장이다.

붓다의 이러한 입장은 '주장과 이론의 진리치眞理値 판별 문제'에서도 고스란히 관철된다. 삶에 적용했을 때 나타나는 탐·진·치의 증가·감소를 기준 삼아 어떤 가르침의 진리치를 판단하라는『깔라마 경』의 가르침은 그 전형이다.

성찰적 탐구력이 돋보이는 깔라마인들이 붓다에게 묻는다. 〈사람들이 설하는 진리의 내용은 각기 다르다. 게다가 각자 자신의 가르침은 진리지만 다른 사람들의 가르침은 진리가 아니라고 비난한다. 도대체 어떤 가르침의 진리 여부를 판단할 수 있는 기준은 무엇인가? 진리 판별의 기준이 없다 보니, 들으면 들을수록 혼란만 더해 간다. 붓다 당신은 무엇을 진리 판별의 기준이라고 생각하는가?〉 ─ 이에 대한 붓다의 응답에는 진리에 대한 경험주의 및 실용주의적 태도가 종합되어 있다.

"(1) 그대들이 의문을 지니는 것은 당연하다. 깔라마인들이여, 소문에 그렇다고 해서, 전통이 그러하다고 해서, 거듭 들어 얻어진 지식이라 해서, 성전에 쓰여 있다고 해서, 논리적이라 해서, 추론이 그럴듯하다고 해서, 이유가 그럴듯하다고 해서, 우리가 사색하여 얻은 견해와 일치한다고 해서, 유력한 인물이 말한 것이라 해서, 혹은 '이 분은 우리의 스승이다'라는 생각 때문에, 어떤 가르침을 진실이라고 받아들이지는 말라. (2) 깔라마인들이여, 스스로 생각하여 '이 가르침대로 따라 행하면 해롭고 괴롭게 된다'는 것을 알게 된다면, 그것을 버리도록 하라. 또한 스

<hr>

268 『심사빠 숲 경』(S56:31). 이하 상윳따니까야 출전은 각묵 번역본(초기불전연구원, 2009)에 따른다.

스로 생각하여 '이 가르침대로 따라 행하면 이롭고 행복하게 된다'는 것을 알게 된다면, 그대로 받아들여 살도록 하라. (3) 어떻게 생각하는가, 깔라마인들이여. 사람의 마음속에 탐욕(분노, 무지)이 일어나면 그것이 그에게 이로움이 되겠는가, 해로움이 되겠는가? (깔라마인) 해롭습니다, 존자시여. (붓다) 그렇다. 그 사람은 탐욕(분노, 무지)에 빠져 그 탐욕(분노, 무지)에 압도되고 정복되었기에 산목숨을 죽이고, 주지 않은 것을 갖게 되고, 불륜을 행하고, 거짓말을 하게 된다. 또 다른 사람마저도 그렇게 만들고 만다. 그리하여 해로움과 괴로움이 오래가게 된다. 어떻게 생각하는가, 깔라마인들이여. 사람의 마음속에 탐욕(분노, 무지)이 일어나지 않으면 그것이 그에게 이로움이 되겠는가, 해로움이 되겠는가? (깔라마인) 이롭습니다, 존자시여. (붓다) 그렇다. 그 사람은 탐욕(분노, 무지)에 빠지지 않고 탐욕(분노, 무지)에 압도되거나 정복되지 않아서 산목숨을 죽이지 않고, 주지 않은 것은 갖지 않으며, 불륜을 행하지 않고, 거짓말을 하지 않는다. 또 다른 사람마저도 그렇게 인도한다. 그리하여 이로움과 행복이 오래가게 된다. 깔라마인들이여, 성스러운 제자는 이와 같이 탐욕을 여의고 분노를 여의고 무지를 벗어나 올바로 깨어 있다."[269]

붓다의 답변은 세 단계로 펼쳐지고 있다. 단계 구분을 위해 본문에 임의로 번호(1/2/3)를 추가하였다. 첫 단계(1)는 〈자기 삶에서 발생하고 직접 검증되는 경험과 무관한 것들을 진리판별의 기준으로 삼는 것은 부적절하다〉는 것을 일깨워 주는 것이고, 둘째 단계(2)는 〈어떤 주장이나 가르침을 삶에 적용했을 때 발생하는 경험적 변화를 이로움·해로움의 기준으로써 판단하라〉는 것이며, 셋째 단계(3)는 〈이로움·해로움을 판단하는 기준은 탐욕·분노·무지이다〉는 것이다.

첫 단계(1)에서 붓다가 열거하는 '진리판별의 부적절한 근거들'은 모두 직접경험에 의거한 것이 아니다. 경험을 통해 그 타당성을 검증하지 않은 것이거나 검증할 수 없는 것들이다. 경험하지 않았거나 경험할 수 없는 것에 기대어 진리를

---

269 『앙굿따라니까야』(A3:65). 『구도의 마음, 자유―칼라마 경』(소마 영역/현음 번역, 고요한 소리, 1988). 이하 앙굿따라니까야는 대림 번역본(초기불전연구원, 2006)에 따른다.

주장하는 태도를 붓다는 비판하는 것이다. 둘째 단계(2)는, 어떤 가르침의 진리치를 판단하려면 그 가르침을 삶에 적용할 때 발생하는 경험적 결과를 기준으로 삼는 것이 바람직하다는 것이다. 그 경험적 결과가 해롭고 괴로운 것이면 진리답지 못하다고 보아 외면하면 되고, 이롭고 행복한 것이면 진리답다고 보아 수용하면 된다는 것이 붓다의 조언이다. 경험을 통해 검증할 수 있는 '문제 풀이의 실제 결과'를 기준으로 해법/진리의 타당성과 그 수준을 판정하자는 실용주의(pragmatism) 현대철학의 정신은, 홍미롭게도 붓다의 관점과 상통한다. 마지막 질문이 남는다. 〈이로움과 해로움, 행복과 괴로움의 판별기준은 무엇인가? 문제 풀이의 결과를 평가하는 기준은 무엇인가?〉─탐욕과 분노와 무지가 그 기준이다. 탐욕·분노·무지가 증대되면 될수록 해로움과 괴로움이 커지고, 탐욕·분노·무지에서 풀려나면 날수록 이로움과 행복이 커진다는 것이 붓다의 관점이다.

〈경험을 통해 검증되지 않았거나 검증될 수 없는 것은 진리판별의 기준이 되기에 부적합하다〉는 경험주의 원리, 〈삶이라는 문제 상황에 실제로 적용했을 때 발생하는 경험적 결과의 이로움과 해로움을, 탐진치를 기준으로 평가하여 그 해법의 진리치를 판단하라〉는 실존 실용주의 원리.─붓다의 진리관은 이 두 원리를 기반으로 삼고 있다. 집단이익을 확보하기 위해 각 집단이 고안해 낸 논리와 주장의 허구 비판,[270] 연극집단의 자기옹호 논리에 대한 비판,[271] 상반되는 진리주장들을 처리하는 방법,[272] 개종의 문제,[273] 논리의 승리와 삶의 이익의 승리 문제[274] 등을 처리하는 붓다의 설법에는 일관되게 이러한 진리관이 적용되고 있다.

『깔라마 경』의 의미를 다시 풀어 보자. 깔라마인들은 혼란스럽다. 자기 가르침은 진리이지만 타인의 가르침은 비非진리라면서 비난하는 다수의 진리 주장들,

---

270 『짠다 경』(S42:1).

271 『딸라뿌따 경』(S42:2).

272 『빠딸리야 경』(S42:13).

273 『밧디야 경』(A4:193).

274 『아지따 경』(A10:116).

하나같이 진리의 지위를 천명하지만 내용은 각기 다른 다양한 진리 주장들을 접하기 때문이다. 〈어떤 가르침이 진리이고 어떤 가르침이 진리가 아닌지, 누가 진리를 설하는 것이고 누가 진리를 빙자하여 기만하고 있는 것인지를, 판단할 수 있는 기준이 우리에게는 없습니다. 그래서 많은 스승의 가르침들을 들으면 들을수록 혼란만 더해 갑니다. 그러니 세존께서 생각하시는 진리판단의 기준을 들려주십시오.〉 — 깔라마인들의 수승한 질문이다. 근원적 문제를 정조준하는 철학적 근기가 돋보인다.

핵심을 파고들며 의문을 해결하려는 그들의 탐구정신을 높이 평가하면서, 붓다는 먼저 '세상에서 일반적으로 통용되는 진리판단의 기준들'을 열거하며 그런 것들에 구속받지 말 것을 권한다. 구체적으로는, 반복 학습으로 익숙해진 지식, 전통이나 성전 및 스승의 권위, 소문의 위력, 확인 내지 검증되지 않은 단순한 추측, 논리 정합성에만 의거하는 추리, 일반원리로서의 권위를 확보한 원칙, 공들여 얻은 자기 견해에 대한 편애, 말하는 사람의 특별한 능력 등에 의거하여, 어떤 주장이나 이론을 진리로 인정하고 받아들여 따르지는 말라고 권한다. 전통과 성전, 스승과 소문, 추측과 추리, 일반화된 원칙과 애써 얻은 견해, 특별한 능력을 지닌 사람의 주장이 맞을 수도 있다. 그러나 '그것들에 의거한 주장'이라고 해서 진리인 것은 아니다. 진리판단의 참고 내지 필요조건은 될 수 있지만 충분조건은 아니다. 그럼에도 불구하고 많은 사람들은 이 가운데 어느 하나 내지 몇 개의 조합을 진리판단의 기준으로 삼는다. 지금도 이 기준들은 지식 수용의 원천으로서 맹위를 떨치고 있다.

붓다는 지식 수용의 불충분·부적절한 원천들, 취약한 진리판단의 기준들을 열거하며 그것들에 지배받지 말아야 할 것을 일깨워 준 후, 자신이 생각하는 진리판단의 기준을 두 가지로 밝힌다. 하나는 실용주의적 기준이다. "스스로 생각하여 '이것을 그대로 따라 행하면 해롭고 괴롭게 된다'고 판단된다면, 그것을 버리도록 하라. 또 '이것을 그대로 따라 행하면 이롭고 행복하게 된다'고 판단된다면, 받아들여 행하도록 하라"는 것이다. 전통·소문·성전·스승·논리 등을 기준 삼아 진리 여부를 판단하는 것보다는, 삶에 실제로 적용했을 때 발생하는 경험결과를 주목한 후, 그 결과의 '이로움/행복'과 '해로움/괴로움'을 기준으로 채택 여부를 결정하라는 권고다.

그런데 '이로움/행복'과 '해로움/괴로움'을 판단하는 기준은 무엇인가? 예상되는 이 질문에 대한 대답이 곧이어 설하는 또 하나의 기준이다. 붓다는 '그대로 따라 행할 때 해롭고 괴롭게 되는 것'으로는 탐욕과 분노와 무지를, '그대로 따라 행할 때 이롭고 행복하게 되는 것'으로는 '탐욕 없음'·'분노 없음'·'무지 없음'을 거론한다. 탐욕·분노·무지가 이로움과 해로움, 행복과 괴로움을 가르는 기준이라는 것이다.

붓다의 모든 가르침은 탐욕·분노·무지의 근원적 해체를 겨냥한다. 붓다는 탐욕·분노·무지의 원천 치유에 유효한 것들에만 '진리'의 자격을 부여한다. 그가 깨달음을 통해 성취한 것은 결국 탐욕·분노·무지의 근원적 치유능력이었다. 그는 그 능력을 세상과 공유하기 위해 다양하게 변주했다. 사성제 연기, 육근수호 법설, 무아, 12연기 등은 그 대표적 노랫가락이다. 붓다의 전통에서 '깨달아 간다는 것'은 탐욕·분노·무지의 치유능력을 계발해 가는 것이고, '깨달았다'는 것은 치유능력의 확보이며, '깨달아 마쳤다는 것'은 탐욕·분노·무지로부터의 완전한 자유다.

붓다의 진리관은 이렇게 요약할 수 있다.—〈진리/깨달음은 탐욕·분노·무지의 치유력과 관련된 것이며, 탐욕·분노·무지가 구축한 문제들의 해법과 연관된 것이다. 그러므로 어떤 가르침이나 이론이 진리인가를 판단하기 위해서는, 전통이나 성전, 스승, 논리 등의 권위보다도 삶이라는 경험적 문제 상황에 적용했을 때 나타나는 경험결과를 탐욕·분노·무지의 변화를 기준으로 판단하라. 어떤 가르침을 삶에 적용했더니 탐욕·분노·무지가 감소 내지 해체되는 변화가 확인된다면, 그 가르침은 진리답다고 여겨 수용하면 된다. 어떤 전통의 가르침이든, 누구의 가르침이든, 어느 성전의 가르침이든 상관없다. 반면, 적용한 결과가 탐욕·분노·무지의 증가로 확인된다면, 진리답지 못하다고 간주하여 외면하라. 아무리 다수가 찬탄하고 따르는 전통·성전·스승의 가르침일지라도 그것은 거대하고 화려한 기만이다.〉

이러한 진리관의 의미를 달리 표현하면 이렇게 된다.—〈불교의 모든 수행과 노력은 탐욕·분노·무지의 치유를 겨냥해야 하며, 그 어떤 체득과 성취라도 탐욕·분노·무지의 감소와 해체로 이어져야 한다. 제아무리 특별한 체험이고 초인적 수행일지라도, 탐욕·분노·무지의 감소·해체와 무관하거나 상반되는 것은 무의미하다. 깨달음이라는 말로 표현하자면, 깨달아 가는 모든 과정은 탐욕·분노·무지의 감소·해체 과정이어야 하고, 깨달음의 수준은 탐욕·분노·무지의 해체능력 수준에 비례한다.〉

그렇다면 탐욕·분노·무지는 과연 무엇인가? 욕심 적고 화 안 내고 지식 많으며 논리정연하면 탐욕·분노·무지를 치유한 것인가? 욕구를 축소하면 탐욕에서 풀려나고, 거짓과 불의에 대한 비판적 분개심마저도 일으키지 않으면 분노에 사로잡히지 않는 것인가? 어떤 용어든 연기적 용법으로 구사하는 붓다일진대, 이 중요한 핵심용어들을 막연하거나 '무조건적'으로 구사할 리 없다. **탐욕·분노·무지라는 말이 지시하는 내용도 '연기적'으로 음미해야 한다. '탐욕·분노·무지라는 현상 발생의 조건인과'를 읽어야 하는 것이다.** 그래야 탐욕·분노·무지가 무엇인가를 이해할 수 있고, 그것을 치유하고 그것들에서 풀려난다는 의미와 그 지평과 방법이, 제대로 눈에 보일 수 있다. 육근수호 법설은 그 길을 열어 준다.

니까야에서 확인되는 붓다의 탐·진·치 관련문구는 다음과 같은 내용을 전한다.

"탐·진·치의 그침이 무위(無爲, Asaṅkhata: 行에서 풀려남)인 열반이며[275] 청정범행의 완성이고[276] 불사不死의 지평이자[277] 최상의 평화이다.[278] 세존은 자신을 일컬어 '탐·진·치를 멸진하였기 때문에 세상에서 가장 잠을 잘 자는 사람'이라고 한다.[279]

275 『몸에 대한 마음챙김 경』(S43:1).

276 『어떤 비구 경1』(S45:6).

277 『어떤 비구 경2』(S45:7).

278 『세계에 대한 분석의 경』(MN.Ⅲ.237). 이하 맛지마니까야는 전재성 번역본(한국빠알리성전협회, 2009)에 따른다.

279 『알라와까 경』(A3:34).

불·법·승 삼보三寶는 탐·진·치 지멸止滅의 상징이며,[280] 탐·진·치와 지혜의 눈(혜안)이 유익한 법의 쇠퇴 여부를 결정한다.[281]

탐·진·치는 모든 '의도적 행위'(業)의 근원으로서,[282] 업은 '탐·진·치에서 생기는 것'과 '탐·진·치 없음'에서 생기는 것의 두 가지로 나뉘는데,[283] 탐·진·치 때문에 일어난 업은 '해롭고' '비난받아 마땅하고' '괴로운 과보를 가져오고' '다른 (해로운) 업을 일어나게 하고' '(해로운) 업을 소멸하게 하지 않으며',[284] 탐·진·치 없음에서 일어난 업은 '유익하고' '비난받을 일 없고' '즐거운 과보를 가져오고' '다른 (해로운) 업을 일어나지 않게 하며' '(해로운) 업을 소멸하게 한다.'[285] 또 탐·진·치는 세 가지 해로움의 뿌리인 데 비해 탐·진·치 없음은 세 가지 이로움의 뿌리이고,[286] 탐·진·치가 좋음/유익함(kusala, 善)과 좋지 않음/해로움(akusala, 不善)을 나누는 기준이다.[287]

탐욕은 허물은 적지만 천천히 사라지고, 분노는 허물은 크지만 빨리 사라지며, 무지는 허물도 크고 천천히 사라진다.[288] 탐·진·치는 계·정·혜 삼학 수행의 구조와 맞물려 있다. 중생은 행동·마음·견해의 결함이 있는데, 오계五戒를 범하는 것이 행동의 결함, 탐욕과 분노는 마음의 결함, 연기법을 외면하는 것은 견해의 결함이다. 따라서 오계를 준수하면 윤리적 행위를 갖추는 것이고, 탐욕과 분노

---

280 『깃발 경』(S11:3).

281 『쇠퇴 경』(A4:158).

282 『업의 근원 경』(A10:174).

283 『인연 경』(A6:39).

284 『원인 경1』(A3:107).

285 『원인 경2』(A3:108).

286 『불선근 경』(A3:69).

287 『밧차곳따의 큰 경』(MN. I .489).

288 『외도 경』(A3:68).

가 없으면 마음을 갖추는 것이며, 연기에 대한 올바른 견해를 지니면 견해를 갖추는 것이다. 견해의 결함이 곧 무지이라는 점에서, 탐욕·분노는 마음수행인 정학定學의 대상이고 무지는 이해수행인 혜학慧學의 대상인 셈이다.[289] 선천적 탐·진·치 경향의 강약과 '다섯 가지 능력의 수행'(五根, 信·精進·念·定·慧) 강약의 상호관계에 따라, 수행 진보의 어려움과 쉬움, 최상의 지혜를 성취하는 것의 더디고 빠름이 결정되기도 한다.[290] 이해수행인 위빠사나 관법으로 수행할 경우, 탐욕은 부정관不淨觀, 분노는 자애관慈愛觀, 아만과 무지는 무상관無常觀·무아관無我觀으로 대처한다.[291] 마음수행인 사마타 선정수행으로 보면, 초선初禪의 경지에서 탐욕과 분노의 잠재적 경향이 풀리고, 제4선第四禪의 경지에서 무명의 잠재적 경향이 풀린다.[292]

감관능력(六根)과 대상(六境)의 만남에서 발생하는 세 가지 느낌(좋은 느낌, 싫은 느낌, 좋음이나 싫음에 쏠리지 않은 느낌)은 각각 탐욕·분노·무지의 잠재적 경향의 발전과 연관되며,[293] 대상(六境)을 탐·진·치로 경험하는가 아닌가가 해탈수행의 핵심이다.[294] 식識이 '감관능력(육근)과 대상(육경)의 관계'를 '빠져듦과 종속'으로 처리하게 되는 조건/원천/이유가 탐·진·치이다.[295] 탐·진·치에 묶이면 자신과 타인 그리고 모두를 해치는 생각을 하게 되고, 탐·진·치에서 풀려나면 자신과 타인 그리고 모두를 해치는 생각을 하지 않는다.[296] 두려움과 공포, 슬픔은 탐·진·치에서 오며,[297] 사

---

289 『결함 경』(A3:115).

290 『상세하게 경』(A4:162).

291 『바쎗타의 경』(MN.Ⅱ.196). 무지의 대처방법이 『탐욕 경』(A6:107)에서는 통찰지혜, 『깨달음 경』(A9:1)에서는 호흡념(일으킨 생각/심尋을 대처)과 무상관(유신견有身見을 대처)으로 나타난다.

292 『교리문답의 작은 경』(MN.Ⅰ.299).

293 『여섯의 여섯에 대한 경』(MN.Ⅲ.280), 『화살 경』(S36:6).

294 『나가라빈다의 장자들에 대한 경』(MN.Ⅲ.290).

295 『유액을 가진 나무 비유 경』(35:231).

296 『라시야 경』(S42:12).

297 『깃발 경』(S11:3), 『끊음 경』(S1:71), 『마가 경』(S2:3).

유의 그릇인 개념도 탐·진·치에 물들어 있다.[298] 오온五蘊인 몸을 탐욕의 대상으로 경험하는 사람은 여래4구(如來四句, 사후死後의 여래에 대해 존재/비존재/존재·비존재/비존재·비비존재라는 네 가지 판단을 하는 것)의 덫에 빠지고, 오온을 탐욕의 대상으로 경험하지 않는 사람은 여래4구의 덫에 빠져들지 않는다.[299]"

　　그런데 육근수호 법설과 관련하여 특히 시선을 끄는 것은 '전체적 특징·차이'(相)와 탐·진·치 현상의 관계에 관한 다음과 같은 언급들이다.

　　"판단·평가·이해를 가능케 하는 초기조건인 '전체적 특징·차이'(相)는 탐·진·치의 산물이며,[300] 동시에 '아름다운 특징·차이'는 탐욕(감각적 욕망)의 조건이고 '혐오스러운 특징·차이'는 분노의 조건이 된다.[301] 탐욕·분노가 발생하고 증폭되는 원인/조건은 '아름다운 특징·차이'와 '혐오스러운 특징·차이' 및 그것에 대해 '지혜롭지 못한 생각을 일으킴'(ayoniso manasikāra, 不如理作意)이고, 무지 발생과 증폭의 원인/조건은 '지혜롭지 못한 생각을 일으킴'(不如理作意)이다. 그리고 탐욕·분노가 일어나지 않거나 일어난 것이 사라지게 되는 원인/조건은 '아름답지 않은 특징·차이로 봄'(不淨觀)과 자애심 및 그것에 대해 '지혜롭게 생각을 일으킴'(yoniso manasikāra, 如理作意)이고, 무지가 일어나지 않거나 일어난 것이 사라지게 되는 원인/조건은 '지혜롭게 생각을 일으킴'(如理作意)이다."

　　육근수호 법설에서 말하는 〈'전체적 특징·차이'(相)와 '부분적 특징·차이'(細相)를 움켜쥐면 감관을 통해 해로운 것들이 밀려들어 온다〉는 것은 다름 아닌 탐욕·분노·무지의 발생과 증폭을 의미한다. 감관능력(육근)이 대상(육경)과 접촉할 때, 대상의 특징·차이들을 〈배제를 속성으로 하는 '개념적 욕망'과 무한히 증폭하는 '비교우위를 향한 욕망' 및 '동일·불변·독자의 자아관념', 이 세 가지를 결합시키는

298　『비구 경1』(S22:35), 『비구 경2』(S22:36).

299　『사리뿟따와 꼿티따 경3』(S44:5).

300　『고닷따 경』(S41:7).

301　『조건 경1』(A2:11:6), 『조건 경2』(A2:11:7).

계기〉로 삼으면, 탐욕·분노·무지의 길로 접어든다. 이때는 언어적 사유능력과 재인지 능력이 감관의 주체를 탐·진·치의 길로 접어들게 하는 동력으로 작용한다. 이것이 '특징·차이를 움켜쥐어 감관을 통해 해로운 것들이 밀려들어 오는 사태'이다. **이 경우 특징·차이들은 탐욕·분노·무지의 길에서 왜곡되고 오염된다. '있는 그대로, 사실 그대로' 대접받을 수 있는 길이 막혀 버린다.**

그런데 언어적 사유능력과 재인지 능력을 전혀 새로운 동력으로 삼을 수 있다. 탐·진·치의 길에서 내려와 더 좋은 이로움을 누리는 길에 오르는 향상의 힘으로 돌릴 수 있다. 그럴 때 언어적 사유능력과 재인지 능력은, 탐·진·치의 길로 들어가는 대문은 닫고, '특징·차이들에 대한 사실대로의 이해'(지혜)와 '호혜적 행위의 실천'(자비)이 빛을 발하는 길의 대문은 여는 힘이 된다. **'특징·차이와 관계하는 언어적 사유능력과 재인지 능력의 전회**轉回**'가 이루어지는 것이다. 붓다의 모든 법설은 사실상 이러한 전회로 이끄는 길 안내이다. 붓다는 인간이 품은 언어적 사유능력과 재인지 능력을 이 전회의 문을 여는 열쇠로 쓰는 방법을 일러 준 것으로 볼 수 있다.**

특히 육근수호 법설에서는, 〈일상의 모든 동작을 괄호 치듯 묶어 재인지(알아차림)의 대상으로 처리하면서 빠져나오는 국면을 일깨우고, 그 재인지 자리에서, 동작이 지닌 특징·차이들의 연기적 양상을 관찰하는 정지正知〉를 '특징·차이를 움켜쥐지 않는 방법'으로 설하면서, 탐욕·분노·무지의 길에서 탈출하는 방법을 일러 주고 있다. 이 정지正知의 힘을 키워 '특징·차이들을 움켜쥐지 않는 능력'을 확보하는 것은, 특징·차이들을 '탐욕·분노·무지의 발생·증폭 조건으로 삼지 않을 수 있는 능력'을 확보하는 것을 의미한다. 또한 이것은 소유·배제·차별의 대상으로 왜곡되고 오염되었던 특징·차이들을 '있는 그대로, 사실 그대로' 만날 수 있는 힘을 키우는 것이며, '특징·차이들이 서로 제대로 대접하고 또 제대로 대접받을 수 있는 길'을 여는 힘을 얻는 것이다.

🪷 분별의 확산(희론戱論, papañca)과 '있는 그대로, 사실 그대로'

1. 분별(分別, kalpanā)에 대한 조건적 이해—해로운 분별과 이로운 분별

 분별(分別, kalpanā)은 개념에 의한 사유행위를 지칭한다. 인간의 모든 경험과 인식은 어떤 방식으로든 개념에 연루되어 있다. 언어에 담긴 차이인 개념은, '경험의 초기조건인 특징·차이'를 처리하는 인간적 방식의 토대이다. 인간의 감관능력(六根)은 그중 하나인 사유능력(意根) 없이는 제 기능을 발휘하지 못한다. 그리고 사유능력은 언어·개념이 없다면 무능하고 공허하다. 그런 점에서 **'개념에 의거한 사유'는 인간의 숙명이다. 따라서 〈분별은 다 무지이고 망상이니 버려야 한다〉는 식의 이해는 부적절하다.** 그런 이해조차 개념에 기대어 있다. '분별'이 없으면 '인간의 경험'도 없다. 개념을 모두 제거한 것을 무분별의 경지라 부르면서 깨달음이나 진리의 명목으로 추구하는 것이야말로 망상이다. 신기루 좇는 격이다.

 〈개념적 사유는 사실과 진리를 가리거나 왜곡시킬 뿐이다〉라는 시선은 철학과 종교에서 광범위하게 퍼져 있다. 이러한 **'개념적 사유에 대한 근원적 부정'은 인간 경험의 발생조건에 대한 이해 부족의 산물이다.** 인간의 경험과 인식은 처음부터 끝까지 '언어'와 연루되어 있고, 따라서 '이해 현상'을 비롯하여 인간이 경험하는 그 어떤 현상도 그 발생에는 '개념적 사유'가 개입되어 있다. 이것은 언어적 인지능력을 확보한 인간의 숙명이다. 그 누구도 살아 있는 한 그 숙명에서 벗어날 수 없다. 우리가 추구해야 할 것은 '개념적 사유의 제거나 초월'이 아니다. 필요한 것은, '탐욕·분노·무지를 발생·증폭시키는 개념적 사유와 그 발생조건들'을 성찰하여 그 조건들에 대한 선택을 그치는 일이다. 또한 '탐욕·분노·무지에서 풀려나게 하여 좋은 이로움을 발생시키는 개념적 사유와 그 발생조건들'을 확보하는 일이다. 그리하여 대상의 특징·차이를 왜곡·오염시키지 않을 수 있는 힘, 특징·차이들의 '사실 그대로'로 하여금 서로 이로운 관계를 맺게 하는 능력을 확보해 가는 것이 인간의 과제이다.

따라서 '분별'은 '조건적'으로 이해되어야 한다. 〈모든 분별은 무지이고 망상이다〉는 식으로 주장하지 말고, '분별의 내용과 그 내용을 발생시키는 조건들'을 제시하면서 '분별'을 다루어야 한다. 그래야 붓다가 그토록 강조하는 '조건인과적 사유', 즉 '연기적緣起的 사유'에 맞는다. '분별의 내용과 그 내용을 발생시키는 조건들'이 어떤 것이냐에 따라 '사실 그대로에 상응하는 분별'과 '사실 그대로를 왜곡·오염시키는 분별'이 나뉘고, '이로운 분별'과 '해로운 분별'이 갈라진다. 붓다는 개념적 사유인 '분별' 자체를 거부한 것이 아니라, '분별의 내용과 그 내용을 발생시키는 조건들'을 연기적 사유로 다룬 것이다. 개념적 사유 자체의 제거나 초월을 진리나 깨달음이라는 말로 주장하는 것은 인도전통 우파니샤드 신비주의의 발상일 뿐이다. 붓다는 '분별의 발생조건'을 통찰하여, '사실 그대로를 가리고 오염시키는 무지·망상의 분별'과 '사실 그대로를 드러내는 지혜로운 분별'을 구분하여 다룬 것이다. 전자는 해롭기에 치유의 대상이고, 후자는 이롭기에 계발과 실천의 대상이다. '무분별'은 '사실 그대로를 가리고 오염시키는 무지·망상의 분별'을 비판하기 위해 채택된 용어이지 개념적 사유 자체의 전면적 부정이 아니다. 그런 의미에서 무분별은 '사실 그대로를 드러내어 이롭게 하는 지혜로운 분별'의 다른 이름이다.

2. 분별망상으로서의 희론(戲論, papañca)

특징·차이들을 탐욕·분노·무지의 발생조건으로 처리하는 것이 '무지·망상의 분별'이다. 이런 분별이 발생하여 확산되는 사태를, 붓다의 법설에서는 '분별망상' 혹은 '희론'(戲論, papañca)이라 부른다. 언어·개념적 사유에 수반하기 쉬운 동일성 환각이 인간의 지각경험과 인식을 오염시켜 가는 과정에 관한 붓다의 통찰은, 빠빤짜(papañca, mental proliferation/분별망상의 확산, 희론)와 빠빤짜 냐쌍카(papañca-saññā-saṅkhā/희론에 오염된 지각과 관념)에 관한 설법에서 잘 드러난다.[302] 『맛지마니까야』의 「꿀과자 경」(Madhupiṇḍikasutta)[303]은 이 문제를 거론하는 대표적 사례인데, 여기서는 '느낌→지각→사유→희론(papañca)→희론에 오염된 지각과 관념(papañca-saññā-saṅkhā)[304]'이라는 조건인과적/연기적 연쇄를 통해 탐·진·치 현상이 발생한다는 통찰을 제시한다.

"[수행승] 세존이시여, 어떻게 신들의 세계, 악마들의 세계, 하느님들의 세계, 성직자들과 수행자들, 그리고 왕들과 백성들과 그 후예들의 세계에서 어떠한 자와도 싸우지 않는다는 것이며, 그리고 감각적 쾌락에 대한 욕망을 떠나고, 의혹을 벗어나, 회한을 끊고, 존재와 비존재에 대한 갈애를 끊은 그 거룩한 임에게는 어떻게 지각이 경향을 갖지 않는다는 것입니까?

[세존] 수행승이여, 어떤 원인으로 인간에게 희론에 오염된 지각과 관념이 일어나는데, 그것에 대해 환희하지 않고 주장하지 않고 탐착하지 않는다면, 그것이 탐욕의 경향을 끝내는 것이며, 성냄의 경향을 끝내는 것이며, 견해의 경향을 끝내

---

302 냐냐난다(Ñāṇananda)스님의 『Concept and Reality in early Buddhist thought—An essay on 'papañca' and 'papañca-saññā-saṅkhā'』(Buddhist Publication Society, 1971)는 빠빤짜(papañca)와 빠빤짜 냐쌍카(papañcasaññāsaṅkhā)를 중심으로 개념적 사유가 안고 있는 환각적 덫의 문제를 집중적으로 분석하고 있다. 이 책은 아눌라 스님에 의해 번역되어 있다(『위빠사나 명상의 열쇠 빠빤차』, 한언, 2006). 냐냐난다는 빠빤짜 문제와 관련된 니까야 관련 구절들을 망라하면서 빠빤짜와 해탈의 상관성을 세밀하게 음미하고 있다. 냐냐난다 스님의 견해가 얼마나 타당한지를 검토하는 것은 또 다른 문제로 남아 있지만, 『청정도론』이 지니고 있는 해석학적 권위에서도 비판적 거리를 유지하며 빠빤짜의 불교적 의미를 탐구하고 있는 점은 돋보인다. 빠빤짜와 빠빤짜 냐쌍카의 의미와 관련하여 냐냐난다는, 〈빠빤짜의 어원이 '퍼져나가다' '확산하다' '발산하다' '여럿으로 되다'이므로, 빠빤짜는 개념이 형성되는 과정에서 원래의 어떤 것으로부터 확산된 상태라 볼 수 있다〉고 하면서 〈생각의 착수인 위따카(vitakka)와 사색의 상태인 위짜라(vicāra)는 항상 함께 다니는 것으로서 위짜라가 원래의 어떤 것으로부터 벗어난 상태라 할지라도 아직 지적 정교함과 체계적인 면을 유지하는 데 비해, 빠빤짜는 생각의 뿌리로부터 아예 떨어져 나가거나 사념들이 꼬리를 물고 돌아다니는 경향이 있음을 암시한다. 위짜라가 정신적 영역에서 조화 상태를 말한다면 빠빤짜는 혼돈을 말한다고 할 수 있다〉고 이해한다(『위빠사나 명상의 열쇠 빠빤차』, 25-27쪽).

303 『꿀과자의 경』(MN. I .108),

304 전재성은 papañca-saññā-saṅkhā를 '희론에 오염된 지각과 관념'으로 번역한다(p.260). 이에 비해 냐냐난다(Ñāṇananda)는 이 용어가 '사념의 확산을 거치며 일어난 〈개념화 경향의 특성을 갖는 관념이나 언어적 규정〉을 의미한다'고 이해한다.(Concept and Reality in early Buddhist thought—An essay on 'papañca' and 'papañca-saññā-saṅkhā'(Buddhist Publication Society, 1971)/아눌라 번역, 『위빠사나 명상의 열쇠 빠빤차』,한언, 2006), pp.25-27. 냐냐난다의 설명은 자칫 '개념적 사유'나 '언어적 규정'에 대한 과도한 부정적 인식과 결합할 수 있기에 필자는 전재성의 역어를 취한다.

는 것이며, 의혹의 경향을 끝내는 것이며, 자만의 경향을 끝내는 것이며, 존재에 대한 탐욕의 경향을 끝내는 것이며, 무지의 경향을 끝내는 것이며, 몽둥이 잡는 것, 칼을 드는 것, 투쟁, 싸움, 논쟁, 언쟁, 이간, 거짓을 끝내는 것이다. 여기서 악하고 불건전한 상태는 남김없이 사라진다."

붓다의 말을 이해하기 어려웠던 수행승들이 깟짜나 존자에게 찾아가 그 의미를 묻자, 깟짜나 존자는 다음과 같이 그 뜻을 설명해 준다. 그리고 붓다는 깟짜나 존자의 설명이 당신의 의중을 그대로 드러낸 것이라고 추인한다.

"[깟짜나] 벗들이여, 시각과 형상을 조건으로 시각 의식이 생겨나고, 그 세 가지를 조건으로 접촉이 생겨나고, 접촉을 조건으로 느낌이 생겨나고, 느낀 것을 지각하고, 지각한 것을 사유(vitakka)하고, 사유한 것을 희론(papañca)하고, 희론한 것을 토대로 과거, 현재, 미래에 걸쳐 시각에 의해서 인식되는 형상에서 '희론에 오염된 지각과 관념'(papañcasaññāsaṅkhā)이 일어납니다."[305](이어서 나머지 다섯 감관과 그 대상을 조건으로 동일한 내용이 설해진다.)

이 경전은 감관을 통한 인식과정에서 어떻게 분별망상과 그에 의한 삶의 오염이 발생하는가를 조건인과(緣起)적으로 설하고 있다. 냐냐난다 스님에 의하면, ⟨이 구절은 비非인칭으로 시작하여 이 비인칭 기록이 느낌이 일어나는 시점까지 유지되는데, 이것은 느낌까지는 자동적 발생이고 여기서부터 ⟨나⟩의 개입이 일어나 느낌 이후부터 계획적인 개인적 행위가 일어난다는 것을 암시한다. 그리고 이 인식 과정의 마지막 단계인 희론(빠빤짜)과 '희론에 오염된 지각과 관념'(빠빤짜 냐쌍카)이 형성되면, 언어에 의해 만들어진 비실재적 개념이 개념의 주체인 사람을 정복하여 그것에 집착하게 만든다.⟩[306]

---

305 「꿀과자의 경」, 『맛지마니까야』, 259-263쪽.

306 냐냐난다, 『위빠사나 명상의 열쇠 빠빤차』, 28-31쪽.

개인의 삶을 탐·진·치에 종속시키고 사회관계를 소유·차별·배제·폭력으로 오염시키는 강력한 원인이 '희론'과 '희론에 오염된 지각과 관념'이며, 그것은 '느낌→지각→사유→희론→희론에 오염된 지각과 관념'이라는 조건인과적 연쇄에서 발생한다는 것이 이 구절의 핵심이다. 그런데 감관능력과 대상의 접촉에서 발생하는 '느낌'이 희론 발생의 조건인과 연쇄에서 첫 조건으로 거론되고 있다는 점은 각별한 의미를 지닌다.

3. 느낌과 희론의 발생

감관으로 대면한 현상들을 인간 특유의 고통으로 수용하게 되는 조건인과를 12가지 항목으로 열거하는 12연기에서는, 〈감관능력(六根)과 대상의 접촉(觸)→느낌(受)의 발생→'맹목적 끌림'(渴愛)의 발생→달라붙음(取)〉을 말한다. 이 대목의 의미는 분명하다. '느낌(受)→맹목적 끌림(渴愛)'의 인과적 전개를 선택하면 인간 특유의 고통 양상이 펼쳐진다는 것이다. 달리 말해, '느낌→맹목적 끌림'의 인과적 전개를 선택하지 않으면 인간 특유의 고통에서 풀려나는 길에 들어선다는 것이다. 느낌은 실존의 해로운 길과 이로운 길이 갈리는 결정적 분기점이 된다는 통찰이다.

인간은 언어·개념에 의거하여 세계를 법칙적으로 해석해 낼 수 있는 생명체이다. 인간의 이러한 이법理法적 사유능력을 중시하는 사람들은 '느낌'과 같은 정서적·감정적 현상보다 '이성'과 같은 법칙적 현상을 더 높이 평가한다. 법칙적으로 작용하는 이성의 기능과 문제해결력이 인간 특유의 면모를 구성하는 핵심이기 때문이다. 그러나 **인간의 법칙적 사유능력은 언제나 느낌에 연루되어 있다. 지각·인지의 과정에서 느낌이 이성적 사유에 선행하는 조건이기 때문이다.**

느낌은 생명체가 외부환경에 대응하기 위해 진화시킨 자기방어 장치이다. 위험과 안전을 판별하여 해로움은 피하고 이로움은 선택하기 위해 구성한 본능적 현상이다. 인간을 포함한 모든 생명체는 느낌을 통해 위험과 안전을 즉각적으로 감별하여 대응한다. 모든 생명체는 자기보호에 적합한 느낌 능력을 진화시켜 감관에 장착하고 있다. 외부환경에 대한 느낌이 적절하게 작동하지 않으면 생존이 어렵다. 호랑이를 보고 호감을 느껴 다가가는 토끼는 없다. 인간도 언어인간으로 진화하기까지의 전 과정에서 느낌을 통해 자기를 보호해 왔다. 언어인간이 된 이후에는 언어·개념에 의거하여 수립한 기준과 법칙을 통해 비교·분석·판단·평가·예측하면서 대상과 환경에 대응하는 능력을 추가적으로 확보하였다. 그리고 이 추가된 능력으로 인해 가장 정교한 자기보호 능력을 갖추게 되었다. 그러나 이 추가된 언어적 능력은 느낌을 대신한 것이 아니다. 위험과 안전에 대한 느낌의 감별과 대응을 언어적 판별능력으로 보완하여 자기보호 능력과 보호 방식을 새로운 차원으로 고도화시킨 것이다.

환경에 대해 법칙적·이법理法적으로 대응하는 인간의 이성 능력은 비록 특별하고 탁월한 것이기는 하지만, 어디까지나 생물 일반이 보여 주는 '느낌 방식'을 보완하여 추가된 것이다. 이성 능력의 토대는 느낌인 것이다. 필자는 **비교·판단·평가·분석·예측하는 언어·이성적 능력이 언제나 느낌을 토대조건으로 하고, 느낌과 연관되어 있으며, 느낌의 연장선에서 작용한다**고 생각한다. 과연 '느낌·감정과 무관한 이성적 행위'가 존재하는지 의문이다. 감관능력의 진화과정과 구조 및 속성을 감안한다면, **인간의 모든 이성적 행위는 느낌·감정과 연루되어 있다**고 보아야 한다. 그런 점에서 **붓다가 12연기에서 느낌(受)을 해로운 실존구성과 이로운 실존구성의 결정적이고도 현실적인 분기점으로 본 것은 탁월한 혜안이다.**

정학定學을 탐구하는 학인들의 관심을 끄는 용어들 가운데 상수멸(想受滅, Saññāvedayitanirodha)이라는 선정 개념이 있다. 이 용어를 문자적 의미 그대로 '지각(saññā, 想)과 느낌(vedanā, 受)의 중지(nirodha, 滅)'로 보아, '모든 지각 작용이 멈추고 감각기관이 외부로부터 차단된 상태' 혹은 '모든 육체적·정신적 활동이 잠정적으로 중지된 것'으로 이해하는 경우가 흔하다. '느낌과 지각경험은 언제나 모두 왜곡·오염되어 있을 뿐'이라고 이해하는 시선은 상수멸정想受滅定을 이렇게 해석하곤 한다. 만약 이런 이해가 타당하다면 해탈/열반의 경험은 지각경험 범주에서는 불가능한 것이 되어 버린다. 그러나 〈감관을 통한 모든 지각은 사유능력인 의근意根의 결합에 의해 발생한다〉는 것, 〈의근의 기능은 생명이 유지되는 한 멈출 수가 없다〉는 점,

그리고 〈해탈/열반의 경험은 살아 있는 오온五蘊·육근六根의 몸에서 성취된다(붓다가 말하는 현법열반現法涅槃)〉는 것을 모두 감안하면, 아무리 일시적·잠정적 형태라 할지라도 지각 자체의 중지를 상수멸의 상태로 보기는 어렵다. 설혹 가사假死 상태라 할지라도 지각은 중지되는 것이 아니라 작동한다. 눈·귀·코·혀·신체의 감관 기능에서 외부 세계의 정보유입이 차단되는 상태를 설정할 수 있다 할지라도, 그럴 때라도 의근意根은 기억 등을 대상으로 내적 지각활동을 유지한다고 보아야 한다. 그리고 그에 따른 느낌과 지각은 발생하고 있다고 해야 할 것이다.[307] **선정에서 발생하는 현상들과 그 현상들을 발생시키는 조건들을 고려하여 필자는 상수멸想受滅을, '느낌(受)을 분별망상(想)의 계기로 삼는 일을 그치는 선정 경지' 혹은 '느낌에서 분별망상을 수립하는 일을 그치는 선정 경지'라고 이해한다.**

'희론의 발생과 그 희론에 의한 지각·인식의 오염'을 연기적/조건인과적으로 설하는『맛지마니까야』「꿀과자 경」의 통찰은 느낌의 이러한 의미와 직결되어 있다.「꿀과자 경」이 설하는 '느낌→지각→사유→희론→희론에 오염된 지각과 관념/인식'이라는 조건인과적 발생, 그리고 앞서 확인한 '탐욕·분노·무지와 느낌 및 특징·차이의 상호연관'을 종합하면, 희론의 의미가 드러난다.

「꿀과자 경」은 〈접촉을 조건으로 느낌이 생겨나고, 느낀 것을 지각하고, 지각한 것을 사유하고, 사유한 것을 희론하고, 희론한 것을 토대로 과거·현재·미래에 걸쳐 감관능력에 의해 인식되는 형상에서 '희론에 오염된 지각과 관념'이 일어난다〉고 한다. 또 탐욕·분노·무지와 관련하여 붓다는 이렇게 말한다. 〈판단·평가·이해를 가능케 하는 초기조건인 전체적 특징·차이는 탐·진·치의 산물이며, 감관

---

307 의식상태, 무의식상태, 가사상태 등 지각의 조건과 상태를 어떻게 분류하든 간에, 의근意根이 살아있는 한 지각은 중지 내지 폐기될 수가 없다. 그렇다면 '상수멸'이라는 용어와 관련한 두 가지 가능성을 생각해 볼 수 있다. 용어 자체가 부적절한 것일 수 있는 가능성이 하나이고, 너무 소박한 문자적 이해로 접근하여 부적절하게 취급되는 가능성이 다른 하나이다. 필자로서는, 상수멸이라는 용어가 붓다의 육성일 가능성과 아닐 가능성을 모두 열어 놓고 있지만, 어떤 경우라도 소박한 문자적 이해를 경계한다. 상수멸은, 정학定學을 구성하는 조건들의 의미 및 선정의 내용을 구성하는 언어들의 의미를 연관시켜 음미할 때라야 그 의미지평을 넘볼 수 있다고 생각한다. 상수멸을 문자의 일상언어적 의미에 맞추어 이해하려는 주석이나 통설적 이해는 너무 단순하고 원색적이어서, 붓다 선정의 취지에서 일탈할 가능성이 높아 보인다.

능력(六根)과 대상(六境)의 만남에서 발생하는 세 가지 느낌(좋은 느낌, 싫은 느낌, 좋음이
나 싫음에 쏠리지 않는 느낌)은 각각 탐욕·분노·무지의 잠재적 경향의 발전과 연관된다.
즉 아름다운 특징·차이는 탐욕(감각적 욕망)의 조건이고, 혐오스러운 특징·차이는
분노의 조건이 된다. 또 탐욕·분노가 발생하고 증폭되는 원인/조건은 '아름다운
특징·차이'와 '혐오스러운 특징·차이' 및 그것에 대해 '지혜롭지 못한 생각을 일으
킴'(不如理作意)이고, 무지 발생과 증폭의 원인/조건은 '지혜롭지 못한 생각을 일으
킴'(不如理作意)이다.)—이 내용들을 육근수호 법설과 결합시키면 「꿀과자 경」이 설
하는 '희론의 발생과 그 희론에 의한 지각·인식의 오염'이 지니는 내용과 그 의미
에 접근하는 길이 열린다.

1) 인간의 감관능력이 처음 만나게 되는 특징·차이(相)들은 이미 탐·진·치에 물들어 있다

생물의 감관능력이 대상·환경을 만나면 이로움과 해로움을 구분하는 느낌이
발생한다. 좋은 느낌과 싫은 느낌, 그리고 어느 한편으로 쏠리지 않는 느낌이 그
것이다. '어느 한편으로 쏠리지 않는 느낌'은 대상·환경이 이롭거나 해로운 것이
아닐 때 발생하는 느낌이다. 이 중성적 느낌에는 이로움이나 해로움과 관련하여
발생하는 '긍정·선택이나 부정·회피를 위한 긴장'이 없다. 인간 이외의 생물이라
면 먹이 포획을 위한 긴장이나 위험 회피를 위한 긴장이 없을 때 발생하는 느낌이
며, 흔히 놀거나 잠잔다.

인간의 감관능력도 대상·환경과 만날 때 이 세 가지 느낌이 발생한다. 그런
데 인간의 감관능력은 사유능력(意根)을 포함하고 있기 때문에 느낌의 대상이나 느
낌 이후의 양상이 많이 다르다. 인간의 감관이 만나는 안전하거나 위험한 대상·
환경은, 생물의 경우와는 달리, 언어·개념을 통해 1차 처리된 것들이다. 육근수호
법설에 의하면, 인간이 감관능력(六根)으로 대상을 만날 때는 대상의 '전체적 특징·
차이'(相)와 '부분적 특징·차이'(細相)를 만난다. 그런데 붓다는 '전체적 특징·차이'
를 탐·진·치의 산물이라 한다.[308] '전체적 특징·차이'가 탐·진·치의 산물이라면,

수반하는 '부분적 특징·차이'도 그러하다. 그렇다면 인간의 감관능력이 처음 만나게 되는 특징·차이들은 이미 탐·진·치에 물들어 있다는 말이 된다. 이것은 무슨 의미인가?

앞에서 '있는 그대로, 사실 그대로'가 지시하는 것을 거론하면서, 〈감관능력이 변화와 관계를 내용으로 하는 '언어·개념에 의해 분류·처리된 특징·차이들'을 접촉하는 것이 1차적 사태라면, 그들에게 동일성을 부여하여 불변·독자의 본질/실체를 설정하는 것은 사유능력의 선택에 의해 발생한 2차적 사태이다. 1차적 사태와 2차적 사태 사이에는 '갈림길에 선 인간의 사유능력'이 있다. 그런데 '언어·개념에 의해 분류·처리된 특징·차이들'에게 동일성을 부여하는 길의 선택이 인류 행보의 자연스러운 대세였다〉라고 하였다. 인간의 감관능력이 처음 만나게 되는 특징·차이들은 이미 탐·진·치에 물들어 있다는 것은 이런 정황을 반영한 말로 보인다.

'언어·개념에 의해 분류·처리된 특징·차이들'이 인간의 사유능력(意根)에 의해 동일성을 부여받아 탐욕·분노·무지의 발생조건이 되어 버린 사태—이것이 붓다가 목격한 현실이다. 붓다는 이런 현실에서 출발한다. 사성제四聖諦의 처음이 '인간 특유의 고통에 대한 이해'(苦聖諦)인 것도 그런 까닭에서일 것이다. 동시에 붓다는 사유능력이 선택할 수 있는 새로운 길을 알려 준다. '언어·개념에 의해 분류·처리된 특징·차이들'에 입혀진 동일성의 옷을 벗기는 길이 그것이다. 그 새길에서는 동일성의 덫에서 풀려나기에, 〈더 이상 탐욕·분노·무지의 발생조건이 되지 않는 '언어·개념에 의해 분류·처리된 특징·차이들'〉을 만나게 된다. 그것이 '있는 그대로, 사실 그대로'를 이해하고 체득하는 것이다. 그때 개인과 세상은 특징·차이들을 왜곡·오염시키는 일을 그치고 지금까지 누리지 못했던 이로움을 누릴 수 있다.

---

308 『고닷따 경』(S41:7).

428

2) '느낌'과 '특징·차이(相)'와 '육근수호' 그리고 '희론'

「꿀과자 경」에 의하면, 〈느낀 것을 지각하고, 지각한 것을 사유하고, 사유한 것을 희론하고, 희론한 것을 토대로 과거·현재·미래에 걸쳐 감관능력에 의해 인식되는 형상에서 '희론에 오염된 지각과 관념'이 일어난다〉고 한다. 또한 느낌과 특징·차이(相) 및 탐욕·분노·무지의 관계에 대해 붓다는, 〈전체적 특징·차이는 탐·진·치의 산물이며, 감관능력(六根)과 대상(六境)의 만남에서 발생하는 세 가지 느낌(좋은 느낌, 싫은 느낌, 좋음이나 싫음에 쏠리지 않은 느낌)은 각각 탐욕·분노·무지의 잠재적 경향의 발전과 연관된다. 아름다운 특징·차이(相)는 탐욕(감각적 욕망)의 조건, 혐오스러운 특징·차이(相)는 분노의 조건이 되는 것이다. 또 탐욕·분노가 발생하고 증폭되는 원인/조건은 '아름다운 특징·차이'와 '혐오스러운 특징·차이' 및 그것에 대해 '지혜롭지 못한 생각을 일으킴'(不如理作意)이고, 무지 발생과 증폭의 원인/조건은 '지혜롭지 못한 생각을 일으킴'(不如理作意)이다〉라고 한다. 그리고 육근수호 법설에서는 〈전체적 특징·차이와 부분적 특징·차이를 움켜쥐면 감관을 통해 탐욕·분노·무지의 해로운 것들이 밀려들어 오고, 움켜쥐지 않으면 최고의 행복을 누린다〉고 한다.

이상의 세 가지 내용을 결합시켜, 「꿀과자 경」이 전하는 희론 발생의 조건인과 연쇄를 그 순서에 따라 **'느낀 것을 지각하는 단계'/'지각한 것을 사유**(vitakka)**하는 단계'/'사유한 것을 희론**(papañca)**하는 단계'/'희론한 것을 토대로 과거·현재·미래에 걸쳐 감관능력에 의해 인식되는 형상에서 희론에 오염된 지각과 관념**(papañcasaññāsaṅkhā)**이 일어나는 단계'**로 나누어 음미해 본다.

'느낀 것을 지각하는 단계'에서 '지각의 대상'은, 육근수호 법설에 따르면, **'전체적 특징·차이와 부분적 특징·차이'이다.** '언어·개념에 의해 분류·처리된 특징·차이들'을 지각하는 것이다. **그런데 이 특징·차이들은 이미 사유능력**(意根)**에 의해 동일성을 부여받아 탐욕·분노·무지의 발생조건이 되어 버린 것들이다.**

따라서 **'지각한 것을 사유하는 단계'에서 사유**(尋, vitakka)**는, '언어·개념에 의해 분류·처리된 특징·차이들'에 동일성을 부여하여 기억·비교·판단·평가·분석·예측하**

는 분별이다. 그러기에 이 사유는 **'해로운 분별'이다.** 비록 특징·차이들에서 발생하는 문제들을 명료하게 분석하고 법칙적으로 이해하여 처리하는 힘은 돋보이지만, 경험세계에 존재하지 않는 동일성을 설정하는 무지와 기만, 동일성 허구로 인해 강력해진 소유·배제·차별의 폭력성을 안고 있는 힘이다. **이 '분별 사유'의 단계는 '요청된 허구의 순기능'과 '허구의 기만과 폭력'이 얽혀 동거한다.** 세간에서 널리 통용되는 사유 양상이고, 소위 이성적 사유의 많은 경우가 이 분별의 범주에 놓인다. **그러나 동일성 사유의 허구와 그에 수반하는 해악을 비판적으로 성찰하는 이성은 이 '해로운 분별'을 치유하려는 '이로운 분별'이다.**

'느낀 것을 지각하는 단계'와 '지각한 것을 사유하는 단계'를 합하면 다음과 같은 의미가 된다:

〈'좋은 느낌'으로 지각된 '아름다운 특징·차이(相)'는 동일성 관념에 의거하는 사유의 대상이 되면서 '지혜롭지 못한 생각을 일으킴'(不如理作意)과 결합하여 '무한히 지속·확장되는 소유충동'인 탐욕의 발생 및 증폭조건이 된다. 이 경우 '좋은 느낌'은 탐욕의 잠재적 경향성이 되는 셈이다. 그리고 '지혜롭지 못한 생각을 일으킴'(不如理作意)은 육근수호 법설에서 말하는 '아름다운 특징·차이(相)를 움켜쥐는 생각을 일으킴'으로 볼 수 있다. 그렇다면 '지혜로운 생각을 일으킴'(如理作意)은 '아름다운 특징·차이(相)를 움켜쥐지 않는 생각을 일으킴'이 된다.

또한 '싫은 느낌'으로 지각된 '혐오스러운 특징·차이(相)'는 동일성 관념에 의거하는 사유의 대상이 되면서 '지혜롭지 못한 생각을 일으킴'(不如理作意)과 결합하여 '전면적 배제와 폭력충동'인 분노의 발생 및 증폭조건이 된다. 이 경우 '싫은 느낌'은 분노의 잠재적 경향성이 되는 셈이다. 그리고 이때 '지혜롭지 못한 생각을 일으킴'(不如理作意)은 육근수호 법설에서 말하는 '혐오스러운 특징·차이(相)를 움켜쥐는 생각을 일으킴'으로 볼 수 있다. 그리고 '지혜로운 생각을 일으킴'(如理作意)은 '혐오스러운 특징·차이(相)를 움켜쥐지 않는 생각을 일으킴'이 된다.

'좋음이나 싫음에 쏠리지 않은 느낌'으로 지각된 '아름답지도 혐오스럽지도 않은 특징·차이(相)'는 동일성 관념에 의거하는 사유의 대상이 되면서 '지혜롭지 못한 생각을 일으킴'(不如理作意)과 결합하여 무지의 발생 및 증폭조건이 된다. 인간 사유의 생명력은 '사실대로 이롭게 판단·이해·평가·분석하는 힘'에 달려 있다. 이런 힘이 지혜다. 그리고 판단·이해·평가·분석의 힘을 발전시키려면 '긍정·선택과 부정·회피의 대비에서 발생하는 긴장'이 필수적이다. 그런데 '좋음이나 싫음에 쏠리지 않은 느낌'은 이러한 긴장을 증발시켜 버린다. 따라서 이 중성적 느낌을 불변·동일한 것으로 보는 사유로써 대하면서 그것에 매이면, '사실대로 이롭게 사유하는 능력'의 향상을 막거나 훼손시킨다. 따라서 이 경우에 '좋음이나 싫음에 쏠리지 않은 느낌'은 무지의 잠재적 경향성이 된다. 그리고 이때의 '지혜롭지 못한 생각을 일으킴'(不如理作意)은 육근수호 법설에서 말하는 '아름답지도 혐오스럽지도 않은 특징·차이(相)를 움켜쥐는 생각을 일으킴'으로 볼 수 있다. 그리고 '지혜로운 생각을 일으킴'(如理作意)은 '아름답지도 혐오스럽지도 않은 특징·차이(相)를 움켜쥐지 않는 생각을 일으킴'이 된다.〉

이렇게 보면 **'사유한 것을 희론하는 단계'**의 의미가 분명해진다. 동일성의 허구가 비교·판단·평가·분석에 힘을 실어 주는 '요청된 허구의 순기능'과, 기만을 정당화시키고 소유·배제·차별의 폭력에 강력한 힘을 실어 주는 '허구의 기만과 폭력'이, 함께 얽혀 동거하고 있는 것이 '분별 사유'다. **이러한 양가적兩價的 분별 사유에서, 순기능은 축소·제거되고 역기능은 확대·범람하게 되는 망상적 사유가 희론(戱論, papañca)이다.** 희론도 '논리를 갖춘 사유'일 수 있지만, 희론을 지탱하는 논리는 무지의 기만과 소유·배제·차별의 폭력을 정당화시키는 도구일 뿐이다. **비록 동일성이라는 허구관념을 품긴 했지만 '사실 판단에 유효한 근거'를 제한적으로 지녔던 '분별 사유'가, '희론 사유'에 이르러서는 부당한 근거 위에 사실에서 일탈하여 망상의 허구 속을 헤매게 된다.** '분별 사유'는 사실과의 연계 고리를 유지하고 있지만, '희론 사유'는 그 고리를 끊어 버리고 허구의 집안을 휘젓고 다닌다. 그런 의미에서 희론을 '망상분별'이라 부를 수 있다.

이상의 내용을 토대로 삼으면, **'희론한 것을 토대로 과거·현재·미래에 걸쳐 감관능력에 의해 인식되는 형상에서 희론에 오염된 지각과 관념이 일어나는 단**

계'의 의미에는 어렵지 않게 접근할 수 있다. 지각과 사유와 희론의 조건인과적 연쇄는 일회적이거나 일방향적一方向的이 아니라 반복적이고 양방향적兩方向的이다. 사유가 행동 발생의 원인조건이 될 뿐 아니라, 행동이 사유 발생의 원인조건이 되는 것과 마찬가지이다. 망상분별인 '희론 사유'는 다시 지각과 사유에 작용하여 지각과 사유에서 희론의 영향력을 확대·강화시킨다. 그리고 희론의 개입이 강화된 지각과 사유는 다시 더 증폭된 희론 양상을 발생시키는 원인조건이 된다. **이런 양방향의 상호인과가 순환되면, 감관능력이 대상의 특징·차이들을 만날 때 '희론에 오염된 지각과 관념'**(papañcasaññāsaṅkhā)**이 일어난다. 이런 인과관계 순환의 덫에서 빠져나오지 못하면, 지각과 사유와 인식은 '특징·차이들의 사실 그대로'에서 크게 멀어지고, 탐욕·분노·무지에 노예적으로 종속되어, '특징·차이들에 대한 기만적 차별과 부당한 폭력'을 일삼게 된다. 개인과 세상이 희론에 의해 오염되고 망가진다.**

백인 우월주의를 노골적으로 드러내는 국가에서 한 백인 경찰이 흑인을 검문한다. 백인 경찰의 의심을 발생시킨 근거는 두 가지이다. 〈그 흑인이 도난신고 현장 부근에 있었다〉는 정황과 〈흑인은 야만적이어서 범죄를 저지를 확률이 높다〉는 생각이다. 정황적 근거는 사실과의 연결고리를 지닌다. 그래서 그 정황 근거에 의거한 추정이 사실일 수도 있고 사실이 아닐 수도 있다. 따라서 '합리적 분별 사유'에 속한다. 그러나 후자의 근거는 사실과의 연결고리를 유지하기 어렵다. 부당한 인종적 편견에 가까우며 설득할 만한 사실적 근거를 확보하기 어렵다. 이런 경우 이 백인 경찰이 어떤 근거에 비중을 두어 판단하는가에 따라, 그의 '분별 사유'가 사실과의 연결고리를 유지하는 '합리적 분별 사유'(합리적 이성)에 속하기도 하고 '해로운 분별 사유'(불합리한 이성)에 속하기도 한다. 정황 근거와 부당한 편견 가운데 어느 쪽에 얼마만큼 기울어 판단하는가에 따라, '이로운 합리적 분별 사유'(합리적 이성)와 '해로운 분별 사유'(불합리한 이성)의 정도나 수준이 결정된다.

만약 이 백인 경찰이 사실과의 연결고리가 유지되는 정황 근거는 아예 외면하고 오로지 부당한 인종적 편견을 선택하여 판단할 경우, 그는 '희론 사유'에 빠져들게 된다. 이후 그의 사유는 허구를 전제로 전개되므로 '사실 그대로'를 크게 훼손시킨다. 이때 그의 사유와 행동은 흑인에게도 해롭고 자신과 백인에게도 해롭다. '특징·차이의 사실 그대로'에서 현저히 멀어질 뿐 아니라 오히려 적극적으로 왜곡하면서, '특징·차이에 대한 기만적 차별과 부당한 폭력'을 당당하게 펼친다. 백인 경찰이 동일한 정황에서 백인을 검거할 때도 마찬가지이다. 이때는 인종적 편견이 부당한 편애가 되어 사실을 오염시키고, 백인이라는 특징·차이를 차별적으로 우대한다.

3) '해로운 분별 사유'(불합리한 이성)와 '희론 사유'(망상)의 치유

희론의 발생과 속성에 대한 붓다의 통찰을 이렇게 이해한다면, '특징·차이의 사실 그대로'에 접근하기 위해서는 두 가지를 치유해야 한다. '해로운 분별 사유'(불합리한 이성)과 '희론 사유'(망상)이 그것이다. 이 치유의 길에 관한 붓다의 법설은, 팔정도 수행을 그 특징에 따라 다시 세 범주로 구분하는 이른바 삼학三學으로 종합된다. '행동 제어력 계발·향상'(戒學)과 '마음능력 계발·향상'(定學) 및 '이해능력 계발·향상'(慧學)을 상호적으로 결합시켜 삶·세상을 치유하고 이롭게 하는 것이 삼학三學이다. 그리고 이 삼학은 '해로운 분별 사유'(불합리한 이성)과 '희론 사유'(망상)을 비롯한 탐욕·분노·무지의 전체 체계를 치유하는 길이다. 여기서는 삼학 가운데 특히 '이해능력 계발·향상'(慧學)과 '마음능력 계발·향상'(定學)에 초점을 맞추어 본다.

필자는 '이해능력 계발·향상'(慧學)을 총괄하는 것을, 〈모든 현상은 조건인과적으로 발생·유지·소멸한다〉고 이해하는 연기적 사유의 문제로 본다. 또한 '마음능력 계발·향상'(定學)의 초점은, 〈모든 특징·차이를 움켜쥐지 않아 기존의 경험방식에 '빠져들지 않는/갇히지 않는 마음국면'의 계발〉에 놓여 있다고 본다. '조건인과에 내한 이해력'(연기緣起 통찰)과 '모든 경험현상을 앞세우듯 하면서 알아차리는 정지正知(sampajānāti)의 마음국면'을 수립하여 양자를 결합시켜 가는 것이 각각 혜학慧學과 정학定學을 관통하는 핵심이라 생각한다. 따라서 '해로운 분별 사유'(불합리한 이성)와 '희론 사유'(망상)를 치유하고 '특징·차이의 사실 그대로'에 접근하는 방법도 이 두 가지를 축으로 음미해 본다.

'언어·개념에 의해 분류·처리된 특징·차이들'에 동일성을 부여하여 기억·비교·판단·평가·분석·예측하는 '분별 사유'가, 비非연기적 사유에 종속될 때는, '희론 사유'로 발전한다. 〈모든 현상은 조건인과적으로 발생·유지·소멸한다〉고 이해하는 연기적 사유는, '특징·차이를 지닌 조건들의 변화와 관계'를 그대로 반영한다. 반면, 특징·차이들에 동일성을 부여하여 처리하는 '분별 사유'는, '불변·독자의 본질/실체'를 설정하기 때문에 무조건적/절대적 사유를 선호한다. 관계를 인정하려면 '상호 조건성'과 '쌍방의 변화'가 인정되어야 하는데, 동일성 사유는 '관계의 조건성'과 '변화'를 부정한다. 그래야 동일성이 확보되기 때문이다. 따라서 '다른 것들과의 조건적 관계'를 부정하는 무조건적/절대적 사유를 선호한다.

'희론 사유'는 이 무조건·절대의 사유를 굳건한 토대와 양분으로 삼아 번성한다. '분별 사유'의 단계는 아직 '동일성 허구'와 '사실과의 연결'이라는 두 지대에 양발을 걸치고 있기에, '해로운 분별 사유'(불합리한 이성)와 '이로운 합리적 분별 사유'(합리적 이성)의 가능성을 모두 지니고 있다. 하지만 '분별 사유'가 무조건·절대를 선호하는 비非연기적 사유의 품에 안겨 '희론 사유'가 될 때에는, '사실 그대로'와의 고리를 끊어 버릴 뿐 아니라 사실을 적극적으로 왜곡·오염시킨다. 그리고는 허구로 건축한 집 안을 무지·기만·소유·배제·차별의 사유와 폭력적 행위로 장식한다. 사실 그대로를 왜곡·오염하는 '희론 수준의 해로운 분별 사유'(불합리한 맹목 이성)가 된다.

(1) '해로운 분별 사유'(불합리한 이성)를 '이해능력 계발·향상'(慧學)으로 치유하기

'해로운 분별 사유'(불합리한 이성)의 치유를 위해서는 '동일성을 부여하지 않고서 특징·차이를 처리하는 연기적 사유방식'을 수립하여 힘을 실어 주어야 한다. 언어인간의 현실은 이미 '특징·차이에 동일성을 부여하여 처리하는 분별 사유'가 장악하고 있다. 그런데 이 '분별 사유'는 '동일성 허구'와 '사실과의 연결고리'를 모두 지닌다. 따라서 '분별 사유'로 하여금 '동일성 허구' 지대로부터는 가급적 멀어지게 하고 '사실과의 연결' 지대에는 최대한 접근하게 하는 것이 현실적 대응이다. 구체적으로는 '무조건·절대의 비非연기적 사유'는 멀리하고, '변화와 관계를 수용

하는 조건인과적/연기적 사유'는 가까이 하는 것이다. 그리고 이 현실적 대응을 위해서 '성찰 이성'의 힘을 키워야 한다. '동일성 사유' 및 '무조건·절대의 비非연기적 사유'를 비판적으로 성찰하는 동시에, '변화와 관계'를 그대로 수용하는 조건인과적 이해를 수립해 갈 수 있는 힘은, 다름 아닌 '성찰 이성'에서 나온다. 이 **성찰 이성이 힘을 발휘할 때, '분별 사유'는 '해로운 분별 사유'**(불합리한 이성)**이기를 그치고 '이로운 합리적 분별 사유'**(합리적 이성)**가 된다.** 사성제四聖諦·팔정도八正道를 비롯하여 무아無我·무상無常·연기緣起를 일깨워 주는 붓다의 법설은 그러한 성찰 이성을 일깨우는 보물 창고이기도 하다.

   (2) '해로운 분별 사유'(불합리한 이성)를 '마음능력 계발·향상'(定學)으로 치유하기
   '분별 사유'가 자신이 품고 있는 동일성 관념에 달라붙어 '무조건·절대의 비非연기적 사유'에 종속되는 강력한 계기는, '만나는 특징·차이를 움켜쥐는 마음'이다. 특징·차이들을 언어·개념의 그릇에 담아 분류할 뿐 아니라, 분류된 특징·차이에 '동일성을 부여하여 처리하는 사유방식'을 잠재적 경향성으로 축적해 온 것이 중생 인간이다. 이 중생 인간이 '대면하게 되는 특징·차이들'에 움켜쥐듯 달라붙으면, '동일성을 부여하여 처리하는 방식'과 한 몸이 되어 동일성 사유의 집안으로 빠져들게 된다. 그리하여 사실과의 연결고리를 강화시키려는 '이로운 합리적 분별 사유'(합리적 이성)는 힘을 잃고, 사실과 거리가 멀어지는 '해로운 분별 사유'(불합리한 이성)는 힘을 얻어, '무조건·절대의 비非연기적 사유'에 밀착해 간다. 반면, **'만나는 특징·차이들'을 움켜쥐지 않으면, '동일성을 부여하여 처리하는 방식'에 갇히지 않을 수 있는 '풀려남의 지대'가 확보된다. 이때는 동일성 사유의 집안에서 빠져나올 뿐 아니라 그 집을 수선하는 힘이 생겨난다. 그리하여 사실에서 일탈하는 '해로운 분별 사유'**(불합리한 이성)**는 힘을 잃고, 사실과 접속하는 '이로운 합리적 분별 사유'**(합리적 이성)**는 힘을 얻어, '변화와 관계를 수용하는 조건인과적/연기적 사유'를 수립·실천하는 힘이 증장한다.** 〈모든 경험현상을 앞세우듯 하면서 알아차리는 마음국면을 수립하여 특징·차이를 움켜쥐지 말라〉고 하는 육근수호 법설은, 이 치유방식의 내용과 의미를 분명하게 알려 준다.

(3) 희론 사유를 '이해능력 계발·향상'(慧學)으로 치유하기

'분별 사유'가 무조건·절대의 비非연기적 사유에 종속될 때 '희론 사유'가 된다. '해로운 분별 사유'(불합리한 이성)와 '이로운 합리적 분별 사유'(합리적 이성)라는 두 가지 가능성 가운데, '해로운 분별 사유'(불합리한 이성)만이 위세를 부리는 길에 올라서게 된다. '사실 그대로'와의 연결고리마저 끊어져 버릴 뿐 아니라 무지에 의한 왜곡과 허구가 사실의 자리를 차지한다.

'희론 사유'의 치유를 위해서도 '동일성을 부여하지 않고서 특징·차이를 처리하는 연기적 사유'의 빛을 애써 밝혀야 한다. '분별 사유의 단계'에서 '해로운 분별 사유'를 치유할 때보다는 더 어렵지만, 어려운 만큼 더욱 '연기적 사유'의 불을 밝히는 노력에 힘을 쏟을 수밖에 없다. 이를 위한 구체적이고도 효과적인 개인적·사회적 방법이 총동원되어야 한다. 철학·역사학·문학 등 인문학 일반, 심리학·사회학에서의 성찰들이 결합하면, 풍부하고도 효과적인 치유방식을 확보할 수 있다.

(4) 희론 사유를 '마음능력 계발·향상'(定學)으로 치유하기

오직 허구에 기대어 망상을 펼치는 희론 사유의 길에서는, 온갖 개인적·사회적 유형의 무지·기만·차별·폭력이 '동일성 허구의 자기합리화 장치'에 기대어 폭주한다. **이 희론 사유의 폭주에 가장 강력하고도 원천적으로 제동을 걸 수 있는 것은, 육근수호 법설이 강조하고 있으며 '마음능력 계발·향상'(定學)의 핵심인, '특징·차이를 움켜쥐지 않는 마음의 힘'이다. 이 '특징·차이를 움켜쥐지 않는 마음의 힘'에는 두 가지 범주가 있다. 하나는 '개인적 마음의 범주'이고, 다른 하나는 '사회적 마음의 범주'이다.**

'개인적 마음의 범주'에서는, 개인 각자가 '특징·차이들을 움켜쥐지 않을 수 있는 마음의 힘'을 키워야 한다. 이 힘을 키워 사용할 수 있으면, 특징·차이들을 처리하는 본질·실체·절대주의적 희론 사유에서 일거에 탈출한다. 또한 '사회적 마음의 범주'에서는, 사회적 감관능력이 '사회적 범주에서 만나는 특징·차이들을 움켜쥐지 않을 수 있는 힘'을 키워야 한다. 사회적 감관능력이란, 집단화된 통념처럼, '특징·차이들을 대하는 사회적 해석능력'이다. **이 사회적 감관능력/해석능**

력은 집단지성과 제도의 힘에 의해 구성된다. 따라서 특징·차이들을 '희론 방식'으로 처리하는 사회적 감관능력에는 제동을 걸어 수정하고, '사실 그대로의 방식'으로 처리하는 사회적 감관능력은 힘써 계발하여 힘을 실어 주어야 한다. **이 성찰적 집단지성 및 제도의 핵심 역량은 '본질·실체·절대주의적 방식에 의해 특징·차이들을 움켜쥐는 것을 그침'에 있다.** 이 힘을 확보하는 만큼, 차이를 왜곡·오염하는 '희론 수준의 해로운 사회적 분별 사유'(불합리한 사회적 맹목 이성)은 치유되고, '이로운 합리적 분별 사유의 사회적 능력'(사회적 이성)은 강화되며, '변화와 관계를 수용하는 조건인과적/연기적 사유'가 사회적 감관능력으로 작동할 수 있다.

🪷 차이(相)로 만나는 원효와 붓다

『금강삼매경』은 크게 본문에 해당하는 여섯 단원(「무상법품無相法品」·「무생행품無生行品」·「본각리품本覺利品」·「입실제품入實際品」·「진성공품眞性空品」·「여래장품如來藏品」)과 이 여섯 단원의 핵심을 문답 형식으로 총괄하고 있는 한 단원(「총지품摠持品」)으로 구성된다. 원효는 본문인 여섯 단원 각각의 상호 연관과 그 의미를 장문에 걸쳐 여러 방식으로 해석하고 있는데, 가히 『금강삼매경론』의 백미白眉이고 원효 자신의 평생 탐구를 총결산하는 압권壓卷이다. 필자는 이 대목을 '육품해석학六品解釋學'이라 칭해 보는데, 음미할수록 경탄을 금치 못한다. 원효가 한반도뿐 아니라 동아시아 고대 지성의 최고봉에 오른 인물로 평가받을 수 있는 단적인 근거이며, 그의 통찰이 철학을 비롯한 현대 인문지성과 어울려 인문학과 인간학의 새 지평을 열어 갈 수 있겠다는 확신을 품게 하는 근거들의 한 요목要目이다. 요즘 유행어로 〈읽을 때마다 소름!〉이다. 이 육품해석학만을 보더라도 『금강삼매경』의 편찬을 원효와 분리시켜 생각하기가 어렵게 된다.

『금강삼매경론』을 관통하는 것은 흥미롭게도 '언어·사유·욕구와 접속해 있는 차이'(相)에 관한 통찰이다. 이 차이(相)를 '불변·독자의 본질/실체 관념에 포획되어 왜곡·오염된 차이'와 '불변·독자의 본질/실체 관념에서 벗어난 차이'로 구분하여 다루는 다양·다층의 통찰들이 『금강삼매경』·『금강삼매경론』을 관통하고 있다. 특히 원효의 『금강삼매경론』을 통해 이 점이 선명하게 부각된다. '불변·독자의 본질/실체 관념에 오염된 차이'와 '불변·독자의 본질/실체 관념이 치유된 차이'는 다름 아닌 '동일성'과 관련된 문제이다. 동일하다는 말은 '변치 않음'(불변)/'다른 것과 섞이지 않음'(순수)/'상호적 의존 관계가 필요 없음'(독자/절대)과 같은 의미로 통한다. 따라서 '동일성 관념'은 변화와 관계를 보편 속성으로 갖는 현상을 불변·독자·순수·절대의 것으로 착각하게 한다. 동일성은 현상세계에 존재하지 않는다. 그럼에도 불구하고 인간은 집요하게 동일성에 집착한다. 그 이유와 사정은 앞서 이미 거론한 바 있다.

붓다는 이 동일성 관념의 허구를 깨뜨리는 것을 인간에 의한 세상 오염과 고통의 뿌리를 제거하는 것으로 보았고, 그 통찰을 무아(無我)·무상(無常)·연기(緣起)를 비롯한 다양한 법설로 드러낸다. 붓다의 관점에 공감하는 후학들은 '동일성 허구'를 깨뜨리는 언어적 장치로 '공(空)'이라는 기호를 사용한다. 이 공(空)에 관한 통찰들을 압축시켜 한국어로 표현하면, 동일성은 '불변·독자의 본질/실체'가 되고 공성(空性)은 '불변·독자의 본질/실체가 없음'이 된다. 필자는 공(空)을 가급적 이렇게 번역하고 있다.

원효가 『금강삼매경론』에서 '언어·사유·욕구와 접속해 있는 차이'(相)를 〈'불변·독자의 본질/실체 관념에 포획되어 왜곡·오염된 차이'와 '불변·독자의 본질/실체 관념에서 벗어난 차이'〉로 구분하여 다루는 통찰은, 달리 말해 〈'동일성이 덧씌워진 차이'와 '동일성이 벗겨진 차이'〉에 관한 통찰이다. 원효는 불교교학의 거의 모든 유형을 능동적 역량으로 탐구하여 그 결과를 '차이 통섭의 철학'으로 조직화시키고 있다. 일심이문(一心二門), 본각(本覺)과 시각(始覺), 공(空), 유식(唯識), 진여(眞如), 여래장(如來藏) 등 대승교학의 핵심개념과 이론들을 하나로 꿰어 펼치는 **원효의 통섭(通攝)철학**은, 결국 〈'언어·사유·욕구와 접속해 있는 차이'(相)들의 '상호 개방'(通)과 '상호 수용'(攝)을 통한 진실과 이로움의 구현〉을 겨냥하고 있다. 그런데 놀라운 것은,

주로 대승교학을 통해 붓다와 대화한 원효의 통섭철학이 붓다의 육근수호 법설이 지니는 의미를 탁월하게 계승하고 있다는 점이다. 필자는 그렇게 본다.

니까야/아함이 전하는 붓다의 법설을 『청정도론』류類의 남방해석학에 의거하여 이해하는 학인들에게는 엉뚱해 보이는 관점일지 모른다. 그러나 원효의 안목에 의거하여 니까야/아함을 읽으면 기존의 이른바 초기불교 이해가 얼마나 겉돌거나 철학적 깊이를 놓치고 있는지 반성하게 된다. 니까야/아함이 전하는 붓다의 법설은 결코 쉽지도 간단하지도 않다. 조금만 깊이 음미하려 들면 곧 겹겹의 관문을 만나게 된다. 원효와의 대화는 그 철옹성 같은 관문들을 통과하는 열쇠를 마련하는 데 큰 힘을 보탠다. **육품해석학은 원효가 눈뜬 '차이 통섭의 길'을 총괄적으로 묘사**하고 있는데, 그 일부를 소개한다.

"[경의 내용을] 본격적으로 설한 [부분]'(正說[分])의 내용을 크게 나누면 두 가지가 되니, 앞의 「무상법품無相法品」, 「무생행품無生行品」, 「본각리품本覺利品」, 「입실제품入實際品」, 「진성공품眞性空品」, 「여래장품如來藏品」의 '여섯 단원'(六品)은 '[진리다운] 이해와 [이해에 의거한] 수행'(觀行)³⁰⁹을 하나씩 드러낸 것이고, '[육품六品의 핵심을] 모두 지니게 하는 하나의 단원'(摠持一品)은 의문(疑情)을 모조리 없애버린 것이다. 하나씩 드러낸 내용은 곧 '여섯 부분'(六分)이 된다. 첫 번째는 「[불변·독자의 본질/실체로 차별된] 차이가 없다는 도리[를 주제로 하는] 단원(無相法品)」이니 '[불변·독자의 본질/실체로 차별된] 차이가 없음에 대한 이해'(無相觀)를 밝히는 것이고, 두 번째는 「[불변·독자의 본질/실체로서] 생겨난 것이 없다는 [이해에 의거한] 수행[을 주제로 하는] 단원(無生行品)」이니 '[불변·독자의 본질/실체로서] 생겨난 것이 없다는 [이해에 의거한] 수행'(無生行)을 나타낸 것이며, 세 번째는 「깨달음의 본연[인

---

309 원효가 『금강삼매경』 수행론의 요점을 '일미관행一味觀行'이라는 말로 압축하고 있는 것에서도 확인할 수 있듯이, '관행觀行'의 의미를 무엇으로 볼 것인가의 문제는 매우 중요하지만 간단하지 않다. '관행觀行'이라는 한문은 크게 세 가지로 번역할 수 있다. 첫 번째는 '관觀하는 행行'으로 보는 것이고, 두 번째는 '행行을 관觀하는 것'으로 보는 것이며, 세 번째는 '관觀과 행行'으로 보는 것이다. 필자는 '관觀'과 '행行'이라는 말과 관련된 『금강삼매경』과 『금강삼매경론』의 용례들을 종합적으로 감안하여 '[진리다운] 이해와 [이해에 의거한] 수행'이라고 번역한다.

'사실 그대로 앎'이 지닌 이로움[을 주제로 하는] 단원(本覺利品)」이니 본래적인 [사실 그대로에] 의거하여 '[온갖] 중생'(物)을 이롭게 하는 것이고, 네 번째는 「사실 그대로가 온전하게 드러나는 지평'에 들어감[을 주제로 하는] 단원(入實際品)」이니 '[사실이 왜곡된] 허구'(虛)로부터 '[사실 그대로인] 참됨'(實)으로 들어가는 것이며, 다섯 번째는 「참된 면모[인 '사실 그대로']에는 불변·독자의 본질/실체가 없다는 것[을 주제로 하는] 단원(眞性空品)」이니 '모든 행위'(一切行)가 〈'참된 면모[인 '사실 그대로']에는 불변·독자의 본질/실체가 없음'(眞性空)[을 아는 경지]에서 나온 것〉임을 밝힌 것이고, 여섯 번째는 「여래의 면모가 간직된 창고[를 주제로 하는] 단원(如來藏品)」이니 '헤아릴 수 없이 많은 수행 방식들'(無量門)이 [모두] '여래의 면모가 간직된 창고'(如來藏)로 들어가는 것임을 나타낸 것이다.

이와 같은 '여섯 가지 방식'(六門)으로 '[진리다운] 이해와 [이해에 의거한] 수행'(觀行)을 두루 다 펼치니, 그 이유는 [다음과 같다.] 무릇 모든 '[불변·독자의 본질/실체로 보아 분별하는] 잘못된 생각'(妄想)이 '시작을 알 수 없는 때'(無始)로부터 '흐르면서 바뀌어 가는 것'(流轉)은 단지 '[불변·독자의 본질/실체로 차별된] 차이를 취하여 분별하는 병'(取相分別之患) 때문이니, 이제 [분별망상分別妄想의] 흐름을 돌이켜 근원으로 돌아가려면 먼저 '모든 유형의 [불변·독자의 본질/실체로 차별된] 차이'(諸相)를 깨뜨려 없애야 한다. **그러므로 먼저 '[불변·독자의 본질/실체로 차별된] 차이가 없다는 도리'(無相法)를 이해(觀)하는 것을 밝힌 것이다.** [그런데] 비록 '모든 유형의 [불변·독자의 본질/실체로 차별된] 차이'(諸相)를 없애도 만약 '[불변·독자의 본질/실체로 차별된] 차이가 없다는 도리'(無相法)를 '이해하는 마음'(觀心)을 [도리어 불변·독자의 본질/실체로서] 남겨 둔다면, [불변·독자의 본질/실체로 간주하는] '이해하는 마음'이 오히려 생겨나 '깨달음의 본연'(本覺)[인 '사실 그대로 앎']에 부합하지 못하니, 그러므로 [불변·독자의 본질/실체로 보는] 마음을 없애기 위하여 **두 번째로 '[불변·독자의 본질/실체로서] 생겨난 것이 없다는 [이해에 의거하는] 수행'(無生行)을 드러낸 것이다.** 수행이 이미 '[불변·독자의 본질/실체로 보는 생각을] 일으킴이 없음'(無生)[경지가 되면 비로소 '깨달음의 본연'(本覺)[인 '사실 그대로 앎']에 부합하게 되고, 이에 의거하여 '중생을 교화'(化物)하여 '[깨달음의] 본연[인 '사실 그대로 앎']이 지닌 이로움'(本利)을 얻게 하니, 그러므로 **세 번째로 '깨달음의 본연[인 '사실 그대로 앎']이 지닌 이로움의 측면'(本覺利門)을 밝힌 것이다.** 만약 '깨달음의 본연'(本覺)[인 '사실 그대로 앎']에 의거하여 중생을 이롭게 하면 [그 중생들이] 곧바로 '[사실이 왜곡된] 허구'(虛)로부터 '[사실 그대로인] 참됨'(實)[의 지평]으로 들어갈 수 있으니, 그러므로 **네 번째로 '사실 그대로가 온전하게 드러나는 지평으로 들어감'(入實際)을 밝힌 것이다.** '안으로의 수행'(內行)이 '[불변·독자의 본질/실체로 차별된] 차이가 없음'(無相)과 '[불변·독자의 본질/실체로서] 생겨난 것이 없음'(無生)에 이르고, '밖으로의 [중생]교화'(外化)는 '[깨달음의] 본연[인 '사실 그대로 앎']이 지닌 이로움'(本利)으로써 '사실 그대로[가 온전하게 드러나는 지평]에 들어가도록'(入實) 하면, 이와 같은 두 가지 이로움으로써 '모든 수행'(萬行)을 갖추어 '[모든 수행'(萬行)이] 똑같이 '참된 면모[인 '사실 그대로]'(眞性)로부터 나오고 '[모든 수행'(萬行)이] 다 '[사실 그대로인] 참된 [면모에는] 불변·독자의 본질/실체가 없다'(眞性空)[는 도리]를 따르니, 그러므로 **다섯 번째로 '참된 면모[인 '사실 그대로']'에는 불변·독자의 본질/실체가 없다는 것'(眞性空)을 밝힌 것이다.** 이 '참된 면모[인 '사실 그대로']'(眞性)에 의지하여 '모든 수행'(萬行)이 갖추어지면 '여래의 면모가 간직된 창고'(如來藏)가 지닌 '한 맛[처럼 서로 통하는]'(一味) 근원으로 들어가니, 그러므로 **여섯 번째로 '여래의 면모가 간직된 창고'(如來藏)를 드러낸 것이다.** 이미 '[하나처럼 통하게 하는] 마음의 근원'(心源)으로 돌아가면 곧 '[불변·독자의 본질/실체/본질로 보고 분별하는 생각에 이끌려] 하는 것이 없고'(無所爲), '[분별하는 생각에 이끌려] 하는 것'(所爲)이 없기 때문에 [중생의 이로움을 위해] '하지 않는 것이 없으니'(無所不爲), 그러므로 [이러한] **'여섯 측면'(六門)을 설함으로써 '대승[의 이치들]을 포괄'(攝大乘)한다. …** 또 이 **'여섯 단원'(六品)은 오직 '한 맛[처럼 서로 통하는 것]'(一味)일 뿐이다.** 그 이유는 [다음과 같다.] '[불변·독자의 본질/실체로 차별된] 차이'(相)와 '[불변·독자의 본질/실체로서] 생겨난 것'(生)에는 '[얻을 수 있는] 불변·독자의 본질/실체'(性)이 없고, '깨달음의 본연'(本覺)[인 '사실 그대로 앎']에는 '불변·독자의 근본'(本)[310]이 없으며, '사실 그대로가 온전하게 드러나는 지평'(實際)은 '[불변·독자의 본질/실체로 제한하는] 지평'(際)에서 벗어난 것이고, '참된 면모[인 '사실 그대로'(眞性)에도 '불변·독자의 본질/실체가 없는 것'(空)이니, 무엇에 의해 '여래의 면모가 간직된 창고의 면모'(如來藏性)가 [불변·독자의 본질/실체/본질로서] 있겠는가? 아래에 나오는 '여래의 면모가 간직된 창고[를 주제로 하는] 단원'(如來藏品)에서 말한 것과 같이 〈이 식識은 늘 고요하지만(寂滅) 고요함(寂滅) 또한 [불변·독자의 본질/실체가 없어] 고요하고'(寂滅)〉(是識常寂滅, 寂滅亦寂滅), '[육품六品의 핵심을] 모두 지니게 하는 단원'(摠持品)에서 말한 것처럼 〈'제7말나식과 [제6식 이하의] 다섯 가지 식이 [불변·독자의 본질/실체로서] 생겨나지 않고'(七五不生), '제8아뢰야식과 제6의식은 불변·독자의 본질/실체가 없고 [불변·독자의 본질/실체로 보는 분별의] 동요가 없으며'(八六寂滅), '제9식의 양상도 불변·독자의 본질/실체가 없다'(九相空無)〉(七五不生, 八六寂滅, 九相空無).

이와 같이 [불변·독자의 본질/실체로서] 얻을 것이 없어'(無所得) '한 맛[처럼 서로 통하는 것]'(一味)이 바로 이 경의 근본(宗)의 핵심(要)이 되니, 〈단지 [불변·독자의 본질/실체로서] 얻을 것이 없기 때문에 얻지 못하는 현상도 없는 것〉(但以無所得故, 無所不得)이다. 그리하여 '모든 해석방식'(諸門)이 펼쳐지지 않는 것이 없기 때문에 '헤아릴 수 없는 뜻'(無量義)을 지어내는 근본(宗)이 되는 것이다. ['여섯 단원'(六品)이] 비록 '한 맛[처럼 서로 통하는 것]'(一味)이지만 '여섯 가지 해석방식'(六門)을 펼치니, 그러므로 [육품六品의 각각인] '여섯 부분'(六分)에 의거하여 '['금강삼매경』의] 본문을 [단락으로] 나누어'(科文) 해석하였다."311

310 '本'은 맥락에 따라 '근본' '본연' '불변·독자의 근본' 등으로 옮기고 있다. 한자어는 다의적이기 때문에 '특정 맥락에 따른 특정한 의미'를 한글 번역어에 반영하기 위해서는 같은 용어라도 달리 번역해야 한다.

311 『금강삼매경론』(H1, 608c4~609b4); "正說之中, 大分爲二, 謂前六品, 別顯觀行, 摠持一品, 摠遣疑情. 別顯之中, 卽爲六分. 一無相法品, 明無相觀, 二無生行品, 顯無生行, 三本覺利品, 依本利物, 四入實際品, 從虛入實, 五眞性空品, 辨一切行, 出眞性空, 六如來藏品, 顯無量門, 入如來藏. 如是六門, 觀行周盡, 所以然者. 凡諸妄想, 無始流轉, 只由取相分別之患, 今欲反流歸源, 先須破遣諸相. 所以初明, 觀無相法. 雖遣諸相, 若存觀心, 觀心猶生, 不會本覺, 故泯生心, 所以第二顯無生行. 行旣無生, 方會本覺, 依此化物, 令得本利, 故第三明本覺利門. 若依本覺, 以利衆生, 衆生卽能從虛入實, 所以第四明入實際. 內行卽無相無生, 外化卽本利入實, 如是二利, 以具萬行, 同出眞性, 皆順眞空, 是故第五明眞性空. 依此眞性, 萬行斯備, 入如來藏, 一味之源, 所以第六顯如來藏. 旣歸心源, 卽無所爲, 無所爲故, 無所不爲, 故說六門, 以攝大乘. 又此六品, 合爲三門. 前二品, 攝觀行始終, 次二品者, 敎化本末, 其後二門, 攝因及果. 又前二品, 遣相歸本, 中間二品, 從本起行, 後二品者, 雙顯歸起. 以此二三, 攝大乘盡. 又此六品, 只是二門, 相生都泯, 是本覺利, 實際眞空, 是如來藏. 又前門

육근수호 법설의 초점은 '선정 수행'(定學)의 요점인 정지正知(sampajānāti)를 알려주는 데 있다. 〈일상의 동작들을 비롯한 모든 경험 현상을 괄호 치듯 묶어 재인지(알아차림)의 대상으로 처리하면서 '빠져나오는 마음국면'을 일깨우고, 그 재인지 자리에서, 모든 특징·차이들의 연기적 양상을 관찰하는 것.〉─이것이 정지正知 행법의 요점이라 생각한다. 그런데 '선정 수행'(定學)은 '이해 수행'(慧學)과 '행위 제어의 수행'(戒學)을 끌어안고 있다. 삼학三學의 각 항목들이 그러하다. '이해 수행'(慧學)은 '선정 수행'(定學) 및 '행위 제어의 수행'(戒學)과 결합해야 성공할 수 있고, '행위 제어의 수행'(戒學)은 '이해 수행'(慧學) 및 '선정 수행'(定學)을 품어야 성공한다. 그런 점에서 육근수호 법설도 그 요점은 '선정 수행'(定學)의 정지正知이지만, '이해 수행'(慧學)과 '행위 제어의 수행'(戒學)을 동시에 품고 있다. **원효의 통섭철학도 언제나 이 삼학三學의 상호 의존적 결합구조를 반영하고 있다.**

"이것은 '닦음의 단계'(修位)를 밝힌 것이다. [여기에도] 또한 두 구절이 있으니, 먼저 '닦음의 특징'(修相)을 밝혔고 나중에는 [그러한 특징을 지닌] 닦음[을 발생시킨] 원인(修因)을 드러내었다. '닦음의 특징'(修相)이라는 것은 '본연의 온전한 지혜'(正體智)를 가리키니, [빠져들지 않는 마음국면에 의거한] 그침과 [사실대로 보는] 이해를 동시에 운용'(止觀雙運)하여 [수행에서] 나가거나(出) [수행으로] 들어가는(入) [구분]이 아예 없기 때문에 〈늘 일으키는 것〉(常起)이라고 말하였다. 〈일으켜 내는 것〉(能起)이라는 것은 '그침'(止)이 일으켜 내는 것을 일컫는 것이니, [그침(止)은] [사실대로 보는] 이해'(觀)를 일으킬 수 있기 때문이다. ['능기能起'에 이어] 다음에 말한 ['기수起修'에서의] 〈일으킴〉(起)이라는 것은 '일으켜진 이해'(所起觀)를 가리킨다. 그침(止)과 이해(觀)는 분리되지 않으므로 〈동시에〉(同時)라고 하였으니, [빠져드는 마음의] 분별양상을 그치는 것'(止相)과 '사실 그대로를 이해하는 것'(觀如)은 반드시 동

者, 遣妄顯因, 其後門者, 顯眞成果, 如是二二之門, 亦攝大乘周盡. … 又此六品, 唯是一味. 所以然者, 相生無性, 本覺無本, 實際離際, 眞性亦空, 何由得有如來藏性? 如下如來藏品中言,〈是識常寂滅, 寂滅亦寂滅〉, 摠持品言,〈七五不生, 八六寂滅, 九相空無〉. 如是無所得之一味, 正爲此經之宗之要, 但以無所得故, 無所不得. 所以諸門, 無所不開故, 作無量義之宗也. 雖是一味, 而開六門, 故依六分科文而釋."

시[에 작용하는 것]이기 때문이다. 이[상의 내용]은 '닦음의 특징'(修相)을 밝힌 것이고, 다음은 그 [그러한 특징을 지닌 닦음을 발생시킨] 원인(因)을 드러낸 것이다.

　이 '[그침(止)과 이해(觀)를] 동시에 운용하는 수행'(雙運修)을 얻은 이유는 먼저 '힘을 더해 가는 수행'(加行)으로 온갖 장애(障)를 물리쳤기 때문이다. 〈지혜로써 이끈다〉(智導)라는 것[에서] '지혜(智)'라는 것은 '향상시켜 가는 지혜'(加行智)를 말하는 것이니, '마음과 언어로 이해하여'(意言分別) [아직] 언어(名言)에서 벗어나지 않았기 때문에 〈지혜로써 이끈다〉(智導)라고 하였다. [십지十地의] 일곱 번째 경지[인 원행지遠行地 보살의 단계]'(七地) 이전의 모든 경지에서는 다 '힘을 더해 가는 수행'(加行)이 있으니, 먼저 장애를 다스리[는 과정이 필요하]기 때문이다. 〈온갖 장애와 난관을 물리친다〉(排諸障難)는 것은 '거칠고 무거운 번뇌'(麁重)를 덜어내고 제압하기 때문이고, 〈번뇌에서 벗어난다〉(出離蓋纏)는 것은 '현재 작용하는 번뇌'(現纏)를 일으키지 않기 때문이다."[312]

　원효가 『금강삼매경』의 요점이라 말하고 있는 '한 맛[처럼 서로 통하는 진리다운] 이해와 [그 이해에 의거한] 수행'(一味觀行)이라는 개념은, 삼학三學의 상호의존적 결합구조를 압축적으로 반영한 것이다. 일미관행一味觀行 체계에서 '이해 수행'(慧學, 觀)은, 〈정신적 현상이건 물질적 현상이건 모든 [불변·독자의 본질/실체로 차별된] 차이'(相)에는 '불변·독자의 본질/실체'가 본래부터 없다〉는 이해를 수립하고 그 이해를 내면화시키는 것에 집중된다. 그리고 그 이해로써 만나려는 것은 '사실 그대로의 차이'(實相)이다. 이 수행에서 힘을 붙여 내면화시키는 과정에 대해 원효는 이렇게 말한다.

312 『금강삼매경론』(H1, 655a19~b6); "此明修位. 亦有二句, 先明修相, 後顯修因. 言修相者, 謂正體智, 止觀雙運, 更無出入, 故言〈常起〉. 言〈能起〉者, 謂止能起, 能起觀故. 次言〈起〉者, 謂所起觀. 止觀不離, 故曰〈同時〉, 止相觀如, 必同時故. 是明修相, 次顯其因. 所以得此雙運修者, 由先加行, 排諸障故. 言〈智導〉者, 謂加行智, 意言分別, 不離名言, 故名〈智導〉. 七地已還, 一切地中, 皆有加行, 在先伏障故. 〈排諸障難〉者, 損伏麁重故, 〈出離蓋纏〉者, 不起現纏故."

"뒤의 [부처님의] 대답에서 말한 〈마음[의 경지]와 [세상의] 일이 별개의 것으로 나뉘지 않는 것을 '간직해 가는 작용'이라 부른다〉(心事不二, 是名存用)라는 것은 '세 가지 [해탈]을 간직해 가는 작용'(存三之用)의 뛰어난 능력을 말하는 것이다. 만약 어떤 이가 '세 가지 [해탈]을 간직해 가는 작용'(存三之用)[의 능력]을 아직 얻지 못했다면, '마음을 고요하게 하고'(靜心) '불변·독자의 본질/실체가 없음을 이해하더라도'(觀空) [세상의] 일과 마주하면 '이해한 그 생각을 놓쳐'(失念) '나[라는 생각]'(我)과 '내 것[이라는 생각]'(我所)을 취하고 '해롭거나 이로운 대상'(違順境)에 집착하여 '하늘에서 부는 바람'(天風)[처럼 몰아치는 대상들]에 동요되어 '마음[의 경지]와 [세상의] 일이 각기 달라진다'(心事各異). [그런데] 만약 '[허공虛空·금강金剛·반야般若, 이] 세 가지 해탈'(三解脫)을 익숙하게 닦을 수 있는 사람이라면 '이해수행에서 나와'(出觀) 세상의 일과 마주하더라도 '이해수행의 힘'(觀勢)을 여전히 간직하고 있어서 '[불변·독자의 본질/실체로 차별된] 나와 남의 차이'(我他之相)를 취하지 않고 '좋거나 싫은 대상'(好惡之境)에 집착하지 않는다. 이에 따라 '하늘의 바람'(天風)[처럼 몰아치는 대상들]에 휘둘리지 않게 되고 '[이해수행'(觀行)으로] 들어간다거나 '[이해수행'(觀行)에서] 나온다는 [생각을] 모두 잊어버려 마음[의 경지]와 [세상의] 일이 별개의 것으로 나뉘지 않으니, 이와 같은 것을 '세 가지 [해탈]을 간직하는 작용'(存三之用)이라고 부른다. 이러한 '이해수행'(觀)을 처음으로 닦는 것은 '믿음을 세우는 열 가지 단계'(十信位)에서이고, '간직하는 작용'(存用)이 이루어지는 것은 '[믿음이 이해로] 안착하는 열 가지 단계의 경지'(十住位)에서이다. 『본업경本業經』에서 '[믿음이 이해로] 안착하는 열 가지 단계의 경지'(十住位)[를 설명하는] 가운데 이 '이해수행'(觀行)을 세운 것과 같은 것이다. 〈안으로 수행함〉(內行) 이하는 [보살의] 두 번째 질문에 대한 대답으로 '이해수행을 하는 양상'(觀相)을 밝힌 것이다. 〈안으로 수행함〉(內行)은 '이해수행으로 들어가'(入觀) '[분별의 동요를] 그쳐 [사실 그대로] 이해하는 행위'(寂照行)이고, 〈밖으로 [중생을] 교화함〉(外行)은 '이해수행에서 나와'(出觀) '중생을 교화하는 행위'(化物行)이다. 나오거나 들어가거나 '[사실 그대로와 만나는 지평'(實際)인] 중도中道를 잃지 않기 때문에 〈별개의 것으로 나뉘지 않는다〉(不二)라고 말하였다."[313]

일미관행一味觀行 체계에서 '선정 수행'(定學)은 주로 유식唯識의 통찰과 관련되어 나타난다. 그리고 원효가 구사하는 유식 통찰은 육근수호 법설의 정지正知와 맞닿아 있다. '특징·차이들을 움켜쥐는 것'과 그로 인한 '해로운 분별 사유의 전개' 및 '희론으로의 확산'은 '특징·차이를 움켜쥐는 마음 양상'의 산물이며, 원효는 이 것을 〈오로지 분별하는 마음[에 의한 구성]일 뿐'(唯識)이라는 도리를 알지 못함〉으로 거론한다. 반면에 '특징·차이들을 움켜쥐지 않는 것'과 그로 인한 '이로운 합리적 분별 사유의 향상' 및 '동일성에 오염된 차이들의 치유'와 '사실 그대로의 드러남'(實相)은, 〈오로지 분별하는 마음[에 의한 구성]일 뿐'(唯識)이라는 도리를 앎〉으로 거론한다.[314]

인식능력(識)이 '동일성의 옷을 입힌 특징·차이들'을 움켜쥐면, '해로운 분별 사유'와 '희론 사유'를 펼치는 주관이 된다. 이 경우, '주관(분별 사유)에 의한 객관(특징·차이들)의 오염'과 '객관(특징·차이들)에 의한 주관(분별 사유)의 오염'이 상호적으로 작용하는 인식구조가 수립된다. 그리고 이에 따른 '차이들의 왜곡과 오염'은 삶과 세상에 온갖 해로움을 발생시킨다. 이와 반대로 인식능력(識)이 동일성 관념의 허구에 대한 성찰과 연기적 사유에 기대어 특징·차이들을 움켜쥐지 않으면, '이로운 합리적 분별 사유'를 펼쳐 차이들의 왜곡과 오염을 치유한다. 이 경우, 주관(이로운 합리적 분별 사유)와 객관(특징·차이들)의 관계는 '사실 그대로'(實相)를 드러내는 양상으로 상호작용한다. 그리고 '차이들의 사실 그대로'를 접점으로 삼아 전개되는 주관(이로운 합리적 분별 사유)와 객관(특징·차이들)의 관계는 삶과 세상에 온갖 이로움을 발생시킨다. 원효의 다음과 같은 말은 이러한 통찰을 담고 있다.

---

313 『금강삼매경론』(H1, 646b24~c13); "後答中言, 〈心事不二, 是名存用〉者, 是名存三之用勝能. 若人未得存三之用, 靜心觀空, 涉事失念, 取我我所, 着違順境, 天風所動, 心事各異. 若能熟修三解脫者, 出觀涉事, 觀勢猶存, 不取我他之相, 不着好惡之境. 由是不爲天風所鼓, 入出同忘, 心事不二, 如是乃名存三之用也. 是觀如修在十信位, 存用得成在十住位. 如『本業經』十住位中, 立此觀故. 〈內行〉已下, 答第二問, 以明觀相. 〈內行〉者, 入觀寂照行, 〈外行〉者, 出觀化物行. 若出若入, 不失中道, 故言〈不二〉."

314 유식唯識에 대한 이러한 이해는 Ⅶ장「이해와 마음」에서 상론하였다.

"〈안[의 식識]과 밖[의 대상]이 서로 ['이로운 능력'(善根)을] 빼앗지 않는다〉(內外不相奪)라고 말한 것은, '안의 식識'(內識)과 '밖의 대상'(外境)이 함께 서로를 나타나게 하면서 거스름(違)이나 따름(順)을 취하여 온갖 '이로운 능력'(善根)을 서로 빼앗다가 이제 [식識과 대상에] 모두 '불변·독자의 본질/실체가 없음'(空)을 깨달아 ['이로운 능력'(善根)을] 빼앗게 하지 않기 때문이다."315

"'다섯 단계'(五位)의 모든 수행은 '깨달음의 본연'(本覺)[인 '사실 그대로 앎']에서 떠나지 않아 모두 ['깨달음의] 본연[인 '사실 그대로 앎']이 지닌 이로움'(本利)으로부터 이루어지지 않음이 없는데, 수행을 이룰 때는 이전[의 단계로]부터 이후[의 단계]로 들어가기 때문에 〈들어간다〉(入)라고 하였다. 〈들어간다〉(入)는 것은 '자신을 이롭게 함'(自利)이고 〈교화한다〉(化)는 것은 '남을 이롭게 함'(利他)이니, 이와 같은 [자리행과 이타행] '두 가지 수행'(二行)은 모두 ['깨달음의 본연'(本覺)[인 '사실 그대로 앎']의] '본연의 자리'(本處)를 따르는 것이다."316

"이것은 [두 부분으로 이루어진 '네 게송'(四頌)에서 뒤의 한 게송과 절반에 해당하는] 두 번째인 '불변·독자의 본질/실체가 없는 참된 현상을 드러내는 것'(示真空法)이다. 〈이 때문에〉(是故)라고 말한 것은 앞에서 집착한 ['독자적 실체가] 있다는 것'(有)이 모두 '사실이 아니어서'(虛妄) 그 [집착을] 깨뜨릴 수 있는 사람은 참됨(實)을 얻기 때문이니, [그럴 때는] '참 그대로'(真如)[인 지평]에서 움직이지 않아 '사실이 아닌 현상'(妄法)을 이루지 않는다. 〈식에 의해 바뀐 것〉(識所化)이라는 것은 '식에 의해 분별된 것'(識所計)을 말하니, 저 '분별된 양상'(所計相)은 ['사실 그대로의] 진리'(理)에는 있지 않고 단지 [분별하는] 생각'(情)을 따라서 있는 것이니, 그러므로 〈바뀐 것〉(所化)이라고 하였다. '모든 [참 그대로인] 현상'(諸真如法)은 [분별하는] 식識에 의해 바

---

315 『금강삼매경론』(H1, 662a2~4); "而言〈內外不相奪〉者, 內識外境, 共相現發, 取違順, 相奪諸善根, 今達皆空, 不令奪故."

316 『금강삼매경론』(H1, 655c21~656a1); "五位諸行, 不離本覺, 莫不皆從本利而成, 成行之時, 從前入後, 故名爲〈入〉. 〈入〉者, 自利, 〈化〉者, 利他, 如是二行, 皆從本處也."

뀐 것과는 같지 않기 때문에 식識[의 분별]에서 벗어난 현상(法)은 '불변·독자의 본질/실체가 없어 [불변·독자의 본질/실체로서] 있는 것이 아니니'(空無所有), 그러므로 〈저는 '불변·독자의 본질/실체가 없는 경지'(空處)에 따라 '사실 그대로'(如)를 말하는 것입니다〉[라고 말한 것이다]."³¹⁷

"['깨달음의 본연[인 '사실 그대로 앎'을 일으키는] 마음'(本覺之心)에 의하여] 생겨난 '신체와 마음'(色心)[이라는 현상들]이 [중생에게는] '[불변·독자의 본질/실체로 간주되어] 차별된 양상'(差別相)이지만, 저 '깨달음의 본연[인 '사실 그대로 앎'을 일으키는] 마음'(本覺心)은 '[불변·독자의 본질/실체로서의] 양상'(相)에서 벗어나 있고 '불변·독자의 본질'(性)에서도 벗어나 있으니, 이와 같은 '[불변·독자의 본질/실체라고] 차별하는 자리'(差別之處)에 있지 않아야 저 '[불변·독자의 본질/실체로서의] 양상에서 벗어나 하나처럼 통하게 하는 깨달음'(離相一覺)과 같은 것이 있게 된다. 그러므로 이 신체(色)와 마음(心)의 '[불변·독자의 본질/실체로 간주되어] 차별된 양상'(差別相)을 '불변·독자의 본질/실체가 없는 것'(空)으로 볼 때라도 '[불변·독자의 본질/실체로서의] 양상에서 벗어나 하나처럼 통하게 하는 깨달음'(離相一覺)마저 함께 없앨 수는 없다. 이러한 도리로 말미암아 앞에서 마음은 '아무것도 없이 허망한 것과는 같지 않다'(不同空)고 말한 설명]이 헛된 말이 아닌 것이다."³¹⁸

"이 [글]은 '사유의 단계'(思位)를 밝힌 것인데, 또한 두 구절이 있다. 먼저는 '[불변·독자의 본질/실체로 차별된] 차이가 [본래] 없음을 사유하여 이해하는 것'(無相尋思觀)을 밝힌 것이고, 나중은 〈[불변·독자의 본질/실체로서] 생겨난 것이 없다는 것을 '사실 그대로 아는 지혜'〉(無生如實智)를 드러낸 것이다. 처음에 〈이해〉(觀)라고 말

317 『금강삼매경론』(H1, 666b18~24); "此是第二示眞空法. 言〈是故〉者, 是前執有皆是虛妄, 其能破者, 得實之故, 眞如不動, 妄法不成也. 〈識所化〉者, 謂識所計, 彼所計相, 理無所有, 直從情有, 故名〈所化〉. 諸法非如識所化故, 離識之法, 空無所有, 是故我從空處說如."

318 『금강삼매경론』(H1, 669a5~669a9); "所生色心, 是差別相, 彼本覺心, 離相離性, 不於如是差別之處而有如彼離相一覺. 是故空此色心差別相時, 不得同遣離相一覺. 由是道理, 前非虛說."

한 것은 '사유하고 성찰하는 것'(思量觀察)이고, 〈오로지 마음과 언어[에 의해 구성된 것이다〉(唯是意言)라는 것은 '취해진 외부의 대상'(所取外境)은 '[불변·독자의 본질/실체로서] 소유되는 것이 없기'(無所有) 때문이다. [또] 〈마음에 따라 나타난다〉(隨意顯現)라는 것은 '외부의 객관'(外相分) 같은 것이 주관(見[分])과 분리되지 않기 때문이다. 〈나의 [욕망세계(欲界)·유형세계(色界)·무형세계(無色界)의] 근본이 되는 식識이 아니다〉(非我本識)라는 것은, 식識과 분리되어 바깥[의 것]으로 '보이는 대상'(所見境界)은 이미 나의 식識이 아니기 때문에 '[나의 것으로] 소유되는 것이 없다'(無所有)는 것이다. 여기서 말하는 〈근본이 되는 식識〉(本識)이라는 것은 제6식(第六識)이니, '[욕망세계(欲界)·유형세계(色界)·무형세계(無色界), 이] 세 가지 세계'(三有)의 근본이기 때문이다. [이것은] 제바提婆보살이 설한 게송에서 [다음과 같이] 말한 것과 같다. 〈의식意識은 '세 가지 세계'(三有)의 근본이니, '모든 대상세계'(諸塵)는 그 [의식이] 원인이네. 만약 대상세계(塵)가 '[불변·독자의 본질/실체로서] 있는 것이 아님'(非有)을 알면 '[세 가지] 세계가 [전개되는] 잠재적 가능성'(三有種)은 저절로 사라진다네.〉이상의 내용은 '[불변·독자의 본질/실체로 차별된] 차이가 없다는 것을 사유하는 것'(無相尋思)과 '사실 그대로 아는 지혜'(如實智)를 통틀어 드러낸 것이고, 이하부터는 그 '[불변·독자의 본질/실체나 본질로서] 생겨남이 없다는 도리'(無生道理)를 밝히는 것이다. (…) 이 [경문經文]은 '[불변·독자의 본질/실체로서] 생겨난 것이 없다는 것을 사유하는 것'(無生尋思)과 '[불변·독자의 본질/실체로서 생겨난 것이 없다는 것을] 사실 그대로 아는 지혜'([無生]如實智)를 통틀어 드러낸 것이다. 처음에 '[진리에 대한 믿음이 이해로 안착하는] 이해의 열 가지 경지'(十解) 이상으로부터 '[견도 이전의 단계에서] 가장 뛰어난 수준의 수행'(世第一法)에 이르기까지 이러한 〈[[불변·독자의 본질/실체로서] 생겨난 것이 없다는 것에 대한] 사유(尋思)와 '사실 그대로 아는 지혜'(如實智)에 의거한 이해〉(尋思如實智觀)를 닦는데, 그 가운데에는 '선정수행으로 얻은 지혜'(修慧)로 관찰하는 것도 있지만 모두가 아직은 '사유로 관찰하는 이해'(思察分別)에서 벗어나지 못하니, 그러므로 통틀어 '사유의 단계'(思位)라고 부른 것이다."319

---

319 『금강삼매경론』(H1, 654c21~655a16); "此明思位, 亦有二句. 先明無相尋思觀, 後顯無生如實智. 初言

붓다의 육근수호 법설처럼, 원효도 차이(相)를 경험 발생의 초기조건으로 본다. 그리고 이 차이(相)는 언어·사유·욕구와 한 몸이다. 육근수호 법설에 따르면, 차이(相)를 발생조건으로 삼는 인간의 지각과 인식 경험은 인지능력(意根, 識)의 선택에 의해 두 가지 계열/범주로 나뉜다. '차이를 움켜쥐는 선택'은 '동일성 관념에 의한 차이 왜곡과 오염의 길'에 오르는 것이고, 이에 따라 인간의 경험은 허구적 기만의 그늘에서 발생하는 갖가지 해로움으로 채워진다. 이와 달리 '차이를 움켜쥐지 않는 선택'은 동일성 관념의 허구에서 빠져나와 '차이 왜곡과 오염을 치유하는 길'에 오르는 것이고, 이에 따라 '사실 그대로의 차이'에서 발생하는 좋은 이로움이 개인과 세상을 채운다. 흥미롭게도 원효도 이와 같은 통찰을 전개한다.

『금강삼매경론』에서 거론하는 차이(相)는 '언어·사유·욕구와 접속해 있는 현상'이며, 이 차이(相)는 인식능력(識)의 선택320에 따라 상이한 두 범주로 나뉜다. 하나는 '불변·동일·독자의 본질/실체 관념에 포획되어 왜곡·오염된 차이들의 범주'이고, 다른 하나는 '불변·동일·독자의 본질/실체 관념에서 벗어나 사실 그대로인 차이들의 범주'이다. 그런데 어떤 범주에 속하는 차이(相)일지라도 '언어·사유·욕구와 접속해 있는 현상'이다. 따라서 붓다와 원효의 경우, 차이(相)에 관한 통찰은 곧바로 '언어·사유·욕구'에 관한 것으로 치환해도 된다. 차이(相)가 인식능력(識)의 선택에 따라 상이한 두 범주로 나뉘는 것처럼, 언어·사유·욕구도 그러하다. 사유의 경우는 앞서의 '희론' 논의에서 '이로운 합리적 분별 사유'와 '해로운 불합리한 분별 사유'의 문제로 확인한 바 있다. 욕구의 경우는 기본적으로 '나와 남을 함께 이롭게 하는 욕구'와 '나와 남을 함께 이롭게 하지 못하는 욕구'로 구분된다. **원효의 저**

〈觀〉者, 思量觀察, 〈唯是意言〉者, 所取外境, 無所有故. 〈隨意顯現〉者, 似外相分, 不離見故. 〈非我本識〉者, 離識已外所見境界, 既非我識, 故無所有. 此中言〈本識〉者, 謂第六識, 三有本故. 如提婆菩薩所說頌言, 〈意識三有本, 諸塵是其因. 若見塵非有, 有種自然滅.〉上來通顯無相尋思及如實智, 自下明其無生道理. (…) 此是通顯無生尋思及如實智. 始從十解已上乃至世第一法, 修此尋思如實智觀, 於中亦有修慧觀察, 而皆未離思察分別, 所以通名爲思位也."

320 원효는 이 두 가지 가능성을 모두 지니고 있는 인식능력을 '여래 면모를 품고 있는 창고'(如來藏)의 의미로 보아 '여래장如來藏'이라는 용어를 중시한다. 여래장을 마치 가변적 현상의 이면에 있는 불변의 궁극실재(本體, 基體)로 이해하려는 '본체론적 여래장설'과 원효의 여래장사상은 그 궤가 완전히 다르다.

술을 일관하는 〈'자기를 이롭게 함'(自利)과 '남들을 이롭게 함'(利他)의 결합〉은 '차이를 움켜쥐는 선택'과 '차이를 움켜쥐지 않는 선택'에 의해 갈라지는 두 가지 욕구와 관련된다. 『금강삼매경론』의 구절 하나만 소개한다.

 "'다섯 단계'(五位)의 모든 수행은 '깨달음의 본연'(本覺)[인 '사실 그대로 앎']에서 떠나지 않아 모두 '[깨달음의] 본연[인 '사실 그대로 앎']이 지닌 이로움'(本利)으로부터 이루어지지 않음이 없는데, 수행을 이룰 때는 이전[의 단계]로부터 이후[의 단계]로 들어가기 때문에 〈들어간다〉(入)라고 하였다. 〈들어간다〉(入)는 것은 '자신을 이롭게 함'(自利)이고 〈교화한다〉(化)는 것은 '남을 이롭게 함'(利他)이니, 이와 같은 [자리행과 이타행] '두 가지 수행'(二行)은 모두 '[깨달음의 본연'(本覺)[인 '사실 그대로 앎']의] '본연의 자리'(本處)를 따르는 것이다."321

 언어의 경우도 마찬가지다. '차이를 움켜쥐는 선택'은 언어로 하여금 '동일성 관념에 의한 차이 왜곡과 오염의 도구'가 되게 한다. 이 경우의 언어는 '사실을 왜곡·오염시키는 해로운 분별 사유의 집'이기 때문에 비판과 결별의 대상이 된다. 반면에 '차이를 움켜쥐지 않는 선택'은 언어로 하여금 '왜곡·오염된 차이들을 치유하고 사실 그대로의 차이를 드러내는 도구'가 되게 한다. 이 경우의 언어는, '동일성 허구를 깨뜨리고 차이 왜곡과 오염을 치유하는 장치'일 뿐 아니라, '사실 그대로의 차이를 반영하는 기호'이다. 따라서 〈언어가 곧 진실이다〉 〈언어가 그대로 '사실 그대로'(實相, 眞如)이다〉라고 할 수 있는 지평의 언어다. 선종(禪宗)의 선문(禪門)에서는 이런 '사실 그대로의 언어' '진실 그 자체인 언어'에 해당하는 연구들이 비非이론 서술적 형태로 등장한다. 원효는, 선종보다 앞서, '차이를 움켜쥐는 선택'과 '차이를 움켜쥐지 않는 선택'에 의해 두 계열/범주로 갈라지는 언어를 이러한 내용으로 펼치고 있다. 가히 '언어인간의 궁극적 진화'에 관한 통찰이다.

---

321 『금강삼매경론』(H1, 655c21~656a1); "五位諸行, 不離本覺, 莫不皆從本利而成, 成行之時, 從前入後, 故名爲〈入〉. 〈入〉者, 自利, 〈化〉者, 利他, 如是二行, 皆從本處也."

"【금강삼매경】심왕보살이 말하였다. 〈존경받는 분이시여! '[불변·독자의 본질/실체로서] 생겨난 것이 없다고 아는 지혜'(無生般若)는 '모든 곳에 머무름이 없고'(一切處無住) '모든 곳에서 떠남도 없으니'(一切處無離), [그리하여] 마음은 [그 어디에도] '머무르는 곳'(住處)이 없고 '머무르고자 하는 마음'(處住心)도 없습니다. '머무름이 없고 [머무르는] 마음도 없으면'(無住無心) 마음은 '[불변·독자의 본질/실체로서] 생겨난 것이 없는 경지에 머무니'(無生住), 이와 같이 머무르는 마음이어야 곧 '[불변·독자의 본질/실체로서] 생겨난 것이 없는 경지에 머무르는 것'(無生住)입니다. 존경받는 분이시여! 〈마음에는 [불변·독자의 본질/실체로서] 생겨난 것이 없다'는 [이해에 의거하는 수행]〉(心無生行)은 '생각으로 헤아리기 어려운'(不可思議) 것이지만, '생각으로 헤아리기 어려운'(不思議) 가운데서도 '[말로써] 설명할 수 있기도 하고 설명할 수 없기도 합니다'(可不可說).〉

【금강삼매경론】이는 '[경의 내용을 본격적으로 설한 부분'(正說分)의] 세 번째인 '[보살이] 핵심을 이해하는 것'(領解)이다. 〈모든 곳〉(一切處)이라는 것은 '진리와 세속'(眞俗) '동요와 평온'(動寂) 등[의 현상이 있는] 모든 곳이며, 〈머무름이 없다〉(無住)라고 말한 것은 이 모든 것에서 '[불변·독자의 본질/실체로서] 얻은 것이 없기'(無所得) 때문이다. [또] 〈떠남이 없다〉(無離)라는 것은 이 모든 것에서 '[현상으로서] 얻지 못하는 것도 없기'(無所不得) 때문이니, 왜냐하면 그 '모든 곳'(一切處)들은 다 '[불변·독자의 본질/실체로서] 그러한 것도 아니고 [현상으로서] 그러하지 않은 것도 아니기'(非然非不然) 때문이다. 〈마음은 [그 어디에도] 머무르는 곳이 없다〉(心無住處)라는 것은 [대상인] '머무르는 곳'(所住處)이 [불변·독자의 본질/실체로서] 없는 것이고, 〈머무르고자 하는 마음도 없다〉(無處住心)라는 것은 [주관인] '머무르는 마음'(能住心)이 [불변·독자의 본질/실체로서] 없는 것이다. 〈머무름이 없고 [머무르는] 마음도 없다〉(無住無心)라는 것은 앞의 두 구절을 합친 것이니, [머무르는] 곳과 머무르는 마음이 [불변·독자의 본질/실체로서] 없기 때문이다. [그리고] 〈마음은 '[불변·독자의 본질/실체로서] 생겨난 것이 없는 경지에 머문다〉(心無生住)라는 것은 '[불변·독자의 본질/실체로서] 생겨난 것이 없고 머무름도 없는 마음'(無生無住之心)이 없는 것은 아니기 때문이다. (…) 〈마음에는 [불변·독자의 본질/실체로서] 생겨난 것이

없다'는 [이해에 의거하는] 수행은 생각으로 헤아리기 어려운 것이다〉(心無生行, 不可思議)라는 것은 '언어적 규정에서 벗어나고 [불변·독자의 본질/실체로] 분별하는 생각이 끊어졌기'(離言絶慮) 때문이고, 〈생각으로 헤아리기 어려운 가운데서도 '[말로써] 설명할 수 있기도 하고 설명할 수 없기도 하다'〉(不思議中, 可不可說)라는 것은 '언어적 규정을 벗어난 것'(離言)이면서 '또한 언어적 규정을 벗어난 것에서도 벗어난 것'(亦離離言)이기 때문이다. '언어적 규정을 벗어난 것'(離言)이기 때문에 말로 설명할 수가 없고, '언어적 규정을 벗어난 것에서도 벗어난 것'(離離言)이기 때문에 말로 설명할 수도 있는 것이다. 〈[말로써] 설명할 수 있다〉(可說)라는 것은 '[현상으로서] 그러하지 않은 것도 아니기'(非不然) 때문이고, 〈설명할 수 없다〉(不可說)라는 것은 '[불변·독자의 본질/실체로서] 그러한 것이 아니기'(非是然) 때문이다. 그러므로 총괄하여 〈[말로써] 설명할 수 있기도 하고 설명할 수 없기도 하다〉(可不可說)라고 말하였다. '말로써 설명을 할 수 있기도 하고 할 수 없기도 하다'고 말한 것처럼, 그 '생각으로 헤아리는 것'(思)에도 가능한 것과 불가능한 것이 있음을 알아야 하니, [이 경문에서는] 다만 [말로써 설명할 수 있는] '한쪽 측면'(一邊)에 의거하여 그 [생각으로 헤아릴 수 있는] 것을 비추어 드러내었을 뿐이다."[322]

"【금강삼매경】대력보살이 말하였다. 〈이와 같은 '명칭과 뜻'(名義)은 '참됨과 같아진 차이'(眞實如相)[를 드러내는 것]이며 '여래와 같아진 차이'(如來如相)[를 드러내는 것]입니다. [이] 같아짐(如)은 '머무르지 않는 같아짐'(不住如)이고, [이] 같아짐(如)은 '같아짐이 없는 차이'(無如相)이며 [그] 차이(相)에는 같아짐(如)이 없기 때문에, [명

---

322 『금강삼매경』(H1, 628c22~629a3); "心王菩薩言, 〈尊者! 無生般若, 於一切處無住, 於一切處無離, 心無住處, 無處住心. 無住無心, 心無生住, 如此住心, 卽無生住. 尊者! 心無生行, 不可思議, 不思議中, 可不可說.〉"; 『금강삼매경론』(H1, 629a4~22); "此是第三領解. 〈一切處〉者, 一切眞俗動寂等處, 言〈無住〉者, 於此一切, 無所得故. 言〈無離〉者, 於此一切, 無所不得故, 所以然者, 彼一切處, 悉皆非然非不然故. "心無住處"者, 無所住處故, "無處住心"者, 無能住心故. "無住無心"者, 合前二句, 以無有處有住之心故. "心無生住"者, 不無無生無住之心故. (…) 〈心無生行, 不可思議〉者, 離言絶慮故, 〈不思議中, 可不可說〉者, 以離言亦離離言故. 以離言故, 言不可說, 離離言故, 亦可得說. 言〈可說〉者, 非不然故, 不可說者, 非是然故. 故摠說言〈可不可說〉. 如說言說有可不可, 當知其思亦有可不可, 但擧一邊, 影顯之耳."

칭과 뜻이 드러내는 모든 차이는] 여래가 아닌 것이 없습니다. [그렇다면] '중생 마음에서의 차이'(衆生心相)에서 [그] 차이(相)도 여래이니, 중생의 마음에는 '[불변·독자의 본질/실체라고] 분별된 대상'(別境)이 없겠습니다.〉

【금강삼매경론】〈이와 같은 명칭과 뜻〉(如是名義)이라는 것은 앞에서 말한 것과 같은 '생각으로 헤아리기 어려운 명칭과 뜻의 면모'(不可思議之名義相)이다. 명칭(名)과 뜻(義)이 서로 상응하여 뒤바뀜도 없고 달라짐도 없기 때문에 〈참됨〉(眞實)이라 불렀고, 이와 같은 명칭과 뜻은 '주관과 객관'(能所)[을 불변·독자의 본질/실체라고 분별하여 분리하는 것]에서 멀리 벗어나 '한 맛처럼 통하여 평등'(一味平等)하기 때문에 〈같아진 차이〉(如相)라고 불렀다. [또] 이와 같은 '명칭과 뜻'(名義)은 '평등과 같아진 차이'(平等如相)이고 모든 부처님과 여래께서 체득한 것이기 때문에 〈여래와 같아진 차이〉(如來如相)라고 말하였다. 〈[이] 같아짐은 머무르지 않는 같아짐이다〉(如不住如)라는 것은 〈이름을 붙일 수 없는 '같아진 이름'〉(無名之如名)을 밝힌 것인데, '같아짐이 없는 같아짐의 뜻'(無如之如義)에 해당한다. 〈[이] 같아짐(如)은 '같아짐이 없는 차이'(無如相)이며 [그] 차이(相)에는 같아짐(如)이 없기 때문에〉(如無如相, 相無如故)라는 것은 〈'같아짐이 없는 차이'의 '같아진 차이'〉(無如相之如相)이니, 〈이름을 붙일 수 없는 '같아진 이름'〉(無名之如名)에 해당한다. **이와 같이 [뜻과 이름이 서로] 들어맞아 '주관과 객관이 [불변·독자의 본질/실체로 분리되지 않고] 평등'(能所平等)하기 때문에, 명칭(名)[으로 나타내는 차이(相)]이든 뜻(義)[으로 나타내는 차이(相)]이든 '여래 아닌 것이 없다'(非不如來).** 〈[그] 차이(相)에는 같아짐(如)이 없다〉(相無如)라는 것은 '같아진 차이'(如相)에는 같아짐(如)이 없다는 것이니, '같아진 차이'(如相)는 바로 '[불변·독자의 본질/실체로 차별된] 차이가 없음을 차이로 삼는 것'(無相爲相)이[기 때문이]다. 〈[이] 같아짐은 '같아짐이 없는 차이'이다〉(如無如相)라는 것은 〈'같아짐'의 '[불변·독자의 본질/실체로 차별된] 차이가 없음'〉(如之無相)이 [불변·독자의 본질/실체로서] 있지 않다는 것을 밝혔고, 〈[그] 차이(相)에는 같아짐(如)이 없다〉(相無如)라는 것은 '[불변·독자의 본질/실체로 차별된] 차이가 없는 같아짐'(無相之如)이 [불변·독자의 본질/실체로서] 있지 않다는 것을 밝혔다는 것을 알아야 한다. '같아짐의 본연과 차이'(如之體相)가 비록 [불변·독자의 본질/실체로서] 있는 것

이 아니지만, 또한 '같아짐의 본연과 차이'(如之體相)가 없는 것도 아니다. 이와 같이 〈'같아진 차이'가 없는 '같아진 차이'〉(無如相之如相)라야 〈'이름 붙일 수 없는 '같아진 이름'〉(無名之如名)이라고 부를 수 있다. 〈'중생 마음에서의 차이'(衆生心相)에서 [그] 차이(相)도 여래이다〉(衆生心相, 相亦如來)라는 것은, 모든 중생의 '[불변·독자의 본질/실체로 보는 생각으로] 분별하는 마음에서의 차이'(分別心相)는 [그] '차이'(相)가 곧 '[불변·독자의 본질/실체로 차별된] 차이가 아니어서'(非相) [여래와 같아진 차이들과] 평등하지 않음이 없기 때문에 저 [중생의 분별하는 마음에서의] 차이'(相)도 여래라는 것이다. 이상으로 '평등에 관한 도리'(平等道理)를 곧바로 세웠다."323

---

323 『금강삼매경』(H1, 640b20~23); "大力菩薩言, 〈如是名義, 眞實如相, 如來如相. 如不住如, 如無如相, 相無如故, 非不如來. 衆生心相, 相亦如來, 衆生之心, 應無別境.〉"; 『금강삼매경론』(H1, 640c2~20); "言〈如是名義〉者, 如前所說, 不可思議之名義相. 名義相稱, 無倒無變, 故名〈眞實〉, 如是名義, 遠離能所, 一味平等, 故名〈如相〉. 如是名義, 平等如相, 諸佛如來所體, 故言〈如來如相〉. 〈如不住如〉者, 是明無名之如名, 當於無如之義. 〈如無如相, 相無如故〉者, 無如相之如相, 稱於無名之如名. 如是稱當, 能所平等故, 若名若義, 非不如來也. 〈相無如〉者, 如相無如, 如相正是無相爲相. 當知〈如無如相〉, 是明不有如之無相, 〈相無如〉者, 是明不有無相之如. 如之體相, 雖是不有, 而亦不無如之體相. 如是無如相之如相, 方稱無名之如名也. 〈衆生心相, 相亦如來〉者, 謂諸衆生分別心相, 相卽非相, 無不平等, 是故彼相亦是如來. 上來正立平等道理."

IX.

차이들의 '배타적 언어 다툼'(諍論)과
'다툼의 치유 및 화해'(和諍)

원효는 차이(相)들의 '상호 개방'(通)과 '상호 수용'(攝)에 관한 통찰을, '차이들의 배타적 언어 다툼'(諍論)을 치유하고 차이들을 화해시키는 화쟁和諍의 철학으로 펼친다. 화쟁과 통섭의 관계에 대해 필자는 이렇게 언급한 바 있다.

"화쟁은 통섭과 특히 밀접한 관계를 맺고 있다. 화쟁和諍은 통섭의 문을 여는 중요한, 그리고 현실적인 열쇠에 해당한다. 화쟁은 통섭의 지평을 열어 준다. 화쟁의 꽃이 필 때라야 통섭의 열매가 맺는다. 그래서 원효의 화쟁철학을 탐구할 때는 언제나 '서로 열고 서로 껴안는' 통섭 세상을 염두에 두어야 한다. '화쟁으로 인한 통섭' '화쟁과 통섭의 상호 얽힘'이 어떻게 가능한 것인지를 깊게 살펴야 한다. 화쟁과 통섭을 연결시켜 원효와 대화하면, 그의 사상이 지니는 삶의 문제해결력과 치유력을 길어 올릴 수 있게 된다. 일심一心 사상을, '저 높은 신비의 자리'로 올려놓고 온갖 찬사로 숭앙하거나, 사변적 유희의 땔감으로나 즐긴다면, 원효의 모든 것은 박제화되고 관람용 전시유품이 되고 만다. 원효를 '지금 여기'로 소환하여 그와 함께 '오늘의 세상'을 만들어 가려면, 원효사상의 화쟁철학과 통섭적 전망에 집중하는 것이 적절하다."[324]

---

[324] 『원효의 화쟁철학』(세창출판사, 2017), 16-17.

원효의 통섭철학이 지닌 치유의 힘은 '차이들의 배타적 언어 다툼'(諍論)을 치유하고 차이들을 화해시키는 힘으로 그 구체적 면모를 드러낸다.

🪷 쟁론諍論과 화쟁和諍

인간의 언어능력은 유사한 차이들을 하나의 언어 그릇(개념)에 담아 특성을 분명히 하는 데 그치지 않는다. 언어에 담긴 유사한 차이들을 동일한 내용의 단일한 차이로 간주해 버린다. 그런데 그 '요청된 동일성 허구'는 단지 개념의 최소단위인 단어에만 적용되는 것이 아니다. 언어인간은 모든 유형의 술어적 언어적 규정에도 동일성을 부여해 버린다. 언어로 진술된 모든 내용에 동일성 환각을 덧씌운다. 인간의 자기규정과 주장, 타인에 대한 진술, 사회와 세계에 대한 진술에도 '동일성 허구'를 부여하여 배타적 자기 영역의 확정적 확보를 추구한다.

언어/개념은 자신의 특징과는 다른 특징/차이들을 배제함으로써 자기 영역을 확보한다. 술어적 진술 역시 마찬가지이다. 인간들의 언어적 관계가 '배제의 갈등과 충돌'일 수밖에 없는 이유이다. 타자의 배제를 속성으로 갖는 언어를 구사하는 한, 인간의 언어적 다툼은 불가피하며 또 자연스럽다. 언어인간의 모든 영역에서 '언어에 의한 배제적 다툼'은 숙명이다. 언어인간의 모든 세상은 '언어적 상호 배제의 갈등과 충돌 및 조정'으로 시끄럽게 구성된다. 언어능력을 제거하지 않는 한, 인간 세상의 언어적 소음은 언어의 부채로 짊어질 수밖에 없다.

쟁론諍論은 '언어에 의한 배제적 충돌과 다툼' 현상 자체를 지시하는 말이 아니다. 화쟁의 대상이 되는 쟁론은 '언어적 상호 배제의 갈등과 충돌의 비합리적 양상'을 말한다. 언어능력은 다른 특징들과의 차이를 분명히 하기 위해 발현시킨 것인 만큼, 언어를 구사하는 한 '상호 배제의 갈등과 충돌'은 불가피하다. 만약 화쟁이 이러한 갈등과 충돌의 완전한 해소를 지향하는 것이라면 공허하다. 그런 화쟁은 언어의 속성상 불가능하다. 화쟁은 '언어적 갈등과 충돌의 비합리적 양상을 합리적 양상으로 바꾸는 것'이다.

언어는 배제의 속성을 발휘해야 그 공능이 발생하는 기호이다. 그러기에 언어에 담긴 주장들의 만남은 '상호 배제적 갈등과 충돌'이 불가피하며 또 자연스러운 현상이다. 문제는 이 차이 갈등과 충돌을 다루어가는 주체들의 태도와 방식이다. 언어로 표출되는 주장들의 상호 배제적 갈등과 충돌을 다루는 언어 주체들의 태도와 방식은 '합리적 양상'과 '불합리한 양상'으로 구분할 수 있다.

'합리적 양상'은, 언어의 배제적 속성을 주장의 차이와 특성을 명확히 하는 정도에 그치게 하는 한편, 주장들의 상호작용을 통한 조정과 수정을 통해 더 좋은 견해를 수립하려는 태도와 방식이다. 인류가 소중히 가꾸어온 성찰적 방식이다. 이 합리적 양상은 언어의 '배제를 통한 차이/특성의 확립 기능'과 '관계를 통한 변화의 역동성'을 동시에 수용하면서 '차이들의 호혜적 관계'를 형성하고자 노력한다. 개인과 세상의 향상은 이 합리적 양상에 의해 이루어진 것이다. **화쟁은 이 합리적 양상의 철학적 원천이자 정점이다.**

'비합리적 양상'은, 언어의 '배제를 통한 차이/특성의 확립 기능'과 '동일성 허구를 설정하는 본질주의'를 결합시켜 언어의 타자 배제를 폭력적으로 강화시키는 태도와 방식이다. 모든 주장의 내용에는 불변·절대의 본질이 있다고 간주하면서, 한편의 완전한 승리와 독점, 다른 편의 완전한 패배와 삭제를 추구하는 태도 및 방식이다. 이 비합리적 양상은 주장에 대한 무조건적·절대적 긍정과 부정을 지향하기 때문에, 참과 거짓, 좋음과 나쁨을 불변의 동일한 본질로 간주한다. 그러기에 모든 주장의 '관계를 통한 변화 가능성'을 인정하지 않는다. 언어에 담겨 개진된 내용에 완전·절대·동일·순수·불변이라는 환각을 덧씌워 완전한 독점과 완전한 배제를 추구한다. 관계·변화·섞임이라는 '현상의 사실 그대로'에 독자·불변·순수동일·절대라는 환각을 덧씌워 '사실 그대로의 차이'를 왜곡·오염시키면서 차이들에 대한 기만과 폭력을 끝없이 강화시킨다. **화쟁이 치유대상으로 삼는 쟁론**諍論은 바로 이 비합리적 양상이다. 다시 말해, 차이들을 동일성으로 왜곡·오염시켜 기만과 폭력을 일삼는 '본질주의에 의거한 배타적 언어 다툼'이 원효 화쟁철학의 치유대상인 쟁론이다.**

🪷 '배타적 언어 다툼의 치유와 화해'(和諍)

원효는, 차이(相)를 동일성으로 왜곡·오염시켜 차이들에 대한 기만과 폭력을 행사하는 언어 본질주의를 비판/극복하는 성찰적 언어능력을 펼친다. 구체적으로는 '이해와 마음'에 대한 성찰에 의거하여 '불변·독자의 본질/실체가 없음'(空)에 관한 통찰을 언어에 담아 다채롭고 심도 있게 펼친다. 아울러 원효는, '차이들의 사실 그대로'(如實相)를 드러내어 차이들이 '상호 개방과 상호 수용'(通攝)을 통해 호혜적 관계를 수립해 가게 하는 '진리다운 언어능력'을, 성취 가능한 인간의 궁극 목표로 제시한다. 그리고 그 자신이 이 두 가지 언어능력의 주체가 되어 멋들어진 언어의 춤을 춘다. 화쟁은 이 언어 춤의 한 자락이다. 언어에 담아낸 주장에 동일성·절대성·불변성을 덧씌워 비합리적 양상의 배타적 언어 다툼으로 충돌하는 쟁론을 치유하고 화해시킨다.

원효가 펼치는 화쟁의 언어 춤은 세 가지 춤사위로 이루어져 있다. 화쟁의 세 가지 원리라 하겠다. 첫째는 〈각 주장의 '부분적 타당성'(一理)을 변별하여 수용한다〉는 것이고, 둘째는 〈모든 쟁론의 인식적 구조에서 벗어날 수 있는 마음지평(一心)을 열어야 한다〉는 것이며, 셋째는 〈언어 환각에서 깨어나 언어를 사용해야 한다〉는 것이다. 각각에 해당하는 원효의 말을 하나씩만 소개하면 다음과 같다.

1. 각 주장의 '부분적 타당'성(一理)을 변별하여 수용하기

"이와 같이 [〈'번뇌의 오염이 없는 참 그대로'(無垢眞如)가 '열반의 본연'(涅槃體)〉이라는 것과 〈'과보로서 갖추는 온갖 능력'(果地萬德)이 '열반의 본연'(涅槃體)이라는 이] 두 가지 주장에는 모두 일리가 있다. 왜냐하면 [무구진여無垢眞如인] 열반涅槃과 [만덕萬德 중 하나인] 깨달음(菩提)에는 '[서로] 통하는 측면과 [각각] 구별되는 측면'(通別)이 있기 때문이다. '[각각] 구별되는 측면'(別門)에서 말하자면, 깨달음(菩提)

은 과보[인 만덕萬德 중 하나]이지만 [열반을] 증득할 수 있는 능력이기도 하여 [열반을 증득하게 하는 원인으로서] '괴로움의 소멸로 나아가는 길에 관한 진리'(道諦)에 속한다. [이에 비해] 열반이라는 과보는 '증득의 대상'(所證法)으로서 [수행 결과로서의] '괴로움의 소멸에 관한 진리'(滅諦)에 속한다. '[서로] 통하는 측면'(通門)에서 말하자면, 〈[수행의] 결과인 '괴로움의 소멸로 나아가는 길에 관한 진리'(道諦)〉(果地道諦)[에 해당하는 깨달음](菩提)이 '[번뇌의 오염이 없는 참 그대로'(無垢眞如)인] 열반이기도 하고, 〈증득한 '참 그대로'〉(所證眞如)[에 해당하는 열반]이 깨달음(菩提)이기도 하다.

예컨대 '태어나고 죽는 것'(生死)에 '[서로] 통하는 측면과 [각각] 구별되는 측면'(通別)이 있는 것과 같다. '[각각] 구별되는 측면'(別)에서 말하자면 '내부의 감각기관'(內根)이 시작되고 끝나는 것을 [각각] '태어남'(生)과 '죽음'(死)이라고 하니,『승만경勝鬘經』에서 〈태어나는 것은 새롭게 모든 감각기관이 생겨나는 것이고, 죽는 것은 모든 감각기관이 다 사라지는 것이다〉[325]라고 말한 것과 같다. '[서로] 통하는 측면'(通)에서 논하자면 모든 '[번뇌에 의해] 오염된 것'(雜染法)은 다 '태어나고 죽는 것'(生死)이니,『열반경』에서 〈허망한 것'(空者)은 모두가 '태어나고 죽는 것'(生死)이다〉 등으로 자세히 말하고, 이어서 〈'[참된] 자기가 없는 것'(無我)은 모두가 '태어나고 죽는 것'(生死)이다〉[326]라고 말한 것과 같다. 이렇게 [통별通別의 두 측면을 갖는] '태어나고 죽는 것'(生死)에 대비시켜 열반涅槃을 말하는 것이기 때문에 열반涅槃에도 [깨달음(菩提)과 '[서로] 통하는 측면과 [각각] 구별되는 측면'(通別)이 있다는 것을 알 수 있다."[327]

325 『승민사자후일승대빙 편방광경勝鬘師子吼一乘大方便方廣經』권1(T12, p.222b9~10): "死者諸根壞, 生者新諸根起."『승만경』원문과 차이가 있으나 내용상 차이가 없다.

326 『열반경』권25(T12, p.767c21~23): "空者一切生死, 不空者謂大涅槃, 乃至無我者即是生死, 我者謂大涅槃."

327 『열반종요』(1-528a~b): "如是二說皆有道理. 所以然者, 涅槃菩提有通別. 別門而說, 菩提是果, 在能證德, 道諦所攝. 涅槃果之, 是所證法, 滅諦所攝. 通門而言, 果地道諦亦是涅槃, 所證眞如亦是菩提. 例如生死, 有通有別. 別而言之, 內根始終, 名爲生死, 如經言:〈生者新諸根起, 死者諸根滅盡.〉通而論之, 諸雜染法皆是生死. 如經言:〈空者一切生死,〉廣說乃至,〈無我一切生死.〉對此生死以說涅槃故, 知涅槃亦有通別."

2. 모든 쟁론의 인식적 구조에서 벗어날 수 있는 마음지평(一心) 열기

"첫 번째인 '전체의 취지'(大意)를 기술한 것은 [다음과 같다.] 〈하나처럼 통하는 마음'이라는 원천〉(一心之源)은 '[불변·독자의 본질/실체로서] 있음'(有)과 '[아무 것도] 없음'(無)[이라는 '존재에 대한 환각']에서 벗어나 오로지 온전하며(淨), '불변·독자의 본질/실체가 없는 세 가지 경지'(三空)³²⁸의 바다는 '[성스러운] 진리[의 세계]'(眞)와 '[저속한] 세속[의 세계]'(俗)[의 둘로 나누는 분별]을 녹여 말끔하다(湛然). 둘[로 나누어 보는 분별]을 말끔히 녹였으나 [진眞과 속俗의 차이가 없어진] 하나는 아니며, 오로지 온전하게 '[유有와 무無에 대한 두 가지] 치우친 견해'(邊)에서 벗어났지만 [유有와 무無를 섞어 놓은] 중간도 아니다. [유有와 무無를 섞어 놓은] 중간이 아니면서 '[유有와 무無에 대한 두 가지] 치우친 견해'(邊)에서 벗어났기 때문에, '[불변·독자의 본질/실체로서] 있지 않은 현상'(不有之法)이라 해서 곧 '[아무것도] 없는 상태'(無)에 머무는 것이 아니고, '[아무것도] 없지 않은 양상'(不無之相)이라 해서 곧 '[항상] 있는 상태'(有)에 머무는 것이 아니다. [그리고] [진眞과 속俗의 차이가 없어진] 하나가 아니면서 [진眞과 속俗을] [불변·독자의 본질이나 실체인] 둘[로 나누어 보는 분별]을 녹였기 때문에, 〈'[성스러운] 진리'(眞)가 아닌 현상〉(非眞之事)이라 해서 처음부터 '[저속한] 세속'(俗)[의 현상]이기만 한 적은 없고, 〈'[저속한] 세속'(俗)이 아닌 진리〉(非俗之理)라 해서 처음부터 '[성스러운] 진리'(眞)이기만 한 적도 없다. [또한] [진眞과 속俗을] [불변·독자의 본질이나 실체인] 둘[로 나누어 보는 분별]을 녹였지만 [진眞과 속俗의 차이가 없어진] 하나가 아니기 때문에, '[성스러운] 진리[의 세계]'(眞)와 '[저속한] 세속[의 세계]'(俗)라는 면모(性)가 세워지지 않음이 없고, 오

---

328 삼공三空: 인도의 초기·부파불교의 교학에서는 '불변·독자의 본질/실체가 없음'(空), '불변·독자의 본질/실체로서의 양상이 없음'(無相), '불변·독자의 본질/실체적인 것들을 바라는 것이 없음'(無願)이라는 '해탈의 세 가지 측면'(三解脫門)을 가리키는 술어이다. 그러나 『금강삼매경』에서는 '불변·독자의 본질/실체가 없는 면모 또한 불변·독자의 본질/실체가 없다'(空相亦空), 〈'불변·독자의 본질/실체가 없는 면모도 불변·독자의 본질/실체가 없다는 것' 또한 불변·독자의 본질/실체가 없다〉(空空亦空), '불변·독자의 본질/실체가 없어진 것 또한 불변·독자의 본질/실체가 없다'(所空亦空)의 세 가지를 가리키는 말이다. 이 내용은 '사실 그대로가 온전하게 드러나는 지평에 들어감'을 주제로 하는 단원(入實際品)에서 자세하게 나온다.

염(染)과 청정(淨)의 양상(相)이 갖추어지지 않음이 없다. [그리고] '[유有와 무無에 대한 두 가지] 치우친 견해'(邊)를 여의었지만 [유有와 무無를 섞어 놓은] 중간이 아니기 때문에, 있음(有)과 없음(無)의 현상(法)이 만들어지지 않는 바가 없고, [유有와 무無에 대한 판단의] 옳음(是) 그름(非)의 뜻(義)이 두루 미치지 아니함이 없다. 그리하여 '깨뜨림이 없으면서도 깨뜨리지 않음이 없고, 세움이 없으면서도 세우지 않음이 없으니'(無破而無不破, 無立而無不立), 가히 '[한정시키는] 이치가 없는 지극한 이치'(無理之至理)요 '[한정되는] 그러함이 없는 크게 그러함'(不然之大然)이라 할 수 있다. 이것이 이 경전의 '전체 취지'(大意)이다.

　　참으로 '[한정되는] 그러함이 없는 크게 그러함'(不然之大然)이기 때문에 '설하는 말'(能說之語)은 [모든 것과 통하는] '고리 가운데'(環中)³²⁹에 신묘하게 합치하고, '[한정시키는] 이치가 없는 지극한 이치'(無理之至理)이기 때문에 '말에 담겨진 근본도리'(所詮之宗)는 '한정[하는 이치]'(方)를 뛰어넘는다. [이처럼] 깨뜨리지 않는 것이 없으므로 '금강[석金剛石 같은] 삼매'(金剛三昧)라 부르고, 세우지 않는 것이 없기 때문에 '대승大乘[의 이치를 포괄하는 경'(攝大乘經)이라 부르며, 모든 이치(義)의 핵심(宗)은 이 ['깨뜨리지 않음이 없음'(無所不破)과 '세우지 않음이 없음'(無所不立)의] 두 가지를 벗어남이 없기 때문에 또한 '헤아릴 수 없이 많은 이치의 핵심'(無量義宗)이라고도 부른다. 그리고 [이 가운데] 첫 번째 것을 들어 [경의] 앞머리로 삼았기 때문에 『금강삼매경』이라고 말하였다."³³⁰

---

329 환중環中: 『장자莊子』의 「제물론齊物論」에 나오는 것으로 고리의 가운데에 있는 구멍을 가리키는 말이다. 고리의 구멍은 텅 비어 있으면서도 고리 전체와 연결되어 있으므로 원효는 '금강삼매'의 이치를 비유하는 데 적절하다고 보아 채택한 것으로 보인다.

330 『금강삼매경론』(H1, 604b6~c1): "第一述大意者, 夫一心之源, 離有無而獨淨, 三空之海, 融眞俗而湛然. 湛然融二而不一, 獨淨離邊而非中. 非中而離邊故, 不有之法, 不卽住無, 不無之相, 不卽住有. 不一而融二故, 非眞之事, 未始爲俗, 非俗之理, 未始爲眞也. 融二而不一故, 眞俗之性, 無所不立, 染淨之相, 莫不備焉. 離邊而非中故, 有無之法, 無所不作, 是非之義, 莫不周焉. 爾乃無破而無不破, 無立而無不立, 可謂無理之至理, 不然之大然矣. 是謂斯經之大意也. 良由不然之大然, 故能說之語, 妙契環中, 無理之至理, 故所詮之宗, 超出方外. 無所不破, 故名〈金剛三昧〉, 無所不立, 故名〈攝大乘經〉, 一切義宗, 無出是二, 是故亦名無量義宗. 且擧一目, 以題其首, 故言『金剛三昧經』也."

3. 언어 환각에서 깨어나 언어를 사용하기

　"이것은 ['여래의 가르침이 사실 그대로의 도리대로 설해짐을 밝힌 것'(明如來教當如理說)의 두 부분 중에서] 두 번째인 ['부처님의] 대답'(答)인데, 여기에는 두 가지가 있다. 먼저는 '부처님 설법의 연유'(佛說之由)이고, 나중은 〈'언어적 규정에 그치는 말'(文語)과 '사실 그대로의 면모를 담은 말'(義語)의 차이를 드러내는 것〉(顯文義之異)이다.

　처음에 말한 〈그대와 중생들은 ['현상의 본연'(法體)에만] 머무르면서 말하기도 하고 ['현상에 대한 차별'(法相)을] 일으키면서 말하기도 하기 때문에〉(以汝衆生, 在生說故)라는 것은 [다음과 같은 의미이다.] 〈그대〉(汝)는 사리불을 가리키고 중생은 곧 모든 범부들인데, [사리불이] '[불변·독자의 본질/실체로 보는 생각으로 하는] 행위가 없음'(無爲)을 말할 때는 곧 '현상의 본연'(法體)에만 머무르고 [중생들이] '[불변·독자의 본질/실체로 보는 생각으로 하는] 행위가 있음'(有爲)을 말할 때는 곧 '현상에 대한 차별'(法相)을 일으키니, 이와 같이 ['현상의 본연'(法體)에만] 머무르기도 하고 ['현상에 대한 차별'(法相)을] 일으키기도 하는 말'(在生之說)은 '사실 그대로의 면모'(實義)에 대해 설할 수가 없다. [부처님은] 〈나는 그들과는 달리 설한다〉라고 생각하여] 〈그런 까닭에 [내가] 가르침을 설한다〉(是故說之)라고 하였으니, 이것이 부처님이 '언어적 가르침'(言教)을 설한 연유가 된다.

　다음으로 〈'언어적 규정에 그치는 말'(文語)과 '사실 그대로의 면모를 담은 말'(義語)이 같지 않은 양상임을 드러냄〉(顯文義不同相)에서는 먼저 두 개의 문장을 제시하고 나중에 [그] 두 문장[의 뜻]을 해석하였다.

　[두 개의 문장을] 제시하는 가운데 〈'사실 그대로의 면모를 담은 말'이지 '언어적 규정에 그치는 말'이 아니다〉(義語非文)라고 말한 것은, 언어가 '사실 그대로의 면모'(實義)에 들어맞기 때문이며 단지 '[사실 그대로와는 무관한] 공허한 말'(空文)이 아니기 때문이다. 〈'언어적 규정에 그치는 말'이지 '사실 그대로의 면모를 담은 말'이 아니다〉(文語非義)라는 것은, 언어가 '[사실 그대로와는 무관한] 공허한 말'(空文)에 그치기 때문이며 '사실 그대로의 면모'(實義)와는 관계가 없기 때문이다.

누 번째인 [제시한 두 문장에 대한] 해석에서는 먼저 뒤의 문장을 해석하였다. 〈모두 [사실 그대로의 면모가] 전혀 없는 것이다〉(皆悉空無)라고 말한 것은 오로지 '[사실 그대로와는 무관한] 공허한 말'(空文)만 있고 '사실 그대로의 면모'(實義)는 없기 때문이니, 이것은 '언어적 규정에 그치는 말'(文語)을 해석한 것이다. 〈사실 그대로의 면모에 대해 말하는 것이 없다〉(無言於義)라는 것은 '사실 그대로의 면모'(如實之義)에 대해 말로 설명한 것이 없기 때문이니, 이것은 '사실 그대로의 면모를 담은 말이 아니다'(非義語)는 것을 해석한 것이다.

이하에서 총괄적으로 결론지어 〈모두 헛된 말이다〉(皆是妄語)라고 한 것은 '[언어적 규정에 그치는 말'(文語)이] 비록 '개념적 이해'(想)를 위반하는 것은 아니라도 '사실 그대로의 면모'(義)는 위반하기 때문이니, 마치 '보지 못하고서도 보았다'고 말하고 '보고서도 보지 못했다'고 말하는 것과 같다."331

화쟁 논법의 이 세 가지 원리 가운데 특히 〈각 주장의 '부분적 타당성'(一理)을 변별하여 수용하기〉가 주목된다. 그 어느 원리보다 쟁론의 현실적 상황에서 널리 채택 가능하며 보편적 호소력을 지닐 수 있는 일반원리일 수 있기 때문이다. 그런데 문제는 〈견해의 부분적 타당성(一理)은 어떻게 식별해 낼 수 있는가?〉에 있다. 원효는 각 주장의 '부분적 타당성'(一理)을 변별하여 수용하는 방법으로 두 가지를 제시한다. '일변(一邊)을 고집하기 않기'와 '문(門)의 구분'이 그것이다. 그리고 이 두 가지는 별개의 것이 아니라 내용상 서로 맞물려 있으며 모두 조건인과적(연기적) 사유의 표현이다. '일변(一邊)을 고집하기 않기'에 대해 원효는 다음과 같이 말한다.

---

331 『금강삼매경론』(H1, 653a22~b13): "是第二答, 於中有二. 先是佛說之由, 後顯文義之異. 初中言〈以汝衆生, 在生說故〉者, 汝謂身子, 衆生即是一切凡夫, 說於無ówn, 即在法體, 說於有義, 即生法相, 如是在生之說, 不可說於實義. 我異彼說, 〈是故說之〉, 是爲佛說言敎之由. 次顯文義不同相中, 先標二章, 後釋二章. 標中言〈義語非文〉者, 語當實義故, 非直空文故. 〈文語非義〉者, 語止空文故, 不關實義故. 第二釋中, 先釋後章. 言〈皆悉空無〉者, 直有空文而無實義故, 是釋文語也. 〈無言於義〉者, 無詮談於如實之義故, 是釋非義也. 下擡結言〈皆是妄語〉者, 雖非違想, 而違義故, 猶如不見言見, 見言不見等語." 『금강삼매경론』의 이어지는 내용에서는 더욱 세밀한 논의가 펼쳐지고 있다.

"다음으로 [4덕문四德門의] 네 번째인 '상호 배타적 말다툼을 통하게 함을 밝히는 것'(明和相諍論)이다. '배타적 말다툼'(諍論)이 일어나는 데에는 많은 실마리가 있는데, [어느 실마리에서든 관점이] 편향하게 되어 '다르다는 배타적 말다툼'(異諍)을 일으킨다. '진리의 몸'(法身)은 '늘 머무는 것'(常)이고 [중생에] 응하여 [갖가지 모습으로] 나타나는 몸'(化身)은 '생겨났다가 사라지는 것'(起滅)인데, 이 두 가지 몸에 대해서는 여러 학설들이 [다양하게 제기되어] 동일하지 않다. 오직 [진리성취의] 결실인 부처 몸'(報身)[332]에 대해서는 두 가지 집착이 제각기 일어나고, 제각기 일어난 [두 가지 집착의] '배타적 말다툼'(諍)은 두 가지 길을 벗어나지 않으니, '늘 머무름'(常住)에 집착하는 것과 '늘 변함'(無常)에 집착하는 것이다. (…) 묻는다. [보신報身의 상주常住에 집착하는 자와 무상無常에 집착하는 자, 이] 두 논사가 말한 것에서 어떤 것이 타당하고 어떤 것이 부당한가? 답한다. 어떤 사람[333]은 [다음과 같이] 말한다. 모두 타당하기도 하고 모두 부당하기도 하다. 왜냐하면, 만약 '하나의 극단적 측면'(一邊)만을 꽉 움켜잡고 집착한다면 모두 허물이 있게 되고, 만약 그 [주장들을 조건적 타당성에 따라] '막힘이나 걸림'(障礙)이 없이 말한다면 모두 [타당한] 도리가 있기 때문이다. (…) 이러한 도리 때문에 [상주常住나 무상無常을 주장하는] 두 가지 설명이 모두 타당해진다."[334]

"그런데 이 '[다섯 가지 단계'(五位)에] 열 가지 현상이 있거나 없는 뜻'(十事有無之

---

332 보신報身: 보신報身은 인위因位의 무량원행無量願行으로 받는 만덕원만萬德圓滿의 과보신果報身으로서 구체적으로는 아미타불阿彌陀佛, 약사여래藥師如來 등을 가리킨다. 여래如來의 보신報身과 응화신應化身을 중생의 관점에서 구분하는 『대승기신론』권1에 따르면 보신報身은 보살菩薩의 마음에서 보이는 부처 몸이자 8식 차원인 업식業識에 의거한 것으로서 무량수불無量壽佛인 아미타불阿彌陀佛 같은 것이라면, 응화신應化身은 범부凡夫와 이승二乘의 마음에서 보이는 부처 몸이자 6식 차원인 분별사식分別事識에 의거한 것으로서 제한된 수명과 모습을 갖는 석가모니釋迦牟尼 부처님 같은 것이다.

333 원효 자신을 일컫는 것으로 보인다.

334 『열반종요』(1-536a~537b): "次第四明和相諍論. 諍論之興乃有多端, 而於當偏起異諍. 法身常住, 化身起滅, 於此二身, 諸說不同. 唯於報身, 二執別起, 別起之諍, 不過二途. 謂執常住, 及執無常. (…) 問. 二師所說, 何得何失? 答. 或有說者, 皆得皆失. 所以然者, 若決定執一邊, 皆有過失, 如其無障礙說, 俱有道理. (…) 由是道理, 二說皆得."

義)은 단지 ['결실을 맺을 부처의 원인과 결과'(報佛因果)라는] 한 측면(一邊)에 의거하여 그 ['열 가지 현상'(十事)의] 등급을 드러낸 것이니, 모든 경우에 반드시 그러하다고 해서는 안 된다."335

"묻는다. 남방과 북방의 두 가지 설명에서 어떤 것이 타당하고 [어떤 것이] 부당한가? 답한다. 만약 '하나의 극단[적 설명]'(一邊)에 집착하여 한결같이 그러하다고 말한다면 두 가지 설명이 모두 부당하지만, 만약 '제한된 조건에 따르는 것'(隨分)에 의거하면서 그 [하나의 극단적 설명에 집착하여 그 설명만으로 일관하려는] 면모가 없다면 두 가지 설명이 모두 타당하다."336

이러한 원효의 말에 의하면, **'일변(一邊)을 고집하기 않기'는 '부분적 타당성을 전면적 타당성으로 간주하면서 고집하는 것'이다.** 부분적 타당성을 전면적 타당성으로 간주하여 집착하지 않을 수 있어야 각 견해의 부분적 타당성을 인지하고 포섭할 수 있다는 것이다. 그런데 부분적 타당성을 전면적 타당성으로 간주하는 것은 다름 아닌 절대적/무조건적/본질주의적 사유의 표현이다. 가변적 조건에 따라 인과적으로 발생하는 것이 모든 현상의 '사실 그대로'이다. 그리고 견해의 경우, 〈조건에 따라 인과적으로 발생한다〉는 것은 '견해를 발생시킨 조건 인과계열의 타당성' 여하에 따라 견해의 타당성이 결정되며, 타당성이 인정될 경우라도 그 타당성은 그 타당성을 발생시키는 조건인과에 국한된다. 그런데 하나의 문제 상황일지라도 그 문제에 얽힌 다양·다층의 조건인과가 있으며, 따라서 동일 문제에 대해서도 부분적으로 타당한 여러 가지 견해가 얽혀 있다. 그러기에 한 문제를 보는 복수의 타당한 견해가 있을 수 있다는 점을 인지하고 그 견해들의 부분적 타당성을 식별해 내려면, 부분적 타당성을 전면적 타당성으로 간주하면서 고집하지

---

335 『열반종요』(1-541c): "然此十事有無之義, 但約一邊, 顯其階級, 未必一向定爲然也."

336 『열반종요』(1-547a): "問. 南北二說, 何者爲得爲失? 答. 若執一邊, 謂一向爾者, 二說皆失, 若就隨分, 無其義者, 二說俱得."

말아야 한다. 이렇게 보면 '일변一邊을 고집하기 않기'는 '견해를 조건인과적 발생으로 이해하는 사유'의 표현이다. 쟁론의 치유를 위해 연기적 사유를 '일변一邊을 고집하기 않기'로 표현한 것이다.

　연기적 사유를 화쟁의 방법으로 더욱 직접적·적극적으로 펼치고 있는 것은 '문門의 구분'이다. 원효는 '견해/주장의 조건적 타당성을 성립시키는 인과계열', 혹은 '견해의 의미 맥락'을 '문門'이라는 말에 담고 있다. 원효의 화쟁 논법 가운데는 〈'견해의 조건인과 계열'(門)을 구분하여 화쟁하는 방식〉이 가장 빈번하게 등장한다. 원효 화쟁철학의 중심부를 차지하고 있는 것이 바로 '문門 구분에 의한 화쟁'이다. 그리고 이 '문門 구분'의 사유는 바로 붓다가 펼친 '연기적 사유방식'이다. 모든 현상을 '조건 인과적 발생'으로 파악하는 연기적 사유의 원효적 재현이 바로 '문門 구분'이다. 원효는 이 '문門 구분'의 연기적 사유를, '상호 배타적 언어 다툼의 비합리적 양상'(쟁론)을 치유하고 견해 차이들을 화해시키는 화쟁의 방법으로 활용하고 있다. 이와 관련하여 필자는 원효의 화쟁철학과 관련하여 다음과 같이 거론한 바 있다.

　"합리적 통찰, 진실에 상응하는 견해 주장은 언제나 '조건적'이어야 한다. 자기 견해의 수립 조건들을 인과적으로 포착하여 밝히는 '조건 인과적 진술'이어야 한다. 일체를 〈조건 의존적으로 파악하라〉는 붓다의 연기법은 이런 점에서 근원적 '쟁론 치유력'을 지닌다. 무조건적/전면적/절대적 견해주장의 독단과 독선과 무지, 그에 수반하는 폭력적 배타성은, 무조건적 진술을 조건적 진술로 바꿀 수 있는 능력에 의해 치유될 수 있기 때문이다. 그런 의미에서 연기적 사유는 화쟁적 사유이다. 원효는 이 연기적 사유의 쟁론 치유력을 '문門 구분을 통한 화쟁'으로 계승하고 있는 것이다. '부분적 타당성(一理)의 변별과 수용'이라는 화쟁 원리는 연기적 사유의 원효적 계승이라 할 수 있다. 그리고 바로 이 점으로 인해 원효의 화쟁사상은, 불교 이론 이외의 일반 쟁론에 대해서도 현실적이고 보편적인 타당성과 실효성을 지닐 수 있게 된다.

　게다가 원효의 화쟁사상은, '연기적 사유에 의해 각 주장의 부분적 타당성(一

理)을 변별하여 수용하기가 더욱 완전해지기 위한 조건까지 제시하고 있다. 〈모든 쟁론의 인식적 토대에서 자유로울 수 있는 마음지평(一心) 열기〉, 〈언어 환각에서 풀려나 언어를 사용하기〉가 그것이다. 이 두 조건은 불교이론이나 불교인만을 대상으로 하는 것이 아니라, 인간의 삶 일반에 두루 유효한 보편적 지평을 여는 조건이다. 이런 점에서 원효의 화쟁사상은 세간의 쟁론 상황 일반에 보편적으로 유효한 통찰을, 세간적 합리성과 일상적 호소력에 부응할 뿐 아니라 고도의 철학적, 종교적 호소력까지 구족하여 제시하는 것이라 평가할 수 있다.

결국 원효의 화쟁 논법은 세 가지 원리로 구성되고 있다. 한 축은 '문門 구분'이고, 다른 한 축은 '무無실체/무無본질/관계의 세계를 드러내는 일심一心의 지평'이며, 나머지 한 축은 '언어에 대한 통찰'이다. 이 세 가지 원리들은 서로 연결되어 통섭적通攝的으로 관계 맺는다. 어느 하나도 다른 두 원리에 기대어야 비로소 제 역할을 완전하게 수행할 수 있다. 세 축이 어울려 서로 힘을 보태면서, 상이한 견해들의 배타적 충돌을 '서로 통하고 서로 수용하는' 통섭적通攝的 관계로 만들어 가는 것. ― 이것이 원효의 화쟁 논법이다.

그런데 필자가 특히 주목하는 것은 '문門 구분을 통한 화쟁'이다. 세간적 현실을 감안할 때는, 이 '문門 구분을 통한 화쟁'을 중심축으로 삼는 것이 적절해 보이기 때문이다. '문門 구분을 통한 화쟁'을 중심에 두고, 다른 두 축인 '모든 쟁론의 인식적 토대에서 자유로울 수 있는 마음지평(一心) 열기'와 '언어 환각에서 풀려나 언어를 사용하기'를 양옆에 세운 후, 이 세 축이 서로 맞물려 힘을 보태면서 끝없이 상승해 가는 구도. ― 이것이 원효의 화쟁에 대한 필자의 독법이다."337

"『대승기신론』 일심이문 구조에서 눈뜬 것으로 보이는 원효의 '문門 구분 사유방식'은, 이처럼 『대승기신론』 해설(『별기別記』와 『소疏』) 과정에서 더욱 발전한 것으로 보인다. 이후 원효는 이 '문 구분 사유방식'을 크게 두 가지 목표를 달성하는 통로로 활용한다. '교학의 통섭적 이해와 종합'이 그 한 목표이고, '상이한 견해와 이

---

337 『원효의 화쟁철학』, 43-44.

론들의 배타적 충돌을 해소하는 것'이 또 하나의 목표이다.

　이 두 가지 목표는 내용적으로 결합되어 있다. 교학의 통섭적 이해와 종합을 방해하는 것이 바로 교학을 둘러싼 상이한 견해들의 불화와 충돌이었기 때문이다. 경론의 내용에 대한 '해석학적 이해'(교학)의 차이들을 어떻게 처리하는가에 따라 교학의 통섭적 종합 여부가 결정된다. 그리고 원효는 화쟁의 방식으로 그 해석학적 차이들을 처리하여 교학의 통섭적 이해와 종합을 성취하였다. 그런 점에서 **화쟁은 교학의 통섭방식이라는 의미를 지닌다. 이론과 사상들이 '서로 열고 서로 안을 수 있는' 통섭通攝과 화쟁和諍의 공간을, 원효는 '문 구분 사유방식'에 의거하여 마련해 가고 있는 것이다.**"[338]

　원효의 화쟁철학은, '언어에 담긴 주장들의 본질주의적 다툼'인 쟁론을 치유하고 견해 차이들을 화해시켜 호혜적 관계로 이끌어 간다. 이 화쟁은, '문門 구분을 통한 통섭적 화쟁'을 중심축으로 삼고, '모든 쟁론의 인식적 구조에서 자유로울 수 있는 마음지평(一心) 열기' 및 '언어 환각에서 풀려나 언어를 사용하기'와 어울려 상호작용하면서, 견해 차이들의 배타적 다툼을 '차이들의 호혜적 어울림 마당'으로 이끌어 간다.[339] 원효 화쟁철학의 중심부를 이루고 있는 '문門 구분에 의한 화쟁'의 사례들을 몇 가지 소개한다.[340]

　"묻는다. 이와 같은 두 가지 설명에서 어떤 것이 타당하고 어떤 것이 부당한가? 답한다. 만약 말대로만 붙든다면 두 가지 설명이 모두 부당하다. 서로 다르다고 다투어 부처님의 본뜻을 잃게 되기 때문이다. [그러나] 만약 반드시 [그렇다고] 집착하지 않는다면 두 가지 설명이 모두 타당성을 지니게 된다. '진리로 들어가는 문'(法門)에는 제한이 없어서 서로 방해하지 않기 때문이다. 이 [말의] 뜻은 무엇인

338　같은 책, 89-90.

339　원효 화쟁철학의 내용과 의미에 대한 상세한 논의는『원효의 화쟁철학』에 있다.

340　『원효의 화쟁철학』부록 자료에서는 원효 저술에서 목격되는 '문門 구분'의 사례를 주요 저술을 중심으로 종합하여 번역문과 함께 소개하고 있다.

가? 만약 '[열반 증득으로 인한] 능력과 [생사의] 괴로움이 서로 맞서는 측면'(德患相 對之門)에 의거해 본다면, 생사生死는 '헛된 것'(空)이고 열반涅槃은 '헛되지 않은 것'(不 空)이다. '망상분별하는 마음이 붙잡고 있는 것'(妄心所取)[인 생사生死]에는 알아야 만 할 대상이 없기 때문에 '헛된 것'(空)이라 말하고, '[생사生死를] 붙들고 있는 망상 분별하는 마음'(能取妄心)은 '자유자재[의 능력]'(自在)을 얻지 못하기 때문에 '[참된] 자 기가 없는 것'(無我)341이라고 말한다. [이에 비해] '참된 지혜로 증득한 도리'(眞智所證 道理)[인 열반은 [깨달음(菩提)의] 마음(心)에 해당하기 때문에 '헛되지 않은 것'(不空) 이라 말하고, '[열반을] 증득하게 하는 참된 지혜'(能證眞智)는 '걸림 없는 자유자재[의 능력]'(無礙自在)[을 지니기] 때문에 '크나큰 자기'(大我)라고 부른다. 이와 같은 [덕환상 대德患相對의] 측면(門)에 의거하면 [생사生死는 '헛된 것'(空)이고 열반涅槃은 '헛되지 않은 것'(不空)이라고 하는] 앞 논사의 주장'이 타당한 것이 되고, [『열반경』, 『능가 경』 등에서] 그가 인용한 글들은 '완전한 뜻을 지닌 설명'(了義說)이 된다.

[그런데] 만약 '서로 기대어 있어서 [독자적 본질로서의] 자기모습이 없는 측 면'(相待無自相門)에 의거해 본다면, 생사生死와 열반涅槃은 똑같이 '자기만의 변치 않 는 본질'(自性)이 없다. '헛되지 않은 것'(不空)은 '헛된 것'(空)에 기대어 성립하고, '[참 된] 자기'(我)는 '[참된] 자기가 없는 것'(無我)에 기대어 성립하며, '기대는 것이 없 음'(無待)까지도 '기대는 것이 있음'(有待)에 기대어 성립하기 때문이다. [이것은] 『대 승기신론』에서 〈또 모든 '오염된 것'(染法)과 '온전한 것'(淨法)이 다 서로 기대어 있어 서 [독자적 본질로서의] 자기 모습'(自相)이라고 할 만한 것이 없다〉342라고 말한 것 과 같다. 이와 같은 글에 의거하면 [열반涅槃과 생사生死가 모두 '불변 독자의 실체

---

341 『열반경』은 '무상無常·고苦·무아無我·부정不淨'에 대비되는 '상常·낙樂·아我·정淨'이라는 개념을 부각시 켜 열반 지평의 긍정적 내용을 긍정용어로 기술하고 있다. 여기서의 '무아無我'는 긍정기술로서의 '아我'가 없 다는 의미이다. 따라서 무지에 매인 '불변/독자의 자아관념'을 부정하는 측면(門)에서 기술하는 '무아無我'를 '불변/독자의 자아가 없음'으로 번역하고 있는 점을 고려하여, 여기서의 '아我'는 '자기'로 번역한다. 『열반경』 의 취지에 따라 본 번역에서는 '아我'를 두 가지로 번역한다. 치유와 극복의 맥락인 부정기술에서의 '아我'는 '자아'로, 구현된 긍정내용을 나타내는 긍정기술에서의 '아我'는 '자기' 혹은 '참된 자기'로 번역한다.

342 마명馬鳴, 『대승기신론』 권1(T32, p.580b8~11); "復次究竟離妄執者, 當知染法淨法皆悉相待, 無有自相 可說. 是故一切法從本已來, 非色非心, 非智非識, 非有非無, 畢竟不可說相."

가 없는 것'(空)이라는 뒤의 설명이 타당한 것이 되고, [『열반경』,『화엄경』,『대품경』 등] 그 인용된 글들은 '완전한 [뜻을 지닌] 설명'(了說)이 아닐 수 없는 것이 된다.

또 '크나큰 열반'(大涅槃)은 [고정된] 모습'(相)도 떠나고 '[변치 않는] 본질'(性)도 떠나며, '헛된 것'(空)도 아니고 '헛되지 않은 것'(不空)도 아니며, '[불변의 독자적] 자아인 것'(我)도 아니고 '[참된] 자기가 없는 것'(無我)도 아니다. 왜 '헛된 것'(空)이 아니냐 하면 '본연이 없다는 것'(無性)에서 떠나기 때문이고, 왜 '헛되지 않은 것'(不空)이 아니냐 하면 '[변치 않는] 본질이 있는 것'(有性)에서 떠나기 때문이다. 또 [고정된] 모습이 있는 것'(有相)에서 떠나기 때문에 '[불변의 독자적] 자아인 것'(我)이 아니고, '[아무런] 모습이 없는 것'(無相)에서 떠나기 때문에 '[참된] 자기가 없는 것'(無我)이 아니다. '[참된] 자기가 없는 것'(無我)이 아니기 때문에 '크나큰 자기'(大我)라고 말할 수 있지만, '[불변의 독자적] 자아인 것'(我)이 아니기 때문에 '자아가 없는 것'(無我)이라고도 말할 수 있다. 또 [열반은] '헛된 것'(空)이 아니기 때문에 '실제로 있는 것'(實有)이라 말할 수 있고, [생사는] '헛되지 않은 것'(不空)이 아니기 때문에 '허망한 것'(虛妄)이라고 말할 수 있다. '여래[의 면모]에 신비롭게 간직된 것'(如來秘藏)[343]은 그 뜻이 이와 같으니, 어찌 그 [다른 말들] 사이에서 [서로] 다르다고만 다투어야 하겠는가!"[344]

"이와 같이 '하나처럼 통하는 마음'(一心)은 모든 '오염된 것과 온전한 것'(染淨)들이 다 의지依止하는 곳이 되므로 곧 '모든 현상들'(諸法)의 근본이다. [하나처럼

---

343 『금강삼매경론金剛三昧經論』권1에서 원효는 '일각 一覺'에 대해 "一覺了義者, 一心本覺如來藏義."(H1, p.610a2)라고 하여 여래장如來藏의 뜻을 一覺으로 설명하고 있다. 따라서 '如來秘藏'은 곧 '하나처럼 통하게 하는 깨달음의 완전한 뜻'(一覺了義)이기도 하다.

344 『열반종요』(1-529a-b): "問. 如是二說, 何得何失? 答. 若如言取, 二說皆失. 互相異諍, 失佛意故. 若非定執, 二說俱得. 法門無礙不相妨故. 是義云何? 若就德患相對之門, 卽生死是空, 涅槃不空. 以妄心所取無境當知, 故說爲空, 能取妄心不得自在, 故說無我. 眞智所證道理稱心, 故說不空, 能證眞智無礙自在, 故名大我. 依如是門, 前師爲得, 彼所引文是了義說. 若就相待無自相門, 則生死涅槃等無自性. 以不空待空, 我待無我, 乃至無待待於有待故. 如『起信論』云:〈復次一切染法淨法皆是相待, 無有自相可說.〉依如是文, 後說爲得, 其所引文非不了說. 又大涅槃離相離性, 非空非不空, 非我非無我. 何故非空, 離無性故, 何非不空, 離有性故. 又離有相故, 說非我, 離無相故, 說非無我. 非無我故, 得說大我, 而非我故, 亦說無我. 又非空故, 得言實有, 非不空故, 得說虛妄. 如來祕藏其義如是, 何蜜異諍於其間哉!"

474

통하는 마음'(一心)의 '본래부터 [근본무지의 분별에] 동요하지 않는 측면'(本來靜門)
에서는 '갠지스 강의 모래알만큼 [수많은] 이로움과 능력'(恒沙功德)이 갖추어지지 않
는 바가 없기 때문에 [앞에서 인용한『부증불감경』에서] 〈모든 것을 갖추었다〉(備
一切法)고 말하였고, ['하나처럼 통하는 마음'(一心)의] '조건에 따라 동요하는 측면'(隨
緣動門)에서는 '갠지스 강의 모래알만큼 [수많은] 오염된 것들'(恒沙染法)이 구족되지
않은 것이 없기 때문에『부증불감경』에서] 〈모든 것을 구족하고 있다〉(具一切法)고
말하였다. 그런데 '오염된 것'(染法)에 의거하여 '마음의 본연'(心體)을 바라보면 두루
통할 수 없기 때문에 ['참 그대로임'(眞如)에서] 분리되고 벗어나지만, 만약 '마음의
본연'(心體)에 의거하여 온갖 '오염된 것'(染法)을 바라보면 [그] 모든 '오염된 것'(染法)
들이 두루 통하지 않음이 없다. 그러므로 〈'세간의 것들'(世法) 속에서도 [이것을] 떠
나거나 벗어나지 않는다〉(於世法中, 不離不脫)라고 말했으니, '이탈하지 않는다'는 뜻
은 '가려져 간직되어 있다'(隱藏)는 뜻이다. 이 ['하나처럼 통하는 마음'(一心)의] '세 번
째 측면'(第三門)은 '하나처럼 통하는 마음'(一心)이 '동요와 평온'(動靜) [둘 다]에 통하
여 '오염된 것과 온전한 것'(染淨) [모두]의 의지처가 된다는 것을 총괄적으로 밝혔
고, ['하나처럼 통하는 마음'(一心)의 '조건에 따라 동요하는 측면'(隨緣動門)인] '두 번
째 측면'(第二門)은 '동요하는 측면'(動門)만을 드러내었으니 '오염된 것들'(染法)이 의
지하는 것이며, ['하나처럼 통하는 마음'(一心)의 '본래부터 동요하지 않는 측면'(本來
靜門)인] '첫 번째 측면'(第一門)은 '동요하지 않는 측면'(靜門)만을 드러내었으니 '온전
한 것들'(淨法)이 의지하는 것이다."[345]

   "원효는 〈'다섯 가지 성품이 차별된다'(五性差別)는 주장은 [차이들이] 의존적
관계로 수립되는 측면/맥락'(依持門)이고, 모두 [깨닫는] 부처면모'(佛性)가 있다는 주

345 『금강삼매경론』(1-615c～616a); "如是一心, 通爲一切染淨諸法之所依止故, 卽是諸法根本. 本來靜門,
恒沙功德, 無所不備, 故言〈備一切法〉, 隨緣動門, 恒沙染法, 無所不具, 故言〈具一切法〉. 然擧染法, 以望心
體, 不能遍通, 所以離脫, 若擧心體, 望諸染法, 遍諸染法, 無所不通. 故言〈於世法中, 不離不脫〉, 不離脫義,
是隱藏義. 此第三門, 摠明一心, 通於動靜, 爲染淨依, 第二門者, 別顯動門, 染法所依, 第一門者, 別顯靜門, 淨
法所依."

장은 '연기[의 통찰에 의해 하나로 보는] 측면/맥락'(緣起門)이다〉라고 말하여, 두 이론의 배타적 주장(諍)을 이와 같이 '만나 통하게'(會通) 한다."[346]

　　"『십문화쟁론』에서는, 『유가론』·『현양론』 등에 의거하여 [차이들이] 의존적 관계로 수립되는 측면(依持門)을 세우고, 『열반경』 등에 의거하여 '연기의 통찰에 의해 [하나로 보는] 측면'(緣起門)을 세운다. 그러나 항상 『유가론』 등의 문구를 취하는 것이 아니라 단지 '다섯 가지 성품이 차별된다'(五性差別)는 [뜻을 밝히는] 문구에 의거하여 [차이들이] 의존적 관계로 수립되는 측면(依持門)을 세우고, 또 항상 『열반경』의 문구를 취하는 것이 아니라 단지 '모두 불성이 있다'는 [뜻을 밝히는] 문구에 의거하여 '연기의 통찰에 의해 [하나로 보는] 측면'(緣起門)을 세운다."[347]

　　"구룡의 『화쟁론』에서는 말한다. 〈무릇 부처자리(佛地)의 온갖 덕에는 대략 두 가지 측면/맥락(門)이 있다. 만약 '원인(因)에 따라 생겨나는 측면/맥락'(從因生起之門)으로 본다면, '과보로 성취한 부처의 공덕'(報佛功德)은 찰나에 생멸한다. 앞의 논사가 말한 것은 또한 이 측면/맥락(門)을 취한 것이다. 만약 [근본무지에 따라 생멸하게 되는] 조건(緣)을 그치고 근원으로 돌아가는 측면/맥락'(息緣歸原之門)으로 본다면, 과보로 성취한 부처의 공덕은 분명히 한결같다. 뒤의 논사가 말한 것은 또한 이 측면/맥락(門)을 취한 것이다. 각각의 덕을 따라 이 '두 측면/맥락'(二門)이 있는데, '두 측면/맥락'(二門)은 서로 통하지 서로 위배되지 않는다.〉"[348]

346　균여均如, 『석화엄교분기원통초釋華嚴教分記圓通鈔』(4~311c); "曉公云, 〈五性差別之教, 是依持門, 皆有佛性之說, 是緣起門〉, 如是會通兩家之諍."

347　같은 책, 4~326a: "和諍論中, 依瑜伽現揚等, 立依持門, 依涅槃等經, 立緣起門. 然不通取瑜伽等文句, 但依五性差別之文, 立依持門, 亦不通取涅槃經文, 但依皆有佛性之文, 立緣起門."

348　견등見登, 『대승기신론동이약집大乘起信論同異略集』(3-695a); "丘龍和諍論云, 〈夫佛地萬德, 略有二門. 若從因生起之門, 報佛功德, 利那生滅. 初師所說, 且得此門. 若就息緣歸原之門, 報佛功德, 凝然常住. 後師所說, 亦得此門. 隨一一德, 有此二門, 二門相通, 不相違背.〉"

476

부록.

중도中道의 철학적 의미[349]

一성철·원효·붓다에 기대어

※이 글은 성철사상연구원 2021 춘계 학술연찬회(4.24. 부산 고심정사)에서 발표한 것이다.
연구원의 요청에 응하여 월간 〈고경〉 100호 특집 별책부록으로 게재한 바 있다.

1. 성철과 원효

중도를 거론한다는 것은 붓다 법설을 포괄하는 매듭을 다루는 것이다. 붓다 법설의 모든 유형과 내용은 이 중도에서 발산하는 동시에, 법설의 모든 다채로운 변주는 다시 중도로 수렴된다. 붓다의 언어 체계 속에는 모든 법설이 발산하고 수렴되는 다수의 매듭이 목격된다. 모든 유형의 법설을 포괄하고 또 펼쳐내는 상위의 원리에 해당하는 것들이 그 매듭들이다. 중도中道·연기緣起·무아無我·사성제四聖諦·팔정도八正道 등이 그 대표적 매듭들인데, 특히 중도는 연기와 더불어 붓다 법설을 포괄적으로 관통하는 최상위 원리로 보인다.

다양한 유형의 법설들을 발산·수렴해 내는 상위 원리로서의 매듭들은 붓다

---

349 몇 년 전 정초에 잊지 못할 꿈을 꾼 적이 있다. 부처님, 원효, 성철 세 사람이 둘러앉아 도란도란 대화를 나누고 있었다. 정면에는 훤하게 잘생긴 젊은 부처님, 옆 모습이라 얼굴은 기억나지 않지만 당당한 풍모의 원효, 사진으로 익히 보던 부리부리한 안광의 성철스님. 세 분이 서로 웃으며 이야기하는 곁에 내가 서서 귀를 기울이고 있었다. 희열과 환희심이 솟ㅜ처 꿈속에서 '이게 꿈이라면 제발 깨지 말아라!' 하였나. 깨고 나서는 '그간의 탐구가 세 분의 사상과 가장 깊은 인연이 있다는 자기 암시이겠구나!' 하였다. 교직에서 퇴임하게 되는 학기에 세 분의 통찰에 기대어 중도의 철학적 의미를 짚어 보는 것이, 그래서 나에게는 각별하다. 이 글을 쓰는 도중에 효암학원 이사장 채현국 선생님의 부음을 접했다. 일면식도 없는 분인데 3년 전쯤 연구실로 전화를 주셨다. 필자의 『원효의 화쟁철학』을 읽고 공감이 되어 전화했다며 울산에 한 번 들리겠다고 하셨다. 끝내 대화할 기회를 갖지 못하고 그분을 보내게 되어 아쉽지만, '시대의 어른' '영원한 자유인'이라는 세평이 잘 어울리는 분으로 보였다. 80을 훨씬 넘긴 나이에도 철학 관련 책을 찾아 읽는 탐구 열정이 존경스러웠다. 그분을 기리는 마음도 이 글에 담는다.

법설에 대한 후학들의 이해가 붓다의 의중에 얼마나 부합하는지를 판별하는 해석학적 감별지鑑別紙이다. 이들 매듭과의 연결을 확보하고 있으면 '불교적 정체성을 확보하는 이해와 이론'이 되고 연결이 끊기면 '불교적 정체성을 상실한 이해와 이론'이 된다. 중도와 연기라는 매듭은 가장 확실한 감별지이다.

백일법문에서 펼쳐지는 퇴옹성철(1912-1993, 이하 성철)의 혜안은 이 점을 정확하게 밝혀주고 있다. 중도와 연기를 근본/상위 원리로 포착한 후 이에 관한 근본불교적 내용을 니까야·아함의 문헌에 의거하여 확인하는 동시에, 주요 대승경론과 선종의 문헌들을 망라해 가면서 중도·연기의 원리가 대승불교와 선종을 관통하고 있다는 점을 밝히는 것이 백일법문의 일관된 취지이자 목적이다. 성철이 백일법문에서 드러내는 중도·연기에 대한 통찰과 혜안, 근본불교와 대승 및 선종을 중도·연기의 도리로 꿰어 내려는 광대한 기획과 전망, 그 기획과 전망을 관철해 내는 탁월한 내공을 보면서, 필자는 문득 원효(617-686)의 체취를 맡는다. 대승과 비非대승 문헌 및 교학을 망라하여 능동적 태도로 철저히 탐구하면서 그 다양한 차이들을 한 줄로 엮어 내는 통섭通攝[350] 이론체계를 수립하려는 원효의 원대한 기획과 광활한 전망, 그 정밀하고 수준 높은 성찰과 탁월한 혜안, 가늠하기 어려운 깊이의 내공은 음미할수록 경이롭다. 소름이 돋곤 한다. 성철의 백일법문에서는 그러한 원효의 체취가 물씬 풍긴다. 한반도라는 같은 공간에서 1200여 년 떨어진 두 시점에, 경이로운 기획과 전망을 구현해 내는 유사한 체취의 두 인물이 등장하였다는 것은 지금 여기의 우리를 설레게 하기에 충분하다. 두 거대한 고봉이 품은 굽이굽이 깊은 산골짜기와 절경은 볼수록 놀라운 것이지만, 많은 후학은 아직 이 거대 고봉들을 먼발치에서 바라보는 정도이다. 거대 고봉이 품은 지혜의 의미를 길어 내는 두레박에는 빈약하거나 엉뚱한 내용물이 담긴 경우가 자주 목격된다.

---

350 학계에서 널리 회자되는 '통섭統攝'이라는 개념은 원효가 구사하는 '통섭通攝'이라는 개념과는 한자어도 다르고 그 함의도 다르다. 모든 내용을 통합적으로 결합시키려는 발상인 '통섭統攝'과는 달리, 원효의 '통섭通攝'은 동일성이라는 환각 때문에 배타적으로 격리되어 상호 폭력적으로 대응하는 차이들로 하여금 '상호 개방되어 상호 작용하면서 호혜적 자리를 마련해 가게 하는 통찰'에 초점을 맞추고 있다. 원효의 화쟁和諍은 통섭通攝과 맞물려 있다.

용어와 이론에 대한 자신의 이해를 드러내지 않은 채 원전 용어와 논리를 그대로 채택하여 의미전달과 소통이 어려운 방식의 글들도 드물지 않다. 또 교학 이론의 논리나 용어를 그대로 채택하여 탐구하는 경우는 동어반복적 의미순환을 벗어나지 못하는 경우가 많다. 이 두 거대 고봉을 탐방하기 위해 갖추어야 하는 역량이 아직 많이 부족한 것이 현실이다. 다만 근자에 들어 이러한 문제점들을 극복하려는 노력이 반영된 연구물들이 불교학 전반에 걸쳐 점증하고 있는 것은 고무적이다. 태부족한 역량에도 불구하고 거듭거듭 등반과 탐방에 나서는 의욕을 펼쳐야 한다. 그래야 무엇이 부족하여 겉돌거나 깊이 진입하지 못하는지를 알게 된다. 결핍을 채우려는 의지와 노력은 정직한 자기 확인에서 출발하는 법. 변변치 않은 역량임을 스스로 잘 알고 있으면서도 필자가 이들 거대 고봉의 탐방길에 동참하는 이유이기도 하다.

2. 탐구의 방법론

붓다의 법설과 그에 대한 후학들의 이해체계인 교학, 그리고 붓다의 법설과 교학을 성찰과 수행 및 실천으로 탐구하여 그 성취를 담아낸 언어들—이런 언어들을 탐구하려면 우선 방법론에 대한 성찰과 선택을 예비해야 한다. 방법론 여하에 따라 탐구내용이 달라지기 때문이다. 치밀하고 방대한 구성으로 직조된 지혜의 거대 언어체계를 남긴 성철이나 원효의 언어를 탐구하는 경우에는 특히 그러하다.

불교학 범주에서 현재 가장 널리 채택되는 방법론은 문헌·교학적 방법론이다. 문헌의 형성·유통과 내용에 대한 문헌학적 탐구성과를 교학 탐구와 결합시켜 진행하는 연구방법론이다. 언어학·문헌학적 지식을 토대로 교학들의 형성과정, 내용과 특징, 이론체계, 교학 이론의 사상사적 위상, 교학의 의미 등을 탐구하는 이러한 방법론은 불교학 연구방법론의 주류를 차지하고 있다.

누구라도 관심만 있으면 붓다의 법설과 그에 대한 후학들의 모든 이해를 계보적으로 탐구할 수 있게 된 환경이 갖추어진 것은 최근의 일이다. 특히 대중 학인들은 수십 년 전만 해도 만날 수 없었던 환경이다. 붓다의 길에서 피어난 모든 꽃을 누구나 원하는 대로 즐길 수 있게 된 것이다. 그런 점에서 현재 우리는 인류 역사상 초유의 복을 누리는 셈이다. 그리고 불교의 모든 것이 전방위적으로 공개되고 누구라도 탐구할 수 있게 된 데에는 근대 이후 수립된 문헌·교학적 방법론에 의한 탐구성과의 역할이 결정적이다. 근대 이후의 문헌·교학적 방법론은 여전히 유효하며 그 역할은 중요하다. 그런데 이제는 새로운 방법론이 문헌·교학적 방법론과 결합해야 할 때가 되었다. 문헌·교학적 방법론을 토대로 삼아야 수립되는 이 새로운 방법론은 철학적 방법론이다.

성철과 원효에 대한 선행 연구는 그 방법론으로 대부분 교학적 방법론과 격의格義적 방법론을 채택하고 있다. 교학적 방법론은 전통 불교해석학인 교학의 체계와 내용을 그대로 계승하고 있다. 그런데 이러한 교학적 방법론은 간과할 수 없는 문제점들을 안고 있으며, 그 문제점들은 고스란히 성철과 원효 연구의 방법론적 한계가 되고 있다. 격의적 방법론은 교학적 방법론의 한계에서 벗어나려는 시도이다. 예컨대 원효의 사유를 포스트모더니즘 계열의 언어들이나 하이데거, 칸트, 니체 등 서양철학과 대비시켜 음미하는 일종의 격의格義적 독해가 그것이다. 이 격의적 방법론은 교학의 전통적 방법론에 갇히지 않고 원효의 언어를 현대 언어지형에 접속시켜 소통 가능성을 높인다는 점이 장점이다. 그러나 '격의格義'(다른 사유와 언어를 빌려 이해하는 방식)의 임차적 읽기에 쉽게 수반하는 맥락 일탈과 의미 불상응의 덫이 언제나 가까이 따라다닌다.

'불교를 축으로 삼아 형성된 것들에 대한 학적學的 탐구'는 모두 불교학이라 부를 수 있다. 그러나 불교학의 내용을 학문 범주별로 구별할 때는 '불교학' '불교사학' '불교문학' '불교철학·불교윤리학' '불교문화·불교예술' 등으로 대별되고 여기에 '불교심리학' 등의 응용불교학이 추가된다. 이처럼 불교학이라는 개념은 총괄적 의미로 채택되기도 하고, '불교에 관한 학적 탐구' 안의 개별적 고유범주를 지칭하기도 한다.

고유 범주의 엄밀한 구분 없이 사용되는 경우의 '불교학'은 융통성 있는 개념이기도 하고 애매한 용어이기도 하다. '불교에 관한 학적 탐구'의 한 고유범주로서의 불교학도 그 의미와 내용은 명료하지 않다. 이런 경우의 불교학은 '교학에 관한 탐구'가 그 핵심의미를 차지하는 것으로 보인다. 그리고 이 교학 탐구의 방법론을 주도하는 것은, 문헌학과 주석학注釋學의 결합 형태이다. 언어학과 서지학에 의거한 문헌학적 탐구와, 불교용어와 이론에 대한 선행先行 주석의 의미 파악과 체계적 재구성이 결합되어, '교학의 전통체계'를 호교적護敎的으로 재구성해 가는 방식이 교학적 방법론이며, 불교학 방법론의 주류를 형성하고 있다. 종학宗學불교의 근대적 계승이라 할 수 있을 것이다.

문헌학과 주석학을 기반으로 하는 교학적 불교학은 불교 이해와 탐구의 기초를 확립한다는 점에서 유익하고 또 필수적이다. 그러나 교학적 불교학은 이제 그 출구를 전망하고 준비해야 할 것으로 보인다. 방법론의 폐기가 아니라 중심자리의 다원화가 필요하다는 말이다. 문헌과 주석의 이론과 개념을 체계적으로 분류·분석한 후 그 문헌학적·주석학적·교학사상적 의의를 확인하는 작업은, 학문적 요청의 상당 부분을 충족시킨 것으로 보인다. 지속되어야만 하는 번역·재번역의 축적작업을 제외하고는 학문적 기여도를 확보할 작업영역이 갈수록 줄어들고 있다는 의미이다. 게다가 기존 불교학의 교학적 방법론을 그대로 답습하는 연구작업에 대한 비판적 시선도 점차 고조되고 있다. 교학적 방법론에 의한 연구물들이 현대의 다양한 언어지형들과 접속하여 상호작용하는 데 취약할 뿐 아니라, 일정한 해석학적 자기 제한에 갇혀 있다는 것이 비판의 주된 배경으로 보인다.

문헌학·주석학·교학이 결합하여 구성한 기존의 불교학 연구방법론과 연구내용은, 주석과 교학이론을 수립한 선행 해석학에 대한 이해와 정리에 그치는 경향이 농후하다. 남방·북방의 해석학적 시선들을 정확하게 이해하고 체계화시켜 계승하는 것은 교학의 주된 과제가 분명하다. 그런데 교학에 관한 탐구들이 암암리에 공유하는 전제가 있다. 붓다가 보여 준 길이 선행 교학에 의해 온전하게 드러났다고 하는 믿음이다. 그리하여 남방과 북방의 해석학적 안목들을 정확하게 이해하여 선택하거나 종합하기만 하면 충분할 것이라 여기는 것이, 교학 일반의 암묵적 전제인 것 같다. 그러나 이러한 전제는 과연 얼마나 타당할까? **붓다의 지**

혜와 그것을 탐구하려는 통찰의 계보를 불학佛學이라고 불러 본다면, 불학은 기본적으로 세 가지 질문에 대해 응답하는 과정에서 수립되었다고 본다. 첫째는 〈붓다의 법설에 담긴 의미를 어떻게 이해해야 하는가?〉이다. 이 질문에 대한 응답이 현재 우리가 접하는 남방과 북방의 다양한 교학이다. 둘째는 〈교학은 얼마나 정확하게 이해되고 있는가?〉이다. 주석학적 전통과 그것을 계승하는 형태의 현대 불교학은 대부분 이 질문에 대한 응답이다. 셋째는 〈기존 교학은 얼마나 타당하며 또 충분한가?〉이다. 부파불교 내부의 이론 공방, 아비담마·부파불교 교학에 대한 대승의 비판, 중관과 유식의 상호비판, 연기緣起 이해의 다양한 전개 등이 이 질문에 대한 응답들이다.

불학 형성의 이러한 과정을 볼 때, 현재의 불교학은 전반적으로 두 번째 질문에 경도되어 있는 것으로 보인다. 붓다 법설의 의미에 대한 '이해의 선행先行 전통들'인 교학을 파악하고 정리하는 작업에 편향되어 있다. 문헌학적 기초를 단단히 다지면서 진행된 이러한 작업의 가치는 결코 과소평가할 수 없다. 그러나 근·현대 불교학에서 축적된 성과들은 이제 그동안 소홀히 했던 두 가지 질문 앞에 다시 호출된다. 〈기존 교학은 얼마나 타당하며 또 충분한가?〉와 〈붓다의 법설을 어떻게 이해할 것인가?〉에 대해, 다시 응답해 보라는 요청에 응해야 한다. 〈교학은 얼마나 정확하게 이해되고 있는가?〉에 대한 응답도 지속적으로 탐구해야 하지만, 불교학이 계속 이 질문에 편향되어 있는 것은 바람직하지 않다. 불교학의 생명력이 유지되려면 세 가지 질문에 대한 대답이 균형 있게 탐구되어야 한다. 갈수록 불교학 연구방법론이나 연구내용에 대한 비판적 갈증이 고조되는 근원적 이유가 여기에 있는 것으로 보인다. 불학을 형성시켜 온 세 가지 질문 가운데 한 가지에만 치우친 편향성의 후유증이다.

이제 불학에 참여한 학인들은, 불학을 형성해 온 세 가지 질문 모두를 품어 보는 균형성을 회복해야 할 필요가 있다. 세 질문이 골고루, 그리고 개방적으로 탐구되어야, 붓다의 길은 지속적으로 그 온전한 면모를 더욱 뚜렷하게 드러낼 것이다. 바로 이 지점에서 '철학적 읽기'의 좌표가 부각된다. 철학적 읽기야말로 세 가지 질문 모두에 동시적으로 응답하려는 태도일 수 있기 때문이다. 〈어떤 것이 교학에 대한 정확한 이해인가?〉를 열린 성찰로 탐구하는 동시에, 〈기존 교학은 얼마나 타당하며 또 충분한가?〉를 기존의 해석학적 권위에 구애받지 않고 탐구하며, 그리하여 〈붓다의 법설을 어떻게 이해할 것인가?〉를 궁극 관심사로 삼아 지속적으로 재응답해 보려는 성찰적 태도.—이것이 '불학의 철학적 읽기'이다.

불교의 모든 교학은 '붓다 법설에 대한 다양한 해석학들'이다. '다양하다'는 것은 '붓다 법설에 대한 이해가 서로 다르다'는 뜻이고, '해석학'이라는 것은 '붓다 법설에 대한 나름의 이해'라는 의미이다. 그런데 세간에서의 해석학은 철저히 '지적 이해의 개방적 선택'에 관한 문제이지만, 불교 전통에서의 해석학이 보여 주는 '이해의 개방적 선택'은 단지 '지적 범주의 성찰'에 근거하는 것이 아니다. 수행론이라는 특유의 조건이 가세한다. 불교적 관점으로 볼 때, '이해'를 발생시키는 조건은 논리적·이지적 성찰에 국한되지 않는다. 행위나 정서 및 마음 국면의 변화와 관련된 경험들도 이해를 변화시키거나 발생시키는 조건이 된다. 특히 정학定學으로 분류되는 선禪 수행은 '이해·관점 발생의 중요한 조건'이다. 필자가 〈교학은 해석학이다〉라고 말할 때의 '해석학'이라는 말은 이러한 불교적 고유성을 반영한 것이다.

우리는 지금도 붓다의 통찰과 성취가 지닌 문제해결력, 그 사용가치를 현재의 관심에서 탐구한다. 교학은 기존에 진행한 그러한 탐구들의 궤적이다. 그런데 〈교학은 해석학이며 다양하다〉는 것은, 붓다의 법설을 해석해 온 각 교학들의 타당성과 사용가치에 대한 평가 작업이 불가피하다는 것을 의미한다. 지금도 붓다 법설에 대한 우리의 이해가 서로 다르고, 그 다른 이해들 가운데 어떤 것이 가장 좋은 것인지를 항상 성찰해야 하는 것처럼, 과거의 서로 다른 교학들에 대해서도 어느 것이 더 좋고 타당한 것인지 평가하는 작업이 불가피하다. 그리고 그런 평가가 가능하려면, '탐구자 자신의 이해와 관점'이 먼저 명료해져야 한다. 나아가 '탐구자의 이해와 관점 및 성찰'의 향상을 위해서는 학인 스스로의 실존적 탐구가 필요하다. 이 마지막 요청에 부응하는 것은 결코 쉽지 않지만, 불학佛學을 탐구하는 학인들로서는 외면할 수 없는 것이다.

지금의 교학적 탐구는 '가치평가적 태도'를 보여 주는가? 대부분의 경우에 그렇지 않아 보인다. 모든 유형의 교학에 대해 등가치_{等價值}적으로 접근하여 각 교학의 문헌·언어·이론에 대한 전문소양을 확보하는 것을 교학연구 방법론으로 간주하는 것으로 보인다. 이러한 가치중립적 학문관이 수립된 것은 그리 오랜 일이 아니다. 막스 베버 류_類의 '직업으로서의 학문'처럼 가치중립을 요구하는 학문관은 서구의 특수한 역사적 조건들의 산물이고, 이러한 학문관이 불교학을 장악한 것도 그리 오래지 않은 특수한 역사적 상황을 반영하고 있다. 인간·세계·역사를 보던 서구 기독교 중심의 관점이 지닌 무지가 폭로되자 다양성과 다원성을 수용하기 위한 가치중립의 태도가 요구되었고, 이러한 문화 상대주의적 개안은 급기야 〈다양한 것들은 나름대로 다 맞다. 가치평가의 대상이 아니다〉라는 '극단적 상대주의'를 확산시켰다. 이러한 서구의 특수한 역사적 상황 전개는 '가치중립' '다양성' '상대주의'를 함께 묶는 학문관을 수립하여 인문학이나 종교학의 방법론을 장악하였고, 근대 이후 '학문으로서의 불교학'은 그 연장선에서 성립된 것이다. 현재의 '학문 불교학'이 가치중립을 마치 학문의 정도_{正道}인 것처럼 여기는 것은, 불교문화권의 역사적 전통에 대한 능동적 성찰의 자생적 산물이 아니다. 불교문화권의 역사적·학문적 맥락과는 전혀 이질적인 맥락에서 형성된 것을 하등의 주체적 성찰과 평가도 없이 받아들여 몸에 걸친 것이다. 가치중립적 학문관은 불교문화권이나 동아시아 문화전통이 오랫동안 간수해 온 '문제해결력을 중시하는 가치평가적 학문관'과는 단절된 학문관이다.

이식된 '학문 불교학'이 요구하는 방법론과 그 성과가 무가치하다는 것은 결코 아니다. 가치중립적 태도가 산출한 문헌학과 언어학, 교학의 탐구성과는 매우 유용하다. 가치평가를 유보하려는 '학문 불교학'이 비록 서구적 맥락에서 형성된 것이지만, 불교를 위해서는 시의적절한 측면이 있다. 이 '학문 불교학'은 전통교학을 '다양한 해석학들'로 간주하여 자유롭게 탐구할 수 있게 하는 환경을 마련해 주었다. 그 성과 역시 매우 유용하다. 다양한 교학들을 각자의 맥락에서 선입견 없이 이해할 수 있는 길을 열어 주었기 때문이다. 그리고 이러한 '학문 불교학'의 성과는 역설적이게도 '학문 불교학' 자신의 속성과 한계를 넘어설 수 있는 기반을 구축해 주었다. 가치판단에 소극적인 근대적 '학문 불교학'의 성과물들로 인해, 오히려 교학들에 대한 '가치평가적 탐구'를 가능케 하는 정밀하고 심층적인 조건들이 확보되었다. 그런 점에서 '학문 불교학'의 언어학·문헌학·교학 탐구방법론은 여전히 유용하다. 그러나 근대적 '학문 불교학'의 방법론과 내용에 대한 비판적 성찰도 동시에 절박하다. 새로운 전망과 출구가 마련되어야 '학문 불교학'의 유용성도 빛을 발할 수 있다.

새로운 교학/해석학은 역동적으로 끊임없이 등장해야 한다. 기존의 교학들도 각자 이전 교학의 해석학적 성과를 취사선택하면서 거듭 새로운 내용을 추가해 간 것이다. 그 결과 붓다 법설을 이해하는 풍요로운 해석학적 자산이 마련되었다. 어느 경우도 이전까지의 교학/해석학을 완료형으로 간주하지 않는 '열린 해석학'을 추구하였기에 가능한 일이었다. 그런데 근대 이후 '학문 불교학'이 정착되면서, 이 역동적이고 창의적인 열린 해석학의 숨결이 잦아들어 버린 것 같다. 이제 불교학은 이전 교학들의 체계적 분석과 이해가 본업이 되어 버렸다. 기존 교학/해석학들의 사용가치를 평가하고 취사선택하며 새로운 관점을 추가해 보려는 '해석학의 능동적 구성'에 학인들은 별로 관심이 없어 보인다. '학문 불교학'이 지닌 가치중립 속성에 수반된 후유증이다.

가치중립적 객관성을 방법론적 원칙으로 삼아 불교를 탐구할 때는, 필연적으로 '과거에 대한 이해'가 대상이 된다. 붓다 법설에 대해 이미 성립한 교학에 대한 가치중립적 이해가 '학문 불교학'의 본령이 되고 만다. 그 결과는 '불교의 박물화'이다. 모든 교학은 관람을 위해 전시된 유물이 되고, 학인들은 그 유물의 형성과 양식, 특징을 연구하여 관람객들에게 설명하는 박물관 학예사가 된다. 관람객들은 유물의 정교한 조각기술에 감탄하기도 하고 자랑스러워하기도 하지만, 보존과 관람의 대상인 유물은 현재의 생활 기물器物이 되지는 못한다. 유물에 대해 현재의 사용가치를 기준으로 평가하지 않는다. '학문 불교학'이 추구하는 가치중립적 이해는 흡사 박물관의 유물 연구를 닮아 있다. 이런 의미에서 현행 '학문 불교학'은 일종의 '박물관 불교학'이다. '박물관 불교학'은 과거를 잘 이해하고 설명하는 것으로 만족할 뿐, 현재의 사용가치를 적극적으로 모색하지 않는다. 유물보다 더 좋은 작품을 만들 생각은 더더욱 안 한다. 게다가 유물에 대한 이해와 설명이

전통교학의 언어와 이론 범주에 갇히는 경우, 불교학은 학문이라는 명찰을 단 '폐쇄적 언어공동체'로 전락하고 만다. 현재의 관심을 지속적으로 담아내는 개방된 언어가 되기 어렵다. 사용가치를 탐구하지 않고 이해하려고만 하는 태도는 얼마든지 현재적 관심과 무관할 수 있기 때문이다.

무릇 모든 현재적 관심은 '사용가치를 탐구하려는 태도'에서 비롯된다. '지금 여기에서의 사용가치'를 확보하려고 할 때라야 과거 문헌과 교학에 대한 탐구는 현재와 접속한다. 그리고 현재의 사용가치를 만들어 내려면 '이해'에 그치지 않고 '평가'에 나서야만 한다. 가치중립적 태도를 적극적으로 선호하는 '학문 불교학'에서의 평가는, 과거를 꾸미는 찬미의 장식일 수는 있어도 현재와 미래의 사용가치를 구성해 가는 성찰적 평가가 되기가 어렵다. 무지(無明)에서 발생한 삶과 세상의 문제를 해결하려는 통찰의 전통에 대해 시도하는 '가치를 탐구하지 않는 이해' 혹은 '가치평가를 하지 않으려는 이해'가 과연 제대로 된 이해일까? 문제해결의 진리를 탐구하는 모든 담론에서, 가치평가와 분리된 이해는 충분하거나 제대로 된 이해가 아니다. '불교에서의 이해'는 특히 그러하다. 문제해결의 힘을 중시하는 것이 불교 진리관이기에, 모든 탐구는 가치평가와 무관할 수가 없다. 그럼에도 불구하고 사용가치를 평가하지 않으려는 불교학 방법론과 그 태도에 안주한다면, 불교학 탐구는 현재의 관심을 안을 수 없고 현재의 문제해결력을 제대로 확보하기가 어렵다. 그리고 붓다와의 새로운 대화도 불가능하다. 그저 기존의 교학/해석학들이 제시한 이해에 기대어 붓다와 만날 수밖에 없다. 그러나 과연 전통 교학/해석학이 그처럼 완결적일 수 있는 것일까? 이미 정답이라 할 만한 붓다 해석학들이 충분히 확보되어 있어, 잘 고르거나 잘 이해하기만 하면 되는 것일까? 또 불교학자들은, 어떤 교학이든 그에 대한 문헌·언어·이론의 전문적 소양만 갖추면 충분한 것일까? 학인으로서의 본분과 역할은 그것으로 다 갖추는 것일까?

필자가 보기에 **현행 불교학은 일종의 해석학적 맴돌이 현상에 빠져 있다. 어느 교학을 연구하든 그 교학의 해석학적 전통 관점과 이론 안에서 맴돈다. 그 교학의 문헌과 용어, 논리 안에서 뱅뱅 돈다. 언어와 이론 범주가 대부분 과거에 갇혀 있다.** 그러다 보니 비非불교언어권 사람들에게는 불교학 논문과 저술들이 마치 외계어처럼 생경하다. 교학에 대한 연구자의 이해를 '현재인들의 보편지성과 소통할 수 있는 언어'에 담아내는 경우가 드물다. **전통교학의 용어와 이론을 공유하는 소수의 학인들이 자신들만의 폐쇄적 언어게임을 벌이고 있다.** 게임 밖의 사람들로서는 도무지 무슨 게임인지조차 이해하기 어렵다. 게임에 참여한 선수들이 구사하는 기량의 수준이, 다시 말해 용어와 이론에 대한 소화력이 과연 어느 정도인지 궁금하기도 하지만, 도무지 기량평가 자체가 어려운 방식의 게임을 벌이는 경우가 흔하다. 선수 자신이 자신의 기량을 정확히 드러내지 않아도 굴러가는 게임이 빈번하기 때문이다. 그러다 보니 선수 자신도 자신의 기량이 어느 정도인지 알기 어렵다. 한문 텍스트의 용어와 이론을 구사하는 선수들 사이에서 특히 이런 현상이 자주 목격된다. 심오한 뜻을 펼치고 있는 듯 보이게 하는 '전문 한문용어의 수사학적 배열'로 글을 채우는 선수들이 자주 목격된다. 그런 글일수록 글쓴이의 이해를 분명하게 확인하기가 어렵다. 글쓴이 자신은, 자신의 이해가 보편적 지식언어 지형 속에서 어떤 좌표를 점하는 것인지를 알고나 있는지도 의문이다.

이런 현상이 방치되고 또 반복될 수 있는 이유는, 구사하는 용어와 이론에 대한 학인의 이해를 면밀하게 점검할 수 있는 방식과 장치가, 학인들이 펼치는 글쓰기 방식과 언어게임 안에서 적절히 가동하지 않고 있기 때문이다. 현재 통용되는 '학문 불교학'의 논문형 글쓰기 방식에서는, 용어·이론의 이해 내용에 대한 점검을 건너뛰어도 얼마든지 논증형식을 구성할 수 있다. 또 용어·이론에 대한 이해의 서술이 불명확한 경우일지라도, 학위 소지자이고 전공자이니 잘 알고 있을 것이라는 부실한 상호 인증으로, 자기들만의 언어게임을 유지해 가는 것이 얼마든지 가능하기 때문이다. 필자 자신에 대한 반성에서 하는 말이다.

언어게임에 참여한 학인들이 자신의 이해를 소통 가능한 언어에 담아내려는 노력을 게을리하는 네에는, 언어와 지식의 권력적 속성도 한몫하는 것으로 보인다. 언어와 지식은 예나 지금이나 권력의 발생지이고 획득 도구이며 운영수단이다. 이것은 언어인간의 숙명과도 같은 현상이다. 그래서 언어와 지식에 진입하는 길이 좁을수록 소수자들이 독점적 권력 지대를 확보하기가 쉽다. 진입이 어려운 언어와 지식일수록 그 운용자들은 특권의 향유가 가능해진다. 특히 불교학처럼 고전어를 다루어야 하는 학인들에게는 원전 언어의 의미로 진입할 수 있는 길이 좁을수록 독점적 이익이 보호된다. 구사하는 용어와 이론이 난해할수록, 명확한 의미가 드러나지 않을수록, 권위의 이익은 크게 누릴 수 있다. 혹 언어·지식의 이러한 매혹적 권력이, 이해를 분명히 하고 명확히 표현하여 쉽게 소통하려는 노력을 방해하는 경우도 있을 수 있다. **언어와 지식의 역사 속에서는 '배타 지향'과 '공유 지향'의 두 상이한 태도가 얽혀 있는데, 전자에서 후자로 변해 가는 것이 시대의 진보적 추세로 보인다. 그런 점에서도 한글의 등장은 의미심장하며 선구적이다. 한글만큼 탈脫권력적인 언어를 찾기는 어렵다. 필자는 한글을 사용하는 인연을 크나큰 복으로 여긴다.**

참여선수들끼리만 공유하는 언어게임이 폐쇄적으로 가동되는 상황에서는, 전문성과 대중성이 접점 없이 이반離反되어 가는 양극화 현상이 심화된다. 전문성을 확보했다는 학인들은 현재어에 접속할 능력이 없어 학문이라는 명분으로 자위적 폐쇄성에 빠져들고, 대중성 확보에 성공했다는 학인들은 현재어로 세련된 응용기술을 보여 주지만 전문성의 깊이가 결여되면 그 호소력과 생산력이 곧 한계에 봉착한다. 전문지성과 대중지성이 상호작용하면서 서로를 끊임없이 향상시키는 접속지대의 확보가 절실하다.

사실 전통교학을 형성한 생명력은 '사용가치를 탐구하려는 성찰'에서 찾을 수 있다. '사용가치를 탐구하려는 태도'는 개방적일 수밖에 없다. 완결시켜 머무르려는 태도로는 역동적 현실에서의 더 좋은 사용가치를 추구할 수 없기 때문이다. 또 '성찰하려는 태도'는 이전의 것을 이해한 후 현재 시점에 서서 새로움을 추가해 보려고 한다. 그리하여 '과거에 대한 이해와 현재에서의 새로운 구성력'을 동시에 보여 준다. 따라서 '사용가치를 탐구하려는 성찰'은 필연적으로 '자신의 관점'을 '현재어'에 담아내려는 '해석학적 능동성과 현재성'을 보여 준다. 이러한 **'사용가치를 탐구하려는 성찰'이 활기차게 작동할 때, 교학은 새로움을 추가할 수 있었다. 지금 우리가 목격하는 전통교학의 저 풍요로운 다양성은 그렇게 형성된 것이다.**

이렇게 보면, **현재의 '학문 불교학'은 전통교학에 갇혔을 뿐 아니라 전통교학의 생명력도 상실해 버렸다고 할 수 있다. 이러한 학문 방법론과 태도로는 더 이**

상 붓다와의 새로운 만남이 불가능하다. 붓다의 통찰과 성취에 대해, 아직 놓치고 있을지 모르는 혜안, 엉뚱하게 읽고 있는 해석학적 오독의 발견과 수정 가능성, 붓다에 기대어 지속적으로 넓혀 가는 새로운 통찰과 전망 등이, 모두 묻혀 버린다. 거칠게 말하자면, 이대로라면 불교학이 불교라는 고목古木을 고사목枯死木으로 만들어 버릴 수 있다.

필자는 그 유력한 출구 하나가 '불교에 대한 철학적 읽기'라고 생각한다. 전통교학이 '사용가치를 탐구하려는 성찰'로써 보여 준 '개방성과 역동성 및 현재성'을 계승하는 길, 붓다를 거듭 새롭게 만날 수 있는 길, 붓다의 성취에 대한 해석학적 오염과 일탈을 치유하는 길, 붓다와 손잡고 삶과 세상의 더 좋고 더 넓은 길을 만들어 가는 길. ─ 이 모든 길에 들어서는 문이 '불교에 대한 철학적 읽기'일 수 있다고 본다. 그리고 이런 의미의 '불교에 대한 철학적 읽기'는 현재의 '학문 불교학'에서 아직 제대로 형성되지 않았다고 본다. 교학사상을 다룬다고 해서 '불교에 대한 철학적 읽기'가 되는 것은 아니다. (그러나 교학사상에 대한 충분한 탐구와 이해 없이는 철학적 읽기도 불가능하다.) 또 서구의 사변과 개념을 차용한다고 해서 '불교에 대한 철학적 읽기'가 되는 것도 아니다. 자칫 남의 다리 긁는 격이 된다. '불교에 대한 철학적 읽기'는 아직 형성되지 않았다.

필자에게 '불교에 대한 철학적 읽기'는 다음과 같은 조건을 갖춘 불교학 탐구를 의미한다. 첫째, 모든 전통교학을 나름대로의 해석학으로 간주하는 동시에, 그에 대한 이해에 머물지 않고 '사용가치를 탐구하려는 태도'를 보여 주어야 한다. 둘째, 사용가치 평가의 근거가 되는 자신의 관점과 이론 및 자신이 주목하는 사용가치를 '소통 가능한 현재어'로 명확하게 밝혀야 한다. 이때 '현재어'란, 현재를 살아가는 사람들이 상호 소통할 수 있는 개념과 용어에 의한 표현이다. 셋째, 이를 위해서는 선통교학의 용어와 이론 형식을 그대로 차용하면서 재배치하는 방식은 피해야 한다. 전통교학의 용어와 이론 범주에 갇히지 말고, 그리하여 동어반복적인 순환구조에서 벗어나야 한다. 이 세 가지 조건을 묶으면 이렇게 된다. **'모든 해석학적 가능성을 열어 놓고' '사용가치를 탐구하려는 태도로써' '사용가치에 대한 자신의 성찰을' '소통 가능한 현재어에 담아내는 것'**─ 그것이 '불교에 대한 철학적 읽기'가 갖추어야 할 기초조건들이다.

'불교에 대한 철학적 읽기'의 이러한 자격조건들은 의지만으로 갖추어지지 않는다. 화두처럼 늘 염두에 두고, 그런 조건들을 확보할 수 있는 능력을 꾸준히 계발해야 한다. 어느 정도 능력이 생겼다고 해서 곧바로 성공적인 작품을 내놓을 수 있는 것도 아니다. 비록 '불교에 대한 철학적 읽기'의 '모든 조건을' '충분히' 갖추지는 못해도, 거듭 시도하며 사례들을 축적시켜 가야 한다. '불교에 대한 철학적 읽기'의 조건들을 확보하려는 다양한 시도들이 축적되고 또 상호작용하는 과정에서, 점차 '불교에 대한 철학적 읽기'의 정체성과 내용이 뚜렷해질 것이다. 현재 '학문 불교학'의 교학적 탐구 가운데 '불교에 대한 철학적 읽기'의 조건을 갖춘 경우는 그리 많지 않아 보인다. 그러나 '불교에 대한 철학적 읽기' 범주에 근접하거나 진입하는 사례들도 꾸준히 늘어나는 추세로 보인다. 그런 학인들의 역량이 결집된다면 좋은 결과를 기대할 수 있다. 정교한 접속어와 탁월한 조어력을 지닌 한글과 한국어는, 명확하고 풍요로운 의미 생산력과 표현·전달력을 지니고 있어 철학적 사유를 전개하고 담아내기에 매우 수승한 언어이다. 그런 점에서 한국어의 주체들은 '불교에 대한 철학적 읽기'의 형성에 적합한 잠재력을 지니고 있다.

철학적 읽기로서의 불학이 가능하려면, 무엇보다도 이미 확립된 교학과 그것을 지탱하고 있는 해석학적 전제들에 집착하거나 지배받지 않을 수 있는 '자유의 자리'를 확보할 수 있어야 한다. 이미 학해學解와 신행信行의 제도와 현실을 장악하고 있는 교학적·해석학적 관행에 압도당하지 않을 수 있으려면, 탐구하고 수용하지만 갇히지 않고 머물지 않는 '열린 유동성', 만나면서도 헤어지는 '접속하되 거리 두기'가 가능해야 한다. 사용가치를 염두에 두고 〈기존 교학은 얼마나 타당하며 또 충분한가?〉를 물으면서 마침내 〈붓다의 법설을 어떻게 이해할 것인가?〉라는 질문에 '지금 여기'의 관심으로 대답해 보기 위해서는, 끊임없이 교학의 해석학적 토대 자체를 재음미·재구축하려는 '철학적 정신'이 요청된다. '그 어떤 전제에도 갇히지 않는 자유로운 재성찰'을 철학적 탐구의 특징으로 간주한다면 말이다.

교학 구성의 토대가 되는 관점이나 이해에 갇히지 않고 성찰하는 것은, 붓다의 권고에도 상응한다는 점에서 가히 '불교적'이다. 서구의 사변적 언어실험실 도구와 작업내용들을 불교 언어에 이식하는 격의格義적 방식이 '불교에 대한 철학적 탐구'를 대신해서는 안 된다. 그 어디에도 매이지 말고 자유롭게 탐구하라는 붓다의 진리탐구 정신, 이해나 사유를 비롯한 모든 현상을 발생시킨 '조건들과 그 인과관계'를 '사실 그대로' 탐구하라는 '연기緣起성찰의 방법론'에 의거한 철학적 성찰은, 현행 불교학에서 상대적으로 취약한 '철학적 불교학'의 결핍을 채울 수 있는 요긴한 대안이 될 것이다.

불교학 방법론에 관한 이러한 문제 제기는 성철과 원효에 대한 연구방법론에도 그대로 적용된다. 교학적 방법론은 전통교학의 맥락을 일탈하지 않을 수 있는 형식적 장점을 지니지만, 성철과 원효의 혜안을 전통의 언어와 시선에 가두어 현대 언어지형도에서 고립된 섬으로 만들어 버릴 위험성을 안고 있다. 성철과 원효의 언어를 교학적 방법론으로 읽어 내는 작업은 해석학적 제한에 묶이기 쉽다. 또한 전통 교학언어와 이론을 그대로 채택하는 방식으로는 성철과 원효사상의 철학적 의미를 포착하기 어렵고, 그들의 통찰을 현재어에 접속시키기도 어렵다. 성철과 원효의 언어를 '지금 여기'의 관심과 문제, 오늘의 언어에 접속시키기 위해서는, 전통 시선인 교학에 접속하면서도 갇히지 않는 '성찰적 태도'가 필요한 동시에, 성철과 원효의 언어 및 전통교학 본래의 의미맥락을 충분히 소화하면서도 그 철학적 의미를 현재의 관심에서 성찰적으로 음미하는 '본의本義적 현재 해석학'이 요구된다. '기존의 이해방식에 갇히지 않으려는 성찰적 태도'와 '본래의 의미맥락을 놓치지 않으면서도 현재의 관심을 반영하는 본의本義적 현재 해석학'을 모두 반영하는 읽기가 시도되면, 성철과 원효가 개진하는 지혜의 보편적 생명력과 현재적 호소력을 제대로 발굴할 수 있다. '성철과 원효 사유 본래의 맥락'을 놓치지 않으면서도 '현재의 열린 성찰'로써 포착한 '의미의 결'(理)들을, 다양한 언어지형들과의 상호교섭과 작용을 가능케 하는 언어에 담아낼 수 있게 된다.

3. 성철과 원효의 중도관

1) 성철의 중도관

중도는 '유·무 양변을 벗어나는 것'이며, 이 중도의 특징은 '쌍차雙遮와 쌍조雙照를 동시에 드러내는 차조동시遮照同時·쌍민쌍존雙泯雙存' '쌍차雙遮한 쌍조雙照, 즉 진공묘유眞空妙有'라는 것이, 성철의 중도 이해를 일관하는 관점이다. '유·무 양변을 벗어나는 것이 중도'라는 이해는 학계와 교학 일반의 중도관이지만 이 중도가 모든 불교를 관통하는 핵심으로 간주하는 것은 성철 특유의 가치평가적 태도이다. 또한 대승교학과 선종에서 등장하는 차조동시遮照同時·쌍민쌍존雙泯雙存·진공묘유眞空妙有라는 통찰을 연기 및 중도와 결합시켜 붓다의 연기·중도를 비롯한 모든 불교의 중도관을 읽어 내는 시선도 성철 특유의 혜안이다. 성철은 이러한 중도관을 붓다 이래 모든 불교를 관통하는 핵심으로 파악하는 동시에 근본불교와 대승불교 및 선종을 이 중도관에 의해 하나로 엮으려는 작업을 실행한다. 또한 중도를 화쟁의 원리로 파악하는 동시에, 중도를 깨달아 증득하는 수행법으로 선종의 간화선에 방점을 찍는다. '유·무 양변을 벗어나는 것'과 차조동시遮照同時·쌍민쌍존雙泯雙存·진공묘유眞空妙有를 결합시킨 중도관으로 근본불교·대승교학·선종까지 한 줄로 꿰어 보려는 탐구를 실행한 경우는 유례를 찾기 어렵다. 중도에 대한 최고의 의미와 가치 부여, 근본불교와 대승교학 및 선종까지의 모든 불교를 관통하는 핵심을 차조동시遮照同時·쌍민쌍존雙泯雙存·진공묘유眞空妙有의 중도라고 보는 안목, 근본불교 문헌을 비롯하여 대승과 선종의 핵심문헌들을 이러한 중도관으로 읽어 내는 거대 기획과 실행, 중도의 화쟁적 의미를 주목하여 중도의 현실문제 해결력을 포착하고 중도 체득의 방법론으로서 선종의 간화선을 강조하는 것.─성철 중도관의 특별함은 여기에 있다. 관련된 성철의 법문을 『백일법문』 가운데서 선별하여 소개한다.

"쌍차쌍조하고 차조동시하는 중도는 어느 종교나 어느 철학에서도 볼 수 없는 불교의 새로운 입장인데, 선과 교를 일관해서 조금도 다른 길이 없음을 살펴보았습니다. 또 양변이라고 하면 고와 낙, 유와 무, 단과 상 등이 있는데 양변을 떠나는 것이 중도이므로 남전과 북전 모두 불교의 근본 정맥은 중도에 있습니다. 연기니 법계니 진여니 법성이니 제일교第一教니 구경실상究竟實相이니 하는 것도 모두 여기에서 성립되었습니다. 이것이 부처님이 깨친 정등각이고, 부처님과 조사의 이심전심이며, 또 팔만대장경에서 부처님이 종횡무진으로 설하신 내용입니다. 이처럼 부처님이 말씀한 근본불교는 유·무·단·상을 떠난 중도일승中道一乘이지 다른 것이 아닙니다. 지금까지 계속 중도를 말했다고 해서 말만 따라가면 실제 중도는 모르고 맙니다. 밥 이야기를 천년만년 해 봤자 배가 부르지 않듯이, 아무리 중도를 이야기해도 입만 아프고 귀만 아프지 중도는 모른다는 말입니다. 그러면 어떻게 해야 되는가? 부처님은 〈중도를 정등각했다〉고 하셨습니다. 중도를 정등각했다는 이 구절은 절대로 변경시킬 수 없습니다. 중도를 방법론이라고 말하는 사람도 더러 있는데 그것은 부처님이 중도를 정등각했다는 말의 뜻을 모르는 사람입니다. 팔리어 경전에서도 분명히 부처님이 중도를 정등각했다고 여러 번 밝히고 있습니다. 그래서 중도를 알려면 반드시 깨쳐야 합니다. 깨치기 전에는 정등각한 중도를 모릅니다. 앞에서 예로 든 현수스님 말씀에도, 〈입으로는 말하나 마음에 깨침이 없는 사람은 곧 미친 사람과 같다〉고 했습니다. 입으로는 중도를 말하면서 마음속에 중도를 깨치지 못했다면 이 사람은 미친 사람입니다. 그래서 〈마음도 아니고 물건도 아니며 부처도 아닌 이것이 무엇인고?〉 하는 화두를 늘 들면서 공부해야 합니다. 그렇지 않고 중도 이야기만 듣다가는 개가 신주를 물어가 버립니다."[351]

"마음이 이미 밝고 깨끗하면 양변이 다 끊어집니다. 양변을 막는다는 말은 보통 불과 불이 양변이고, 선과 악이 양변이며, 유와 무가 양변이고, 고와 낙이 양변이며, 피彼와 아我가 양변이고, 남자와 여자가 양변입니다. 모든 것이 양변으로 되어 있습니다. 양변이란 것은 서로 상극입니다. 상극이어서 서로 어떠한 행동을 하게 되면 서로 투쟁하는 행동을 하게 됩니다. 선과 악이 싸우고, 시와 비가 싸움

351 『백일법문』, 138-139.

니다. 옳고 그른 것이 있기 때문에 싸웁니다. 이쪽에서 볼 때는 저쪽이 그르고 저쪽에서 볼 때는 이쪽이 그르니, 시와 비가 싸우고 선과 악이 싸웁니다. 결국 양변의 세계라는 것은 싸움의 세계입니다. 그럼 이런 싸움의 세계가 우리의 이성세계라는 목표가 될 수 있겠습니까? 절대로 아닙니다. 우리가 목표로 하는 이상세계는 평화의 세계입니다. 양변이 있는 상극 세계에서는 평화라는 것은 찾기가 어렵습니다. 물과 불이 서로 통할 수 있겠으며, 시와 비가 서로 통할 수 있겠습니까? 참다운 평화와 자유를 얻으려면 양변을 버려야 합니다. 양극을 버리면 양쪽이 서로 비춥니다.(雙照二諦) 물과 불이 서로 통하고 시와 비가 통하며, 이런 모든 것이 서로 다 통하게 됩니다. 결국 차별 세계란 상극 세계여서 서로 통하지 않고 싸움하는 세계이며, 서로 비추는 중도 세계는 서로 통하는 세계입니다. 우리는 이것을 '둘이 아닌 법문'(不二法門)이라 하니, 선과 악이 둘이 아니고 시와 비가 둘이 아니고 전부 둘이 아닙니다. 불교의 근본에서는 서로 통합니다. 서로 통하려면 반드시 양변을 버려야 합니다."[352]

2) 원효의 중도관

원효 역시 모든 사유와 통찰을 연기·중도의 도리가 드러내는 '불변·독자의 본질/실체가 없음'(空)에 입각하여 펼친다. '상주·불변하는 있음'(有)과 '허무의 없음'(無)은 '사실 그대로/있는 그대로'(yathābhūta, 如實)를 벗어난 것이며, 모든 유형의 본질·절대·실체주의적 사유(常住論, 有論)와 허무주의적 사유(斷滅論, 無論)는 무지의 허구이고, 유·무 양변에 대한 무지에서 벗어난 것이 중도인 '사실 그대로/있는 그대로'라는 붓다 이래의 중도관을 고스란히 계승하고 있다. 특히 유와 무 개념에 불변의 본질을 부여하는 어떤 유형의 사유도 유·무 양변의 범주에 속하는 본질주의 사유라고 비판하면서, 중도를 드러내는 다양·다층의 이론을 펼친다. '상주·불변하면서 있다는 관점'(有見)과 '아무것도 없다는 관점'(無見)은 모두 '동일성을 유지

---

352 같은 책, 96-97.

하는 본질·실체가 있다'는 본질·실체론의 양면이라는 점을 통찰하고 있기 때문이다. 원효는, 유有와 무無뿐 아니라 비유비무非有非無, 중도中道 등 그 어떤 개념에도 불변 본질을 부여하지 않아야 중도의 지평이 열린다는 통찰을 다층적 이론과 논리를 통해 밝힌다. 그리하여 그는, 언어에 따라 사유와 이해를 수립하는 사람으로 하여금, 언어를 수용하는 그 자리에서 모든 유형의 본질주의 유혹을 떨쳐내고 중도 지평에 접속할 수 있게 하는 언어를 구사한다. 언어가 무지 치유의 통로가 되고, 언어와의 만남 자체가 무지 치유행위가 될 수 있는, 치유의 언어를 구사한다.

원효는 이 연기·중도의 도리를 모든 유형의 대승교학 통찰과 결합시켜 다양하고도 통섭通攝적인 이론을 펼친다. 특히 대승교학 가운데서도 유식唯識적 통찰을 중심부에 놓고 중도의 도리를 다양한 맥락과 논의방식으로 전개한다. 이러한 원효의 태도는『대승기신론』에 대한 연구에서 성취한 통찰에 기초하고 있다.『대승기신론』은 유식적 통찰을 토대로 삼아 여래장·진여·자성청정심·진심·일심·법신·본각 등 대승교학에서 등장하는 긍정형 기호들에 담긴 혜안을 적극 수용하면서 '불변·독자의 본질/실체가 없음'(空)의 도리와 마음 지평을 결합시키는 대승 종합이론체계를 수립하고 있는데, 원효는 이『대승기신론』의 통찰을 철학적 기초로 삼아 사유를 발전시켜 간 것으로 보인다.『대승기신론』의 혜안을 초석으로 삼아 고도화되어 가는 원효의 중도관은 그의 말기저술이자 대표저술인『금강삼매경론』에서 그 완성된 결실을 보여 준다.

『금강삼매경론』에서 펼쳐지는 원효의 중도관에서 특히 눈여겨보아야 할 대목이 있다. 원효가 전개하는 중도론에는, 유·무 양변을 비롯한 모든 유형의 본질주의적 시선에서 벗어나는 중도를 밝히는 목적이, 차이들을 '사실 그대로/있는 그대로' 이해함으로써, '차이 현상들의 사실 그대로/있는 그대로'(眞如實相)를 드러내고, '사실 그대로/있는 그대로의 차이들과 관계 맺는 방식과 관계능력 및 실천행위'를 계발하는 데 있다는 점이 부각된다는 점이다. 아래에서 거론하겠지만, 원효의 이러한 중도관은 붓다 중도법설의 의미를 제대로 포착하는 것으로 혜안으로 보인다.『금강삼매경론』에서의 대표적 사례를 소개한다.

"이 아래부터는 곧바로 [부처님이] 설법한 것인데, 여기에는 두 가지가 있다. 먼저는 '[불변·독자의 본질/실체로 차별된] 차이가 없음에 대한 이해'(無相觀)를 밝혀 '[불변·독자의 본질/실체로 차별된] 차이가 없어서 생기는 이로움'(無相利)을 자세하게 밝히는 것이고, 나중은 '하나처럼 통하게 하는 깨달음을 성취한 마음'(一覺心)을 드러내서 앞에서 [나온] '하나처럼 통하게 하는 깨달음'(一覺)의 뜻을 자세하게 [나타내는] 것이다. '[불변·독자의 본질/실체로 차별된] 차이가 없음에 대한 이해'(無相觀)에도 두 부분이 있으니, 첫 번째는 '[진리다운] 이해와 [이해에 의거한] 수행의 면모'(觀行之相)를 곧바로 말하는 것이고, 두 번째는 [문답을] 주고받으면서 갖가지 의문과 난점을 해결하는 것이다. '[[진리다운] 이해와 [이해에 의거한] 수행의 면모'(觀行之相)를 곧바로 말한] 첫 번째에도 두 가지가 있으니, 먼저는 '수단과 방법을 통한 이해'(方便觀)이고 나중은 '곧바로 사실대로 이해함'(正觀)[353]을 밝힌 것이다. '수단과 방법을 통한 이해'(方便觀)에는 네 구절이 있으니, 처음의 한 구절은 '교화하는 사람'(能化)을 나타내었고, 마지막 한 구절은 교화의 위대함을 찬탄한 것이며, 중간의 두 구절은 '이해의 면모'(觀相)를 곧바로 밝힌 것이다. 〈[중생 마음으로 하여금] '허망한 것'(化)을 일으키지 않게 해야 한다〉(無生於化)라는 것은, [중생이] 처음에 '[진리다운] 이해'(觀)를 닦을 때에 온갖 '[불변·독자의 본질/실체로 차별된] 차이를 두는 것'(有相)을 깨뜨려 '허깨비 같은 [불변·독자의 본질/실체로 차별된] 차이'(幻化相)에 대해 마음을 일으키는 것을 그치기 때문이다. 〈'허망한 것을 없앤 것'

353 정관正觀: 원효의 관점에 따르면, 보살수행의 52단계(52位)에서 십지十地 이전인 십신十信·십주十住·십행十行·십회향十廻向 단계에서의 관행은 모두 방편관에 속하고, 십지 초지初地부터의 관행은 정관에 해당한다. 그에 의하면, 자리행과 이타행이 하나로 결합되는 분기점은 십지의 초지이며, 십지부터는 자리행과 이타행이 근원에서 하나로 결합하는 경지가 펼쳐지게 되고, 등각等覺과 묘각妙覺에 이르러 그 완벽한 경지가 된다. 또 십지의 초지初地 이상의 지평을 여는 정관正觀의 핵심을 원효는 유식관唯識觀으로 본다. 정관이 작동하는 초지 이상의 경지에서 현상과 존재의 사실 그대로인 진여공성眞如空性에 직접 접속하게 되고, 그때 '[사실 그대로'를] 비로소 깨달은 시각始覺을 증득하여 본각本覺인 '사실 그대로 앎'과 상통하게 되어 '시각이 곧 본각'이라는 일각一覺의 지평에 올라선다. 이후의 과제는 본각과의 상통 정도를 확장해 가는 것이다. 초지에서 위로 올라갈수록 상통의 원만성이 확대되다가, 등각等覺 경지에서 성취하게 되는 금강삼매에 의거하여 마침내 묘각妙覺 지평이 열려 시각과 본각이 완전하게 하나가 된다. 이러한 위상을 지닌 '正觀'을 본 번역에서는 '곧바로 사실대로 이해함'이라 번역한다. 또한 문장의 의미맥락에 따라서는 그저 '사실대로 이해함'으로 번역하기도 한다.

마저도 [불변·독자의 본질/실체로 보는 생각을] 일으키지 않게 해야 한다〉(不生無化)라는 것은, '허깨비 같은 [불변·독자의 본질/실체로 차별된] 차이'(幻化相)를 깨뜨리고 나서, 다음으로 '불변·독자의 본질/실체가 없는 차이'(空相)[마저 붙들지 않고] 버려서, 〈허망한 것을 없앤 '불변·독자의 본질/실체가 없음'〉(無化空)[을 다시 불변·독자의 본질/실체로 보는 생각]에도 마음을 일으키지 않게 하는 것이다. 왜냐하면, 중생은 본래부터 '마음은 [불변·독자의 본질/실체로 차별된] 차이에서 벗어나 있음'(心離相)을 제대로 알지 못하여 '모든 유형의 [불변·독자의 본질/실체로 차별된] 차이'(諸相)를 두루 붙들어 '[분별하는] 생각'(念)을 발동시켜 [그에 의거하여] 마음을 일으키기 때문에, 먼저 '모든 유형의 [불변·독자의 본질/실체로 차별된] 차이'(諸相)를 깨뜨려 '[불변·독자의 본질/실체로 차별된] 차이를 붙드는 마음'(取相心)을 없앤다. [그런데] 비록 '허깨비 같은 [불변·독자의 본질/실체로 차별된] 차이가 있다[는 생각]'(幻化有相)은 이미 깨뜨렸지만 여전히 〈허망한 것을 없앤 '불변·독자의 본질/실체가 없는 본연'〉(無化空性)을 [다시 불변·독자의 본질/실체로] 붙들어 '불변·독자의 본질/실체가 없는 본연'(空性)[이라는 생각]을 붙들기 때문에 '불변·독자의 본질/실체가 없음'(空)에 대해 [다시 불변·독자의 본질/실체라고 집착하는] 마음을 일으키니, 그러므로 〈허망한 것을 없앤 '불변·독자의 본질/실체가 없는 본연'〉(無化空性)[이라는 생각]도 버리는 것이다. 이때에는 '불변·독자의 본질/실체가 없다[는 생각]을 붙드는 마음'(取空之心)도 일으키지 않아 '둘[로 나누어 분별함]이 없는 중도'(無二中道)를 깨닫게 되어 부처님이 들어간 〈모든 현상의 '사실 그대로'〉(諸法實相)와 같아지니, 이와 같이 교화하기 때문에 그 교화가 위대한 것이다."354

"〈하나처럼 통하는 진리〉(一法)라고 말한 것은 '[불변·독자의 본질/실체로서]

354 『금강삼매경론』(H1, 611a17~b10); "自此已下, 正爲宣說, 於中有二. 先明無相觀, 廣明無相利, 後顯一覺心, 廣前一覺義. 無相觀中, 亦有二分, 一者直說觀行之相, 二者往復決諸疑難. 初中亦二, 先方便觀, 後明正觀. 方便觀中, 有其四句, 初一句牒能化, 後一句嘆化大, 中間二句正明觀相. 〈無生於化〉者, 初修觀時, 破諸有相, 於幻化相, 滅其生心故. 〈不生無化〉者, 旣破化相, 次遣空相, 於無化空, 亦不生心故. 所以然者, 衆生本來迷心離相, 遍取諸相, 動念生心故, 先破諸相, 滅取相心. 雖復已破幻化有相, 而猶取其無化空性, 取空性故, 於空生心, 所以亦遣無化空性. 于時不生取空之心, 不得已會無二中道, 同佛所入諸法實相, 如是化故, 其化大焉."

있음'(有)과 '[아무것도] 없음'(無)이라는 치우친 견해'(有無邊)에서 벗어난 '하나가 되는 중도에 대한 이해'(一中道觀)이니, 이것으로써 마음(心)과 자아(我)[를 '불변·독자의 본질/실체인 차이'(相)들로 보는 생각]에 대한 집착에서 벗어날 수 있기 때문이다."[355]

"그 차례대로 앞서의 두 가지 [대력보살의] 질문에 답한 것이다. '다섯 가지에 불변·독자의 본질/실체가 없음'(五空)은 곧 '세 가지 참 그대로임'(三種眞如)을 나타낸 것이니, 무엇이 세 가지인가? 첫 번째는 '흘러가며 바뀌어 가는 세계에서의 참 그 대로임'(流轉眞如)이고, 두 번째는 〈사실 그대로인 '참 그대로'〉(實相眞如)이며, 세 번째는 '마음현상에서의 참 그대로임'(唯識眞如)이니, 이 뜻은 『현양론顯揚論』의 설명에 자세히 갖추어져 있다. 이 가운데 앞의 '[삼유시공三有是空과 육도영시공六道影是空, 이] 두 가지 불변·독자의 본질/실체 없음'(二空)은 곧 앞에서의 '[유전진여流轉眞如와 실상진여實相眞如, 이] 두 가지 참 그대로임'(二眞如)이고 뒤의 '[법상시공法相是空·명상시공名相是空·심식의시공心識義是空, 이] 세 가지 불변·독자의 본질/실체 없음'(三空)은 '세 번째[인 유식진여唯識眞如의] 참 그대로임'(第三眞如)이니, 이 뜻은 무엇인가? [다섯 가지에 불변·독자의 본질/실체가 없음'(五空)의] 첫 번째인 〈[욕망세계(欲界)·유형세계(色界)·무형세계(無色界), 이] 세 가지 세계는 불변·독자의 본질/실체가 없는 것이다〉(三有是空)라는 것은, '[욕망세계(欲界)·유형세계(色界)·무형세계(無色界), 이] 세 가지 세계에 대한 애착'(三有愛)에 따라 [욕망세계·유형세계·무형세계, 이] 세 가지 세계에 흘러가며 바뀌어 가는데'(流轉三界) '흘러가며 바뀌어 가는 세 가지 세계'(流轉三界)에는 이전[의 세계]와 이후[의 세계]에 '불변·독자의 본질'(性)이 없고 '잠깐도 머무름이 없기에'(刹那無住) '불변·독자의 본질/실체가 없어 [불변·독자의 본질/실체로서] 얻을 것이 없으니'(空無所得), 바로 이것이 〈흘러가며 바뀌어 가는 세계에서의 참 그대로임'이라는 측면〉(流轉眞如門)이다. [다섯 가지에 불변·독자의 본질/실체가 없음'(五空)의] 두 번째인 〈여섯 가지 미혹한 세계에서의 그림자와 같은 과보는 불변·독자의 본질/실체가 없는 것이다〉(六道影是空)라는 것은, '유익한 행위'(善

---

355 『금강삼매경론』(H1,622c14-15); "言〈一法〉者, 離有無邊, 一中道觀, 以此能離心我執故."

業)와 '해로운 행위'(惡業)는 제각각인 두 가지 속성(品)이기 때문에 '여섯 가지 미혹
세계에서의 과보'(六道果報)는 바탕(本)[인 속성]과 비슷하게 그림자를 나타내는 것이
다. [그런데] 그림자[인 과보]는 바탕(本)[인 속성]의 '불변·독자의 본질/실체가 없어
[불변·독자의 본질/실체로서] 얻을 것이 없음'(空無所得)에서 벗어남이 없으니, 바
로 이것이 〈사실 그대로인 '참 그대로'라는 측면〉(實相眞如門)이다. 마지막으로 세 번
째인 〈'마음현상에서의 참 그대로임'이라는 측면〉(唯識眞如門)이라는 것은, [법상시
공法相是空·명상시공名相是空·심식의시공心識義是空, 이 세 가지 가운데 앞의 두 가지
[인 법상시공法相是空과 명상시공名相是空]은 '취하는 대상의 뜻과 명칭[에 의한 차이
를 불변·독자의 본질/실체로 보는 것을 없애는 것'(遣所取義名)이니 명칭(名)과 뜻(義)
은 '서로를 성립시키는 대상'(互客)이어서 '독자적 실체'(實)를 이루지 못하기 때문이
고, 마지막 하나[인 심식의시공心識義是空]은 '취하는 주체인 마음과 의식을 없애는
것'(遣能取心識)이니 주관(能)과 객관(所)은 '서로를 성립조건으로 삼는 것'(相待)이어서
독자적으로 성립하지 못하기 때문이다. '오로지 분별하는 마음[에 의한 구성]일 뿐
이라는 도리'(唯識道理)는 들어가기가 가장 어렵기 때문에 '불변·독자의 본질/실체
가 없는 세 가지 경지'(三空)를 펼쳐 그 '주관과 객관'(能所)[을 불변·독자의 본질/실
체라고 분별함]을 버리게 하였으니, 주관(能)과 객관(所)이 '불변·독자의 본질/실체
가 없는 것'(空)이 되기 때문에 '[주관과 객관을 불변·독자의 본질/실체로 보는 생
각으로] 분별하지 않는 경지'(無分別)를 얻게 된다. (…) '[대상에는 불변·독자의 본
질/실체가 없다는] 이치'(理)와 '[불변·독자의 본질/실체가 없다고 아는] 지혜'(智)가
같아져서 '[불변·독자의 본질/실체로 차별된] 주관과 객관의 차이'(能所相)가 없으
니, 어떻게 그 [주관과 객관] 사이에서 [불변·독자의 본질/실체로서] '취하거나 버
림'(取捨)을 허용하겠는가? 그러므로 [취하고 버림이 없는] 중도中道에 들어가 곧 '불
변·독자의 본질/실체가 없는 세 가지 경지'(三空)로 들어가게 되는 것이다. 〈[그 어
떤 것도 불변·독자의 본질/실체로] 취함이 없는 경지〉(無取地)라는 것은 '열 가지
[본격적인] 수행경지'(十地)를 가리킨다."356

---

356 『금강삼매경론』(H1, 639b2~23); "如其次第, 答前二問. 五空卽顯三種眞如, 何等爲三? 一流轉眞如, 二

"이 하나의 질문과 대답은 '불변·독자의 본질/실체가 없는 세 가지 경지'(三空)를 밝혔다. 〈불변·독자의 본질/실체가 없는 면모 또한 불변·독자의 본질/실체가 없다〉(空相亦空)라는 것에서 〈불변·독자의 본질/실체가 없는 면모〉(空相)란 것은 바로 〈[불변·독자의 본질/실체를 세우는] 세속(俗)을 없애고 [불변·독자의 본질/실체를 세우지 않는] '참 지평'(眞)을 드러내는〉(遣俗顯眞) '[불변·독자의 본질/실체로 보아 차별함이 없는] 평등한 면모'(平等之相)이고, 〈또한 불변·독자의 본질/실체가 없다〉(亦空)라는 것은 바로 〈'참 지평'(眞)도 [불변·독자의 본질/실체로 세우지 않고] 녹여서 ['참 지평'(眞)을] 세속(俗)으로 만드는〉(融眞爲俗) '불변·독자의 본질/실체가 없는 것도 불변·독자의 본질/실체가 없다는 뜻'(空空之義)으로서 마치 '진짜 금'(眞金, 眞에 해당함)을 녹여 장신구(莊嚴具, 俗에 해당함)를 만드는 것과 같다. [이것은] 마치 『열반경涅槃經』에서 〈'있는 것'(有)이기도 하고 '없는 것'(無)이기도 한 것을 '불변·독자의 본질/실체가 없는 것도 불변·독자의 본질/실체가 없다'(空空)라고 하고, '옳은 것'(是)이기도 하고 '그른 것'(非)이기도 한 것을 '불변·독자의 본질/실체가 없는 것도 불변·독자의 본질/실체가 없다'(空空)라고 한다〉라고 말한 것과 같으니, 이것은 '세속적 관점'(俗諦)에서의 있음(有)과 없음(無), 옳음(是)과 그름(非)이라는 '차별된 차이'(差別之相)가 바로 '불변·독자의 본질/실체가 없는 것도 불변·독자의 본질/실체가 없다는 뜻'(空空義)[이 드러난 것]임을 밝힌 것이다. '평등하게 불변·독자의 본질/실체가 없음'(平等空)에 대해서도 [그것을 다시] '불변·독자의 본질/실체가 없는 것'(空)이라고 하면서 '세속의 차이들'(俗差別)을 드러내는 것이니, 그러므로 이러한 [세속의] 차이(差別)들을 '불변·독자의 본질/실체가 없는 것도 불변·독자의 본질/실체가 없다'(空空)[는 뜻이 드러난 것]이라고 말하는 것이다. 〈불변·독자의 본질/실체가 없는 것도 불변·독자의 본질/실체가 없다'는 것 또한 불변·독자의 본질/실체가 없

實相眞如, 三唯識眞如, 是義具有『顯揚論』說. 此中前二空, 卽前二眞如, 後三空是第三眞如, 是義云何? 初〈三有是空〉者, 由三有愛, 流轉三界, 三界流轉, 無前後性, 利那無住, 空無所得, 卽是流轉眞如門也. 第二〈六道影是空〉者, 由善惡業各二品故, 六道果報似本現影. 影無離本空無所得, 卽是實相眞如門也. 後三唯識眞如門者, 前二是遣所取義名, 名義互客不成實故, 後一是遣能取心識, 能所相待不獨立故. 唯識道理, 最難可入, 故開三空, 遣其能所, 能所空故, 得無分別. (…) 理智平等, 無能所相, 何容取捨於其間哉? 所以入中, 卽入三空. "無取地"者, 謂十地也."

다〉(空空亦空)라는 것에서 〈불변·독자의 본질/실체가 없는 것도 불변·독자의 본질/실체가 없다〉(空空)라는 것은 바로 '세속적 관점으로 보는 차이'(俗諦差別)[를 지칭하는 것]이고, 〈또한 불변·독자의 본질/실체가 없다〉(亦空)라는 것은 다시 〈세속[적 관점으로 보는 차이]'(俗諦差別)를 녹여 '궁극[적 관점으로 보는 평등]'(眞[諦平等])으로 만드는 것〉(融俗爲眞)이니 마치 장신구를 녹여 다시 금덩이를 만드는 것과 같다. ['불변·독자의 본질/실체가 없는 세 가지 경지'(三空)의] 세 번째에서 말한 〈불변·독자의 본질/실체가 없어진 것 또한 불변·독자의 본질/실체가 없다〉(所空亦空)라는 것은, 〈['불변·독자의 본질/실체가 없는 면모 또한 불변·독자의 본질/실체가 없다'(空相亦空)는] 첫 번째 '불변·독자의 본질/실체가 없다'(空)는 것에서의 '불변·독자의 본질/실체 없음'(空)이 드러낸 '세속[적 관점으로 보는 차이]'(俗諦差別)〉(初空中空所顯俗)와, 〈[('불변·독자의 본질/실체가 없는 것도 불변·독자의 본질/실체가 없다'는 것 또한 불변·독자의 본질/실체가 없다〉(空空亦空)는] 두 번째 '불변·독자의 본질/실체가 없다'(空)는 것에서의 '불변·독자의 본질/실체 없음'(空)이 드러낸 '진리[직 관점으로 보는 평등]'(眞[諦平等])'〉(第二空中空所顯眞), 이 둘은 '다르지 않기'(無二) 때문에 〈또한 불변·독자의 본질/실체가 없다〉(亦空)라고 말하였다. **이것은 '['세속적 관점'(俗諦)과 '진리적 관점'(眞諦), 이 두 가지 관점'(二諦)을 녹여 '하나처럼 통하는 [차이들의] 현상세계'(一法界)를 드러내는 것이니, '하나처럼 통하는 [차이들의] 현상세계'(一法界)라는 것이 이른바 '하나처럼 통하는 마음'(一心)[지평]이다.**[357] 그런데 〈첫 번째로 '불변·독자의 본질/실체가 없다'고 한 측면〉(初空門)에서 없앤 세속(俗)이란 것은 '[두루 분별하여] 집착하는 양상'(遍計所執相)이고, 〈두 번째로 '불변·독자의 본

---

[357] 『대승기신론』에서의 '一法界'는 '참 그대로의 지평과 만나는 마음국면'(心眞如)에서 대하는 현상세계(法界)를 지시하려는 용어로 보인다. 그리고 일상 인식이 마주하는 현상세계와 다른 점을 나타내는 기호가 '一'이다. '참 그대로의 지평과 만나는 마음국면'(心眞如)에서는 모든 존재와 현상을 본질적으로 격리시키는 '불변·독자의 본질이나 실체'를 설정하는 환각이 사라진 인식적 지평이다. 따라서 '一'은 수량으로서의 '하나'를 지시하는 것이 아니라, '본질/실체 환각으로 인한 격리'가 해체되어 모든 현상들이 마치 '하나처럼 서로 통하고 만나는 지평에 대한 인지적 경험'을 지시하는 것으로 보인다. 이런 이해를 반영하여 '一法界'를 '하나처럼 통하는 [차이들의] 현상세계'라고 번역하였다. 『대승기신론』에서 말하는 "心眞如者卽是一法界大總相法門體"에서의 '一法界'를 원효는 『금강삼매경론』에서 "一法界者, 所謂一心"으로 계승하고 있다.

질/실체가 없다'[고 한 측면])(第二空[門])에서 녹인 세속(俗)이란 것은 '다른 것에 의존하여 [생겨나는] 양상'(依他[起]相)이니, 세속(俗)에는 [이처럼] 두 가지 양상(相)이 있기 때문에 [초공문初空門에서] '없앤 것'(所遺)과 [이공문二空門에서] '녹인 것'(所融)은 '같은 것이 아니다'(非一). 또 〈첫 번째[로 '불변·독자의 본질/실체가 없다'고 한] 측면에서 세속을 없애어 드러낸 '참 지평'〉(初門內遺俗所顯之眞)과 〈두 번째로 '불변·독자의 본질/실체가 없다'[고 한 측면]에서 세속을 녹여 드러낸 '참 지평'〉(第二空中融俗所顯之眞), 이 '두 가지 참 지평'(二門眞)은 '오로지 같은 것이고 다름이 없으니'(唯一無二), 진정 오직 한 종류인 '참됨이 완전하게 이루어진 면모'(圓成實性)이다. 그러므로 [초공문初空門에서] 없애어 드러낸 것'과 '[제이공문第二空門에서] 녹여 드러낸 것'은 '오로지 같은 것'(唯一)이다. 〈세 번째로 '불변·독자의 본질/실체가 없다'[고 한 측면]〉(第三空[門])은 '참 지평'(眞)도 아니고 세속(俗)도 아니며 '다른 것도 아니고'(非二) '같은 것도 아니다'(非一). 또 이 '불변·독자의 본질/실체가 없는 세 가지 경지'(三空)에서 '첫 번째 불변·독자의 본질/실체가 없는 경지'(初空)는 '세속적 관점에서의 중도'(俗諦中道)를 드러내었고, '두 번째 불변·독자의 본질/실체가 없는 경지'(次空)에서는 '진리적 관점에서의 중도'(眞諦中道)를 드러내었으며, '세 번째 불변·독자의 본질/실체가 없는 경지'(第三空)에서는 '참 지평도 아니고 세속도 아니며 극단도 없고 중도도 없는 중도'(非眞非俗無邊無中之中道)의 뜻을 드러내었다. 〈이와 같은 '불변·독자의 본질/실체가 없는 경지'(空)들〉(如是等空)이라고 말한 것은 '불변·독자의 본질/실체가 없는 세 가지 경지'(三空)를 모두 거론한 것인데, '세속의 면모'(俗相)에 머무르지 않고 '참됨의 면모'(眞相)에도 머무르지 않으며 또한 '[세속(俗)과 참됨(眞)이] 둘로 나뉘지 않는 면모'(無二之相)에도 머무르지 않기 때문에 〈'세 가지 면모'에 머무르지 않는다〉(不住三相)라고 말하였다. 이와 같이 ['세 가지 면모'(三相)에] 머무르지 않지만 궁극적으로는 참됨(實)을 드러내기 때문에 〈참됨이 없지는 않다〉(不無眞實)라고 말하였다. 비록 참됨(實)이 없는 것은 아니지만 참됨이 [불변·독자의 본질/실체로서] 있는 것도 아니니, 이와 같은 것이기 때문에 〈[이러한 경지는] 말과 글[로 설명할 수 있는] 길이 끊어졌다〉(文言道斷)라 하였고, '길이 끊어졌다는 말'(道斷之言) 또한 붙일 수 없기 때문에 〈생각으로 헤아리기가 어렵다〉(不可思議)라고 하였다."358

"이 [구절] 아래는 ['들어가는 수단과 방법을 밝힘'(明能入方便)의] 두 번째인 '수단과 방법을 자세하게 드러냄'(廣顯方便)으로 세 가지 문답이 있다. 이 첫째 [문답]에서는 '숫자를 매겨 총괄적인 내용을 제시하였다'(擧數總標). 〈'하나처럼 통하는 마음으로 사실 그대로가 된 국면'을 지킨다〉(守一心如)라는 것은 [다음과 같은 것이다.] 〈'하나처럼 통하는 마음'이라는 도리〉(一心法)에 '두 가지 국면'(二種門)이 있는데 지금은 먼저 그 '참 그대로인 마음 국면'(心眞如門)을 지키는 것이니, '근본무지의 큰 용과 같은 세력'(無明大龍勢)을 제압하려는 것이다. 근본무지(無明)가 '하나처럼 통하는 마음으로 사실 그대로가 된 국면'(一心如)을 곧바로 미혹하게 하기 때문이다. 이 가운데 〈지킨다〉(守)라는 것은 [다음과 같은 뜻이다.] [선정禪定에] 들어갈 때는 '하나처럼 통하는 사실 그대로인 경지'(一如之境)를 고요히 지키고 [선정禪定에서] 나올 때에는 '한 맛[처럼 한결같은] 마음'(一味之心)을 잃지 않으니, 그러므로 〈하나처럼 통함을 지킨다〉(守一)라고 하였다. 이를테면『본업경本業經』에서 '[이타적] 수행의 열 가지 단계'(十行)를 설명하는 가운데 [다음과 같이] 말한 것과 같다. 〈열 번째는 '자유자재로 위대한 진리의 수레바퀴를 굴리는 것'(自在轉大法輪)이니 이른바 '보살의 세 가지 보배'(菩薩三寶)이다. 보살은 ['위대한 진리의 수레바퀴'(大法輪)를 굴리는] 그때에 '궁극적인 중도의 지혜'(第一中道智)를 '깨달음이라는 보배'(覺寶)로 삼고, '모든 것에는 [불변·독자의 본질/실체로서] 생겨나거나 움직이는 것이 없다는 것'(一切法無生動)을 '가르침이라는 보배'(法寶)로 삼으며, 언제나 '[지옥地獄·아귀餓鬼·축생畜生·아수라阿修羅·천상天上·인간人間, 이] 여섯 가지 미혹세계'(六道)를 다니면서 '여섯 가

358 『금강삼매경론』(H1, 639c4~640a11); "此一問答, 是明二空.〈空相亦空〉者, 空相卽是遣俗顯眞平等之相, 亦空卽是融眞爲俗空空之義, 如銷眞金作莊嚴具. 如『涅槃經』言,〈是有是無, 是名空空, 是是非是, 是名空空〉, 是明俗諦有無是非差別之相是空空義. 亦於平等空, 顯俗差別故, 故此差別名爲空空.〈空空亦空〉者,〈空空〉卽是俗諦差別,〈亦空〉還是融俗爲眞也, 如銷嚴具, 還爲金缾. 第三中言〈所空亦空〉者, 謂初空中空所顯俗, 第二空中空所顯眞, 此二無二, 故言〈亦空〉. 是融一諦, 顯一法界, 一法界者, 所謂一心. 然初空門內所遣俗者, 是所執相, 第二空中所融俗者, 是依他相, 俗有二種相故, 所遣所融非一也. 又初門內遣俗所顯之眞, 第二空中融俗所顯之眞, 此二門眞, 唯一無二, 眞唯一種圓成實性. 所以遣融所顯唯一. 第三空者, 非眞非俗, 非二非一. 又此三空, 初空顯俗諦中道, 次空顯眞諦中道, 第三空顯非眞非俗無邊無中之中道義. 言〈如是等空〉者, 擧摠三空, 不住俗相, 不住眞相, 亦不住於無二之相, 故言〈不住三相〉. 如是不住, 究竟顯實故, 言〈不無眞實〉. 雖不無實而非有實, 由是故故〈文言道斷〉, 道斷之言亦不可寄故, 亦說言〈不可思議〉."

지 미혹세계[에서 살고 있는] 중생들'(六道衆生)과 화합하는 것을 '수행공동체라는 보배'(僧寶)로 삼으니, 모든 중생들을 움직여 '깨달음의 바다'(佛海)로 흘러 들어가게 하기 때문이다.〉 생각건대, '과거와 현재와 미래'(三時)에서 '중도인 한 맛[처럼 통하는 것]'(中道一味)을 잃지 않는 것이 곧 이러한 이해수행(觀)의 〈'하나처럼 통함'을 지키는 작용〉(守一之用)이니, 이러한 이해수행(觀)은 '[이타적] 수행의 열 가지 단계의 경지'(十行位)에 있다. 나머지는 뒤에 나올 것이니 여기서 거론하지는 않겠다."359

"뒤의 [부처님의] 대답에서 말한 〈마음[의 경지]와 [세상의] 일이 별개의 것으로 나뉘지 않는 것을 '간직해 가는 작용'이라 부른다〉(心事不二, 是名存用)라는 것은 '세 가지 [해탈]을 간직해 가는 작용'(存三之用)의 뛰어난 능력을 말하는 것이다. 만약 어떤 이가 '세 가지 [해탈]을 간직해 가는 작용'(存三之用)[의 능력]을 아직 얻지 못했다면, '마음을 고요하게 하고'(靜心) '불변·독자의 본질/실체가 없음을 이해하더라도'(觀空) [세상의] 일과 마주하면 '[이해한 그] 생각을 놓쳐'(失念) '나라는 생각'(我)과 '내 것[이라는 생각]'(我所)을 취하고 '해롭거나 이로운 대상'(違順境)에 집착하여 '하늘에서 부는 바람'(天風)[처럼 몰아치는 대상들]에 동요되어 '마음[의 경지]와 [세상의] 일이 각기 달라진다'(心事各異). [그런데] 만약 '[허공虛空·금강金剛·반야般若, 이] 세 가지 해탈'(三解脫)을 익숙하게 닦을 수 있는 사람이라면 '이해수행에서 나와'(出觀) 세상의 일과 마주하더라도 '이해수행의 힘'(觀勢)을 여전히 간직하고 있어서 '[불변·독자의 본질/실체로 차별된] 나와 남의 차이'(我他之相)를 취하지 않고 '좋거나 싫은 대상'(好惡之境)에 집착하지 않는다. 이에 따라 '하늘의 바람'(天風)[처럼 몰아치는 대상들]에 휘둘리지 않게 되고 '[이해수행]'(觀行)으로] 들어간다거나 '[이해수행'(觀行)에서] 나온다는 [생각을] 모두 잊어버려 마음[의 경지]와 [세상의] 일이 별개의 것으로

---

359 『금강삼매경론』(H1, 645c11~24); "此下, 第二廣顯方便, 有三問答. 此初番中, 擧數摠標. 〈守一心如〉者, 一心法中有二種門, 今先守其心眞如門, 爲伏無明大龍勢故. 無明正迷一心如故. 此中〈守〉者, 入時靜守一如之境, 出時不失一味之心, 故言〈守一〉. 如『本業經』十行中言, 〈十爲自在轉大法輪故, 所謂菩薩三寶. 菩薩, 爾時, 於第一中道智爲覺寶, 一切法無生動, 與則爲法寶, 常行六道, 與六道衆生和合名僧寶, 轉一切衆生, 流入佛海故.〉 案云, 三時不失中道一味, 卽是此觀守一之用, 此觀在於十行位也. 餘門後顯, 此中不論."

나뉘지 않으니, 이와 같은 것을 '세 가지 [해탈]을 간직하는 작용'(存三之用)이라고 부른다. 이러한 '이해수행'(觀)을 처음으로 닦는 것은 '믿음을 세우는 열 가지 단계'(十信位)에서이고, '간직하는 작용'(存用)이 이루어지는 것은 '[믿음이 이해로] 안착하는 열 가지 단계의 경지'(十住位)에서이다. 『본업경本業經』에서 '[믿음이 이해로] 안착하는 열 가지 단계의 경지'(十住位)[를 설명하는] 가운데 이 '이해수행'(觀行)을 세운 것과 같은 것이다. 〈안으로 수행함〉(內行) 이하는 [보살의] 두 번째 질문에 대한 대답으로 '이해수행을 하는 양상'(觀相)을 밝힌 것이다. 〈안으로 수행함〉(內行)은 '이해수행으로 들어가'(入觀) '[분별의 동요를] 그쳐 [사실 그대로] 이해하는 행위'(寂照行)이고, 〈밖으로 [중생을] 교화함〉(外行)은 '이해수행에서 나와'(出觀) '중생을 교화하는 행위'(化物行)이다. 나오거나 들어가거나 '[사실 그대로와 만나는 지평'(實際)인 중도中道를 잃지 않기 때문에 〈별개의 것으로 나뉘지 않는다〉(不二)라고 말하였다. 『본업경本業經』에서 '[수행으로 성취한 모든 것을 중생들에게] 돌리는 행위의 열 가지 단계'(十向; 十迴向)[를 설명하는] 가운데 [다음과 같이] 말한 것과 같다. 〈열 번째는 자유자재한 지혜로써 모든 중생을 교화하는 것이니, 이른바 '중도인 궁극적인 관점'(中道第一義諦)으로 지혜가 중도中道에 자리 잡아 '모든 현상이 별개의 것으로 나뉘지 않음'(一切法而無二)을 이해하여 통달한다. 그 지혜가 점점 더 '성스러운 경지'(聖地)로 들어가기 때문에 '궁극적인 관점에 가까워진 이해'(相似第一義諦觀)라고 부르지만 [아직] '참된 중도로서의 궁극적 관점에 대한 이해'(眞中道第一義諦觀)는 아니다〉라면서 자세히 설명하고 있다. 〈한 양상에 머무르지 않는다〉(不住一相)라는 것은 '[세속적 관점'(俗諦)과 '진리적 관점'(眞諦), 이] 두 가지 관점으로 이해함'(二諦觀)이기 때문이고, 〈마음에 [불변·독자의 본질/실체로서] 얻었거나 잃은 것이 없다〉(心無得失)라는 것은 '[모든 것을 불변·독자의 본질/실체로 보지 않아] 평등하게 이해함'(平等觀)이기 때문이다. 이 '[사실 그대로와 만나는 지평'(實際)에 올라서는] 수단과 방법이 되는 두 가지 이해'(二種方便觀)[인 이제관二諦觀과 평등관平等觀]에 의거하여 '[열 가지 본격적인 수행경지'(十地)의] '첫 번째 경지의 현상이 흐르는 물'(初地法流水)로 들어가기 때문에 〈하나이면서 하나가 아닌 경지'에 '온전해진 마음'으로 흘러 들어간다〉(一不一地, 淨心流入)라고 하였다. 저 경(『본업경』)에서 〈['공空, 가假, 중中'의] 세 가지 이해'(三觀)라는 것은, '임시로 성립한 것'(假)으로부터 '불변·독자의 본질/실체가 없음'(空)으로 들어감을 '두 가지 관점으로 이해함'(二諦觀)이라 부르고, '불변·독자의 본질/실체가 없음'(空)으로부터 [다시] '임시로 성립한 것'(假)으로 들어감을 '[모든 것을 불변·독자의 본질/실체로 보지 않아] 평등하게 이해함'(平等觀)이라고 부르니, 이 '두 가지 이해'(二觀)가 '수단과 방법이 되는 수행'(方便道)이다. 이 '불변·독자의 본질/실체가 없음에 대한 두 가지 이해'(二空觀)[인 이제관二諦觀과 평등관平等觀]으로 인해 '중도인 궁극적인 관점에 대한 이해'(中道第一義諦觀)로 들어가 '두 가지 관점'(二諦)을 양쪽 다 이해하여 '마음마다 [불변·독자의 본질/실체로 보는 분별의] 동요가 없어져서'(心心寂滅) '[열 가지 본격적인 수행경지'(十地)의] 첫 번째 경지의 현상이 흐르는 물'(初地法流水)로 들어간다〉라고 하면서 자세하게 설명하는 것과 같다. 생각건대, 이 가운데 '두 가지 관점으로 이해함'(二諦觀)이라는 것은 '세속[의 오염]을 없애고 진리[의 온전함]을 이해하는 것'(遣俗觀眞)이니 바로 '본연의 온전한 지혜를 얻는 수단과 방법'(正體智之方便)이다. [또] '[모든 것을 불변·독자의 본질/실체로 보지 않아] 평등하게 이해함'(平等觀)이라는 것은 '진리를 녹여 세속을 이해하는 것'(融眞觀俗)이니 바로 '[근본적인 지혜'(根本智)에 의거하여 대상에 대해] 뒤이어 얻어지는 지혜를 얻는 수단과 방법'(後得智之方便)이다. 세속(俗)을 허깨비(幻)와 같은 것이라고 이해(觀)하여 [불변·독자의 본질/실체를] 얻었거나 잃었다[는 생각을] 붙들지 않고 [불변·독자의 본질/실체로서] '긍정하는 것도 없고 부정하는 것도 없으니'(無適無莫), 그러므로 '평등하다'고 하는 것이다."360

360 『금강삼매경론』(H1, 646b24~647a); "後答中言,〈心事不二, 是名存用〉者, 是名存三之用勝能. 若人未得存三之用, 靜心觀空, 涉事失念, 取我我所, 着違順境, 天風所動, 心事各異. 若能熟修三解脫者, 出觀涉事, 觀勢猶存, 不取我他之相, 不着好惡之境. 由是不爲天風所鼓, 入出同忘, 心事不二, 如是乃名存三之用也. 是觀如修在十信位, 存用得成在十住位. 如『本業經』十住位中, 立此觀故.〈內行〉已下, 答第二問, 以明觀相.〈內行〉者, 入觀寂照行,〈外行〉者, 出觀化物行. 若出若入, 不失中道, 故言〈不二〉. 如『本業經』十向中言,〈十以自在慧, 化一切衆生, 所謂中道第一義諦, 般若處中而觀達一切法而無二. 其慧轉轉入聖位, 故名相似第一義諦觀, 而非眞中道第一義諦觀.〉乃至廣說故.〈不住一相〉者, 二諦觀故,〈心無得失〉者, 平等觀故. 依此二種方便觀故, 進入初地法流水中, 故言〈一不一地, 淨心流入〉. 如彼經言,〈三觀者, 從假入空, 名二諦觀, 從空入假, 名平等觀, 是二觀方便道. 因是二空觀, 得入中道第一義諦觀, 雙照二諦, 心心寂滅, 進入初地法流水中.〉乃至廣說. 案云, 此中二諦觀者, 遣俗觀眞故, 即是正體智之方便. 平等觀者, 融眞觀俗, 即是後得智之方便. 觀俗如幻, 不取得失, 無適無莫, 故名平等."

"〈제9식[의 지평]에서 환하게 밝고 맑아 일체의 [대상으로서의] 영상이 없다〉(於九識中, 皎然明淨, 無有諸影)라는 것은 〈최고로 밝은 주문〉(無上明呪)이라는 구절을 설명한 것이다. [묘각위妙覺位의] 앞 [단계]인 '[차이들을] 평등하게 볼 수 있는 깨달음의 경지'(等覺位)에서는 여전히 '[근본무지에 따르는] 생멸'(生滅)이 있어 아직 '[하나처럼 통하게 하는] 마음의 근원'(心源)을 다 드러내지 못하기 때문에 제8아뢰야식(八識)[의 범주]에 있지만, 이제 '[차이들을] 사실대로 함께 만날 수 있는 깨달음'(妙覺)에 이르러 '[근본무지에 따르는] 생멸'(生滅)에서 완전히 벗어나 〈깨달음의 본연[인 '사실 그대로 앎']을 펼치는 '하나처럼 통하는 마음의 근원'〉(本覺一心之源)으로 완전하게 돌아갔기 때문에 제9식(九識)[경지]의 '밝고 온전함'(明淨)으로 들어가는 것이다. 또 이전의 '[부처가 되는] 원인[으로서의 행위를 지어 가는] 단계'(因[行]位)에서는 [대상이라는] 조건(緣)에 따라가는 면모(義)가 있기 때문에 그 마음에 '[대상으로서의] 영상의 모습'(影像相)이 나타나지만, 이제 '[하나처럼 통하게 하는] 마음의 근원'(心源)으로 돌아가 저 [영상의] 본바탕(本質)을 체득하고 이에 따라 갖가지 영상의 모든 모습이 다 사라지니, 이런 까닭에 〈일체의 [대상으로서의] 영상이 없다〉(無有諸影)라고 말하였다. 마치 『본업경』에서 [다음과 같이] 말한 것과 같다. 〈부처의 제자여! 수정水晶으로 만든 영락瓔珞[과 같은 보배 구슬]이 안과 밖이 환하게 밝은 것처럼 '[차이들을] 사실대로 함께 만날 수 있는 깨달음'(妙覺)에 늘 머물러 밝고 온전한 것을 '모든 것을 사실 그대로 만나게 하는 지혜의 경지'(一切智地)라고 부른다. [이 경지에서는] 항상 중도中道에 머물러 '모든 현상'(一切法)에서 '[번뇌마煩惱魔·음마陰魔·천마天魔·사마死魔, 이] 네 가지 [수행의] 방해물'(四魔)을 뛰어넘으니, [모든 현상이] '[불변·독자의 본질/실체로서] 있는 것도 아니고 [아무것도] 없는 것도 아니어서'(非有非無) '[불변·독자의 본질/실체로서의] 모든 양상'(一切相)이 다 없어진다. [그리하여] '크나큰 깨달음'(大覺)을 '한꺼번에 이해하여'(頓解) '변화[할 수 있는 능력]을 다 성취하고'(窮化) '작용[할 수 있는 능력]을 체득하여'(體神) '[법성신法性身과 응화법신應化法身, 이] 두 가지 부처 몸'(二身)에 머물면서 인연이 있는 이를 교화한다.〉"[361]

---

361 『금강삼매경론』(H1, 657a14~b3); "〈於九識中, 皎然明淨, 無有諸影〉者, 是述〈無上明呪〉之句. 前等覺

"이 글은 [8행의 게송으로 이루어진 '다섯 부분'(五分) 가운데] 두 번째인 '갖가지 잘못된 견해를 깨뜨리는 것'(破諸邪解)이다. '잘못된 견해'(諸邪解)가 많기는 하지만 크게 잘못된 것에는 두 가지가 있으니, '매우 심오한 가르침'(甚深教)에 의거하여 말 그대로 뜻을 취하고는 스스로 '궁극적 경지'(究竟)라 말하여 교화하기가 어렵기 때문이다. 첫째는, 부처님께서 말씀하신 '움직임과 고요함이 [서로] 다르지 않다'(動靜無二)는 [가르침]을 듣고서 〈이것은 '같은 것'(一)이니, [움직임과 고요함은] '동일한 사실'(一實)이고 [움직임과 고요함은] '동일한 마음'(一心)이다〉고 하고는 이[러한] 생각으로 말미암아 '두 가지 관점에 대한 도리'(二諦道理)를 비방하는 것이다. 둘째는, 부처님께서 말씀하신 '없음과 있음의 두 가지 측면'(空有二門)[에 대한 가르침]을 듣고서 〈[공空과 유有] 두 가지 현상'(二法)은 있지만 '[공空과 유有가] 동일한 사실'(一實)은 없다〉고 하고는 이[러한] 생각으로 말미암아 **'둘[로 나뉨]이 없는 중도'**(無二中道)를 비방하는 것이다. 이 '두 가지 잘못된 이해'(二邪解)는 약을 먹다가 [도리어] 병이 난 것이니 치료하기가 매우 어렵다. 지금 그 허물을 드러내어 이 두 게송에서 차례대로 [그 '두 가지 잘못된 견해'(二邪解)를] 나타낸 것이다. 처음 게송에서 말한 〈만약 현상에는 '동일함만이 있을 뿐'이라고 말한다면〉(若說法有一)이라는 것은, 앞에서 설명한 것과 같이 '동일한 사실'(一實)만 있다고 여기고 자기가 생각한 대로 '동일한 현상'(一法)만이 있다고 말하는 것이다. 〈이 [동일한 현상이라는] 면모(相)는 마치 [눈병이 든 사람에게 보이는] 눈썹 [사이에 떠 있는 것 같은] 수레바퀴와 같다〉(是相如毛輪)라는 것은, 그가 헤아리는 '동일한 사실인 현상의 면모'(一實法相)가 마치 눈에 병이 든 사람이 보는 눈썹[사이에 떠 있는 것 같은] 수레바퀴와 같다는 것이다. 〈마치 아지랑이와 물을 미혹 때문에 거꾸로 아는 것과 같다〉(如燄水迷倒)라는 것은, 목마른 사슴이 아지랑이를 보고 물로 여겨 달려가 마시려 하지만 [이것은] 단지 '미혹 때문에 거꾸로 안 것'(迷倒)임과 같다는 것이다. '동일한 마음'(一心)이 있다고 생각하는

位, 猶有生滅, 未盡心源, 故在八識, 今到妙覺, 永離生滅, 窮歸本覺一心之源, 故入第九識中明淨. 又前因位, 有仰緣義, 所以其心, 影像相現, 今歸心源, 體彼本質, 由是諸影一切相盡, 以之故言〈無有諸影〉. 如『本業經』言, 〈佛子! 水晶瓔珞, 內外明徹, 妙覺常住, 湛然明淨, 名一切智地. 常處中道, 一切法上, 越過四魔, 非有非無, 一切相盡. 頓解大覺, 窮化體神, 二身常住, 爲化有緣.〉"

것 또한 이와 같은 것이다. 〈모두 사실이 아니기 때문이다〉(爲諸虛妄故)라는 것은, 목마른 사슴은 [아지랑이를] 물로 보고, 눈병 난 사람은 [본래 없는] 수레바퀴를 [눈썹 사이에서] 보며, 학인學人들은 '동일한 것'(一)이라 여기지만, 이와 같은 갖가지 헤아림은 모두 사실이 아니라는 것이다. 다음은 '없다는 견해'(無見)를 깨뜨리는 것이다. 〈만약 ['하나처럼 통하는 마음'(一心)이라는] 현상을 없다고 본다면〉(若見於法無)이라는 것은, 앞에서 설명한 것과 같이 '두 가지 관점'(二諦)만 있고 '하나처럼 통하는 마음현상'(一心法)은 없다고 생각하는 것이다. 〈이러한 현상은 [아무것도 없는] 허공과도 같다〉(是法同於空)라는 것은, 그가 〈하나처럼 통하는 마음'(一心)은 '아무것도 없음'(空理)과 같으며 '아무것도 없음'(空理) 이외에 본래 '하나처럼 통하는 사실'(一實)362은 없다〉고 여기는 것이다. 〈마치 눈먼 이가 해가 없다고 거꾸로 생각한다〉(如盲無日倒)라는 것은, 마치 태어날 때부터 눈이 먼 가난한 거지 아이가 본래 해의 빛을 본 적이 없어서 눈 있는 사람이 그를 위해 해가 있다고 말해 주어도 [그] 눈먼 아이는 '없다'고 말하면서 해가 있음을 믿지 않지만, [이것은] 단지 [사실과는] '거꾸로 된 것'(顚倒)이라는 것이다. [잘못된 견해를 지닌] 저들이 생각하는 것도 그러하니, **저들은 본래 오로지 '없음과 있음'(空有)[에 관한 도리]만을 배우고 '둘[로 나뉨]이 없는 중도'(無二中道)[에 관한 도리]를 들어 본 적이 없기 때문에 비록 [무이중도無二中道에 대해] 설명해 주는 사람이 있어도 믿고 받아들이려 하지 않기 때문이다.** 해를 중도에 비유한 이유는, 해에는 완전하고 크나큰 빛이 있어서 오직 눈먼 사람을 제외하고는 보지 못하는 사람이 없기 때문이다. '하나처럼 통하는 마음'(一心)도 그와 같으니, 두루 완전하고 결함이 없으며 '깨달음의 본연'(本覺)[인 '사실 그대로 앎']과 '[사실 그대로'를] 비로소 깨달아 감'(始覺)의 〈크나큰 광명'(大光明)으로 [사실대로] 비추어 냄(照)〉(大光明照)이 있어 믿지 않는 사람을 제외하고는 [그 일심一心으로] 들어가지 못하는 사람이 없기 때문이다. 〈['하나처럼 통하는 마음'(一心)이라는] 현상(法)을 마치 거북이의 털[처럼 없는 것]이라고 말한다〉(說法如龜毛)라는 것은, 저 보지

---

362 '一實'을 '동일성이 있다'는 생각을 비판하는 앞 구절 맥락에서는 그 맥락을 반영하여 '동일한 사실'이라 번역하였지만, 여기서는 '一心'의 번역어인 '하나처럼 통하는 마음'과 의미를 상응시키기 위해 '하나처럼 통하는 사실'이라 번역하였다.

못하는 사람들이 '하나처럼 통하는 마음현상'(一心法)에 대해 〈다만 이름(名)일 뿐 실체(體)가 없는 것이 마치 [본래 없는] 거북이 털과도 같다〉고 말하는 것이, 눈먼 사람이 태양이 없다고 말하는 것과 다르지 않다는 것이다."363

"이것은 [8행의 게송으로 이루어진 '다섯 부분'(五分) 가운데] 세 번째인 '[범행장자] 스스로 제대로 취했음을 밝힌 것'(自申正取)이다. 〈['하나처럼 통하는 마음'(一心)이라는] 현상(法)은 [있음(有)과 없음(無)이라는] 두 가지 견해[로 이해할 수 있는 것]이 아니라는 것을 알았습니다〉(知法非二見)라는 것은, '**중도인 현상**'(中道法)은 '**있다거나 없다는 이해**'(有無解)에 의해 보여지는 것이 아니라는 것을 알았기 때문에, 곧 [아무것도 없는 것이라는] 두 번째 견해의 '[마치] 해가 없다고 하는 거꾸로 된 생각'(無日之倒)에서 벗어났다는 것이다. 〈또한 [있음(有)과 없음(無)의] '중간에 머무름'에도 의존하지 않는다〉(亦不依中住)라는 것은, 비록 '**[있음(有)과 없음(無)이라는] 두 가지 치우친 견해**'(二邊)에서 벗어났지만 '**중도인 동일한 사실**'(中道一實)[이라는 생각]을 두고 [거기에] 머무르지도 않아, 곧 [동일하다고 생각하는] 첫 번째 견해의 '[눈병 때문에 보이는] 수레바퀴나 [아지랑이를 착각하여] 물로 보는 [것과 같은] 망상'(輪水之妄)에서 벗어났다는 것이다. 이와 같이 저 '[있음(有)과 없음(無)에 대한] 두 가지 치우친 견해의 허물'(二邊過失)에서 벗어났기 때문에 부처님이 가르치신 '[어떤 것에도] 머무르지 말라는 언설'(無住之詮)에 따라 '설해진 언설에도 머무르지 않는 뜻'(所詮無住之旨)을 이해하였으니, 따라서 〈그러므로 '머무름이 없음'에 따르면서 취

363 『금강삼매경론』(H1, 663b23~664a6); "此是第二破諸邪解. 邪解雖多, 大邪有二, 依甚深敎, 如言取義, 自謂究竟, 難可化故. 一者, 聞佛所說動靜無二, 便謂是一, 一實一心, 由是誹撥二諦道理. 二者, 聞佛所說空有二門, 計有二法, 而無一實, 由此誹撥無二中道. 是二邪解, 服藥成病, 甚難可治. 今顯彼過, 此二頌中, 次第顯之. 初言〈若說法有一〉者, 謂如前說, 計有一實, 如自所計, 說有一法故. 〈是相如毛輪〉者, 謂彼所計一實法相, 如目瞳者所見毛輪故. 〈如談水迷倒〉者, 謂如渴鹿, 見談謂水, 馳走而求, 直是迷倒. 計有一心, 亦如是故. 〈爲諸虛妄故〉者, 渴鹿見水, 瞳者見輪, 學士計一, 如是諸計, 齊虛妄故. 次破無見. 〈若見於法無〉者, 謂如前說, 計有二諦, 無一心法故. 〈是法同於空〉者, 彼計一心同於空理, 空理之外, 本無一實故. 〈如盲無日倒〉者, 謂如生盲貧窮乞兒, 本未曾見日輪光明, 其有目者, 爲說有日, 盲者謂無, 不信有日, 直是顚倒. 彼計亦爾, 由彼本來唯學空有, 而未曾聞無二中道, 雖有說者, 不信受故. 所以日輪喩於中道者, 日輪圓滿, 有大光明, 唯除盲者, 無不見故. 一心亦爾, 周圓無缺, 有本始覺大光明照, 除不信者, 無不入故. 〈說法如龜毛〉者, 彼無見者, 說一心法, 但名無體, 猶如龜毛, 不異盲人謂無日輪也."

512

합니다〉(故從無住取)라고 말하였다."[364]

4. 중도의 철학적 의미

1) 중도의 대상 - 유有·무無와 차이(相)들

붓다가 '유·무 양변을 벗어난 중도'를 천명한 이유는, 인간(五蘊) 및 인간의 감관능력(六根)이 마주하는 현상과 존재에 '불변의 동일한 본질·실체'를 부여하는 무지(無明)를 치유하여, 감관능력으로 하여금 '사실 그대로/있는 그대로'(yathābhūta, 如實)의 이해에 의거하여 작용하게 하려 함이다. 또 불변·동일·독자성을 지닌 절대적 실재를 허구적으로 설정하는 무지의 작용을 제거하여 '감관능력과 대상과의 관계'가 무지에 의해 오염·훼손되는 일을 그치게 하려 함이다. 그것은 '무지 자체의 다양한 변주들'과 '무지에 의거한 욕망'(탐욕) 및 '무지에 의거한 부정'(분노)가 모든 유형의 개인·사회적 해악과 고통을 발생시키는 것을 치유하려는 것이기도 하다. 그런데 인간이 감관능력(六根)으로 경험하는 모든 주관적·객관적 현상은 '무수한 차이들'이다. '구별 가능한 특징을 지닌 차이'(相, nimitta)들이 모든 인간 경험을 발생시키는 초기조건들이며, 지각 범주의 처음이자 끝이다. 니까야/아함에 자주 등장하는 붓다의 육근수호六根守護 법설은 이 점을 분명히 하고 있다.

"그는 눈으로 형색을 봄에 그 '전체적 차이·특징'(nimitta, 全體相/相)을 취하지 않으며, 또 그 '부분적 차이·특징'(anuvyañjana, 細相)[365]을 취하지도 않는다. 만약 그의

---

364 『금강삼매경론』(H1, 664a9~15); "此是第三自申正取.〈知法非二見〉者, 知中道法非有無解之所見故, 即離第二無日之倒.〈亦不依中住〉者, 雖離二邊, 不存中道一實而住, 即離第一輪水之妄. 如是離彼二邊過失故, 從佛教無住之詮, 領解所詮無住之旨, 故言〈故從無住取〉也."

365 전재성은 nimitta를 '인상', anuvyañjana를 '연상'으로 번역하고 있고(『맛지마니까야』, 607), 대림은 '표상'과 '세세한 부분상'으로 번역하고 있다(『맛지마니까야』2권, 428-429).

눈의 기능(眼根)이 제어되어 있지 않으면, 욕심과 싫어하는 마음이라는 나쁘고 해로운 법(不善法)들이 그에게 [물밀듯이] 흘러들어 올 것이다. 따라서 그는 눈의 감각기능을 잘 단속하기 위해 수행하며, 눈의 감각기능을 잘 방호하고, 눈의 감각기능을 잘 단속한다. 귀로 소리를 들음에 … 코로 냄새를 맡음에 … 혀로 맛을 봄에 … 몸으로 감촉을 느낌에 … 마노(意)로 법을 지각함에 그 '전체적 차이·특징'(nimitta, 全體相/相)을 취하지 않으며, 또 그 '부분적 차이·특징'(anuvyañjana, 細相)을 취하지도 않는다. 만약 그의 마노의 기능(意根)이 제어되어 있지 않으면, 욕심과 싫어하는 마음이라는 나쁘고 해로운 법(不善法)들이 그에게 [물밀듯이] 흘러들어 올 것이다. 따라서 그는 마노의 감각기능을 잘 단속하기 위해 수행하며, 마노의 감각기능을 잘 방호하고, 마노의 감각기능을 잘 단속한다. 그는 이러한 성스러운 감각기능의 단속을 구족하여 안으로 더럽혀지지 않는 행복을 경험한다. 그는 나아갈 때도 돌아올 때도 [자신의 거동을] 분명히 알아차리면서(正知) 행한다. 앞을 볼 때도 돌아볼 때도 분명히 알아차리면서 행한다. 구부릴 때도 펼 때도 분명히 알아차리면서 행한다. 법의法衣·발우·의복을 지닐 때도 분명히 알아차리면서 행한다. 먹을 때도 마실 때도 씹을 때도 맛볼 때도 분명히 알아차리면서 행한다. 대소변을 볼 때도 분명히 알아차리면서 행한다. 갈 때도 서 있을 때도 앉아 있을 때도 잠잘 때도 깨어 있을 때도 말할 때도 침묵할 때도 분명히 알아차리면서 행한다."366

다수의 것들이 다른 것과 구별되는 고유성/특징을 발생시키는 밀접하고도 특수한 상호 인과관계로 맺어진 현상을 '차이'라 불러 보자. 이 무수한 차이들이

---

366 「깐다라까의 경(Kandarakasutta)」(M1:339), 대림 번역에서 '표상'을 '전체적 차이·특징'(nimitta, 全體相/相)으로, '세세한 부분상'을 '부분적 차이·특징'(anuvyañjana, 細相)으로 바꾸어 인용하였다. 이 번역문에서 '분명히 알아차리면서 행한다'라고 번역된 정지正知(sampajānāti)는, 그 의미에 대한 개인적 이해를 반영하여 필자는 〈모든 것을 앞세우듯 하면서 알아차린다〉라고 번역하고 있다. 일상의 모든 동작을 '괄호 치듯 묶어 재인지(알아차림)의 대상으로 처리하면서 빠져나오는 국면'을 일깨워 간수해 가면서 그 재인지 자리에서 현상의 특징과 차이들의 연기적 양상을 관찰하는 것이 정지正知(sampajānāti) 행법의 초점이라고 생각하기 때문이다. 이와 관련된 필자의 생각은 『대승기신론소·별기』 번역서(세창출판사, 2020)에 게재한 해제 「이해와 마음―원효와 붓다의 대화(Ⅰ)」라는 글에 거론되어 있다.

상호 의존하고 상호 작용하는 관계를 맺으며 잠시도 멈추지 않고 변해 가는 '차이들의 역동적 관계의 장場'—지구 행성을 포함한 모든 우주의 현상계가 보여 주는 '스스로 그러한 면모'(自然性)라 하겠다. 모든 생명체의 감관능력이 마주하는 것은 이 '구분되는 특징적 차이들'이다. 이 차이들과의 만남에서 해로운 것들과는 '회피의 부정 관계'를, 이로운 것들과는 '수용의 긍정 관계'를 선택하여 생존해 가는 것이 생물을 관통하는 본능이다. 인간 역시 이 생명의 진화계열에서 등장한 존재이기에 이러한 '차이들과의 관계 구조'를 계승하고 있다.

그런데 인간은 진화의 어느 단계부터 차이들을 처리하는 방식과 능력에서 일종의 차원 도약을 이루어낸다. 다른 생물종들의 그것과는 차원이 다른 내용으로 고도화시킨다. '언어를 통해 차이들을 처리하는 능력'이 그것이다. 이 능력을 언어능력이라 불러 보자. 언어능력을 확보함으로써 인간은 '차이들과의 만남에서 발생하는 문제들'을 처리하는 고도의 능력자가 될 수 있었다. 언어인간의 등장이다. 언어인간은 감관능력(六根)이 마주하는 무수한 차이들을 언어라는 기호에 담아 분류한 후 처리한다. 유사한 차이들을 임의로 한 다발로 묶어 하나의 언어기호에 담는 작업, 즉 개념화 작업을 통해 무수한 차이들을 재분류한 후 해로움은 피하고 이로움은 취할 수 있는 처리방식을 고안한다. 감관능력에 와 닿는 자연 그대로의 차이들로서는 적절한 대응이 어렵다. 혼란과 실수, 실패를 줄이기 위해서는 유사한 차이들을 묶어 비교작업을 적절하고 용이하게 할 필요가 있다. 유사한 차이들을 임의로 묶어 언어라는 그릇에 담는 개념화 능력을 발현시킨 이유일 것이다. 유사한 차이들이 언어에 담겨 분류되자 차이들의 대비와 비교가 분명해졌고, 이로 인해 기억의 장기화가 가능했을 것이다. 장기기억과 대비·비교를 토대로 적절한 취사 선택을 위한 판단·평가·분석·기억·예측 능력이 발달하였고, 이 과정에 수반하니 비교·판단·분석의 기준선인 관점, 관점에 의해 수립되는 질서인 논리와 이론 능력이 발현하였을 것이다. 그리하여 마침내 '이해'라고 하는 인간 특유의 법칙·질서적 파악능력이 발현하여 논리와 이론을 고도화시켜 갔을 것이다.

언어인간이 된 이후, 인간의 감관능력(六根)이 대면하는 차이들은 '언어로 분류 처리된 차이들'이다. 언어적 분류 이전의 차이와 분류 이후의 차이가 그 특징

이나 내용에서 다른 것이라 할 수는 없지만, 인간의 감관능력이 접수하는 차이와 지각 및 인식의 내용은 예외 없이 '언어에 연루된 차이들'이다. 그리고 인간의 사유·욕구, 이해와 느낌·감정 및 행동은 이 '언어에 연루된 차이'들을 조건으로 삼아 발생하는 현상들이다. **사유·이해·욕구·느낌·감정·행동이, 언어와의 관계방식이나 관계의 수준은 다를지라도, 근본적으로 모두 '언어에 연루된 차이들'을 발생 조건으로 삼는다고 보는 것이,** 사실에 부합하는 타당한 이해일 것이다. 중도라는 이해, 중도에 대한 체득적 깨달음, 나아가 해탈 수행과 성취한 깨달음의 내용, 붓다의 선禪과 선종의 간화선 등 모든 유형의 불교적 경험 현상도 예외는 아니다. 무지의 분별·망상 계열에서 발생하는 현상들이건, '사실 그대로'에 의거한 지혜 계열에서 발생하는 현상들이건, 인간의 모든 경험은 '언어에 연루된 차이를 조건 삼아 발생하는 현상들'이다. 이 점은 깨달음의 체득을 중시하는 불교나 모든 수행 전통에서 특히 충분히 고려되어야 한다. 아래에서 다시 거론하겠지만, 〈불변·불멸의 궁극적 실재를 체득하는 깨달음을 성취하려면 언어·개념·차이·이해·사유·욕구·변화·관계와의 고리를 끊어야 한다〉는 시선들이 불교 내부에 만연되어 왔고, 모든 유형의 신비주의 종교와 철학을 관통하고 있기 때문이다.

중도를 드러내기 위해 채택되는 유有·무無라는 말의 실제 내용도 '차이들의 양상'(諸相)이다. 〈차이 양상들의 존재는 '동일·불변인 본질로서의 있음'〉이라는 이해와, 그 반면인 〈차이 양상들의 비非존재는 '동일·불변인 본질로서의 없음'〉이라는 이해가, 차이 현상들에 대한 본질주의 시선의 두 얼굴인 '양변兩邊인 유有·무無'이다. 그리고 〈차이 양상들의 존재는 '조건들이 있으면 발생하는 가변적 현상'이고, 차이 양상들의 비非존재도 '조건들이 있으면 발생하는 가변적 현상'이다〉라고 이해하는 것은 '유有·무無의 양변兩邊에서 벗어난 비유비무非有非無의 중도'이다. 중도의 대상인 유有·무無의 실제 내용을 이처럼 '차이들이 생겨나 있는 양상'(有)과 '차이들이 소멸하여 없어진 양상'(無)으로 보면, 중도 통찰이 본래 지니고 있었지만 간과되고 있던 문제 해결력이 되살아난다.

2) 중도의 문제 해결력 – '차별된 차이'에서 '사실 그대로의 차이'로

중도의 대상인 유有·무無의 실제 내용을 '차이들의 생겨나 있는 양상'(有)과 '차이들이 소멸하여 없어진 양상'(無)으로 보고, '양변兩邊인 유有·무無'를 차이 현상들에 대한 본질주의 시선의 두 측면으로, 그리고 '유有·무無의 양변兩邊에서 벗어난 비유비무非有非無의 중도'를 차이 현상들의 '사실 그대로/있는 그대로'를 드러내는 연기적 통찰로 읽어 보자. 그럴 때 중도는 〈불변·동일의 본질이 있다는 시선에 의해 '사실 그대로의 차이'(眞如實相)를 왜곡·오염시켜 수립한 '부당하고 불합리한 차별체계'〉를 치유하는 문제 해결력의 원천이 된다. 본질주의 시선에 의해 수립된 차별체계는 다양한 모습과 내용을 지니지만, '소수 강자의 이익과 기득권은 부당하게 보호·유지·강화하고, 다수 약자의 권익은 부당하게 침해·억압·박탈하는 불합리한 질서'라는 점은 공통된다. 예컨대 인종 본질주의는 존재하지도 않는 인종의 불변·동일성 본질을 내세워, 우월한 본질을 지녔다는 인종의 권력과 폭력을 정당화하고 열등한 본질을 지녔다는 인종의 권익을 부당하게 침해하는 차별을 합리화시킨다. 소위 백인들의 타 인종에 대한 차별과 폭력은 현재진행형이다. 어디 인종 본질주의만의 문제던가. 민족·혈통·종교·이념 본질주의가 자행하는 배제의 폭력은 잔인하고 집요하다. 모든 유형의 본질주의가 수립한 부당하고 불합리한 배제와 차별의 질서는, 논리를 갖춘 이론, 종교, 제도와 문화, 관습, 전통 등을 통해 구현되기에 강력하다. 본질주의의 차별이론과 질서는 개인에게는 깊숙이 내면화되었고 사회에는 철옹성 같은 방어·유지의 체계를 겹겹으로 구축하였다. 바라문이 주장하는 혈통의 순수성, 신분·계층의 절대 우월성과 차별적 지위에 대한 붓다의 비판은, 본질주의 신념에 대한 연기론적 사유의 대응이었다. **'차이들에 대한 본질주의적 배제와 차별'을 비판·치유하는 동시에, 차이들의 관계를 '연기적 사실 그대로에 의거한 합리적·호혜적 관계'로 정립하는 것—붓다가 성취한 연기·중도의 깨달음이 지닌 현실의 문제 해결력과 불국정토佛國淨土 구현의 구체적 전망은 여기에 있다고 본다.**

○ 붓다의 경우

'차이들에 대한 차별체계'를 구축해 온 것은 불변·동일·절대인 실재를 설정하는 본질·실체주의 시선이며, 이 시선은 고스란히 붓다가 지적하는 근본무지(無明)의 내용이다. 관계를 맺으며 역동적으로 변화하는 차이들'은 언어인간이 감당하기 어려운 불안과 고통의 조건이다. 유사한 차이들을 한 다발로 묶어 하나의 언어기호에 담아 처리하는 능력을 품게 된 인간은, 이 언어능력에 수반하는 동일성 관념을 아울러 품게 되었다. 차이들 간의 대비와 비교를 선명하고 정밀하게 하려는 '차이들의 언어적 분류'는, 그 연장선에서 언어에 담긴 차이들을 '동일한 내용으로 채워진 것'으로 간주한다. 언어에 담긴 차이를 단일·동일한 것으로 간주하면 차이들의 대비와 비교가 명료해지기 때문이다. 한 언어에 담긴 차이가 실제로는 '유사한 다수들'이고 '가변적인 것들'이며 '독자의 존재가 아닌 관계'이지만, 차이들의 대비와 비교를 명확히 하여 차이 현상들에 대한 대응력과 문제 해결력을 고도화시키려는 요청은, 언어로 분류한 차이들에다가 실재하지도 않는 동일성·독자성·불변성을 부여한다. 비록 허구일지라도 차이들이 얽혀 있는 문제를 판단·분석·평가를 통해 이해하여 해결하는 데는 강력한 힘을 발휘하기 때문이다. 강력한 '허구의 유용성'에 중독된 언어인간은 자발적으로 불변·동일·절대라는 시선을 본능처럼 내면화시켜 왔다. 본질·실체주의가 인간의 사유와 욕망 및 행위를 장악하게 된 연유이다. 불변·동일·절대라는 시선을 내면화시킨 언어인간으로서는, 현실 경험세계에서 '관계를 맺으며 역동적으로 변화하는 차이들'만을 만나게 된다는 것을 감당하기 어렵다. **신체적 유형이든 정신적 유형이든, 인간이 겪는 모든 불안과 고통은 '불변·동일·절대라는 언어적 허구'와 '변화·관계의 차이인 사실 그대로'의 원초적 불화와 충돌의 산물이다. 인간의 불안과 고통은 '인간 특유의 언어능력'에서 비롯되는 '인간 특유의 현상'이다.**

이 인간 특유의 고통 상황에서 대부분의 언어인간이 모색한 출구전략은 '불변·동일·절대를 설정하는 언어적 허구'의 연장선에서 마련한 것이었다. 변화·관계·차이들과의 만남에서 발생하는 불안과 상실의 고통에서 보호받을 수 있는 '불변·동일·절대의 집'을 세우고 그 거주자가 되려는 것이었다. **변화·관계·차이들과**

아예 절연絶緣하고 세계 안에서든 밖에서든 '불변·동일·절대의 집'을 세워 그 거주자가 되려는 지향을 필자는 '신비주의'라 정의한다. 이 신비주의는 인도를 비롯하여 동·서양 문명권에서 다양한 형태로 등장한다. 동일성을 유지하는 불변의 절대적 실재가 '관계 속에서 변화하는 차이 현상들' 이면이나 너머에 실재한다고 설정한 후, 집중명상이나 고행을 통해 그 궁극실재를 직접 만나 하나가 됨으로써 '불변·동일·절대의 집' 거주자가 될 수 있다는 것은 신비주의의 인도적 유형이다. 또 수련으로 영생불사의 생명체가 될 수 있다는 신선의 꿈은 신비주의의 동아시아적 유형이다. 그리고 외재하는 불변·동일·절대의 전능자가 베푸는 특별한 은총으로 사후에 '불변·동일·절대의 집'에 입주할 수 있다는 것은 신비주의의 유일신 신앙 종교적 표현이다.

변화·관계·차이들과의 관계에서 발생하는 불안과 고통으로부터 벗어나려는 신비주의 전략은 변화·관계·차이들과의 절연絶緣을 위해 '일체의 언어·개념·차이·변화·사유·욕구와 연관되지 않는 불변·독자·전능·순수·동일의 초언어적超言語的 실재'를 설정한다. 신비주의 전략의 출발점이자 토대는 '언어에 수반하는 동일성 환각'이다. 그러나 변화·관계·차이들로 인한 불안과 고통 또한 언어에 의존하고 있다. 예컨대 인간이 젊음과 늙음, 삶과 죽음의 변화와 차이를 대비시켜 비교할 수 있는 것은 '젊음과 늙음' '삶과 죽음'의 차이를 언어에 담아 개념으로 분류하기 때문이다. 언어인간에게는 관계의 불안, 차이의 불화, 변화의 고통들이 모두 '차이들의 언어적 분류' 때문에 발생한다. 사유와 욕구의 발생조건도 '언어에 담겨 분류된 차이들'이다. 따라서 **신비주의 기획들은 공히 '언어·개념·차이·변화·사유·욕구와 연관되지 않는 불변·독자·전능·순수·동일의 초언어적 실재'를 설정한다. 그리고는 언어·개념·차이·변화·사유·욕구와의 절연과 초월을 설한다.** 진지하고 엄숙한 이조로.

붓다가 수행자 시절에 깨달음의 방법으로 당시의 구도자들이 좇던 선정 수행과 고행 수행을 채택하여 그 수행론의 극한 수준까지 해 본 후 그 두 길과 결별하였다는 것도, 신비주의 길과의 결별로 읽어 볼 수 있다. 불변·동일·독자·순수·절대·만능의 궁극실재로 향하는 신비주의 시선과 기획은 바라문 전통과 비非바라문 전통을 모두 관통하고 있었고, 그 궁극실재를 직접 체득할 수 있다고 제시된 수행론을 대표하는 것이 집중명상으로서의 선정 수행과 고행이었던 것으로 보인다. 그 선정 수행은 고도의 집중을 통해 언어·개념·차이·변화·사유·욕구에 연루된 의식에 매이지 않고 그 이면으로 파고들면 마침내 가장 심층에 존재하는 불변·동일·독자·순수·절대·만능의 궁극실재를 만날 수 있을 것이라는 발상이고, 고행은 언어·개념·차이·변화·사유에 연루된 욕구를 거부하다 보면 그 궁극실재를 체득할 수 있을 것이라는 발상으로 보인다. 이런 이해를 전제로 한다면, 붓다의 구도 과정은 신비주의의 길을 갈 데까지 가 본 후 결별하고 연기·중도의 새로운 길에 눈뜸으로써 성공하는 과정이다. 니까야/아함에서 육근수호 법문이 설해지는 곳에서 함께 설해지는 붓다 자신의 수행 회고는 이러한 의미로 읽을 수 있다.[367]

붓다의 초전법륜에서 중도를 '쾌락 탐닉의 길과 고행의 길'을 양변으로 설하면서 이 양변에서 벗어나는 것이 중도라고 설한 것도 유사한 맥락에서 읽어 볼 수 있다. '언어에 수반하는 불변·동일성 환각'은 신비주의 기획의 토대이고 선정주의과 고행주의의 기반이지만, 일반 세인들의 욕망을 지배하는 것이기도 하다. 살아 있는 감관능력에서는 그 유지와 작용을 위해 '결핍 현상'이 반복적으로 발생한다. 인간도 여타의 생물종과 마찬가지로 감관능력의 물리적 유지를 위한 '일차적·본능적 결핍 현상'이 발생한다. 동시에 인간에게는, 언어능력에 의거하여 차이들을 비교·판단·평가·이해하는 사유의 능력 때문에, 여타 생물과는 그 수준과 내용이 다른 다채로운 '이차적·정신적 결핍 현상'이 발생한다. 그리고 '일차적·본능적 결핍 현상'이든 '이차적·정신적 결핍 현상'이든, 결핍을 충족시키려는 현상이 욕망/욕구[368]이며, 결핍이 해소된 상태를 만족·행복이라 부른다. 문제는 인간의 경우, 욕망이든 욕구이든 모두 '언어에 수반하는 불변·동일성 환각'에 물들어 있다는 점이다. 다시 말해, 인간의 욕망/욕구는 '결핍을 해소하고 충족시키려는 충동'이 불

---

367 필자의 논문 「고타마 싯닷타는 어떻게 붓다가 되었나?」(『철학논총』 88, 새한철학회, 2017)는 이와 관련한 필자의 소견이다.

368 '일차적·본능적 결핍 현상'을 충족하려는 현상은 욕망, '이차적·정신적 결핍 현상'을 채우려는 현상은 욕구라고 구분해 보았는데, 서술의 편의상 욕구나 욕망이라는 용어로 두 가지를 모두 지칭하기도 했다.

변성·동일성의 확보를 지향하고 있다. 이성異性을 향한 성애性愛의 애욕이든 소유 충동의 탐욕이든, 결핍을 충족시켜 주는 대상이 불변·동일의 상태로 유지되기를 갈망한다. 욕구/욕망과 본질주의가 결합되어 있는 것이다. 이렇게 보면, 중도 법설이 설하는 양변兩邊의 두 유형인 '쾌락 탐닉과 고행' 및 '유·무 양변'은 모두 불변·동일성을 지닌 본질·실재를 설정하는 본질주의의 표현이다. 그럴진대 붓다는 중도 법문을 듣는 사람들의 특성에 따라 두 유형 가운데 어느 하나를 설하는 것으로 볼 수 있다.

붓다는 우파니샤드 전통에 기초한 인도 신비주의의 기획을 원천에서 해체하고 새로운 길을 열었다. 우파니샤드 계열의 인도 전통사유와 비교할 때, 붓다는 근원적으로 반反인도적 통찰을 펼친 분이다. 그의 어떤 법설에서도 신비주의가 설정하는 실재를 인정하거나 수용하는 흔적을 발견할 수 없다. 붓다의 법설은, 경험세계 현상들(차이, nimitta) 속에서 그들과의 접속을 유지한 채 문제를 해결하고 있다. 그리고 그 현상들에 대해 변화(無常)와 '불변·독자의 본질/실체의 부재'(無我) 및 '관계적·조건인과적 발생'(緣起)에 관한 통찰을 설하고 있다. **붓다의 법설, 그 연기·중도의 길은, '언어·개념·차이·사유·욕구·변화·관계와의 접속을 끊지 않으면서도 이들로부터의 오염·불안·고통에서 벗어나는 길'이다.** 이와 관련하여 필자는 다음과 같이 거론한 바 있다.

"붓다 이전, 아트만/브라흐만을 에워싼 인도의 전통사유는, 유일·절대·만능의 창조신을 옹립하는 서양의 신앙 사유와 더불어, 무의미한 명제가 어떤 방식으로 세상에 먹힐 수 있는가를 보여 주는 사례의 전형이고 아직까지 위력을 잃지 않는 성공 사례이다. 그런데 붓다는 이 무의미한 명제를 원점에서 해체한다. 불변·동일·독자·순수·절대·만능의 궁극실재로 향하는 길 자체를 폐쇄하고 전혀 새로운 길을 연다. 필자가 보기에, 그 길에 들어서는 문은 대략 다음과 같은 관점들이 열쇠가 된다. ─〈삶의 구원과 진리에 관한 모든 주장은 반드시 경험을 통해 검증할 수 있어야 한다.〉〈모든 현상 속에 불변·동일·독자의 실체나 본질은 원래 없고, 그런 현상들을 산출하고 관장하는 전능의 불변 실재도 없다.〉〈모든 현상은 가변적이고 관계적이며 조건발생적이다.〉〈인간의 모든 경험은 차이(nimitta, 相)들과의 관계에서 발생하는 것이다. 따라서 그 어떤 수준의 깨달음과 성취라도 처음부터 끝까지 '경험의 발생조건인 차이 현상들'과의 관계를 유지해야 하며, 또 그 관계에서 발생해야 한다.〉〈구도와 수행이란 것은 '차이 현상들과의 새로운 관계방식'에 눈떠 '새롭게 관계하는 능력'을 키워 가는 과정이다.〉〈개인과 사회의 모든 수준의 이로움도 가변적·관계적·조건발생적인 차이 현상들과의 접속을 유지한 채 추구해야 하고, 그 차이 현상과의 관계에서 구현해야 한다.〉〈가변적·관계적·조건발생적인 차이(nimitta, 相)들과의 접속을 끊어 버리려는 초월적 탈주의 유혹, 모든 변화와 차이 및 관계의존성이 제거된 '불변·동일·독자의 실재나 지대'를 설정하는 것은, 모든 무지와 기만 및 폭력의 원천이다.〉"[369]

　　그러나 그의 후학들 가운데는 이러한 붓다의 길을 잘못 이해한 경우가 많아 보인다. 예컨대 변화(無常)의 법설에 대해서는 〈변화하는 것들은 허망하니 그런 것들에 매어 살지 말고 허망하지 않은 불변의 실재를 구하라는 뜻이다〉라고 읽고, '불변·독자의 본질/실체의 부재'(無我)에 대해서는 〈무상한 가짜 자아를 버리고 참자아인 불변·절대의 자아를 구하라는 뜻이다〉라고 읽으며, '조건인과적 발생'(緣起)에 대해서는 〈인과법칙에 매이는 것은 모두 윤회이니, 인과법칙에 매이지 않는 절대 실재를 체득하여 윤회의 굴레에서 벗어나라는 뜻이다〉라고 읽는 시선이 대표적이다. 그리고 이러한 시선은 우파니샤드 전통에 기초한 인도 신비주의의 시선과 겹친다. 붓다가 비판하고 그 대안으로 제시한 전혀 새로운 길을 걷겠다면서도, 실제로는 붓다의 길을 다시 인도 신비주의의 길로 포장해 버리는 일들이 불교 내부에서 발생한 것이다. '있는 그대로, 사실 그대로'와 관련된 성찰을 인식론적·논리학적으로 전개하고 있는 불교인식논리학에서는 '사실 그대로'를 '차이 경험이나 개념적 경험 이전의 비언어적 실재'로 보는 시선을 인식·논리적으로 정립하고 있는데, 디그나가(Dignaga, 480~540년경)를 위시하여 체계적으로 발전해 간 이런 시선의 타당성에도 필자는 회의적이다. '있는 그대로, 사실 그대로'에 관해 불교인

---

369 「차이(相)들의 '상호 개방'(通)과 '상호 수용'(攝)-『금강삼매경론』과 차이 통섭의 철학: 원효와 붓다의 대화(II)」(『금강삼매경론』 해제, 세창출판사, 2020), 36-37. 「깨달음은 '순수실재와의 만남'인가, '현상과 만나는 새로운 지평의 열림'인가?」(『철학논총』 95, 새한철학회, 2019)도 이러한 관점에 관한 논의이다.

식논리학이 정립하고 있는 관점과 이론에서 일관되게 목격되는 것은 '언어·개념·차이·구분에 대한 부정적 시선'이다. '있는 그대로, 사실 그대로'의 실재와 '언어·개념·차이·구분'은 상호부정과 불상응의 관계에 놓여 있다는 관점이 과연 붓다의 통찰과 정합적인지 묻고 싶다.[370]

　무지와 지혜·깨달음, '무지에의 속박으로 인한 고통'과 '지혜·깨달음으로써 풀려난 자유·안락'(해탈·열반)은 모두 이 '언어에 연루된 차이들과의 관계방식'에 따라 발생한다. 붓다는 '관계 속에서 변화하는 차이들' 이면이나 너머에 있는 '불변·동일의 본질을 지닌 실재'(실체·본체)가 있다고 설한 적이 없다. 그런 동일성을 지닌 존재나 현상은 실재하지 않는다고 말한다. 그래서 불변의 정신이나 아트만·브라흐만은 인정하지 않고, 그 어떤 불변·동일의 궁극실재를 체득해야 영원불변하는 깨달음·해탈·열반이 성취된다고 설한 적도 없다. 붓다가 설하는 '풀려남의 자유'(해탈)와 '동요가 그친 평안'(열반)은 처음부터 끝까지 '관계 속에서 변화하는 차이들'과의 관계에서 구현된다. 그리고 그 차이들은 예외 없이 언어에 연루되어 있다. 그런 차이(相)들에 대한 관점과 이해, 그런 차이들과의 관계방식 및 관계능력이, 무지와 지혜, 속박과 풀려남, 오염의 동요와 청정의 평안을 발생시키는 조건들이다. 육근수호六根守護 법설은 이 점을 명백하고 정확하게 알려 준다.

　깨달음·해탈·열반 등 붓다의 법설이 지향하는 긍정 가치들은 처음부터 끝까지 '관계 속에서 변화하는 차이들과의 관계'에서 구현되며, 따라서 '차이들에 대한 이해와 관계방식 및 관계능력'이 모든 향상수행의 목표이자 과정이다. '관계 속에서 변화하는 차이 현상'(相)에 대한 붓다 법설의 의미를 놓쳐 버리면 붓다 법설에 대한 이해가 자칫 엉뚱한 길로 접어들게 된다. 그 엉뚱한 길에서의 혼란과 방황을 먹고 자라는 독버섯이 있다. '관계 속에서 변화하는 차이 현상'(相)과는 절연絶緣하고 '차이 현상 이면이나 그 너머에 완전한 궁극실재를 설정하는 신비주의 시선들'이 그것이다. 이런 시선들은 '변화하는 차이 현상'에 대한 불안함을 떨쳐 낼 수 있

370　이에 관한 필자의 소견도 「차이(相)들의 '상호 개방'(通)과 '상호 수용'(攝)—『금강삼매경론』과 차이 통섭의 철학: 원효와 붓다의 대화(II)」에 거론되어 있다.

는 '불변의 완전한 실재'에 대한 이론과 그것을 체득할 수 있다는 수행론을 교학의 이름으로 수립한다. 아니면 붓다의 법설이나 기존의 교학을 그런 시선으로 해석한다. 다양한 유형의 본체·현상론은 그 대표적 사례인데,『대승기신론』이나 원효 언어에 대한 이해에서도 빈번하게 목격된다. 성철이 구사하는 '불생불멸不生不滅'이라는 용어도 그러한 신비주의적 궁극실재에 대한 표현으로 간주하는 경우도 흔하다. 그러나 성철 자신은 '불생불멸不生不滅'이라는 용어를, '상주·불변하는 있음'(有)과 '허무의 없음'(無)을 비판하는 비유비무非有非無의 의미로 사용하고 있다.

인간이 선택한 본질주의 시선에 따라 차별체계가 수립되고 인간이 다시 그 차별체계에 종속되는 것과 관련된 붓다의 통찰은 '육근수호六根守護 법설'과 '희론 (戱論, papañca/분별의 확산)에 관한 법설'에서 그 구체적 내용이 드러난다.

육근수호 법설은, 필자의 소견으로는, 붓다의 법설들 가운데 그 의미나 가치로 볼 때 가히 핵심부에 자리한다.[371] 이러한 육근수호 법설이 기존의 교학에서 충분히 탐구되지 않았을 뿐 아니라 중시되지도 않았다는 점은 아쉽다. 육근수호 법설을 금욕 수행론 정도로 취급하고 있는『청정도론』류類의 시선으로는 육근수호 법설의 의미에 접근하기 어렵다. 현대 불교학에서도 육근수호 법설의 의미와 가치는 여전히 방치되고 있다. '변화하는 무수한 차이 현상들로 이루어진 지금 여기의 오온五蘊 현상'을 떠나지 않고 이루어지는 현법열반現法涅槃의 의미를 가장 잘 밝혀 주는 것이 육근수호 법설이라 본다. **'경험을 발생시키는 여섯 가지 감관능력을 잘 간수해 가는 방법에 관한 설법'인 '육근수호六根守護 법설'이야말로 인도 신비주의 시선과의 결별을 가장 명확하게 보여 주는 것이라 생각한다. 연기·중도가 '언어·개념·차이·사유·욕구·변화·관계와의 접속을 끊지 않고 무지의 오염 문제를 해결하는 길'이라는 것을, 육근수호의 법설은 명확하고 정확하게 알려 주기 때문이다.**

육근수호 법설이 지니는 철학적 의미 가운데 특히 세 가지를 주목하면서 필

---

371 육근수호 법설에 관한 필자의 소견은 「차이(相)들의 '상호 개방'(通)과 '상호 수용'(攝)―『금강삼매경론』과 차이 통섭의 철학: 원효와 붓다의 대화(II)」에 상론되어 있다.

자는 다음과 같이 거론한 바 있다.

"**첫 번째는, 감관을 통한 인간의 경험을 '감관능력(根)과 그에 대응하는 차이현상(相)의 관계'로 설명한다**는 점이다. 감관능력이나 차이현상이 없으면 그 어떤 경험도 발생하지 않는다. 〈감관능력과 그에 대응하는 차이현상이 서로 관계 맺는 것이 인간 경험발생의 초기조건이다〉는 점을 분명히 하고 있는 것이다. 그리고 이때의 차이현상(相)은 이미 언어·개념에 의해 1차 가공 처리된 것들이다. **두 번째는, '감관능력(根)과 그에 대응하는 차이현상(相)의 관계 맺기 방식'은 두 가지로 나눌 수 있으며, 이 두 가지 방식은 모두 인간의 선택지라는 것을 분명히 한다**는 점이다. 〈감관능력(根)과 그에 대응하는 차이현상(相)의 관계 맺기는, 감관능력이 그에 대응하는 차이현상을 '움켜쥐는 방식'으로 관계 맺는 것'과 '움켜쥐지 않는 방식으로 관계 맺는 것'의 두 가지가 있으며, 어떤 관계 방식이든 인간의 자율적 선택의 대상이 된다〉는 것이다. **세 번째는, 감관능력(根)이 그에 대응하는 차이현상(相)과 '움켜쥐는 방식'으로 관계 맺으면 '해로운 현상'(不善法)들이 감관능력으로 일으키는 모든 경험을 채울 것이고, '움켜쥐지 않는 방식'으로 관계 맺으면 '이로운 현상'(善法)들이 경험을 채워 수준 높은 행복을 누리게 된다**는 점이다. 〈감관능력(根)과 그에 대응하는 차이현상(相)이 관계 맺는 두 가지 방식은 삶/경험의 내용을 각각 '해로운 것'과 '이로운 것'으로 결정한다〉는 것이다."[372]

〈'전체적 특징·차이'(相)와 '부분적 특징·차이'(細相)를 움켜쥐는 것〉은 '특징·차이들에 응하는 인간의 언어적 방식' 가운데 하나인 '언어로 분류한 특징·차이들에 동일성을 부여하면서 대상의 특징·차이에 응하는 방식'이다. 불변·동일성을 설정하는 본질주의 시선은 감관의 일차적 대상인 '전체적 특징·차이'(相)와 '부분적 특징·차이'(細相)를 〈움켜쥐는 방식〉으로 대하고 그에 따라 차별체계를 수립한다.

---

372 「차이(相)들의 '상호 개방'(通)과 '상호 수용'(攝)─『금강삼매경론』과 차이 통섭의 철학: 원효와 붓다의 대화(II)」, 87. 더 상세한 논의는 이 글을 참조할 수 있다.

희론(戲論, papañca/분별의 확산)에 관한 법설은 본질주의 시선에 따라 차별체계가 수립되고 인간이 다시 그 차별체계에 종속되는 조건인과(緣起)를 밝혀 준다. 특징·차이들을 〈움켜쥐는 방식〉으로 대하여 탐욕·분노·무지의 발생조건으로 처리하는 것이 '무지·망상의 분별'인데, 이런 분별이 발생하여 확산되는 사태를 '분별망상' 혹은 '희론(戲論, papañca)이라 부른다. 『맛지마니까야』의 「꿀과자 경」(Madhupiṇḍikasutta)[373]은 언어·개념적 사유에 수반하기 쉬운 동일성 환각이 인간의 지각경험과 인식을 오염시켜 가는 과정에 관한 붓다의 조건인과(緣起)적 통찰을 전해 준다. 개인의 삶을 탐·진·치에 의한 차별인식에 종속시키고 사회관계를 배제적 차별체계로 오염시키는 강력한 원인이 '희론'과 '희론에 오염된 지각과 관념'이며, 그것은 '느낌→지각→사유→희론→희론에 오염된 지각과 관념'이라는 조건인과적 연쇄에서 발생한다는 것이다.[374]

○ 원효의 경우

흥미롭게도 원효는 '언어·사유·욕구와 접속해 있는 차이'(相)에 관한 통찰에 입각하여 통섭通攝철학을 펼치고 있다. 차이(相)를 '불변·독자의 본질/실체 관념에 포획되어 왜곡·오염된 차이'와 '불변·독자의 본질/실체 관념에서 벗어난 차이'로 구분하여 다루는 다양·다층의 통찰들이 『금강삼매경』·『금강삼매경론』을 관통하고 있다. 특히 원효의 『금강삼매경론』을 통해 이 점이 선명하게 부각된다. '불변·독자의 본질/실체 관념에 오염된 차이'와 '불변·독자의 본질/실체 관념이 치유된 차이'는 본질주의가 설정하는 '동일성'과 관련된 문제이다. 동일하다는 말의 의미는 '변치 않음'(불변)/'다른 것과 섞이지 않음'(순수)/'상호적 의존 관계가 필요 없음'(독자/절대)과 통한다. 붓다는 이 동일성 관념의 허구를 깨뜨리는 통찰을 무아無我·무상無常·연기緣起를 비롯한 다양한 법설로 드러낸다. 그리고 붓다의 통찰에 공감하는

---

373 전재성 번역, 『꿀과자의 경』(MN. I .108).

374 상세한 논의는 「차이(相)들의 '상호 개방'(通)과 '상호 수용'(攝)─『금강삼매경론』과 차이 통섭의 철학: 원효와 붓다의 대화(II)」에 있다.

대승의 학인들은 본질주의의 '동일성 허구'를 깨뜨리는 언어적 장치로 '공空'이라는 기호를 사용한다. 동일성은 '불변·독자의 본질/실체'를 의미하기에 공성空性은 '불변·독자의 본질/실체가 없음'이 된다. **'언어·사유·욕구와 접속해 있는 차이'**(相)를 〈'불변·독자의 본질/실체 관념에 포획되어 왜곡·오염된 차이'와 '불변·독자의 본질/실체 관념에서 벗어난 차이'〉로 구분하여 다루는 원효의 통찰은, 〈'동일성에 오염된 차이'와 '동일성이 벗겨진 차이'〉에 관한 통찰이기도 하다. 원효의 통섭通攝철학은 〈'언어·사유·욕구와 접속해 있는 차이'(相)들의 '상호 개방'(通)과 '상호 수용'(攝)을 통한 진실과 이로움의 구현〉을 겨냥하고 있다. 주로 대승교학을 통해 붓다와 대화한 원효의 통섭철학이 붓다의 육근수호 법설이 지니는 의미를 탁월하게 계승하고 있다는 점은 주목해야 할 대목이다.

"원효사상의 총결산으로 보이는 『금강삼매경론』에서는 '상相'[375]이라는 개념을 중심으로 '차이'와 '사실 그대로'의 문제가 다양한 방식으로 풍부하게 거론되고 있다. 원효는 '구분되는 특징적 차이', 더 정확하게는 '언어·개념에 의해 분류·처리된 특징·차이들'을 지시하는 '상相'이라는 용어에 두 가지 상반된 의미를 모두 담는다.[376] 하나는 '왜곡·오염되어 부당하게 차별된 차이'이고, 다른 하나는 '제대로 이해된 사실 그대로의 차이'이다. '왜곡·오염되어 부당하게 차별된 차이'는 '동일성이 덧씌워져 불변·독자의 본질이나 실체로 간주되는 차이'이고, '제대로 이해된 사실 그대로의 차이'는 '동일성의 옷이 벗겨진 변화·관계의 차이 현상'이다. 그리고 전자의 차이(相)는 '독점·배제·억압의 폭력'과 '무지·독단의 기만'에 힘을 실어주는 차별적 차이이고, 후자의 차이(相)는 '개방·수용·공유·호혜互惠의 평화'와 '사

---

375 '相'은 니까야에서 '구분되는 특징적 차이'를 의미하는 팔리어 nimitta의 번역어로 시작하여 불교문헌들 속에서 다양한 변주를 보여 주는 용어이다. 원효 저술 속에서 목격되는 '相'의 다양한 용법들을 우리말로 번역할 경우 〈차이, 양상, [불변·독자의 본질/실체로 차별된] 차이, 특성, 특징, 면모, 모습, 현상, 대상〉 등이 있다. 이들은 모두 '相'(nimitta)이 지시하는 '구분되는 특징적 차이'라는 의미의 '문장 맥락에 따른 다양한 변형'이다. 따라서 이 모든 번역어들을 관통하는 일관된 의미는 '구분되는 특징적 차이'이다.

376 이 글에서는 '相'을 서술의 편의상 그저 '차이'라고도 표현하지만, 엄밀하게 말하면 '언어·개념에 의해 분류·처리된 특징·차이들'을 지시한다.

실에 접근하려는 '성찰'의 토대다. 원효의 '차이 통섭의 철학'은 후자의 차이를 세상에 구현하려는 통찰의 체계다."[377]

"『금강삼매경론』에서 거론하는 차이(相)는 '언어·사유·욕구와 접속해 있는 현상'이며, 이 차이(相)는 인식능력(識)의 선택[378]에 따라 상이한 두 범주로 나뉜다. 하나는 '불변·독자의 본질/실체 관념에 포획되어 왜곡·오염된 차이들의 범주'이고, 다른 하나는 '불변·독자의 본질/실체 관념에서 벗어나 사실 그대로인 차이들의 범주'이다. 그런데 어떤 범주에 속하는 차이(相)일지라도 '언어·사유·욕구와 접속해 있는 현상'이다. 따라서 붓다와 원효의 경우, 차이(相)에 관한 통찰은 곧바로 '언어·사유·욕구'에 관한 것으로 치환해도 된다. 차이(相)가 인식능력(識)의 선택에 따라 상이한 두 범주로 나뉘는 것처럼, 언어·사유·욕구도 그러하다. 사유의 경우는 앞서의 '희론' 논의에서 '이로운 합리적 분별 사유'와 '해로운 불합리한 분별 사유'의 문제로 확인한 바 있다. 욕구의 경우는 기본적으로 '나와 남을 함께 이롭게 하는 욕구'와 '나와 남을 함께 이롭게 하지 못하는 욕구'로 구분된다. **원효의 저술을 일관하는 〈'자기를 이롭게 함'(自利)과 '남들을 이롭게 함'(利他)의 결합〉은 '차이를 움켜쥐는 선택'과 '차이를 움켜쥐지 않는 선택'에 의해 갈라지는 두 가지 욕구와 관련된다.**"[379]

관련된 원효의 말을 몇 대목 확인해 본다.

"〈현상의 '사실 그대로'에 들어간 것이다〉(入實法相)라는 것은, [바로] 이 부처님

---

377 「차이(相)들의 '상호 개방'(通)과 '상호 수용'(攝)─『금강삼매경론』과 차이 통섭의 철학: 원효와 붓다의 대화(Ⅱ)」, 69-70.

378 원효는 이 두 가지 가능성을 모두 지니고 있는 인식능력을 '여래 면모를 품고 있는 창고'(如來藏)의 의미로 보아 '여래장如來藏'이라는 용어를 중시한다. 여래장을 마치 가변적 현상의 이면에 있는 불변의 궁극실재(本體, 基體)로 이해하려는 '본체론적 여래장설'과 원효의 여래장사상은 그 궤가 완전히 다르다.

379 「차이(相)들의 '상호 개방'(通)과 '상호 수용'(攝)─『금강삼매경론』과 차이 통섭의 철학: 원효와 붓다의 대화(Ⅱ)」, 168.

의 지혜가 '[불변·독자의 본질/실체로 차별된] 모든 차이'(一切相)을 깨뜨려 '모든 현상'(諸法)의 '사실 그대로'(實相)에 통달했음을 일컫는다. 〈본래 그러한 것〉(決定性)이라는 것은, 이 〈현상의 '사실 그대로'〉(實法相)는 부처가 지어낸 것이 아니고, 부처가 있든 없든 본연(性)이 스스로 그러하기 때문이다. … 여래가 스스로 〈현상의 '사실 그대로'에 들어간 것〉(入實法相)이기 때문에 다른 이들로 하여금 '[불변·독자의 본질/실체로 차별된] 차이가 없어서 생기는 이로움'(無相利)을 얻게 할 수 있는 것이다."380

"〈모든 곳〉(一切處)이라는 것은 '진리와 세속'(眞俗) '동요와 평온'(動寂) 등[의 현상이 있는] 모든 곳이며, 〈머무름이 없다〉(無住)라고 말한 것은 이 모든 것에서 '[불변·독자의 본질/실체로서] 얻은 것이 없기'(無所得) 때문이다. [또] 〈떠남이 없다〉(無離)라는 것은 이 모든 것에서 '[현상으로서] 얻지 못하는 것도 없기'(無所不得) 때문이니, 왜냐하면 그 '모든 곳'(一切處)들은 다 '[불변·독자의 본질/실체로서] 그러한 것도 아니고 [현상으로서] 그러하지 않은 것도 아니기'(非然非不然) 때문이다."381

"〈이와 같은 명칭과 뜻〉(如是名義)이라는 것은 앞에서 말한 것과 같은 '생각으로 헤아리기 어려운 명칭과 뜻의 면모'(不可思議之名義相)이다. 명칭(名)과 뜻(義)이 서로 상응하여 뒤바뀜도 없고 달라짐도 없기 때문에 〈참됨〉(眞實)이라 불렀고, 이와 같은 명칭과 뜻은 '주관과 객관'(能所)[을 불변·독자의 본질/실체라고 분별하여 분리하는 것]에서 멀리 벗어나 '한 맛처럼 통하여 평등'(一味平等)하기 때문에 〈같아진 차이〉(如相)라고 불렀다. [또] 이와 같은 '명칭과 뜻'(名義)은 '평등과 같아진 차이'(平等如相)이고 모든 부처님과 여래께서 체득한 것이기 때문에 〈여래와 같아진 차이〉(如來如相)라고 말하였다. … 이와 같이 [뜻과 이름이 서로] 들어맞아 '주관과 객관이 [불변·독자의 본질/실체로 분리되지 않고] 평등'(能所平等)하기 때문에, 명칭(名)[으로

380 『금강삼매경론』(H1, 609c6~13); "〈入實法相〉者, 謂此佛智破一切相, 通達諸法之實相故. 〈決定性〉者, 是實法相, 非佛所作, 有佛無佛性自爾故. … 如來自入實法相故, 故能令他得無相利也."

381 『금강삼매경론』(H1, 629a4~8). "〈一切處〉者, 一切眞俗動寂等處, 言〈無住〉者, 於此一切, 無所得故. 言〈無離〉者, 於此一切, 無所不得故, 所以然者, 彼一切處, 悉皆非然非不然故."

나타내는 차이(相)이든 뜻(義)[으로 나타내는 차이(相)이든 '여래 아닌 것이 없다'(非
不如來). … 〈중생 마음에서의 차이〉(衆生心相)에서 [그] 차이(相)도 여래이다〉(衆生心相,
相亦如來)라는 것은, 모든 중생의 '[불변·독자의 본질/실체로 보는 생각으로] 분별하
는 마음에서의 차이'(分別心相)는 [그] '차이'(相)가 곧 '[불변·독자의 본질/실체로 차별
된] 차이가 아니어서'(非相) [여래와 같아진 차이들과] 평등하지 않음이 없기 때문에
저 '[중생의 분별하는 마음에서의] 차이'(相)도 여래라는 것이다. 이상으로 '평등에
관한 도리'(平等道理)를 곧바로 세웠다."382

"〈어떤 것도 '[사실] 그대로[인 면모]'(如)가 없는 것은 없다〉(無有無如)는 것은 '특
징을 지닌 그 어떤 현상'(一有相之法)이라 해도 '사실 그대로의 도리'(如理)가 없는 것
은 아니기 때문이다. … 이와 같이 '온전한 현상'(淨法)들은 '[불변·독자의 본질/실
체를] 설정하는 양상'(有爲相)에서 벗어났기에, '[불변·독자의 본질/실체로서] 생겨
남도 없고 [완전히] 사라짐도 없으며'(無生無滅) '[불변·독자의 본질/실체가] 시작됨
도 없고 [완전히] 끝남도 없다'(無始無終). 이와 같은 뜻이기 때문에 〈현상 그대로가
온전하다〉(法爾淸淨)[고 말한 것이다]."383

"'모든 현상의 양상'(一切法相)은 조건(緣)에 따라 생겨난 것이고 '결과인 모든 현
상'(一切果法)도 조건에 따라 있게 된 것이므로 곧 '[불변·독자의 본질/실체로서] 생겨
난 것'(生起)은 없으니, [따라서] 〈생겨나는 양상의 본연은 '사실 그대로'이고 '사실 그
대로'에는 동요되는 것이 없다〉(起相性如, 如無所動)고 하였다. 그 아래에서는 '[현상을]
일으키는 모든 조건'(能起諸緣)도 '불변·독자의 본질/실체가 없음'(空)을 밝혔다."384

---

382 『금강삼매경론』(H1, 640c2~20); "言〈如是名義〉者, 如前所說, 不可思議之名義相. 名義相稱, 無倒無變,
故名〈眞實〉, 如是名義, 遠離能所, 一味平等, 故名〈如相〉. 如是名義, 平等如相, 諸佛如來所體, 故言〈如來如
相〉. … 如是稱當, 能所平等故, 若名若義, 非不如來也. … 〈衆生心相, 相亦如來〉者, 謂諸衆生分別心相, 相
卽非相, 無不平等, 是故彼相亦是如來. 上來正立平等道理."

383 『금강삼매경론』(H1, 643a18~b7); "〈無有無如〉者, 無一有相之法, 而無如理者故. … 如是淨法, 離有爲
相, 無生無滅, 無始無終. 由是義故, 〈法爾淸淨〉也."

384 『금강삼매경론』(H1, 644a8~10); "一切法相, 從緣所生, 一切果法, 從緣有故, 卽無生起, 〈起相性如, 如

"'참 그대로인 현상'(眞如之法)은 '모든 이로운 능력'(諸功德)과 '모든 작용능력'(諸行德)을 두루 갖추어 [그] '본연의 면모'(本性)로 삼기 때문에 〈참된 면모[인 '사실 그대로']〉(眞性)라고 말하고, 이와 같은 '참된 면모[인 '사실 그대로']'(眞性)는 모든 '언어가 나타내는 차이'(諸名相)[를 불변·독자의 본질/실체로 보는 것]을 끊어 버리기 때문에 〈참된 면모[인 '사실 그대로']에는 불변·독자의 본질/실체가 없다〉(眞性空)라고 말한다. 또한 이 '참된 면모[인 '사실 그대로']'(眞性)는 '차이'(相)에서 벗어나 있고 본질(性)에서도 벗어나 있으니(離相離性), '차이에서 벗어나 있다'(離相)는 것은 '[불변·독자의 본질/실체로 보는] 분별망상으로 지어낸 차이에서 벗어나 있다'(離妄相)는 것이고 '본질에서 벗어나 있다'(離性)는 것은 '참된 면모[라는 불변·독자의 본질/실체]에서도 벗어나 있다'(離眞性)는 것이다. '[불변·독자의 본질/실체로 보는] 분별망상으로 지어낸 차이에서 벗어나 있기'(離妄相) 때문에 '[불변·독자의 본질/실체로 보는] 분별망상으로 지어낸 차이'(妄相)에는 불변·독자의 본질/실체가 없고, '참된 면모[라는 불변·독자의 본질/실체]에서도 벗어나 있기'(離眞性) 때문에 '참된 면모[인 '사실 그대로']'(眞性)에도 불변·독자의 본질/실체가 없으니, 그러므로 〈참된 면모[인 '사실 그대로']에는 불변·독자의 본질/실체가 없다〉(眞性空)라고 말하는 것이다. 지금 이 단원(品)에서는 '[분별망상으로 지어낸 차이에는 불변·독자의 본질/실체가 없다'(妄相空)는 것과 '참된 면모[인 '사실 그대로']에도 불변·독자의 본질/실체가 없다'(眞性亦空)는] 이 '두 가지 뜻'(二義)을 드러내고 있으므로, 이러한 뜻에 의거하여 '[참된 면모[인 '사실 그대로']에는 불변·독자의 본질/실체가 없다'(眞性空)라고 하는] 단원의 이름을 세웠다."385

"'[깨달음의 본연[인 '사실 그대로 앎']'을 일으키는] 마음'(本覺之心)[에 의하여] 생겨난 '신체와 마음'(色心)[이라는 현상들]이 [중생에게는] '[불변·독자의 본질/실체

無所動〉也. 下明能起諸緣亦空."

385 『금강삼매경론』(H1, 650b6~13); "眞如之法, 具諸功德與諸行德, 而作本性, 故言〈眞性〉, 如是眞性, 絶諸名相, 以之故言〈眞性空〉也. 又此眞性, 離相離性, 離相者離妄相, 離性者離眞性. 離妄相故, 妄相空也, 離眞性故, 眞性亦空, 以之故言〈眞性空〉也. 今此品中, 顯是二義故, 依是義, 立品名也."

로 간주되어] 차별된 양상'(差別相)이지만, 저 '깨달음의 본연[인 '사실 그대로 앎'을 일으키는] 마음'(本覺心)은 [불변·독자의 본질/실체로서의] 양상'(相)에서 벗어나 있고 '불변·독자의 본질'(性)에서도 벗어나 있으니, 이와 같은 '[불변·독자의 본질/실체라고] 차별하는 자리'(差別之處)에 있지 않아야 저 '[불변·독자의 본질/실체로서의] 양상에서 벗어나 하나처럼 통하게 하는 깨달음'(離相一覺)과 같은 것이 있게 된다. 그러므로 이 신체(色)와 마음(心)의 '[불변·독자의 본질/실체로 간주되어] 차별된 양상'(差別相)을 '불변·독자의 본질/실체가 없는 것'(空)으로 볼 때라도 '[불변·독자의 본질/실체로서의] 양상에서 벗어나 하나처럼 통하게 하는 깨달음'(離相一覺)마저 함께 없앨 수는 없다. 이러한 도리로 말미암아 앞[에서 마음은 '아무 것도 없이 허망한 것과는 같지 않다'(不同空)고 말한 설명]이 헛된 말이 아닌 것이다."386

"그 '[불변·독자의 본질/실체로 보는 생각으로] 분별한 것이 없음'(無所分別)으로 말미암아 '[차이를 제대로] 구별하지 않음도 없으니'(無不分別), 그러므로 〈[불변·독자의 본질/실체로 보는 생각으로] 분별함이 없는 지혜는 [차이를 제대로] 구별함이 끝이 없다〉(無分別智, 分別無窮)라고 말하였다. '[차이를 제대로] 구별함이 끝이 없는'(分別無窮) 까닭은 다만 모든 분별을 없애기 때문이니, 그러므로 〈[제대로 구별함이] 끝이 없는 차이들'(無窮之相)은 오직 '[불변·독자의 본질/실체로 보는 생각으로] 분별된 것'(分別)만이 사라진 것이겠습니다〉(無窮之相, 唯分別滅)라고 말하였다."387

○ 성철의 경우

성철은 유·무 양변을 벗어나는 중도의 특징을 '쌍차雙遮와 쌍조雙照를 동시에 드러내는 차조동시遮照同時·쌍민쌍존雙泯雙存' '쌍차雙遮한 쌍조雙照, 즉 진공묘유眞空妙有'라고 본다. '유·무 양변을 벗어나는 중도'와 차조동시遮照同時·쌍민쌍존雙泯雙

---

386 『금강삼매경론』(H1, 669a5~9); "所生色心, 是差別相, 彼本覺心, 離相離性, 不於如是差別之處而有如彼離相一覺. 是故空此色心差別相時, 不得同遣離相一覺. 由是道理, 前非虛說."

387 『금강삼매경론』(H1, 659c4~7); "由其無所分別, 乃能無不分別, 故言〈無分別智, 分別無窮〉. 所以'分別無窮'者, 只由滅諸分別, 故言〈無窮之相, 唯分別滅〉."

有·진공묘유2를 결합시켜 근본불교·대승교학·선종까지 한 줄로 꿰고 있다. 아울러 성철은 중도를 화쟁의 원리로 파악한다. 이러한 성철의 중도관이 지닌 철학적의미는 유有·무無라는 말의 실제 내용을 '차이 현상들의 양상'으로 읽을 때 분명해진다. 성철의 중도관에서 '양변兩邊인 유有와 무無'는 현상에 대한 본질주의 시선의두 짝이다. 그런데 유有·무無의 내용을 '차이 현상들의 양상'(諸相)으로 읽는다면,양변兩邊 가운데 유有는 〈차이 현상들의 있음을 '동일·불변인 본질로서의 있음'〉으로 보는 견해이고, 무無는 〈차이 현상들의 없음을 '동일·불변인 본질로서의 없음'〉으로 보는 견해이다. 그리고 연기·중도의 내용으로 제시하는 '비유비무非有非無' '역유역무亦有亦無'는 〈차이 현상들의 존재는 '조건들이 있으면 발생하는 가변적현상'이고, 차이 현상들의 비非존재도 '조건들이 있으면 발생하는 가변적 현상'이다〉라고 읽을 수 있다.

어떤 존재나 현상이 항상 같은 내용으로 존재한다는 '상주론적 유有 관념'과,이 관념의 이면이자 동반자인, 아무것도 없다는 '허무주의적 무無 관념'은, 짝을 이루는 두 가지 잘못된 견해·사유의 근본이라는 점을 일깨워 주는 것이 붓다와 불교의 중도법설이다. 그리고 이 중도법설의 근거는 '모든 현상은 조건인과적 발생'이라는 연기緣起의 도리이다. '상주·불변하는 있음'(有)과 '허무의 없음'(無)은 연기緣起의 이법으로 볼 때 존재와 현상의 '사실 그대로' 혹은 '있는 그대로'가 아니다. 그래서 '사실 그대로/있는 그대로'는 비유비무非有非無라고 지칭할 수 있는 현상이며이것을 중도라고 한다. 모든 유형의 본질·절대·실체주의적 사유(常住論, 有論)와 허무주의적 사유(斷滅論, 無論)는 현상과 존재의 '사실 그대로/있는 그대로'를 놓치는'치우친 견해'(邊見)이며, 모든 것을 조건인과적 발생으로 보는 연기緣起의 사유는'사실 그대로/있는 그대로'를 직시하는 것으로서 중도에 해당한다.

이 중도의 지평에서는 '조건에 따라 생겨나는/생겨난 현상'(有)이나 '조건에 따라 사라지는/사라진 현상'(無)이 모두 '사실 그대로/있는 그대로'이다. 그래서 역유역무亦有亦無라 부를 수 있다. 유有와 무無라는 동일한 용어를 사용하지만 비유비무非有非無 맥락에서의 '유有와 무無'는 '상주·불변하는 있음'(有)과 '허무의 없음'(無)을 지시하고, 역유역무亦有亦無 맥락에서의 '유有와 무無'는 '조건에 따라 생겨나는/

생겨난 현상'(有)이나 '조건에 따라 사라지는/사라진 현상'(無)을 지시한다. 또한 비유비무非有非無는 '상주·불변하는 있음'(有)과 '허무의 없음'(無)이 '사실 그대로/있는 그대로'가 아니므로 모두 부정한다는 점에서 쌍차雙遮·쌍민雙泯·진공眞空의 맥락에 해당하고, '조건에 따라 생겨나는/생겨난 현상'(有)이나 '조건에 따라 사라지는/사라진 현상'(無)이 모두 '사실 그대로/있는 그대로'임을 지시하는 역유역무亦有亦無는 있음(有)과 없음(無)의 현상을 모두 '사실 그대로/있는 그대로' 드러낸다는 점에서 쌍조雙照·쌍존雙存·묘유妙有의 맥락에 해당한다.

유有·무無의 내용을 '차이 현상들의 양상'으로 읽을 때, '유·무 양변을 벗어나는 비유비무非有非無의 중도'를 차조동시遮照同時·쌍민쌍존雙泯雙存·진공묘유眞空妙有의 통찰로 읽는 성철의 중도관은 그대로 '차별된 차이'와 '사실 그대로의 차이'에 관한 통찰이 된다. '차遮·민泯·진공眞空'은 '차이 현상들의 양상'에 불변·동일성을 입혀 격리·배제·폭력의 차별적 질서체계를 수립하는 본질주의 기획을 비판하고 해체·치유하는 통찰이 되고, '조照·존存·묘유妙有'는 조건에 따라 발생하는 연기緣起적 현상으로 보아 '차이 현상들의 사실 그대로/있는 그대로'를 드러내는 통찰이 된다. 그리고 성철이 주목하는 '중도가 지닌 화쟁의 힘'은, 차이들이 '사실 그대로/있는 그대로' 이해되고 평가받아 부당한 차별에서 벗어나게 하는 문제 해결력이고, 차이들이 상호 개방적으로 만나 호혜적 관계를 가꾸어가게 하는 힘이며, 본질주의에 수반하는 상호 배제적 다툼과 불화를 합리적으로 조정하고 화해시킬 수 있는 힘이다. 이런 독법으로 다음과 같은 성철의 중도관을 읽으면, 그의 통찰이 일상세계의 구체적 문제 해결력으로 생생하게 다가온다.

"쌍민은 양쪽이 다 없어졌다는 말이고, 쌍존은 양쪽이 다 있다는 뜻입니다. 쌍민쌍존도 쌍차쌍조와 같은 말입니다. 양쪽이 완전히 없어지면 양쪽이 완전히 드러나는데, 드러나면 생멸하는 양변이 완전히 없어져 불생불멸의 절대적인 양변이 성립됩니다. 즉, 전체가 부정이 되면 결국 전체가 긍정이 되는 것입니다. 쌍존이나 쌍조는 두 개가 그대로 드러나는 것입니다. 드러나면 쌍존은 보통 생멸 변견의 쌍존과는 다릅니다. 생멸의 쌍존은 서로 통하지 못하고 상극 그대로입니다. 있는 것은 그대로 있고, 없는 것은 그대로 없습니다. 불은 영원히 불이고 물은 영원히 물입니다. 그러나 쌍민하는 쌍존이나 쌍차하는 쌍조는 양쪽이 완전히 드러난 것입니다. 이것은 서로 통하는 쌍존이어서 두 개가 그대로 있는 것이 아니라 서로 융통하는 것을 말합니다. 그래서 생멸 변견의 쌍존은 유는 유이고 무는 무라고 고집해서 서로 통하지 못하지만, 쌍차한 중도의 쌍조는 유가 곧 무이고 무가 곧 유이며 선이 곧 악이고 악이 곧 선이어서 완전히 서로 상통합니다. 결국 쌍조라 하는 것은 원융무애한 것을 말합니다. 모든 것이 다 융합됩니다. 그러면 물질적으로도 물을 불로도 쓸 수 있고 불을 물로도 쓸 수 있습니다.

　사람도 그렇습니다. 서로 상극된 자기의 변견을 고집하면 서로 안 통합니다. 언제든지 내가 옳고 네가 그르다고 합니다. 그렇지만 중도 입장에서 보면 서로 시비를 다 버립니다. 서로 시비를 버리면 완전히 한 덩어리가 됩니다. 한 덩어리가 되면서 서로 융통하게 됩니다. 그러면 모든 상극 모순과 투쟁은 영원히 없어져 버리고 영원한 행복과 평화가 실현됩니다. 영원한 평화라는 것은 싸움을 그친 데서 나오는데, 싸움을 그치려면 양변을 떠난 중도를 실천해야 합니다. 중도를 실천하지 못하면 싸움은 영원히 계속됩니다. 그래서 불교를 화쟁和諍이라고도 합니다. 싸움을 그치고 화합이 근본이라는 말입니다. '중中'이라는 말도 화합이라는 뜻인데, 결국은 그것도 중도를 내포해서 표현한 것입니다. 중도는 쌍차쌍조하고 쌍민쌍존해서 원융무애하게 서로 화합합니다. 이것은 깊고 깊어서 평생 듣는다고 아는 것이 아니고 깨쳐야 압니다. 중도는 선·교를 통해서 일관된 최고 원리라는 것은 누구도 의심할 수 없습니다. 부처님이 평생 동안 설법하신 것도 모두 일관되게 중도에 의지하였습니다."[388]

　"'정혜正慧로써 여실히 세간의 집集을 관하는 자에게 이 세간은 무無가 아니다'고 하셨는데, 여기서 '집集'은 사성제의 집제集諦를 말합니다. 연기법의 순관順觀의 입장에서 모든 것이 연기한다는 내용을 '집'이라고 한 것입니다. 쉽게 말하면 모

---

388 『백일법문』, 111-112.

든 것이 일어나 생겨난다는 말입니다. 누구든지 이런 관점으로 세상을 보면 모든 것이 다 생겨나기 때문에 세간에 아무것도 없다는 말은 할 수가 없습니다. 이것을 '여실히 세간의 집集을 관한다'(正觀生)라고 합니다. 생기하는 법을 바로 보면 없다는 견해가 설 수 없기 때문에 결국 '없음이 아닌 것'(非無)입니다. 없다는 견해는 틀렸다는 말입니다. 또 바른 지혜로써 여실히 세간의 없어짐을 보면 결국 있다는 것도 성립되지 않습니다. 이것을 '여실히 세간의 멸을 관한다'(正觀滅)고 합니다. 없어짐을 바로 보면 있음이 아닌 것(非有)이어서 있다는 견해는 틀린 것이 됩니다. 세상 사람들은 모든 것이 없어지는 것을 보고 무견을 가지고, 또 모든 것이 생겨나는 것을 보고 유견을 가집니다. 유견에서 볼 때는 무견이 틀렸고, 무견에서 볼 때는 유견이 틀렸습니다. 그렇다면 왜 세상 사람들은 이런 유견과 무견의 변견에 집착하는가? 그것은 이리저리 생각하는 사량분별 때문입니다. 여기에서는 그것을 방편이라고 했습니다. 이 사량분별에 의지해서 있는 것에 집착하고 없는 것에 집착하면 모든 것에 집착하고 맙니다. 여기에 사로잡히기 때문에 변견이 생깁니다. 그러므로 사량분별에 의한 집착심이 변견의 원인이 됩니다. 세상에 변견이 생기는 것은 사량분별과 집착 때문이므로 부처님 제자라면 집착심을 버리고 모든 사물에 주착住著하지 않아야 합니다. 나(我)라는 아견我見을 고집하는 사량분별을 다 버려야 합니다. 그렇게 모든 분별심을 떠나서 보면 세상은 생기는 것도 아니고 없어지는 것도 아닙니다. 즉, 불생불멸不生不滅입니다. 고통이 생기면 생긴다고 보고 고통이 없어지면 없어진다고 그대로 봅니다. 이것은 그저 생멸을 본다는 것과는 차원이 다릅니다. 이때의 생멸은 변견의 생멸이 아니기 때문입니다. 세간에서는 분별심으로 생멸을 보지만 여기에서는 집착하는 분별심을 떠나서 보는 것입니다. 이 것이 무분별심에서 보는 불생불멸의 생멸입니다.

'모든 분별에 사로잡히지 않으며 집착하지 않으며 머물지 않는다'는 것은 모든 것을 부정하기 때문에 쌍차입니다. 모든 생멸을 부정하고 나니 생멸을 바로 보는 대긍정 곧 쌍조가 됩니다. 머물지도 않고 집착하지도 않으므로 마음이 청정하고, 마음이 청정하면 곧 진공眞空입니다. 여기에서 묘유妙有가 생깁니다. 그래서 '괴로움이 생하면 생한다고 보고 멸하면 멸한다고 본다'고 했습니다. 이것은 변견의 생멸이 아니라 묘유妙有의 생녈이고 중도제일의제中道第一義諦의 생멸입니다. 이것이 마음이 광명光明한 것이니, 쌍차한 쌍조입니다. 차원이 다른 절대적인 견해입니다. '다른 것에 의지하지 않는다'는 것은 부처에도 의지하지 않고 조사에도 의지하지 않아서 오직 무주심無住心, 즉 구경의 반야심만 남았다는 말입니다. 여기에서 바로 정견正見이 나옵니다. 의지함이 없으니 완전한 진공眞空이고, 의지함이 없는 반야가 생겼으니 진정한 지혜가 나타나는데, 이 지혜를 정견이라고 합니다. 정견의 내용 역시 모든 집착심을 버리고 생멸을 바로 보는 것입니다. 그러므로 쌍차한 쌍조, 즉 진공묘유입니다. 이것은 매우 중요한 내용입니다.

양변을 떠난 것이 중도라는 것은 상식적으로 아는데, 그러나 양변을 다시 쌍조하여 양변이 살아난 것을 지금 학자들도 잘 이해하지 못하고 있습니다. 요즈음 일본에서 연구를 많이 했다는 사람들의 서적을 봐도 양변을 떠난 쌍차는 잘 드러나 있지만 쌍조에 대해서는 부처님이 밀의密意로써 은밀히 말했다고 하면서 확실한 증거를 대지 못하고 있습니다. 그만큼 어려운 부분입니다. 사실은 비밀한 뜻으로써 은밀하게 말씀하신 것이 아니라 부정하신 후에 다시 분명하게 '괴로움이 생기면 생한다고 보고 괴로움이 멸하면 멸한다고 바로 보는 이것이 정견이다'라고 긍정하면서 화반탁출和盤托出로 말씀하셨습니다. 이제 부처님이 다시 또 뒤집어서 이야기합니다. 모든 것은 있다는 견해, 즉 이 세상 모든 존재는 어떤 실체가 있어서 영원히 존재한다는 세상 사람들의 변견은 한 가지 극단이고 모든 것은 없다는 견해, 즉 이 세상 모든 존재는 어떤 실체가 없어서 소멸되어 버리고 만다는 세상 사람들의 변견은 또 다른 극단이라고 하면서 다시 변견의 근본인 유와 무를 들고 있습니다. 그러면 부처님은 어떻게 하시는가? 부처님은 존재에 영원성이 있다든가 없다든가 하는 양극단의 변견을 떠나서 중도에 의해서 설법을 합니다. 이것이 비유비무非有非無이고 역유역무亦有亦無인데, 역유역무가 바로 역생역멸亦生亦滅입니다. 부처님은 양극단을 떠났습니다. 앞 문장에서 '마음의 의처依處에 집착하거나 계사計使되어서 아我라고 사로잡히지 않으며 집착하지 않고 머물지도 않는다'는 것이 양극단을 떠났다는 뜻입니다. 이것이 진공이고 쌍차입니다. 그렇게 해서 '고가 생하면 생한다고 보고, 고가 멸하면 멸한다고 보는 것'이 묘유이고 쌍조입니

다. 이것을 비유비무이면서 역유역무라고 표현합니다. 그래서 역유역무를 역생
역멸이라고도 합니다.

 부처님은 중도를 설명하기 위해서 십이연기를 끌어다 증명하고 있습니다.
이것을 증명중도證明中道라고 합니다. 무명을 연하여 행이 있고 행을 연하여 식
이 있다는 방식은 생생을 이야기하는 것입니다. 이것이 역생亦生이고 역유亦有입
니다. 또 십이연기를 다 말하고 난 뒤에 '전全 고온苦蘊의 집集'이라고 한 것은, 앞
에서 집제를 바로 보는 사람은 무견無見이 없다고 했으므로 비무非無를 말한 것입
니다. 집을 바로 보는 사람은 무견이 없다 했으니 비무이고, 생을 바로 보는 사람
은 역생이니 무견이 없습니다. 역생이 곧 비무이고 비무가 곧 역생입니다. 역생
이 곧 역유이니 비무가 내용적으로 역유가 되며, 생을 바로 보는 것이 곧 집을 바
로 보는 것인데 그것이 비무입니다. 이것을 잘 이해해야 합니다. 한 가지 말이 두
가지 뜻을 표현하고 있습니다. 또 멸을 바로 보는 사람은 유견有見이 없다 했으니,
이것이 비유非有입니다. 멸을 바로 보는 것이 비유非有인 동시에 멸을 바로 보는 것
이니, 역멸亦滅입니다. 지금 여기에서는 연기의 역관逆觀과 순관順觀을 모두 들어서
중도라고 했습니다. 연기의 내용이 비유비무非有非無이면서 또 역유역무亦有亦無라
는 것을 표현한 것입니다. 이것은 아주 어렵습니다. 여러 번 설명을 들어 봐야 알
수 있지 당장은 해결이 되지 않습니다.

 흔히 부처님이 말씀하신 연기를 시간적으로 생사윤회하는 과정으로 해석하
는데, 생사윤회하는 과정으로 보는 연기관은 후대의 한 가지 해석은 될 수 있을지
언정 부처님이 설하신 연기의 참뜻과는 근본적으로 틀린 해석입니다. 부처님이
말씀하신 연기란, 연기가 곧 중도라는 말입니다. 많은 분들이 연기를 삼세이중인
과로 이해하면서 생사윤회하는 시간적인 해석에만 중점을 두고, 지금 내가 이야
기하는 것처럼 바르게 해석하는 사람은 별로 없었습니다. 남전이나 북전이나 부
처님은 중도를 설하고 난 뒤에는 증명중도로서 반드시 연기를 들고 있습니다. 어
째서 연기를 증거로 삼았는가는 좀 깊은 이야기여서 이해하기 어렵습니다. 불교
를 안다는 사람들도 이것이 제일 어렵다고 합니다. 이미 말했지만 연기를 순관에
서 보면 생을 바로 본다는 뜻인데 생을 바로 본다는 것은 무견이 없다(非無)는 말이

되고, 또 연멸緣滅을 한다는 것은 멸을 바로 본다는 말인데, 멸을 바로 보면 유견이 없습니다(非有). 그래서 이것이 비유비무이면서 역유역무입니다. 이것이 바로 중도가 아니겠습니까? 연기는 쌍차쌍조의 근본원리를 표명하고 있습니다. 이렇게 보아야 연기를 바로 보는 것입니다. 시간적으로 삼세양중인과설로 연기를 해석하면 연기를 근본적으로 잘못 보는 것입니다."[389]

3) 중도의 체득 방법론 – 이해와 마음, 육근수호와 정지正知, 일심一心, 간화선看話禪

크게 보면 붓다의 모든 법설이 중도의 체득 방법론이다. 특히 붓다의 법설을 수행론의 측면에서 종합하는 것이 '계戒·정定·혜慧 삼학三學'이므로, 삼학을 중도 체득의 방법론이라 말할 수 있다. 삼학의 내용 가운데서도 비非본질주의적 자아관인 오온무아五蘊無我, 모든 현상을 '관계적·조건인과적 발생'으로 이해하는 연기緣起, 수행방법의 종합체계인 팔정도八正道는 중도 체득 방법론의 중심부에 위치한다. 이 글에서는 붓다 선관禪觀의 핵심으로 보인는 정지正知(sampajānāti)와 원효의 일심一心 및 성철의 간화선看話禪과의 상호접속 가능성에 관한 관심에 의거하여, 논의의 대상을 선택적으로 한정하고자 한다. 구체적으로는, 팔정도 정념 수행의 내용인 사념처四念處 가운데 신념처身念處의 핵심 내용인 육근수호의 '알아차리기'(正知)를 '붓다의 선禪과 마음의 문제'로, 원효의 일심一心을 '이해와 마음의 통합 문제'로, 성철의 간화선을 '선종의 선관禪觀과 마음의 문제'로 그 초점을 맞추어 논의한다. 그리고 이 문제들을 관통하는 주제는 '이해와 마음'[390]이다.

---

389 같은 책, 153-158.

390 「이해와 마음 – 원효와 붓다의 대화(Ⅰ)」는 이 문제에 관한 필자의 소견을 개진한 글이다. 여기에서의 논의는 이 글과 「차이(相)들의 '상호 개방'(通)과 '상호 수용'(攝) – 『금강삼매경론』과 차이 통섭의 철학: 원효와 붓다의 대화(Ⅱ)」 및 『돈점 진리담론 – 지눌과 성철을 중심으로』(세창출판사, 2016) 등에서의 탐구내용을 계승한 것이다.

○ 육근수호의 '알아차리기'(正知, sampajānāti)[391]와 중도의 체득

육근수호 법설을 음미하려면 세 가지의 의미를 탐구해야 한다. 첫 번째는 '전체적 차이·특징'(nimitta, 全體相/相)과 '부분적 차이·특징'(anuvyañjana, 細相)을 거론하는 의미이고, 두 번째는 '전체적 차이·특징'(nimitta, 全體相/相)과 '부분적 차이·특징'(anuvyañjana, 細相)을 '움켜쥐는 것과 움켜쥐지 않는 것'의 의미이며, 세 번째는 '다양한 동작에 대한 정지正知(sampajānāti)'의 의미이다. 이와 관련되어 필자가 이미 개진한 소견의 핵심을 추리면 다음과 같다.[392]

'전체적 특징·차이'(相)와 '부분적 특징·차이'(細相)를 지시하는 'nimitta'와 'anuvyañjana'는 경험과 인식 성립의 초기조건이다. 물론 이 특징·차이들은 이미 언어·개념의 그물이 쳐진 지각에서 1차 걸러진 것들이다. 인간의 모든 경험은 지각에 포착된 특징·차이를 조건으로 펼쳐지기에 '차이를 조건으로 발생하는 현상'이다. 그리고 경험의 구체적 내용은 '차이들의 대비'에 의해 이루어진다. '그것'과 '그것 아닌 것'의 차이가 '그것'과 '그것 아닌 것'을 경험할 수 있게 한다. 붓다가 육근수호 법설을 '전체적 특징·차이'(相)와 '부분적 특징·차이'(細相)에 대한 언급에서 시작하는 것은 〈인간의 경험을 발생시키는 조건들은 그 최초지점에서부터 특징·차이들이다〉라는 통찰 때문이다.

'대상의 특징·차이들에 대한 인간의 반응양식'은 크게 두 가지 유형이다. 첫 번째는 생물적 방식이다. '감관능력에 이미 새겨져 있는 방식'에 의존하여 조건반응 하듯 대상의 특징·차이에 응하는 본능적 방식이며, '대상의 특징·차이를 움켜쥐듯 취하는 방식'의 생물적 유형이다. 두 번째는 언어적 방식이다. 언어적 인지

---

391 통상 '분명히 알아차린다'로 번역되는 정지正知(sampajānāti)를 필자는 〈모든 것을 앞세우듯 하면서 알아차린다〉의 의미로 이해한다. 일상의 모든 동작을 '괄호 치듯 묶어 재인지(알아차림)의 대상으로 처리하면서 빠져나오는 국면'을 일깨워 간수해 가면서 그 재인지 자리에서 현상의 특징과 차이들의 연기적 양상을 관찰하는 것이 정지正知(sampajānāti) 행법의 초점이라고 생각하기 때문이다. 또 정지正知는 '이해'의 문제가 아닌 '마음국면'의 문제라고 본다. 상세한 논의는 『대승기신론소·별기』 번역본에 게재한 「이해와 마음」을 참조.

392 「차이(相)들의 '상호 개방'(通)과 '상호 수용'(攝)─『금강삼매경론』과 차이 통섭의 철학: 원효와 붓다의 대화(II)」에서 거론한 논의의 핵심 내용을 요약하였다.

540

력에 의해 추가된 방식이다. 그런데 이 언어적 방식은 다시 두 가지로 나뉜다. 하나는 '언어로 분류한 특징·차이들에 동일성을 부여하면서 그 특징·차이에 응하는 방식'이다. '대상의 특징·차이를 움켜쥐듯 취하는 방식'의 인간적 유형이다. 다른 하나는 '언어에 의거하여 특징·차이들을 처리하면서도 동일성을 부여하지 않고 그 특징·차이에 응하는 방식'이다. 언어능력을 새로운 차원으로 고도화시킨 방식이다. 이것은 비非본능적 방식일 뿐 아니라 '대상의 특징·차이를 움켜쥐듯 취하는 방식'도 아니다. 육근수호 법설에서 붓다가 권유하는 '대상의 특징·차이를 움켜쥐지 않는 방식'이다.

〈언어에 담긴 차이들'(개념)에 의거한 개념적 욕망〉과 〈언어에 담긴 차이들의 비교'에 의거한 비교우위를 향한 욕망〉 그리고 〈재인지의 대상이나 재인지 주체에 동일성을 부여하여 발생시킨 '동일·불변·독자의 실체 관념'〉이 상호 결합하고 상호 작용하는 것이, 탐욕·분노·무지의 전개양상이다. 언어인간의 행보는 이 '탐욕·분노·무지의 길'을 넓혀 왔고 또 질주해 왔다. 배제를 속성으로 하는 '개념적 욕망', 무한히 증폭하는 '비교우위를 향한 욕망', '동일·불변·독자의 자아 관념'을 자기보존의 힘으로 삼아 개인과 집단의 이익을 추구해 왔다. 그리고 이 힘을 본능처럼 내면화시켜 왔다. 또 특징·차이들을 이 힘의 유지와 강화를 위한 조건으로 삼아 왔다. 따라서 인간이 감관능력(六根)을 통해 특징·차이들을 만날 때는, '특징·차이들과 탐욕·분노·무지가 결합하는 방식'을 선택하는 것이 일반적 경향이다. 이것이 '특징·차이를 움켜쥐는 언어적 방식'이고, 육근수호 법설에서 말하는 〈'전체적 특징·차이'(相)와 '부분적 특징·차이'細相)를 움켜쥐는 것〉이다.

육근수호 법설에서 말하는 〈'전체적 특징·차이'(相)와 '부분적 특징·차이'(細相)를 움켜쥐지 않는 것〉은 언어적 사유능력과 재인지 능력이 지닌 두 가지 치유력 때문에 가능해진다. 그리고 두 가지 가운데서도 특히 '재인지 능력에 의한 치유력'이 육근수호 법설의 초점으로 보인다. 〈일상의 모든 동작을 '괄호 치듯 묶어 재인지(알아차림)의 대상으로 처리하면서 빠져나오는 국면'을 일깨우고, 그 재인지 자리에서, 동작이 지닌 특징·차이들의 연기적 양상을 관찰하는 정지正知(sampajānāti)〉를 '특징·차이를 움켜쥐지 않는 방법'으로 설하고 있기 때문이다. 이 '움켜쥐지 않는 방식'은 '언어에 의거하여 특징·차이들을 처리하면서도 동일성 환각에 매이지 않고 대상의 특징·차이에 응하는 방식'이다. 언어능력을 새로운 차원으로 고도화시킨 방식이다. 이것은 '생물의 본능적 방식'이 아닐 뿐더러 '대상의 특징·차이를 움켜쥐듯 취하는 언어적 방식'도 아니다.

육근수호 법설이 설하는 정지正知(sampajānāti)는, 팔정도 정념 수행의 내용인 사념처四念處 가운데 신념처身念處의 핵심 내용인데, 〈일상의 모든 동작을 괄호 치듯 묶어 재인지(알아차림)의 대상으로 처리하면서 빠져나오는 마음국면을 일깨우고, 그 재인지 자리에서, 동작이 지닌 특징·차이들의 연기적 양상을 관찰하는 행법〉으로 보인다. 육근수호 법설은 이 정지正知 행법을 '특징·차이를 움켜쥐지 않는 방법'으로 설하면서, 탐욕·분노·무지의 길에서 탈출하는 방법을 일러주고 있다. 마음국면이라 할 이 정지正知의 힘을 키워 '특징·차이들을 움켜쥐지 않는 능력'을 확보하는 것은, 특징·차이들을 '탐욕·분노·무지의 발생·증폭 조건으로 삼지 않을 수 있는 능력'을 확보하는 것을 의미한다. 또 이것은 소유·배제·차별의 대상으로 왜곡되고 오염되었던 특징·차이들을 '있는 그대로, 사실 그대로' 만날 수 있는 힘을 키우는 것이며, '특징·차이들이 서로 제대로 대접하고 또 제대로 대접받을 수 있는 길'을 여는 힘을 얻는 것이다.

육근수호 법설의 의미를 이렇게 읽을 때, 육근수호 법설에서 드러나는 중도 체득의 수행방법론으로는 두 가지가 주목된다. 하나는 〈'전체적 특징·차이'(相)와 '부분적 특징·차이'(細相)를 움켜쥐지 않는 것〉이고, 다른 하나는 '정지正知(sampajānāti) 행법'이다. 정지正知 행법은 '차이 현상들을 연기·중도의 시선으로 보는 이해'를 수립하여 차이들에게 적용할 수 있게 하는 마음국면의 능력이다. 또 성취한 정지正知의 능력에 비례하여 '언어에 의거하여 특징·차이들을 처리하면서도 동일성을 부여하지 않고 그 특징·차이에 응하는 방식'인 〈'전체적 특징·차이'(相)와 '부분적 특징·차이'(細相)를 움켜쥐지 않는 행위〉가 실현된다.

필자는 정지正知가 이해국면이 아닌 마음국면에 초점을 둔 행법이라 본다. 이런 관점은 다수의 이해와는 다르다. 니까야 수행론을 탐구하거나 수행에 활용하는 학인들은 정지正知를 이해수행으로 보는 것이 일반적이다. '위빠사나 이해수행'(觀)을 축으로 삼아 니까야의 수행론을 음미하는 학인들이 특히 그렇다. 위빠사나와 구별되는 '사마타 선정수행'(止)도 정지와는 무관한 '대상에 대한 마음집중 수행'으로 보는 관점이 일반적이다. 과거나 현재의 남방 상좌부 교학, 대승교학에서 공통적으로 목격되는 시선이다.

붓다의 수행론을 탐구하려면 '이해와 마음의 차이와 상호관계'를 주목해야 한다고 생각한다. 특히 정지는 마음국면 행법에 초점이 있으며, 팔정도 정정正定의 선정禪定·사선四禪 행법은 정지 행법의 연장선에서 파악해야 한다고 본다.[393] 이 글에서는 '육근수호의 정지正知'와 '원효의 일심' 및 '성철의 간화선'과의 접속 가능성을 논의하기 위해, 필요한 정도의 내용만 거론해 본다.

인간이 '차이들로 얽힌 문제'를 잘 풀기 위해 임의로 '유사한 차이들을 하나로 묶어 언어에 담아 처리하는 능력'을 발현시키자 기억의 장기화가 가능해졌고, 차이들의 대비와 비교·판단·평가, 그에 따른 긍정·부정의 관계 선택능력이 획기적으로 향상되었을 것이다. 그리고 차이들의 비교에 의거한 판단·평가·선택의 근거를 다시 언어에 담아내려는 노력은 논리를 발생시켰고, 이어 논리의 체계인 이론도 발생시켰을 것이다. 또 차이 현상들을 이론의 질서로 처리하는 능력은 고도화된 기억력과 결합하면서 언어인간은 차이 현상들을 법칙적으로 인지할 수 있게 되었을 것이다. 이 '차이 현상들에 대한 법칙적 인지'가 '이해理解'이다. 인간은 이제 언어능력에 기대어 '이해하는 존재'가 되었다.

'이해 인간'이 된 후 인간의 모든 구성물은 이해에 의해 발산하고 이해로 수렴된다. '이해'는 단순한 지식정보의 체계가 아니라, 차이 현상들에 질서를 부여하여 차이들에 대한 법칙적 처리와 인지를 가능케 하는 일종의 문법체계이다. 사유, 감정, 욕구, 행위를 비롯한 '언어에 연루될 수밖에 없는 인간 몸의 모든 현상들'은 결국 이해에 의해 그 내용이 결정된다. 개인적·사회적 삶과 문화·문명의 구성은 근원적·궁극적으로 이해에 의해 그 특징과 내용이 이루어진다. 인간의 모든 것은,

---

393 이와 연관된 직·간접 주제들에 대한 논의는 기회 있을 때마다 진행한 바 있는데, 그간의 탐구를 종합하여 '정지正知와 사선四禪'을 묶어 '붓다의 선관禪觀'에 대한 생각을 종합해 볼 계획이다.

연루의 정도나 수준, 방식이나 양상은 다를지라도, 모두 '이해'에 연루되어 있다. 언어와 더불어, 이해가 존재의 집이 되었다.

어떤 이해로 차이들을 읽어 내느냐에 따라 문제 해결력이나 구성물의 내용이 결정적으로 달라진다는 점을 확인한 이후, 인간의 관심과 노력은 '이해의 수립과 선택'에 집중되었다. 그에 수반하여 이해하는 능력, 새로운 이해 수립의 능력, 이해 선택의 능력, 이해 설득의 능력, 이해 비판의 능력을 발전시키기 위한 교육제도가 국가적 지원 아래 발달하였다. '이해 능력' 여하에 따라 개인과 집단, 사회와 국가의 이익과 손해, 승패와 흥망이 갈리기 때문이다.

이해의 힘과 역할은 막강하다. 그런데 놓치지 말아야 할 대목이 있다. '이해는 만들어지는 것이고, 수정·교체·폐기되는 것'이라는 점이다. 달리 말해, 〈이해는 변할 수 있다〉는 점이다. 실제로 모든 이해는 바뀌어 왔다. 지속적으로 전승되는 견해라 할지라도 그 내용은 전승자들에 의해 여러 수준과 방식으로 변해 왔다. 앞으로도 그럴 것이다. 그렇다면 물어야 한다. 이해의 변화는 어떻게 가능한가? 이해를 변화시키는 것은 무엇인가? 이해 스스로 다른 이해로 변신해 가는 능력을 지닌 것이라 볼 수는 없다. 한 이해가 다른 이해(들)을 만날 때 변하곤 한다. 그러나 다른 이해들과의 접속이 이해 변화의 충분한 조건이라 할 수는 없다. 어떤 사람은 다른 이해를 만날 때 다른 이해를 수용하여 자신의 이해를 버리거나 수정한다. 그러나 여전히 자기 이해를 고수하기도 한다. 자기 견해의 수정이나 폐기 내지 교체에 개방적인 사람도 있고, 견해의 변화에 인색하거나 폐쇄적인 사람도 있다. 이런 차이를 설명하려면, 이해의 변화에 개입하는 어떤 능력이 인간에게 있다고 보는 것이 합리적이다. 학습, 성찰, 환경의 영향, 다른 이해들과의 만남, 경험 등도 이해를 변화시키는 조건들이다. 그러나 이런 조건들의 자극이나 영향은 이해 변화의 계기나 간접 조건은 되지만, 변화에 관여하는 근원적·최종적 조건으로 보기는 어렵다. 이해 변화의 간접 조건들은 종류도 다양하고 사람마다 편차도 있다. 그러나 이해의 변화를 설명하려면 모든 간접 조건들의 영향력을 포섭하면서도 변화의 근원적 계기를 제공하는 그 어떤 작용력이 있다고 보아야 한다. 이 작용력은 없던 이해를 수립하거나 유지시키거나 수정·보완·교체하는 모든 과정에서 삭용하는 근원적 조건이다.

필자는 이 '근원적 작용력과 이해의 상호관계와 상호작용'을 포괄하는 범주의 사유현상을 '마음'이라고 본다. 달리 말하면, '이해 사유'와 '재인지 사유'를 모두 품은 사유현상을 '마음'이라 부를 수 있으며, 마음의 내용은 이해 사유와 재인지 사유가 상호적으로 작용하면서 역동적으로 이루어진다. 마음은 〈이해 사유와 재인지 사유가 '같은 것도 아니고 다른 것도 아닌 관계'로 역동적으로 상호작용하는 '사유의 장場'〉이다. 이러한 '마음'을 다루는 방식은 불교 전통 속에서 두 유형으로 나타난다. 광의廣義의 유형과 협의狹義의 유형이 그것이다. '이해 사유'와 '재인지 사유'를 모두 포괄하여 마음으로 간주하는 것은 광의의 유형이고, '재인지 사유의 창발적 구성력'에 초점을 맞추어 마음을 거론하는 것은 협의의 유형이다. 불교해석학/교학과 수행론의 계보 속에는 마음에 대한 이러한 두 유형의 시선이 공존한다. 정지正知를 핵심 행법으로 삼는 붓다의 선법禪法, 불교 통찰의 계보에서 거론되는 마음의 문제, 원효의 일심, 선종의 선관禪觀을 구성하고 있는 직지인심直指人心의 마음 및 돈오頓悟·간화선看話禪을 탐구하고 설명하려면, 이 두 유형의 '마음 이해'를 동시에 읽어야 한다.

'이해와 마음의 차이와 상호관계'에 대한 성찰이 부실하면 마음을 둘러싼 부적절한 상상들이 활개를 친다. 마음을 변화·차이·언어·욕구 이면이나 너머에 거주하는 궁극실재로 보려는 상상들인데, 필자는 이러한 상상들을 통틀어 '마음 신비주의'라 불러 본다. '마음 신비주의'는 모든 유형의 신비주의 사유가 공유하는 상상인데, 대부분 마음 안에 '불변·동일·절대의 궁극실재'를 안치한다. 이 '마음 신비주의'는 불교 교학의 형성이나 교학에 대한 이해에도 개입하고 있는데, 특히 진심·여래장·자성청정심·일심·진여심 같은 대승불교의 긍정형 기호들에 대한 이해나 선종의 '마음 깨달음'을 보는 시선에서 흔히 목격된다. '마음 신비주의'는 붓다 법설에 대한 이해를 왜곡시키는 치명적 장애물로서, 붓다의 깨달음을 인도 우파니샤드 사유전통의 신비주의가 상상하는 깨달음으로 치환시켜 버린다. 붓다가 근원적으로 비판·해체하고 새로운 대안을 제시한 우파니샤드 사유로 붓다를 재편입시키는 작업이 불교 내·외부에서 공공연하게 진행된다. 이러한 부당한 작업을 제지할 수 있는 가장 강력한 지성의 힘은 '이해와 마음의 차이와 상호관계'에 대한 성찰에서 발생한다.

'이해와 마음의 차이와 상호관계'에 대한 필자의 소견을 요약하면 다음과 같다.[394]

'이해'는 '의미를 파악하는 인간의 현상'에 붙여지는 말이다. 인간이 파악하는 의미는 '언어적·기호적·추상적 기준들과 논리·이론을 갖춘 견해·관점으로 짜인 이해의 그물을 통과한 것'이며, 그런 점에서 '법칙적 현상'이다. 이해는 인간 경험의 특이성을 결정하는 근원적 조건이다. 또 인간은 자신의 경험을 괄호 치듯 대상화시켜 재인지하는 능력을 지녔다. 경험하는/경험된 모든 것들뿐 아니라 관찰자 자신마저도 대상화시키는 '재인지능력'은, 주/객관의 모든 경험에 갇히거나 매이지 않을 수 있는 '거리'를 발생시킨다. 이 거리 발생은 물리적 거리의 발생이 아니다. 인지 범주 안에서 '재인지를 가능케 하는 좌표의 발생'을 의미한다. '괄호 치듯 대상화시켜 놓고 재검토할 수 있는 좌표로 끊임없이 미끄러지듯 옮겨갈 수 있는 능력'이 '재인지 능력'이다. 인간은 이 재인지 능력이 고도화되어 있다.

재인지 능력은 인간경험의 모든 것을 대상으로 삼아 재성찰할 수 있게 하여 '사실에 더 맞는 진실'과 '더 나은 이로움'을 만들어 가는 길을 밝히는 등대이다. 그러나 재인지 능력이 언제나 희망의 길잡이인 것만은 아니다. 밝은 희망만큼이나 어두운 재앙의 길로도 이끌어 간다. 재인지 능력이 '불변·동일·독자의 실체나 본질 관념'을 재인지의 대상에 투영시킬 때가 그 재앙의 출발이다. 신체 현상과 정신현상, 사회현상에 실체와 본질의 옷을 입힐 때 재앙의 큰길에 올라선다. 사실을 왜곡하고 오염시키는 정교한 기만. 이 기만을 무기로 삼아 휘두르는 폭력의 칼춤, 그에 열광하는 무지의 광기. ─인간 특유의 이 괴물 같은 면모도 재인지 능력에서 힘을 얻는다. '불변·독자의 실체/본질 관념에 의해 일그러진 이해'를 불교철학에

---

[394] 「이해와 마음─원효와 붓다의 대화(Ⅰ)」과 「차이(相)들의 '상호 개방'(通)과 '상호 수용'(攝) ─『금강삼매경론』과 차이 통섭의 철학: 원효와 붓다의 대화(Ⅱ)」에서 개진한 내용을 요약하거나 인용한 것이다.

서는 '분별分別'이라 부르곤 하는데, 이 분별의 산출과 확대재생산의 원동력도 바로 재인지 능력이다. 재인지 능력은 그야말로 양날의 검이다. 잘 쓰면 인간과 세상을 두루 이롭게 하는 활인검活人劍이고, 잘못 쓰면 닥치는 대로 베어 죽이는 살인검殺人劍이다. 붓다는 이 재인지 능력을 활인검으로 쓰는 법을 가장 깊숙한 수준에서 확보하여 일러 준 분으로 보인다. 그러기에 그의 길에 동참하려는 후학들은 붓다가 일러 준 활인 검법을 제대로 익혀야 한다. 원효는 그 활인 검법을 탐구하여 전수하고 있다.

'재인지 현상 및 능력'은 이해와 결합되어 있으면서도 이해에 갇히지 않는다. '이해조차 재인지의 대상으로 처리'할 수 있는 것이 '재인지 현상'이기 때문이다. 그런 점에서 재인지 현상과 이해 현상은 같은 사유 범주에 속하면서도 동일하지가 않다. 이렇게 보면 인간의 사유에는 두 가지 다른 유형이 섞여 있다. 하나는, '이해로 수렴되고 또 이해로부터 규정되는 사유'이다. '이해 사유'가 그것이다. 다른 하나는, '기존의 이해 자체를 대상화시켜 처리하는 사유'이다. 과거와 현재의 이해에 갇히지 않고 기존의 이해들을 수정·보완·대체하는 사유이다. '재인지 사유'가 그것이다. 그리고 이 '이해 사유'와 '재인지 사유'를 모두 품은 사유현상을 '마음'이라 부를 수 있다. 따라서 마음의 내용은, 이해 사유와 재인지 사유가 상호적으로 작용하면서 역동적으로 이루어진다.

이해 사유와는 다른 자리에서 발생하는 재인지 사유는 어떤 경우에도 이해 사유와 무관할 수 없다. 대상이 된 이해에 대한 그 어떤 대응과 처리도 그 이해에 기대어 있지 않을 수 없기 때문이다. 재인지 사유는 이해 사유와 언제나 서로 맞물려 있다. 재인지 사유는 언제나 이해 사유를 조건으로 삼아 발생하고 작용한다. '이해 사유의 의미 규정력'이 없다면 사유의 그릇이 비게 되고, '재인지 사유의 이해 구성력'이 없다면 사유 그릇의 내용물이 썩는다. 이해 사유와 재인지 사유는, 원효의 말을 빌리면, '같지 않으면서도 별개의 것이 아닌'(不一而不二) 관계를 맺고 있다. 이해 사유와 재인지 사유는 '같은 것도 아니고 다른 것도 아니다'(不一不異). 마음은 〈이해 사유와 재인지 사유가 '같은 것도 아니고 다른 것도 아닌 관계'로 역동적으로 상호작용하는 '사유의 장場〉이다.

'재인지 사유의 창발적 구성력'을 주목하여 그것을 '선先이해체계/문법에서 풀려나는 능력' 및 '이해들을 이로운 것으로 수정하거나 수립하는 능력'으로 포착한 후 그 능력을 의도적으로 계발하여 고도화시켜 가는 길을 마련한 것이 붓다였다. 이해를 조정하고 선택하며 수정하거나 새로운 것으로 바꾸는 위상을 지닌다는 점에서, '마음의 재인지 사유 면모'는 '마음의 이해 사유 면모'보다 상위의 지위에 있다고 할 수 있다. 사실에 맞지 않는 이해·관점·견해를 사실에 부합하는 것으로 바꿈으로써 삶의 근원적 치유와 행복을 구현하려는 '이해 수행'(觀, 위빠사나 행법)도 이 '마음의 재인지 사유 면모'가 받쳐 주어야 완전해진다. **과거와 현재를 통틀어 '이해 바꾸기의 의미와 필요성 및 방법론'을 집중적으로 탐구하고 검증해 온 유일한 사례는 붓다의 전통이라고 생각한다. 붓다의 법설과 수행론은 고스란히 '이해 바꾸기의 의미와 필요성 및 방법론에 관한 가르침'이기도 하다. 붓다의 법설과 후학들의 해석학 및 수행론을 이렇게 읽으면, 놓쳤던 의미와 내용들이 새롭게 살아난다. 이른바 계戒·정定·혜慧 삼학三學은 '이해 바꾸기 방법론'의 종합체계로 볼수 있다. 좋은 이해, 사실에 맞는 이해, 그래서 더 나은 이로움을 발생시키는 이해의 확보가 궁극적으로 중요하기에, '이해 자체'보다는 더 수승한 이해를 수립하기위해 '이해들을 보완하고 수정하며 바꾸는 능력과 방법'의 계발이 더 중요한 과제가 된다. 붓다가 제시하는 계戒·정定·혜慧 삼학三學은 이 문제에 대한 응답이다.** '행위선택을 통해 이해를 바꾸어 가는 방법론'(계학)과 '바른 이해에 기대어 잘못된 이해를 바꾸어가는 방법론'(혜학) 및 '마음의 힘에 기대어 어떤 이해에도 갇히지 않으면서 이해를 가꾸어 가는 방법론'(정학)의 상호인과적 종합체계인 삼학三學은, '이해가 인간존재에서 갖는 의미와 중요성'에 대한 불교적 대응이다.

'혜학 방법론'은 '이해 사유'가 지닌 '내용규정의 힘'과 '재인지 사유'가 지닌 '선택 작용'을 결합시켜야 성공할 수 있는데, 특히 재인지 사유의 '선택작용의 능력'을 얼마나 의도적으로 향상시켜 활용하는가에 따라 혜학의 성공 정도가 결정된다. 이에 비해 정학에서는 재인지 사유의 면모 가운데 '빠져들지 않고 만나게 하는 능력' '갇히지 않고 접속하게 하는 능력' '붙들려 매이지 않고 관계 맺게 하는 능력'에 초점을 둔다. 정학/선 수행의 초점과 내용은, '대상에 대한 집중'이 아니라,

이미 자리 잡아 안정화된 그 어떤 이해들이나 그 이해에 의거한 욕구·행동·정서들도 '붙들어 빠져들지 않는 마음자리' '매여 갇히지 않는 재인지 자리'를 스스로 확보할 수 있는 힘을 키우는 데 있다. 또한 그 '붙들지 않고 갇히지 않아 빠져나온 자리'에서 그 대상들과 접속하고 관계 맺어 조정할 수 있는 힘, 그 어떤 이해체계에도 매이거나 갇히지 않으면서 더 좋은 내용을 수립하고 선택하며 고쳐 가는 자유의 힘을 키우는 노력이 정학/선 수행이다. 그러므로 선정수행으로 얻는 힘은, '집중력의 유지로 동요하지 않을 수 있는 실력'이 아니라, '그 어떤 이해·욕구·감정·행동도 붙들지 않고 빠져나오는 자리를 확보하여 그 자리에 관계 맺으면서 더 좋은 이해·욕구·감정·행동을 선택하고 수립하는 힘'이다.

정학/선 수행에서 성취한 능력을 토대로 밝아진 '궁극적 지혜/이해'(明知, 解脫知見)는 '지고至高의 내용을 지닌 확정적 이해'가 아니다. 또한 '아무리 수승한 내용을 지닌 이해 현상일지라도 붙들거나 매이지 않을 수 있는 자리/지평'은 '불변의 확정적 좌표'가 아니다. 그 자리/지평은 '가변적인 이해들'에 기대어 그것들을 조건 삼아 발생하기에, 그 자신도 '가변적·역동적으로 발현하는 자리/지평'이다. '그 어떤 이해·욕망·느낌·행위도 붙들지 않고 갇히지 않으며 매이지 않는 자리'도 역동적으로 발현하는 것이고, 그 자리에서 발생하는 이해 현상인 '궁극적 지혜/이해'(明知, 解脫知見)도 역동적으로 펼쳐지는 것이며, 그 자리에서 누리는 '자유와 평안의 지복至福', 그 파도타기의 유희 현상도 역시 역동적이다. 이 '역동적 현상'을 '지속적'으로 간수해 가는 것이 깨달음의 궁극이라고 본다.

역동적 변화 현상이 어떻게 지속적 안정성을 확보할 수 있는가? 〈동일성을 유지해야 안정이 지속될 수 있다〉는 생각은 재고되어야 한다. 그런 생각은 경험세계의 현실을 반영하지 못한다. 감관능력으로 지각하는 경험세계 현상 그 어디에도 '동일성의 지속'은 없다. 그럼에도 불구하고 우리는 지속적 안정성을 경험할 수 있다. '변화와 관계 속에 펼쳐지는 일련의 인과계열 현상에 대한 통합적 자각'을 유지하면서 '지속적 안정성'을 경험한다. 예컨대, 걷고 있는 현상을 '알면서 걷고 있는 인지'를 '자각적 선택'으로 유지해 갈 수 있다. 그런 국면을 유지하는 동안은 '지속적 안정'을 경험한다. 이때 이 '지속적 안정의 경험'을 발생시키는 조건들은 모두 역동적으로 변화하는 것이다. 변화하는 조건들, 그리고 그것들에 의해 발생하는 변화하는 현상들 속에서, 우리는 '지속적 안정'을 경험한다. 이것은 지각경험 범주에서 검증 가능한 일이다. 다만 이 '자가적 선택 국면'을 얼마나 지속시킬 수 있는가의 문제에서 개인별 편차가 발생한다. **인간의 가능성을 토대로, 의지와 노력에 따른 성취에 의거하여, 그 지속능력을 얼마나 이어갈 수 있는가에 대해서는 알 수가 없다. 붓다의 경우는 상상하는 것 이상의 수준이나 지평이었을 것으로 추정할 뿐이다. 만약 붓다의 경지를 '동일성이 영속되는 궁극실재와 하나가 되어 해탈이라는 지복**至福** 상태를 지속시켜 가는 것'이라고 생각한다면, 그런 생각은 적어도 붓다 법설에서는 근거를 확보하지 못한다. 또 선사의 깨달음이나 '오매일여**寤寐一如**의 경지'를 그런 경지라고 본다면, 우파니샤드 아트만 사상의 변주일 뿐 불교적 정체성은 상실한다.**

　'변화하는 차이현상들과 접속한 채, 자신도 변하면서 자유와 평안의 유희를 누리는 길', 그 길에서의 자유와 평안을, '파도타기'에 비유할 수 있을 것이다. 경험 주체도 변하고 경험 대상도 변하면서 양자의 관계에서 주체가 평안과 자유를 누릴 수 있는 것은, 마치 파도를 타고 즐기는 서핑(surfing)과도 같다. 부침하고 생멸하는 파도에 서핑하는 사람(주체)이 파도에 빠지지 않으려면, 변화하는 파도에 맞추어 끊임없이 자신의 몸과 정신 상태를 변화시켜야 한다. 서핑 능력자는, 자신도 변하면서, 변하는 파도와 접속한 채 자유와 평온의 유희를 즐긴다. 부침하고 변하는 파도에서 떠나지도 않고 파도에 빠져들지도 않으며, 파도와의 만남과 헤어짐을 동시에 이루어내면서, 역동하는 파도를 타고 자유와 즐거움과 평안을 누리는 실력을 확보했기 때문이다. 그는 '파도가 그쳐 잔잔한 상태'나 '파도에서 아예 떠난 평온'을 구하는 것이 아니다. 그가 보여 주는 '파도를 타고 가면서도 파도에 빠져들지 않아 자유와 평안과 즐거움을 누릴 수 있는 능력', '파도 그대로와 만나면서도 파도 상태를 제대로 파악하여 파도에 빠지지 않는 능력'은, 깨달은 자의 능력과 흡사하다. 생멸 변화하는 파도와 같은 세계에 몸담을 수밖에 없는 인간, 파도를 떠나면 삶도 없어지는 인간. ─그런 인간이 세계 속에서 추구해야 할 힘은 '파도타기의 능력'이고, 누려야 할 안락은 '파도 타고 노는 유희'이다.

550

〈현상의 특징이나 속성을 이해하기 위해 '면밀히 관찰하는 알아차림'이 정지 正知의 의미이자 수행법이다〉라는 것이, 육근수호가 설하는 정념의 정지를 이해하는 일반화된 시선이다. 관찰하려는 특징이나 속성 내지 수행기법 등에서 약간의 편차를 보이지만, 지금까지도 구도자나 학자들의 이해를 대부분 장악하고 있는 관점으로 보인다. 이런 관점에서는 정학의 핵심인 정념 수행마저도 이해수행(위빠사나 행법)으로 치환되어 버린다. 그렇다면 붓다는 '풀려나는 수행법'(해탈 수행)에 대해 '이해로써 이해 바꾸기' 방식만을 설하는 셈이 된다. 정학/선정 수행을 '대상 집중'으로 간주하는 사람이라면 거기다가 '집중수행'을 추가할 것이다. 과연 그럴까? 그런 방식으로 충분할까? 그렇다면 철학을 비롯한 모든 영역에서 가동해 온 '새로운 이해를 수립하여 묵은 이해를 대체하는 방식'은 위빠사나 행법과 얼마나 다른 것일까? 위빠사나 이해수행만이 해탈에 유효하다는 근거는 무엇일까?

필자는 붓다의 모든 법설을 위빠사나류類의 이해 행법으로 치환해 버리는 시선에 동의하지 않는다. **정지**正知**는, 현상을 면밀히 관찰하여 특징을 '이해'하는 데 초점이 있는 것이 아니라, 동작·느낌·마음상태·이해 등 모든 경험 현상을 '괄호 치고 알아차려 그것에 갇히거나 매이지 않고 빠져나오는 마음자리'에 눈뜨게 하는 데 초점이 있다고 본다.** 그 '빠져나오는 마음자리'에 눈떠 그 자리로 옮아간 후, 그 자리에서 경험 현상들을 만나는 힘을 키우게 하는 방법론적 매개가 정지正知의 '알아차림'이다. 그래서 필자는 'sampajānāti'를 〈모든 것을 앞세우듯 하면서 알아차린다〉라고 번역한다.[395]

'모든 이해에 갇히지 않고 빠져나온 국면/자리에서 이해들과 접속하여 성찰하고 조정하며 수립할 수 있는 근원적·전면적·자율적 능력'의 계발과 확보를 위한 방법―그것을 붓다는 정학/선정 수행으로 설하는 것으로 보인다. 그리고 그 핵심은 정지(正知, sampajānāti) 행법이며, 이것은 '모든 심신 현상을 괄호 치듯 묶어 그것을 재인지함으로써 그것들에서 빠져나오는 국면/자리를 일깨워 간수해 가는 것'

---

[395] 'sampajānāti'를 이렇게 번역하는 것은 낯설게 보일 것이다. 『청정도론』을 비롯한 남방논서들의 관점이나 학계에서 통용되는 이해와는 다르기 때문이다.

이다. 그리고 육근수호의 법설은 이러한 의미의 정지 행법을 육근을 수호하는 방법으로 설하고 있다. 정지_{正知} 행법을 마음 행법이라 불러 본다면, '이해 행법'(慧學)과 '마음 행법'(定學)이 어울려 상호작용하고, 거기에 '행동 행법'(戒學)이 가세할 때, 비로소 '근원적 자유'(해탈)와 '근원적 안식'(열반)을 경험 가능한 목표로 추구할 수 있다. '접속하면서도 붙들지 않는 자리에서, 사실에 맞고 이로운 이해를 역동적으로 수립하여 굴려 가는 이해 지평', '자유의 유희와 평안의 안식이 이해와 맞물려 구현되는 지평', 그 '궁극적 지혜/이해'(明知, 解脫知見)를, 향상의 최종 목적지로 삼을 수 있게 된다.

이렇게 보면, 연기·중도에 대한 이해를 체득하는 방법론이 분명해진다. 계戒·정定·혜慧 삼학三學이 '이해 바꾸기 방법론'의 종합체계이므로, 중도 체득의 방법론을 포괄적으로 말하면 '계·정·혜 삼학'이다. 그런데 이 글은 붓다 선관禪觀의 핵심인 정지正知(sampajānāti)와 원효의 일심一心 및 성철 간화선看話禪과의 상호접속 가능성을 주목하기 위한 논의이다. 그런 점에서 붓다가 설하는 중도 체득의 방법론으로 육근수호 법설에 초점을 맞추었다. 이미 앞에서 언급하였듯이, **육근수호 법설에서 드러나는 중도 체득의 수행방법론으로는 두 가지가 주목된다. 하나는 〈'전체적 특징·차이'(相)와 '부분적 특징·차이'(細相)를 움켜쥐지 않는 것〉이고, 다른 하나는 '정지正知(sampajānāti) 행법'이다.** 그리고 정지正知 행법은 '차이 현상들을 연기·중도의 시선으로 보는 이해'를 수립하여 차이들에게 적용할 수 있게 하는 마음의 능력에 의거한다.

○ **원효의 일심一心과 중도의 체득[396]–'이해와 마음의 통합 지평'(一心)과 중도의 체득**

원효가 중도관에 의거하여 수립하는 통섭通攝·화쟁和諍의 철학에서 모든 통찰의 발산지이자 수렴처로 채택하는 것은 '일심一心'이다. **원효는 '一'이라는 기호에**

---

396 「이해와 마음－원효와 붓다의 대화(Ⅰ)」에서 피력한 원효의 일심에 관한 논의를 계승하여 그 핵심 내용을 요약 및 인용하였다.

자신의 모든 성찰과 체득을 압축하고 있다. '일심一心, 일각一覺, 일미관행一味觀行, 일미一味, 일상一相, 일여一如, 일행삼매一行三昧, 일법一法, 일성一性, 일실一實, 일심여一心如, 일의一義, 일제一諦, 일처一處, 일행一行' 등이 그런 사례들이다. 그의 말기저술로서 평생의 탐구와 성취를 반영하고 있는 것으로 보이는『금강삼매경론』에서는 특히 그런 태도가 두드러진다. **이러한 용법들에서 '一'은 수사나 형용사가 아니라 '역동적인 동사적 국면/내용'을 반영하고 있다.** 그래서 필자는 원효가 보여 주는 성찰들을 종합적으로 반영하여 '일심一心'을 '하나처럼 통하는/통하게 하는 마음'이라 번역하고 있다.

'하나처럼 통하는/통하게 하는 마음'(一心)은 '삶과 세상의 향상적 변화를 가능하게 하는 근거'(여래장如來藏으로서의 일심一心)이자 '향상변화의 목적지'이다. 원효의 모든 통찰과 언어는 이 출발지와 도착지 및 그 과정에 관한 것이다. 그런데 그 모든 과정을 관통하는 중심축은 '[사실대로] 이해하는 수행'(觀行)이다. 이 관행觀行의 요점을『금강삼매경론』에서는 '한 맛[처럼 서로 통하는] 이해와 [그 이해에 의거한] 수행'(一味觀行)의 문제로 종합하고 있다.

원효는 '[사실대로] 이해하는 수행'(觀行)을 크게 두 유형으로 분류한다. 하나는 '수단이 되는 이해수행'인 방편관方便觀이고, 다른 하나는 '온전한/본격적인 이해수행'인 정관正觀이다. 자리행과 이타행을 하나로 결합시킬 수 있는 관행이면 '온전한/본격적인 이해수행'(正觀)이며, 그렇지 못하면 그런 경지에 접근하기 위해 '수단이 되는 이해수행'(方便觀)이라 구분하기도 한다. 정관은 '참된 이해수행'(眞觀)이라고도 하는데 진여문(眞如門, 참 그대로와 만나는 측면)에 들어가게 되는 것은 정관에 의해서이다. 방편관은 자아를 포함한 대상들에 대한 실체관념(相)의 제거를 겨냥하는 것이고, 정관은 대상들에 대한 실체관념뿐 아니라 '실체관념을 제거하는 마음(能取) 자체에 대한 실체관념'마저 제거하는 것이다.

또한 정관正觀/진관眞觀은 '[빠져들지 않고] 그침'(止)과 '[사실대로] 이해함'(觀)을 하나의 지평에서 융합적으로 펼쳐가는 수행이다. 구체적으로는, 〈[인간의 지각 경험에서 모든 현상은] 오로지 마음[에 의한 구성]일 뿐 [마음과 무관한] 독자적 객관대상은 없다〉(唯識無境)는 유식의 이해를 기반으로 '그침'(止) 국면과 '살핌/

이해'(觀) 국면을 동시적으로 펼쳐 가는 수행이다. 이것을 '그침과 이해를 동同근원적으로 함께 굴림'(止觀雙運)이라 부른다. 이러한 정관正觀에 의거하여 '사실 그대로/참 그대로'(眞如)에 직접 접속하게 되고, 마침내 〈'비로소 깨달아감'(始覺)의 내용이 바로 '깨달음의 본연'(本覺)〉이라는 것을 체득하게 되는 '하나처럼 통하는/통하게 하는 깨달음'(一覺)의 지평에 올라선다. 이후의 과제는 '깨달음의 본연'(本覺)과 통하는 정도를 확장해 가는 것이다. 통하는 정도를 확대시켜 가다가, '[차이들을] 평등하게 볼 수 있는 깨달음의 경지'(等覺位)에서 성취하게 되는 금강삼매金剛三昧에 의거하여 마침내 '[차이들을] 사실대로 함께 만날 수 있는 깨달음의 경지'(妙覺位)에 오른다. 이때 '비로소 깨달아 감'(始覺)의 내용과 '깨달음의 본연'(本覺)이 완전하게 하나가 된다.[397] 그리고 이 모든 과정의 가능근거이자 귀결로서 최상위 지위를 차지하는 인지의 면모가 '하나처럼 통하는/통하게 하는 마음'(一心)이다.

인간이 '하나처럼 통하는/통하게 하는 마음'(一心)의 주체가 되는 과정에서 부각되는 개념들의 인과적 연쇄를 원효의 안내에 따라 정리하면 다음과 같다. '일심一心 여정旅程'의 이정표 내지 거치게 되는 기착지에 대한 선별적 안내문인 셈이다.[398]

〈향상의 잠재적 가능성이자 근거인 '여래장如來藏으로서의 일심一心'→'불변·동일·독자의 실체나 본질은 없다는 이해'(空觀)→'현상을 유식唯識으로 이해함'(空觀空觀을 안은 唯識觀)→'온전한 이해수행'(正觀)인 '[빠져들지 않고] 그침'(止)과 '[사실대로] 이해함'(觀)의 융합(止觀雙運)→'자기를 이롭게 함'(自利行)과 '타인을 이롭게 함'(利他行)의 결합적 전개→'비로소 깨달아 감'(始覺)의 내용이 바로 '깨달음의 본연'(本覺)임을 체득하게 되는 '하나처럼 통하는/통하게 하는 깨달음'(一覺)→'하나처럼 통하는/통하게 하는 마음'(一心)〉.

이 조건인과적 연쇄를 통해 걸어가는 길의 의미를 풀면 이렇게 될 것이다.

인간은 진화과정에서 새로운 향상의 가능성을 발현시켜 품었다. 언어능력에

---

397 이에 관한 구체적 논의는 「자기이익 성취와 타자이익 기여의 결합 문제와 원효의 선禪—자리/이타의 결합 조건과 선禪」(『불교학연구』 40호, 불교학연구회, 2014)에 있다.

398 이 밖에도 중요한 개념의 군群들이 있지만 이 글의 논지에 맞추어 선별한 것이다.

수반하여 발생한 것으로 보이는 '불변·동일·독자의 실체/본질 관념'은 차이들 사이에 분리와 배제의 벽을 세웠지만, 다시 그 장벽을 해체시키고 **차이들과 '하나처럼 통하면서 만날 수 있는 인지능력/마음'(一心)을 발현시킬 수 있는 가능성**을 품게 되었다. **원효는 그것을 '여래장**如來藏**으로서의 일심** 一心'이라 부른다. 그러기에 **'불변·동일·독자의 실체나 본질은 없다는 이해'(空觀)는 이 가능성을 구현하는 토대이다.** 이 토대를 딛고 서서, 〈[인간의 지각 경험에서 모든 현상은] 오로지 마음[에 의한 구성]일 뿐 [마음과 무관한] 독자적 객관대상은 없다〉(唯識無境)는 유식唯識의 이해를 사다리로 삼아, 또 한 번 도약한다. 원효는 그 도약 방법을 '공관空觀을 안은 유식관唯識觀'으로 제시한다. **'공관**空觀**을 안은 유식관**唯識觀**'에 의거하여, '모든 경험현상을 괄호 치고 거기에서 빠져나오는 마음국면/자리'를 확보하고, 그 국면/자리에서 이해들을 만나 '더 좋은 이해로 바꾸어 가는 능력'을 확보한다.** '공관을 안은 유식관'을 디딤돌 삼아 성취하는 이 능력을 원효는 '온전한 이해수행'(正觀)이라 부른다. 〈주·객관의 모든 현상에 '빠져들지 않고 그침'(止)〉과 〈그친 국면/자리에서 '사실대로 이해함'(觀)〉을 동시에 펼칠 수 있는 능력이다. 지관쌍운止觀雙運의 정관正觀이 그것이다.

그런데 이 '온전한 이해수행'(正觀)은 '자기를 이롭게 하는 이해의 수립 및 실천'(自利行)과 '타인들을 이롭게 하는 이해의 수립 및 실천'(利他行)을 하나로 결합시켜 펼칠 수 있는 실력을 키워 가는 것이기도 하다. 개인 구제와 사회 구제가 '별개의 것이 아닌 관계'(不二, 不異)로 맺어지는 지평이 비로소 제대로 꽃을 피우는 단계이다. 이후에는 모든 차이 현상과 '하나처럼 통하면서 만날 수 있는 깨달음'(一覺)이 뚜렷하게 되고, 마침내 모든 차이와 '하나처럼 통하는/통하게 하는 마음'(一心)이라 부르는 궁극의 인지능력이 성취된다.

이 모든 향상과정은 고스란히 '개인과 사회의 생활세계 문제해결력 향상과정'이기도 하다는 점을 간과하지 말아야 한다. 이 일심 여정에서는, 불변·동일·독자의 실체·본질 관념으로 차이들을 왜곡하고 오염시켜 부당하게 다루어오던 실체·본질주의 기획의 갖가지 해로운 민낯이 고스란히 폭로된다. 동시에 종교·철학·문화·전통·관습·제도의 옷을 걸치고 국가의 보호 아래 위세를 떨치던 실체·

본질주의의 기만과 폭력을 치유하는 능력이 향상한다. 이 성찰과 치유의 여정은 '조건 인과적 합리성'을 경험세계 내에서 구현시켜 간다. 모든 현상을 '조건에 따라 인과적으로 발생'(緣起)한 것으로 이해하는 연기적 이해능력으로 '차이 현상들의 있는 그대로'(實相)를 드러내고, 그 차이들과 서로 막힘없이 공명共鳴하며 호혜적 관계를 만들어 가는 '조건 인과적 합리성의 광대한 구현과정'이 그 여정의 풍경이다. 조건 인과적 합리성을 개인적·사회적으로 고도화시키는 최고 수준의 능력을 원효는 '하나처럼 통하면서 만날 수 있는 깨달음'(一覺)으로 노래한다. 그리고 '하나처럼 통하는/통하게 하는 마음'(一心)은 그 여정의 시작이고 여러 기착지이며 최종 목적지이다.

이 '일심一心 여정'에서는, 〈'어떤 이해나 경험에도 붙들려 갇히지 않고 빠져나오는 국면/자리'를 열고, 그 자리에서 이해들을 만나, 더 좋고 더 이로운 것으로 바꾸어 가는 능력〉을 키워 주는 붓다의 정학/선/정지正知 법설이, 정교한 논리와 풍부한 이론에 담겨 대승교학의 언어로 재구성되고 있다. 〈'공관空觀을 안은 유식관唯識觀'→'빠져들지 않고 그침'(止)과 '사실대로 이해함'(觀)의 동시 결합적 전개→'자기를 이롭게 함'(自利行)과 '타인들을 이롭게 함'(利他行)의 나뉘지 않는 실천→'하나처럼 통하면서 만날 수 있는 깨달음'(一覺)의 성취→'하나처럼 통하는/통하게 하는 마음'(一心)의 완전한 발현〉으로 재기술되고 있는 것이다.

원효의 중도 체득 방법론은 그가 펼쳐내는 '일심一心에로의 여정'이다. 그리고 이 여정을 관통하는 특징은 '이해와 마음의 통섭적 결합'이다. 원효의 다음과 같은 말에는 이런 점들이 압축되어 있다.

"이 아래부터는 곧바로 [부처님이] 설법한 것인데, 여기에는 두 가지가 있다. 먼저는 '[불변·독자의 본질/실체로 차별된] 차이가 없음에 대한 이해'(無相觀)를 밝혀 '[불변·독자의 본질/실체로 차별된] 차이가 없어서 생기는 이로움'(無相利)을 자세하게 밝히는 것이고, 나중은 '하나처럼 통하게 하는 깨달음을 성취한 마음'(一覺心)을 드러내서 앞에서 [나온] '하나처럼 통하게 하는 깨달음'(一覺)의 뜻을 자세하게 [나타내는] 것이다. '[불변·독자의 본질/실체로 차별된] 차이가 없음에 대한 이해'(無相觀)에도 두 부분이 있으니, 첫 번째는 '[진리다운] 이해와 [이해에 의거한] 수행의 면모'(觀行之相)를 곧바로 말하는 것이고, 두 번째는 [문답을] 주고받으면서 갖가지 의문과 난점을 해결하는 것이다. '[[진리다운] 이해와 [이해에 의거한] 수행의 면모'(觀行之相)를 곧바로 말한] 첫 번째에도 두 가지가 있으니, 먼저는 '수단과 방법을 통한 이해'(方便觀)이고 나중은 '곧바로 사실대로 이해함'(正觀)을 밝힌 것이다. '수단과 방법을 통한 이해'(方便觀)에는 네 구절이 있으니, 처음의 한 구절은 '교화하는 사람'(能化)을 나타내었고, 마지막 한 구절은 교화의 위대함을 찬탄한 것이며, 중간의 두 구절은 '이해의 면모'(觀相)를 곧바로 밝힌 것이다. 〈[중생 마음으로 하여금] '허망한 것'(化)을 일으키지 않게 해야 한다〉(無生於化)라는 것은, [중생이] 처음에 '[진리다운] 이해'(觀)를 닦을 때에 온갖 '[불변·독자의 본질/실체로 차별된] 차이를 두는 것'(有相)을 깨뜨려 '허깨비 같은 [불변·독자의 본질/실체로 차별된] 차이'(幻化相)에 대해 마음을 일으키는 것을 그치기 때문이다. 〈'허망한 것을 없앤 것'마저도 [불변·독자의 본질/실체로 보는 생각을] 일으키지 않게 해야 한다〉(不生無化)라는 것은, '허깨비 같은 [불변·독자의 본질/실체로 차별된] 차이'(幻化相)를 깨뜨리고 나서, 다음으로 '불변·독자의 본질/실체가 없는 차이'(空相)[마저 붙들지 않고] 버려서, 〈허망한 것을 없앤 '불변·독자의 본질/실체가 없음'〉(無化空)[을 다시 불변·독자의 본질/실체로 보는 생각]에도 마음을 일으키지 않게 하는 것이다. 왜냐하면, 중생은 본래부터 '마음은 [불변·독자의 본질/실체로 차별된] 차이에서 벗어나 있음'(心離相)을 제대로 알지 못하여 '모든 유형의 [불변·독자의 본질/실체로 차별된] 차이'(諸相)를 두루 붙들어 '[분별하는] 생각'(念)을 발동시켜 [그에 의거하여] 마음을 일으키기 때문에, 먼저 '모든 유형의 [불변·독자의 본질/실체로 차별된] 차이'(諸相)를 깨뜨려 '[불변·독자의 본질/실체로 차별된] 차이를 붙드는 마음'(取相心)을 없앤다. [그런데] 비록 '허깨비 같은 [불변·독자의 본질/실체로 차별된] 차이가 있다[는 생각]'(幻化有相)은 이미 깨뜨렸지만 여전히 〈허망한 것을 없앤 '불변·독자의 본질/실체가 없는 본연'〉(無化空性)을 [다시 불변·독자의 본질/실체로] 붙들어 '불변·독자의 본질/실체가 없는 본연'(空性)[이라는 생각]을 붙들기 때문에 '불변·독자의 본질/실체가 없음'(空)에 대해 [다시 불변·독자의 본질/실체라고 집착하는] 마음을 일으키니, 그러므로 〈허망한 것을 없앤 '불변·독자의 본질/실체가 없는 본연'〉(無化空性)[이라는 생각]도 버리는 것이다. **이때에는 '불변·독자의 본질/실체가 없다[는 생각]을 붙드는 마음'(取空之心)도 일으키지 않아 '둘[로 나누어 분별함]이 없는 중도'(無二中道)를 깨닫게 되어 부처님이 들어간 〈모든 현상의 '사실 그대로'〉(諸法實相)와 같아지니, 이와 같이 교화하기 때문에 그 교화가 위대한 것이다.**"[399]

○ 성철의 간화선과 중도의 체득─선종의 선관禪觀과 중도의 체득

성철은 중도에 대한 지적 이해를 넘어 체득을 강조한다. 아울러 그 방법론으로 간화선看話禪을 역설한다.

"지금까지 계속 중도를 말했다고 해서 말만 따라가면 실제 중도는 모르고 맙니다. 밥 이야기를 천년만년 해 봤자 배가 부르지 않듯이, 아무리 중도를 이야기해도 입만 아프고 귀만 아프지 중도는 모른다는 말입니다. 그러면 어떻게 해야 되는가? 부처님은 〈중도를 정등각했다〉고 하셨습니다. 중도를 정등각했다는 이 구절은 절대로 변경시킬 수 없습니다. 중도를 방법론이라고 말하는 사람도 더러 있는데 그것은 부처님이 중도를 정등각했다는 말의 뜻을 모르는 사람입니다. 팔리어 경전에서도 분명히 부처님이 중도를 정등각했다고 여러 번 밝히고 있습니다. 그래서 중도를 알려면 반드시 깨쳐야 합니다. 깨치기 전에는 정등각한 중도를 모릅니다. 앞에서 예로 든 현수스님 말씀에도, 〈입으로는 말하나 마음에 깨침이 없는 사람은 곧 미친 사람과 같다〉고 했습니다. 입으로는 중도를 말하면서 마음속에 중도를 깨치지 못했다면 이 사람은 미친 사람입니다. 그래서 〈마음도 아니고 물건도 아니며 부처도 아닌 이것이 무엇인고?〉하는 화두를 늘 들면서 공부해야

---

399 『금강삼매경론』(H1, 611a17~b10); "自此已下, 正爲宣說, 於中有二. 先明無相觀, 廣明無相利, 後顯一覺心, 廣前一覺義. 無相觀中, 亦有二分, 一者直說觀行之相, 二者往復決諸疑難. 初中亦二, 先方便觀, 後明正觀. 方便觀中, 有其四句, 初一句牒能化, 後一句嘆化大, 中間二句正明化相. 〈無生於化〉者, 初修觀時, 破諸有相, 於幻化相, 滅其生心故. 〈不生無化〉者, 旣破幻化相, 次遣空相, 於無化空, 亦不生心故. 所以然者, 衆生本來迷心離相, 遍取諸相, 動念生心故, 先破諸相, 滅取相心. 雖復已破幻化有相, 而猶取其無化空性, 取空性故, 於空生心, 所以亦遣無化空性. 于時不生取空之心, 不得已會無二中道, 同佛所入諸法實相, 如是化故, 其化大焉."

합니다. 그렇지 않고 중도 이야기만 듣다가는 개가 신주를 물어가 버립니다."[400]

중도에 대해 최고의 의미와 가치를 부여하면서 근본불교와 대승교학 및 선종까지의 모든 불교를 관통하는 핵심을 차조동시遮照同時·쌍민쌍존雙泯雙存·진공묘유眞空妙有의 중도로 읽어 내는 성철의 안목과 기획은, 중도 체득의 방법론으로 선종의 간화선을 강조하는 것으로 대미를 장식한다. **간화선에 대한 성철의 안목과 이해는 선문禪門의 전통적 언어와 방식으로 개진되어 있다. 따라서 학인들이 성철의 선관禪觀을 탐구하려면 전통 언어와 방식으로 드러내는 그의 안목과 이해를 읽어 내기 위한 나름의 독법을 마련해야 한다.** 전통 교학적·선학적 독법이든 철학적 독법이든 혹은 비교철학적 독법이든, 성철의 언어에 대한 나름의 이해와 평가를 담아낼 수 있는 독법이 필요하다.

현재 학계에서 가장 널리 채택되는 것은 전통 교학적·선학적 독법이다. 이런 독법은 교학이나 선문의 전통적 용어와 이론방식을 거의 그대로 채택하면서 교학教學·선학禪學의 다른 언어들과 비교·분석하거나 이론적 체계화를 시도한다. 그리고 교학적·선학적 의의나 위상을 도출하는 결론을 제시하는 것으로 연구성과를 마무리하곤 한다. 그런데 이런 방식의 연구는 탐구대상이 되는 언어와 이론에 대한 연구자 자신의 이해를 현재어에 담아 분명하게 밝히지 않아도 된다. 앞에서 거론한 '탐구의 방법론'에서 밝혔듯이, '전통용어와 이론의 형식 범주 내에서의 동어반복적 맴돌이 현상'에서 벗어나기가 어렵다. 이러한 방법론은 어느 교학·선학을 연구하든 그 교학의 해석학적 전통 관점과 이론 안에서 재순환되는, 일종의 해석학적 맴돌이 현상에서 빠져나오기가 어렵다. 연구대상이 된 교학·선학의 문헌과 용어, 논리 안에서 뱅뱅 돌다 그친다. 언어와 이론 범주가 대부분 과거에 갇혀 있다. 구도의 현장에서도 유사한 현상이 목격된다. 화자話者의 이해나 안목을 파악할 수 없는 언어방식들이 여전히 기승을 부린다. 간화선 학인들 사이에서 특히 자주 목격되는 현상이다. 화자話者 입장에서는 수행으로 성취한 내용과 수준 및 가치를 가늠해 볼 수 있는 언어를 구사하는 능력, 청자聽者 입장에서는 화자의 성취

---

400 앞의 책, 139.

내용을 평가할 수 있는 불교적 기준이 공유 가능한 내용으로 마련되어야 한다.[401] 한국의 선종이 생명력을 유지·강화하고 역할을 제대로 하기 위해서는 반드시 갖추어야 할 조건이다.

성철은 한문에 기반한 전형적인 전통 간화선문看話禪門의 언어방식과 한국어의 현재 언어방식을 모두 구사하고 있다. 상당법어上堂法語들은 전자에, 『백일법문百日法門』이나 『선문정로禪門正路』 등은 후자에 해당한다. 『백일법문』은 녹취된 구두 법문을 글로 옮긴 것이라서 전형적인 현재인들의 한국어 유형이다. 『선문정로』는 접속어 정도만 한글로 된 한문 현토형이다. 한문으로만 글을 쓸 수 있는 세대의 마지막 세대에 속하기도 하고 한글이 기본으로 채택되는 세대에도 속하는 인물이 취할 수 있는 언어방식들이다. 특히 성철은 문어文語가 한문에서 한글로 교체되는 이중문어二重文語 시대에 속하면서 전통한문을 체화시켜 익힌 인물이고, 일본어·영어 등 외국어 능력도 확보한 다중언어 능력자였다. 그런 그가 불문佛門에 남긴 언어방식은 위의 두 가지이다. 성철의 사상을 연구하는 학인들은 성철이 소속된 언어환경의 특성을 충분히 고려해야 한다. 성철의 상당법어上堂法語처럼 한문에 기반한 전통 간화선문看話禪門의 언어방식을 구사하는 경우는 향후 등장하기 어려울 것이다. 언어환경이 바뀌었기 때문이다. 비록 아직은 현토형 한문 상당법어를 구사하는 사례가 목격되기도 하지만, 그 형식적 유사성에도 불구하고 성철의 상당법어와 같은 방식은 목격되지 않는다. **성철을 끝으로 한문에 기반한 전통 간화선문看話禪門의 언어방식은 종식되었다고 보아야 할 것이다. 이제 간화선문의 학인들은 자신의 선가禪家적 성취를 현재인들과 소통 가능한 현재언어에 담아내는 능력을 보여 주어야 한다. 성철 상당법어류類 및 전통 간화선문看話禪門 언어방식을 현재도 그대로 채택하려는 시도는 소통을 외면하는 언어 무능력이자 고립된 독백이다. 아니면 의도적으로 불통의 장막을 세워 불통의 신비에서 발생할 수 있는 종교적 권위를 겨냥하는 언어 전술이라는 혐의에서 벗어나기 어렵다.**

---

401 「'깨달아 감'과 '깨달음' 그리고 '깨달아 마침'」(『깨달음, 궁극인가 과정인가』, 운주사, 2014. 161-248)은 이런 문제에 관한 필자의 소견을 밝힌 글이다.

중도 체득의 방법으로 간화선 화두 참구를 역설하는 성철의 안목과 의중을 탐구하려면 그의 선어禪語를 읽어 내는 해석학적 독법을 마련해야 한다. 이 독법은 어문학적 능력만으로는 확보되지 않는다. 또 붓다를 비롯한 대승교학과 선종 선사상에 대한 교학적 이해만으로도 필요한 독법을 마련하기 어렵다. 어문학적 능력 및 교학적 이해력을 포함하면서도 철학적 읽기를 가능케 하는 조건들을 추가해야 그 독법이 수립된다. 철학적 읽기의 의미와 필요조건들에 대해서는 앞서 '탐구의 방법론'에서 소견을 개진한 바 있다.

이 글에서는 먼저 성철과 지눌의 언어를 비롯하여 선종 선문의 선관禪觀을 읽어 내기 위해 필자가 수립해 온 나름의 독법을 개진한다. 간화선을 중도 체득의 방법으로 천명하는 성철의 의중을 드러내기 위한 밑그림에 해당하는 독법이다. 여기서 소개하는 내용은 꽤 장기간에 걸쳐 진행해 온 관련 탐구들에서 필요한 내용을 선별하여 옮긴 것이다.[402] 필자가 현재까지 마련한 독법의 요점을 개진한 후에는, 성철의 상당법문집上堂法門集인 『본지풍광本地風光』의 일부를 이 독법에 의거하여 음미하여 간화선을 중도 체득의 방법으로 역설한 성철의 의중을 헤아려 본다.

○ 선종禪宗 선관禪觀을 읽는 독법讀法

간화선은, 〈마음에 곧바로 눈떠 단박에/한꺼번에 깨닫는다〉는 직지인심直指人心의 돈오頓悟를 선禪 수행의 요결로 보는 선종의 선관禪觀을 의심疑心/의정疑情의

---

402 필자가 진행해 온 관련 논의는 주로 간화선과 돈오의 철학적 의미를 읽어내는 데 집중되어 있다. 간화선과 관련해서는 「화두를 참구하면 왜 돈오견성하는가?」(『철학논총』 58, 새한철학회, 2009); 「간화선 화두 간병론과 화두 의심의 의미」(『불교학연구』 27, 불교학연구회, 2010); 「언어, 붙들기와 여의기 그리고 굴리기 -화두 의심과 돈오 견성의 상관관계와 관련하여」(『동아시아불교문화』 7, 동아시아불교문화학회, 2011), 돈오에 관해서는 「돈오의 의미지평-돈오의 두 시원을 중심으로」(『철학논총』 49, 새한철학회, 2007); 「돈오의 대상 小考」(『철학논총』 54, 새한철학회, 2008); 「돈점 논쟁 새로 읽기」(『불교평론』 51, 만해사상실천선양회, 2012); 「돈점 논쟁의 쟁점과 과제-해오 문제를 중심으로」(『불교학연구』 32, 불교학연구회, 2012); 「돈점 논쟁의 독법 구성」(『철학논총』 69, 새한철학회, 2012); 「돈오의 두 유형과 반조 그리고 돈점 논쟁」(『철학연구』 46, 고려대학교철학연구소, 2012); 「티베트 돈점논쟁과 선禪수행 담론」(『철학논총』 84, 새한철학회, 2016); 「퇴옹 성철의 돈오돈수론과 선수행 담론」(『철학논총』 85, 새한철학회, 2016) 등을 통해 소견을 개진해 왔다. 『돈점 진리담론-지눌과 성철을 중심으로』(세창출판사, 2016)은 돈오에 관한 논의들을 종합한 저술이다.

특성과 결합시켜 수립한 행법이다. 따라서 간화선을 탐구하려면 무엇보다 먼저 '직지인심直指人心의 돈오頓悟'가, 수행론 특히 정학定學에서 지니는 의미를 성찰해야 한다. 또 이러한 선종의 선관이 붓다의 선과 상응하는 것인지, 상응한다면 어떤 점에서 통하고 어떤 특징을 추가한 것인지를 성찰해야 한다. 아울러 간화선이 강조하는 의심疑心/의정疑情이 어떻게 '직지인심直指人心의 돈오頓悟'를 성취하게 하는 것인지, 그 인과관계를 짚어 보아야 한다.

현재 선종의 돈오나 간화선에 대한 이해로는 크게 두 유형이 부각되어 있다. 하나는, 돈오나 간화선을 비롯한 선종의 모든 언설을 '반야공·중관의 부정논리를 독특한 방식으로 펼치는 것'으로 이해하는 시선이다. 선종 어록이나 화두를 해설하는 경우에 가장 많이 목격하게 되는 시선이다. 이 시선은 선어禪語를 '공의 이해를 펼치는 특징적 언설'로 보기 때문에 선종의 선관을 결국 반야·중관 통찰의 범주로 치환시켜 버린다. 다른 하나는 '화두 집중주의'라 할 수 있는 시선이다. 간화선 화두 참구와 직지인심 돈오의 인과적 연관에 대한 성찰이나 해명 없이 그저 〈화두에서 생기는 의심에 집중하다 보면 돈오견성한다〉고 보는, 집중 만능주의적 시선이다. 이런 집중주의 시선이 유식의 언어와 결합되는 경우, 〈화두 의심에서 수립되는 고도의 집중력이 마침내 제8아뢰야식의 층까지 뚫어 불변의 궁극실재를 보게 하는데, 이것이 돈오견성이다〉라는 식의 신비주의 선관禪觀이 되기도 한다. 이 신비주의 시선은, '제8아뢰야식의 번뇌에서도 벗어나야 참된 견성'이라는 성철의 언어를, '모든 식識 현상 이면에 존재하는 불변의 궁극실재에 관한 소식'으로 읽어 버린다. 화두 의심의 수승한 집중력을 돈오의 원인으로 보는 것은, 붓다의 사마타 수행을 집중수행으로 간주하는 시선과 다르지 않다. 그리고 이런 시선은 집중이라는 기능적 힘과 연기·중도/돈오의 지혜 국면을 인과적으로 연결하기가 어렵다. '집중의 힘'과 '연기·중도/돈오의 깨달음'을 비약적으로 결합시키는 상상 이상의 설명이 되기 어렵다. 양자를 이어 주는 인과관계의 고리를 확보하여 수긍할 수 있는 인과적 설명을 제시할 수 없어 비판과 반론 앞에 무력하다. **필자는 선종 선어禪語에 대한 이 두 유형의 관점에 동의하지 않는다. 선종 선어의 초점을 제대로 드러내지 못하여, 간화선에 이르기까지 이어진 선어의 생명력을 살리**

지 못하는 관점들이라 본다. 앞서 거론한 '이해와 마음의 차이와 관계'에 대한 성찰을 충실히 수립하는 것은 이 두 관점의 한계를 극복하는 데 요긴하다고 생각한다. 성철의 간화선을 탐구하기 위해서는 이런 문제들을 충분히 성찰해야 한다.

필자는 돈오를 '어떤 이해나 경험에도 붙들려 갇히지 않고 빠져나오는 마음 국면/자리의 체득적 개안'[403]으로, 간화선과 돈오의 인과적 연관에 대해서는 〈화두에서 발생한 의심/의정이 지닌 '규정하지 않는 마음 국면'이 '대상/차이들에 대해 판단·평가하는 어떤 이해체계에도 빠져들지 않는 마음 국면'으로의 전환을 가능하게 한다〉[404]고 보고 있다. 기존에 진행한 탐구성과 가운데 관련된 내용을 선택적으로 소개해 본다.

앞서 개진한 '이해와 마음의 차이와 관계' 및 육근수호 법설과 정지正知의 의미에 의거하여 붓다의 정학/선 행법을 읽을 때, 선종 선문의 선관禪觀은 붓다 선관과 연속성을 확보하게 된다. 정학/선 행법을 '대상집중 행법'으로 이해하는 전통교학의 시선과는 달리, 선종의 선관은 육근수호 법설 및 정지正知의 의미와 상통하는 시선을 보여 주기 때문이다. 적어도 필자가 보기에는 그렇다. 선정 수행을 '대상에 대한 집중수행'으로 보는 시선은 인도 대승불교의 유가행중관파 수행론에서도 고스란히 이어지고 있는데, 이런 전통에 대해 선종禪宗이 전혀 새로운 선관禪觀을 천명하면서 공개적으로 대론對論을 펼친 일이 있었다. 8세기 말에 티베트에서 펼쳐진 이른바 '돈점頓漸 논쟁'이 그것이다. 이 논쟁은 수행과 깨달음에 대한 선종의 시선과 유가행중관파의 시선이 맞닥뜨려 각자의 관점을 논쟁적으로 피력한 격렬한 진리담론이다. 그리고 이 논쟁의 핵심은 선禪 수행에 관한 '이해방식과 마음방식'의 차이문제였다. 선종을 대변했던 마하연摩訶衍 화상 측은 선 수행에 관한

---

403 「돈오의 의미지평─돈오의 두 시원을 중심으로」; 「돈오의 대상 小考」; 「돈점 논쟁 새로 읽기」; 「돈점 논쟁의 쟁점과 과제─해오 문제를 중심으로」; 「돈점 논쟁의 독법 구성」; 「돈오의 두 유형과 반조 그리고 돈점 논쟁」; 「티베트 돈점논쟁과 선禪수행 담론」; 「퇴옹 성철의 돈오돈수론과 선수행 담론」 등에 관련 논의가 있다.

404 「화두를 참구하면 왜 돈오견성하는가?」; 「간화선 화두간병론과 화두 의심의 의미」; 「언어, 붙들기와 여의기 그리고 굴리기─화두 의심과 돈오 견성의 상관관계와 관련하여」 등에 관련 논의가 있다.

선종의 관점을 돈오頓悟의 문제로써 다루면서 '마음방식의 선 수행'에 관한 선종의 안목을 개진하였고, 인도불교 전통을 대변했던 까말라씰라(Kamalaśīla 蓮華戒, 740?-795?) 측은 유가행중관파의 시선을 계승하면서 '이해방식과 집중수행'의 결합으로써 선 수행에 대한 그들의 관점을 펼쳤다.

티베트 논쟁을 흔히 인도불교의 점문漸門과 중국 선종의 돈문頓門의 대립으로 기술한다. 그리고 점문은 '연속적 행법에 의한 점차적 성취'를, 돈문은 '비연속적인 행법에 의한 단박의 성취'를 의미하는 것으로 이해되곤 한다. 그러나 논쟁의 실제 내용을 보면, 인도불교 측 점문漸門은 〈'대상(所緣)집중 행법'(무분별영상, 사마타)과 '이해사유 행법'(유분별영상, 위빠사나)의 지속적 축적을 통한 무분별지의 성취〉를 주장하는 것이고, 선종 마하연 측 돈문頓門은 〈'마음시선 바꾸기 행법'(看心)을 통해, 분별의 개념환각을 붙들고 쫓아가는 마음지평·계열·범주로부터의 해방을 생각마다 단박에 성취하는 것〉을 천명하는 것이다. 이 두 시선의 차이가 끝내 평행선을 달린 것이 티베트 논쟁의 전말이다.

까말라씰라에게 있어서 사마타(止) 수행은, '선택한 특정 대상에 마음의 시선을 붙들어 매어 움직이지 않게 하는 것'이어서, '그 대상을 이해하려고 하지 말고'(무분별영상) 그저 '마음이 산만하거나 동요하지 않게 집중시켜 가는 것'이다. 이에 비해 위빠사나(觀) 수행은 '대상의 속성이나 본질을 제대로 이해하려는 사유관찰'로서 '대상을 공성空性으로 이해하는 사유를 지속적으로 유지·발전시켜 가는 지적 노력'이다. '집중으로 인한 마음의 안정'(止)과 '지적 성찰로 인한 이해의 계발'(觀)이 상호작용하여, 모든 개념환각(희론)에서 풀려나고, 마침내 궁극적 지혜가 드러나는 최고의 깨달음 경지를 성취하게 된다는 것이다. 이러한 까말라씰라의 수행론은 비단 대승불교 유가행중관파의 관점에 국한되는 것이 아니라, 지관止觀 수행에 대한 남방과 북방의 일반적 이해로 보아도 무리가 없을 것이다. 다시 말해, 정학定學 내지 선 수행에 관해 현재까지도 광범위하게 공유되고 있는 관점이다.

그러나 마하연이 전하는 선종의 '간심看心 행법'은 사마타(止)에 대한 이해가 다르다. 마하연 화상이 설하는 '불사불관不思不觀의 간심 행법'은 선종 돈오행법의 핵심을 전하고 있는데, 그 의미는 이렇게 풀어 볼 수 있다. 〈대상에 대한 인간의 지각경험은 '있음(有)과 없음(無), 깨끗함(淨)과 깨끗하지 못함(不淨), 공(空)함과 공하지 않음(不空)' 등 다채로운 존재론적·가치론적 개념다발이다. '대상(境界)'이라는 것 자체가 인간에게는 이미 개념적 구성의 산물이다. 마음 시선이, 개념의 동일성·실체성 환각에 의해 착색된 대상들을 향해 나아가 그것들을 붙들고 거기에 다시 이해와 분석, 비교와 판단 등의 인식적 구성을 추가한 것이 상(想)이며, 이 '상(想) 계열의 마음작용'이 망상이다. 마음이 행하는 이 상(想)의 망상 작용을 마음 스스로 '알아차리면(覺), 더 이상 망상을 '붙들고 따라가고 거기에 머무는 일'을 '그치는 국면'이 열린다. 그럴 때 개념 환각으로 착색된 대상을 거듭 환각적으로 가공하던 상(想) 놀음에 휘말리지 않는 마음자리가 확보된다. 망상적 분별에서 전면적으로 풀려날 수 있는 '마음의 조건'이 확보되는 것이다. 상(想) 계열로 빠져드는 것을 '알아차리는' 국면을 챙기면, 그 국면을 챙기는 순간에 즉시 망상분별의 계열·범주에서 전면적으로 풀려날 수 있다(念念卽是解脫). 이것이 선종의 '마음보기'(看心) 수행법이다.〉

마하연이 전하는 선종의 불사불관不思不觀은 '사유와 인식작용의 정지나 폐기'가 아니라 '사유나 인식의 계열·범주·문법으로부터의 자리이동/전이轉移'를 지시하는 용어로 보는 것이 적절하다. 그러나 이 '불사불관'에 대한 까말라씰라 내지 유가행중관파의 이해와 해석은 전혀 다르다. 논자가 보기에 까말라씰라 진영의 시선은 과도할 정도의 오해로 점철되어 있다. 마하연이 설하는 선종의 간심看心 행법을 전혀 이해하지 못하고 있는 것으로 보인다. '간심 행법'의 마음방식 수행은, 대상에 마음을 붙들어 매어 산만하거나 동요하지 않게 하는 집중이 아니라, '망상분별의 계열·범주·지평에 휘말려 들지 않는 마음 국면/자리를 열고 챙겨가는 수행'이다. 지止에 대한 이해가 전혀 다른 것이다.

사마타(止) 행법에 대한 통념적 이해는 '대상에 대한 마음집중'이다. 니까야 주석서와 아비담마 전통, 인도 대승교학 전통 모두에 이러한 시선이 일반화되어 있다. 사마타 행법은 '대상에 마음을 붙들어 매어 움직이지 않게 하는 수행'이라는 것이다. **결국 남/북의 불교 전통은 전반적으로 선 수행의 두 축인 지止와 관觀을 '대상에 대한 마음집중'과 '이해 계발'로 간주하고 있다. '무아·공성의 관점과 이해를 수립하여 대상에 적용하는 수행'(위빠사나, 관觀)과 '대상에 마음을 붙들어 매어 동**

요하거나 흩어지지 않게 하는 수행'(사마타, 지止)을 통해, 무명환각에 지배되는 오염된 이해와 마음현상 및 행위로부터 완전하게 해방될 수 있다는 것이, 남/북 전통의 일반적 지관止觀 수행관이다.

그런데 흥미로운 것은 **니까야가 전하는 붓다의 정학 설법에서는 그런 식의 설명을 확인할 수 없다는 점이다.** 사마타 행법을 '대상에 대한 마음집중'으로 이해하는 것은 후학들의 해석학적 선택이지 붓다의 의중과 부합한다고 말하기 어렵다. 그렇다면 붓다의 정학을 탐구하는 새로운 관점이 불교 전통에서 존재하였을까? 필자는 원효와 『대승기신론』 그리고 선종을 그 대표적 사례로 꼽고 싶다. **원효와 『대승기신론』 그리고 선종의 새로운 선관은 사마타(止)에 대해 어떤 새로운 관점을 제시하는 것인가?** '이해와 마음의 차이와 관계'에 관한 논의는 그 새로운 관점을 드러내기 위한 밑그림이자 읽어내기 위한 독법이다. 그 요점을 재기술하면 다음과 같이 정리할 수 있다.

마음에 의한 '삶과 세계의 왜곡과 오염'은 마음 동요나 산만의 문제가 아니다. 인간의 인식 현상은, '설정된 기준들과 그에 따른 관점·이해·욕구의 다양한 방식들이 상호적으로 얽혀 중층적으로 누적된 해석체계'의 산물이며, '분류·선별·판단·평가하는 해석·가공의 경향적/관성적 메커니즘'의 전개양상이다. 따라서 마음에 의해 삶과 세계가 왜곡되고 오염되는 것은, 마음작용의 기능적 동요나 산만함 때문이 아니라, 마음범주 안에 자리 잡은 '해석체계와 문법' 때문이라고 보는 것이, 더 적절한 인과적 이해이다. 그렇기에 왜곡과 오염에서 벗어나려면, 마음을 지배하는 문법체계에 '빠져들지 않는 능력'이 필요하다. 그런데 마음집중이 그 능력을 감당하기는 어렵다. 마음의 기능적 집중은 여전히 오염된 문법체계 안에서의 일일 수 있기 때문이다. 마음집중이 오염된 마음의 정화나 그로부터의 탈출에 무익하다고는 할 수 없지만, 가장 필요한 것은 〈무지의 문법체계가 지배하는 마음 지평·계열에 '더 이상 휘말려 들지 않는 마음 자리/국면'의 계발과 확보〉이다. 근본무지를 조건으로 형성된 마음의 문법체제를 '붙들어 의존하고', '따라 들어가 안기고', 그 안에 '빠져들고 휘말려 드는' 관성(업력)에 지배되는 한, 무아·공의 이해를 수립하고 애써 적용하는 것만으로는 그 문법체계·계열에서 충분히 빠져나오기가 어렵다. '이해로써 이해를 바꾸는 방식'만으로는 충분하지가 않다. **현상·존재·세계를 왜곡·오염시키는 문법으로 작용하는 '마음을 지배하는 선先체계'에 '빠져들지 않는 마음 자리/국면' '휘말려 들지 않는 마음 자리/국면' '붙들고 달라붙지 않는 마음 자리/국면' '계열 전체를 괄호 치고 빠져나오는 마음 자리/국면' '전면적으로 빠져나오는 마음 자리/국면'을 열어 주는 수행이 필요하다. 이 수행이 '마음방식의 수행'인 정학/선의 초점이라는 것이 선종의 선관이다. 원효는 '이해와 마음의 통섭적 지위'인 일심一心으로써 이러한 선관을 품는다. '빠져들지 않는 마음 국면/자리'에서 기준·관점·이해들을 '사실 그대로'에 상응하는 이로운 것으로 만들어가는 능력을 발휘하는 것이 일심이다. 그런 점에서 원효의 선관은 붓다의 선과 잘 통한다.**

돈오頓悟는 이러한 선종 선관의 단적인 표현이다. 돈오에 관한 필자 생각의 요지는 이렇다. 〈근본무지를 조건 삼아 형성된 마음의 범주·계열·문법 '안에서' 왜곡과 오염을 수습하려는 모든 노력은, '차츰차츰·점차로·차례대로·단계적'이라 할 수 있는 개량적 개선이다(漸). 그것은 마음을 왜곡·오염시키는 문법이 유효한 범주 내에서 성취되는 향상이라는 점에서, 아무리 수준 높은 것일지라도 여전히 왜곡과 오염의 문법 안에 놓여있다. 반면 그 문법체계에 '갇히지 않고 빠져들지 않는 마음 자리/국면'으로 이전하는 것은, '단박에·몰록·단번에·한꺼번에·갑자기'라 할 수 있는 '전면적으로 빠져나옴'이다(頓). 이 전면적 국면전환과 자리바꿈은 현상을 왜곡하고 오염시키던 마음의 문법 전체에서 풀려나는 자리이동이기에, 계열의 비非연속적 이탈이고, 범주이탈적 자리바꿈이며, 지평의 전면적 전의轉依로서, 돈오라 부르는 것이 적절하다.〉

흥미로운 것은, **'갇히지 않고 빠져나오는 마음 자리/국면' '휘말려 들지 않으면서 대상**(境界, 지각된 차이현상들)**을 만나는 마음 자리/국면'을 일깨워 주는 선종의 언어방식이 붓다의 방식을 계승하고 있다**는 점이다. 붓다는 심신에서 발생하는 경험현상을 '행위(身)와 관련된 현상'·'느낌(受)과 관련된 현상'·'마음상태(心)와 관련된 현상'·'이해/지식(法)과 관련된 현상'의 네 부류로 구분한 후, 그 현상들을 '괄호 치듯 묶어 알아차리는 국면'을 일깨워 간수해 가는 정지正知 행법을 설한다. 예컨대 행위와 관련해서는 〈나아가는 동작, 돌아오는 동작, 앞을 보는 동작, 뒤돌아보는 동작, 구부리는 동작, 펴는 동작, 앉거나 일어서는 동작, 먹거나 마시는 동작, 옷 입거나 그릇 집는 동작, 말하거나 침묵하는 행위 등을 알아차리면서 행하라〉고 설한다. 〈일상의 모든 행위를 '앞세우듯 괄호 치고 알아차리는 국면/자리'를 확보하라〉는 것이다. 그런데 붓다가 설하는 정지正知 행법의 구체적 방법과 지눌의 다음과 같은 말은 놀랍도록 겹치지 않는가.

"그리고 진리에 들어가는 문은 많지만, 그대에게 한 문을 가리켜서 그대로 하여금 근원으로 되돌아가게 하겠노라. 〈그대는 저 까마귀 우는 소리와 까치 지저귀는 소리를 듣는가?〉 〈듣습니다.〉 〈그대는 그대가 듣고 있는 성품을 돌이켜 들어 보아라. [듣는 것을 돌이켜 듣는 자리에도] 다시 많은 소리가 있는가?〉 〈이곳에 이르러서는 일체의 소리, 일체의 분별을 모두 얻을 수가 없습니다.〉 〈기특하고 기특하다. 이것이 '소리를 돌이켜 알아'(觀音) 진리에 들어가는 문이다.〉 내가 다시 그대에게 묻는다. 〈그대가 말하길, '이곳에 이르러서는 일체의 소리, 일체의 분별을 모두 얻을 수가 없다'고 했는데, 이미 [일체를] 얻을 수가 없다면 그러한 때는 허공이 아니겠는가?〉 〈원래 아무것도 없음이 아니며, 밝고 밝아 어둡지가 않습니다.〉 〈그러한 [작용을] 일으키는 것이 '아무것도 없음이 아닌 것'의 바탕인가?〉 〈[이것은] 또한 형태 있는 모습이 없으니, 말로 표현할 수가 없습니다.〉 〈이것이 모든 부처님과 조사들의 생명이니, 다시는 의심하지 말라.〉"405

선종 선문禪門**의 화두로 유명한 '이 무엇인가?'**(是甚麼?)**는 붓다가 설하는 사념처 정지**正知 **행법의 선종적 계승이라고 보는 것이 적절하다.** 선종의 언어를 '언어적 명제의 정립에 대한 부정'을 거듭하는 반야공般若空·중관中觀의 '이해 수행'으로

---

405 『수심결』(H4, p.710b-c); "且入理多端, 指汝一門, 令汝還源. 〈汝還聞鴉鳴鵲噪之聲麼?〉 曰, 〈聞.〉 曰, 〈汝返聞汝聞性. 還有許多聲麼?〉 曰, 〈到這裏, 一切聲, 一切分別, 俱不可得.〉 曰, 〈奇哉奇哉. 此是觀音入理之門.〉 我更問儞. 〈儞道, '到這裏, 一切聲, 一切分別, 總不可得, 旣不可得, 當伊麼時, 莫是虛空麼?〉 曰, 〈元來不空, 明明不昧.〉 曰, 〈作麼生, 是不空之體?〉 曰, 〈亦無相貌, 言之不可及.〉 曰, 〈此是諸佛諸祖壽命, 更莫疑也.〉"

처리하거나, 선종의 중·후기부터 선문 내에 자리 잡기 시작하는 것으로 보이는 '신비주의 시선'에 의거하여 공안과 화두 참구법을 읽어 버리면, 선문 연구 본래의 초점과 생명력을 놓치게 된다고 본다.

선종의 선관은 붓다의 정학/선 수행에 관한 새로운 관점을 천명하고 있고, 이러한 새로운 관점의 철학적 기초는 흥미롭게도 원효와 『대승기신론』에서 확인된다. 그리고 원효와 『대승기신론』 그리고 선종의 새로운 선관은 그 인식론적 기초를 공히 유식唯識 통찰에서 마련하고 있다. 그런데 이들이 유식 통찰의 의미와 초점을 정학/선 수행론에 적용시키는 내용은 남·북전 전통에서 일반적으로 목격되는 유식학唯識學 이해나 선관禪觀과는 달라 보인다. 원효와 『대승기신론』 및 선종에서는 그 철학적 토대에서 흥미로운 공통점이 목격된다. 그 공유 지대에 입각하여 이들은 선 수행의 의미와 초점, 방법론과 내용에 대한 관점을 새로운 길 위에 올려놓는다. 그리고 이 새로운 선관은, 필자의 소견으로는, 붓다 선 법설의 핵심과 취지를 읽어 내는 데 기존의 선관보다 더 적합한 것으로 보인다.

이 새로운 선관은 경시되거나 왜곡된 사마타 수행전통을 제대로 복원시키려는 노력으로도 볼 수 있다. 지금도 초기불교 탐구의 주요 과제 가운데 하나는, 굴절된 사마타 수행전통을 붓다의 법설에 상응하는 내용으로 복원시키는 일이라고 본다. 니까야 자체의 의미 맥락을 자유롭게 탐구하면서, 주석서와 『청정도론』 및 아비담마 교학의 사마타 이해에 내재한 문제점들을 확인하는 동시에, 대승교학과 현대 선학에서 통용되는 선관도 과감하게 재성찰해야 그 복원의 길이 열릴 것이다.

○ 성철 상당법문上堂法門의 음미－『본지풍광本地風光』과 선종의 선관

붓다의 정학/선을 둘러싼 전통 시선의 문제점과 그것을 극복하려는 새로운 선관을 이와 같이 대비시켜 음미하면, 성철이 중도 체득의 방법으로 선종의 간화선 화두참구를 역설하는 의중에 접근하는 길을 열 수 있다. 성철의 상당법문집上堂法門集인 『본지풍광本地風光』의 일부를 이러한 독법에 의거하여 읽어 본다.

『본지풍광』이 집성하고 있는 성철의 상당법문은 일정한 구성양식을 보여 준다. 대략 여섯 가지 내용으로 구성되는데, 〈1. 선문의 주요 공안公案을 주제로 삼

아 그 공안에 대한 성철의 총평적 안목을 드러낸다. 2. 공안의 내용을 소개하면서 그에 대한 성철의 안목을 덧붙인다. 3. 해당 공안의 관문을 열거하면서 그 공안의 가치를 평가한다. 4. 해당 공안에 대한 역대 선문 종사들의 안목을 소개하면서 중간중간 성철 자신의 평가를 간략히 덧붙인다. 5. 해당 공안과 이에 대한 역대 종사들의 안목에 대한 성철 자신의 평을 붙이면서 마무리한다.〉 필자가 임의로 나누어 본 여섯 항목 가운데 법문에 따라서는 생략된 항목들도 있고 항목의 순서가 바뀌는 경우도 있다.『본지풍광』은 현토 한문으로 된 법문 전체를 제시한 후 그에 대한 한글 번역을 덧붙인 형식으로 편집되어 있다. 이『본지풍광』첫머리에 등장하는 '덕산탁발德山托鉢' 법문에서 첫 번째 항목에 해당하는 '성철의 총평적 안목'은 다음과 같다.

"법상法床에 올라 주장자를 잡고 한참 묵묵한 후에 말씀하셨다. 이렇고 이러하니 하늘이 무너지고 땅이 꺼지며 해와 달이 캄캄하도다. 이렇지 않고 이렇지 않으니 까마귀 날고 토끼 달리며 가을 국화 누렇도다. 기왓장 부스러기마다 광명이 나고 진금眞金이 문득 빛을 잃으니, 누른 머리 부처는 삼천 리 밖으로 물러서고 푸른 눈 달마는 가만히 고개를 끄덕인다. 이 도리를 알면 일곱 번 넘어지고 여덟 번 거꾸러지며, 이 도리를 알지 못하면 삼두육비三頭六臂이니 어떠한가? 붉은 노을은 푸른 바다를 뚫고 눈부신 해는 수미산을 도는도다. 여기에서 정문頂門의 정안正眼을 갖추면 대장부의 할 일을 마쳤으니 문득 부처와 조사의 전기대용全機大用을 보겠지만, 그렇지 못하면 다시 둘째 번 바가지의 더러운 물을 그대들의 머리 위에 뿌리리라."406

이 짧은 구절에서 성철은 중도와 선문 돈오에 관한 자신의 안목을 압축적으로 드러내고 있다. 앞서 거론한 것처럼, 유·무 양변을 벗어나는 중도의 특징을 '쌍차雙遮와 쌍조雙照를 동시에 드러내는 차조동시遮照同時·쌍민쌍존雙泯雙存' '쌍차雙遮

406 『본지풍광』, 11-12.

한 쌍조雙照, 즉 진공묘유眞空妙有'라고 보는 것이 성철 중도관의 일관된 안목이다. 그리고 이러한 성철의 중도관이 지닌 철학적 의미는 유有·무無라는 말의 실제 내용을 '차이 현상들의 양상'으로 읽을 때 분명해진다. '양변兩邊인 유有와 무無'는 '비유비무非有非無/쌍차雙遮/쌍민雙泯'의 대상으로서 〈'불변·동일의 본질/실체' 관념에 의해 왜곡되고 오염된 차이 현상들〉이다. 이에 비해 '연기·중도로서의 유有와 무無'는 '역유역무亦有亦無/쌍조雙照/쌍존雙存'의 대상으로서 '진공묘유眞空妙有'인 〈사실 그대로/있는 그대로'로서의 차이 현상들〉이다. 이 연기·중도의 지평에서는 '조건에 따라 생겨나는/생겨난 현상'(有)이나 '조건에 따라 사라지는/사라진 현상'(無)이 모두 '사실 그대로/있는 그대로'이다. 그리고 이 〈사실 그대로/있는 그대로'로서의 차이 현상들〉을 체득적으로 만나게 해 주는 것이 선문의 '마음방식 행법'이고, 그것이 간화선의 돈오頓悟이다. '덕산탁발德山托鉢' 법문의 첫 대목은 성철 중도관의 이러한 구조를 그대로 드러낸다. 각 구절에 성철 중도관과 돈오의 구조를 대비시키면 이렇게 된다.

【'양변兩邊인 유有와 무無'로서의 차이 현상들을 비유비무非有非無/쌍차雙遮/쌍민雙泯으로 부정】―〈이렇고 이러하니 하늘이 무너지고 땅이 꺼지며 해와 달이 캄캄하도다.〉

【'연기·중도로서의 유有와 무無'인 '사실 그대로/있는 그대로'의 차이 현상들을 역유역무亦有亦無/쌍조雙照/쌍존雙存/진공묘유眞空妙有로 긍정】―〈이렇지 않고 이렇지 않으니 까마귀 날고 토끼 달리며 가을 국화 누렇도다.〉

【비유비무非有非無/쌍차雙遮/쌍민雙泯의 부정과 역유역무亦有亦無/쌍조雙照/쌍존雙存/진공묘유眞空妙有의 긍정을 결합】―〈기왓장 부스러기마다 광명이 나고 진금眞金이 문득 빛을 잃으니, 누른 머리 부처는 삼천리 밖으로 물러서고 푸른 눈 달마는 가만히 고개를 끄덕인다.〉

【양변兩邊이 되는 '안다'와 '알지 못한다'를 설정하여 이해의 '분별 문법/범주/체계'에서 빠져나오게 함】―〈이 도리를 알면 일곱 번 넘어지고 여덟 번 거꾸러지며, 이 도리를 알지 못하면 삼두육비三頭六臂이니 어떠한가?〉

【'갇히지 않고 빠져나온 마음 자리/국면'에서 차이 현상들을 '사실 그대로/있는 그대로' 봄】−〈붉은 노을은 푸른 바다를 뚫고 눈부신 해는 수미산을 도는도다.〉

【'근본무지의 분별 문법/범주/체계/계열'에서 '빠져나온 자리'와 '붙들려 있는 자리'의 차이를 확인시키면서 마무리】−〈여기에서 정문頂門의 정안正眼을 갖추면 대장부의 할 일을 마쳤으니 문득 부처와 조사의 전기대용全機大用을 보겠지만, 그렇지 못하면 다시 둘째 번 바가지의 더러운 물을 그대들의 머리 위에 뿌리리라.〉

성철의 상당법문은 고도화된 간화선 언어의 전형이다. 성철의 언어가 지니는 간화선의 특징적 양상을 음미하려면 선종 언어의 전개에서 목격되는 두 가지 양상을 짚어 보아야 한다.

'갇히지 않고 빠져나오는 마음 자리/국면'·'휘말려 들지 않으면서 대상을 만나는 마음 자리/국면'을 일깨워 주는 마음방식의 행법, 그리하여 '빠져나온 마음 자리/국면에서 보는 사실 그대로/있는 그대로'를 드러내는 선종 선문의 방식은, 언어적 방식과 비언어적 방식을 망라하고 있다. 그리고 그 방식들은 선종의 전개 과정에서 크게 두 유형의 특징적 양상이 목격된다. 편의상 전반부 양상과 후반부 양상으로 구분해 본다.

전반부 양상은 서술적이든 구어적이든 비교적 직설적이고 단순한 언어방식 이다. 서술형 방식은 〈한 생각에 마음의 시선을 돌이켜'(一念廻光) '자신의 온전한 본연을 본다'(見自本性)〉라는 식이고, 구어형 방식은 〈듣고 보고 걷는 이것이 무엇 인가?〉라는 식이다. 그리고 '빠져나온 마음 자리/국면에서 보는 사실 그대로/있는 그대로'를 드러내는 방식은 〈두두물물頭頭物物이 부처 광명을 드러낸다〉〈신통과 묘한 작용이여, 물 긷고 나무 나르는 것이로다〉라는 식이다.

후반부 양상은 다르다. 같은 낙처落處로 이끄는 언어일지라도 가급적 이해의 길을 가로막는 겹겹의 관문關門들이 의도적으로 세워진다. '갇히지 않고 빠져나오 는 마음 자리/국면'·'휘말려 들지 않으면서 대상을 만나는 마음 자리/국면'에 대 해, 분별지 범주에서 이해하는 것을 막아 버리는 동시에 제대로 알았는지를 점검 하기 위해, 겹겹의 언어 관문을 시설한다. 제대로 이해한 것도 아니고 실제로 체득한 것이 아님에도 불구하고, 〈알았다〉거나 〈깨달아 체득했다〉고 오인하는 경우들이 많아지는 문제점에 대한 대응이다. 영리한 자들이 약삭빠른 눈치와 어림짐작 이해로 스스로 착각하거나 도인 행세를 하는 문제점을 해결하기 위한 방책이다.

근본무지에 의거하고 있는 인식과 이해의 문법 안에서도 얼마든지 정교한 논리·이론적 이해능력이 작용할 수 있다. 동일·불변의 본질/실체 관념 위에서도 얼마든지 복잡하고 고도화된 이해와 논리·이론 체계가 수립될 수 있고, 아울러 그 체계를 수립·유지·운영·발전시키는 이해능력도 얼마든지 그 역량이 지속적으로 고도화될 수 있다. 그런 이해능력을 분별지分別知라고 부른다면, 중생 인간의 지적 역량은 대부분 이 분별지에 속한다. 그런데 선문의 언어는 이 분별지 문법/범주/체계/계열 자체에 '빠져들지 않는 마음 자리/국면'을 일깨워 주는 장치이다. 이 '빠져나오게 하는 언어'를, '빠져 있고 갇혀 있는 언어능력'에 의거하여 '분별범주 내의 의미'로 이해하면서도, 〈선문 연구의 낙처落處를 알았다/깨달았다/체득했다〉고 오인하는 경우가 빈발했을 것이다. 일종의 '범주 착오의 오류'이다. 이와 더불어, '분별 계열에 빠져들지 않는 마음 국면'을 담아내고, 또 그 국면으로 이끌어 들이려는 선종의 언어를, '논리적 총명에 의한 이해방식'으로만 소화하려는 시도들도 줄기차게 이어졌을 것이다. 이런 현상들은 현재에도 여전하다. **선종 내부에서는 이러한 '범주 착오 현상'과 '이해방식에 의한 읽기'들을 제어하면서 선어禪語 본래의 지평과 맥락을 보호할 수 있는 새로운 방식의 언어들이 누적적으로 발전한다. 분별지 범주의 이해를 막아버리는 동시에, 제대로 알았는지를 점검하기 위해, 겹겹의 언어 관문을 시설한다. 이것이 후기 선종으로 갈수록 '선지禪指 굴리는 언어 방식이 복잡하게 꼬이고, 이해를 막아서는 겹겹의 관문이 설치되는 특수한 방식'이 고도화되어 간 이유의 핵심이라고 생각한다. 선문 언어의 후반부 양상이 보여주는 특징은 이런 맥락에서 발생한 것이다.**

필자는, 몽중일여夢中一如와 숙면일여熟眠一如를 거론하면서 오매일여寤寐一如 경지를 강조하는 성철의 의중을 이런 맥락에서도 접근할 수 있다고 본다. 역대 선장禪杖들이 사용한 선지 언구와 격외선지들을 흉내 내면서 법거량法擧量하자며 왕

래하는 숱한 학인들, 분별지 범주의 이해를 막고 제대로 알았는지를 점검하기 위해 시설된 겹겹의 언어 관문조차 흉내 내기로 통과하려는 학인들을 보면서, **성철은 '언어 관문'의 한계를 보완할 수 있는 '경험적 관문'을 모색했을 것이다. 그 '자기 점검의 경험적 준칙'이 오매일여**寤寐—如**일 수 있다.** 오매일여寤寐—如를 신비주의가 설정하는 '불변·동일의 궁극실재를 체득한 경지'로 간주하여 성철의 오매일여 주장을 비난하는 것은 여러모로 부적절하고 비생산적이다. 수행 맥락에서 말하는 '일여—如'는 '고도화된 지속성'이다. 어떤 국면을 지속적으로 유지해 갈 수 있는 것은 '변화 속에서 가능한 현상'이다. 변화(無常)라는 현실적·경험적 현상과 함께 양립할 수 있는 것이 '지속성'이다. 특정한 인과관계로 결집된 특정한 패턴의 지속성은 변화하는 현상의 또 다른 면모이다. 개인에게서 목격되는 신체와 정신의 고유한 정체성도 '변화 속에서 지속되는 일정한 인과관계의 고유한 패턴'이다. '변화와 양립하는 지속성'은 '동일한 본질/실체의 불변성'과는 구별해야 한다. 일상에서 경험하는 모든 유형과 수준의 집중 현상은 '변화 속에서의 지속'이 가능하다는 증거이다.

〈돈오 국면의 지속적 유지, 화두 챙기는 국면의 지속적 간수가 과연 잠잘 때도 가능한가?〉하는 문제는 쉽게 단정하기 어렵다. 〈부처님은 연기·중도·무아의 깨달음을 어느 정도 지속시킬 수 있는가?〉라는 문제에 답하라는 것과 마찬가지이다. 수행과 깨달음의 일상성에 무게를 두는 시선이라면 〈잠들지 않고 깨어 있을 때 잘 지속시키면 될 뿐〉이라고 하겠고, 수행과 깨달음의 궁극성에 무게를 두는 시선이라면 〈깨어 있을 때나 잠잘 때나 지속시키는 경지〉에까지 시선을 향할 것이다. 성철은 〈수행과 깨달음의 궁극성을 선택한 경우〉이다. 성철이 그러한 궁극성을 성취했는지는 성철 자신 외에는 아무도 모른다. 그런 성취의 가능성을 엿볼 수 있는 초인적 수행, 오매일여의 궁극적 성취를 입증할 수 있는 선가의 사례들로서 그가 채집한 사례들을 단서로 삼아 각자 판단할 문제이다. 성철의 '오매일여'에, 선가가 시설한 '언어 관문'의 한계를 보완할 수 있는 '경험적 관문'이라는 의미를 부여하는 것은, 오매일여 주장이 지니는 '수행 현장의 문제해결력'을 드러낼 수 있다.

'수행과 깨달음의 일상성과 궁극성' 문제를 성찰적 논란의 대상으로 삼기에는 부적절하다. 자칫 소모적 논란이 된다. 차라리 논의의 초점을 '일여一如'의 의미에 대한 성찰에 두는 것이 생산적이다. '연기·중도·무아의 깨달음과 일여一如의 문제'를, '불변·동일의 본질을 지닌 궁극실재와의 하나됨을 주장하는 신비주의 시선과 일여一如의 문제'에 대비시켜 성찰하는 것은 유익하고 생산적이다. 성철에 대한 비판적 시선들이 흔히 논거로 삼는 것이 '오매일여' 문제인데, 그 비판의 초점은 부적절하고 내용은 부실하여 '깨달음 담론'의 형성과 발전에 기여하지 못하는 수준으로 보인다.

성철이 펼쳐 내는 상당법문은 선문 언어 후반부 양상의 정점을 보여 준다. 성철이 수호하려는 선종의 마음방식 행법과 그 정학적 돈오는, 붓다의 정학과 선 수행에 대한 전통 시선에서 간과되어 온 새로운 초점과 오의奧義를 복원시켜 준다고 생각한다. 성철은 이 선종의 마음방식 행법이 오해되고 쇠잔해 가는 것을 못내 안타까워하면서 그 수호와 복원에 전심전력을 기울였던 것으로 보인다. 그가 몸으로 계승하고 익힌 마음방식 행법은 간화문이었기에, 마음방식 행법을 드러내는 그의 상당법문 언어는『본지풍광本地風光』류類의 격외언구格外言句가 주된 방식이다. 성철의 선어禪語는, 마음방식 행법과 정학적 돈오를 담아내고 유통시키기 위한 선문禪門의 언어적 시도 가운데서도 '말기 유형'에 해당하는 언어방식이다. 마음방식 행법의 맥락 안에서 구사하는 선지禪指 굴리기가, 겹겹으로 꼬일 대로 꼬이고, 고도화될 대로 고도화된 방식들이다. 혜능이나 그의 1세대 후학들의 언어와는 현저히 구별되는 방식을 구사하고 있다.

주제와는 직결되지 않지만, 간화선을 중도 체득의 방법으로 강조하는 성철의 중도관을 대하면서 품게 되는 문제의식을 덧붙여 본다. 성철이 구사하는 것과 같은 후기 선어의 양상은 소기의 목적을 달성하는 동시에 예기치 않은 부작용도 초래하였다. 지적 이해를 막아서거나 비켜가는 격외선지格外禪指 방식들은 선에 대한 부적절한 신비주의적 인상을 불러일으켰고, 남들 모르는 경지를 알고 있다며 행세하기 위해 난해한 격외 언구들만 골라 허세 부리려는 도인병의 단초를 마련하기도 하였으며, 흉내 내기의 사이비성과 진짜 적통嫡統을 분간하기 어렵게 만들기도 하였고, 구도의 기초인 합리적 성찰과 지적 능력의 경시 현상을 초래하기도 하였다. 마음방식 행법을 이해방식 행법과 분간하여 그 고유성을 지키려는 선종의 고심과 노력 및 성취는 분명 유례를 찾기 어려울 정도로 창발적이며 탁월한 것이다. 그러나 이제는 선종 언어가 품고 있는 그 독특한 이력을 제한적으로 계승할 필요가 있다. 선종 말기의 언어방식만이 선禪의 생명력이나 최고경지를 드러내는 유일한 방식으로 간주하여 '무조건적'으로 추앙하는 것은 재고되어야 할 것으로 보인다. 선종 특유의 언어방식에 대한 선호와 열정이 자칫 자폐적인 자기완결에 갇히게 되면, 선종이 품은 위대한 생명력과 기여능력은 오히려 훼손될 것이며, 자칫 박제화剝製化·박물화博物化될 것이다.

결과적으로 간화문의 언어가 대변하게 된 선종의 수행론은, 마음방식 행법의 편향성에 노출되어 있다. 이해방식의 시선과 차별화시켜야 할 필요성에 집중하다 보니 생겨난 치우침이다. 그리고 이해/언어적 사유에 대한 과다한 부정적 태도는 그 편향성의 후유증이다. 선종의 언어 적대적 분위기는 장기간 누적되었으며, 현대 선종 구성원들에게까지 계승된 언어 부정적 태도는 아직도 충분히 극복되지 않고 있다. 지적 사유와 성찰은 어쩔 수 없이 개념에 기대어 있다는 점에서 '언어적'이다. 이해방식 행법은 이 언어적 사유의 긍정적 가능성을 적극 활용하고자 하는 시선이다. 해탈 수행에서 차지하는 언어적 사유의 역할과 가치는 붓다와 불교 전통에서 적극적으로 포착되고 승인되어 왔다.[407]

그런데 선종은, 이해방식 행법의 핵심인 '언어적 사유'의 한계와 장애는 적극적으로 부각시키는 동시에, 언어적 사유의 긍정적 역할과 가치는 과도하게 축소 내지 외면하는 태도를 자연스럽게 축적시켜 갔다. 이해방식 행법과는 구별되어야 할 마음방식 행법을 부각시키고 수호하기 위한 열정 때문이다. 그 결과 선문 구성원들은 전반적으로 '언어적 사유에 대한 관심'이 저하되어 있다. 이미 지눌이 적절하게 지적하고 있듯이, 선종 내부는 언제부턴가 '언어적 능력'이 결핍되어 있다.

---

[407] 이에 관한 논의는 「언어, 붙들기와 여의기 그리고 굴리기—화두 의심과 돈오 견성의 상관관계와 관련하여」에 있다.

지적 호기심과 이지적 사유에 부정적이거나 시큰둥하고, 지적 성찰과 담론에 대해 지나치게 소극적이다.

선종의 마음방식 행법과 그 돈오는 해탈수행에서 매우 중요하며, 붓다가 설한 선 수행을 소화해 온 여타의 전통들이 간과한 붓다의 의중과 초점을 복원시켜 줄 수 있는 중차대한 기여를 한다고 생각한다. 그러나 선종의 마음방식 행법의 통찰이 이러한 기여를 구현하기 위해서는, 이해방식 행법의 내용과 역할을 충분히 탐구하여 소화할 필요가 있다. 그리하여 지적 탐구, 이해의 계발과 적용, 연기적 성찰과 사유능력의 계발에 더욱 적극적일 필요가 있다. 그리고 마음방식 행법의 전통이 자신을 이해방식 행법으로써 제대로 보완하기 위해서는, 선행 혹은 병행되어야 할 과제가 있다. 이해방식 행법의 수행전통이나 그것을 뒷받침하는 전통 교학도 기존의 통념에 구애받지 말고 되짚어 보아야 하는 것이 그것이다. 이를 위해서는 과감한 열린 탐구가 필요하다. 이미 나름대로 뿌리내린 이해방식 행법과 그와 관련된 교학의 관점도 제한적 타당성을 지닌 해석학적 선택으로 간주하고, 열어 놓고 탐구할 필요가 있어 보인다.

이러한 개방적 탐구를 위해서는, 붓다 법설의 본의本意가 이미 기존의 교학들이나 수행론들에 의해 온전하게 드러났다고 보는 신념이나 기대도 유보하는 것이 일정 부분 필요해 보인다. 이미 신행信行의 제도와 현실을 규정하고 있는 교학적/수행론적 관행에 갇히지 않고 붓다와 대화하려면, 탐구하고 수용하지만 머물지 않는 '열린 유동성', 만나면서도 헤어지는 '접속하되 거리 두기'를 시도해야 한다. 예컨대 붓다의 연기 통찰을 읽는 다양한 교학체계들, 그 다양한 연기해석학들만 보아도, 이러한 근원적 열린 탐구의 필요성을 절감하게 된다.[408] 이해 행법과 마음 행법, 혜학과 정학의 내용과 의미 및 관계를 어떻게 포착하고 치우침 없이 소화하는가에 따라, 지눌의 돈오점수론과 성철의 돈오돈수론이 지니는 진리담론으로서의 의미와 전망도 결정될 것이다.

---

[408] 이와 관련된 논의는 「붓다의 연기법과 불교의 연기설 ─ 연기해석학들에 대한 의문」(『철학논총』 제82집, 새한철학회, 2015)에 있다.

5. 중도에 대한 철학적 독법이 여는 길

원효사상에 대한 기존의 탐구들은 그의 사유를 '차이에 대한 통찰'로 읽지 않는 것이 전반적 경향이다. 원효나 성철의 언어뿐 아니라, 붓다의 법설과 교학 이론들의 의미를 탐구할 때도 마찬가지이다. 여러 원인을 추정해 볼 수 있지만, '相'으로 한역漢譯된 용어를 그 철학적 의미에 대한 성찰을 반영하지 않고 그저 '상相'이라 하거나 일상언어적 의미인 '모양'으로 이해하여 관련 문장과 이론의 뜻을 해석하는 관행도 주요한 원인이다. 붓다의 육근수호 법설에서 구사되는 상相(nimitta)은 '지각과 경험 발생의 초기조건인 차이 현상'으로서 이때 '차이'란 '구분되는 특징적 차이'를 의미한다. 대승교학과 원효의 언어에서 등장하는 '상相'이라는 용어들 가운데서도 '지각과 경험 발생의 초기조건인 차이 현상'을 지시하는 용법이 많다. 이러한 경우의 상相을 '차이'라고 번역하여 관련 문장이나 이론의 의미를 탐구하면, 지금까지 놓쳐 왔던 붓다 법설과 대승교학의 의미를 발굴해 낼 수 있다. 특히 붓다와 원효의 언어에는 이런 측면이 두드러진다. 성철의 중도관이 지니는 철학적 의미도 마찬가지이다.

같은 혜안의 범주 내에서도 초점을 이동하면 새로운 의미가 드러난다. 붓다 법설과 대승교학, 원효와 성철의 혜안에 담겨 있지만 간과되어 왔던 통찰과 문제 해결력도 마찬가지이다. '중도는 양변인 유·무에서 벗어나는 길'이라는 말의 의미를 오직 '유·무'라는 개념으로만 읽는다면, 철학적 타당성은 유지되어도 현실문제 해결력은 자칫 공허할 수 있다. 철학적 고담준론에 머물러 중도가 지닌 문제해결력이 증발할 수 있다. 유교 전통에서, 성리학을 현실문제 해결에 무기력한 관념적 고담준론이라 비판하면서 생활세계 문제해결력에 힘을 싣는 실학이 등장한 교훈은, 불교의 교학적 담론에도 유효하다.

성철과 원효는 중도를 각자의 방식대로 거론한다. 논의의 방식은 차이가 있어도 중도에 대한 두 사람의 시선은 크게 다르지 않다. 또 두 사람 모두 중도가 모든 불교 교학을 관통하고 있다고 보는 점에서도 그 안목이 일치한다. 그런데 성철은, 유·무 양변을 벗어나는 중도의 특징이 '쌍차雙遮와 쌍조雙照를 동시에 드러내는 차조동시遮照同時·쌍민쌍존雙泯雙存의 진공묘유眞空妙有'에 있다고 보는 중도관으로 근본불교와 선종까지의 모든 불교를 하나로 꿰는 작업을 진행하는 동시에, 중도를 깨달아 증득하는 수행법으로 화두선을 부각시킨다. 이에 비해 원효는 일심一心·본각本覺 등 대승불교의 긍정형 기호들을 적극적으로 활용하면서 모든 불교 이론의 차이들을 통섭적으로 화해시키는 통섭通攝·화쟁和諍의 거대 이론체계를 수립하는데, 이 작업 과정에서 중도관을 적재적소에 배치한다. 그리고 원효는 중도의 체득방법으로 '이해(觀)와 마음(一心)'의 문제를 치밀하게 다룬다. 성철이 강조하는 선종의 간화선과 원효가 거론하는 '이해와 마음'에 관한 통찰이 어떤 내적 연관을 맺을 수 있는지를 탐구하는 것은 흥미롭고도 긴요한 과제이다. 이 글에서는 그 실마리를 잡아 보려고 했다.

붓다는 '빠져나오는 마음자리'에 눈뜨게 하는 수행인 정지(正知, sampajānāti)의 구체적 방법을 '일상의 심신 현상에 대한 알아차림'의 방식으로 제시해 준다. 그리고 선종은, 붓다의 정학/선 법설의 취지를 계승하고 있을 뿐 아니라, 정지正知에 관한 방법론적 장치마저도 붓다의 방식을 계승하고 있다. 이에 비해 원효의 '일심여정'에는 붓다와 선종에서 목격되는 것과 같은 '빠져나오기 방식의 일상적 행법'에 관한 직접적 언급은 없다. 그러나 정학/선의 의미와 내용을 정밀하게 밝혀 주는 철학, 붓다와 선종이 제시하는 '정지正知의 일상적 행법'의 철학적 근거와 토대는 탁월한 모습으로 펼쳐진다.

원효와 선종의 선관은 붓다의 정학/선에 관한 새로운 관점을 보여 주고 있다. 그리고 이들은 그 새로운 관점의 철학적 기초를 공히 유식唯識 통찰에서 마련하고 있다. 그런데 선종은 자신의 유식적 기반을 간명한 형태와 압축적 방식으로 표현하는 데 그치고, 대부분의 관심을 '빠져나오는 마음 국면/자리'를 확보하는 방법론적 행법에 집중한다. 선종의 언어는 철학적 내용을 담은 경우라도 결국은 이 방법론적 행법을 이론적으로 분명히 하려는 의도와 관련되어 있다. 이에 비해 원효는, '빠져나온 마음 국면/자리의 확보'와 '그 국면/자리에서 이해들을 만나 더 좋은 이해로 바꾸어가는 능력' 및 그 능력의 계발방법을 다채롭게 드러내는 풍요롭고 고도화된 철학적 내용과 이론을 밑그림으로 펼치고 있다. '정학/선의 철학적 근거'

를 체계적으로 수립하여 '철학의 땅에 뿌리내린 정학/선의 나무'를 키워 내고 있다. 그러기에 만약 선종의 언어가 원효의 철학적 안목을 수용할 수 있다면, 선종 내부에 자리 잡은 신비주의 및 사유·언어의 결핍 현상을 극복할 수 있는 힘을 얻게 된다.

멋진 그림 하나가 그려진다. 붓다의 법설과 원효의 철학 그리고 선종의 창발적인 언어가 어우러진 그림이다. 깊은 뿌리인 붓다의 법설, 그 뿌리에서 제공하는 풍부한 수분과 양분으로 거목이 된 원효, 그 거목의 가지에 주렁주렁 열린 선종의 열매. 그 뿌리는 또 다른 나무를 키워 내고, 그 나무에는 또 다른 열매가 열릴 것이다.

참고문헌

원효, 『대승기신론소/별기』·『금강삼매경론』·『열반종요』·『이장의』·『본업경소』·『십문화쟁
　　론』·『이장의』·『대혜도경종요』·『법화종요』·『미륵상생경종요』·『무량수경종요』·『아미
　　타경소』·『보살계본지범요기』·『대승육정참회』·『화엄경소』·『범망경보살계본사기』·『판
　　비량론』·『중변분별론소』·『해심밀경소서』.

지눌, 『수심결』.
성철(2014), 『백일법문』, 서울: 장경각.
성철(2004), 『본지풍광』, 서울: 장경각.
대림 번역(2012), 『맛지마니까야』, 서울: 초기불전연구원.
전재성 번역(2009), 『맛지마니까야』, 서울: 한국빠알리성전협회.
박태원(2016), 『돈점 진리담론─지눌과 성철을 중심으로』, 서울: 세창출판사.
박태원(2019), 『열반종요』, 서울: 세창출판사.
박태원(2019), 『대승기신론소·별기』, 서울: 세창출판사.
박태원(2020), 『금강삼매경론』, 서울: 세창출판사.
박태원(2007), 「돈오의 의미지평─돈오의 두 시원을 중심으로」, 『철학논총』 49, 새한철학회.
박태원(2008), 「돈오의 대상 소고小考」, 『철학논총』 54, 새한철학회.
박태원(2009), 「화두를 참구하면 왜 돈오견성하는가?」, 『철학논총』 58, 새한철학회.
박태원(2010), 「간화선 화두간병론과 화두 의심의 의미」, 『불교학연구』 27, 불교학연구회.

박태원(2011), 「언어, 붙들기와 여의기 그리고 굴리기-화두 의심과 돈오 견성의 상관관계와 관련하여」, 『동아시아불교문화』 7, 동아시아불교문화학회.

박태원(2012), 「돈점 논쟁 새로 읽기」, 『불교평론』 51, 만해사상실천선양회.

박태원(2012), 「돈점 논쟁의 쟁점과 과제-해오 문제를 중심으로」, 『불교학연구』 32, 불교학연구회.

박태원(2012), 「돈점 논쟁의 독법 구성」, 『철학논총』 69, 새한철학회.

박태원(2012), 「돈오의 두 유형과 반조 그리고 돈점 논쟁」, 『철학연구』 46, 고려대학교철학연구소.

박태원(2014), 「자기이익 성취와 타자이익 기여의 결합 문제와 원효의 선(禪)-자리/이타의 결합 조건과 선(禪)」, 『불교학연구』 40호, 불교학연구회.

박태원(2014), 「'깨달아 감'과 '깨달음' 그리고 '깨달아 마침'」, 『깨달음, 궁극인가 과정인가』, 서울: 운주사.

박태원(2015), 「붓다의 연기법과 불교의 연기설-연기해석학들에 대한 의문」, 『철학논총』 82, 새한철학회.

박태원(2016), 「티베트 돈점논쟁과 선(禪)수행 담론」, 『철학논총』 84, 새한철학회.

박태원(2016), 「퇴옹 성철의 돈오돈수론과 선수행 담론」, 『철학논총』 85, 새한철학회.

박태원(2017), 「고타마 싯닷타는 어떻게 붓다가 되었나?」, 『철학논총』 88, 새한철학회.

박태원(2019), 「깨달음은 '순수실재와의 만남'인가, '현상과 만나는 새로운 지평의 열림'인가?」, 『철학논총』 95, 새한철학회.

박태원(2020), 「이해와 마음-원효와 붓다의 대화(I)」, 『대승기신론소·별기』, 서울: 세창출판사.

박태원(2020), 「차이(相)들의 '상호 개방'(通)과 '상호 수용'(攝)-『금강삼매경론』과 차이 통섭의 철학: 원효와 붓다의 대화(II)」, 『금강삼매경론』, 서울: 세창출판사.

박태원(2021), 「원효와 차이통섭의 철학-『금강삼매경론』을 중심으로」, 『철학논총』 104, 새한철학회.

찾아보기